[美] 丹尼斯·舍曼 Dennis Sherman
A. 汤姆·格伦费尔德 A. Tom Grunfeld
杰拉尔德·马科维茨 Gerald Markowitz
戴维·罗斯纳 David Rosner
琳达·海伍德 Linda Heywood
著

世界文明史

上

WORLD CIVILIZATIONS

OURCES, IMAGES AND INTERPRETATIONS

第四版

李义天 黄慧 阮淑俊 王娜/译

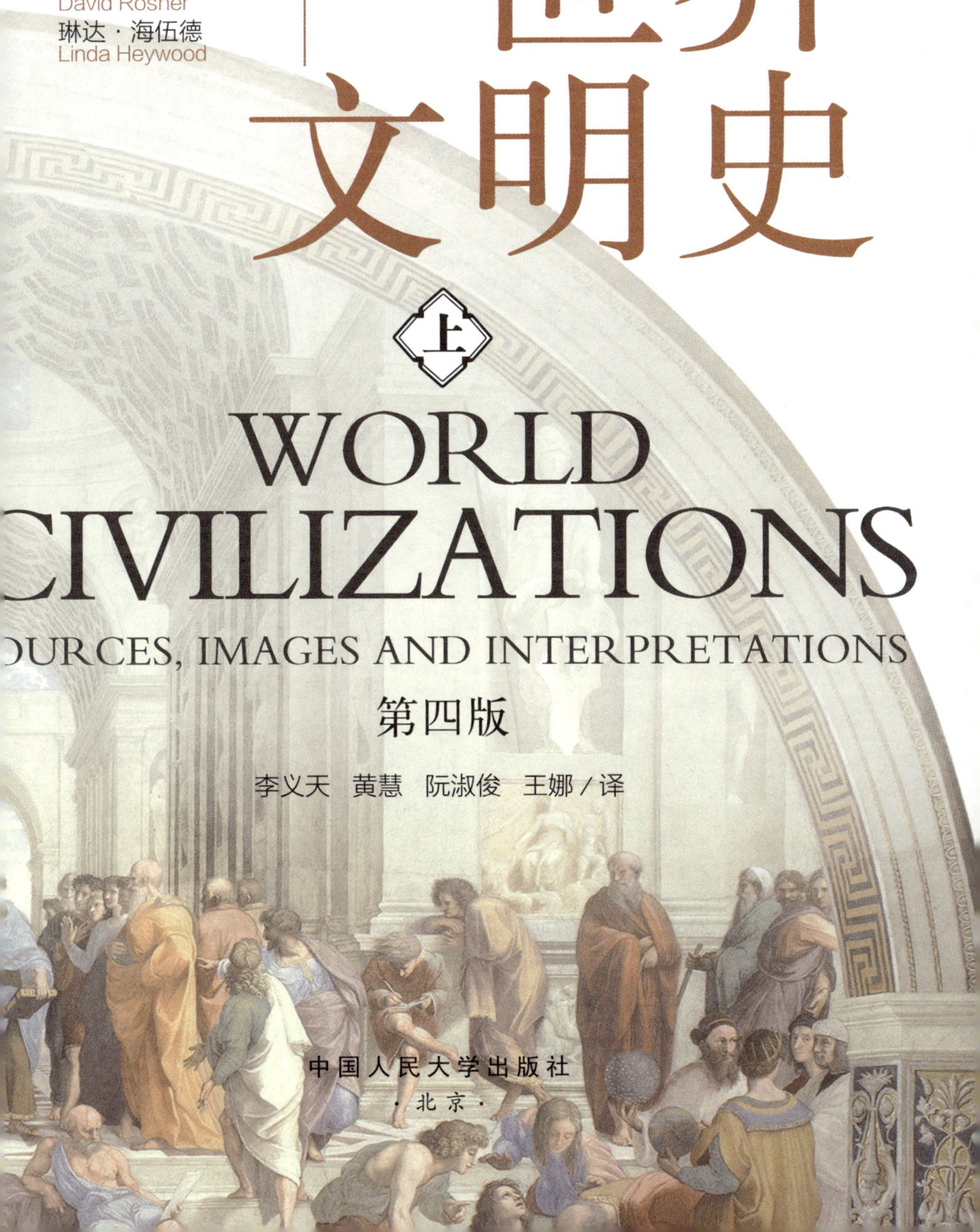

中国人民大学出版社
·北京·

前　言

我们编辑《世界文明史》主要出于三个目的。第一，我们想告诉读者，历史学家用于撰写历史的资料是多种多样的。不仅包括第一手的文献资料，而且包括视觉资料和第二手资料。第二，本书试图做到行文简洁，因此我们希望这些资料能“说到点子上”。为了实现这个目标，我们精心编辑挑选各章节，尽可能充分地突出它们的历史意义。第三，我们对本书结构的安排是为了便于读者理解，而不是为了使它像一门教科书式的课程体系。因此，我们根据年代和地区的线索来安排资料。

为了达到这个目的，本书提供了许多具有导论性质的文字，介绍了历史学者们所使用的资料、他们解释历史证据的方法，以及他们在研究世界文明六千余年的变迁发展时所面对的各种挑战。每一份被选择的材料——无论是文件档案、照片还是地图——都附有说明、评论，并设计了一些问题，以便为读者提供有意义的语境，帮助他们理解这些材料的历史价值。

本书把人类历史看作一个整体，看作是在地球的各个地方此消彼长的过程。因此，每章都将考察某个特定文明的兴起、发展以及与其他文明的互动。而我们对资料的选择，也尽量在政治、经济、社会、学术、宗教和文化等历史的各个方面之间保持平衡。尽管如此，不同章节仍会对不同主题有各自的侧重，使读者了解一种文明在特定历史时期的特点和状况。比如，有的章节会提供较多的社会史和女性史资料，而有的章节则更强调政治史和宗教史。

本书篇幅有限，只能容纳一小部分目前已知的历史材料。因此，《世界文明史》真的只是一部导论。事实上，我们希望本书所陈列的材料能成为一个起点，促使人们对历史和历史学展开进一步的探索和研究。

新版本的修订之处

新版本有一些重要的改动：

• 采用了全彩色印刷。由于各章视觉资料中的图像有助于学生阅读和分析历史文献，因此，大尺寸的彩色图像和照片可以让这些受人欢迎的内容发挥更大的作用。对于地图，我们也采取类似的处理方式，它们现在变得更加容易阅读和理解。最后，我们把图表也印成彩色的，这将使这本书更富有吸引力。

• 为了让新型的彩色开本发挥更大的优势，我们增加了不少全新的视觉资料。

• 为了回应评论者的一些要求，我们增加了一些全新的第一手资料和第二手资料。

• 为了反映正在发生的历史变化，我们调整、修订了最后一章，专门增加了关于国际恐怖主义的资料。

除此之外，新版本的结构、方法和篇幅，都与以往的版本基本一致。

本书的结构

正如“目录”所展现的那样，本书各章长度适宜。章节的划分，是根据各个文明在一定时间和地理环境的发展状况来决定的。而“主题分类目录”则是为了便于读者在不同文明之间或者在一个长时段中，能就某个问题进行跨章节的比较。

各章的结构都差不多。首先是本章简介，简要地介绍这一章所涉及的历史时期和讨论话题。接着是一幅时间线索图，大致勾勒出本章所关注的日期、人物、事件以及文明的发展状况。

随后是三类历史资料。首先是“第一手资料”，它们通常是事件亲历者所记录的书面文献。紧随其后的是“视觉资料”——绘画、雕塑、陶器、照片、建筑、纪念碑以及钱币等等。这些资料所提供的历史知识是仅凭书面文献难以获取的。地图也包括在这类资料中。最后是“第二手资料”，它们对第一手资料予以解释，大部分属于学者们的历史研究成果。

每种资料前面都有批注。它们标明资料的性质及其出现的历史背景，指出该资料所关注的主要问题。而视觉资料（包括地图）的批注比较宽泛，这是为了便于读者认识到它们作为历史证据的独特价值。

每处批注最后都会提出思考要点。但是，这些要点并不是要读者在节选资料中寻找事实。毋宁说，我们设计这些思考要点，是为了促使读者进行思考，并指出每份资料的用途。

各章的末尾还有一些思考题。读者可以通过回答这些问题，把本章的主题结合起来、提纲挈领。

三类历史资料的前面都分别有：“如何使用第一手资料”、“如何使用视觉资料”和“如何使用第二手资料”。这三个部分为读者提出了一些建议，告诉他们应该如何理解和使用不同类型的资料。

最后，紧接在“致谢”后面的是“本书使用指南”。我们安排这个部分，是为了帮助读者最充分地利用本书。

教师须知

在《课堂讨论手册》（*Instructor's Guide to Classroom Discussion*）中有一些教学方法。教师们可以按照这些方法将书中材料用于课堂讨论。该手册还介绍了许多方法，帮助教师们根据书中材料组织讨论。

关于录像

人们可以在“人文与科学电影精选库”（Films for the Humanities and Sciences Collection）中找到许多关于古代史和当代史的录像资料。教师亦可从中选择，在课堂讨论时放给学生看，以强化讲授内容。关于这方面的更多信息，请联系麦格劳-希尔公司。

关于幻灯片

联系麦格劳-希尔公司，教师们能够在海量的制作精良的幻灯片中进行挑选，选择自己所需要的幻灯片材料，以充实课文并强化课堂上的讲授内容。

学生须知

《麦哲伦世界历史地图集》（*Magellan Geographix World History Atlas*）辑录了许多地图，从人类的早期文明一直到 21 世纪的世界各国，可谓应有尽有。

致谢

麦格劳-希尔公司与本书的各位作者对下面这些评论者表示感谢，感谢他们对这个版本和以前各版本的有益评论和建议。他们是：雅各布·阿巴迪（Jacob Abadi），美国空军军官学校（U. S. Air Force Academy）；爱德华·安森（Edward Anson），阿肯色大学小石城分校（University of Arkansas at Little Rock）；卡尔·巴姆（Karl F. Bahm），南密西西比大学（University of Southern Mississippi）；默纳·蔡斯（Myrna Chase），巴鲁学院（Baruch College）；丹尼斯·戴维森（Denise Davidson），佐治亚州立大学（Georgia State University）；盖尔·费希尔（Gayle V. Fischer），塞勒姆州立学院（Salem State College）；安妮塔·费希尔（Anita Fisher），克拉克学院（Clark College）；戴维·杰利曼（David J. Gerleman），南伊利诺伊大学卡本代尔分校（Southern Illinois University at Carbondale）；保罗·古德温（Paul B. Goodwin），康涅狄格大学（University of Connecticut）；史蒂文·格里尔（Steven W. Guerrier），詹姆斯·麦迪逊大学（James Madison University）；海因斯·霍尔（Hines Hall），奥伯恩大学（Auburn University）；乌多·海恩（Udo Heyn），加利福尼亚州立大学洛杉矶分校（California State University, Los Angeles）；托马斯·凯（Thomas Kay），惠顿学院（Wheaton College）；格蕾琴·纳普（Gretchen Knapp），纽约州立大学布法罗分校（State University of New York, Buffalo）；帕特里夏·科兰德（Patricia Kollander），佛罗里达州大西洋大学（Florida Atlantic University）；史蒂文·莱博

(Steven Leibo)，纽约州立大学奥尔巴尼分校塞奇学院（Sage College，SUNY Albany）；丹尼尔·刘易斯（Daniel Lewis），圣贝纳迪诺谷学院（San Bernadino Valley College）；玛丽琳·莫里斯（Marilyn Morris），北得克萨斯大学（University of North Texas）；奥利弗·波拉克（Oliver Pollack），内布拉斯加大学奥马哈分校（University of Nebraska，Omaha）；帕特里斯·罗斯（Patrice C. Ross），哥伦布州立社区学院（Columbus State Community College）；温迪·圣琼（Wendy St. Jean），春田学院（Springfield College）；琳达·沃尔顿（Linda Walton），波特兰州立大学（Portland State University）；劳伦斯·沃特金斯（Lawrence Watkins），堪萨斯大学（University of Kansas）；约翰·威克兰德（John Weakland），鲍尔州立大学（Ball State University）；约瑟夫·怀特霍尼（Joseph Whitehorne），费尔法克斯勋爵社区学院（Lord Fairfax Community College）；理查德·威廉姆斯（Richard Williams），华盛顿州立大学（Washington State University）。

丹尼斯·舍曼

A. 汤姆·格伦费尔德

杰拉尔德·马科维茨

戴维·罗斯纳

琳达·海伍德

目 录

第 1 章

西南亚与东北非地区的早期文明

大多数历史学家认为，人类文明肇始于东方的大河流域和西方的沿海地区。最早的文明出现在大约五千到六千年前西南亚和东北非地区大河流域的一些小村落。底格里斯河与幼发拉底河之间的美索不达米亚和尼罗河畔的埃及曾先后出现人类文明。在底格里斯河与幼发拉底河流域的三角地带，苏美尔人建立了城市。乌尔城是其典型代表。大约在公元前 2340 年，来自北部的阿卡德人摧毁了苏美尔文明。此后两千多年间，这个亚非欧交汇地区一直历经着巨大的动荡：巴比伦人、赫梯人、迦勒底人、米堤亚人，还有波斯人在这块土地上轮番登台，充当主宰。反观埃及文明，从大约公元前 3000 年开始，整个尼罗河流域就归于一个君主的统治。尽管历经朝代变迁，也受到南方部落的骚扰，但埃及文明一直相当稳定地持续了将近三千年。

美索不达米亚文明和埃及文明在很多方面都很相似。两者都依赖河流以及由河流定期泛滥而沉积的肥沃土壤；它们都发展并维护着一套秩序井然的灌溉系统和防洪系统；它们都有权力巨大的君主和僧侣阶层；并且，它们都信仰无所不能的神灵，认为神灵在世界上发挥着积极的作用。不过，两个文明之间也存在重要的差异。在地理上，美索不达米亚不如埃及那样便于防御，更容易受到攻击；该地区的河流不像尼罗河那样适于航行，泛滥周期也不规律；与埃及文明的稳定和乐观相比，美索不达米亚的文化和宗教往往反映出一种动荡和悲观的感受。

在这两大文明之间的地区，出现了许多较小的、政治上并不强大的国家，其中最重要的当数腓尼基和希伯来。腓尼基人是个重商民族，他们推动了商业贸易，建立了殖民地，传播了近东地区的文化。而希伯来人则形成一些宗教观念和伦理观念，这些观念为基督教文明和伊斯兰文明打下了根基。

在本章中，许多资料都涉及人类早期文明的起源、性质和传播。如何界定"文明"？为什么文明会在这些地方和这个时代兴起？这些古代文明的主要特征是什么？它们又是怎样传播的？目前保存下来的资料，大部分都是关于美索不达米亚文明、埃及文明和希伯来文明。其中，美索不达米亚的文献资料主要反映该文明的性质及其法律系统。学者们分析过美索不达米亚社会的妇女地位问题，并将她们同埃及社会的妇女进行比较研究。关于埃及的资料主要讨论了经济和社会特征、法老的重要地位及其与南方邻邦的关系。而有关希伯来的资料，则以宗教为核心。对于西方文明的发展而言，希伯来的宗教是至关重要的。学者们常把它同其他宗教放在一起，进行比较研究。

概言之，这些资料向我们初步揭示了人类文明的性质，以及它们在西南亚与东北非地区发展的深刻根源。

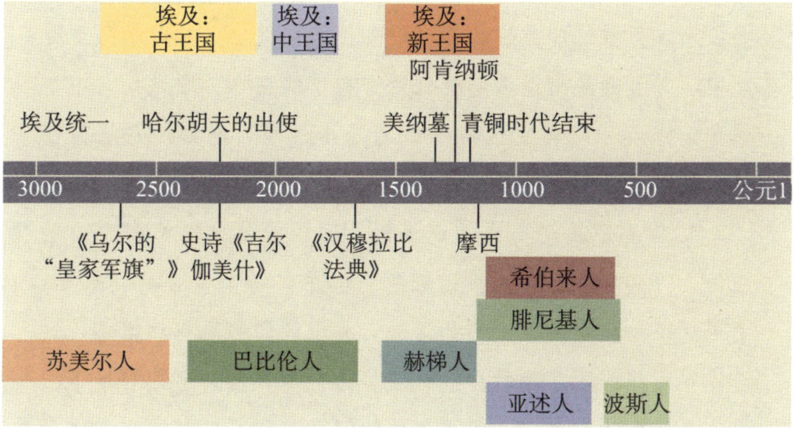

第一手资料

如何使用第一手资料：以《汉穆拉比法典》为例

关于第一手资料，我们已在“前言”部分作了简要的界定和讨论。接下来，我们将更详细地说明如何使用它们。我们以本书中的《汉穆拉比法典》为例。

1. 当你阅读第一手资料（比如下面的《汉穆拉比法典》）时，你要尽力把每行文字都当作历史的证据。假设你是一名历史学家，对美索不达米亚文明知之甚少，而这份文献正好落在你手中。于是，你的工作就是以这份文献为证据，得出一些关于巴比伦文明的结论。

事实上，你是有头绪的。因为你已经从本章的简介、时间线索图和资料前面的批注中获得了关于美索不达米亚民族的一些信息。凭借这些信息，你可以较好地把这份文献置于历史背景中，并且大致知道该怎样利用资料中的证据。通过批注中的信息，你还可以确定这份资料的基本性质，例如，它从何而来，是在什么时候出现的。

2. 你要带着问题去阅读资料。问题能使你注意资料中的词语、行文和段落所提供的证据。其中，一个常见的问题是：关于这个文明，关于人们的活动，关于他们的思想和信仰，这份资料到底告诉了我什么？你要尽力把每一行文字都当作是回答这个问题的论据。至于更细致的问题，你可以在该文献前面的“思考”中看到。这些思考点会提示你，这份资料可能专门提供了一些关于巴比伦法律体系、社会阶层划分及其政治与经济状况方面的证据。

3. 几乎每段资料都可以以各种方式充当历史证据。读一读《汉穆拉比法典》的第 1 条，你会发现，这段文字中所反映的几个事实——在巴比伦，一个人可以“控告”另一个人谋杀，这一指控必须得到“证实”，诉讼的结果基于一定的程序（如果原告不能证实他所提出的指控，就要被处以死刑）——能够证明巴比伦拥有一套正规的法律体系。你可以进一步推断，这套法律体系是以某些公平原则（必须“证实”一项指控）和正义原则（若“不能证实”指控，原告将被处死）为基础的。但另一方面，我们必须注意不要对该条做过度解读，尤其是，不要用我们的先入之见来解读历史。比如，这一条就没有告诉我们用于证实指控的证据是什么，也没有告诉我们在巴比伦是否存在陪审团制度，尽管第 3 条在这些方面有所说明（人们可以提供证词，而证词的真实性至少是有待检验的）。

读一读第 17、18、19 条。它们清楚地表明，巴比伦社会存在奴隶。而且它们还暗示，奴隶总是试图逃跑，因为该法典规定，抓住逃跑的奴隶并把他们归还给奴隶主的人可以得到奖赏（第 17 条），而那些藏匿奴隶的人则会受到处罚（第 19 条）。此外，第 18 条可以证明，存在一个有组织的官僚机构，负责保存书面记录（“把他带到王宫，调查他的记录”）。

而第 53、54 条则表明，法典要求土地所有者维护修缮防洪河堤（第 53 条），如果有谁不这么做，将受到严惩（第 53 条和第 54 条）。这些资料合在一起表明，巴比伦拥有广泛的农田水利控制系统，这种系统要求土地所有者与政府（通过制定并执行上述法律条文）进行合作（不管是自愿的还是强制性的）。此外，第 54 条还揭示了巴比伦奴隶制的更多情况。因为，既然一名土地所有者可以被卖为奴隶（“人们可以卖掉他”），那么我们就能知道，奴隶不仅来自外部——通过战争、抓捕或者交易而从其他社会获得，也来自巴比伦社会内部。

读一读第 141 条和第 142 条，然后思考一下，这两条中的信息可以怎样被用作有关巴比伦社会的婚姻、家庭以及男女地位等方面的证据？

4. 处理了资料的各个部分后，回过头来，请把它视为一个整体。它能提供证据，支持人们得出关于巴比伦司法体系（法律的存在、法律的具体内容、法律的宣判和执行、法律将哪些罪行定为重罪)、社会状况(奴隶制的重要性和起源、不同的社会阶级、男性与女性之间的关系、婚姻制度)、政府形式(国王、政府官僚的行政体系或核心部门)以及经济情况(拥有防洪系统的农业、货币制度)的一些结论。

史诗《吉尔伽美什》*

我们可以通过考察一个民族的神话和文学作品来了解该民族的生死观。史诗《吉尔伽美什》(*The Epic of Gilgamesh*)大约写于公元前2000年以前,是美索不达米亚地区的伟大史诗作品。诗中的英雄吉尔伽美什在公元前2700年左右统治着苏美尔的乌鲁克城。而这部史诗所描述的,就是这位半人半神的国王与生活、神灵和死亡做斗争的各种神奇的冒险经历。在一次冒险中,吉尔伽美什为了获得永生而来到地府,寻找被神灵赐予永生的乌塔那匹兹姆。在接下来的节选段落中,吉尔伽美什向乌塔那匹兹姆发问,而后者则向他讲述了关于洪水的故事。

思考:神灵的本质以及他们与人类的关系;读了这个故事后,你认为美索不达米亚人可能会有怎样的生活观念;这个故事同《圣经》中的洪水与挪亚方舟的故事有什么联系。

---

* N. K. Sandars, trans., *The Epic of Gilgamesh*, 2d rev. ed. (London: Penguin Books, 1972).

“哦，乌塔那匹兹姆，你已位列神灵，我希望你能告诉我关于生与死的秘密，我应当怎样才能找到我正在寻找的生活？”

乌塔那匹兹姆说道：“世间没有永恒。难道我们能营造永恒的房屋？难道我们能签订永恒的契约？难道兄弟之间能永远地分割一份遗产？难道河流会永远泛滥不休？蜻蜓的幼虫只有蜕掉蛹皮，才能在阳光下闪耀。自古以来便无永恒！酣睡者与死人如此相似，他们就像是死亡的描摹。当一个人走向生命的终点时，他是主人还是仆人，这又有何区别？诸位神灵与命运女神妈姆顿聚到一起，共同决定人的命运。他们定下生与死，却不让人知道死亡会在哪天来到。”

吉尔伽美什对遥远的乌塔那匹兹姆说：“乌塔那匹兹姆啊，我正在把你仔细端详。你的模样与我并无二致，你的容貌也并不特殊。我还以为你会像个英雄一样满怀斗志，可谁料你竟在这里无所事事，闲散游荡。请告诉我吧，你究竟是如何获得永生，与诸神同堂？”乌塔那匹兹姆对吉尔伽美什说：“让我来给你揭开秘密，我将告诉你诸神的天机。”

“你可知道位于幼发拉底河畔的舒如帕克城？这座城历史久远，住在里面的神灵资历颇深。这些神灵是：天空之神安努，他们的父神；勇敢的恩利尔，他们的诤谏人；尼努尔塔，他们的助手；恩奴基，他们的领航人；还有埃阿[1]。在世界创立的日子里，人类大量繁殖，世间吵吵嚷嚷，神灵也被吵醒。恩利尔听到喧闹声，对其他神灵说：‘人类的吵闹实在不可忍受，叫我们无法入睡。’于是，诸神打算释放洪水，冲毁人类世界。然而，我的主神埃阿托梦给我，悄悄地把神灵的话传进我的茅草屋：‘茅草屋啊，茅草屋！墙壁啊，墙壁！茅草屋啊，你听着！墙壁啊，你想想！舒如帕克人啊，乌巴拉-图图之子，赶快毁掉你的房屋，把船只制造；抛掉你的财宝，

快把命逃；别管那些身外之物，只需将你的灵魂看好。我说，赶快毁掉你的房屋，快把船只制造。’

“我听明白了，就对我的主神埃阿说：‘看哪！您给我的指令，我唯命是从，可我怎么回答人们、城邦和年长者的疑问呢？’这时，埃阿开口对我——他的奴仆说：‘你可以这样跟他们讲：我已经得知恩利尔对我心怀不善，我不敢再在他的领土上行走，不敢再在他的城市中生活；我要到海湾那里去，同我的主神埃阿生活在一起。他将赐予你们珍禽异兽、五谷丰登。在晚上，暴风雨的驾驭者将给你们带来滚滚的麦浪。’”……

“到了第七天，船只终于造好了。……

“我把我的所有金货、所有活物都放进船里。我让家人和亲属、家畜和野兽以及所有的工匠都登上船去。……

“整整六天六夜，狂风肆虐，暴雨与洪水就像敌对双方，混在一起湮没了世界。到了第七天黎明，来自南方的这场风暴渐渐平息，大海也恢复平静，洪水退去了。我看着世界，一片寂静，所有人都已化为泥土。海面仿佛屋顶一样扁平，向远处延伸。我打开舱门，阳光照在我的脸上。我弯下腰，坐下来，抽泣着，泪流满面。因为在我周围，全是无尽的水面。我徒劳地寻找着陆地的踪影，在远处 14 里格[①]的地方，露出了一座山峰。在那里，船搁浅了。就在尼什尔山，船抛锚，不再动了。……第七天的破晓，我解开鸽子放了出去。鸽子飞去又飞回，因为无地可容身。后来我解开燕子放了出去。燕子飞去又飞回，因为无地可容身。我解开乌鸦放了出去。它看到水已退去。它觅食、盘旋、嘎嘎地叫着，没再回来。于是，

① 长度单位，约等于 3 英里或 4 000 米。脚注均为译者所做，全书同，不再一一说明。

我放走所有的东西，让它们四散而去。在山顶上，我献上祭品，洒下祭酒。我摆上七只又七只大锅，堆满木藤、雪松和爱神木。诸神嗅到这香味，便如苍蝇一样聚集到祭品旁。最后，伊师塔也来了。她戴上安努为讨她欢心而制的珠宝项链，说道：'哦，你们这些神灵都在这里啊！我的脖子上有漂亮的天青石。当我记住这些珠宝，我便会记住这些日子。刚刚过去的这些日子，我不会忘怀。让所有的神灵都到祭品这儿来吧，除了恩利尔之外。他不能分享这里的祭品，因为他不加考虑便把洪水泛起，他要将我的子民灭绝无遗。'

"当恩利尔来到这里看到那艘船时，他愤怒地对众神说：'所有的俗物都逃脱了？原本是一个都不许存活的！'这时，雷雨之神尼努尔塔开口对战神恩利尔说：'除了埃阿还有谁能搞出这些名堂？只有埃阿知道这事的底细。'埃阿对恩利尔说：'最聪明的神，勇敢的恩利尔，你为何不加考虑就将洪水泛起？'……

"后来，恩利尔走进船里，牵着我和我妻子的手，让我们也进入船中，叫我们跪在他的两侧，而他站在我俩中间。他摸着我们的额头，祝福我们说：'以前，乌塔那匹兹姆是一个凡人。但从今以后，他和他的妻子将住在远方的河口。'于是，诸神把我们带到这里，让我们住在了这河口处。"

《汉穆拉比法典》*

许多关于美索不达米亚民族的信息，都来自人们所编纂的各

* James B. Pritchard, ed., *Ancient Near-Eastern Texts Relative to the Old Testament* (Princeton: Princeton University Press, 1950). pp. 166-168, 172, 175.

种法律、规定和决议。这些材料出现在公元前 2300 年。其中，最著名的当属《汉穆拉比法典》。这部法典是由公元前 18 世纪一位巴比伦国王颁布的。他可能采用了苏美尔人和阿卡德人一些古老的法律。《汉穆拉比法典》涉及巴比伦生活的各个方面。下面这些段落就引自这部法典。该法典原本包括 282 项条款，以及较长的前言和结语。

思考：这些法律条文反映出怎样的正义原则；巴比伦社会的分化情况；巴比伦文明的政治、经济特征。

1. 如果一个自由民[2]控告另一个自由民犯有谋杀罪，但是不能证实这一点，那么这名原告就要被处死。

*

3. 如果一个自由民在涉及命案的诉讼中作假证，且无法证实他所说的话，那么此人将被处死。

4. 如果他在涉及财物的诉讼中作假证，那么他将承担相应的惩罚。

*

6. 任何一个自由民窃取寺庙或者王宫的财产，他将被处死，且从他那里取得赃物的人也一并被处死。

*

17. 如果一个自由民抓到了一名逃跑的奴隶并把他交给其主人，那么这名奴隶的主人要付给此人二锡克尔①的银子。

18. 如果这个奴隶说不出主人的名字，发现者必须把他带到王

① 古巴比伦及希伯来的衡量单位，约二分之一盎司。

宫，调查他的记录，并且这个奴隶将被遣返给他的主人。

19. 如果他把这个奴隶留在自己的房子里，（并且）后来成了他的财产，那么他将被处死。

*

22. 如果一个自由民抢劫别人而被人抓住，那么他将被处死。

23. 如果没有抓获抢劫者，那么被劫者须在神面前详细说明自己的损失情况，然后由发生抢劫案的地方长官偿还他的损失。

*

48. 如果有某项债务十分不利于一位自由民，而阿达德[①]却淹没了他的农田，或者一场洪水冲毁了它，或者由于干旱而导致田地颗粒无收，那么他可以不必向债主偿还当年的债务，他可以取消债务契约而不必付这一年的利息。

*

53. 如果一个自由民因其懒惰而没有加固堤防，从而导致他所负责的那段河堤决口，水淹没了农田，那么此人必须赔偿因此被毁的粮食。

54. 如果他不能赔偿这些粮食，那么人们可以卖掉他和他的财产，其收益由那些遭受水灾的农民分得。

*

141. 如果一个自由民的妻子跟他住在一起，但为了出来从事经营而不理家务（并且）侮辱丈夫，这一点应得到证实；如果她的丈夫决定跟她离婚，那就可以离婚，并且不用留给她任何财物当作她的安家费。如果她的丈夫不决定离婚，则可另娶他妇，而此妇应

① 巴比伦和亚述掌管天气的神。

留夫家，作为女奴。

142. 如果一个女人非常讨厌她的丈夫，甚至说“你对我很不好”，那么她所在的城市议会须对此展开调查。如果她无过错，而她的丈夫却经常外出，且对其倍加凌辱，那么这个女人可以拿回嫁妆，回到娘家，不必承担任何责备。

*

195. 如果一个儿子殴打他的父亲，他的手将被砍掉。

196. 如果一个自由民弄瞎了一位贵族的眼睛，那么他的眼睛也该被弄瞎。

197. 如果他打断了另一个自由民的骨头，那么他的骨头也该被打断。

198. 如果他弄瞎的是一个平民的眼睛，或者打断的是一个平民的骨头，那么他需要赔偿一迈纳①的银子。

199. 如果他弄瞎的是奴隶的眼睛，或者打断的是奴隶的骨头，那么他需要赔偿该奴隶身价的一半价钱。

200. 如果一个自由民打掉了另一个与其社会等级相同的自由民的牙齿，那么他的牙齿也该被打掉。

201. 如果他打掉的是一个平民的牙齿，他需要赔偿三分之一迈纳的银子。

202. 如果一个自由民打了另一个社会等级比他高的自由民，那么他应被鞭打六十下。

*

209. 如果一个自由民殴打另一个自由民的女儿并致使其流产，

---

① 古希腊和埃及等的货币或重量单位。

他必须赔付十锡克尔的银子。

210. 如果那个女人死了，殴打者的女儿也将被处死。

211. 如果他殴打一个平民的女儿并致使其流产，他必须赔付五锡克尔的银子。

212. 如果这个女人死了，他必须赔付二分之一迈纳的银子。

献给法老的赞美诗*

埃及的历史及其王政制度可以追溯至公元前 4000 年左右。当时，上埃及和下埃及是统一的，接受同一位国王的统治。而埃及的国王，或者说“法老”，被人们看作是国家的神和绝对的统治者。在献给法老的各种赞美诗中，就反映了这些观念。下面的文字就节选自这样的一篇赞美诗，它大概创作于塞索斯特里斯三世的统治时期，即公元前 1880 年至公元前 1840 年之间。

思考：埃及人的法老概念；对于埃及人而言，法老的什么行为或力量是最重要的。

他来到我们身旁，征服了上埃及；双重王冠[3]戴在他的头上。

他来到我们身旁，统一了两片土地；将芦苇[4]和蜜蜂连在一起。

他来到我们身旁，将黑色土地[5]纳入手中；还控制着红色土地[5]。

他来到我们身旁，将两片土地置于保护之下；为尼罗河两岸的

---

* Adolf Erman, *The Literature of the Ancient Egyptians*, trans. Aylward M. Blackman (London: Methuen & Co., Ltd, 1927), pp. 136-137.

人民带来安宁。

他来到我们身旁，让埃及存活；为埃及驱走苦难。

他来到我们身旁，让百姓存活；使人们能够呼吸。

他来到我们身旁，摧毁了敌国；狠狠地教训了不知道他厉害的野蛮人[6]。

他来到我们身旁，为领土而战；收复了那曾被抢走的土地。

……（诗文遗失）

他来到我们身旁，为此我们可以养育子孙，埋葬先人。……

埃及的南部邻邦*

哈尔胡夫

尼罗河文明通常包括两个地区：处于北部的埃及——从尼罗河三角洲直至阿斯旺①一带，及其南方邻国——从阿斯旺直到现在的喀土穆②。南方地区的统治者是努比亚人，或者说是《旧约》中提到的库施人。最近的考古研究表明，该地区虽然具有法老文化的一些特征，但它并未发展出像埃及那样规模庞大的中央集权国家。整个埃及法老时期，上述两地之间有着广泛的商业联系，时而合作，时而又爆发冲突。在古埃及的历史上，大多数时候这两个地区在政治上各自独立。下面所节选的文字，大概作于公元前 2250 年，是由一位名叫哈尔胡夫（Harkhuf）的埃及总督写

---

* James Breasted ed., *Ancient Records of Egypt*, vols. 1 and 4 (Chicago: University of Chicago Press).

① 埃及东南部城市。

② 苏丹首都。

的。当时的埃及统治者是法老王梅仁雷，哈尔胡夫在他手下负责与亚姆——位于埃及南部，是个由努比亚人统治的国家——通商。这些文字向人们展现了埃及与其南部邻邦之间的和平关系。

思考：在这两个文化相似的地区，经济关系是怎样的；为什么哈尔胡夫必须带上军队，并且要会见当地头领；埃及人给予南部地区怎样的宗教地位。

梅仁雷[7]陛下我的主人，派我和我的父亲，还有祭司伊里一同到亚姆去，开辟前往这个国家的道路。仅仅七个月，我便完成了任务，从那里带回各种礼物。为此，我受到了极大的嘉奖。

第二次，陛下派我单独前往亚姆。这次，我沿着大象岛①行进，而后从南方返回，历时共八个月。当我返回时，带回不计其数的礼物。从来没有人带过这么多礼物回埃及。……与南方邻邦的交往局面已经被打开。那些曾去过亚姆的同行者和旅行者，从未有人做到这一点。

现在，陛下派我第三次前往亚姆。我去了，还找到亚姆的头领；他正要去攻打特米人，把他们远远赶到天边。我随亚姆头领来到特米人的土地上；我不断安抚他，直到他以国王之名向诸神赞颂。

我回来了，带着三百头驴，满载香料、乌梅、稻谷、黑豹、象牙、标枪和各种各样的货物。当埃尔斯特、塞述和沃瓦特等地的头领看到随我返回埃及的军队如此强大，看到亚姆赠给我的士兵如此众多时，这位头领也为我献上牛羊，让我从埃尔斯特高地通过。因为我比以往去过亚姆的任何大臣或旅行者……都更加优秀、更加清

① 埃及东南部的一个岛，位于尼罗河上，在古代是保卫埃及南部边疆的军事要塞。

醒。仆人向朝廷禀报我们返回的消息，有人派来一条船，沿着呼尼河逆流而上，船上满载着美酒佳肴，献给这位怀揣着御赐印章的贵族、这位独一无二的旅行者、这位宗教祭司、神的司库、政令的谋划者——尊敬的哈尔胡夫。

埃及法老得知哈尔胡夫从南方回来，还带回了各种礼物，就给他发出这样的指令：

立刻向北，返回王宫。你必须把这个侏儒一起带来。为了让神欢欣，为了让长生不老的统治全埃及的法老王喜悦，你必须带上这个侏儒一起来，从灵魂之地为他赋予富足和健康。当他随你乘船时，要让优秀的人围绕在他身旁，站在船舷的两边。当他晚上睡觉时，要让优秀的人待在帐篷里，睡在他身旁。每晚还要查看十次。我想要看到这名侏儒，甚于那些来自西奈山①和蓬特②的礼物。如果你们到达朝廷时，这名侏儒活泼健康，我将对你重重有赏。同伊塞西时代的官员伯底德曾获得的奖赏相比，这次的奖赏更加丰厚。

我已对各新城镇的头领和大祭司发出指令，要求每一个仓库以及每一座没有被免除义务的神庙都要提供补给。

《旧约·创世记》与《旧约·出埃及记》*

有许多小国在美索不达米亚和埃及等大国的夹缝中生存。对

① 西奈半岛中南部一座山峰，海拔约 2 288 米（7 500 英尺），被认为是《旧约》中摩西接受上帝十诫的地方。

② 古埃及对红海南岸及其毗邻的亚丁湾海岸的称呼。

* *The Holy Bible: Revised Standard Version* (New York: Thomas Nelson, 1953). 译文根据《圣经》（简化字现代标点和合本），16、113～115 页。

西方文明来说，其中最重要的莫过于巴勒斯坦了。在那里，希伯来人形成了以色列和犹太民族。尽管他们的根源可以上溯到很久以前，但是希伯来人登上历史舞台仍在公元前 2 千纪晚期。当时，摩西带领族人离开埃及东北部，前往巴勒斯坦。从公元前 10 世纪到公元前 9 世纪，希伯来民族的力量最强大，但是该民族的重要性主要在于其宗教。在很多方面，尤其是在它的一神论、契约性质和伦理戒律等方面，犹太教与近东地区的其他宗教十分不同。下面这些摘自《创世记》和《出埃及记》的段落，就很好地体现了犹太教的上述特点。

思考：这些章节反映了怎样的人神关系；如何将希伯来人的信仰和埃及人的信仰加以比较；作为律法，这些章节又该如何同《汉穆拉比法典》进行比较。

12. 耶和华对亚伯兰说：“你要离开本地、本族、父家，往我所要指示你的地去。我必叫你成为大国。我必赐福给你，叫你的名为大，你也要叫别人得福。为你祝福的，我必赐福与他；那咒诅你的，我必咒诅他。地上的万族都要因你得福。”

*

19. 以色列人出埃及地以后，满了三个月的那一天，就来到西奈的旷野。他们离了利非订，来到西奈的旷野，就在那里的山下安营。摩西到神那里，耶和华从山上呼唤他说：“你要这样告诉雅各家，晓谕以色列人说：‘我向埃及人所行的事，你们都看见了；且看见我如鹰将你们背在翅膀上，带来归我。如今你们若实在听从我的话，遵守我的约，就要在万民中作属我的子民；因为全地都是我的，你们要归我作祭司的国度，为圣洁的国民。’这些话你要告诉以色列人。”

摩西去召了民间的长老来，将耶和华所吩咐他的话，都在他们面前陈明。百姓都同声回答说：“凡耶和华所说的我们都要遵行。”摩西就将百姓的话回复耶和华。

*

20. 神吩咐这一切的话，说：

“我是耶和华你的神，曾将你从埃及地为奴之家领出来。

“除了我以外，你不可有别的神。

“不可为自己雕刻偶像；也不可作什么形像仿佛上天、下地和地底下、水中的百物。不可跪拜那些像；也不可侍奉它，因为我耶和华你的神，是忌邪的神。恨我的，我必追讨他的罪，自父及子，直到三四代；爱我、守我诫命的，我必向他们发慈爱，直到千代。

“不可妄称耶和华你神的名；因为妄称耶和华名的，耶和华必不以他为无罪。

“当记念安息日，守为圣日。六日要劳碌作你一切的工，但第七日是向耶和华你神当守的安息日。这一日你和你的儿女、仆婢、牲畜，并你城里寄居的客旅，无论何工都不可作，因为六日之内，耶和华造天、地、海和其中的万物，第七日便安息，所以耶和华赐福与安息日，定为圣日。

“当孝敬父母，使你的日子在耶和华你神所赐你的地上得以长久。

“不可杀人。

“不可奸淫。

“不可偷盗。

“不可作假见证陷害人。

“不可贪恋人的房屋；也不可贪恋人的妻子、仆婢、牛驴，并他一切所有的。”

众百姓见雷轰、闪电、角声、山上冒烟，就都发颤，远远地站立，对摩西说：“求你和我们说话，我们必听，不要神和我们说话，恐怕我们死亡。”摩西对百姓说：“不要惧怕，因为神降临是要试验你们，叫你们时常敬畏他，不至犯罪。”

《阿托恩赞美诗》与《旧约·诗篇》：埃及人与希伯来人*

尽管希伯来人在中东地区具有一些独特性，但他们仍在许多方面同埃及人都有关联，并且受其影响。在地理上，巴勒斯坦是介于埃及与美索不达米亚之间的缓冲地带。而在历史上，希伯来人所遭遇的苦难和逃离，就是从埃及开始的。希伯来与埃及的宗教观念和表达方式之间的联系，虽不明显，但是非常重要。下面这组用于对比的文字，选自埃及人献给阿托恩①的赞美诗和《旧约》中的《诗篇》第 104 节。前者写于公元前 14 世纪法老王阿肯纳顿（他曾试图改变埃及某些传统的宗教观念）的统治时期，而后者则创作于六七个世纪之后。两份文献表现出令人震惊的相似性。

思考：两者之间的这些相似性应该如何予以解释。

《阿托恩赞美诗》

当你没入西边的地平线，

---

* John A. Wilson，*The Burden of Egypt*（University of Chicago Press，1951）.

① 古埃及人信奉的太阳神。

大地黑暗如死亡……
狮子从洞穴中爬出，
撕咬所有的生灵。
天亮了，
当你在地平线上出现……
你驱走了黑暗……
人们醒来，站立着……
他们在世界上劳动。
你所造的何其多！
人们却视而不见。
哦，唯一的神，
没有人能与你相比，
你按照你的想法，
创造了芸芸众生。

《旧约·诗篇》第 104 节

你造黑暗为夜，
林中的百兽就都爬出来。
少壮狮子吼叫，要抓食……
日头一出，兽便躲避……
人出去作工，
劳碌直到晚上。
耶和华啊，你所造的何其多，
都是你用智慧造成的，
遍地满了你的丰富。

视觉资料

如何使用视觉资料：以《乌尔的“皇家军旗”》为例

关于视觉资料，我们已在“前言”做过简单的界定和讨论。接下来，我们将以下面的《乌尔的“皇家军旗”》（*The "Royal Standard" of Ur*）为例详细说明如何使用。

1. 把视觉资料看作书面的第一手资料。就像处理第一手资料那样，设想自己是一名历史学家，对苏美尔的历史知之甚少，却发现了这份视觉资料。因此，你的目标就是把它“解读”为一份证据，从而支持关于苏美尔文明的某些结论。

如果缺少指导，那么解读视觉资料会比使用书面资料困难得多。而且书中的复制品会使某些细节变得更难辨认，大多数人也不习惯以分析的方式来观看图画。因此，在《乌尔的“皇家军旗”》批注的第一段中，对这份视觉资料进行了一定的描述。而在第二段，则对图中的历史证据进行了相应的分析。就跟处理大部分视觉资料一样，来回浏览该图及其描述和分析文字，这将非常有用。

2. 跟处理第一手资料一样，当你观看视觉资料、阅读相关的文字时，你应当思考。常见的问题是：关于这个文明，关于人们的活动，关于他们的思想和信仰，这份资料到底告诉了我什么？而其他一些问题，我们可以在“思考”部分看到，比如，这位艺术家试图把什么信息传达给观看者。

3. 第一块画板反映了战争中的苏美尔人。而图前的批注提醒我们，要从下往上“阅读”这块共有三层的画板，而这也是苏美尔艺术家所希望的。借助批注的提示，我们可以看到战车正在猛攻敌人，接着是步兵的进攻，最后，俘虏被带到了获胜的国王面前。

第二块画板展示了和平生活中的苏美尔人。同样，也是从下往上阅读，我们能够发现苏美尔人正在筹备一场宴会，而且我们还能看到宴会的情景。

批注的第二段提出，该图所透露的信息可以被用作历史证据，证明苏美尔人的乌尔城是一个有序的社会，拥有中央集权的政治体系，并且最迟在公元前 2700 年，苏美尔人已熟练掌握了家畜养殖技术和工具器械的使用技术。

4. 现在，回过头来，把这份资料看成一个整体。请想一想，为什么艺术家选择了这些场景来加以描绘？为什么各个人物形象之间缺少个体差异？在今天，人们会怎样创作类似的装饰品？这种场景又会描绘什么内容？

苏美尔：《乌尔的“皇家军旗”》

下面这幅作品是在一座公元前 2700 年左右的墓葬中发现的，由贝壳、天青石和铁锈石制成，镶嵌在一个木箱的侧面。它反映了苏美尔人的两个生活方面：战争与和平。在第一块画板（见图 1-1）的底层，从左到右，我们可以看到一辆木质战车正在追逐敌人，将其打倒在地。在中间那层，苏美尔的战士头戴盔帽，身披护甲，手持短剑，抓着俘虏往前走。在第三层，画面右边的士兵把俘虏带到了国王面前。国王刚刚从画面左边的护卫车辆上下来，站在画面正中。他比其他人都要高大。而在第二块画板（见图1-2）中，苏美尔人（至少是王公贵族们）正在享用胜利与和平的果实。在底层和中间那一层，搬运工和仆人正在把生产出来的物品和牲畜送往宴会。而在最上面那一层，左边的国王和将军们一起喝酒。宴会上有仆人侍奉，画面右边还有竖琴师和女歌手表演歌乐。

图1-1

大英博物馆/布里吉曼艺术图书馆提供

图1-2

大英博物馆/布里吉曼艺术图书馆提供

很显然，这幅作品提供了一些被历史学家视作“文明社会”的东西。我们可以在这里看到农作物，看到各种被驯养成家畜的动物，看到一些重要的发明，比如车轮。而画面上的竖琴、正式宴会以及这幅艺术作品本身的存在（镶有这幅画的木箱，可能就是用来装竖琴的），则表明当时的休闲活动已相当发达。此外，从战车、士兵、搬运工、乐师、歌手、仆人和宴会中，我们可以看出，这个社会组织有序，具备一定的社会规则。最后，国王代表了手握军权的专制君主的形象。请注意，这幅画上唯一的女性只是一位歌手。

思考：为什么画面上的人物形象都千人一面，缺少个体的差异性；画面上反映出苏美尔人的社会分层，其基础是什么；有哪些东西或场景是你希望看到但这幅画却没有表现的；创作者为什么只描绘了这些特定的场景和事物。

美纳墓中的埃及壁画

这幅壁画（见图 1－3）出土于一位名叫美纳的埃及书记官的坟墓，他大概生活在公元前 15 世纪晚期。这幅画表现了埃及人经济生活的基本情况。从下往上看，这幅壁画用图像的方式记录了一次丰收的场景。在最下面一层，从左往右看，平民正用镰刀收割麦子。然后，麦子被装进用绳编成的篮子里运走。运麦子的人经过两个女孩（她们在为剩余的一点麦子争得不可开交）和两个坐在海枣树下休息的人（其中一个正在吹笛子）。海枣树附近，人们用耙子耙麦子，为麦子脱壳。到了画面的第二层，从右往左看，人们赶着牛去压麦子，使麦粒和麦壳分离，然后将麦子扬起，使之随风落下，从而将麦壳清除。接着，人们把这些粮食送到高级书记官美纳面前。他站在一座凉亭里，旁边有下属辅助他记录。在画面的顶层，从左往右看，人们正用绳子丈量土地，以此作为纳税的基准。画面正中，美纳监督着他的下属；他们一边指挥那些履行了纳税义务的人排成一行，一边则鞭打那些没有纳税的人。最后，这些粮食被打包、装船、运走。

图1-3

埃里克·莱辛（Erich Lessing）/纽约艺术资源库提供

埃及似乎经常遇上农业丰收，因此，埃及社会围绕着丰收而紧密地组织起来——从小麦的收割、处理、船运到税收和执法。通过他在画中的形象尺寸、他在凉亭中的位置以及他手上和身边的一些象征权力的器物，书记官美纳的权威地位跃然纸上。不仅如此，这幅画也反映了“书写”在人类早期社会的重要性：美纳和他的直接下属之所以占据权威地位，部分原因就在于他们能够书写；在这里，这是一项与组织经济活动、征收民众税收的中央集权相关的技艺。最后，这幅壁画还揭示了埃及人的部分宗教信仰。上述场景是画在坟墓里，并不打算给活人看的，所以，这些画是为死人或者彼岸世界而创作的。这意味着，埃及人相信，此岸世界以及人们生前的所作所为与其死后生活密切相关。

思考：这里有哪些证据可以证明当时已经存在文明社会；这幅画和《乌尔的“皇家军旗”》之间有何异同。

西南亚和东北非地区的环境与文明的崛起

下面的三幅地图把西南亚和东北非地区的天气、植被、农耕地点同当地的文明发展状况联系在了一起。地图1－1展示的是该地区现在的年均降雨量（尽管过去的五千年里气候发生了一定变化，但似乎尚未发生巨大的改变）。地图1－2展示了当地的植被状况和一些在该地区发现的早期农耕地点。而地图1－3则表明了这里的文明发展状况。

将三幅地图合在一块，显示出一种倾向性，即早期的农耕地点往往出现在降雨充沛的地区和亚热带森林地带，因为两者都有利于谷物的种植。这些地区通常最终有助于文明的发展。但是最早的人类文明，却不是在上述地区产生的，而是出现在一些降雨量小、河流两岸森林较少的地方。这些河流的存在，能够弥补降雨的不足，但这也意味着人们面临着发展水利灌溉系统及其相应的社会政治组织的艰巨任务。在美索不达米亚和埃及的最早的文明中，就发生了这一切。

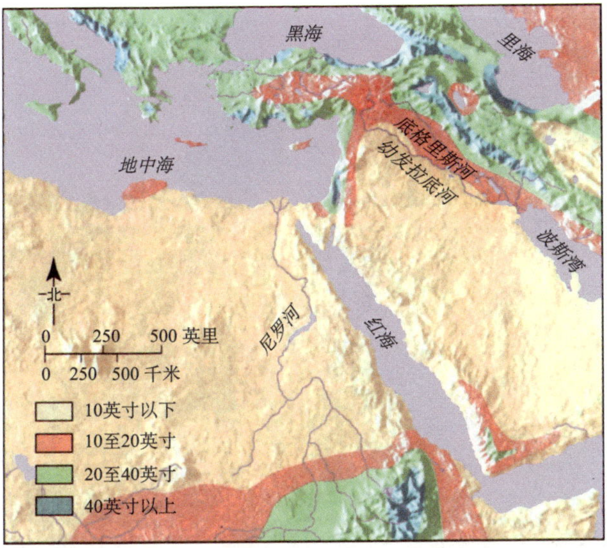

地图1-1　降雨量

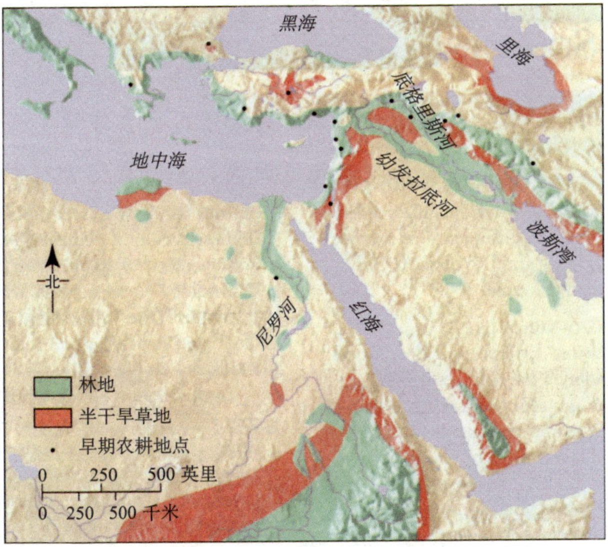

地图1-2　植被和农耕地点

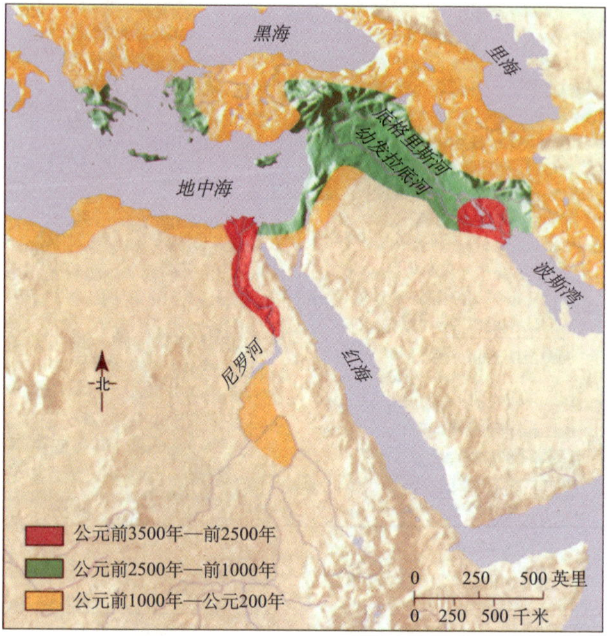

地图 1－3　文明发展状况

思考： 地理和气候因素，如何有助于我们去理解美索不达米亚和埃及的文明崛起；地理和气候因素，如何有利于人类在该地区定居，但又不至于使之膨胀成为大型的有组织的社会。

第二手资料

如何使用第二手资料：以《农业革命》为例

关于第二手资料，我们已在"前言"中做过简单的界定和讨论。接下来，我们以下面第二手资料《农业革命》（*The Agricultural Revolution*）为例，更详细地告诉你如何使用第二手资料。

1. 当你阅读第二手资料时，比如这篇由罗伯特·布雷德伍德（Robert J. Braidwood）撰写的《农业革命》，不能像阅读第一手资料那样把它当作历史的证据，而是要把它看作学者（通常是历史学家）得出的研究结论，即针对第一手资料所提供的历史证据的某种解释。你的任务就是要尽力理解作者的解释，对他所提供的论证或论据能否充分支持其结论给予评价，从而决定你可以在多大程度上赞同或反对他的解释。

2. 你要带着问题去阅读第二手资料。这个过程可以使你保持清醒，不断叩问作者选择并提到某些特定信息的理由，以及他试图向读者传达的结论。或许，始终要在脑海里追问的两个最重要的问题是：作者正在试图回答什么问题？作者试图得出什么结论？对于每一份第二手资料而言，对这两个问题以及其他相关问题的引导，都能在这份资料的批注和“思考”中找到。

这份第二手资料的批注告诉我们，作者罗伯特·布雷德伍德的目的是对农业革命（尤其是农业革命的传播和重要性）予以解释。而“思考”部分则提示我们，作者试图在某些具体的方面说服我们。比如，他解释了农业革命发生的原因，并且他不赞同其他学者提出的另一些解释（环境决定论）。

3. 对于布雷德伍德在每一段中试图论证的内容，你要试着用简单的几句话来总结：他想得出什么结论？

你可以概括指出，在第一段，布雷德伍德试图告诉我们，农业革命是我们人类最重要的成就。他界定了农业革命（“动植物驯化技术”与“高效率的食物生产技术的出现”）并讨论了它为什么如此重要（接下来，城市社会和工业文明得到迅速发展）。

在第二段，布雷德伍德的结论是，农业革命是由文化的发展引起的。他认为，农业上各地出现的发明创造能够支持他的结论。

在第三段，布雷德伍德首先提出关于农业革命的原因，还有另一种相反的解释（环境决定论）。而接下来，他进行了一番论证，说明他为什么不同意这种相反的观点。

在下面的三个段落中，布雷德伍德更加详细地提供了自己的解释和论证。总而言之，你应当尽力去概括他在每个自然段中所表述的内容。

在最后一段，他同许多作者一样，再次强调他所讨论的这个话题（农业革命）具有重要意义。那么，请问，在这一点上他是如何做的?

4. 最后，请回过头来，把一份第二手资料视为一个整体，并尽力将作者的论证和结论清晰明确地加以整理。

现在，你可能会说，布雷德伍德论述了两件事情。第一，农业革命对于人类历史是极其重要的，因为它直接导致了城市文明的出现。第二，产生农业革命的原因是文化上的差异性和特殊性，而不是由环境决定的。

《农业革命》*

罗伯特・布雷德伍德

在五千年或六千年前最早的文明出现之前，人类已经在地球上的某些地方生活了数千年。人类的生活条件之所以会发生相对迅速的改变，关于这方面的原因，学者们也给出过许多不同的解释。然而大多数历史学家和人类学家都把新石器时代的农业革命——在这一过程中，人类通过对动植物的驯化转变成食物的生产者，而不再是狩猎者和食物采集者——视作人类生活转向文明的核心环节。在下面的节选文章中，考古人类学家罗伯特・布雷德伍德分析了农业革命及其传播和重要性。

思考：农业革命的根源或原因；布雷德伍德反对环境决定论，认为农业革命是由文化的差异性和特殊性造成的；农业与城市起源之间的联系。

制造工具是智前古人的发明。而我们人类这一种群能与之相比的成就，则是农业革命。毫无疑问，在类人猿和智前古人的时代已流传并缓慢发展了五十万到一百万年的狩猎和采集技术，可以维持一定数量的人类存活。但是随着动植物驯化技术的出现，人类文化的大量新内容才得以在短时间内成为可能。这种高效率的食物生产技术的出现，不大可能预先设计其后续发展，但是如下这些情况却随之发生了：第一批城市在数千年内就出现了；而不到一万年，人

---

* Robert J. Braidwood, "The Agricultural Revolution", in C. C. Lamberg-Karlovsky, ed., *Hunters, Farmers, and Civilizations: Old World Archaeology*, W. H. Freeman and Company, 1979.

类就进入了现代的工业文明。

食物生产的成功试验最早出现在西南亚，新月沃土[①]地区的侧方山峦。稍晚一些的试验则发生在中国（可能是独立地发生）和美洲新大陆（当然是独立发生）。农业革命的这种多元发生局面意味着，它极有可能是此前人类文化发展的结果，以及环境条件的特殊结合的产物。因此，我们必须到文化的记录中去寻找农业的起源。

就在不久前，环境决定论的支持者指出，农业革命是人类对气候的巨大变化（距今最近一次的冰川期大约在一万年前结束）的一种反应，然而在过去的七万五千年里，气候已有过多次类似的变化，而且那些可以被驯化的动植物，在此前肯定也已经出现在西南亚和其他类似地区的食物采集者的生活中。更何况，最近的研究表明，出现农耕活动的新月沃土地区，其气候条件并没有太大改变。此外，有的环境决定论者还诉诸接近理论[②]，认为是在沙漠绿洲中与外界隔绝，但同相应的动植物生活在一起的人们开始了驯化的过程。

在我看来，我们根本不需要用一些无甚关联的原因把事情搞复杂。食物生产这一革命，似乎就是随着人类共同体之间的文化差异性和特殊性日益显著而发生的。大约在公元前 8000 年，居住在新月沃土周边山峦地区的人们逐渐发现，他们的生活环境非常好，足

① 新月沃土是指中东两河流域及附近一连串肥沃的土地，包括美索不达米亚和古埃及，位于今日的以色列/巴勒斯坦、黎巴嫩、约旦部分地区、叙利亚，以及伊拉克大部和土耳其的东南部、埃及东北部，其形状在地图上看似一弯新月。

② 该理论认为，北非和近东的部分地区，在史前时期出现连续几千年的气候干旱化，迫使食草动物和人类从河流沿岸撤出，集中到绿洲地带，因为只有绿洲才能终年有水。人和动物在绿洲地带里有了较以前更为密切的接触，促使人们驯养动物成为牧人，牧人在其居住地附近收割牧草，从而产生出种植作物。

以使他们驯化动植物，而不必像以前那样去采集和捕猎。此后不久，中美洲、安第斯山脉、东南亚和中国等地区的人类文化也达到了相应的水平。于是，从这些轴心地带开始，人类文化开始向世界的其他地区传播这种全新的生活方式。

随着农业革命的传播，曾经不断被强化的食物采集的生活方式开始趋于没落。因为只要稍加适应和改造，新的技术就能广泛适用于诸多环境。位于底格里斯河附近、时间上晚于杰尔莫[①]的哈苏纳[②]考古遗址表明，当地人和属于叙利亚西利西亚的阿姆格地区的人们相互交换制造陶器和标枪（用燧石和黑曜岩制成）的技术。在当时，食物生产活动的基本内容——小麦、大麦、绵羊、山羊，可能还有牛群——已经由原产地向西一直传播到地中海的东海岸，向东则远至里海东部的阿瑙湖。尽管有地区的文化差异，但人们能够采用并融合越来越多的来自其他地区的文化因素。最终，这种全新的生活方式越过爱琴海来到欧洲，慢慢地沿着欧洲的海岸线以及第聂伯河、多瑙河、罗讷河等主要河流传播开来。欧洲的食物采集者接受了这种新的生活方式，但是正如戈登·柴尔德（V. Gordon Childe）所指出的那样，他们“并不是盲目的模仿者：他们把来自东方的馈赠转化为一种新的有机整体，从而使之能够按照其原有的线索发展”。在此过程中，欧洲人开始种植黑麦和燕麦，而这些作物在刚开始进入欧洲大陆时，是被当作会影响小麦和大麦生长的杂草来处理的。类似地，在中美洲地区的农业传播中，有些北方民族也曾排斥过这种新的生活方式——至少有一段时间是这样的。

---

① 史前的考古遗址，在今伊拉克。

② 美索不达米亚古城。

到公元前 5000 年左右，“乡村—农耕”这种生活方式似乎已沿着底格里斯河和幼发拉底河传播到该流域的冲积河滩地区。罗伯特·M. 亚当斯（Robert M. Adams）相信，居住在流域低地的人们擅长从河中获取食物。但他们的农耕知识，应该是从高地地区的人们那里学来的。在河滩地区，由于气候条件的差异、季节性的洪水泛滥以及小规模的灌溉系统的存在，农业生产经历了一次重要的技术变革。到了大约公元前 4000 年，美索不达米亚南部地区的生产力不断提高，使其农业开始支撑城市文明的发展。欧贝德[①]的古代定居点，就是这一时期的典型代表。

因此，就在这三千到四千年里，人类生活所发生的变化比此前 25 万年里所发生的全部变化还要剧烈。农业革命之前，除非赶上一次丰盛的捕猎，否则大部分人都不得不把时间花在“吃了上顿找下顿”的过程中。由于人类学会了生产而不是仅仅靠采集和狩猎，并且懂得如何储存和圈养，因此，他们不仅能够而且需要生活在更大的共同体里。人类的精力被解放出来，可以投入到许多新活动中，因而，许多非农业技艺就相应地发展起来了。像基本机械原理的发现、纺织术的发明、犁和车轮的使用以及冶金术的发明之所以很快出现，并非偶然。

文明的进程*

威廉·麦克尼尔

历史学家一直对文明的最初起源和发展兴趣浓厚。在这个话

① 古代遗址，在今伊拉克东南部古代乌尔遗址附近。

* William H. McNeill, “A Short History of Humanity”, *The New York Review of Books*, June 29, 2000, pp. 9-11.

题中，居于核心地位的是早期文明之间如何相互影响。下面这些文字节选自历史学家威廉·麦克尼尔（William H. McNeill）2000 年的文章《人类简史》（*A Short History of Humanity*）。在该文中，麦克尼尔强调了交往——尤其是海上交往——在文明进程中的重要意义。

思考：麦克尼尔怎样定义“文明”；为什么交往和运输在文明进程中如此重要。

文明把陌生人联系在一起，而把生活在一起的人们划分成各具特点又相互依赖的群体。祭司和统治者、武士和工匠、商人和旅行者、主人和奴仆，他们的生活各不相同，但全都依赖于物资和服务的交换，一方面受制于习俗规则，另一方面又受制于人口和物质在供求上的条件限制。

与最初的生活共同体相比，以城市为基础的人类文明尽管（一直到现在都）表现出混乱、不稳定的社会结构，但它更有力量，能够使数量较庞大的人口协调行动。这一方面靠的是人们对审慎指令的服从，另一方面靠的是经过协商——这种协商或多或少算是自愿的——而达成的物资交换与服务交换。更多的人在一起劳作，无论他们情愿还是不情愿，有意还是无意，这种情况所产生的后果，与人类历史初期在大部落中生活但尚未开化的个体之间的合作是一样的。换言之，与那些同质社会相比，开化了的文明社会更有力量应对自然环境，并且控制更多人口。自人类文明出现以来，文明世界的社会复杂性就一直在延续。直到今天，几乎全人类都被纳入一个全球体系中，到处都在快速地交换信息，颠覆传统的生活方式。……

一位富于想象力的历史学家如果注意到交往和运输方面的突破

性进展，那么他就能发现文明进程中的一些重要里程碑。因为，这些突破性进展改变了信息在人们之间的流通范围和方式，加速了新鲜事物的出现频率和广度，使之比以往更能满足人们的愿望和需求。……

当人们学会使用桨和帆作为小筏和小船的动力后，生活在便于航行的沿海地区的人们，就有可能前往遥远的地方。东南亚（尤其是印度尼西亚群岛）的几乎所有地方，都是这种突破性进展的主要发生地。而早在四万年前（也许更早）就有人到达了澳大利亚，他们肯定是凭借某种漂浮装置才到达那里的。因此，这或许就是人类航海史的开端。然而木制的船筏几乎没有留下什么考古遗迹；而且由于冰川融化，海平面上升，东南亚和其他地区的早期人类的沿海定居点都已没入海底了。

现在我们清楚地知道，很早以前，人们就懂得利用有规律的季风，驾驶帆船往返行驶于东南亚地区和印度洋沿岸。随着时间的推移，航海技术得到进一步的发展，我们可以从苏美尔人的文字记录中发现关于海上交通的少许信息。他们将自己位于波斯湾的土地同印度社会和埃及社会联系起来，使之纳入海上民族所能达到的广阔天地中。

事实上，苏美尔人的城市，就是在这个海上交通网同商队的水陆联运网的交汇处出现的。驴子作为最重要的商队运输动物，大概早在七千年以前就被驯化；但是由于商队的运行几乎与海上航行一样情况复杂，因此可能经过了很长一段时间，陆上运输才变得重要。而且唯有让当地人明白，允许商队通过但收取一定的保护费，这可以比抢劫获得更多的奇珍异宝时，长距离的陆上运输才能把不同人群联系起来，而且这种联系比以往更加迫切。因此毫不奇怪，正是在苏美尔这个古老的海上交通网与新近的内陆通道相衔接的地区，诞生了人类的第一批城市（公元前 4000 年到公元前 3000 年之间）。货物和观念顺着这些交往网络不断流动，而当它们汇聚时，苏美尔人正好居于最佳位置，他们可以精心挑选，对这些源自各地的技术和知识进行阐释和改进。

苏美尔人的成就，像文字、冶金术、轮车，还有令人印象深刻的宗教，同样沿着这些网络四处流传。比如，在遥远的北方大草原，说印欧语的牧民就继承了苏美尔人用来供奉七位最高神——天空、大地、雷雨、太阳、月亮、淡水和咸水——的万神庙。经过后来的些许调整，他们的后裔——雅利安人、希腊人、拉丁人、凯尔特人、日耳曼人和斯拉夫人——又把这种属于异教的万神庙带入印度及整个欧洲。

类似地，苏美尔人的轮车，以两轮战车的形式在公元前 1400 年左右传入中国，并且帮助商朝巩固了它的政权。不过，在苏美尔人的所有发明中，文字可能是最为重要的，因为它为信息的储存和恢复提供了一个新的方式。同人的记忆相比，书面记录容量更大、保存时间更长而且更可靠，因此，它使得祭司和统治者们能够根据有效的规则，对数量庞大的物资进行收支管理。于是，政府变得强大；政府的指令（即使在很远的地方）更有强制性；调动千百万人共同行动，也就如同家常便饭一般了。

古代世界中的自由：苏美尔文明*

赫伯特·马勒

历史学家通常把城市的发展看作人类步入文明的一个标志，

* Herbert J. Muller, *Freedom in the Ancient World*. Harper & Row, Publishers, Inc., 1961, pp. 33-35.

认为城市的发展才是文明开化的真正本质特征。而人类最早的城市，是苏美尔人在底格里斯河与幼发拉底河流域创建的。在那里，他们已经开发出水利灌溉系统。下面的节选段落中，赫伯特·马勒（Herbert J. Muller）分析了城市和灌溉系统在社会和政治方面对于苏美尔人的重要意义，并且关注文明的发展所带来的一些问题。

思考：为什么城市和水利灌溉系统出现后，社会需要有新的政治和法律体系；为什么马勒相信，由文明所创造的更多财富和机遇对苏美尔人来说并不完全是件好事。

我们现在必须考虑一下随着文明的兴起而出现的问题——这些问题并非主要出于人类的罪恶本性，毋宁说，它们出自城市的本性。“友情只有一天，血缘却是永久”，这是苏美尔人的一句格言。然而在情况更为复杂的城市生活里，人们不再被血缘纽带捆绑在一起，甚至连家庭也不再稳定。苏美尔人的另一句俗语就说：“高兴便结婚，转念便离婚”。可见，对于那些曾经有效维护乡村秩序的习俗和共同观念，苏美尔人已然抛在脑后。因此，他们不得不依靠政治统治和法律体系这些由强制力和道德约束所推动的东西，来弥补习俗力量的空缺。从这个意义上讲，城市出现了罪恶的问题。就在这里，而不是在伊甸园，人们开始堕落。

说得更具体点，是文明的兴起导致了社会的问题，而且这些问题直到今天依然存在。凭借其卓越的排水和灌溉系统，苏美尔人可以生产出远远超过其生活必需的物质财富，并且这种剩余量还在不断增长。于是问题出现了：谁将掌握并享有这些财富？苏美尔人的答案十分明确：主要是少数特权者。在理论上，当然是神拥有这一切，但实际上，神却需要一些僧侣执行者提供服务。没过多久，由于僧侣又需要众多奴仆来服侍，因此，他们的权力和利益就在供奉神灵的过程中得以膨胀。而阶层的分化，在宗教团体中就和在世俗的城市生活中一样，都变得越来越明显。即便是一位技法高超、在金银珠宝制作方面无人能及的工匠，在苏美尔的城市中也只是下层人，根本买不起自己生产的产品。……而在城市之外，还有另一种人——农民。这些人一直生活在没有文字的世界里，因而都是文盲，他们只知道他们不懂书写，他们必须依赖于城市的当权者，甚至必须依赖于他们的剥削。总而言之，城市的革命性发展创造了许多新奇之物，这些东西会在未来的工业革命中变得更加鲜活。不过，在苏美尔人的生活里，随着集体财富的增长，许多人的境况却变得更差了，人们甚至觉得比新石器时代还要糟糕。

相应地，大型水利灌溉系统还带来了一个政治问题：谁来控制由此出现的社会组织？谁来行使由此产生的权力？答案仍然是：少数的特权者。随着城市里出现僧侣的寺庙财产，僧侣阶层越来越需要世俗民众的支持，尤其是在战争期间。苏美尔人的传说也记载过在早期城市里出现的平民大会，但是它的重点却在于大洪水之后的“君权神授”。根据这种观念，神灵派国王维持秩序，并确保人们能正确地侍奉他们；而城市的福祉就依赖于这种侍奉。但是如果你看看苏美尔人关于大洪水之前的黄金时代的神话传说——曾经有一座宁静而丰裕的伊甸园，在那里，没有蛇蝎，没有虎狼，“没有害怕，没有恐怖。人类没有敌人。”——你就会发现，城市的福祉并不完全等同于天堂的恩赐。至少，城市中那个受命于天的国王是作为一个绝对的君主来施行统治的，这可能就是一件恐怖的事。国王的存在引发了一场蝗灾，亦即收税官的出现。于是我们再次看到，文明意味着一种新奇和怪诞：当集体获得更多的有效自由时，个体享有的自由反而比不上史前时代的人们了。

埃及与古代近东地区的女性*

芭芭拉·莱斯克

在埃及和美索不达米亚文明的早期阶段，女性比后来拥有更多的机会获得重要的政治、宗教和经济地位。那么如何解释这种变化，是什么使得近东地区的文明社会主要由男性把持，而对女性更加压制？埃及学家芭芭拉·莱斯克（Barbara S. Lesko）在下面的节选段落中就提出了这个问题。在这里，她主要关注的是公元前3千纪晚期到公元前2千纪早期的情况。

思考：哪三个因素可以解释女性地位和各项自由的衰落；埃及和早期苏美尔文明与后来的社会——比如亚述——相比，有什么不同；对于女性地位和各项自由的衰落，还有没有别的解释。

苏美尔文明衰落后，近东地区的女性日益受到父权制的压迫，那么什么是父权制兴起的真实原因呢？原因有几个方面。第一个原因是军国主义。在早期的农耕社会，比如埃及，由于它的内部争端能够得到强有力的中央集权政府的有效控制，战争通常发生在国境以外。在它有文字记载的最初的一千五百年里没有设立过常备军，而且外族入侵也很少影响全国，因此，埃及的女性一直都享有公民的各项责任、权利和义务。然而后来，随着城市间的战争变得频

---

* Barbara S. Lesko, “Women of Egypt and the Ancient Near East”, in Renate Bridenthal, Claudia Koonz, and Susan Stuard, *Becoming Visible: Women in European History*, 2d ed. (Boston: Houghton Mifflin Co., 1987), p. 74.

繁，外族的入侵愈发常见，军国主义便发展起来了；军国主义排斥女性，使她们成为依赖者。第二，在重商主义占据上风的地方，比如亚述，你能发现最糟糕的父权制形态。建立在个人能动性基础上的商业最早大规模地出现在古代巴比伦时期；当时，男性为了扩大财务收益，就已经开始试图控制女性。关于这一点，我们不仅可以在《汉穆拉比法典》中看到，也可以在寺庙里的女祭司所遵守的规章制度中看到。在亚述，除了充满敌意的军国主义，重商主义的兴起也严重地损害了女性的权益。而由于埃及的商业在很长一段时间内都是由国家垄断，因此它给社会造成的影响就要小得多。

我们或许可以进一步指出，即便是在具有些许军国主义色彩的埃及新王国时期，女性的地位和各项自由也没有显著衰落。因此这就揭示了第三个原因：自信。要知道，一个拥有充分信心的民族才能够给予宽容。埃及人对他们的神灵、永恒的生命和广袤的土地充满信心。早期的苏美尔文明也是如此。而后来的社会就不是这样了。可以说，正是那些始终处于威胁中的男性和社会——比如亚述，它一直被其致命的敌人，虚弱而穷困的以色列人从三面包围着——才会对其女性严加束缚。

注释

[1] 智慧与幸运之神。

[2] 这里的原文是“awelum”，字面意思是“人”。但在法律文书中，它至少有三种用法：(1) 有时指贵族；(2) 有时指自由民，无论他属于哪个阶层；(3) 偶尔就指人，无论国王还是奴隶。一般情况下，我用“man”这个含义更丰富的词，但在法典中，由于上下文并不清楚，因此我延续了原文的模糊性而采用了“seignior”这个在意大利语和西班牙语中的常用术语，

以表明这里是指任何意义上的“自由民”，而不是严格的封建制度意义上的“自由民”——尽管在古代近东地区确实存在某种类似于封建体系的东西。而这也是我采用“seignior”这个词的另一层原因。

[3] 这里指的是王冠的样式，上埃及的王冠被嵌入下埃及的王冠中。

[4] 芦苇是上埃及的象征物，而下埃及的象征物则是蜜蜂。

[5] 分别指埃及和非埃及的领土。

[6] 指居住在上埃及和红海之间沙漠中的民族，该民族以抢劫旅客为生。而赞美诗中的这位法老王刚刚与他们有过交战，后面的诗文还会证明这一点。

[7] 法老王梅仁雷约在公元前 2250 年征服下努比亚的所有部落。

第 2 章

印度（公元500年以前）

在印度次大陆，最早的文明发源于公元前 2500 年左右的印度河流域。我们知道，在那个时候，一些大城市已经形成，例如北部的旁遮普地区的哈拉帕和南部的莫汗佐达罗。我们还知道，那是在一个强大的中央政府统治下的有序社会。然而这一早期文明却是个谜，如同该文明在公元前 1750 年至公元前 1500 年间轰然坍塌一样，令人费解。

此后不久，来自中亚的雅利安人开始向东南迁移。他们进驻印度河流域，征服了当地的达罗毗荼人，埋下了印度种姓制度的种子。雅利安人的武力扩张结束后，僧侣阶级的影响得到增强，建立了婆罗门教。而我们对雅利安人的认识，实际上就来自婆罗门教的典籍《吠陀》（*Vedas*）的记载。《吠陀》不仅包括了宗教信仰，还包括许多民间智慧和传说。而后来出现的《梵书》（*Brahmanas*）和《奥义书》（*Upanishads*），则是对《吠陀》仪规的具体阐述。这些书籍通过云游僧人广泛传播。

以这些宗教信念和宗教活动为基础，公元前 6 世纪之后，印度教出现了。印度教是一种宗教、一种哲学，更是一种人生指南。与此同时，一些新的宗教也繁盛起来，例如耆那教和佛教。这些宗教所宣扬的自我救赎观念更容易被普通民众接受。

就在这段时间里，印度文明日趋精深，城市愈加繁荣。在教会祭司的支持下，世袭的国王统治着版图辽阔的国家。当时，印度最伟大的统治者是孔雀王朝的阿育王（公元前 273 年—前 232 年），他鼓励发展艺术和佛教，建设强有力的政府和发展公共事业。公元前 185 年，孔雀王朝寿终正寝。此后，印度北部一度处于群龙无首的混乱状态。直到贵霜王朝，该地区才渐渐恢复了秩序。而在印度南部，依然存在许多小王国。它们虽然规模不大，但也十分富足。到了公元 4 世纪，笈多王朝取代了贵霜王朝。很多人认为，笈多王朝的统治比较人道和温和。

在本章，我们将重点关注三个问题。第一个问题是，在这段漫长的历史里，印度的社会秩序的性质是怎样的。我们将把重点放在印度的世袭制度、婚姻状况、性别及妇女的社会地位上面。第二个问题是，印度的宗教观念和哲学传统有什么特点。我们将主要考察佛教和耆那教。最后一个问题是关于印度文化的发展。而这个问题会综合前两个问题。我们想强调的是，要想在一段如此复杂的民族、文化和宗教的历史中找到一些共同点或普遍特征，这可能不是件容易的事。

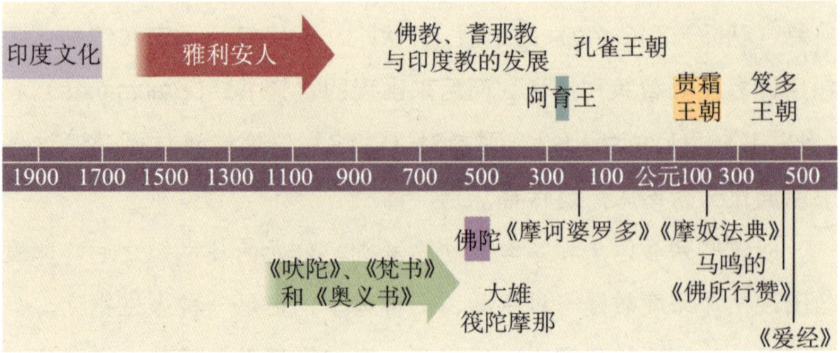

第一手资料

《摩奴法典》：印度的种姓制度*

婆罗门教的建立带来了新的社会秩序。这种秩序的基础是《梨俱吠陀》（*Rig-Veda*）的教义。在该秩序中，人被划分为四个种姓：婆罗门（祭司）、刹帝利（武士）、吠舍（商人、农民等平民）和首陀罗（奴隶）。而亚种姓群体根据人们的肤色来划分，每个亚种姓算到最后只有几百人。种姓是世袭的，不同种姓之间禁止通婚。每个人的种姓无法改变。以下是关于印度种姓制度的两段文献。

第一段文献摘自《摩奴法典》（*Manu Smriti*，即 *Lawbook of Manu*）。该法典据说是在公元 200 年左右由一位名叫摩奴的贤者所作，其目的在于指导印度人履行家庭义务、宗教职责和社会责任。法典介绍了各种姓的产生，并说明了它们在这个神造世界里的各自职责。

思考：划分不同种姓的依据是什么；宗教信仰和社会秩序之间有什么关系。

从一开始，至高无上的神即按照《吠陀》中所言，给每一种物都赐予了名字、作用和生活条件。

主还创造了众多活跃的而有灵性的神、不可见的群仙，以及永

---

* F. Max Müller, ed., *The Sacred Books of the East*, vol. XXV (Oxford: At the Clarendon Press, 1886), pp. 12-14, 24. 译文参考［法］迭朗善译：《摩奴法典》，马香雪转译，11～12、21 页，北京，商务印书馆，1982。

恒的祭祀。

主为了完成祭祀，从火、风和太阳中取出三种永久的吠陀——“梨俱”、“耶柔”和“娑摩”。

主创造了时间和时间的划分，创造了星月、江河、海洋、山岳、平原和丘陵。

主创造了节俭、语言、欢愉、欲望、愤怒，还有万物，因为他要让万物存在。……

主在创造万物时所赋予的各种性质，例如善恶、刚柔、德鄙和真伪，这些性质在以后的生命中将一直伴随它们。

犹如四季变化，在每个季节到来时便呈现其各自的特性，具有肉身的存在者（在再次出生后）也仍会遵循（先天注定的）行为轨道。

当时，为了繁衍人类，主从自己的口、臂、腿、足等部位，创造了婆罗门、刹帝利、吠舍和首陀罗。……

他命婆罗门学习和传授《吠陀》，为自己和他人而献祭，施舍并接受施舍。

他命刹帝利保护百姓、馈赠他人、供奉祀品、学习经典，并要禁欲。……

吠舍的职责是饲养牲畜、提供劳动产品、供奉祀品，学习经典、经商、借贷以及农耕。

他赋予首陀罗的职责只有一个，那就是顺从地服务于其他三个种姓。

《摩诃婆罗多》*

第二段文献来自《摩诃婆罗多》（*Mahābhārata*，约公元前 900 年—公元 200 年）。这是世界上最长的诗，其中有大约十万个对偶句，讲述了两个王室家庭争夺王位的斗争。下面的节选段落是对世袭的种姓制度的描述。当时，人们认为这种制度可以维护社会的和平与繁荣。而这段描述就是为了向人们展示这一点。

思考：为什么要建立这种世袭的社会等级制度；这种秩序能否达到预期效果，能否解决那些应该解决的问题。

毗湿奴说："我想说一下永恒不变的职责。克制愤怒、讲真话、与自己的妻子生育后代、行为纯洁、避免争吵、奉行简单生活、帮助不能独立生活的人——这九大职责是四个种姓都应履行的。

"还有一些是婆罗门的专有职责，我现在就告诉你。婆罗门的第一大职责是自我约束。学习《吠陀》、静心修炼苦行……财富属于那些知识渊博、清心寡欲、认真履行职责、没有不当行为的婆罗门。他们应该娶妻生子、行善、祭祀。智者言，由此获得的财富应当愉悦地与值得的人以及亲属分享。……

"我也想告诉你，刹帝利的职责是什么。刹帝利应该施舍别人，却不能乞讨。应该参加祭祀，但不能作为祭司来为他人司祭。不能教授别人，只能学习。要保护百姓，与强盗和恶人斗争，在战场上发挥自己的威力。……熟悉经文的人是不会为那些从战场上归来却

---

* Protap Chundra Roy, trans., *The Mahābhārata of Krishna-Dwaipayona Vyaa* (Calcutta: Bharata Press, 1883), pp. 81-83.

毫发未伤的刹帝利喝彩的。这种行为被看作刹帝利的耻辱。他们的最高职责就是镇压强盗。……

“我现在再告诉你，吠舍的永恒职责是什么。吠舍应该施舍别人、研习《吠陀》、进行祭祀、用公平的手段获得财富。他还应该保护并精心照顾所有的（家养）牲畜，就像照顾自己的子女一样。……造物主当初创造了牲畜，并把它们交给吠舍照顾。……我来告诉你，吠舍的谋生手段是什么，他怎么维持自己的生计。假如一个吠舍（为别人）养了六头母牛，作为报酬，他可以得到一头母牛产的牛奶。假如他（为别人）养了一百头牛，他可以得到其中两头牛。如果他用别人的钱财去做生意，他可以得到利润的七分之一。若是帮别人卖牛角，也可以得到利润的七分之一，但如果是卖牛蹄的话，他只能得到十六分之一。假如他从事农业，用别人提供的种子播种，他可以得到产出的七分之一。这是他每年的劳动报酬。吠舍永远不要想自己可以不用饲养牲畜。……

“我还要告诉你，首陀罗的职责是什么。造物主赋予首陀罗的角色是其他三大种姓的奴隶。……通过为其他三大种姓服务，首陀罗会得到巨大的愉悦。他应该按照他们的资历地位去侍奉他们。首陀罗绝不能敛聚财富。否则，他就可能利用财富而使其他三个种姓里的一些人臣服于自己。这种行为是有罪的。然而若经国王准许，首陀罗在进行宗教活动时可以获得一些财物。……按规定，首陀罗必须依赖其他三个种姓生活。这三个种姓的人应该把旧的雨伞、头巾、床具及坐具、鞋、扇子送给他们的首陀罗奴隶。不合身的旧衣物也应该施舍给首陀罗。……无论主人陷入何种逆境，首陀罗都不能背弃主人。假若主人失去了财富，首陀罗应该给予大力支持。首陀罗不能拥有自己的财物。从法律上说，他们所有的一切都属于其主人。”

《摩奴法典》：婚姻和性行为*

印度种姓等级制度不仅把印度社会分成不同的阶层，还对婚姻和性行为做了规定。以下两段文献可以反映这些规定。第一段文献出自《摩奴法典》，着重阐述婚姻法则。第二段文献出自《爱经》（*Kāmasūtra*，公元 300—600 年），讨论的是性行为及其规则。两段文献所描述的这些规则都只适用于男性，因为女性只需忠诚和服从就可以了。

思考：婚姻和性行为从哪些方面反映了更广泛的社会秩序；男性和女性的相对社会地位是怎样的。

一个再生族[1]在获得老师的同意后，应该在家根据规定沐浴净身，迎娶同一种姓具有吉相的女子为妻。……在选择妻子的时候，应该避免下列十种人家，无论他们多么有势力，拥有多少牛羊、金银和粮食，即无视祭祀的、没有男丁的、不诵习《吠陀》的、家里人毛发浓密的、患有痔疮的、患有痨病的、患有肠胃疾病的、患有癫痫的、患有白癞的、患有象皮病的。不能娶头发泛红的女子，不能娶肢体有多余部分的女子，不能娶体弱多病的女子，不能娶没有毛发或者毛发过多的女子，不能娶唠叨不休的女子，不能娶眼睛通红的女子。不能娶那些根据星辰、树木、江河、蛮夷、山丘、禽鸟、蛇虫或奴隶而取名的女子，名字让人恐惧的女子也不行。应该选择一个身体无缺陷、名字动听、步态优雅、头发浓密适中、牙齿

---

* F. Max Müller, ed., *The Sacred Books of the East*, vol. XXV (Oxford: At the Clarendon Press, 1886). 译文参考《摩奴法典》，54～56、60 页。

小巧而身体柔媚的女子。……

再生族初次结婚时，必须娶同种姓的女子。如果再次结婚，要按照以下规矩来选择：首陀罗男子只能娶首陀罗女子；吠舍男子可以娶首陀罗和吠舍女子；刹帝利男子可以娶首陀罗、吠舍和刹帝利女子；婆罗门男子可以娶吠舍、刹帝利和婆罗门女子。再生族若一时糊涂娶了低级种姓的女子，其家族和后代就立即沦为首陀罗。若婆罗门男子跟首陀罗女子上床，那么他的地位将被贬低；如果跟她生了孩子，他就失去了婆罗门的地位。……

如果父亲、兄弟、丈夫及其男性姻亲们希望家族兴旺，他们就应该尊敬和爱护妇女。……假如妇女生活很悲惨，那么这个家庭很快就会衰败；假如妇女生活得好，家庭就会兴旺。被遭受虐待的妇女诅咒过的家庭，就会像中了魔法一样完全毁灭。

《爱经》*

四大种姓的男子按照规矩应当与同一种姓的处女结婚，这不仅给他们带来好声誉，使他们被社会合法地接受，而且有益于他们的后代。与比自己种姓等级高，且已经结过一次婚的女子结婚，这是坚决被禁止的。与低级种姓的女子结合，与寡妇或被休的女子结合，或是与娼妓结合，这些并不鼓励也不惩罚，因为这样的关系仅仅是为了享乐而非婚姻。……

娜依卡[2]可以分为三类：处女、离婚或守寡的女子，以及妓女。

---

* S. C. Upadhyaya, *Kama Sutra of Vatsyayana* (Tarqporevala, 1984), pp. 89-91.

……还有第四种娜依卡，那就是帕克什基：因为特定的原因（即除了繁衍后代和获得欢愉之外的原因）而与别人发生关系的已婚女子。……

严禁与以下女子进行肉体结合：

患有麻风病者……

精神错乱者……

道德败坏者……

无法保守秘密者……

年老色衰者……

肤色过白者……

肤色过黑者……

身上有体味者……

近亲……

妻之朋友……

出家人……

朋友之妻……

婆罗门之妻……

统治者之妻……

巴婆罗雅的信徒常常认为，如果一个女人和五个男人有过亲密关系，那么其他男人就都可以与她发生关系。……

而格尼卡普特拉不同意这个观点。他认为，即使出现了这种情形，但是假如这个女子碰巧是亲戚朋友之妻，有学问的婆罗门之妻或是国王之妻，那也不能与她发生关系。

友谊来源于如下九种不同的渠道：

儿时伙伴，
相互具有责任和义务之人，
具有相似性格和习惯之人，
同学，
知道对方缺点和过失之人，
知道对方秘密之人，
彼此坦白缺点和秘密之人，
奶妈的子女，
共同长大之人。……

因此，一个处事谨慎的人，若有广泛的朋友圈子，严格履行自己的职责，并且注意场合，就能够轻易地赢得女人，即使本来是难以得到的。

《经造支》：耆那教教义*

耆那教创立于公元前6世纪末，对印度文化具有重大影响。耆那教强调非暴力、多面性（比如盲人摸象的寓言就是要告诉人们应当尊重一切观点）、坚持长期学习，对文学、科学和数学的发展都做出巨大的贡献。

耆那教奉行严格的禁欲主义。耆那教教徒、婆罗门教教徒和佛教教徒一样，认为一个人必须要否定自我、严格律己、清心苦

---

* Theodore de Bary et al., eds., *Sources of Indian Tradition* (New York and London: Columbia University Press, 1966), p. 56.

修、远离暴力，才能使灵魂摆脱业的桎梏，获得解脱。耆那教反对种姓制度。他们信奉尊者大雄筏陀摩那的教导。他和佛陀大约生活在同一个时代。和佛陀释迦牟尼一样，筏陀摩那也是离开了富裕的家庭寻求救赎。当他得到救赎后，他便成为一个完整的灵魂、一个征服者。耆那教徒这个词就来源于对他的第二个称呼。

以下两段文献都是关于耆那教的。第一段文献是《经造支》（*Sutrakrtanga*，即 *The Book of Sermons*）的开篇；人们普遍认为，这是耆那教教义的浓缩版。第二段文献出自《后禅那经》（*Uttarāchyayana Sūtra*，即 *Book of Later Instructions*），描述了耆那教教徒应奉行的态度。

思考：一个合格的耆那教教徒应该是怎样的；这些信仰中的非暴力观念、对人类情感的轻视、对人生的消极态度，都具有怎样的意义。

《经造支》：开篇

一个人应该知道是什么束缚了灵魂，还应该知道如何摆脱桎梏。

大雄告诉我们束缚是什么，他又告诉我们怎样去除这束缚。

一个人如果掠夺物品，即便只是一点点，无论是有生命的还是无生命的，或者纵容他人这样做，都将永远不能从苦海中脱离。

杀生之人，或借他人之手杀生，或纵容他人杀生，罪恶都会加深。

关心家人和同伴的人是愚蠢的，他们将受难颇多，因为家人和同伴的人数是在不断增加的。

一个人所有的财富和关系都不能救他脱离苦海。

只有当一个人知道了人生的真谛后，他才会摆脱业。

《后禅那经》：耆那教教徒的典范*

假若一个僧人被别人侮辱，他不应发怒。

因为发怒是十分幼稚的行为——僧人是不能生气的。

若听到粗言恶语，

他应充耳不闻，不往心里去。

即使被打了，他也不应生气，连罪恶的念头也不应有，

他应该知道忍辱是最重要的，要遵循规矩。

若是被人打了，僧人应该克制、屈服，

应该想："还好，我还没被打死！"……

日常化缘之时，若没有得到施舍，不应该难过，

而应该想："今天什么都没有，但明天就应该有了！"……

一个严格的修行者，即便已习惯了苦行，但假如他赤裸地躺在扎人的草地上，身体也会受到刺激，

在烈日当空时，这种痛苦更是不可估量的，

但是即使被草叶伤了，他也不能穿衣服。

在炎炎夏日，当他的四肢流汗、全身都是灰尘泥土时，

有智慧的僧人也不会为自己失去的享受而遗憾。

他必须忍受一切，消除自己的欲念，遵从神圣的最高法则。

除非是身体崩溃了，否则他就必须忍受这些苦行。

---

* Theodore de Bary et al., eds., *Sources of Indian Tradition* (New York and London: Columbia University Press, 1966), pp. 64-65.

《佛所行赞》：佛教的起源*

佛教在发展初期就发生了教派分裂。上座部（意为信奉长者教导的人）严格遵守佛陀最初创立的教义，而大乘佛教（意为大的交通工具）则希望教义更加人性化，以便劝说人们入教。大乘佛教教徒轻蔑地把上座部称为小乘佛教（意为小的交通工具）。公元 5 世纪，出现了对女性神佛的崇拜和女性佛教徒群体，后来这支被称为佛教密宗。该教派至今仍存在于尼泊尔和中国的西藏等地，以僧侣众多的大型寺庙为活动中心。

上座部教徒认为，佛陀是师傅，而不是神灵。他们告诉人们，只有通过个人修行才能觉悟，而僧侣、典礼、仪式的作用都不大。相反，大乘佛教教徒则宣扬，在僧侣的帮助下，通过典礼、仪式、礼拜、斋戒以及神圣之物（如圣水），人们可以更快觉悟。上座部后来传到锡兰（现斯里兰卡）和东南亚。大乘佛教传到了中国、朝鲜和日本。

以下两段文献反映了佛教的一些主要观点。第一段文献出自马鸣（Asvaghosha）用梵文写的《佛所行赞》（*The Life of Buddha*），该书记录了佛教徒普遍接受的教义。文中叙述了佛陀的觉悟过程，以及他告诉大家怎样才能觉悟的故事。

思考：佛教教义的本质是什么；这些教义在哪些方面能吸引深受婆罗门教影响的印度民众。

---

* Paul Carus, *The Gospel of Buddha* (Chicago and London: The Open Court Publishing Company, 1915), pp. 39-43.

佛陀……让自己静思。世上的所有不幸、恶因、恶果以及由此而来的苦难都在他的灵眼前闪过。他想：

若众生能看到其恶行的后果，他们必以鄙夷之心远离恶行。……

他们自己追求享乐，却给别人带来痛苦；当死亡摧毁肉身，他们将不得安宁；在重生的过程中，他们仍然渴望生存，他们的自我再次浮现。

因此他们继续寻找，却发现无法从自己构筑的地狱中解脱。当初的享乐是多么地空虚，如今的努力全是徒劳！……

世上充满邪恶和苦难，只因诱惑太多。人们步入歧途，只因为他们认为幻觉比真实要好。他们不选择真理，却选择错误。错误一开始总是令人愉悦，最终却带来焦虑、磨难和不幸。

于是，佛陀开始阐释教义。教义是真理。教义是神圣的法则。教义是宗教。教义可以指引我们远离错误、邪恶和悲伤。……

觉悟之人认识到，无明是一切恶的根源。……

苦难根源于最初，隐藏在人生的无明中。摆脱无明，你就能摆脱错误倾向。摆脱了错误倾向，你就能铲除错误观念。铲除了错误观念，就能终止个人错误。终止了个人错误，你就能消除对六尘的幻想。消除幻想，不再与事物有接触，就不再会有误解。没有误解就没有欲望。消除了欲望，就会摆脱那些不当的固执追求。没有了追求，也就没有了自私和自我。没有自私和自我，你就能超越生老病死，脱离苦海。

觉悟者看到了通向涅槃之路的四条真谛：

一是“苦”（苦难的存在）；

二是“集”（苦难的原因）；

三是“灭”（苦难的终止）；

四是“道”（终止苦难的途径）。

这就是教义。这就是真谛。这就是宗教。……

世间有自我，也有真谛。存在自我的地方，便没有真谛。存在真谛的地方，便没有自我。自我是轮回中转瞬即逝的错误，个人的划分和自尊自大是嫉妒和仇恨的根源。自我向往享乐，贪求虚荣。而真谛才是对事物的正确理解；是恒久不变、无处不在的，是正道的庇佑。

自我的存在是幻想。世上本无错误和邪恶，除非自我认为如此。……

得到真谛的唯一途径是把自我当成幻想。只有当我们不再执着于自我，才能修炼正行。只有当所有的虚荣都消失后，彻底的宁静才会存在。

大乘佛教传统：　菩萨的慈悲

大乘佛教认为，真正的佛教徒会把个人通向涅槃的机会看作自私的表现，他们更愿意返回人间，做一个菩萨（智者），帮助别人到达涅槃。以下文献选段描述了菩萨的慈悲情怀。

思考：为什么大多数甚至所有宗教都有自己的救赎理论。

菩萨有一种智慧，他把众生看作是仿佛要遭遇狼口的羊羔。他有深深的慈悲。他的天眼看到……芸芸众生，他为所见而万分心痛，由于无数人背负着过去的罪行，因此将在炼狱中受到惩罚。而另外一些人的来生将十分不幸，他们与佛及其教诲分离，有些人很快会丧生，有些人会陷入荒谬的教义，有些人找不到重生之路，还有些人虽然修得了美好的来生，却会再次失去。

因此，菩萨把所有的慈悲和怜悯都倾注于众生，庇护着他们。他想："我要成为众生的拯救者，助他们脱离苦海。"

视觉资料

桑吉的门

在亚洲的很多地区，佛教徒建造了大量的雕塑、庙宇、洞穴、佛塔、寺院和柱子。与其他的宗教信仰者一样，佛教徒喜欢修建巨大的建筑，宣传和纪念自己的宗教。一般而言，这些建筑旨在告诉人们某个源自佛陀生平或其教义的故事。这样，普通民众就能在生活中更容易接触到艺术，而其直接原因却在于，宗教首领想要维持现有的教众并吸引潜在的信徒。

此处所举的例子是桑吉佛塔的大门（见图 2－1），桑吉是印度的一个城市，位于波帕尔的东北。这道大门修建于公元前1世纪初，是印度迄今保存最为完好、最具代表性的佛教建筑之一。但是后来更刻板的宗教势力却对这种建筑风格的质地和造型大加抨击，它们试图利用自己的影响力把艺术变得更加"神圣"。

思考：宗教如何通过修建庞大的建筑来扩大其影响；这样的建筑会给人们怎样的印象。

图 2-1

纽约公共图书馆提供

第二手资料

古城哈拉帕*

乔纳森·马克·克诺耶

印度河流域文明（约公元前 2500 年—前 1700 年）是所有古文明中覆盖地域最广的文明。其范围从今天的巴基斯坦的印度河谷，向南延伸到伊朗边界，向北直达阿富汗，向东则到新德里。这一伟大的文明最初于 1826 年被一个叫查尔斯·马森（Charles Masson）的人发现。马森是一个英国逃兵，冒充是美国工程师。直到最近，考古学家才得以探索印度河流域文明。最令人震惊的发现是哈拉帕等古城。古城中有土砖结构的民居和大型公共建筑——或许是庙宇、粮仓和宫殿，还有街道把这些建筑分开。在以下的节选文献中，在印度和巴基斯坦地区工作了二十多年的威斯康星大学人类学家乔纳森·马克·克诺耶（Jonathan Mark Kenoyer）分析了已知的哈拉帕历史。

思考：印度河流域文明的关键因素是什么；对于这一文明，我们还有哪些不知道的。

根据这里的最新研究结果，大约在公元前 3300 年，最初定居在哈拉帕的人们在拉维河附近的一个 U 形湖边修建了一个小农庄。这个地方非常适合农业生产，也便于打猎和捕鱼。这个原始村庄的建筑主要是砖土结构的。人们掌握了很多工艺，比如制作陶器、铜

---

* Jonathan Mark Kenoyer, "The Ancient City of Harappa", *Asian Art and Culture*, Vol. Ⅸ, No. 1 (Winter, 1996), pp. 86-89.

器和青铜器，以及用含有宝石的石头和贝壳制作精美的装饰品。随着人们定居的时间越来越久，这个地方作为交换活动的场所变得愈发重要。一边是西部和北部的高地，另一边是东部和南部广阔的冲积平原。渐渐地，村庄变成了城镇，城镇最终变成印度河流域文明的四大古城之一。……

在印度河流域文明的大城市中心，有用于行政、仪式和居住的建筑，这些建筑由烧砖建成，并置有精密的排水设施，可以排出废水和雨水。城市居民发展出广泛的贸易交换体系，获取原材料、销售食物和加工后的成品。而金属加工、玉石和制陶工艺已可以制作出精美的饰品和专用的器具，供本地居民使用或卖到外地。此外，还出现了一种相当精确的石秤，用于贸易交换中，甚至用于当时可能已经出现了的税收过程中。印度河流域的所有聚居地都使用这种石秤，在阿曼甚至美索不达米亚的古文明遗址也发现了不少这样的石秤。

据美索不达米亚城邦的文献记载，从“美路哈”引进了“洋葱”、棉花、硬木、珍珠、玛瑙、孔雀和猴子，而“美路哈”指的就是印度河流域。印度城邦也从美索不达米亚引进了大量物品，例如原材料、铜、金、羊毛制品，以及香水。……

印度城邦的统治者发明了一种特别的书写方式，用于印章制作、物品交换、陶器制作，甚至个人物品上。虽然严密的考古学正在帮助我们对印度河流域的古代书写方式有所认识，然而这种特别的书写方式至今仍是一个谜。由于这种文字尚未被破译，因此，要精确地重构印度古城的经济、宗教和政治体系，就变得十分困难。

大部分学者认为，印度城邦具有某种政府组织形式，这种政府组织通过宗教控制和经济控制来管理广大的地区。然而几乎没有证据表明曾存在较大的军事组织，重要的是，我们应当注意，在考古记录里并没有关于战争的记载。冲突必定是有的，大多数城邦都有用于防御的巨大的土砖城墙或石墙。但是很明显，与其他社会中的争权夺势斗争不同，古印度人之间的冲突与统治权力的关系不大。

图章或碑文中记载暴力冲突的唯一场景就是人与兽的斗争，通常是公牛或野水牛。若干图章上刻画了一个人与两只老虎的英勇格斗，还有一些刻画了牛践踏人的情形。这些关于人兽斗争的刻画也许寓意着一个主题，即正义与邪恶之争，或文明与野蛮的冲突。

没有文字记载，就不能确切地解释这些描述性的场景或古印度人所使用的其他符号。然而印度河流域文明的艺术和技术，却是与后来的印度次大陆文化密切相关。很多古印度图章上刻画了瑜伽的概念和其他的一些具体符号，这些符号后来被用于佛教绘画艺术和印度仪式艺术中，例如鱼图案、万字饰①、十字阶梯和菩提叶图案。许多工艺都被传入印度后来的文化，例如念珠制作、贝壳加工、彩釉陶器和赤土陶器的制作、冶金以及建筑形式。古印度城邦关于重量的度量衡，在公元前300年左右再次出现，并一直流传下来，甚至在今天的传统交易中人们还在使用。

尽管高度的传承性为解读印度文化提供了框架，然而被发掘出来的莫汗佐达罗、哈拉帕，以及其他众多的印度河流域的文明遗址，才是重构这一古老社会的唯一信息源泉。

---

① 一个古老的宇宙或宗教象征，由希腊十字的各端成顺时针或逆时针弯成直角而成。

《古印度文化》*

A. L. 巴沙姆

每当一个种族或宗教群体在印度获得统治权之后，就会竭力根据自己的信仰来改变政治结构。今天的印度在早期文明阶段曾是若干小国独立统治的区域。当征服者到来并统一了该区域后，关于如何治理国家的不同观念便引发争论，有时甚至是冲突。最终，随着印度文化的基本形成，政治统治观念也确立了。以下文献选自著名的印度史学家巴沙姆（A. L. Basham）的著作《古印度文化》（*Aspects of Ancient Indian Culture*）。文中讨论了对古印度君主政体的不同解释，以及这些解释是如何与文化传统相适应的。

思考：这些不同的政治观念、组织结构和政治哲学是如何相互矛盾又相互协调的。

我们知道，在印度的某些地区和某些时期，曾经存在我们可以称之为共和国的政府形式，无论是民主政治还是寡头政治。然而，这并非古印度时期典型的政府组织形式。……在大萧条时代，为了尽力保住黄金时代的辉煌，君主制产生了。我们在《吠陀》中可以看到一些传说，内容讲的是，第一个诸神之王是被同伴推选出来的战争首领，他带领人们与魔鬼做斗争。而后来，关于君主制的大量传说取代了这种早期的传说。……随着区域性王国的建立……君主

* A. L. Basham, *Aspects of Ancient Indian Culture* (Bombay: Asia Publishing House, 1966), pp. 14-23.

制作为维护社会的手段产生了，而不只是为了保护本部落不受外敌侵犯。新的传说当然反映了人们对无政府状态的恐惧。……最著名的传说有两个，其中一个讲的是，在远古的无政府时代，人们聚在一起达成协议，要维护和平、驱除恶人。但是协议并没有得到执行，情况变得比过去更糟。因此，所有人一起去向最高的神梵天①求助。梵天任命摩奴为第一任国王。一开始摩奴拒绝了，因为这个任务非常艰巨。但是人们都劝说他，并且承诺愿意让他分享他们的粮食、牲畜和宗教修行。在这个故事里，国王是在人类的请求下由神任命的，其职责是把人从“可怜、悲惨和短暂”的生活中解救出来。国王的权威部分来自人们的拥护，部分来自神的指示。

另一个故事则完全不同。故事的背景同样是世界的衰落。《吠陀》被遗忘，礼仪不再施行，但是受苦的却不是人类，而是众神。因此，去向梵天求助的是神而不是人。梵天创造了关于国家政体的根本纲领，众神又找到天堂的统治者——毗瑟拏，请求他任命一个国王。毗瑟拏从自己的头脑中创造出第一个国王——一个超自然的奇异之人，让他来统治人类，监督他们履行宗教职责。……这个故事中的国王与其说是为人类服务，不如说是为神服务的。

关于“伟大的被挑选者”，还有一种极其不同的说法来自佛教的传说。说的是，从前的某个时候，个人财产和家庭不再受到尊重，因此人们聚集起来，选举了一个伟大的人。他的职责是维护法则和秩序。人们共同供给他粮食和牲畜，作为对他工作的回报。因此他就作为一名“公务员”上任了。这个传说或许就是后来广为人知的社会契约论的早期版本。

---

① 与毗瑟拏、湿婆同为印度教的三大主神。

因此，在古印度，关于君主制的本质至少存在三种主要观念及其他次要观念。这些观念是并存的。然而根据正统的印度文献记载，最具影响力的观念无疑是君权神授。我们不要忘了，强调君权神授的《摩诃婆罗多》、《罗摩衍那》（*Rāmāyana*）和《摩奴法典》影响着印度的大部分地区。……我们还要记住，君权神授并不意味着“君主不能犯错”。我们在一些文献中可以找到关于这方面的阐述……但总体说来，古印度的君权神授观和现在西方的君权神授观十分不同。婆罗门是世间的神，丈夫是妻子的神，师傅是弟子的神。……这种将神性具体化的现象很普遍。即使传说中第一个国王是来自天堂的毗瑟拏之子，也并没有在实际中产生太多差异。

从词源上来看，“rājya”（王国）这个词的意思就是“属于国王的或者来自国王的”。让我十分怀疑的是，古印度是否存在过现代意义上的真正国家，亦即不同于国王及其大臣的那种机构。

所以，国王及其延伸机构——政府——的首要职责就是维护社会秩序。这一职责是在“danda”（“惩罚”或“强迫”）的辅助下完成的。究其原因，《摩奴法典》的解释简明扼要：“世间难寻无罪之人……”

因此，用一种超越所有理性解释的方式来看，古印度的国王、人、土地和自然现象是一个统一的整体。对于古老的信念，我们不能企图寻找理性的解释。……

古印度的思想和因果报应说紧密相关，而与美国的有机论大不相同。国家的一切——不仅是人，还有自然现象以及国家的全部——都是彼此的组成部分。正义会带来福气和充足的物质。人的正义还会影响到天气。国王是特殊的人，是神圣之人，因此他的正义对于天气和其他现象会产生特殊的影响。博学而虔诚的婆罗门，尤其是圣洁而伟大的苦行僧也可拥有国王的这种特性。人们认为，身边有一个特别圣洁的修道者是件大好事，因为他会给周围带来繁荣。我想，许多思想简单、受教育不多的印度人至今仍然相信这一说法。

国王有责任维护社会秩序，还有责任“取悦人民”。……

国王履行“取悦人民”职责的方式有很多。这是国王正义体系中的一个元素。国王行使该职责，就是要推动农业发展和水利建设、稳定物价、救济饥荒、进行医药救助、抚恤寡妇、发展宗教（给予人们精神满足的同时也给予多方面的实惠），以及举行后来被称作“tamashas”的展览和赛会。

国王生活的另一个重要方面是……享受爱欲。国王通过他的护卫和正义来达到教规的目的，通过发展物质生活来实现“利”[①] 的目标。而在履行职责之外的时间内，他可以在合法范围内随心所欲地享乐。在佛陀时代之前的《爱陀奈耶梵书》（*Aitareya Brāhmana*）中，国王被称为“viśām attā”，意为“食者”。说明国王是众人的享受者，或者说他享用众人提供的所有物品和服务。书中还称国王是人们的“bhoktā”，字面意思就是“享用者”。这些称呼说明了什么？在中古印度时期的文献和碑铭中，我们还发现有些说法把某个获得沿海土地的国王称作“svayaṁvara”，而“svayaṁvara”意为“在古英雄时代新娘的选择”。从某种意义上说，国王不仅是民众的父亲，而且是这片土地及其所有一切的夫君。

① 印度教名词，指对于财富或物质利益的追求，是印度教传统所列的人生四目的之一。

印度文化的连续性*

W. 诺曼·布朗

印度文明在发展过程中，一个重要的使命就是在多样性的背景下保持连续性，这是可以理解的。在整个历史进程中，印度文化确实具有共同的主题：追求生活的精神层面。在下面的节选文献中，美国的梵文专家、印度历史教授 W. 诺曼·布朗（W. Norman Brown）在研究印度的精神传统时，分析了印度为什么能保持文化连续性。

思考：布朗认为，印度文化连续性的关键是什么；一个拥有不同文化传统和宗教传统的社会，其本质是什么；这样的社会应该怎样保持文化连续性。

自公元前 3000 年以来，印度就出现了一个高度发达的文明。我们可以看到，它虽然从古到今历经时代的诸多变迁，但仍具有某种连续性。这些变迁往往很强烈，以至于如今的印度文化虽是从古代发展而来，然而巨大的历史变迁使得当代文化看上去已不太像两三千年或者四千年前的样子了——尽管这种情况在不同地方还有一定的差异。不过在文明的每次轮回中，必定有种东西带来文明的新生，这种东西类似于佛教所说的“识”。为了探明这种东西究竟是什么，让我们假设它是现实存在的，是个值得我们关注的问题。而搞清楚这个问题，将有助于我们理解印度文明的发展进程，理解它

* W. Norman Brown，“Cultural Continuity in India”，*Journal of Asian Studies*，20：4（August 1961），pp. 429-433.

的过去和现在，并对未来有所启示，不管这种启示是多么微小或模糊。……

在古印度之后的几百年甚至几千年的历史中，古印度时期的文化主题是一直存在的，至少它们会以改头换面的方式反复出现，而我们有可能列出一个包括这数百种文化主题的目录。但是毫无疑问，这样的目录并不能告诉我们是什么赋予了印度文明特殊性和生命力，那种类似于佛教思想中“意念”的元素——若没有这种元素，就没有文化的新生；而这种文化虽然新，但仍建立在历史的基础上——究竟是什么。抑或我们可以根据种族来给印度文明的具体内容分类，以确定哪些文化是由印度—雅利安人发展的，哪些是由达罗毗荼人或其他少数民族发展的。人们希望通过这种途径，可以把某一个群体确定为印度文明某些特征的创造者。然而这种方法也不太可能找出我们所探讨的元素。……

这一决定性元素就是，印度人对宗教和哲学探究的关注，以及这种关注在生活中的运用。这是对超自然真理的追寻，对宇宙、神、人的灵魂、万物之主及其与人类之间关系的本质的探索。而这方面的答案，合乎今天印度人的观点。他们认为，印度在迄今为止的历史进程中一直在进行精神方面的探索，而西方则被认为沉迷于“物质主义”。对于印度在长期的理论思想和宗教训导中所表现出来的对宗教、哲学的浓厚兴趣，除了其中的一点文化沙文主义，人们对其一般观念还是持支持态度的。印度的文献记载了大量的宗教和哲学，从最初的《梨俱吠陀》，到其繁盛时期的《奥义书》以及耆那教和佛教经文，直至如今的各派分支和不同的发展脉络。……

或许我们可以进一步研究印度教的一种价值观，以获得更多发现。我正在思考“职责”以及施加在正确行为上的那种非同寻常的压力。在哈拉帕文化中，我们找不到这方面的论述，但是在《梨俱吠陀》中我们却能找到，而在《耶柔吠陀》（*Yajur Veda*）和《梵书》关于宗教仪式的描述中，则有更清楚的反映。在仪式里，每个细节都必须做到位，祭司们受过严格的训练，苦习其特殊职责，并认真履行。“转世说”和“因果报应说”是所有印度宗教最重要的特征，二者对正确行为的内涵和意义做出了最佳的诠释。每个人的细微行为都是他未来命运的决定因素。成千上万的文献都详细说明了行为和结果的关系。在种姓制度的实践过程中，对行为的考虑居于首要地位。行为不仅在重要的方面（例如婚姻、出生及丧葬仪式）必须与规定相符，在细小的方面（例如饮食、与人说话及接近别人的方式，甚至包括发型）也须如此。在印度教中，行为的重要性要远远超过教条。即使在彼此一致的同一种姓内部，不同成员的教条也不尽相同。然而他们的行为规范却是一样的。错误的行为将受到惩罚，严重的可能被驱逐出该种姓，而这相当于社会身份和地位的革除。

在印度教、佛教和耆那教中，正确的行为十分重要，它被视为个人的责任或义务。……世上并没有统一的履行职责的标准，也不能期望所有人都领会同样的观点或遵循同样的规范。每个种姓可以合法地制定其规范，实现该种姓的功能。当然这是有一定限制的，即这些规范不能干涉其他种姓和规范，妨碍其功能的实现。正因为有了这样的协调，不同的学说和相互冲突的规范才得以和平共存。印度文明期待、接受并合法化了诸多不同的职责，这在其他人看来或许是相当怪异的。

或许我们还应该对印度文明中的其他基本观念进行一番研究，例如我们提及过的真谛、不杀生或是对律法的态度——认为律法不是由人制定的，甚至不是由国王制定的。《广林奥义书》（*Bṛhad Āraṇyaka Upanishad*）上说律法是“王上之王”——不是国王或者神制定的，甚至不是造物主制定的，而是在他们之前就已独立存在。我们是否可以认为，这样的价值观或是这样的一整套价值观影响了印度文明，使其历久弥新？我重申，我不应该对此做出肯定的断言，但是我认为，至少这种可能性是值得考虑的。因此，这些价值观的内涵、表现及其运用就都值得进行深入的研究。

注释

[1] 指婆罗门、刹帝利、吠舍三个种姓中经过成人礼而获得“新生”的人。

[2] 指适合与其结合而自身无罪的女子，目的既可以是繁衍后代，也可以是感官享乐。

第3章

中国（公元500年以前）

相传，中华文明起源于约公元前2700年的黄河流域。而有史料记载的中华文明则从商朝（创建于公元前1800年到公元前1500年之间）开始。中华文明的独特之处在于，它迄今为止一直没有中断；许多在商朝时期使用的文字，已被今天的中国人破译。

最早的几个朝代，如商朝（约公元前1600年—前1027年）[①]和周朝（分为西周和东周，约公元前1027年—前256年），以战国时期（公元前403年—前221年）为终结。战国是一个哲学思想大繁荣的时代，出现了“诸子百家”。而中国历史，在很大程度上受到这些思想学派的影响，特别是儒家、道家和法家，其中最重要的当数儒家。儒家强调对那种经由传统得以加强和经由德行加以确认的权威的服从、合理的社会等级、对上层人士的尊敬，以及由此产生的中庸行为。在儒家看来，如果统治者有德，人民就会拥护他，天下就会大治。道家的思想强调要顺应自然，生活应尽可能简单。道家漠视高官厚禄，他们认为，智者应当管好自己的事。而法家则认

① 本书作者所用的断代与我国不一致，后同。原书如此。

为，在大多数情况下，统治者不必顾及人民的意愿，因为他们对于治国之术往往知之甚少。然而法家却知道，愤怒的百姓将迸发出巨大的力量。所以，法家总是努力强化统治者对国家和人民的控制，而儒家则试图重拾过去的典章制度。

公元前 221 年，战国时代结束，秦始皇统一中国，成为秦朝第一个皇帝。然而，秦朝延续不到二十年就被汉朝所取代。从地理上和制度上讲，汉朝更加成熟完备，创建了一个我们今天所熟悉的国家。从汉朝开始，专制的王朝制度得以确定，并得到了社会等级秩序和政府官僚体制的支撑，一直延续了两千多年的时间。事实上，汉朝已成为后继王朝的效仿对象。正因为汉朝非常重要，所以中国人用“汉”来作为自己民族的称呼。

本章的资料主要围绕三个主题展开。第一，中国的社会。这里涉及的问题包括：社会观念的实质、亲缘关系的重要性以及女性的地位。第二，中国的政治。我们将关注中国的政治理论，人们对政治体系的态度和关于好的统治者的观念。第三，还有许多资料将涉及中国的思想学派，特别是儒家和道家这两个最有影响的学派。这些资料会提供一幅关于早期文明的画卷，描绘其复杂性以及不同寻常的持续发展。

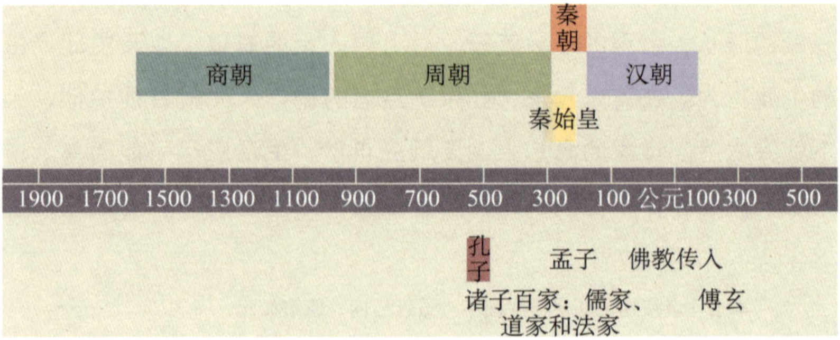

第一手资料

《论语》：儒家学派*

孔子（约公元前 551 年—前 479 年）在阐释中国文化的过程中扮演着最重要的角色，但我们不能过分夸大他的影响。作为公元前五六世纪的一名教师，孔子很少将自己的思想写成文字。遗憾的是，他的教义大多没有被保存下来，所以《论语》就成为我们唯一可信赖的材料。虽然人们通常把孔子看作是《论语》的作者，但有人认为，《论语》的内容是在孔子死后由其弟子整理并经过几个世纪的补充而成的。

这部教义的主要目的是为孔子眼中的混乱社会提供一种秩序和稳定性。为了建立这种和谐社会，孔子认为，所有的中国人都要举止得体，服从上级，知道自己在社会中的地位，此外还要恪尽孝道（无条件地服从家中的长者）。下面选自《论语》的文字表明了孔子关于得体的举止、人性和孝行的观点。

思考：孔子认为君子应当是怎样的；他描绘了一个怎样的社会图景。

子曰："君子谋道不谋食。耕也，馁在其中矣；学也，禄在其中矣。……"

* Patricia Buckley Ebrey, *Chinese Civilization and Society* (New York: Free Press, 1981), pp. 13-16.

“君子食无求饱，居无求安……可谓好学也已。”

“君子欲讷于言而敏于行。”

“君子不忧不惧。”

“君子有三畏：畏天命，畏大人，畏圣人之言。……”

“君子有三戒：少之时，血气未定，戒之在色；及其壮也，血气方刚，戒之在斗；及其老也，血气既衰，戒之在得。”

“君子喻于义，小人喻于利。”

……“有君子之道四焉：其行己也恭，其事上也敬，其养民也惠，其使民也义。”

“君子上达，小人下达。”

“君子求诸己，小人求诸人。”

子张问仁于孔子。孔子曰：“能行五者于天下，为仁矣。”……曰：“恭、宽、信、敏、惠。恭则不侮，宽则得众，信则人任焉，敏则有功，惠则足以使人。”

……子曰：“出门如见大宾，使民如承大祭。己所不欲，勿施于人……”

子游问孝。子曰：“今之孝者，是谓能养。至于犬马，皆能有养；不敬，何以别乎?”

子曰：“父在，观其志；父没，观其行；三年无改于父之道，可谓孝矣。”

孟懿子问孝。子曰：“无违。”樊迟御，子告之曰：“孟孙问孝于我，我对曰‘无违’。”樊迟曰：“何谓也?”子曰：“生，事之以礼；死，葬之以礼，祭之以礼。”

子曰：“父母在，不远游。游必有方。”

子曰：“父母之年，不可不知也。一则以喜，一则以惧。”

叶公语孔子曰："吾党有直躬者，其父攘羊，而子证之。"孔子曰："吾党之直者异于是。父为子隐，子为父隐，直在其中矣。"

儒诗：女性的角色*

孔子认为，社会是建立在父子、君臣、夫妻、兄弟和朋友等五组关系基础上的等级社会，每一组关系中都存在从属关系，一方要服从另一方。女性尤其处于从属地位。虽然孔子很少直接谈论女性，但他认为，女性尽管在繁衍后代方面起着不可或缺的作用，然而她们的地位确实低于男性。在整个社会结构中，她们没有任何政治权或话语权。中国西晋时期的哲学家、诗人傅玄（公元 217—278 年）的这首诗就说明了这一点。

思考：在儒家秩序中，中国妇女的位置是怎样的；人们对女性的期望又是怎样的。

苦相身为女，卑陋难再陈。
男儿当门户，堕地自生神。
雄心志四海，万里望风尘。
女育无欣爱，不为家所珍。
长大逃深室，藏头羞见人。
垂泪适他乡，忽如雨绝云。
低头和颜色，素齿结朱唇。

---

* Arthur Waley, trans. *One Hundred and Seventy Chinese Poems* (New York: Alfred A. Knopf, Inc., 1919 and 1947). 译文根据（西晋）傅玄：《傅玄全集·苦相篇》。

跪拜无复数，婢妾如严宾。
情合同云汉，葵藿仰阳春。
心乖甚水火，百恶集其身。
玉颜随年变，丈夫多好新。
昔为形与影，今为胡与秦。
胡秦时相见，一绝逾参辰。

佛曲：女性的生活场景*

在公元 1 世纪至 2 世纪期间，佛教传入中国。但是，它的传入并没有改变人们对于女性的态度。下面这则资料是一首佛曲，它描绘了女性理想的生活场景。该佛曲发现于敦煌石窟的佛教典籍中，其主题——生命的短暂——正是佛教的基本教义。

思考：从这支佛曲来看，女性会乐意做什么；这则材料和前述材料有哪些异同，它在哪些方面是对前面材料的补充和强化。

一十花枝两斯兼，优柔婀娜复厌厌。父娘怜似瑶台月，寻常不许出朱帘。

二十笄年花蕊春，父娘娉许事功勋。香车暮逐随夫婿，如同萧史晓从云。

三十朱颜美少年，纱窗揽镜整花钿。牡丹时节邀歌伴，拨棹乘船采碧莲。

---

* Patricia Buckley Ebrey, *Chinese Civilization and Society* (New York: Free Press, 1981), pp. 56-57. 译文根据《女人百岁篇》, http: //www. wenhuacn. com/wenxue/gudian _ shici/04suitang/dunhuangqz/03. htm。

四十当家主计深，三男五女恼人心。秦筝不理贪机织，只恐阳乌昏复沉。

五十连夫怕被嫌，强相迎接事屡纤。寻思二八多轻薄，不愁姑嫂阿家严。

六十面皱发如丝，行步龙钟少语词。愁儿未得婚新妇，忧女随夫别异居。

七十衰羸争奈何，纵饶闻法岂能多。明晨若有微风至，筋骨相牵似打罗。

八十眼暗耳偏聋，出门唤北却呼东。梦中常见亲情鬼，劝妾归来逐逝风。

九十余光似电流，人间万事一时休。寂然卧枕高床上，残叶凋零待暮秋。

百岁山崖风似颓，如今身化作尘埃。四时祭拜儿孙在，明月长年照土堆。

为君之道*

孟子

孔子的学说得到弟子和信奉者的不断发展和强化。在其信奉者中，最重要的便是孟子（公元前 371 年—前 289 年）。孟子生于孔子去世后一百年左右，他被保存下来的著作要比孔子的多很多。由于他试图描述一种更具人性化的理性的君主专制形式，因此他以其“性善论”著称于世。

---

* D. C. Lau, trans., *Mencius* (London: Penguin Books, 1970), pp. 54-59. 译文根据《孟子·梁惠王上》。

儒家的思想不仅是要建立一种对人民来说更好的社会秩序，也是要建立一种对统治者而言更加和谐和良性的统治体系。在一个儒家的国度里，读书人掌握着权力——因为他们通过学习，可以成为最适合的执政者。按照儒家的社会架构，从上到下依次是，知识分子/读书人，他们统治着所有人；其次是农民，正是他们的耕种才能满足人们的生存需要；再次是工匠，他们生产生活的必需品；处于最底层的是商人，因为他们不生产任何东西，仅仅作为中间人为自己赚钱。统治者的统治不是依靠神权，而是依靠一种来自更高秩序的暂时使命。这种使命随时可以被撤销。只要统治者施仁政，为百姓提供生计，百姓就支持他，他也可以享有“天命”。但如果统治者不施仁政，他就会失去“天命”，百姓就会推翻他的统治。

下面这段文字选自孟子和齐宣王的一段对话，内容是如何成为一位明君。

思考：孟子如何证明齐宣王不是一位明君；君主态度的转变为什么会对人民以及君主自身有好处；孟子关于民力的观念。

曰：“德何如则可以王矣？”

曰：“保民而王，莫之能御也。”

曰：“若寡人者，可以保民乎哉？”

曰：“可。”

曰：“何由知吾可也？”

…………

曰：“……言举斯心加诸彼而已。故推恩足以保四海，不推恩无以保妻子。古之人之所以大过人者无他焉，善推其所为而已矣。……权，然后知轻重；度，然后知长短。物皆然，心为甚……抑王兴甲兵，危士臣，构怨于诸侯，然后快于心与？”

王曰：“否。吾何快于是？将以求吾所大欲也。”

曰：“王之所大欲，可得闻与？”

王笑而不言。

曰：“为肥甘不足于口与？轻暖不足于体与？抑为采色不足视于目与？声音不足听于耳与？便嬖不足使令于前与？王之诸臣皆足以供之，而王岂为是哉？”

曰：“否。吾不为是也。”

曰：“然则王之所大欲可知已：欲辟土地，朝秦楚，莅中国而抚四夷也。以若所为，求若所欲，犹缘木而求鱼也。”

王曰：“若是其甚与？”

曰：“殆有甚焉。缘木求鱼，虽不得鱼，无后灾；以若所为，求若所欲，尽心力而为之，后必有灾。”

曰：“可得闻与？”

曰：“邹人与楚人战，则王以为孰胜？”

曰：“楚人胜。”

曰：“然则小固不可以敌大，寡固不可以敌众，弱固不可以敌强。……今王发政施仁，使天下仕者皆欲立于王之朝，耕者皆欲耕于王之野，商贾皆欲藏于王之市，行旅皆欲出于王之途，天下之欲疾其君者，皆欲赴愬于王。其若是，孰能御之？”

…………

曰：“无恒产而有恒心者，惟士为能。若民，则无恒产，因无恒心，苟无恒心，放辟邪侈，无不为已。及陷于罪，然后从而刑之，是罔民也。焉有仁人在位，罔民而可为也？是故明君制民之产，必使仰足以事父母，俯足以畜妻子；乐岁终身饱，凶年免于死亡。然后驱而之善，故民之从之也轻。今也制民之产，仰不足以事父母，俯不足以畜妻子；乐岁终身苦，凶年不免于死亡。此惟救死而恐不赡，奚暇治礼义哉？王欲行之，则盍反其本矣。……谨庠序之教，申之以孝悌之义，颁白者不负戴于道路矣。老者衣帛食肉，黎民不饥不寒，然而不王者，未之有也。”

卓越的学识：法家学派*

韩非子

中华文明的主要哲学基础是儒学。不过，与儒家相竞争的法家也有重要的影响。

两个学派的主要区别如下：儒家相信人天生是善的，只要教化得当，就会做善事，因此无须制定法律。法家则认为人天生是自私的，反社会的，不能被统治者信任。法家认为施仁政在过去可能有效，但现在必须用严格的法律和官僚机构的有力惩罚来进行统治。

韩非子（约公元前 280 年—前 233 年）是中国早期哲学家中最著名的法家学者。由于他的作品强调捍卫和加强政权，因而常常被拿来与马基雅维利的《君主论》相比。两部著作都旨在告诉君主应该如何采取政治行动。韩非子的著作可能是对法家思想的最充分的阐释。尽管法家对两千多年的中国政治产生了强大的持

---

* Burton Watson, *Basic Writings of Mo Tzu, Hsün Tzu and Han Fei Tzu* (New York and London: Columbia University Press, 1967). 译文根据《韩非子·显学第五十》。

续影响，但是却高估了人民对高压统治的忍耐力，所以从未得到过充分的实施。

思考：韩非子对百姓的看法；他认为应该如何统治百姓。

自愚诬之学、杂反之辞争，而人主俱听之，故海内之士，言无定术，行无常议。夫冰炭不同器而久，寒暑不兼时而至，杂反之学不两立而治，今兼听杂学缪行同异之辞，安得无乱乎？听行如此，其于治人又必然矣。

今世之学士语治者多曰："与贫穷地以实无资。"今夫与人相若也，无丰年旁入之利而独以完给者，非力则俭也。与人相若也，无饥馑疾疚祸罪之殃独以贫穷者，非侈则惰也。侈而惰者贫，而力而俭者富。今上征敛于富人以布施于贫家，是夺力俭而与侈惰也。而欲索民之疾作而节用，不可得也。

今有人于此，义不入危城，不处军旅，不以天下大利易其胫一毛，世主必从而礼之，贵其智而高其行，以为轻物重生之士也。夫上所以陈良田大宅、设爵禄，所以易民死命也，今上尊贵轻物重生之士，而索民之出死而重殉上事，不可得也。藏书策、习谈论、聚徒役、服文学而议说，世主必从而礼之，曰："敬贤士，先王之道也。"夫吏之所税，耕者也；而上之所养，学士也。耕者则重税，学士则多赏，而索民之疾作而少言谈，不可得也。……

故敌国之君王虽说吾义，吾弗入贡而臣；关内之侯虽非吾行，吾必使执禽而朝。是故力多则人朝，力寡则朝于人，故明君务力。夫严家无悍虏，而慈母有败子，吾以此知威势之可以禁暴，而德厚之不足以止乱也。

夫圣人之治国，不恃人之为吾善也，而用其不得为非也。恃人之为吾善也，境内不什数；用人不得为非，一国可使齐。为治者用众而舍寡，故不务德而务法。……

今巫祝之祝人曰：“使若千秋万岁。”千秋万岁之声聒耳，而一日之寿无征于人，此人所以简巫祝也。今世儒者之说人主，不善今之所以为治，而语已治之功；不审官法之事，不察奸邪之情，而皆道上古之传，誉先王之成功。儒者饰辞曰：“听吾言则可以霸王。”此说者之巫祝，有度之主不受也。故明主举实事，去无用；不道仁义者故，不听学者之言。

今不知治者必曰：“得民之心。”欲得民之心而可以为治，则是伊尹、管仲无所用也，将听民而已矣。民智之不可用，犹婴儿之心也。夫婴儿不剔首则腹痛，不揊痤则寖益，剔首、揊痤必一人抱之，慈母治之，然犹啼呼不止，婴儿子不知犯其所小苦致其所大利也。今上急耕田垦草以厚民产也，而以上为酷；修刑重罚以为禁邪也，而以上为严；征赋钱粟以实仓库、且以救饥馑备军旅也，而以上为贪；境内必知介，而无私解，并力疾斗所以禽虏也，而以上为暴。此四者所以治安也，而民不知悦也。

道家作品：《智者断案》和《社会关系》*

与官方文献相比，我们通常可以从批评社会的作品里得到关于社会本质的更多信息。在中国，儒家学说是官方宣扬的精英文化，而道家学者往往是社会批评家，他们通过大众文化表达人民

---

* Moss Roberts, *Chinese Fairy Tales and Fantasies* (New York: Pantheon Books, 1979).

的不满。

下面两则反映道家思想的故事分别创作于元朝和清朝。故事所针对的都是地方官员，他们处于传统官僚体制中的最底层，是老百姓最常打交道的人。因此，这种官吏往往是人们痛恨的对象。《智者断案》（*The Wise Judge*）讲的是一名好县官的故事，而《社会关系》（*Social Connections*）则表明不称职的官吏会给人们带来伤害。

思考：精英阶层所宣扬的儒家社会的官方观点，与民间传说所反映的道家观点有何不同；读者能从这些故事中了解到什么。

《智者断案》

有天早晨，一个商贩进城买蔬菜，半路上发现地上有沓纸币。天还黑着，商人拾起钱，站在路边等着天亮，以便弄清楚自己到底捡了多少钱。他数了数，其中有值五两银子的银票十五张，还有五张钞票各值一千枚铜钱。他抽出其中一张，买了些肉（价值两贯钱）和米（价值三贯钱）。然后他把肉和米装进筐里，背上肩回家了，但他没有买蔬菜。

回家后，母亲问他为什么没买蔬菜，他说："早上我在进城的路上捡到了这些钱，所以我就买了些肉和米回来了。"

"你为什么要花言巧语骗我？"母亲生气地问，"人家丢钱，顶多两三张罢了，哪有一下子丢一大沓的。你不是偷来的吧？如果真是捡来的，你就应该送回去。"

儿子不听母亲的劝告，母亲就说要去报官。儿子说："路上捡着的，到哪里去送还？"

“你就到原先捡着银票的地方等，总会有失主来寻，到时候你就还给他。”母亲又说，“我们家本来很穷，现在你买来肉和米，这些突然之间得到的东西会带来灾祸的。”

儿子带着钱又回到他捡钱的地方等。不一会儿，果然来了个寻钱的人。儿子是个老实巴交的乡下人，也没想过问他丢了多少钱，就说“这是你的钱”，说着就把一沓钞票还给了他。当时许多围观者都让失主给这个年轻人一些钱作为回报，谁知失主却冷笑一声说：“我原来丢的是三十张银票，现在只剩十五张，被他吞了一半。”

双方数目差距这么大，无法达成一致，两个人拉拉扯扯，来到公堂上。县官聂一道上堂一审，发觉商贩的话基本可信。于是，他悄悄派人找来商贩的老母亲，仔细一问，也说是十五张，和商贩说的一样。他心中有了数，就重新升堂，叫他们两人都立下文书，一个说丢了三十张银票，一个说拾到十五张，白纸黑字，全都写得明明白白。

“那么好吧，”聂一道宣判说，“失主丢了三十张，拾主拾到十五张，这说明拾到的钱不是丢的钱。这拾到的钱，是老天爷赐给你赡养老母亲的。”于是，他把这笔钱交给母子俩，叫他们离开。然后他又对丢钱的人说：“你丢的三十张银票一定是丢到别处了，你自己慢慢去找吧。”聂一道用这种方式打发了那个失主，也得到了众人的赞许。

《社会关系》

有个农夫，人称“老费”；他专心务农，因此日子逐渐富裕起来。但他生活中唯一的遗憾就是，在上层社会没有朋友。

一天，正赶上暴风雨，老费的儿媳妇正在河边洗菜，一只小船停靠在岸边的柳树旁。一个读书人模样的人正在滴水的船棚下避雨，衣服和鞋子都湿透了，而他的两个仆人更惨。船夫告诉老费的儿媳妇，船上的这个人也姓费，是个二品官。……

老农夫赶紧拿着雨具，奔到船前，对那个官员说："好大的雨啊！尊贵的大人，如果您不介意就到寒舍避避雨吧！"这个又冷又饿的费大人欣然接受。……他们追溯各自的家谱，好像他们真是一家人一样。

农夫老费为费大人安排了筵席。……

入席时，农夫请费大人上座。……农夫举起酒杯说："这是存了五年的陈酿，今天为欢迎我尊贵的兄弟而特意打开。"费大人感谢了一番。不一会儿，两个姓费的人就变得无话不说了。费大人细说了他的出身门第和社会关系。……"任何人只要和我结交，就没有什么过不去的坎儿。"

老费听后无比激动和崇敬。吃完晚饭，雨也停了。……费大人向农夫一家告辞离开。……

第二天，农夫穿着自己最好的衣服，带了几个仆人乘船出发了。他怀着崇敬的心情来到城里，拜访了费大人。从那以后，两人友谊渐深。农夫经常给费大人送来自家田里产的粮食。……费大人在表示感谢的同时却又苦于不能做些什么来回报农夫。最后，他自己想了个主意，并和他的心腹衙役商议了一个计划。就这样，这个衙役找了个土匪作了一件案，然后嫁祸于那个姓费的农夫。很快，农夫被抓进了监狱。

农夫的儿子赶紧跑到费大人那里寻求帮助。"你的父亲对我那么好，"费大人含泪说道，"我定会豁出一切来救他。但他的罪行不轻，不是我说句话就可以办到的。我们现在面对的是一些真正的地痞流氓，让我想想该怎么解决这件事最好。"

农夫的儿子说："只要能把我父亲救出来，我一定言听计从。"

于是，费大人告诉农夫的儿子，要给这个那个地方官多少贿赂，还要给他的师爷、衙役以及那个土匪多少贿赂，林林总总算下来一共要五千两银子。

要知道，一个农夫的家当都在他的田地里；他没有多少现钱。由于凑不够钱，农夫的儿子不得不把全部田产和房屋都抵给费大人，而费大人则以其他官员的名义占有了这份财产。他甚至把农夫儿子的诉状转给他的上下级，让他们也能在各个环节敲他一笔。为了满足这些官员的要求，农夫的儿子忍受各种盘剥，做尽各种荒唐之事，只为赢得丁点希望。最后，当一家人被剥削得干干净净时，农夫出狱了。为此耗费了一年光阴。

尽管身处狱中，但农夫仍然发自内心地感谢费大人。他经常说，自己很幸运，能够结识这位费大人。……

在事情彻底平息后，农夫很想知道，既然他和那个土匪素昧平生，为什么他会嫁祸给自己？于是，农夫杀了只鸡，提着酒再次来到监狱请那个土匪吃饭，询问他仇恨自己的原因。

“我毁了你和你的家，”土匪说，“但你还回来请我吃饭。你一定是个好人。我不能再隐瞒真相了，就是你的那个兄弟——费大人——设计的这一切。”听完这些话，农夫终于明白了是怎么回事。他冲进那个姓费的家里，但人们告诉他，费大人因公务出远门了。

农夫的气没处撒，就回到家责备他的儿媳妇：“要不是你，这些灾难就不会发生!”儿媳妇说：“你们碰巧都姓费，所以我才告诉您，可我并没有让您和那个人结交啊!”

农夫的责骂让儿媳妇感到非常痛苦，于是她就上吊自杀了。农夫的儿子看到妻子毫无缘故地自杀，一怒之下也上吊了。只剩下农夫自己，他既失去了家，又失去了儿子，也只好用绳子结束了自己的生命。

视觉资料

盐池

从汉朝开始，农业人口在中国一直是大多数。北方种植小麦和粟米，而南方大多种植水稻。汉代早期，为了发展经济，统治者在排干沼泽、修建堤坝、开挖运河等方面做了大量工作。汉代城市兴起，商业贸易繁荣，人口也大幅增长。所有这些成就可能都要归功于一段持续的和平时期，特别要归功于中央集权政府的出现。不过，中央集权政府的开销主要依赖于赋税。为了增加收入，政府的一个举措是在公元前 120 年对盐业实行国有化。此后两千年来，盐税成为中国政府主要的收入来源。图 3－1 描绘了明朝晚期的盐池，它跟汉代的盐池一样。

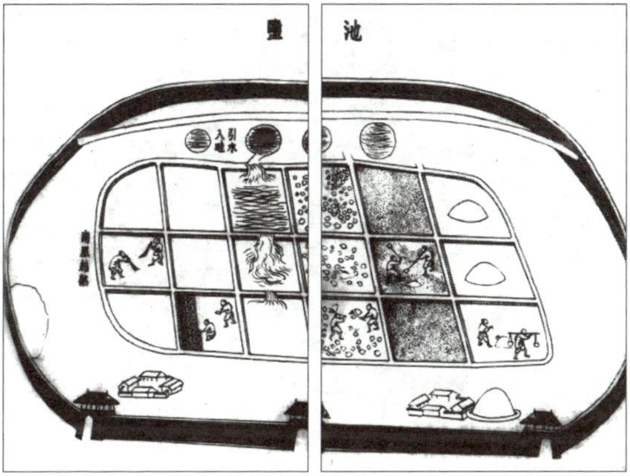

图 3－1

格蒂图片库提供

思考：为什么盐会成为重要的赋税来源；盐池的存在反映了中央集权政府的哪些优势和劣势。

中国的民居

与艺术一样，一个民族的建筑艺术是其文化的直接反映。对常见的建筑主题进行详细考察，可以揭示出大量关于建设者的文化信息。在中国的传统社会中，家庭是最重要的单元。人首先要对家庭尽义务，没有哪种美德比“孝”更加重要。儒家的理念——尽管现实中只有少数人信奉——是同一家庭的三四代人生活在同一屋檐下。传统的中国民居在设计上就表达了这些理念。

图 3-2 呈现的是典型的中国民居，请注意内部的奢华和外

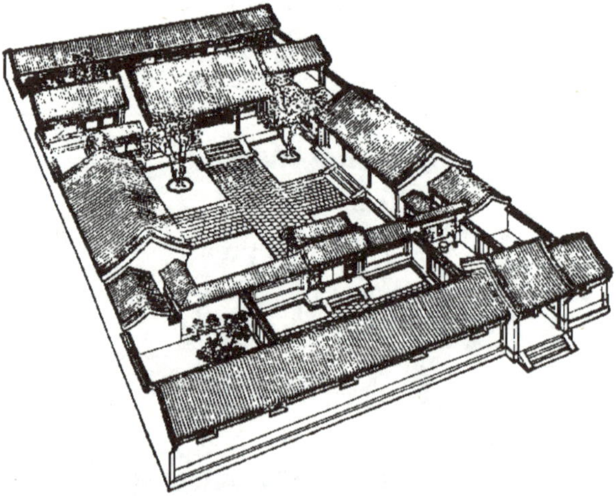

图 3-2

资料来源：摘自 Ronald C. Knapp, *The Chinese House: Craft, Symbol, and the Folk Tradition* (Oxford, UK: Oxford University Press, 1990).

部的简朴之间的差异。每个建筑都代表一种等级，而这再次表现了中国的传统文化。家中的长者住朝南的大屋，而朝东和朝西的房子是儿子成家后居住的。

思考： 住宅的围墙所带来的隔绝感，与其内部的开放性之间存在什么矛盾。

中国的官僚体制

当秦朝在公元前 221 年统一中国时，中央政府诞生了，并且一直延续到公元 1911 年。这种政府的最显著特征是，它拥有一套复杂的官僚体制。该体制是一个政治、行政和军事组织，由那些被择优录用的人们来运行它，并通过赋税和劳役使之得以维系。与先前的封建政府不同，这种官僚政府按照成文的规则来运行，并根据书面的文件来处理相关事务。正如表 3-1 所示，每个职位都有明确的职责。只有符合职责要求的行为，才能使整个官僚体制顺利运转。虽然建立了这套体制，但并不代表所有中国人都接受它。在历史上，地方的统治者为加强其权力，常常与捍卫中央集权制度的官员发生激烈的斗争。但随着时间的流逝，由这种官僚体制所支撑的中央政府往往会获胜。

思考： 与个人独裁和地方诸侯的统治方式相比，这种官僚体制有怎样的优缺点。

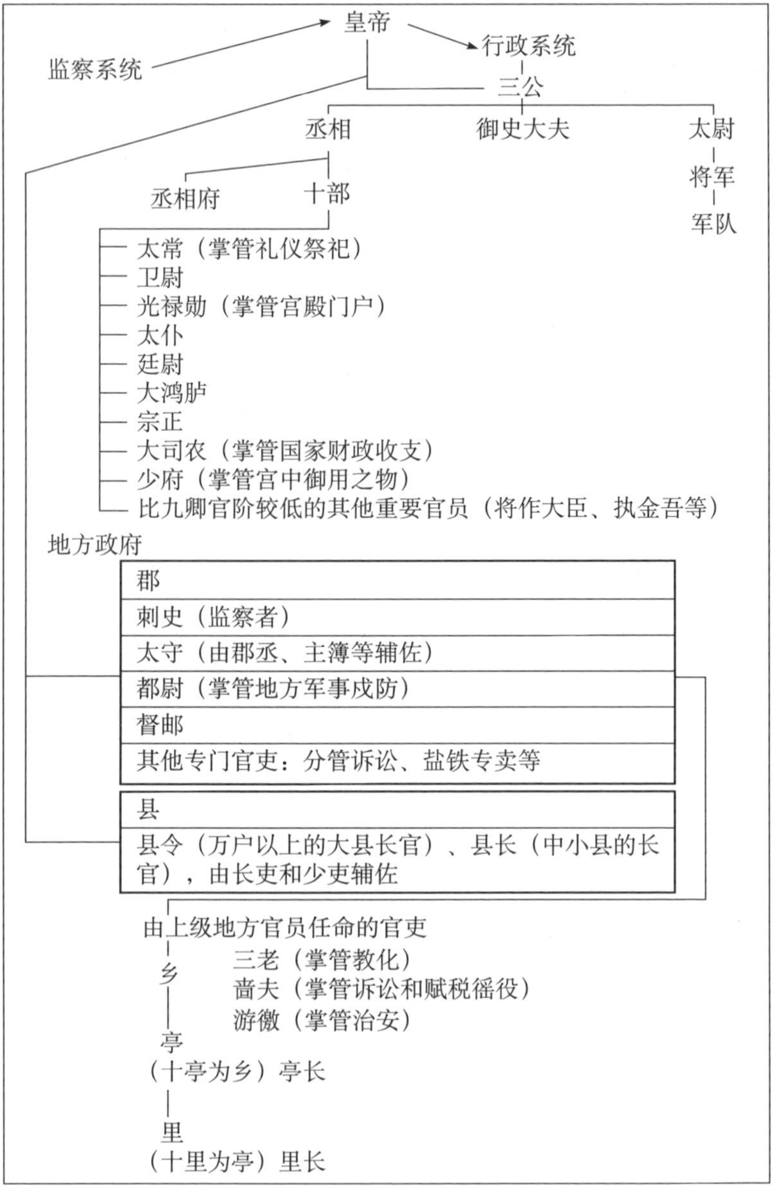
皇帝
监察系统
行政系统
三公
丞相
御史大夫
太尉
将军
军队
丞相府
十部
太常（掌管礼仪祭祀）
卫尉
光禄勋（掌管宫殿门户）
太仆
廷尉
大鸿胪
宗正
大司农（掌管国家财政收支）
少府（掌管宫中御用之物）
比九卿官阶较低的其他重要官员（将作大臣、执金吾等）
地方政府
郡
刺史（监察者）
太守（由郡丞、主簿等辅佐）
都尉（掌管地方军事戍防）
督邮
其他专门官吏：分管诉讼、盐铁专卖等
县
县令（万户以上的大县长官）、县长（中小县的长官），由长吏和少吏辅佐
由上级地方官员任命的官吏
乡
三老（掌管教化）
啬夫（掌管诉讼和赋税徭役）
游徼（掌管治安）
亭
（十亭为乡）亭长
里
（十里为亭）里长

表 3－1　中国的官僚体制

中国的战国时期

在中国历史上，公元前 481 年至公元前 221 年是诸侯割据的混战时期。这种混乱的状态导致军事化的兴起，包括新武器、新兵法以及大规模军队的出现，同时也出现了一批职业外交家，奔走于各国之间谈判，从而拓展了外交的作用。旧贵族往往死于战乱，或是由于国家被吞并而失去了原有的社会地位。在此混乱时期，代替他们的往往是出身较低下的人，这些人靠自己的能力提升了自己的社会地位。

地图 3－1 展现了各诸侯国之间的征战。图中也标出了长城；长城正是从这一时期开始分段修筑的，原本是为了抵御北方的少数民族。战国结束于公元前 221 年，秦始皇统一中国，建立了秦朝。

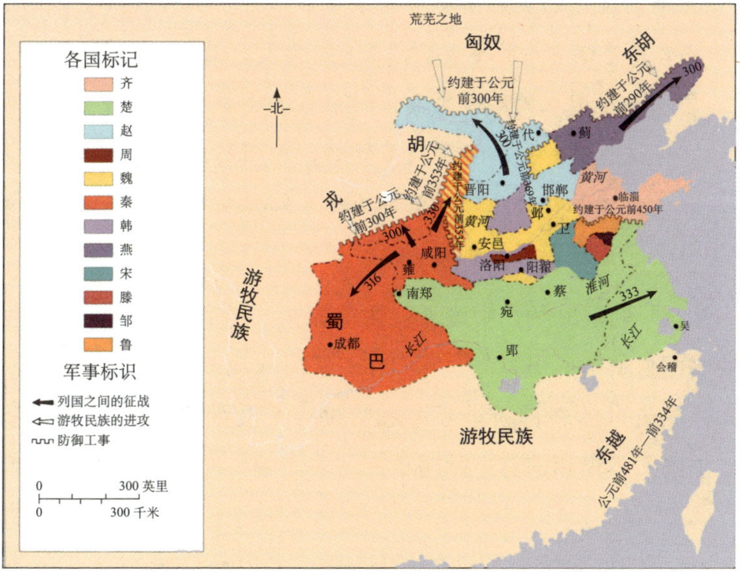

地图 3－1　中国的战国时期（公元前 481 年—前 221 年）

思考：要统一中国并使之在这种地缘政治条件下保持安定，这涉及哪些问题。

第二手资料

中国文化中的亲缘关系*

罗友枝

中国文化延续了很长时间且未曾中断过，这使得精英文化（统治者、地主和官僚阶层的文化）和大众文化在很大程度上相互融合。这种文化的核心方面是家庭，进而扩展到祖先。作为儒家学说最基本的思想，孝的观念是和对家庭的重视结合在一起的。显然，理解亲缘关系是理解中国文化的关键。下面这段文字选自研究中国文化的美国历史学家罗友枝（Evelyn S. Rawski）的著作，内容是亲缘关系的重要性，及其在中国人生活中的首要地位。

思考：中国人的忠诚主要指向家庭甚至是祖先，而不是指向政治，像这样的社会，其本质是什么；中国的民居建筑从哪些方面反映了中国人社会生活的基本规范；佛教对于以家庭为中心的中国社会提出了怎样的挑战。

从很早时候开始，中国人就注重葬礼，祈求祖先的庇佑。而最早的书面材料——甲骨文，它们在青铜时代用于占卜，也被用来向祖先之灵或自然之神祈求旨意和帮助——也对葬礼的发展有所记载。中国人不仅相信有一种超越死亡的纽带，而且认为祖先有特殊

* Ching-I Tu，ed.，*Tradition and Creativity*：*Essays on East Asian Civilization*（New Brunswick，NJ：Transaction Publishers，1987），pp. 42-51.

的方式进入神的世界，维护子孙后代的利益。……关于死亡的重要仪式及其附属品以及对祖先的崇敬之心，一直延续到今天。……

具有亲缘关系的群体是中国社会的一个核心方面。家庭不仅包括健在的父母、兄弟姐妹、配偶和子女，还包括数代以来由同一父系血统的男性构成的家族谱系，它作为中国文化中另一个核心概念已经延续了几千年。因此，一个中国人会意识到自己是集体的一部分，他的首要责任是维护谱系的传承。而男性的血统谱系占支配地位——婚姻就是让新娘加入新郎的家庭中——也是典型的中国社会的特征。……

男性血统的家族谱系占主导，祖先与后世家庭的联系不断，像这样的意识以及厚葬死者的观念，在相当长的历史时期中成为社会各阶层所接受的基本预设和目标导向。最能体现这一点的是中国的民居设计。大部分中国人住在带有庭院的平房里。农民只有一两间房屋，而地主则可能有好几百间房屋，还有院落相连。除去房屋大小和位置的不同，所有的房子都有一个相同特征：正房是用来供奉祖先和接待客人的。

……中国房屋一个最典型的特征是有围墙。吴讷孙将围墙内的房屋设计和生活空间称为“分等级的私密空间”。大门外是陌生人的世界，而围墙则将家庭同较大的社会隔开。中国人对待外人的方式也有细微差别：商贩只可以进大门展示货物，而亲朋好友则可以进入庭院和客房。客房后面是更私密的房间，往往是女性的闺房。可见，对生活空间的使用反映了中国人重要的社会等级。……

商朝人的观念中有一个至高无上的神，即“帝”，它是“天”的前任。随着公元前 11 世纪周朝的建立，“帝”被“天”取代了。“帝”就像人类社会的君王一样，管理着宇宙秩序。世上的君王从这位至高无上的神那里获得权威和合法性，而君王的根本任务就是要敬“帝”（后来就是敬“天”）。至高无上的神与君王之间存在某种特殊的联系，这是宇宙秩序的关键。后来，它被称为“天命”，一直作为王朝统治的合法性基础而持续至1911年。“天命”观念不仅决定了统治者的行为，也决定了造反者的行为，因此成为大众文化的一部分，常常出现在一些有关开国皇帝出生或者其命运发生转折时的祥瑞之兆的故事中。……

佛教在公元一二世纪时传入中国。到了4世纪，佛教在中国北方的统治阶层和长江三角洲的汉族精英中已经颇具影响力。……

佛教对平常百姓影响深刻。佛教中的“罪”和“报应”等观念已深入到中国的民间信仰里。在传入中国后，佛成为百姓崇拜的一个重要对象。……

同时，佛教的某些观念，也给中国社会以家庭为核心的价值体系带来了挑战。佛教里有妙善①和目连的故事。目连把他罪孽深重的母亲救出地狱，从而表明自己的孝心。② 这些故事因迎合中国人

① 即观世音菩萨的前身。在佛教传说中，观世音菩萨原是古代妙庄王的三女儿，名叫妙善，聪慧美丽，从小笃信佛教。年岁稍大，妙庄王为其婚配。妙善执意不从，要削发为尼。妙庄王发现女儿抗旨出家，派兵将其捉拿，斩首示众，并使她的灵魂堕入地狱中。玉皇大帝闻讯后，命阎王将妙善的灵魂救起，使之复活。从此，妙善普度众生，化为菩萨。后来妙庄王得了重病，必须要亲生骨肉的手和眼方可医治。在此情况下，妙庄王的大女儿和二女儿都不愿献出手和眼。妙善得知此事后，不念其父旧恶，毅然断手挖眼，救活了妙庄王。

② 相传目连是佛陀释迦牟尼的大弟子，原名为“大目犍连”，简称为“目连”。根据《盂兰盆经》的记载，目连在得道之后，想要度化父母以报哺育之恩，却发现亡母生于饿鬼道中。目连盛饭奉母，但食物尚未入口便化成火炭，其母不能得食。目连哀痛，于是乞求佛陀。佛陀告诉目连，其母罪根深结，非一人之力所能拯救，应仗十方众僧之力方能救度。于是教他在七月十五日为其母供养十方大德众僧，以此大功德解脱其母饿鬼之苦。

的价值观而被广为接受，但它们所宣扬的核心观念，即断绝包括家庭关系在内的世俗关系，是无法成为或适应主流观点的。僧尼的寺庙只是一小部分人逃避普通生活的避难所，而那些数量庞大的俗家弟子，只不过是接受佛教所提倡的独身或素食的教义罢了。各种佛教的教义在明清时期通过宗教宝卷[①]传达给信仰者。比如，《刘香宝卷》讲的就是一个像妙善那样的女英雄的故事。她追求精神的救赎，而不是普通人的婚姻生活；故事还告诉人们，子女应该孝敬自己的母亲，因为母亲在生产时受尽苦楚。对女人来说，虔诚生活的目标，就是要在来生以男人的身份重生。这些内容不仅表达了一种反对婚姻的倾向，而且表达了对女性命运的怨恨。

中国的文化遗产[*]

理查德·史密斯

为了理解中国文化的发展，学者们经常会讨论广大的地域与中央集权的官僚政府之间的相互影响。前者不断发展、复杂多样、种族繁多，而后者则由学者型的官员掌控。那么，这种结构高度复杂的政府是怎样发挥作用的？一种答案是：对于社会关系和个人关系，中国人总有一种追求秩序（即“治”）的文化诉求。儒家哲学的出现，中央集权的官僚体制的建立，以及中国人对于

① 由唐代寺院中的“俗讲”演变而来的一种说唱文学形式。作者大都是出家的僧尼。内容有佛经故事、劝世文、神道故事和民间故事，以佛经故事最多，基本倾向都是宣传因果报应和修道度世，具有浓厚的宗教色彩。明清以来，取材于民间故事的宝卷日渐流行。

* Richard J. Smith, *China's Cultural Heritage: The Ch'ing Dynasty, 1644—1912* (Boulder, CO: Westview Press, 1983), pp. 3-7.

服从和集体责任的肯定态度，都可以作为这方面的佐证。

中国人对于混乱无序（即“乱”）有种与生俱来的担忧，因而他们需要一个强大的中央集权政府，它能给予中国人清晰的文化认同感以及与领袖共同进退的团结感。不过，这也让社会与政治秩序极不易改变，因此使得中国人很难接受锐意变革，但也正是这些变革在后来吞噬着中国。

在关于中国文化遗产的研究中，莱斯大学的汉学家理查德·史密斯（Richard J. Smith）试图解释“中国文化的整体论——这种观点认为，‘所有的思想流派、所有的制度和所有的行为都体现或表达了一套共同的价值’”。最后，史密斯在下面的节选片段中考察了三个相关主题：认知、伦理和礼。

思考：文化认同感是怎样产生的；它对统治者和被统治者有哪些重要性；它在民族统一方面有怎样的重要意义。

中国人的文化极其广博，囊括“天下”，那么他们又是怎样为其设定秩序的呢？……

有三个主题是解释这一问题的基础。……第一是“认知”，即中国人看待世界和自身的方式。虽然儒释道的思想彼此交织，精英和大众对现实的看法也相互影响，但至少，我们可以确定一个超越意识形态和阶级的框架或范式。这种观点有时被描述为“互为补充的两极”，亦即为人熟知但经常被滥用的“阴阳”概念。……

在古代，阴和阳有三种主要含义。而这三种含义都能从下面的《红楼梦》片段中得到揭示。《红楼梦》是中国最伟大、最有影响的小说。在史湘云和丫鬟翠缕的一段精彩对话中，史湘云说：“天地间都赋阴阳二气所生……千变万化，都是阴阳顺逆……阳尽了就成阴，阴尽了就成阳……比如天是阳，地就是阴；水是阴，火就是阳；日是阳，月就是阴。”翠缕恍然大悟道：“怪道人都管日头叫‘太阳’呢，算命的管着月亮叫什么‘太阴星’。”又谈论了一会儿阴阳的关系后，翠缕若有所悟地说：“姑娘是阳，我就是阴。……人规矩主子为阳，奴才为阴。我连这个大道理也不懂得？”

所以，阴和阳（1）产生了宇宙，孕育了所有的自然现象；（2）这对术语被用来描述周期性的循环更替、涨落盈亏；（3）两者是比较性的范畴，描述的是二元关系，它们天生就不平等，但又永远互为补充。中国人几乎各个方面的经验都能用这对概念来解释，比如平常感官所觉察的黑与白、湿与干以及抽象的真与假、存在与虚无。阴阳关系意味着相互依存，也意味着“在等级差异的基础上具有一致性”。虽然阴被看作是从属于阳，但对立面的统一才是其文化理想。

也许，在世界历史上没有哪个重要文明能像中国文明这样，拥有如此普遍、如此深入、如此顽强的自然主义世界观——一种兼容并蓄的世界观。它与我们所熟悉的善与恶、上帝与魔鬼的宗教二元论形成了鲜明对比。后者主要贯穿在古代的近东文化和欧洲文化中。

这项研究的第二个主题是“伦理”，它是一个永久的话题，你在任何一本关于中国政治、社会和哲学的小册子中都能看到。就像阴和阳的概念一样，伦理术语也遍布在中国传统文化的方方面面，包括音乐和美术。中国现代哲学家张东荪告诉我们，中国语言中有大量词汇来自亲缘关系和伦理关系，而冯友兰在其著名的《中国哲学简史》中也歉意地说：中国哲学的绝大部分都和伦理相关，以至于想列出一个完全是伦理学的书单几乎是不可能的。

中国人在伦理方面的关注是广泛深入的，这也是基本的道德价值的世俗来源。同其他文化传统形成鲜明对比的是，中国人的道德秩序在本质上是世俗的。虽然中国哲学家构想出天人之间的基本统一，然而贯穿中国整个帝王时代的伦理体系却并非来自某个超自然的权威。帝王时代的主要宗教形式——佛教和道教——也没有给儒家的核心价值带来太多改变，尽管它们在强化世俗规范的过程中也起到了重要的作用。……

在中国，人们可能会求助于超自然的权威，但在理想的儒家世界中，它并非是必需的。……

“礼”是第三个主题……某种意义上，它与上述两个主题是联系在一起的。就像艺术一样，礼可以被看作是一种颂扬社会意义的语言。它会揭示一个文化群体表达自身处境的方式，用克利福德·格尔茨（Clifford Geertz）的话说，它会揭示出，该文化群体是怎样“把生活世界和想象世界联系起来的”。作为一种文化表现，礼在象征行为中不仅清楚地表达了民众的关切，也清楚地表达了文化精英的关切。当然，对于礼还有许多不同的定义，但在最宽泛的定义中，这个术语包括人类所有的社会行为——从日常的问候礼节到庄严的国家仪式和宗教祭祀。

宽泛的定义可以很好地对应中国古人的用法。虽然礼无法抛开最初神秘的宗教含义，也不能切断其与音乐（音乐充当了道德教化的一种来源）之间的密切联系，但在中国帝王时代的后期，礼包括了所有的宗教仪式和世俗礼仪，成为社会制度、规则、习俗和人际规范的载体。礼成为社会行为、道德观念、礼仪礼节的标准，没有哪个词汇可以容纳如此宽泛的内涵和表征。……

在中国人的生活中，没有哪个重要方面能够脱离礼，没有哪个人可以在所有社会层面上都成为礼学的专家。每个人，上至帝王下至农夫，都能意识到礼在维护社会等级、提高社会凝聚力、崇奉伦理规范和传播文化传统等方面的重要性。在中国，礼和宇宙论、法律之间存在紧密的联系，因此，它在道德价值、美学和世界观的形成中发挥了格尔茨所说的“宗教象征”的功能。

第 4 章

地中海盆地：希腊文明

尽管西方文明的发源地可以追溯到远古时代的近东地区，但我们更容易在希腊找到它的诞生踪迹。希腊文明繁荣于公元前 5 世纪和公元前 4 世纪。而在此之前，它已经历了长时间的发展，并曾出现两个与之相关的文明：米诺斯文明和迈锡尼文明。前者是由米诺斯人以克里特岛为中心，在公元前 3000 年到公元前 2000 年之间建立的海上文明。后者则由迈锡尼人建立；他们在公元前 2000 年到公元前 1000 年之间崛起并统治希腊大陆，是一个崇尚军国主义的印欧语民族。在多利安人入侵（约发生在公元前 1200 年到公元前 1000 年之间）之前，这两个青铜时代的民族衰落了。历经三百年的文化沉寂后，希腊人开始出现并迅速发展。希腊人的商贸活动不断扩大，他们的殖民地从黑海一直延伸到地中海西岸。与此同时，希腊城邦进入了一个政治变革和文化发展的新时期。

从公元前 5 世纪到公元前 4 世纪，希腊文明步入鼎盛时期。其中，斯巴达和雅典两大城邦尤为突出。斯巴达人建立了一个组织严密的军事化的内陆城邦，统治伯罗奔尼撒半岛。而雅典人则建立了一个相对开放、民主的海上城邦，控制着阿提卡地区，鼓励商业和文化对外扩张。二者代表了当时希腊城邦政治和社会的两种极致形式。

本章纵览了从青铜时代的米诺斯文明和迈锡尼文明开始，经古典时期（公元前 550 年—前 323 年）直至希腊化时期（公元前 323 年—前 31 年）的整个希腊文明，并将讨论在内容上有部分交叉的四个主题。第一个主题是关于早期希腊的历史，尤其是它在青铜时代的衰落、荷马史诗的重要性以及随后希腊人通过移民、殖民和交易等方式所进行的扩张。

第二个主题是关于城邦的性质。对希腊人来说，城邦既是适宜生活的环境，也是当时社会、经济、宗教和文化活动的中心。希腊人如何治理城邦？个人与城邦之间的平衡点是什么？在本章，我们还会考察希腊政治的理念与实际，特别会在雅典和斯巴达之间进行对比。

第三个主题将探讨希腊思想的本质。我们关心的问题是：它究竟有多抽象，有多理性？希腊文学、哲学和科学所反映的核心思想和思维方式又是什么？

第四个主题则是关于希腊文明与希腊社会的本质。希腊人尤其是雅典人的传统观念，比如公平、民主、个人主义和开放，究竟在多大程度上是真实的？希腊的现实情况又在多大程度上接近于人们理想中的希腊？这里，我们还将专门讨论希腊人对待妇女的态度及其奴隶制的重要性。

在很多方面，希腊文明都为此后兴起的西方文明奠定了基础。对于在希腊衰落时期开始兴盛的罗马文明来说，更是如此。因此，我们会在第 5 章着重探讨罗马文明。

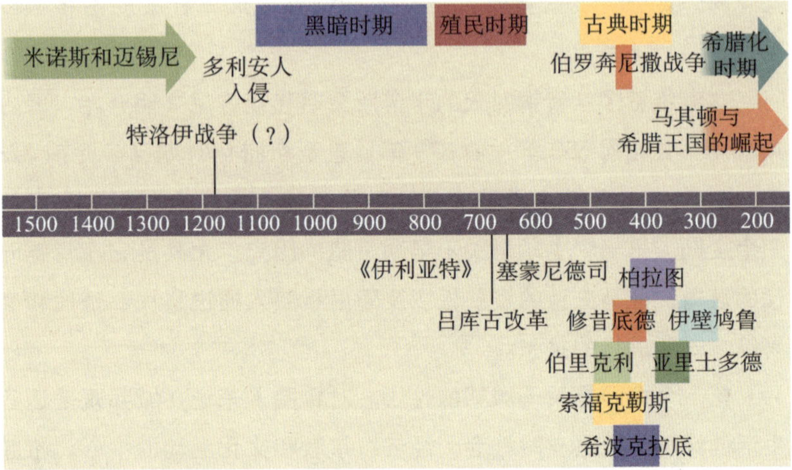

第一手资料

《伊利亚特》*

荷马

荷马（Homer）的《伊利亚特》（*Iliad*）既是文学著作，也是研究希腊文化、宗教和社会等各方面的重要文献。作为从希腊早期流传至今的少数史籍之一，《伊利亚特》可能是在公元前 9 世纪或公元前 8 世纪在民间口头创作的基础上整理而成的，它讲述了大约公元前 13 世纪发生在亚该亚人（迈锡尼时代的希腊人）和特洛伊人之间的那场大战。《伊利亚特》所描述的社会和政治

* Homer, *The Iliad*, trans. by Richmond Lattimore（The University of Chicago Press, 1977), pp. 388-390. 译文参考［古希腊］荷马：《伊利亚特》，陈中梅译注，518～521 页，南京，译林出版社，2000。

状况，既包括迈锡尼时代的传统，也包括后来“黑暗时代”的习俗。下面的节选文字提到了一面由赫菲斯托斯——希腊神话中主管金属制造的神——所制造的盾牌。这面盾牌上的图案描绘了两个城市。在第一个和平的城市里，正在进行一场审判。而第二个城市虽被敌人围困，却显示出一派繁荣的景象。

思考：这些希腊城市的政治特征是什么；这场审判的判决是以什么为基础的；第二个城市具有哪些经济特征。

盾面上，他还描铸出两座凡人精美绝伦的城邦。
一座表现婚娶的场面和节日的欢畅，
人们正把新娘们引出闺房，沿着城区行走，
借助火把的明光，唱开赞颂新婚的歌曲，传扬。
小伙们跳起舞蹈，身腿旋转，
管箫和竖琴送出不见间断的声响，
女人们站在自家门口盯瞧，由衷赞赏。
此外，人们聚集在市场，
观望两位男子吵架，为了一笔血酬，涉及一位亲人被杀。
一方声称愿意足付血债，对着众人宣讲，
另一方则断然拒绝此类抵偿。
二位于是求助于仲裁，听凭他的判罚，
公众意见不一，双方都有人说话帮忙。
使者挡回人群，使长老们得以评说会商，
端坐溜光的石凳，围成一个神圣的圆圈，
手握嗓音清亮的使者们交给的节杖。
两人急步上前，依次陈述案情的短长，

中间放着两塔兰同黄金，
准备支付给评议最公的判家。
在另一座城堡的周边，聚集着两队英壮，
甲械闪闪发光，不同的意见把他们分作两帮，
是攻伐劫抢，还是双方均分所有的财富，
在这座美丽的城堡里堆藏。
然而，城民们没有屈服，
而是武装起来，准备伏杀。
他们的爱妻和年幼的孩子站守墙上，
连同上了年纪的老汉，
其余的出战城防。
由阿瑞斯和帕拉丝·雅典娜带队，
二者皆用黄金铸成，身披金甲，
神威赫赫，全副武装，显得俊美、高大，
在周围矮小的凡人中展示瞩目的形象。
他们来到理想的伏击地点，
一处河边的滩泽，所有牲畜饮水的地方，
屈腿蹲坐，裹着闪光的铜甲。
他们派出两名哨兵，离着众人坐地设岗，
等候探望，直至眼见步履蹒跚的牧牛和群羊。
很快，它们来了，后面跟走两个牧人，
吹着管笛逗乐，不曾想到前面的狡诈。
伏者眼见他们，冲扑上去，迅猛砍杀，
活宰了两边成群的畜牛和毛色白亮、净美的肥羊，
杀了牧人不放。

…………

他还铸上一片深熟的田野，精耕的土地肥沃，
受过三遍犁耥，宽阔，众多的犁手正在劳作，
来回翻耕，赶着成对的牲口。

…………

他还铸出一片国王的属地，
劳作者正在收获，手握锋快的镰刀，
割下麦子束束，有的落下和镰刀成行，
另一些则由捆秆者用草绳扎牢，
一共三位，在近旁站立，
身后跟随一帮孩子，收捡麦束，满抱胸前，
不停地给捆者输送。
国王亦在现场之中，静观，手握权杖，
站临堆束，其乐融融。
那边，傍贴一棵橡树，使者们正准备宴用的食物，
杀倒一头硕大的肥牛，忙着切剥，
妇女们在肉上铺撒一把把雪白的大麦，让收割者们吃足。
他还铸出一片果园，挂满长垂的结实丰硕，绚美，
以黄金镌铸，葡萄呈现紫蓝色的深熟，
枝蔓顺爬，依附银质的杆柱。
他还描出一道沟渠，用幽暗的金属，
以一条白锡的篱栏圈围四周，
只有一条小径通入园圃，
采撷者由此出入，摘取收获。
姑娘和小伙们提用柳条编织的篮筐，

带着孩子般的喜悦纯真，搬运甜美的熟果。
他们中有一年轻的乐手，弹拨声音清脆的竖琴，
曲调迷人，唱响利诺斯的行迹，
亮开动听的歌喉，众人随声附和，号喊阵阵，
迈出轻快的舞步，踏出齐整的节奏。

妇女之诗*

阿莫尔戈斯的塞蒙尼德司

在希腊的早期历史中，只有极少的文献能够告诉我们希腊人对于妇女的态度。大多数的典籍都由男性编写的，常常只是顺便提到妇女。然而有证据表明，虐待妇女是早期希腊文学的普遍主题。接下来的节选段落就是这方面的一个例证。它选自阿莫尔戈斯的塞蒙尼德司（Semonides of Amorgos）的一首关于妇女的诗，这位诗人曾生活在公元前7世纪的阿莫尔戈斯岛。这首诗强调了妇女与男子的巨大差异，描述了妇女的九种负面形象和一种正面形象。

思考： 这首诗表现了古希腊男子对待妇女的何种态度；根据塞蒙尼德司的观点，应该如何区分坏女人跟好女人。

在创世之初，神创造了各种女人。他用满身长鬃毛的母猪创造了其中一个。在她的房间里，所有的东西都杂乱无章，满是泥土，四处散落在地上；而她自己也很肮脏，身上的衣服从来不洗，坐在一堆秽物旁，越长越胖。

---

* Hugh Lloyd-Jones, *Females of the Species: Semonides on Women* (Park Ridge, NJ: Noyes Press, 1975), pp. 30, 32, 34, 38.

*

另一个女人创造自一只邪恶的雌狐。这个女人知道一切，不论坏事好事都不会被她落掉；她经常把好事说成坏事，也会把坏事说成好事。她的态度从来都阴晴不定。

*

由他创造的另一个女人原本是只恶毒的母狗，是那个想打听一切、知道一切的女人的亲生女儿。她四处窥探，到处闲逛，不停地嚷嚷，即便眼前没有任何人。男人们没法靠威胁、发脾气、用石头砸掉她的牙齿或是用甜言蜜语来制止她；她会喋喋不休，让你无从应对。

*

另一个女人是从蜜蜂创造而来。得到她的男子是幸运的，因为她自身无可挑剔。她为他带来源源不断的财富，她和她所爱的同时也爱她的丈夫白头偕老，她是一个大方得体、令人尊敬的家庭主妇。她在所有的女人里面鹤立鸡群，像女神般完美。她从不喜欢坐在妇女中间，听她们讲情爱故事。像她这样的妇女，是宙斯赐给男子的最优秀最明智的对象。

*

宙斯有意让所有这些女人始终和男子生活在一起。是的，这就是宙斯制造的最具毁灭性的灾难——女人。假如说她们对拥有她们的那些男人还有一些作用的话，那就是向男人们证明了：这的确是一个灾难。一个跟女人住在一起的男子绝不可能快活地度过一整天，因为家庭的各种束缚使得他难以摆脱“困乏之神”。这个神是与我们同住在一个屋檐下的敌人，是个与我们作对的神。每当一个男子渴望凭借神的特许或者自身的善意而在家里享受欢愉的时候，她都想方设法地对他吹毛求疵，然后怒发冲冠地与他争吵。是的，只要有女人的存在，男子就永远不可能给前来拜访他的朋友以衷心的愉悦。而最值得尊敬的女人，最后却被发现是最残暴的人，因为她的丈夫不在她身旁……邻居们乐意看到他为此产生误会。每个男子都要小心翼翼地在别人面前称赞自己的妻子，而对别人的妻子百般挑剔；我们根本没有意识到，我们的命运是多么地相似。是的，这是宙斯制造的最大灾难，与此同时他还给我们套上了牢靠的枷锁。正因如此，有的人为了对付女人甚至求助于冥王哈德斯。……

《斯巴达的政治体制》*

色诺芬

斯巴达是古希腊最强大、最著名的城邦之一。这座位于伯罗奔尼撒半岛的城市在公元前 7 世纪和公元前 6 世纪之间，以它的保守、纪律、自我关注以及致力于军事与武力的发展而闻名于世，而这种声誉大都来自公元前 7 世纪中叶所发生的重要事件。当时，希洛人——先前被斯巴达人征服并沦为其奴隶的麦西尼亚人——向人数远少于他们的斯巴达人发起了起义。这场起义最终被镇压下去，但从那一刻起，斯巴达人开始不惜一切代价地维护他们的统治。为了确保斯巴达人团结一致，保持军事上的强大，他们实施了各种制度改革。传说中，这些改革都是由一个叫吕库古（Lycurgus）（此人可能在历史上并不可考）的立法者推行的。与这些改革相关的第一手资料非常少，我们所能借鉴的最可靠的资料来自色诺芬（Xenophon，约公元前 434 年—前 355 年）的记

* Francis R. B. Godolphin, ed., *The Greek Historians*, Vol. Ⅱ, (New York: Random House, 1942), pp. 658-661, 666-669.

载。这位崇尚斯巴达的雅典人记录了在这些事件之后大约两个世纪的历史。下面的段落选自他的著述《斯巴达的政治体制》(*Constitution of the Lacedaemonians*)。

思考：色诺芬是如何解释斯巴达的巨大力量和威望的；斯巴达教育体系的本质和目标是什么；斯巴达与其他希腊城邦的区别在哪里。

我回想起，自己第一次发现斯巴达在希腊各城邦中的特殊地位时，曾发出过惊叹。它的人口相对稀少，却能在希腊拥有如此非凡的力量和威望！这到底是为什么呢？这可难住了我。直到开始研究斯巴达人的独特制度时，我才恍然大悟。或者不如说，我把这份惊叹转移到了那些制定法律的立法者身上。对斯巴达律法的绝对服从，才是斯巴达走向繁荣的秘密所在。我非常欣赏这位叫吕库古的立法者，并且坚信他是有史以来最聪明的人之一。……

他坚信，锻炼身体是人们的职责所在，即使是女人也应该像男人一样锻炼身体。基于这种理念，他开创了跑步和角力的对抗赛，男人和女人都要参加。在他看来，只有父母双方都拥有强壮的体格，他们的后代才会更加健壮。……

在他制定的婚姻制度中，人们只有在身体健康、精力旺盛的黄金时期才能结婚，这也是有助于生育健康后代的一个条件。……

现在我们来说说吕库古本人。他给所有的斯巴达年轻人指派了一名被称作“监督者”的公共监护人，授予他恰当的头衔，让他全权监管年轻人，而不是为城邦的每个成员私下委派一名奴隶作为他儿子的监护人。……

为了不让他们的脚因为穿鞋而变软，吕库古规定他们必须赤脚走路，这样他们的脚掌就会变得坚硬。他相信人们一旦养成了这个习惯，就能够更轻易地攀登高处，在攀登悬崖峭壁时危险也更少。……

为了避免他们因为穿不同的衣服而变得娇气，他要求他们全年都穿同一件衣服，并认为该措施更能使人适应天气的冷热变化。

在饮食方面，根据他制定的规则，长官或头领必须将他的人集中到同一处进餐，提供适量的食物，避免他们因为吃得过饱而肥胖，同时也让他们认识到过穷困日子的痛苦。他相信，在少年时代经过这样的训练，人们就能够更容易在空腹跋涉的艰苦时期适应环境而生存下来。……

另一方面，尽管他不允许男孩们不努力就得到他们所需要的东西，但在饥饿难耐的紧要关头，他的确默许他们可以为了解除饥饿而偷窃。

我认为，此种教育方式显然旨在锻炼男孩们的生存技能和创造力，与此同时，还培育了他们尚武的本能。……

此外，为了让男孩们能够不需要管理者，甚至在公共监护人不在场的情况下也不需要管理者，他把权威赋予任何一个恰好在场的公民，让他们有权为了孩子们的利益而向他们发号施令，也可以因为他们犯下过失而对他们进行体罚。……

众所周知，在大多数城邦里，每个人都竭力从事赚钱谋生的行当，比较常见的有农夫、水手和商人，而其他人则靠各种手艺来维持生计。但在斯巴达，吕库古禁止生而自由的公民有这些谋生手艺。作为自由民，他强令他们只能专注于那些作为公民自由基础的活动。……

与其他城邦正好相反，在斯巴达一个男子越是强壮，就越是心甘情愿地服从于城邦的权威。事实上，他们为自己的谦卑感到自豪，为他们只要听到一声令下，所有人便立即服从、毫不迟疑拖沓而感到自豪。他们自己所坚信和树立的这个严守纪律的例子，在其他情况下也是如此。

在斯巴达的法律中，监督官[1]有权惩罚任何人；他们有权凭一时冲动索要罚金；他们也有权罢免地方官员，甚至监禁他们，指控他们犯了死罪。拥有如此巨大的权力，因此他们不像其他城邦那样，允许民选官员与他们一样在任期内掌握实权。不过，在这种更具专制君主风格的体制中，一旦出现违反法律的苗头，他们便会毫不犹豫地施加惩罚，甚至事先都不会给予警告。……

然而，还有一点或许会令我们对吕库古更加钦佩。因为他细心地发现，那些愿意发挥其学识与热情，但因为这样或那样的原因而无力为城邦增添荣耀的人，容易聚在一起。立法者必须注意这个问题。在斯巴达，他要求每个公民必须把践行各种美德作为一项公共义务。由于不同的人有不同的特长，而他相应地针对不同的人有选择性地培养其美德，因此，这个名为斯巴达的城市理所当然地在美德方面超过其他城邦。因为只有在斯巴达，实现一种高标准的高贵生活才成为一项全体公民的责任。

《伯罗奔尼撒战争史》：黄金时代的雅典*

修昔底德

西方最早的一批历史学家都生活在希腊的古典时代。他们向我们提供了关于这个时期的最有价值的史料。其中，最伟大的当

---

* Francis R. B. Godolphin, ed., *The Greek Historians*, Vol. Ⅰ (New York: Random House, 1942), pp. 648-651. 译文根据［古希腊］修昔底德：《伯罗奔尼撒战争史》，谢德风译，129～133 页，北京，商务印书馆，1960。

属修昔底德（Thucydides，约公元前471年—前400年）。他是一名出身高贵而富有的雅典人，在战争早期曾担任将军，后来因为在与斯巴达人的交战中惨败而被雅典流放了二十年。在《伯罗奔尼撒战争史》（*The History of the Peloponnesian War*）这部著作里，修昔底德探讨了战争的起源、过程以及它对参战各方和整个希腊的重大影响。下面的节选文字摘自雅典领导人伯里克利（Pericles，约公元前490年—前429年）在公元前431年至公元前430年间的冬天，为此前阵亡的雅典同胞所作的悼词。在悼词中，伯里克利比较了雅典人和他们的敌人（即斯巴达人，但他没有提他们的姓名）的生活和制度。他向雅典同胞解释了雅典之所以伟大的原因。这场葬礼演说对鼎盛时期的雅典进行了非常理想化的描述。

思考：这份文献是怎样描述雅典及其制度和人民的；伯里克利如何比较雅典与斯巴达，而斯巴达的头领可能会怎样回应他；伯里克利是如何平衡雅典人的个人自由和公民义务的。

“首先我要说到我们的祖先们。因为在这样的典礼上，回忆他们所做的，以表示对他们的敬意，这是适当的。在我们这块土地上，同一个民族的人世世代代住在这里，直到现在。因为他们的勇敢和美德，他们把这块土地当作一个自由国家传给我们。毫无疑问，他们是值得我们歌颂的。尤其是我们的父辈，更加值得我们歌颂，因为除了他们所继承的土地之外，他们还扩张成为我们现在的帝国，他们把这个帝国传给我们这一代，是经过流血和辛勤劳动的。今天我们自己在这里集合的人，绝大多数正当盛年，我们已经在各方面扩充了我们帝国的势力，已经组织了我们的国家，无论在平时或战时，都完全能够照顾它自己。

“我不想作一篇冗长的演说来评论一些你们都很熟悉的问题，所以我不说我们用以取得我们的势力的一些军事行动，也不说我们的父辈英勇地抵抗我们希腊内部和外部敌人的战役。我所要说的，首先是讨论我们曾经受到考验的精神，我们的宪法和使我们伟大的生活方式。说了这些之后，我想歌颂阵亡将士。我认为这种演说，在目前情况下，不会是不适当的；同时，在这里集会的全体人员，包括公民和外国人在内，听了这篇演说，也是有益的。

“我要说，我们的政治制度不是从我们邻人的制度中模仿得来的。我们的制度是别人的模范，而不是我们模仿任何其他的人的。我们的制度之所以被称为民主政治，因为政权是在全体公民手中，而不是在少数人手中。解决私人争执的时候，每个人在法律上都是平等的；让一个人担任公职优先于他人的时候，所考虑的不是某一个特殊阶级的成员，而是他们所有的真正才能。任何人，只要他能够对国家有所贡献，绝对不会因为贫穷而在政治上湮没无闻。正因为我们的政治生活是自由而公开的，我们彼此间的日常生活也是这样的。当我们隔壁邻人为所欲为的时候，我们不致因此而生气；我们也不会因此而给他以难看的颜色，以伤他的情感，尽管这种颜色对他没有实际的损害。在我们私人生活中，我们是自由的和宽恕的；但是在公家的事务中，我们遵守法律。这是因为这种法律深使我们心悦诚服。

“对于那些我们放在当权地位的人，我们服从；我们服从法律本身，特别是那些保护被压迫者的法律，那些虽未写成文字，但是违反了就算是公认的耻辱的法律。

“现在还有一点。当我们的工作完毕的时候，我们可以享受各种娱乐，以提高我们的精神。整个一年之中，有各种定期赛会和祭祀；在我们的家庭中，我们有华丽而风雅的设备，每天怡娱心目，使我们忘记了我们的忧虑。我们的城邦这样伟大，它使全世界各地一切好的东西都充分地带给我们，使我们享受外国的东西，正好像是我们本地的出产品一样。

“在我们对于军事安全的态度方面，我们和我们的敌人间也有很大的差别。下面就是一些例子：我们的城市，对全世界的人都是开放的；我们没有定期的放逐，以防止人们窥视或者发现我们那些在军事上对敌人有利的秘密。这是因为我们所倚赖的不是阴谋诡计，而是自己的勇敢和忠诚。在我们的教育制度上，也有很大的差别。从孩提时代起，斯巴达人即受到最艰苦的训练，使之成为勇敢的人；在我们的生活中没有一切这些限制，但是我们和他们一样，可以随时勇敢地对付同样的危险。这一点由下面的事实可以得到证明：当斯巴达人侵入我们的领土时，他们总不是单独自己来的，而是带着他们的同盟者和他们一起来的，但是当我们进攻的时候，这项工作是由我们自己来做；虽然我们是在异乡作战，而他们是为保护自己的家乡而战，但是我们常常打败了他们。事实上，我们的敌人从来没有遇着过我们的全部军力，因为我们不得不分散我们的注意力于我们的海军和在陆地上我们派遣军队去完成的许多任务。但是如果敌人和我们一个支队作战而胜利了的时候，他们就自吹，说他们打败了我们的全军；如果他们战败了，他们就自称我们是以全军的力量把他们打败的。我们是自愿地以轻松的情绪来应付危险，而不是以艰苦的训练；我们的勇敢是从我们的生活方式中自然产生的，而不是国家法律强迫的。我认为这些是我们的优点。我们不花费时间来训练自己忍受那些尚未到来的痛苦，但是当我们真的遇着痛苦的时候，我们表现我们自己正和那些经常受到严格训练的人一样勇敢。我认为这是我们的城邦值得崇拜的一点。当然还有其他的优点。

“我们爱好美丽的东西，但是没有因此而至于奢侈；我们爱好智慧，但是没有因此而至于柔弱。我们把财富当作可以适当利用的东西，而没有把它当作可以自己夸耀的东西。至于贫穷，谁也不必以承认自己的贫穷为耻，真正的耻辱是不择手段以避免贫穷。在我们这里，每一个人所关心的，不仅是他自己的事务，而且也关心国家的事务。就是那些最忙于他们自己的事务的人，对于一般政治也是很熟悉的——这是我们的特点：一个不关心政治的人，我们不说他是一个注意自己事务的人，而说他根本没有事务。我们雅典人自己决定我们的政策，或者把决议提交适当的讨论。因为我们认为言论和行动间是没有矛盾的；最坏的是没有适当地讨论其后果，就贸然开始行动。这一点又是我们和其他人民不同的地方。我们能够冒险；同时又能够对于这个冒险，事先深思熟虑。他人的勇敢，由于无知。当他们停下来思考的时候，他们就开始疑惧了。但是真的算得勇敢的人是那个最了解人生的幸福和灾患，然后勇往直前，担当起将来会发生的事故的人。

“再者，在关于一般友谊的问题上，我们和其他大多数的人也成一个鲜明的对比。我们结交朋友的方法是给他人以好处，而不是从他人方面得到好处。这就使我们的友谊更为可靠，因为我们要继续对他们表示好感，使受惠于我们的人永远感激我们。但是受我们一些恩惠的人，在感情上缺少同样的热忱，因为他们知道，在他们报答我们的时候，这好像是偿还一笔债务一样，而不是自动地给予恩惠。在这方面，我们是独特的。当我们真的给予他人以恩惠时，我们不是因为估计我们的得失而这样做的，乃是由于我们的慷慨，这样做而无后悔的。因此，如果把一切都联系起来考虑的话，我可断言，我们的城市是全希腊的学校；我可断言，我们每个公民，在许多生活方面，能够独立自主；并且在表现独立自主的时候，能够特别地表现出温文尔雅和多才多艺。”

《安提戈涅》*

索福克勒斯

关于希腊的许多信息都来自戏剧。戏剧在希腊人的教育、宗教和文化生活里扮演着重要角色。索福克勒斯（Sophocles，约公元前496年—前406年），这位具有贵族血统并担任重要官职的雅典人，是希腊古典时代最伟大的剧作家之一。戏剧《安提戈涅》（*Antigone*）在公元前441年首次上演，该剧侧重于社会责任和个人信念之间的冲突，政治良知和道德良心之间的矛盾。下面的第一选段是底比斯的国王克瑞翁对议员们的演说。他提到了底比斯的最近情况：悲惨死去的国王俄狄浦斯的两个儿子之间发生了争斗。其中，波吕涅刻斯王子集结了底比斯的希腊敌人来攻打这座城市，而另一个王子厄忒俄克勒斯则在城内极力抵抗。他俩都死于战火，于是克瑞翁（俄狄浦斯的兄弟）占有了王位。此时，意志坚强的安提戈涅——波吕涅刻斯的妹妹——受血缘与宗教信仰的驱使，要求为她的哥哥举行一场像样的葬礼，而克瑞翁

---

* *Sophocles*：*Three Tragedies*，trans. by H. D. F. Kitto (Oxford University Press，1962)，pp. 8-9，16-17. 译文根据罗念生：《古希腊罗马文学作品选》，83～84、90页，北京，北京出版社，1988。

则坚持认为，统治者必须维护城邦的尊严，因此必须惩治叛乱。克瑞翁认为应该体面地埋葬厄忒俄克勒斯，而拒绝埋葬波吕涅刻斯。在第二个选段中，安提戈涅则为她给波吕涅刻斯举行葬礼以及她违反城邦法律的行为进行辩解。

思考：这两个选段揭示了怎样的态度和观念；克瑞翁认为统治者应该承担哪些责任，这些责任在哪些方面同道德和宗教相矛盾；安提戈涅是如何回应克瑞翁的；这篇文献中所展现的个人与城邦的关系，与伯里克利在葬礼致辞中谈到的这种关系有何异同。

克瑞翁：长老们，我们城邦这只船经过多少波浪颠簸，又由众神使它平安地稳定下来；因此我派使者把你们召来，你们是我从市民中选出来的，我知道得很清楚，你们永远尊重拉伊俄斯①的王权；此外，在俄狄浦斯执政时期和他死后，你们始终怀着坚贞的心效忠他们的后人。既然两个王子同一天死于相互造成的命运——彼此残杀，沾染着弟兄的血——我现在就接受了这王位，掌握着所有的权力，因为我是死者的至亲。

一个人若是没有执过政，立过法，没有受过这种考验，我们就无法知道他的品德、魄力和智慧。任何一个掌握着全邦大权的人，倘若不坚持最好的政策，由于有所畏惧，把自己的嘴闭起来，我就认为他是最卑鄙不过的人。如果有人把他的朋友放在祖国之上，这种人我瞧不起。至于我自己，请无所不见的宙斯作证，要是我看见任何祸害——不是安乐——逼近了人民，我一定发出警告；我决不

① 底比斯的国王，俄狄浦斯的父亲，被后者误杀。

把城邦的敌人当作自己的朋友；我知道唯有城邦才能保证我们的安全；要等我们在这只船上平稳航行的时候，才有可能结交朋友。

我要遵守这样的原则，使城邦繁荣幸福。我已向人民宣布了一道合乎这原则的命令，这命令和俄狄浦斯两个儿子有关系：厄忒俄克勒斯作战十分英勇，为城邦牺牲性命，我们要把他埋进坟墓，在上面供献每一种随着最英勇的死者到下界的祭品；至于他弟弟，我是说波吕涅刻斯，他是个流亡者，回国来，想要放火把他祖先的都城和本族的神殿烧个精光，想要喝他族人的血，使剩下的人成为奴隶，这家伙，我已向全体市民宣布，不许人埋葬，也不许人哀悼，让他的尸体暴露，给鸟和狗吞食，让大家看见他被作践得血肉模糊！

这就是我的魄力，在我的政令之下，坏人不会比正直的人受人尊敬，但是任何一个对城邦怀有好意的人，不论生前死后，都同样受到我的尊敬。

*

克瑞翁：告诉我——话要简单不要长——你知道不知道有禁葬的命令？

安提戈涅：当然知道；怎么会不知道呢？这是公布了的。

克瑞翁：你真敢违背法令吗？

安提戈涅：我敢。因为向我宣布这法令的不是宙斯，那和下界神祇同住的正义之神也没有为凡人制定这样的法令。我不认为一个凡人下一道命令就能废除天神制定的永恒不变的不成文律条，它的存在不限于今日和昨日，而是永久的，也没有人知道它是什么时候出现。

我不会因为害怕别人皱眉头而违背天条，以致在神面前受到惩罚。我知道我是会死的——怎么会不知道呢？——即使你没有颁布那道命令。如果我在应活的岁月之前死去，我认为是件好事，因为像我这样在无穷尽的灾难中过日子的人死了，岂不是得到好处了吗？

所以我遭遇这命运并没有什么痛苦。但是，如果我让我哥哥死后不得埋葬，我会痛苦到极点，可是像这样，我倒安心了。如果在你看来我做的是傻事，也许我可以说，那说我傻的人倒是傻子。

《理想国》*

柏拉图

古希腊的各个城邦，尤其是雅典，都曾经极力推崇它们的民主制度及其实践。然而柏拉图（Plato，约公元前 427 年—前 347 年），当时最伟大的政治理论家，却对民主制度提出了最苛刻的批评。作为一个在伯罗奔尼撒战争时期成长起来的雅典贵族，柏拉图因为他的老师苏格拉底在公元前 399 年被判处死刑而感到怨愤。在离开雅典很长一段时间后，公元前 386 年柏拉图回到雅典并建立了一所学校——柏拉图学园。在那里，他希望能培养出他在《理想国》中所描述的那种哲学家和政治家。在下面的节选文字中，柏拉图通过对话体的形式，分析了民主制度及其危险。这表达的不仅仅是抽象的思想，因为在当时，以雅典为代表的民主

---

* M. J. Knight. ed., *A Selection of Passages from Plato for English Readers*, translated by B. Jowett, (Oxford, England: The Clarendon Press, 1895), pp. 80-82. 译文根据［古希腊］柏拉图：《理想国》，郭斌和、张竹明译，331～333 页，北京，商务印书馆，1986。

制度和以斯巴达为代表的高度组织化的威权制度之间，已经出现了对抗。

思考：柏拉图论证的优点和缺陷；试比较柏拉图关于（雅典的）民主制度的看法和伯里克利（修昔底德）等人的观点。

苏格拉底（以下简称“苏”）：党争结果，如果贫民得到胜利，把敌党一些人处死，一些人流放国外，其余的公民都有同等的公民权及做官的机会——官职通常抽签决定。一个民主制度，我想就是这样产生的。

阿得曼托斯（以下简称“阿”）：对。这是民主制度，无论是通过武装斗争，或是通过恐吓手段建立起来的，最后结果反正一样，反对党被迫退出。

苏：那么在这种制度下人民怎样生活？这种制度的性质怎样？因为，很显然，这种性质的人将表明自己是民主的人。

阿：很显然。

苏：首先，他们不是自由吗？城邦不确确实实充满了行动自由与言论自由吗？不是每个人都被准许想做什么就做什么吗？

阿：据说是这样。

苏：既然可以这样随心所欲，显然就会每个人都有自己的一套过日子的计划，爱怎么过就怎么过啦。

阿：显然如此。

苏：于是这个城邦里就会有最为多样的人物性格。

阿：必定的。

苏：可能这样。这是政治制度中最美的一种人物性格，各色各样，有如锦绣衣裳，五彩缤纷，看上去确实很美。而一般群众也或许会因为这个缘故而断定，它是最美的，就像女人小孩只要一见色彩鲜艳的东西就觉得美是一样的。

阿：确实如此。

苏：是的，我的好友，这里是寻找一种制度的最合适的地方。

阿：为什么？

苏：由于这里容许有广泛的自由，所以它包括有一切类型的制度。很可能凡希望组织一个国家的人，像我们刚才说过的，必须去一个民主城邦，在那里选择自己所喜欢的东西作为模式，以确定自己的制度，如同到一个市场上去选购自己喜欢的东西一样。

阿：不管怎么说，在这个市场上他大概是不会选不到合适的模式的。

苏：又，在这种国家里，如果你有资格掌权，你也完全可以不去掌权；如果你不愿意服从命令，你也完全可以不服从，没有什么勉强你的。别人在作战，你可以不上战场；别人要和平，如果你不喜欢，你也可以要求战争；如果有什么法令阻止你得到行政的或审判的职位，只要机缘凑巧，你也一样可以得到它们。就眼前而论，这不是妙不可言的赏心乐事吗？

阿：就眼前而论也许是的。

苏：那些判了刑的罪犯，那毫不在乎的神气，不有点使人觉得可爱吗？你一定看到过，在这种国家里，那些被判了死罪的或要流放国外的，竟好像没事人一样，照旧在人民中间来来往往，也竟好像来去无踪的精灵似的没人注意他们。

阿：我看到过不少。

苏：其次，这种制度是宽容的，它对我们那些琐碎的要求是不屑一顾的，对我们建立理想国家时所宣布的庄严原则是蔑视的。我们说过除非天分极高的人，不从小就在一个好的环境里游戏、学习受到好的教养，是不能成长为一个善人的。民主制度以轻薄浮躁的态度践踏所有这些理想，完全不问一个人原来是干什么的，品行如何，只要他转而从政时声称自己对人民一片好心，就能得到尊敬和荣誉。

阿：实在是个好制度啊！

苏：这些以及类似的特点就是民主制度的特征。这看来是一种使人乐意的无政府状态的花哨的管理形式。在这种制度下不加区别地把一种平等给予一切人，不管他们是不是平等者。

阿：你这话是很容易理解的。

医学和巫术*

希波克拉底

早在公元前5世纪，希腊人就已经形成了一套学习知识的科学方法。医学就是能够反映这种发展的一门学科。来自科斯岛①的希波克拉底（Hippocrates，约公元前460年—前377年）创立了医学学派；该学派致力于细致观察病情，探求疾病的自然成因。希波克拉底的方法摒弃了关于疾病的宗教假设或超自然的猜想，并且抵制各式各样的迷信处方。下面的节选文字由希波克拉底（或至少是由这个学派的人）撰写，他用上述这种科学的态度

* Hippocrates, *The Medical Works of Hippocrates*, trans. John Chadwick and W. N. Mann, 1950. Courtesy of Charles C. Thomas, Publisher, Springfield, Illinois, and Basil Blackwell, Publisher, Oxford, England.

① 希腊佐泽卡尼索斯群岛中第三大岛，与土耳其西南海岸隔海遥望。

对待“圣病”（癫痫的俗称）。

思考：这篇文献中的猜想具有多大的科学性；哪些观点可能遭到现代医生的反驳，又有哪些观点会得到他们的赞同。

我不相信“圣病”比其他任何疾病更加超凡或神圣，相反地，我认为它有自己的特点和确切的病因。然而因为它与其他疾病的表现完全不同，所以一直以来被那些凭自己的无知和惊诧来看待它的人当作是来自神的惩罚。尽管理解该疾病的病理比较困难，正因为如此人们容易认为它源自于神，但仅仅采用宗教洗礼和咒语的治疗方案所取得的效果，却证明了这种看法是不堪一击的。如果疾病的显著特征就是神惩罚的证据，那么将会有许多疾病都该归为“圣病”。日发疟、隔日疟和三日疟的症状与癫痫同样显著和怪异，但却没有人认为它们来自神的意志。我不相信和癫痫这个所谓“神赐的”疾病相比，那些疾病就不该被看作是神造成的。但是人们却没有对它们感到困惑。这里我再次强调，我的确曾见过有人没有任何明确原因就突然变得疯狂，随后神志不清，做出很多怪异的事情。在很多病例中，我也观察到有些人在睡梦里呻吟和咆哮，有的窒息了；还有一些人从床上跳起来，冲出去，一直发狂直到他们醒过来，而清醒之后，他们与此前一样既健康又理智，尽管可能会脸色苍白、身体虚弱。这些病状并非偶然的，而是经常发生的。在这里我本来还能列举更多的症状，但是要把它们都细述出来实在太花时间了。

在我看来，那些最初把这个病称为“圣病”的人，就是现在被我们称作巫医、信仰治疗者、庸医和吹牛皮的人。他们的专长就是假装虔诚，伪装成有智慧的人。通过诉诸所谓的神圣因素，他们掩饰他们的治疗失误，并把这种病叫作“神赐的”疾病，以掩盖他们对病因的无知。……

他们也会使用其他托词。这样，在病人碰巧痊愈的时候，他们的名声便能大振。相反，如果病人死了，他们就能辩解说，应该被谴责的是神明，而他们自己没有任何过错，因为他们并没有开出任何处方，不论病人吃的是什么药，还是可能致其死亡的洗礼。……

看起来，那些试图依靠这种方式来治病的人并没有真正考虑过这些被看作是源于神明意志的疾病。假如这种疾病可以被宗教洗礼或类似的方法治愈，那么又有什么能阻止这些方法导致这种疾病呢？一个用巫术帮人摆脱疾病的人，同样也能使它发生。我们再次看到，这没有任何神圣可言，所牵涉的仍是人的因素。通过以上主张和欺骗手段，这些从业者假装他们拥有的学识要比他们真正能够给予他人的更多；他们存心骗人，拿着那些所谓“圣洁”和“净化”的处方，四处散布该疾病是天降灾祸与恶魔财产的谣言。因而我认为，这些表面虔诚的断言实际上非但不虔诚，更是对神明存在的否定，他们的宗教信仰和关于天降灾祸的所有说辞，乃是我将继续揭露的对神明大不敬的骗局。……

我相信，这种疾病丝毫不比其他疾病更加神圣，而是具有与其他疾病相同的本质和相似的病因。进一步说，只要不是所有药物都无法根治的宿疾，那么要治愈它也并不比治愈别的疾病更加困难。

和其他疾病一样，它也是一种遗传性疾病。如果说冷漠的小孩是性格冷淡的父母所生，坏脾气的孩子是脾气暴躁的父母所生，有肺病的父母会生出患肺结核的孩子，敏感易怒的父母生出的孩子情绪易波动，那我们为什么不能推断出受癫痫这种病折磨的父亲或母亲，他们的孩子也会遭受同样的痛苦呢？精液来源于身体的各个部位，当它来自健康的部位时它就是健康的，而当它来自患病的部位时它就是不健康的。另一个能够证明这种疾病不比别的疾病神圣的重要证据就是：事实上，性格冷漠的人更容易患上它，而性格暴躁的人却往往从它的魔掌中逃脱。假如癫痫是源于神赐的话，那么所有类型的人被感染的概率都应该是相同的，然而在现实中，患病率的差别却十分明显。

视觉资料

贸易、文化和殖民

图 4－1 是一只拉哥尼亚[①]杯子的内部图案，年代大约是在公元前 560 年。它展示了希腊在非洲北部的殖民地昔兰尼（一个最初由锡拉人在公元前 630 年左右建立的希腊殖民地）的国王阿塞西劳斯二世在一次装船过程中，监督称量与装载的场景。船上装运的可能是串叶松香草——一种从该地区出口的药草。在画面的左边，阿塞西劳斯坐在船上，头顶华盖，显然与他的随从在讨论着什么。图画的右边，一个人把一大包串叶松香草扛在肩上，大声说出它的重量，而下面的人们正忙着把一包包串叶松香草装进货舱。画面的四周是当地的动物：一只蜥蜴、一只猴子和几只鸟。

这只杯子所描绘的场景反映了商品贸易对于希腊人的重要性，以及希腊殖民地在贸易过程中发挥的作用。它也揭示了地中

① 古希腊南部的一个王国，位于伯罗奔尼撒半岛南部，其都城为斯巴达。

图 4-1

法国国家图书馆提供

海地区人们之间越来越密切的联系，希腊人对其定居的地中海沿岸日渐熟悉。同时，杯子还反映出，希腊人与他们所发现的文化和环境之间产生了联系，这一点可以从这种产自北非却在希腊本土用作医药的植物（串叶松香草）上看出来，也可以从诸多与拉哥尼亚杯相似的杯子上推断出来。杯上的文字可以证实希腊人之间的文化传播。

思考： 这个杯子如何能证明，商业和殖民在希腊占有重要的地位；商业怎样成为整个地中海地区的文化传播媒介。

移民与殖民

地图 4-1 和 4-2 反映了在希腊历史与地理位置之间的许多

关系。第一幅地图描述了希腊的方言分布情况。箭头所指的是希腊移民的大致迁徙方向。因为在公元前 13 世纪至公元前 10 世纪之间多利安人的入侵发生之后，方言的流传情况令希腊人的移民方向得以有迹可循。第二幅地图展示了公元前 750 年至公元前 550 年间，希腊人在地中海与黑海一带的殖民地。该图还将这些殖民地与先前腓尼基人的殖民地，以及意大利北部相对稳定的伊特鲁里亚人的殖民地进行了比较。该图还显示了一些希腊殖民地的由来，如爱奥尼亚、多利安和伊奥利亚。

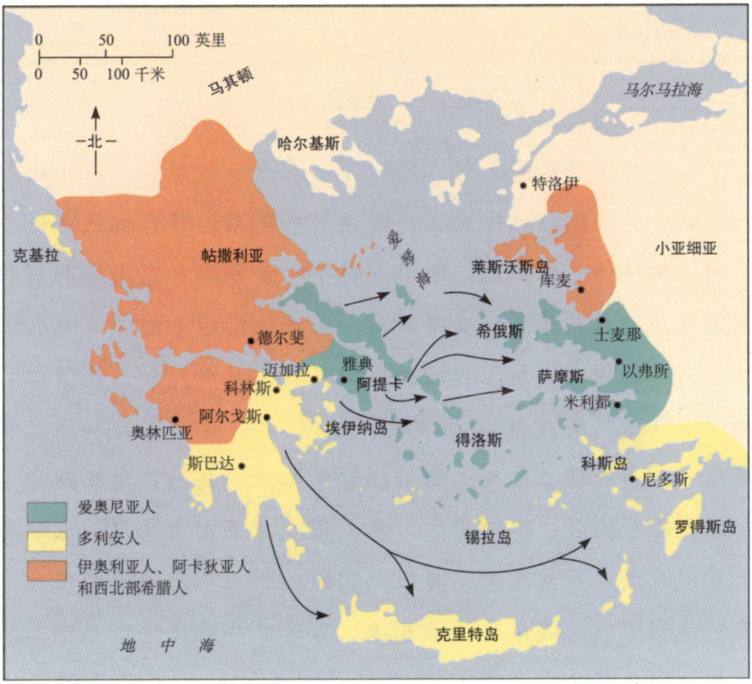

地图 4－1　方言分布图

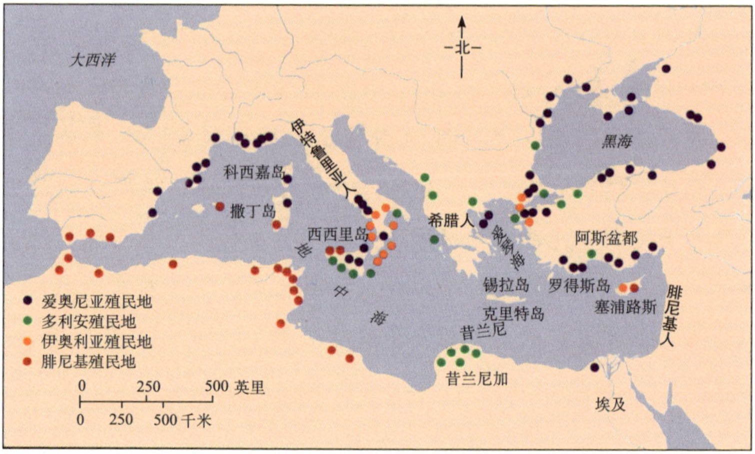

地图 4－2　殖民地分布图

通过对比这两张地图，我们可以看出一种趋势：殖民地往往靠近希腊早期的移民地区，或是这些早期的移民地区在地理上的适度延伸。比如说，由于多利安人是朝南和东南方向扩散到锡拉岛、克里特岛和罗得斯岛，因此他们后来的殖民地也会继续向南延伸，例如北非的殖民地（昔兰尼加）和东南方向的殖民地（如阿斯盆都）。总的说来，面对多利安人的入侵，爱奥尼亚人的流动性最大。他们经过爱琴海的岛屿，向东部和小亚细亚沿岸流散。不论是从数量上还是从范围上来说，他们都是最富有成效的殖民者。因为他们的殖民地从西边的西班牙一直延伸到黑海的最东边和最北边。尽管这些殖民地成了独立的城邦，但是移民与殖民的历史还是对未来的军事联盟有所影响。例如，持爱奥尼亚方言的希腊人在波斯战争和伯罗奔尼撒战争中更容易相互帮助。

希腊殖民地的范围体现了殖民地对于整个地中海地区文化传播的重要性。希腊人经常同其他国家保持来往（有时通过战争），其中包括腓尼基人、伊特鲁里亚人以及后来位于地中海西部的罗马人。这些都有助于解释，为什么希腊和希腊—罗马文明能够雄踞地中海盆地的大部分地区——即便是在希腊的军事政治影响力不再强大、他们的殖民地也不再独立的时候，也依然如此。

思考：希腊人进行移民与殖民的历史和地理特征，对于促进古代世界的文化传播有何作用；对方言进行地理学分析，能够从哪些方面说明该文明的历史。

妇女的居所

根据希腊人的社会理想，妇女应该把大部分的时间用在操持家务上。但是绝大多数希腊妇女的家境都还没有富裕到让她们不必工作就可以生存的程度，所以也许只有贵族妇女才能达到理想的生活状态。图 4－2 中这只公元 5 世纪的罐子，当时主要被妇女们用来从井里或公共喷泉中取水，罐子上的场景描绘了上述社会理想的部分内容。在这里，妇女们聚到一起，参与文化活动。正中端坐着一位大声朗诵书卷的妇女。站在她前面的另一名妇女，手中举着装卷轴的匣子。两边的妇女认真听着她的朗诵。画面左上方的香水瓶向人们强调，这个场景描绘的是一位上层妇女的住处。

思考：这幅画反映了希腊上层妇女生活的哪些方面。

图 4-2

大英博物馆提供

第二手资料

希腊人：奴隶制度*

安东尼·安德鲁斯

很早以前我们就已经知道，希腊人和其他古代民族一样实行

* Anthony Andrews, *The Greeks* (New York: Random House, 1967), pp. 133, 138-139, 142.

奴隶制度。仅仅关注希腊的光辉历史，有时会让我们忘记当时盛行的奴隶制及其在希腊生活中所扮演的重要角色。安东尼·安德鲁斯（Anthony Andrews）就是对这一话题非常关注的历史学家，他是牛津大学的教授，编写过关于希腊的主修课课本。在接下来的节选文字里，他考察了希腊人对奴隶制度的设想，以及希腊社会中的主奴关系。

思考：安德鲁斯的分析从哪些方面削弱了雅典作为开放、民主和公正的社会形象；在不同历史时期的不同社会中，奴隶制度有何区别，试比较雅典的奴隶制与 18 世纪美国的奴隶制。

在当时的希腊，如果有人想废除奴隶制而使用自由劳动力，那会使整个社会陷入混乱并摧毁雅典和斯巴达上层社会的安逸生活；在此意义上，我们可以认为，奴隶制度是希腊文明的基础。雅典的普通百姓有个根深蒂固的观念，那就是，获得自由的人不可能像为他的主人一样为另一个人干活。虽然自由民和奴隶一样参与绝大部分商品交易和手工业劳动，但如果奴隶退出这些行业，那么希腊社会将遭受最棘手的劳动力重组与财产重组。……

希腊的主奴关系很难一概而论，因为我们通常不知道奴隶们是怎么想的。在日常生活中，奴隶与主人的距离其实非常近，就像英国中产阶级家庭的主仆关系一样，而且在任何场合下希腊人都不可能控制住自己不发言。正如保姆和孩子、家庭教师和学生之间的亲密关系容易发展成真挚的情感那样，我们也无须怀疑，一个忠实的奴隶会在战场上救主人的命，以及其他类似的故事。不过即便是在最乐观的情况下，这种关系也肯定包含着不愉快的因素，比如，殴打可以作为对奴隶的处罚，而自由民若遭殴打则有权利表达愤恨。……

如果奴隶和主人能够和睦相处，就有希望获得自由；而那些“单独居住”并靠技能为生的奴隶，也可以指望在赚到足够多的钱之后，赎回自己的自由。释放奴隶绝对是件寻常的事，尽管不同地区的具体措施和办理手续存在很大的差异。主人会在一段固定的时期内甚至是在一生中都保留获得其某些服务的权利。在这样的制度中，那些“单独居住”的奴隶明显富裕起来，引起了主张寡头政治的人的不满：雅典街头的奴隶比自由民穿得还好。……

然而如果主人不好，奴隶的境遇就要凄惨得多，他们获得救赎的希望也十分渺茫，而那些在矿山或其他地方干活的奴隶，其前景整体来说则更为凄惨——我们甚至都无从知晓他们的感受，哪怕是被歪曲的感受。但修昔底德告诉我们，在公元前413年，斯巴达人把防御工事修筑在雅典城外之后，两万多名奴隶叛逃到了敌方，他们中的一大批都是“手艺人”（这个词包含了具有各种技能的劳动力，并不仅仅指劳里厄姆①的矿工，尽管许多逃跑的人确实来自那里）。我们不知道入侵者给了他们怎样的承诺，更不知道他们最终的命运如何，但是这非常清楚地向我们表明，即使是一个有熟练技能的奴隶也急不可耐地要摆脱这样的生活，哪怕他所奔向的是莫测的未来。……

在苏格拉底时代，一切都遭到质疑，奴隶制度的合理性也不例外。但是几乎没有人说出“人人都是平等的，奴隶制度有违天性”这样的话。亚里士多德在为其辩护中称，有些人天生就是奴隶，他们不具备完整的理智，因而需要主人的意志使之变得完整。这套辩

① 希腊阿提卡地区的工业城镇，濒临爱琴海。

护听上去极不诚恳，与“天生自由的”希腊人也可能因为战争而被奴役这种意外情况格格不入。然而这是一个奴隶制度以各种形式普遍存在的世界，任何国家都存在过奴隶制。我们不应该惊讶于为什么没有对自由的大声疾呼。因为有一种令人信服的辩解称，希腊的生产水平刚刚够维持基本的生存，所以那些需要供少数人享受其安逸生活的盈余，只能通过廉价的劳动力才可得到。假如这种观点是正确的，那么希腊也没有太多别的选择。对于雅典来说，在公元 6 世纪初，它面临着这样一个选择：是减少公民的人数而把他们降为奴隶，还是从国外大量进口奴隶？唯有通过巨大的技术革新（就像工业革命那样），才可能有效地扭转这样的奴隶制局面。

《希腊的现实》*

芬利·胡珀

多数历史学家强调希腊人的智慧成果和科学成就，尤其是他们对于理智的突出应用。但是近年来，历史学家们开始揭露希腊人不够理性和个性化的方面。《希腊的现实》（*Greek Realities*）的作者芬利·胡珀（Finley Hooper），在接下来的选段中就证明了这种趋势。在这里，他集中叙述了希腊人对超自然力量的迷信，以及大多数希腊人的日常生活方式。

思考：前面的第一手资料可以从哪些方面支持或反驳胡珀的论点；基于下文的阐述以及安德鲁斯的观点，把希腊看作一个民主社会是否是错误的；胡珀是在怎样的历史背景下作出这些评价的。

---

* Finley Hooper，*Greek Realities*（Wayne State University Press，1967），pp. 1-3.

在很大程度上，从最早阶段直至公元前 4 世纪晚期的希腊历史，都是关于少数人的历史。他们才华横溢，因此被大家铭记。对所有人而言，这部分是真实的。但是获取古代普通人及其生活的信息渠道非常有限，而且希腊历史的真实情况是，那些身处公众焦点的富有创造力的少数人的见解，其实与牧羊人、养蜂人、橄榄种植者、渔夫、预言家，有时还包括江湖医生的见解大不相同。而后者却和其他更多默默无名的人们一起，组成了希腊人口的大多数。

对希腊的浪漫化赞颂，使人们在心目中把希腊人想象成一个不仅追求理性、拥有丰富的想象力，而且充满求知欲和好奇心的民族。事实上，希腊人远远没有投身理性，他们当中的大部分人其实是在迷信中寻求安全，在巫术中寻找安慰。只有相对少数的思想者，在孜孜不倦地追求真理的过程中，给出了很多令人惊奇的观点。尽管这些思想观点可能包含着一些真知灼见，但并不是每个希腊人都会去研究它们。只不过，由于有足够多的人这样做，从而使得全体希腊人都与哲学（以及客观的科学探究）的起源紧密联系在了一起。

而那些极富创造力的少数希腊人，实际上跟这些普通百姓无甚区别。……

他们坐立不安，喋喋不休，挑三拣四，有时候无聊透顶。但是不管怎样，他们的生活和工作为我们揭示了希腊社会的原貌。在荷马之后，抒情诗人因为遭到自己城邦的流放而四处游荡；在亚里士多德之前，苏格拉底被处死。如果说是希腊人开始倡导理智主义，那么他们也是最先压制它的人。简言之，他们是这样一个民族——在人类可能会尽力为之的事情上，他们既向别人展示了何以成功，也向别人展示了何以失败。

正如我们常常提到的那样，最早的民主社会起源于希腊。对人类自由的向往和实践，令希腊人理所当然地获得了经久不衰的赞誉。然而事实上，大多数希腊城邦并未建立民主政府，那些已经建立民主政府的城邦也里里外外一直处于激烈的争论中。在民主制度发展得最为顺利的雅典，政府也始终受到不惜一切想要颠覆它的寡头群体的阴谋威胁。颇具讽刺意味的是，导致雅典民主政治失败的，实际上是那些从民主制度中获益最多的人，而不是那些暗中打算颠覆政府的敌对者。所以，就和今天一样，这些事情的表面下其实一直存在着一种矛盾，即通过政府干预获取物质利益的做法，同另一种更具活力的做法——让个人拥有更多自由，可以相互服务（偶尔是利用）——之间的矛盾。

历史学家在进行比较时必须格外小心。因为在希腊的民主政治中，享有自由的人要比现在少得多。古希腊的历史也要比“人人生而平等”这个时期早得多。在那时，甚至杰出的亚里士多德表面上也承认，某些个体具有超凡的能力。他并不认为，在法律面前所有人都应该被平等对待。事实上，他同意某些超凡之人可以居于法律之上的看法。一些人似乎天生就是统治者，而另一些人生来就是仆人。他们之间没有共同点。

希腊的民主传统并不包括平等这一主张，即“每个人都被造物主赋予了某些不可剥夺的权利”。伯里克利，这位伟大的雅典政治家曾说过，辩论被雅典人看作是所有明智举措的必然开端。可是在关于辩论参与者的身份问题上，他却持有一种狭隘的观点。在雅典，女人、外国人和奴隶都不允许参政。因此，事实上的公民只是居住在城市里的特定的一小部分人。

而在其他的希腊城市中，政治权力一直掌握在某个小型派系

（寡头）或某个人的手中，并且效果通常不错。对于同样的政治与社会问题，人们往往会提出很多的解决方案，因为有差异的地方就会有冲突。而那些想减少冲突的人，其实是想要抑制差异的人。但正是这些差异赋予了希腊社会令人激动的活力。这真是对人类历史的莫大讽刺——在尖酸刻薄并且时常傲慢自大的争论中，希腊人创造了一种极为受人推崇的文明。然而为了建设这种文明需要付出的代价，却在很大程度上被忽视了。艰难的选择通常是不大受欢迎的。希腊人给我们上了痛苦的一课：人类确实会相互斗争，但这样做，事实上却比集体服从同一观念的状况要好一些。

注释

［1］经选举选出的地方官员。

第 5 章

地中海盆地：罗马文明与基督教的起源

公元前 1 千纪中期，罗马文明崛起于希腊半岛以西的地中海盆地。公元前 509 年，罗马人在摆脱伊特鲁里亚人而独立后，逐步建立起对意大利半岛、西地中海地区、整个地中海盆地乃至欧洲大部分地区的统治。在扩张过程中，罗马人充分引入希腊文化，创造了长达数世纪之久的希腊—罗马文明。

尽管罗马的共和政体一直延续到公元前 100 年，但在此期间的政治动乱和斗争却相当多。在经历了一个世纪的“渐变”之后，公元前 27 年奥古斯都即位，通过采取一系列的改革措施，他将罗马共和国打造成帝国。接下来的两个世纪里，罗马进入了一个对外扩张、经济繁荣、文化崛起以及政治相对稳定的时期。

在罗马帝国最初的两个世纪里，基督教兴起并得以传播。4 世纪时，基督教已成为罗马帝国的国教。

在此期间，罗马帝国经历了许多危机。尽管人们付出各种努力去挽救帝国，但是罗马仍然在 4 世纪末分裂为东西两个部分。由于不断遭到入侵，西罗马帝国日益荒凉，趋于衰落；而东罗马帝国则演变为拜占庭帝国，延续了很长时间。到 5 世纪末，那个曾经一统天下、影响广泛的西罗马帝国已经不复存在了。

本章涉及四个主要问题。第一，罗马政府的结构是怎样的？我们将仔细考察罗马的宪法与各项政治制度。第二，罗马社会的本质是什么？为了回答这个问题，我们将使用大量的参考资料，集中关注贵族的生活与妇女的社会地位。第三，基督教的性质与吸引力何在？这里，我们将讨论基督教的早期文献以及罗马人对于基督教兴起的反应。第四，应该怎样解释罗马帝国的“衰亡”？这一问题会引导我们在后续几章里，关注那些曾属罗马统治下的新文明的崛起。

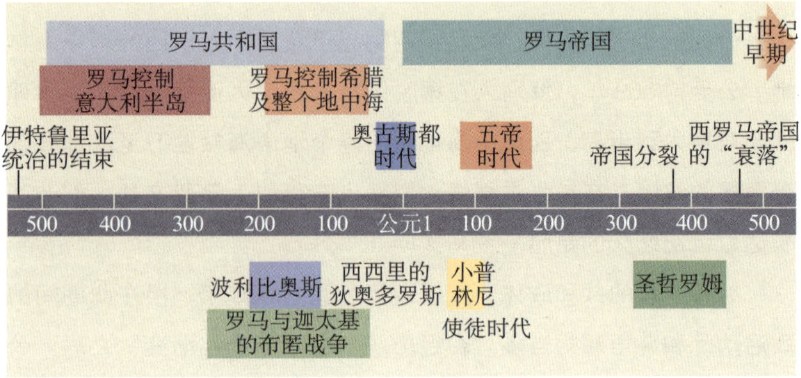

第一手资料

罗马宪体*

波利比奥斯

罗马人的最大贡献是对政治制度的发展。尽管其中存在一些

---

* Polybius, *Histories*, Vol. Ⅰ, trans. Evelyn S. Shuckburgh (New York: Macmillan and Co., 1889), pp. 468-471.

问题，但这些制度适应了罗马社会的发展需求。波利比奥斯（Polybius，约公元前 205 年—前 123 年），作为希腊政治家和古代最杰出的史学家之一，对于罗马共和国的制度进行了可能是最为完备的记录。他在罗马居住了 16 年。在那里，他考察了罗马的政府运作并阅览了相关文献。波利比奥斯关注罗马的制度，是为了解释罗马为何能如此兴盛（尤其是与他的祖国希腊相比）的原因。在接下来的选段中，波利比奥斯阐述了他的部分结论，他认为罗马的宪体具有制衡的特点。

思考：执政官、元老院与民众之间的力量对比是怎样的；在波利比奥斯看来，罗马政府最重要的功能是什么；在这样的宪体框架下，存在着哪些潜在的危机或不稳定的因素。

罗马的宪体包含三个要素，每个要素拥有各自的权力；根据平等和制衡的原则，它们各自拥有的权力得以调控。因此，即便是罗马人自己，也无法确切地回答他们的宪体在整体上究竟是贵族制，还是民主制抑或是王政。毋庸置疑，如果只看执政官，人们会倾向于认为罗马的宪体是王政；如果注意元老院，则其宪体是贵族制；如果专注于人民拥有的权力，那么罗马的宪体显然属于民主制。现在我将说明，上述几部分的具体权力各是什么，当然了，它们仍然有些细微的变化。

在带兵出征前，执政官是罗马至高无上的行政统治者。除了保民官，所有的地方官员都在他们之下并受其领导。他们向元老院引见外国大使，将需要仔细商讨的事务交给元老院，并且负责执行元老院的法令。还有，如果有国家事务需要得到民众的批准，他们的职责就是召集平民会议、向民众提交提议，并实施由大多数人通过的法令。同样，在战争的准备阶段，以及在一场战役的整个过程中，他们拥有全部的和绝对的权力。他们能够向同盟者强制征召他们所认可的赋税和兵役，任命军事保民官，给士兵布置任务，并挑选合适的士兵。此外，他们握有大权，可以惩罚他们管辖下的现役士兵。而且由于他们领导着度支官[1]，因此他们又有随意支出公款的权力。事实上，通过对他们的权力进行考察，我们会发现，将罗马的宪体描述为王政并不为过——罗马是王室政府的一个明显例证。即使我所描述的这些制度现在已经有所改变，或是今后会有所改变，也不能影响陈述的真实性。接下来的陈述亦是如此。

元老院的首要职责是支配国库并调节其收支。除了执政官的要求之外，若没有元老院的命令，度支官无权为其他政府部门发放公款。元老院还管理着当时最大也是最重要的支出，即监察官[2]为了举办驱邪仪式[3]而需要修建的公共建筑的支出。如果元老院内部意见不统一，监察官就无法得到这笔钱。同样地，在意大利发生的所有需要进行公开调查的犯罪行为，比如叛国罪、密谋罪、施毒罪或者故意谋杀罪，都归元老院负责。此外，如果意大利同盟内部的任何个人或国家需要裁定争论或评定刑罚，元老院会提供帮助或保护措施。如果是在意大利之外，元老院也会在必要的时候派遣大使来调停争执各方，或是提醒他们应该履行的职责，或是接受他们的臣服，或是最后对他们发动战争，这些都是元老院职责范围内的事情。同样地，是否接见外国使节，是否给予他们答复，也都由元老院决定。在这些方面，人民没有什么权力。因此，如果执政官不在罗马城里，那就完全可以将罗马的政府看作是一个贵族制的政府。这也是很多希腊人和君主的看法，因为几乎罗马的所有事务都是由元老院决定的。

至此，有人很自然会提出这样的质疑：既然元老院拥有这么多的权力，又掌管着国库收支，而与此同时，执政官在军备上也拥有绝对的权力与威信，那么罗马的宪体到底还给民众留下些什么呢？实际上，有一部分的国家权力是属于民众的，而且这一部分权力是最重要的。因为民众乃是给予奖励或惩罚的唯一源泉。正是依靠奖励与惩罚且仅有靠此二者，王朝、宪体乃至整个人类社会才能凝聚整合。由于二者无论是在理论上还是在实践中我们都难以明确划分，因此，我们很难在二者之间做出正确的判断——当善与恶处于同一种荣耀时，我们所面临的就是这样的情况。此时，民众就成了决定生死的唯一裁判，尤其是那些涉及巨额罚款和高级官员的案件。说到这里，还有一点值得称道和记录：在罗马的审判过程中，只要陪审团中还有一位成员尚未投票决定最终的判决结果，被告就有权离境，自愿放逐。在那不勒斯①、普勒尼斯特②、蒂帕尔③或其他已经宣誓认可此规定的城镇里，该被告都是安全的。

同样，只有民众才有权决定给予官员奖赏，这是对其品德的最高嘉奖。此外，在通过或者废止法规方面，民众同样拥有绝对的权威。最重要的是，只有民众才能够审议关于战争与和平的问题。当有人提出临时条款，要求组成联盟、中止敌对状态或是签订条约时，民众有权决定是否接受这些条款。

因此，当我们再次思考这个问题时，我们就会发现，其实主要的权力是在人民手里的，所以罗马的政府是民主的政府。

---

① 意大利西南部的港口城市。

② 意大利城市名。

③ 意大利城市名。

以上就是关于国家部门之间的权力分配情况。

埃塞俄比亚人*

西西里的狄奥多罗斯

希腊人和罗马人认为，埃及与尼罗河流域是他们某些宗教与哲学信仰的发源地。将罗马与希腊化、埃及以及尼罗河流域联系起来的历史，有助于我们理解早期的基督教。

西西里的狄奥多罗斯（Diodorus of Sicily）在公元前60年至公元前20年的作品，为我们讲述了希腊以及后来信仰基督教的罗马的许多故事。他关于尼罗河文明的看法，可能得到了当时许多人的赞同。他所引用的资料都是公元前5世纪之后古埃及和古希腊的文献，而他自己也在埃及住了几年。狄奥多罗斯所说的“埃塞俄比亚人”来自尼罗河南部，占领了与当时罗马统治下的埃及相接壤的王国麦罗埃。这个民族拥有悠久的传统，而这正是伊希斯①受崇拜的宗教来源。罗马境内遍布伊希斯的神庙。该宗教具有一种普遍的吸引力，预示着后来基督教的传播。

思考：请将本篇内容与第1章关于尼罗河流域的内容进行比较；此时的地中海地区与尼罗河流域为什么不存在宗教排他主义；尤其注意发源地和殖民的问题。

历史学家声称，埃塞俄比亚人是全人类的始祖，他们还声称，这种说法的依据是显而易见的。因为在那片土地上，他们都是土生

---

* *Diodorus of Sicily*, 3d Book, Loeb Classical Library (Cambridge, MA: Harvard University Press, 1939), Ⅲ, 2-3, pp. 89-95.

① 古埃及司生育和繁殖的女神。

土长，而不是从外面迁移过来的……而且同样很清楚的是，人类最有可能最先出现在阳光直射的土地上……因此，历史学家有理由推测，生命最先出现于这个距离太阳最近的地区。他们还认为，这里的人民最先被教化而懂得敬畏神灵，并以献祭、游行、节日和其他仪式来供奉神灵。结果，他们的虔诚被广泛传播开来。人们逐渐相信，埃塞俄比亚人所进行的祭祀活动最令天神满意。作为这一时代的见证人，诗人荷马（他大概是最古老，当然也是最受希腊人崇敬的诗人了）备受历史学家们的崇拜。因为在史诗《伊利亚特》中，荷马讲述了宙斯与众神来到埃塞俄比亚，享用由埃塞俄比亚人为他们呈献的每年一次的祭祀和宴会。……而且他们宣称，由于对神灵的虔诚，他们坦然享受着神所赐予的恩惠，这就是他们为什么从未被任何一个外来入侵者统治、人民一直享受自由与和平的原因。尽管曾有许多强大的统治者对他们发动过战争，但是没有一个成功。……

历史学家同样认为，埃及人是埃塞俄比亚人派出去的殖民者，而奥西里斯[①]正是这支殖民队伍的领导者。……他们认为，埃及人的大部分习俗都来自埃塞俄比亚人，殖民者始终保留着他们的风俗习惯。例如，坚信国王是神，对葬礼特别关注，还有其他一些性质类似的习俗，都是埃塞俄比亚人的活动。与此同时，他们的雕像风格以及文字形状也是埃塞俄比亚式的。因为在埃及有两种文字，一种被称为“通俗的”文字，这种文字每个人都掌握；另一种被称为“神圣的”文字，只有祭司才懂，他们从父辈那里习得并且不能对外人透露。然而在埃塞俄比亚，每个人都会使用这两种文字。除此

① 古埃及的冥神和鬼判。

之外，历史学家还指出，两地祭司的日常工作也差不多。他们都服务于神灵，洁身自好，并且服装相同，手杖也都是犁形的。这种手杖由国王所赐，而他们的国王都是戴高毡帽，帽子顶端有个结，周围盘绕着角蝰①。这表明，如果有人胆敢侵犯国王，那么他们必定会遭到致命的打击。埃塞俄比亚人还讲过许多关于他们的祖先和殖民者如何埃及化的事情，但是在这里，我们没有必要继续谈下去了。

书信：罗马统治者的日常生活*

小普林尼

对于一个有修养、家境宽绰的罗马绅士来说，公元96年至180年是一段美好时光，这时罗马帝国正处于鼎盛时期。小普林尼（Pliny the Younger，约62年—113年）的书信便能反映当时的状况。小普林尼起先是名律师，后来成为小亚细亚比希尼亚的地方长官。在下面这段文字中，他描述了在其意大利别墅度假期间有代表性的一天。

思考：对小普林尼来说，至少是在其度假的这段时间内，最重要的活动是什么；小普林尼对自己的生活以及周围人的看法是怎样的。

致福斯克斯·萨里纳托尔（Fuscus Salinator）

你想知道我如何在托斯卡纳消暑。告诉你，我睡够了就起床，

① 毒蛇名。

* Pliny the Younger, *Letters and Panegyricus*, vol. Ⅱ, trans. by Betty Radice (Harvard University Press, 1969), pp. 153-157.

通常在日出时，不过经常比日出要早，很少有晚的时候。我的窗帘拉得很严实，因为在静止与黑暗中，我能惊异地感到自己摆脱了外界让我分心的事物，完全沉浸在自己的世界里；我的眼睛不能决定我思维的方向，由于看不到任何事物，它们被我的思维支配，使我的所思所想得以形象化。如果手头有事情，我会在脑子里通过选择和更正措辞将它解决；不过我能解决多少则取决于问题的难易程度，我会根据这种难易程度在头脑中整合我的思维。接下来，我会召来我的书记官，拉开窗帘，向他口述我已成形的想法，然后让他离开，过会儿再叫他回来，然后再让他离开。在早上醒来三四个小时后（我没有规定固定的时间），我会根据天气的情况，或者去阳台或者去有屋顶的拱廊，完成我剩下的思考，然后再把它们口述出来。而后我驾马车出去兜风，就像散步或躺着一样打发时间。我的思考能力并非一成不变，它经常会由于变化而更有活力。在小睡一会儿，再散会儿步之后，我会大声朗读希腊文或拉丁文的演讲稿，但重点不在于我的声音，而在于我的消化理解，尽管通过这个方法两者皆有突破。接下来，我再散散步，涂点油，做做运动，然后洗个澡。如果我单独跟妻子或者几个好朋友一起吃饭，那么我们会在饭后大声朗读一本书，然后欣赏一出喜剧或是来点音乐。之后我和家人一起散步，而他们当中有几个人是很有教养的。就这样，晚上的时间被各种谈话延长了，尽管白天已经很长，但这一天过得还是相当令人满意的。

有时我也会改变这种日常安排，比如，如果我白天在长榻上坐得太久，或是溜达的时间太长，那么在午睡和阅读后，我会骑马外出而非坐马车，因为骑马比乘马车节省时间。一天当中，我要用很多时间来会见朋友。他们有的从邻镇来拜访我，有时在我觉得厌倦的时候前来请求我的帮助（这时我往往很欢迎他们）。偶尔我也打猎，但我通常都会带着我的笔记本。因为这样的话，至少在我打不到猎物的时候，还能写点东西带回家。我还会花时间同我的房客相处（他们认为这样的时间应该更多一点），他们的村言俚语给我们的文学兴趣和城里的文化追求带来了鲜活的气息。

《马太福音》*

在公元1世纪和2世纪，基督教是罗马帝国境内的众多教派之一。但是到4世纪时，基督教成为最重要的教派，并最终被定为罗马国教。从历史的角度看，阐释基督教大获成功的原因是很重要的。对此，我们通过分析基督教的基本教义来获取部分答案。在这方面，最有用的一个文本是马太的福音书。《马太福音》写于公元1世纪末。基督教的行为准则以及一般的伦理教条，反映在耶稣下面的布道中。

思考：该福音书是写给哪些人的；它对当时的人们产生了怎样的影响；以下的节选段落与《旧约》第1章的节选段落，在语气和内容上有何不同。

耶稣看见这许多的人，就上了山，既已坐下，门徒到他跟前来。他就开口教训他们，说：

“虚心的人有福了，因为天国是他们的。

哀恸的人有福了，因为他们必得安慰。

* *The Holy Bible*: *Revised Standard Version* (New York: Thomas Nelson, 1953), pp. 5-8. 译文根据《圣经·新约》(简化字现代标点和合本)，6～9、12～13页。

温柔的人有福了，因为他们必承受地土。

饥渴慕义的人有福了，因为他们必得饱足。

怜恤人的人有福了，因为他们必蒙怜恤。

清心的人有福了，因为他们必得见神。

使人和睦的人有福了，因为他们必称为神的儿子。

为义受逼迫的人有福了，因为天国是他们的。

人若因我辱骂你们，逼迫你们，捏造各样坏话毁谤你们，你们就有福了。应当欢喜快乐，因为你们在天上的赏赐是大的。在你们以前的先知，人也是这样逼迫他们。”

*

“你们听见有话说：‘不可奸淫。’只是我告诉你们：凡看见妇女就动淫念的，这人心里已经与她犯奸淫了。若是你的右眼叫你跌倒，就剜出来丢掉，宁可失去百体中的一体，不叫全身丢在地狱里；若是右手叫你跌倒，就砍下来丢掉，宁可失去百体中的一体，不叫全身下入地狱。”

“又有话说：‘人若休妻，就当给她休书。’只是我告诉你们：凡休妻的，若不是为淫乱的缘故，就是叫她作淫妇了。人若娶这被休的妇人，也是犯奸淫了。”

*

“你们听见有话说：‘以眼还眼，以牙还牙。’只是我告诉你们：不要与恶人作对。有人打你的右脸，连左脸也转过来由他打；有人想要告你，要拿你的里衣，连外衣也由他拿去；有人强逼你走一里路，你就同他走二里；有求你的，就给他；有向你借贷的，不可推辞。”

“你们听见有话说：‘当爱你的邻舍，恨你的仇敌。’只是我告诉你们：要爱你们的仇敌，为那逼迫你们的祷告。这样，就可以作你们天父的儿子。因为他叫日头照好人，也照歹人；降雨给义人，也给不义的人。你们若单爱那爱你们的人，有什么赏赐呢？就是税吏不也是这样行吗？你们若单请你弟兄的安，比人有什么长处呢？就是外邦人不也是这样行吗？所以你们要完全，像你们的天父完全一样。”

*

“你们要防备假先知，他们到你们这里来，外面披着羊皮，里面却是残暴的狼。凭着他们的果子，就可以认出他们来。荆棘上岂能摘葡萄呢？蒺藜里岂能摘无花果呢？这样，凡好树都结好果子；惟独坏树结坏果子。好树不能结坏果子，坏树不能结好果子。凡不结好果子的树，就砍下来丢在火里。所以，凭着他们的果子，就可以认出他们来。”

“凡称呼我‘主啊，主啊’的人，不能都进天国；惟独遵行我天父旨意的人，才能进去。当那日，必有许多人对我说：‘主啊，主啊，我们不是奉你的名传道，奉你的名赶鬼，奉你的名行许多异能吗？’我就明明地告诉他们说：‘我从来不认识你们，你们这些作恶的人，离开我去吧！’”

“所以，凡听见我这话就去行的，好比一个聪明人，把房子盖在磐石上。雨淋，水冲，风吹，撞着那房子，房子总不倒塌，因为根基立在磐石上。凡听见我这话不去行的，好比一个无知的人，把房子盖在沙土上。雨淋，水冲，风吹，撞着那房子，房子就倒塌了，并且倒塌得很大。”

耶稣讲完了这些话，众人都希奇他的教训，因为他教训他们，正像有权柄的人，不像他们的文士。

罗马的灭亡*

圣哲罗姆

尽管罗马帝国的衰落经历了很长时间，但它的最终灭亡却着实让人震惊。即便是那些身处罗马权力结构之外的人也会把外族的入侵与内部的分裂看作是一场大灾难。圣哲罗姆（St. Jerome）（约 340 年—420 年）的作品便反映了人们的这种情绪。圣哲罗姆是位苦行修道者，也是一位著名的宗教学者，经历了罗马最后的衰亡过程。他一生的大部分时间都住在耶路撒冷，因为将《圣经》译成拉丁文而闻名于世。

思考：为什么圣哲罗姆对当时的变故深感震惊；在下面的段落中，有哪些证据可以表明基督教与罗马帝国之间是存在抵触的；罗马人采用了哪些办法，以尽力避免入侵者的破坏。

不计其数的民族和大量的野蛮人侵占了整个高卢地区①。从阿尔卑斯山到比利牛斯山，从地中海到莱茵河，这片区域已经被夸迪人②、汪达尔人③、萨尔马提亚人④、阿兰尼人⑤、格庇德人⑥、带

---

* James Harvey Robinson, ed., *Readings in European History*, vol. Ⅰ (New York: Ginn and Co., 1904), pp. 44-45.

① 欧洲西部地区。

② 日耳曼民族的一支。

③ 日耳曼民族的一支。

④ 古时东欧地区维斯瓦河和伏尔加河之间的部族联盟。

⑤ 古代占据黑海东北部草原的游牧民族。

⑥ 日耳曼部落，公元 1 世纪在波罗的海南部沿岸活动。

有敌意的赫鲁利人[1]、撒克逊人[2]、勃艮第人、阿勒曼尼人[3]以及潘诺尼亚人彻底摧毁了。啊！可怜的帝国啊！美因茨[4]，那个曾经高雅的都市，如今已被占据并遭毁坏，数以千计的人被残害在教堂中。在长时间的围攻后，沃尔姆斯[5]也失守了。曾经强大的兰斯[6]、亚眠[7]、阿拉斯[8]、施派尔[9]以及斯特拉斯堡[10]都眼睁睁地看着它们的子民被日耳曼人掳去。阿基坦以及里昂和纳博讷等省虽然保住了一些城镇，可是人口大大缩减。外有入侵者威胁，内有饥饿肆虐。说到图卢兹[11]，我抑制不住悲伤。在那里，大主教埃克修贝里乌斯成功地保护了城市，使之免受毁灭。而西班牙人只要一想起辛布里人[12]的入侵，就会每日担惊受怕，唯恐再次沦陷。无论其他城市是否曾被侵略，他们都终日惶惶不安。

我不想再提其他的事情，以免我会对上帝的仁慈感到失望。很长一段时间以来，从黑海到阿尔卑斯山，我们失去了很多曾经属于我们的东西；自从多瑙河的边防线被摧毁，战争便在罗马帝国的中心持续了三十年。岁月风干了我们的泪水。除了一些老年人外，其

---

① 起源于斯堪的纳维亚地区的一支日耳曼民族。

② 在公元5—6世纪曾征服英国部分地方的西日耳曼人。

③ 日耳曼民族的一支。

④ 德国莱茵兰—普法尔茨州的州府和最大城市，位于莱茵河左岸，正对美因河注入莱茵河的入口处。

⑤ 德国莱茵兰—普法尔茨州东南部的一座直辖市，位于莱茵河的西岸。

⑥ 法国东北部城市。

⑦ 法国北部城市。

⑧ 法国北部城市。

⑨ 位于德国莱茵兰—普法尔茨州莱茵河畔的一座城市。

⑩ 法国东北部城市。

⑪ 法国西南部大城市。

⑫ 奥地利古族名。

余的人全都是在囚禁与围攻中成长，不敢奢望得到他们未曾体会过的自由。有谁会相信这些？整个故事该怎样如实地讲述？不是为了荣誉而战，而是为了生存，对此罗马经历了怎样的内心挣扎？不仅如此，她甚至都没有迎战，而是通过黄金以及她所有的珍宝来延续她的生命。……

有谁会相信（圣哲罗姆在他另外的一篇文章中惊叹），曾以征服全世界而建立起来的罗马，最后竟被夷为平地？有谁会相信，祖国最后成了埋葬其子民的墓地？有谁会相信，那些曾属于这个强大国家的东部地区、非洲地区以及埃及，现在竟然到处是成群的奴隶和女仆？又有谁会相信，圣城伯利恒①所庇护的那些出身高贵的男男女女，曾经是那么地富有，现在却是身无分文的乞丐？

视觉资料

地理环境与文化环境

地图 5-1 展示了公元前 5 世纪意大利的一些民族、文明及其周边地区。在罗马的形成与扩张过程中，罗马人与这些民族有着长期的直接交往。在罗马强盛之前，伊特鲁里亚人、迦太基人（腓尼基人的后裔）以及希腊人都已建立了强大而精深的文明。因此在对外扩张的过程中，罗马人吸取甚至是直接仿效了这些文明的许多制度与习俗，尤其是离他们最近的伊特鲁里亚文明和希腊文明，这是可以理解的。尽管其他民族，比如萨谟奈人，总是

① 耶稣的诞生地。

地图 5-1　意大利（公元前 5 世纪）

设法阻止罗马人的扩张，但在公元前 5 世纪至公元前 3 世纪，他们还是被罗马人的武力所征服。因此，在罗马共和国的发展进程中，罗马的地理环境与文化环境扮演了至关重要的角色。

思考：罗马共和国的早期经验，在哪些方面有助于后来罗马帝国的建立。

东西方的商业与文化

地图 5-2 展示的是从中国到罗马的通商路线。根据文字记载，历史学家很早就意识到，这条陆上的丝绸之路既是商队的路线，也是连接东西方商业与文化的桥梁。近期的考古勘探还发现了南方的海上商路。如图所示，当时的商人所使用的红海港口现在已消失在沙漠中了。而出土的文物显示，埃及海岸的贝雷尼塞有可能是公元 1 世纪最重要的贸易港口。东西方的船队为了寻找货物（如奴隶与象牙）沿着非洲海岸南下。他们懂得根据季风的风向适时安排他们的航行。商船载着东方的宝石、香料和特产，穿越印度洋与南中国海，到达罗马市场。而在这里，他们又可以买到葡萄酒和玻璃制品等物品。这种海上路线对于东西方的交流具有极大的重要性，尤其是在各种冲突、狡诈的中间商和政治矛盾切断或阻碍了陆上的丝绸之路的时候。

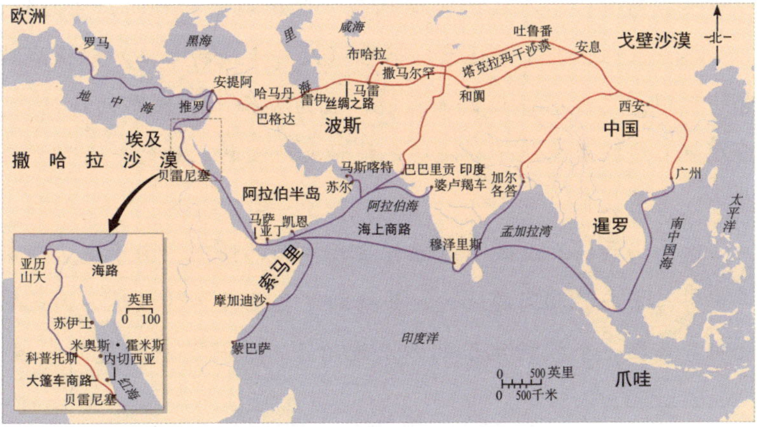

地图 5-2　通商路线（公元 1 世纪）

思考：丝绸之路与海上商路对于通商有什么不同；海上商路有哪些潜在优势和劣势。

玛瑙石雕：奥古斯都与帝国的成型

这个缟玛瑙石雕（见图 5－1）被称作“奥古斯都之宝”。上面雕刻的场景既是一个特定事件，又是罗马帝国早期的普遍现象。这件艺术品创作于公元 10 年至 20 年之间，用以纪念罗马在公元 12 年战胜潘诺尼亚人和日耳曼人的战争。在它的下半部分，从右往左看，我们可以看到一些后备部队的士兵（大概是罗马的同盟马其顿人）正在拉拽一个男人和一个女人。而在石雕的左边，四个罗马士兵正在竖立一个胜利纪念柱；另外一对蛮族夫妇将被绑在上面。在石雕的上半部分，从左往右看，统率获胜的罗马军队的提比略①，正在从胜利女神所驾驶的马车上下来。穿着盔甲的年轻人大概是他的侄子格马尼库斯。中间坐着的是罗马女神与奥古斯都。二人之间是摩羯座（这是奥古斯都的出生月份）的标志，在他们的下方还有一只鹰（天神朱庇特之鸟）以及战败者的盔甲。奥古斯都正戴上王冠，成为整个文明世界的统治者。而在最右边的是留胡子的海洋之神和大地女神，她的一个孩子正在一旁看着他们。

这个场景特别反映了政治与宗教方面的情况。由于奥古斯都正获得与朱庇特相同的地位，并得到了其他天神的接纳，因此它表明罗马在一个被神化了的帝王统治下，正从共和国转向帝国。

① 罗马帝国的第二位皇帝，公元 14—37 年在位。

图 5－1

维也纳艺术史博物馆提供

而奥古斯都的继任者提比略也将得到同样的地位。同时，它还反映了罗马帝国不断扩张其势力范围，以及罗马竭力控制其从属盟国马其顿。这些宗教人物与符号尽管是罗马的，但它们也反映出罗马文化与希腊文化的密切联系；从艺术上来说，这个情景就颇具希腊韵味。可以说，这是罗马文化与希腊文化相融合的证明。不过我们要注意，此类艺术品力图在理想形式与现实表现之间达到平衡。尽管人物的造型在一定程度上是程式化的，尤其是奥古斯都的英雄身姿，但同时他们之间又有明显的区别。而这正是为了让观赏者易于辨认。

思考：这个场景有哪些政治含义；当时的人会如何理解这个场景所传达的信息。

坟墓装饰：死亡与罗马文化

下面这个坟墓的装饰物（见图 5－2）来自阿西利亚的石棺，时间大概是在公元 3 世纪中期。上面的男孩也许就是年少的罗马皇帝戈尔迪安三世。他站在一群人的旁边。从服装来看，他的右边大概是他的父母，而他的左边则应该是重要的政府官员（大概是元老院议员）。男孩脚边的一捆卷轴和各个人物的姿势表明，他们投身于古典哲学或学术研究。确实，在这段时期，许多坟墓都有一些向往和赞颂异教文化的装饰物——墓中人希望自己能够作为一个献身哲学或文学的人而被后世铭记。

这个坟墓装饰物表现了当时的人们对异教文化的沉迷。它所展示的，是热衷于文学与哲学的世俗人物的形象，而不是神秘的场景、异教的神灵或基督的信仰。由此可见，即便是在罗马的衰落时期，古典的异教文化始终是有力量的，至少在精英阶层那里是这样的。这种艺术风格还告诉我们，追求理想形式与现实表现之间的平衡的古典态度仍在延续。即使这些人物所穿的长袍、姿态及其造型都比较程式化，但他们之间还是有明显区别的，尤其是男孩的头颅造型，以及站在他左边的那个秃顶的人。

思考：这个坟墓装饰物与第 1 章的美纳之墓以及基督教的信条相比，有何异同。

图5-2

意大利罗马国家博物馆提供

第二手资料

罗马的妇女*

吉莉恩·克拉克

迄今为止，大多数历史学家在描述罗马的生活时，对妇女只

* Gillian Clark, "Roman Women", in *Greece and Rome*, vol. 28 (Oxford University Press, 1981), pp. 206-207, 209-210.

是一笔带过。这种空白直到最近才被一批学术成果填补，其中大多数是由女性历史学家完成的。在以下的选段中，吉莉恩·克拉克（Gillian Clark）分析了罗马妇女在共和国晚期与奥古斯都时期的社会地位及其经历，强调了妇女在政治、法律和社会等方面所受到的束缚。

思考：尽管妇女受到种种约束，但她们有可能通过哪些途径影响公共生活；一位优秀的妇女有什么特点；对于罗马妇女的生活幸福与否，人们会怎样予以评价。

妇女没有选举权，没有裁判权，她们不能成为元老院议员、地方官员，也不能担任主教。通常，她们不能在法庭上发言。……甚至无权参与公共生活，除非她们在个别情况下被气得不行而不得不有所表达；而在周围人看来，连这都是令人吃惊、骇人听闻的。……

尽管当时的妇女可能会对家庭之外的事情产生较大的影响，也会有很大的兴趣，但她们是通过影响家庭成员来影响这个由男性主宰的社会体系的。其实，她们的影响从未得到公开的承认。那么，妇女为何会被排除在公共生活之外？男人要披甲上阵，而女人要抚养孩子，这种社会分工无疑是一种历史原因，但公开给出的理由却是千差万别的。人们普遍认为妇女很脆弱、很善变，因此需要保护；如果不将她们置于合适的位置，她们可能会占上风（尽管她们依然脆弱与善变）。正如老加图①所言：

我们的祖先就认为，如果没有监护人在旁边，妇女不应该

① 罗马共和国时期的政治家。

处理任何事情，即使是私事；她们应该时刻受控于父辈、兄弟和丈夫。……请回想一下那些由祖辈们制定、用以限制妇女的行为并使她们服从男性的法律吧：你只能用法律来控制她们。如果你让她们来斤斤计较每一项法律，直到这些法律不再对你有优势，或者直到她们取得与男人平等的地位，那你还觉得你能控制她们吗？一旦她们争取到平等的地位，她们便会占上风。……

这种将妇女局限在家庭事务中的社会体系，以及当时认为妇女低人一等的主流观点，现在看来都是令人无法忍受的。但我找不到证据来证明，这种情况在当时也让人无法忍受。上面详细列出的各种法律约束和社会限制或许让许多妇女有力无处使，也让许多老百姓感到不开心。不过，显然也有些幸福的普通家庭，因为这些家庭中的妇女更看重现实的生活而不是理论，她们自己也很享受家庭、亲情和友情的乐趣。当时，有些妇女喜欢参与政治活动，还有些妇女会搞点婚外情。当然，恪守妇道的女子也是存在的，她们满足于合乎社会标准的生活。她们贞洁、本分、顺从而且会持家；她们为自己的家庭出身和自己建立的家庭感到自豪。或许正是她们恪守规范的坚定决心，支撑着她们这种生活方式，就如同宗教信仰能给予她们的那种支撑一样。但是我们只知道罗马妇女所参与的宗教活动，对她们的宗教情感却知之甚少。……

在奥古斯都统治时期，莫迪亚的儿子为她写了一篇悼文。对于无法被写入史册的妇女而言，这或许是最好的纪念了。

用来赞颂优秀妇女的言辞都是大同小异、直截了当的。没有必要细述她们天生的种种美德。所有一切只需一个好名声作为奖赏，便已足够。很难再找出什么优点来赞扬妇女，因为她们的生活几乎波澜不惊。我们必须寻找她们的共性，免得遗漏了什么，玷污了她们给我们树立的榜样。而我亲爱的母亲，和其他妇女一样，谦虚、正直、忠贞、顺从、勤劳并且值得信赖，所以配得上所有的颂扬之词。

古代社会：基督教的吸引力*

卡尔·罗巴克

基督教的兴起过程与罗马帝国的创建过程是同步的。目前，已有很多学者在着力分析耶稣和基督教的兴起。在下面的选段中，西北大学的卡尔·罗巴克（Carl Roebuck）将从历史的视角来解析早期的基督教。他集中关注的是基督教的吸引力，并将它与同时期的其他神秘宗教进行了比较。

思考：神秘的宗教有哪些特征，基督教与它们有何区别；基督教在当时的兴起可能还有哪些原因。

我们应该把早期基督教放在与其他神秘宗教相同的历史背景下来理解它的吸引力。事实上，基督教与它们有很多相同之处，例如，经受苦难的神灵死后的复活，只有入教者才知晓的神秘洗礼和圣餐仪式，以及在那个时代不可或缺的奇迹与异象。在基督教这里，人们可以发现小团体内部的可靠的亲密关系，还有一位强大而神奇的庇佑者——耶稣。耶稣会帮他们渡过难关，承诺他们永生。

---

* Carl Roebuck，*The World of Ancient Times*（New York：Scribner's，1966），pp. 679-680.

而人们能够从启示以及日常的膜拜仪式中获得勇气与安全感。

基督教与其他宗教之间的一些区别也增加了它的吸引力，并且有利于它的建立。一开始，耶稣将上帝的概念扩展为一位慈爱的父亲，他强调人类的手足情谊，并坚持信仰与个人的善行。而最近的死海古卷[①]表明，这些理念并非耶稣独有，只不过与早期基督教有许多相同之处的艾赛尼教派放弃了这些理念，而基督教则将它们发展成使徒的使命。尽管基督教教徒恪守以《旧约》为基础的那一套行为准则，但是大概在保罗布道之后，他们放弃了摩西律法的字面意义。因为其中有些禁忌与仪式，比如割礼，是对异教徒的冒犯。因此，从公元 1 世纪中叶开始，基督教脱胎于犹太教并快速发展；它依靠其自身的特征以及传教士的热诚，吸引了众多的异教徒。与其他神秘宗教不一样的是，基督教通过宗教和政治纽带发展成为一个有等级秩序的组织，该组织有自己的行为准则，团结而统一。

罗马帝国晚期[*]

A. H. M. 琼斯

许多研究罗马帝国衰亡的历史学家，所关注的往往是帝国的西半部地区。事实上，在罗马帝国的东半部，尽管时有动荡，但这里并没有被征服，而是又延续了一千年之久。英国著名的古希

---

① 泛指 1947 至 1956 年间，在死海西北的基伯昆兰旷野的山洞中发现的古代文献，内容包括《旧约》古卷和其他文献的手抄本，种类多达六百多种，残篇碎片数以万计。这批文献大约是在公元前 3 世纪至公元 1 世纪之间写成的，是目前最古老的希伯来文献手稿。

* A. H. M. Jones, *The Later Roman Empire*, vol. Ⅱ (Oxford, England: Basil Blackwell, 1964), pp. 1026-1027, 1062-1064, 1066-1067.

腊罗马研究专家，A. H. M. 琼斯（A. H. M. Jones），就十分重视东罗马帝国的不同命运对于研究西罗马帝国衰亡的重要意义。在下面的选段中，琼斯比较了二者的状况。他认为，西罗马帝国的衰亡并不是其长期的内在缺陷所致。

思考：根据琼斯的观点，西罗马帝国崩溃的主要原因是什么；还有没有其他可能的原因。

所有讨论罗马帝国衰退与灭亡的历史学家都是西部论者。他们总是关注西罗马政权的瓦解以及中世纪西欧的演变。然而他们似乎忘记了一个非常重要的事实，或是对这个事实视而不见，那就是，尽管罗马帝国在当时可能已经衰退，但它在公元5世纪乃至后续的一千年里并未灭亡。5世纪时，西罗马虽然遭到许多蛮族的瓜分，但东罗马依然坚守着领土。而在6世纪，罗马大举反击，并从汪达尔人手中夺回非洲，从东哥特人手中夺回意大利，从西哥特人手中夺回西班牙的部分地区。当然，到了6世纪末，意大利与西班牙的大部分地区再次遭到蛮族的入侵。而在7世纪，阿拉伯人从罗马帝国手中抢走了叙利亚、埃及和非洲，斯拉夫人则占领了巴尔干半岛。但是在帝国赖以生存的小亚细亚，罗马重聚力量，再次夺回了它在7世纪黑暗时代所丢失的大部分领土。

这些事实很重要，因为它们说明，罗马帝国并不像当代历史学家所说的那样，是由于本身的腐朽落后再加上蛮族的轻轻一推而灭亡的。历史学家所强调的这些内部缺陷，其实在东罗马和西罗马都有。东罗马甚至比西罗马更加基督教化，更加深陷于意识形态的争论之中。东罗马和西罗马一样，也都是被操纵在一个腐败的、花天酒地的官僚阶层手里。此外，东罗马的政府全力推行严格的社会等级制度，在城市中试行市议员制度，而在农村试行垦殖民制度。但是田地疏于耕作、最后荒废的情况在东罗马和西罗马都是相似的。虽然有些缺陷在西罗马可能比在东罗马更为突出，但这有待于进一步研究。还有可能的是，东罗马帝国的财富基数和人口基数都要更胜西罗马一筹，因此前者能够承受更大的损耗。不过，这也需要进一步的论证。……

当时的东罗马或许占据着更有利的经济资源，所以它能轻松地养活一大群好吃懒做之徒。在东罗马的资源中，似乎只有一小部分用来维持其贵族的统治，而其余的大部分都用于维系军队和其他的基本服务。或许是因为东罗马的人口更多，农民所承受的经济压力相对较小，因此，东罗马受人口数量减少的负面影响也就相对较小。如果总结一下这些情况，我们的结论就是，东罗马政府不必过度地开发资源就可以征收到更多的赋税，不必耗尽劳动力就可以征募到更多的士兵。……

相比之下，西罗马帝国更为贫瘠，人口也少，社会与经济结构也没那么合理。因此，它无法应对军事防御的巨大压力，也无法解决那些加速其在 5 世纪垮台的内部问题。不过，西罗马帝国灭亡的主要原因还是在于，它更多地遭到了蛮族的进攻。而这些进攻从时间跨度与强度来看，是西罗马帝国从未遭遇过的。虽然东罗马有更多的财富、人口和更健全的经济制度，能够更好地承担防御的重担，但是由于它过度地使用了资源，所以造成了跟西罗马一样的缺陷，只不过程度没有那么严重而已。尽管东罗马帝国有这些缺陷，不过它还是在公元 6 世纪存续了下来，不仅抵御了波斯人的入侵，还收复了西罗马的部分失地。即使是在 7 世纪相继遭到波斯人、阿拉伯人和斯拉夫人的践踏蹂躏，东罗马依然能够重整旗鼓、岿然不败——尽管此时它已失去了大片的领土。就此而言，内部的缺陷不可能是罗马帝国走向衰亡的主要原因。

注释

[1] 古罗马负责管理公库财务的官员。

[2] 古罗马负责调查户口、监察人民行为等的官员。

[3] 古罗马每五年普查人口后举行的净化仪式。

第 6 章

伊斯兰教的兴起

公元 6 世纪，统治地中海盆地的罗马帝国已经瓦解。帝国的东北部地区成为东罗马帝国，后来进一步演变成拜占庭帝国。而在南部和东部，巨大的改变正在孕育之中，这些改变将对世界历史产生深刻的影响。

公元 7 世纪，伊斯兰教在阿拉伯沙漠的游牧民和城市居民中兴起。在先知穆罕默德的带领下，伊斯兰教教徒在穆罕默德去世（即公元 632 年）之前，统一了阿拉伯的大部分地区。在随后的一个世纪里，信仰伊斯兰教的阿拉伯人打败了波斯帝国，占领了拜占庭帝国在南地中海沿岸的领土，并进一步向东扩张，逼近印度，同时又向北推进，到达伊比利亚半岛。到公元 8 世纪，曾被罗马帝国或拜占庭帝国统治过的地中海盆地，其中有很大一部分已经归属伊斯兰帝国。

到了公元 10 世纪和 11 世纪，阿拉伯帝国的政治大一统局面开始松散，进取精神也大不如前。尽管如此，在接下来的几个世纪里，伊斯兰教仍然继续以各种方式对外传播，尤其是往南向非洲传播和往东向亚洲传播。伊斯兰文化融合了阿拉伯、希腊—罗马、波斯和其他文化，在广阔的地域里永久地确立下来。

本章的文献将研究伊斯兰教的兴起和发展，尤其是它早期与阿拉伯文明紧密联系的那段时期。在研究过程中我们将探讨几个基本问题：伊斯兰教的本质是什么？受到伊斯兰世界重视的精神传统和文化传统有哪些？伊斯兰社会在哪些方面表现出它的独特性？伊斯兰风俗和其他社会的风俗有何不同？伊斯兰教主要倾向于西方还是东方？

总之，这些文献介绍了伊斯兰文化，尤其是地中海沿岸、非洲以及中东地区的伊斯兰文化。在后面的章节中，我们还将继续探讨伊斯兰教在亚洲和非洲的传播及其影响。

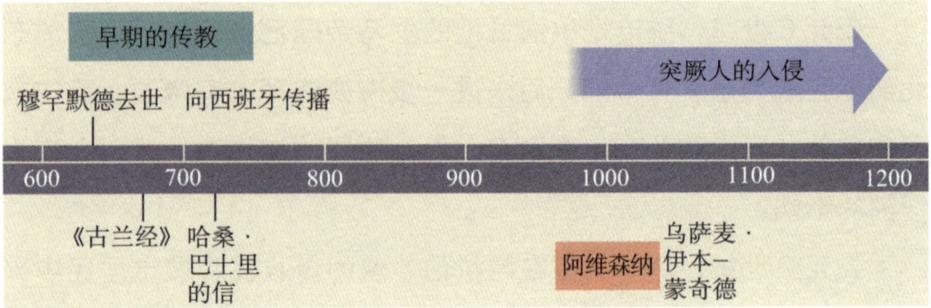

第一手资料

《古兰经》*

《古兰经》（*The Qur'an*）在伊斯兰教中的地位就相当于《圣

* Stanley Lane-Poole，*The Speech and Table-Talk of the Prophet Mohammed*（London：Macmillan，1882），pp. 15，32，83，133-137. J. M. Rodwell，trans.，*The Qur'an*（London：J. M. Dent，1871），pp. 411，415. 译文根据《古兰经》，马坚译，18、20、42、54～55、60、452、464 页，北京，中国社会科学出版社，2003。按英文材料进行了段落选择和排序。

经》在基督教中的地位。它记录了真主安拉的话，通过先知穆罕默德传达，并由穆罕默德的弟子在其去世二十年后整理而成的。其后百年间，阿拉伯的穆斯林将伊斯兰教的传播范围及其控制地域从阿拉伯半岛扩大到周边，北部和东部到达波斯帝国和小亚细亚，西部到达北非甚至远及西班牙。伊斯兰信徒认为，穆罕默德是最后一位也是最重要的先知，其他的先知还包括穆萨和尔撒。以下的《古兰经》片段反映了伊斯兰教的一些主要信念和看法。

思考：关于冲突和分歧的看法；把这些节选内容与第1章和第5章中《新约》和《旧约》的节选内容进行比较；伊斯兰教关于妇女的观点。

你说：他是真主，是独一的主，
真主是万物所仰赖的；
他没有生产，也没有被生产；
没有任何物可以做他的匹敌。

*

你当赞颂你至尊的主之名超绝万物，
他创造万物，并使各物匀称。
他预定万物，而加以引导。
他生出牧草，
然后使它变成黑色的枯草。

*

你们把自己的脸转向东方和西方，都不是正义。正义是信真主，信末日，信天神，信天经，信先知，并将所爱的财产施济亲戚、孤儿、贫民、旅客、乞丐和赎取奴隶，并谨守拜功，完纳天课，履行约言，忍受穷困、患难和战争。这等人，确是忠贞的；这等人，确是敬畏的。

*

你说："我们确信真主，确信我们所受的启示，与易卜拉欣、易司马仪、易司哈格、叶尔孤卜和各支派所受的启示，与穆萨、尔撒和众先知所受赐于他们的主的经典，我们对于他们中的任何人，都不加以歧视，我们只归顺他。"舍伊斯兰教而寻求别的宗教的人，他所寻求的宗教，绝不被接受，他在后世，是亏折的。

*

你们当为主道而抵抗进攻你们的人，你们不要过分，因为真主必定不喜爱过分者。你们在哪里发现他们，就在哪里杀戮他们；并将他们逐出境外，犹如他们从前驱逐你们一样，迫害是比杀戮还残酷的。你们不要在禁寺附近和他们战斗，直到他们在那里进攻你们；如果他们进攻你们，你们就应当杀戮他们。不信道者的报酬是这样的。如果他们停战，那么，真主确是至赦的，确是至慈的。你们当反抗他们，直到迫害消除，而宗教专为真主；如果他们停战，那么，除不义者外，你们绝不要侵犯任何人。

*

男人是维护妇女的，因为真主使他们比她们更优越，又因为他们所费的财产。贤淑的女子是服从的，是借真主的保佑而保守隐微的。……你们可以择娶你们爱悦的女人，各娶两妻、三妻、四妻；如果你们恐怕不能公平地待遇她们，那么，你们只可以各娶一妻，或以你们的女奴为满足。这是更近于公平的。

给欧麦尔二世的信：伊斯兰教的苦行*

哈桑・巴士里

与其他宗教一样，许多伊斯兰信徒认为，他们的信仰要求他们远离世俗，严格自律，更加严守先知教诲。以下这封由哈桑・巴士里（Hasan al-Basrī）① 写给哈里发②欧麦尔二世③的信就反映这些内容。

思考：伊斯兰信徒认为正确的行为和态度是什么；伊斯兰教与犹太教和基督教有何联系，这反映了伊斯兰教的哪些特点和诉求。

万分小心这个世界。它就像一条蛇，摸起来很柔顺，但是它的毒液却是致命的。拒绝世上的一切诱惑，因为你若稍微染指，便会付出代价。远离世俗，虽然你会看到这世上偶然的机遇，但是你必定离开这个世界。为了现有的安逸，你将遭受长久的痛苦。生活越安逸，你越要小心；对这个世上的人而言，当他安心享乐，便会被抛入痛苦之中。当他获得一些好处，正欲俯身探取更多时，便会被这个世界踢翻在地。再次提醒，要小心这个世界，因为这世上的希望都是荒谬的，期待都是虚假的；所谓的舒适生活都是痛苦的，如同原本清澈的水被泥泞弄得污浊。因此，你存在于这个世上，就是处于危险之中：或福佑转瞬即逝，或灾难忽然降临，或痛楚如影随

---

* Arthur J. Arberry, *Sufism* (London: George Allen & Unwin, Ltd., 1950), pp. 33-35.

① 苦修禁欲、极其虔诚的穆斯林，早期伊斯兰教重要人物。

② 伊斯兰教对执掌政教大权的领袖的称谓。

③ 伍麦叶王朝第八任哈里发，717—720 年在位。

身，或厄运注定难逃。若一个人处世谨慎，生活便会比较艰辛；但若安于享受，则处境便会危险。谨慎之人常怀忧患之心，而安乐之人则相信最终的命运。甚至在万能之主尚未对这个世界宣告之前，亦未制造出一个相似之物之前，亦未指示众人逃离此地之前，这个世界自身便会唤醒沉睡者，唤起未曾注意之人。由此可见，真主给予了我们多么强烈的警告以及对这个世界的劝诫！这个世界，在真主面前是无足轻重的；它渺小甚微，如同世上的一粒鹅卵石或是一块泥土。据我所知，真主创造的最可恨之物就是这个世界了，而且自从真主创造了它之后，他就再未看它一眼，他是如此厌恶它。……

穆罕默德在饥饿的时候便绑一块石头在肚子上；而穆萨吃的全是草，所以他肚子的颜色都是绿的。他对真主无所求，有一天，他在树下乘凉，储备食物以充饥，据说此时真主启示他："穆萨，当你看到贫困临近时，你应该说：欢迎正义的象征！当你看到富贵临近时，你应该说：瞧，罪恶来了！罪恶的惩罚曾有人领受！"如果你愿意，我使你的声誉如尔撒，主赐他智慧和经典，他的事迹就是奇迹。他常说："我每天的食物是饥饿，我的徽章是恐惧，我的衣服是毛发，我的坐骑是我的双脚，我晚上的灯笼是月亮，白天的火是太阳，我的水果和芳香的药草就是地上为野兽和牲畜生长出来的植物。我一无所有，然而没有人比我更富有！"如果你愿意，我使你的声誉如达乌德，他不比前面两位逊色。他在家里吃的是大麦，家人吃的是糠麸，而他手下人吃的却是香甜的玉米。晚上他就穿上麻袋布，把手捆到脖子上，一直哭泣到天明。[1] 吃粗糙的食物，穿

---

① 此处原文表述似不清楚。先知哭泣的原因一是敬畏安拉，二是担心他的追随者迷误。

简陋的衣服。他们憎恶真主所憎恶的，轻视真主所轻视的。因此，正义跟随他们，指引他们在正道上前行。

一位伊斯兰学者的自传*

阿维森纳

在取得重大成就的伊斯兰学者中，阿维森纳（Avicenna，980—1037）是其杰出代表。他不仅是哲学家，事实上，他还是数学家、物理学家、神学家、天文学家以及语言学家。他的著作十分广泛，部分作品后来被翻译并流传到欧洲。以下是他的自传节选。这些文字不仅反映了伊斯兰世界的社会生活和文化生活，而且也反映出他渊博的学识。

思考：阿维森纳的家人对学问和知识的态度；最受尊重的有学问有才智的人是怎样的；一位知识分子在伊斯兰世界是如何生存和发展的。

我的父亲是巴克特拉①人，他在曼苏尔②时期来到布哈拉③。在曼苏尔的统治时期，父亲在政府任职，是布哈拉附近一个叫卡尔迈沙的村子的行政长官。邻近有个村子叫阿弗沙那，父亲就是在那儿和母亲结婚并定居下来的。我和弟弟都出生于阿弗沙那。后来，我们搬到布哈拉，我开始学习《古兰经》和文学。我十岁时已经掌握了《古兰经》和大量文学知识，因此人们都很惊异于我

* From A. J. Arberry, *Aspects of Islamic Civilization* (London: George Allen & Unwin Ltd., 1967), pp. 136-139.

① 位于今阿富汗北部的一座古老的城市。

② 阿拉伯帝国阿拔斯王朝第二任哈里发，754—775 年在位。

③ 中亚南部城市。

的天资。

那时，父亲追随一位埃及传道者，这个人属于伊斯玛仪派[①]。依据该教派传道和理解事物的方式，父亲和弟弟聆听了他关于灵魂和智慧的言论。然后，他们就这些进行讨论，我在一旁听着，完全听得懂他们所说的内容，但心里并不认同。后来，他们让我也参与进去，讨论哲学、几何、印度式算术。父亲还把我送到一个使用印度式算术的蔬菜商那儿，让我跟他学习。后来，布哈拉来了一个叫作艾卜·阿卜杜拉·那蒂里的人，自称是哲学家。父亲邀请他住到家里，同样是希望我可以向他学习。在他来之前，我已经掌握了穆斯林法学，皈依了伊斯玛仪派。我十分好学好问，能够熟练地按照宗教法学家的做法进行假设和反驳。于是，我开始跟那蒂里学习入门经典。有一次，他问我很多“什么是什么”的问题，其中提到了“什么是天才”，于是我阐述了自己对天才的定义。他从未听过这样的言论，对我的表现极为惊异。因此他建议父亲，一定要让我从事学术，不能干别的。对于他提出的每个问题，我的理解都比他更深刻。所以跟他学完基础的逻辑学之后，我便开始自学；因为他对那些微妙精深的部分并不了解。

从此，我开始自己阅读文献。我认真研究注释，直到完全掌握逻辑学。学习欧几里得[②]的书也是一样的，我跟他大概就学了五六种几何图形，然后就全靠自己学完了整本书。接着，我开始学习《天文学大成》[③]。当我看完绪论，到几何图形部分时，那蒂里就让

① 伊斯兰教什叶派主要支派之一。

② 古希腊数学家。

③ 希腊天文学家托勒密在公元 2 世纪编纂的天文学和数学百科全书。

我自己继续学习，解决问题。我只需要把学到的东西向他汇报，他可能会告诉我哪些是正确的，哪些是错误的，然后我再作修正。事实上他根本不是在教书，而是我自己解决问题，其中许多复杂的图形他都一无所知，我得向他解释，帮他弄明白。后来，那蒂里离开了我家，去了古尔甘伊。

之后，我开始学习自然科学和形而上学的各种文献和阐释文本，各个知识领域的大门都向我敞开了。然后我又对医学感兴趣，阅读了大量的医学书籍。医学并不难，我很快便精通，医师们开始向我学习。我自己也行医治病，从实践经验中得来的方法是难以言表的。同时，我继续抽空学习法律，直到我十六岁。

接下来的十八个月中，我全身心地投入阅读。我再次研习逻辑学以及各种哲学。那段时间，我没有哪个夜晚是完全在睡梦中度过的，白天也没有分心去做别的事情。我准备了一套文件档案。对于每一个求证，我都写下三段式推论，按顺序放入文件中，然后再看从中可以得出怎样的推论。我系统地研究每个前提的条件，然后再推论，直到找到每个问题的明确答案。每当我被问题困惑，或者找不到推论中的中项时，我便去清真寺做礼拜，敬拜万能的主，直到我的问题得以解决或者变得简单。晚上回到家里，我点上灯，奋力阅读和写作。当困意来袭或身觉疲惫时，我会到一边，喝杯葡萄酒，觉得精神之后，再继续阅读。即使在我短暂的睡眠中，我也会梦到正在思考的问题。许多问题在睡梦中迎刃而解。我不断地学习，直到掌握了所有的科学。我已经做到了人类的极限。我当时所学的知识和我现在所了解的完全一致，迄今为止我的知识库里再没有增加任何内容。

我成了逻辑学、自然科学和数学的大师。然后，我又回到形而上学。我读了亚里士多德的《形而上学》，但我搞不懂其中的内容，也不明白作者的意图。我读了四十多遍，直到熟记于心。但是我依然不懂这本书，或者说不知道作者表达的意思，我对自己很绝望，说："这是一本不可能读懂的书。"但是有一天中午，我碰巧去书市，有个卖书的人在那儿，拿着一本书叫卖。他拿给我看，但我不耐烦地还给了他，因为我认为这种书毫无用处。然而他对我说："你买一本吧，这书很便宜，只收你四迪拉姆①。"看来这人急需钱，于是我就买下了他的书，发现作者是艾卜·纳赛尔·法拉比②，内容就是关于形而上学的。我回到家，迫不及待地读这本书。书中的内容让我豁然开朗，因为这些问题本来就在我心里。我十分欣喜，第二天我施舍了许多东西给穷人，以表示对真主的感恩。

那时，布哈拉的苏丹③是努哈·伊本·曼苏尔。他不巧患了疾病，所有的医师都没有办法。这些医师都知道我学识渊博，因此在苏丹面前提到了我，并请求他召见我。我来到病室，和他们一起为这位尊贵的病人治病。因此我被任命为王室的侍医。有一天，我向苏丹请求进入书库，去看一看藏书目录并阅读医学方面的书。他应允了我的请求。于是，我进入了一个有着许多房间的宫殿，每一个房间都摆满了书柜，上面是一摞摞的书。这一个区域是语言和诗歌方面的书籍，那一个区域是法律方面的书籍，如此等等。每个单独的学科都有其专门的区域。我在里面浏览古希腊作品的目录，挑出

① 货币单位。

② 伊斯兰哲学家。

③ 穆斯林统治者的称号。

我所需要的书籍来看。我还看到很多人闻所未闻的书——我之前未曾见过，之后也未再见过。我读这些书，并记下笔记。我了解到每一个人在他的学科领域里的地位。

如此，在我十八岁时，我已经精通了这些所有的学科。那个时期，我的记忆力比现在好。但是现在，我更成熟了。不过我的知识量还是那么多的，从那之后就没有什么新的内容可以增加了。

文集：文化的互动*

乌萨麦·伊本-蒙奇德

在地中海盆地穆斯林和欧洲人有很多互动，尤其是当伊斯兰教传播到欧洲以后。其中，最重要的互动是在基督教圣地巴勒斯坦地区。欧洲人在十字军东征时曾在那里建立过短暂的封建王国。这些互动为我们研究两种文明的性质提供了有益的视角。下面这段文献节选自 11 世纪叙利亚的一位穆斯林，乌萨麦·伊本-蒙奇德（Usāmah Ibn-Munqidh）的文集。在文中，作者评论了法兰克人的特点，揭示出伊斯兰文化在这些互动过程中的许多内涵。

思考：该文献反映了伊斯兰的哪些习俗和价值观念；作者是怎样比较穆斯林和法兰克人的。

他们不明事理。神秘的事物是造物主的杰作，他是万事万物之

* Philip K. Hitti, ed. and trans., *An Arab-Syrian Gentleman and Warrior in the Period of the Crusades: Memoires of Usāmah Ibn-Munqidh (Kitāb al-I' Tibār)* (New York: Columbia University Press, 1929), pp. 161, 164.

主！当一个人要讨论法兰克人时，他必定会赞颂安拉（安拉至上！），尊崇安拉。因为在他眼中，法兰克人只是具有勇气和搏斗精神的动物，再无其他优点；动物只有力气，可以搬动东西。我下面就举例说说他们的行为及其奇怪的思维。

在富尔克国王的军队中，国王的儿子是一位尊贵的骑士。他从法兰克王国来到我国朝觐，后来回国了。我与他相交甚深，他后来称我为“兄弟”。我们的关系十分友好。当他决定从海路归国时，他对我说：

> 兄弟，我就要回国了。我想让你把你儿子交给我一起带走（我儿子那时只有十四岁，和我在一起）。他在我们国家会看到骑士，学习智慧和骑士精神。等他回来，就会是一个智者。

我觉得我听到的这些话，决不会出自一个明智之人的口中。就算我儿子被俘虏了，那也比把他带到法兰克强。不过，我对他说：

> 我也正有此意，然而却有一事相阻。那就是孩子的祖母，我的母亲非常喜欢他。她不让我把他带走，除非我发誓一定要把他送还到她那里。

然后他问：“你母亲还健在吗？”“是的。”我说。他说：“那就不要拂逆她吧。”

另一个法兰克人想向穆斯林展示主的幼儿模样。我见过一个法兰克人来拜见埃米尔[①]穆英丁（愿安拉慈悯他！）。他在圆顶清真

① 阿拉伯语音译，原意为“受命的人”“掌权者”，伊斯兰国家对上层统治者、王公和军事长官的称号。

寺[①]时，问穆英丁："你想见儿时的主吗？"穆英丁说："想。"这个人就走到我们前面，向大家展示玛利亚和耶稣的图像，耶稣是依偎在玛利亚怀里的一个婴儿。他说："这就是主小时候的样子。"可事实上，安拉超乎异教徒的任何想象。

法兰克人在性方面缺乏嫉妒心。法兰克人没有热情和嫉妒心。假如一个法兰克人和妻子一起走着，遇到另外一个男人拉着他妻子的手到一旁说话，这个丈夫就会站在一边，等他们结束谈话。如果妻子一直留恋不走，他就会让她和那个人单独留下，自己走开。

视觉资料

伊斯兰教在非洲的传播

如地图 6-1 所示，7 世纪和 8 世纪伊斯兰教在北非的传播只不过是其漫长传播进程中的一个开端。当然，这一进程并非一帆风顺，主要的障碍是地形（例如雨林）、距离（非洲南部和东南部）以及所遭遇的排斥（努比亚的基督教王国）。

思考：促进伊斯兰教传播的因素；阻碍伊斯兰教传播的因素；假如伊斯兰教传入撒哈拉以南非洲，可能具有怎样的意义。

① 也称萨赫莱清真寺，位于耶路撒冷。

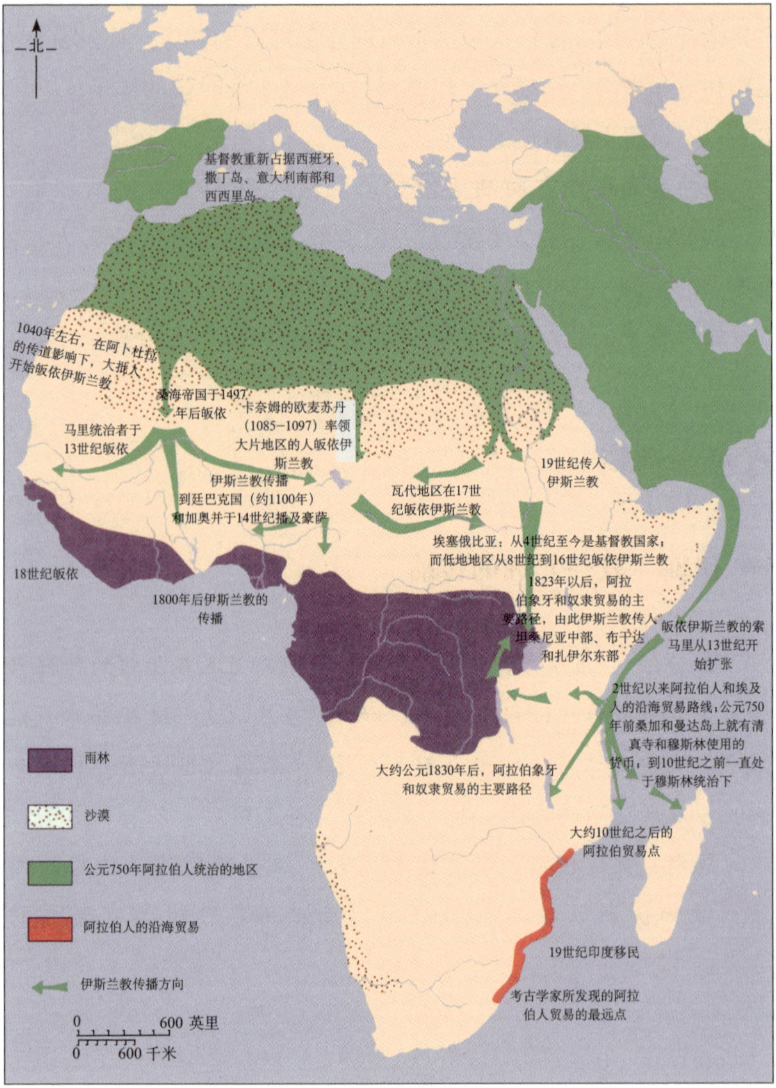

地图 6-1　伊斯兰教在非洲的传播

第二手资料

伊斯兰教的传播*

伊拉·拉比杜斯

从 7 世纪到 13 世纪，伊斯兰教从其发源地阿拉伯半岛向周边大幅迅速传播——西至北非和西班牙南部，东至亚洲许多国家。关于伊斯兰教这段非同寻常的迅速传播过程，历史学家对其原因一直有不同看法。在以下的节选文献中，伊拉·拉比杜斯（Ira Lapidus）分析了伊斯兰教之所以能够在整个中东地区传播开来的原因，以及为什么有那么多人皈依伊斯兰教的原因。

思考：拉比杜斯的分析与早期欧洲学者的观点有何差异；为什么阿拉伯人的皈依与其他中东民族不同。

伊斯兰教的迅速传播涉及多种力量。在北非、安纳托利亚①、巴尔干半岛和印度，伊斯兰教是通过游牧的阿拉伯人或是突厥征服者传播的。而在印度洋沿岸和非洲西部，则是通过商人的贸易交流和传教士的布道来传播的。有时候是由于当地的统治家族接受了伊斯兰教，因而使其得以传播；有时是由于它吸引了城市阶层或是某些部落群体。伊斯兰教之所以具有吸引力，是因为它拥有一套精准的言辞来表述其政治、经济利益以及复杂的文化与宗教。

学者们一直都很好奇，为什么会有那么多人皈依伊斯兰教。欧

---

* Ira M. Lapidus, *Islamic Societies*, 2nd ed (Cambridge: Cambridge University Press, 2002), pp. 198-200.

① 亚洲西部半岛小亚细亚的旧称。

洲的早期学者认为，皈依伊斯兰教是武力胁迫的结果，因为那些被征服者所面对的只有两个选择：要么入教，要么死亡。然而现在看来很显然，通过武力强迫皈依的情况是极少的。对于这一点，伊斯兰国家的人都知道。通常，穆斯林征服者更希望统治被征服者，而不是强迫他们改变信仰。大部分皈依伊斯兰教的人其实都出于自愿。

欧洲学者怀疑“自愿皈依说”。这种皈依真是发自内心的吗？或者是由于政治或社会的原因而采取的投机行为？可以肯定的是，无数人加入伊斯兰教，不仅是因为伊斯兰教在政治和经济方面具有强大的综合优势，而且是因为他们确实受到了信仰的启示，尊崇穆斯林圣贤和学者的美德。大多数时候，世俗的动机和信仰的动机是相互融合的。而且加入伊斯兰教并不一定意味着完全改变原先的生活，而开始新的生活。大多数皈依者一方面接受新的宗教信仰，加入新的宗教群体，另一方面却继续与原属的文化和群体保持密切的联系。……

伊斯兰教的第一批皈依发生在 7 世纪到 13 世纪的中东。这批皈依可以分为两个阶段。第一阶段是部落社会中万物有灵论者和多神论者的皈依，他们生活在阿拉伯沙漠及其外围富饶的新月地区。第二阶段是农民、城市居民和统治阶级中一神论者的皈依。

阿拉伯人对伊斯兰教的皈依，是非游牧的王权社会向外围游牧地区进行文明扩张的一部分。处于中东农商区域边缘地带的阿拉伯人，受到商业和宗教思想的强烈影响，从穆罕默德的教义中发展出了一种一神论宗教。这种宗教和业已存在的基督教及拜火教都是一神论的，但又有所不同。阿拉伯异教徒对伊斯兰教的皈依，体现了游牧部落对于新需要的反应，他们需要一个更庞大的政治经济体系、一个更稳定的国家、一个更具有想象力和包罗一切的道德视野，去解决动荡社会中的问题。因此，阿拉伯人皈依伊斯兰教是阿拉伯人融入新的文化和政治秩序的过程，而这种秩序是通过一神论的宗教术语来规定的。

中东地区的非游牧民族的皈依过程则有所不同。伊斯兰教取代了拜占庭帝国和萨珊王朝的政治地位，取代了犹太教、基督教和拜火教的宗教地位。但是中东地区的这一变革经历了两个阶段。在伊斯兰教统治的头一百年中，阿拉伯征服者竭力维护自己作为穆斯林上层人士的身份，他们并不要求下层的非穆斯林民众皈依伊斯兰教。最开始，他们非常不欢迎别人入教，因为随着穆斯林人数的增加，原来的阿拉伯穆斯林所独享的经济优势和社会地位就会被削弱。然而伊斯兰教的教义是鼓励人们入教的。伊斯兰教教义能够为穆斯林群体提供庇护，让他们的宗教生活受到国家的尊重。政治上，国家允许修建清真寺，组织朝觐，创建穆斯林司法机构。阿拉伯帝国的建立，使得伊斯兰教对于原先的拜占庭帝国和萨珊王朝的贵族（包括武士、官员、地主等）颇具吸引力。阿拉伯人统治范围内的城市吸引了许多非阿拉伯移民，因为他们能够在军队和行政机构中谋得向皈依者开放的职位。而寻求新的庇护的商人、工匠和难民同样受到吸引，加入了伊斯兰教。

虽然存在这些吸引力，但是大部分中东人并未很快地或轻易地加入伊斯兰教。在 10 至 12 世纪，随着非穆斯林社会的政治结构和宗教结构的瓦解，教会势力被削弱了，穆斯林与非穆斯林之间出现隔阂，间或出现了对非穆斯林的小范围迫害，中东地区拥有土地的贵族也在衰落，这些情况瓦解了非穆斯林民族的社会组织。于是，伊斯兰教的倡导者就得以在当地社会的重建过程中充当领导者，而这些重建是建立在伊斯兰教的信仰和身份的基础上。

伊斯兰世界*

艾伯特·霍兰尼

7 世纪和 8 世纪，伊斯兰教迅速传播。阿拉伯人每到达一个地方，就效仿和采纳当地的习俗传统，长此以往，形成了人们所知道的伊斯兰世界。在以下的节选文献中，研究阿拉伯历史的杰出历史学家艾伯特·霍兰尼（Albert Hourani）对伊斯兰世界确立认同感的方式进行了分析。这些方式尤其注重各种建筑和物品的作用，因为通过这些东西，人们会发现并觉得他们属于同一个伊斯兰世界。

思考：建筑、器物和艺术如何促进了伊斯兰认同感的形成；铸就伊斯兰内部统一感的还有哪些其他因素。

在伊斯兰历的三、四世纪（即公历的 9、10 世纪），一个所谓的“伊斯兰世界”开始形成。当时，环游世界的旅行者可能会根据自己的所见所闻来判断，哪些地方属于伊斯兰世界并居住着穆斯林。随着人们的流动，例如各国的统治者及其军队、穿梭于印度洋和地中海的商人、为了求得统治者或富人的庇护而从一个城市迁移到另一个城市的手工业者，伊斯兰社会的外部特征为越来越多的人所了解。传播这些特征的途径还有用于进出口的商品，因为它们具有独特的风格，比如书籍、金属制品、陶器，最典型的应该是纺织

* Albert Hourani, *A History of the Arab People*, Cambridge, Mass.: The Belknap Press of Harvard University Press.

品——它是远距离贸易的主要内容。

最为重要的标志是建筑。它们是伊斯兰世界的外部标志。虽然后来出现的清真寺建筑具有地方特色，但在最初的几百年里，从科尔多瓦到伊拉克乃至更遥远的地方，清真寺的建筑特征都很相同。除了大清真寺，许多集市、居民区或村庄还有为礼拜者建造的小清真寺。不过，星期五的聚礼只能在大清真寺里进行。[①] 这些建筑通常利用当地的材料来修筑，反映了地方特色和传统。……

另外一种建筑则表现了统治者的权力，如大型的公共建筑、商路上的驿馆、引水沟渠或其他水利设施。在中东那些炎热的国家以及北非的马格里布地区[②]，政府规定必须把水引入城市供居民使用。随着阿拉伯人在地中海地区的扩张，他们也把灌溉技术推广到了这些地方。

最能体现皇家气派的建筑还是要数宫殿。供休闲使用的亭台坐落于花草和流水之间，象征着与世隔绝的天堂；还有官员的官邸、行政和司法中心以及王族居住的宫殿。……

这些城市的穆斯林居民在这一时期所修建的房屋，现在已荡然无存。但是从当时留下来的一些物品中可以看到，有些物品的风格比较类似于宫廷用品。由于商人和学者的存在，书籍得以转录并附上插图，人们得以制造玻璃、金属制品和陶器，特别是地毯。在当时，家里的地板是铺着地毯的，低矮的靠背长椅上铺着纺织品，墙上也挂着挂毯或者布料。所有这些都表明，整体上穆斯林的宗教建

---

① 按伊斯兰教的惯例，小的清真寺不能举行星期五的主麻仪式，礼拜者必须到城里的大清真寺进行聚礼。

② 阿拉伯语意为“日落之地”，指突尼斯、阿尔及利亚和摩洛哥等地区。

筑是一样的，装饰风格也是一样的，园艺风格、几何设计图案和阿拉伯文字等等都是一样的。

到了 10 世纪，在近东和马格里布地区就形成了一个具有同一性的世界，被称为“伊斯兰世界”。伊斯兰教义中把世界分为两个部分：一个是“和平世界”①，一个是“战争世界”②。在穆斯林的圣地或者与穆斯林早期历史相关的地方，生活习俗体现了伊斯兰“和平世界”的特征。每天要进行五次礼拜，每周五要到清真寺做主麻，每年的斋月要封斋，（有能力者）要到麦加朝觐，还有要使用伊斯兰教历。

伊斯兰教赋予人们不同的身份地位。和所有人一样，穆斯林也有不同的阶层。他们不会总想着审判和天堂。他们的视野不是局限于自我，而是把自己纳入家庭或家族，群体或部落，村庄或乡区，聚居区或城市，以此实现自己的日常目的。不仅如此，他们还自觉地归属于一个更加广泛的群体：信仰者共同体［即乌玛（umma）］。他们施行共同的宗教仪式，对人类今生后世的命运达成共识。这些东西把他们联结在一起，和其他教派的人区分开，无论这些人是在伊斯兰世界内部还是外部。

在伊斯兰世界和日常生活单元之间还有一种中间阶层，总体来说，他们的身份没有带来足够强烈和持久的忠诚感。而对一个王朝的臣服或顺从（尤其是对国祚久远的王朝的臣服），则可以产生这样的忠诚感。共用同一种语言也会让人们交流轻松，并产生某种自豪感。

---

① 指被伊斯兰教占领、征服的所有土地。

② 指尚未被伊斯兰教占领、征服的所有土地。

伊斯兰的东方中心*

彼得·布朗

西方人通常认为，伊斯兰文明的中心在地中海地区；假如不是欧洲人和拜占庭帝国的抵抗，伊斯兰教会传播到地中海以北。而在下面的节选文献中，牛津大学和加州大学的彼得·布朗（Peter Brown）教授反对这种观点。他认为，在地中海城市衰落时，波斯的经济地位得以加强。因此，伊斯兰帝国的中心在波斯，伊斯兰世界的中心是在东方而非西方。

思考： 波斯是如何促使伊斯兰帝国向东推移的；根据布朗的观点，在阻止阿拉伯人向欧洲推进的各种因素中，为什么巴格达的建立要比他们在军事上的失败具有更重要的意义。

在亚历山大时代之后，美索不达米亚再次成为中心。拥有环形城墙的巴格达并不逊于罗马帝国的任何大都市：它是亚述[①]和中亚的圆形城市的再现。而那些地中海城市则由于大型商队绕道而行而趋于衰落。他们用骆驼载货，把贸易带到广阔的沙漠地区，从撒哈拉沙漠一直到蒙古大沙漠。在北非和叙利亚，原来还有些村庄把油和谷物经由地中海送到罗马和君士坦丁堡，但是后来这些村庄消失在沙漠中。地中海沿岸曾是文明世界的中心，然而随着罗马这个横贯欧亚的帝国的腐朽，地中海地区的重要性也渐渐减弱。

---

* Peter Brown, *The World of Late Antiquity* (New York: Harcourt Brace, Inc.; London: Thames and Hudson, Ltd., 1971), pp. 202-203.

① 西南亚底格里斯河流域的古国。

新的商业机会掌握在波斯人手中。更广阔的亚洲的永恒诱惑也掌握在波斯人手中，就如同萨珊王朝早期时那样。在广州的集市附近，人们可以看到清真寺和拜火庙。公元751年，来自中亚的战俘把造纸术带到了巴格达。水手辛巴达要是知道情况是这样，也许就不会认为地中海值得他去冒险了，因为阿拔斯王朝的财富和利益全都向东迅猛推进，沿着底格里斯河和幼发拉底河直达海岸，然后直接从巴士拉抵达广州。

波斯人把伊斯兰帝国向东推移，实际上解救了欧洲。让阿拉伯人的战车停下来的，不是717年拜占庭海军在君士坦丁堡城外所使用的希腊火①，也不是732年法兰克王国的查理·马特的骑兵在图尔②之役中所取得的胜利，而是巴格达的建立。随着阿拔斯王朝的确立，统治者渐渐希望有一个有组织的行政结构，而不再像贝都因人③那样四处流动。在新的文明世界中，士兵似乎有些多余，就好像4世纪那些无所事事的西方贵族一样。先前那种武力扩张已经被谨慎的外交政策取代了。在哈里发的王宫，整个世界似乎就是在围绕着巴格达转动，而哈里发梦想着自己就是王中之王。就在查理曼大帝于公元800年加冕为罗马皇帝之前，他收到哈伦·赖世德④赠送的一件精美斗篷和一头叫作阿布尔·阿巴兹的宠物象。法兰克国王可能不知道，哈里发赠送礼物，这是在效仿库思鲁一世⑤的一贯

① 一种以石油为基本原料的物质，拜占庭帝国所使用的一种可以在水上燃烧的液态燃烧剂。

② 法国中西部城市。

③ 阿拉伯游牧民族。

④ 阿拔斯王朝第五任哈里发，786—809年在位。

⑤ 萨珊王朝最伟大的国王，531—579年在位。

做法：每逢隆重的春季节日，库思鲁一世，这位王中之王就慷慨地把牲畜和布匹作为礼物赏赐给臣民。

在西方人的想象中，伊斯兰帝国是东方世界的权力典范。伊斯兰的东方中心之所以形成，应归功于波斯传统在 8 世纪和 9 世纪的强大复兴。

第 7 章

印度和东南亚（500—1500）

罗马文明衰落后的几百年间，阿拉伯人在地中海盆地和西南亚地区创建了一个强大的伊斯兰帝国。此时，印度文明进入了长期的衰落期。从 5 世纪末开始，印度北部经历了多个王朝，政治斗争不断，同时还存在一些小王国。在此期间，印度教及其家庭体系、等级制度日益强大，进一步成为印度文化的代表。但是到 11 世纪，伊斯兰教的传播开始威胁到印度教。而佛教从 9 世纪就开始衰落，最终在印度失去其原有的地位，伊斯兰教取而代之，成为印度第二大宗教。

阿拉伯人向东扩张，使得伊斯兰教在亚洲传播开来。这场扩张在伽色尼王朝的马赫穆德的统治时期达到顶峰。这位凶蛮的突厥首领拥有行动迅速的骑兵，轻而易举就战胜了笨拙的印度象兵。最终穆斯林控制了印度北部，建立了德里苏丹国。穆斯林的征服给印度的艺术、建筑、法律、文学和政治带来深刻的影响，对整个印度北部地区的历史发展起到了重要的作用。穆斯林试图继续向印度南部推进，但遭到信奉印度教的维查耶纳伽尔王国的成功抵御。

东南亚的早期历史是多个民族（马来人、越南人、孟人、高棉人、骠缅甸人、老挝人、掸人、泰人、鞑靼人）在该地区的迁徙史和斗争史。在公元 500 年到 1500 年之间，有很多民族建立了自己的政权，例如 8 世纪的暹罗、9 世纪的缅甸以及 10 世纪的越南。人数最多、势力最强大的民族是高棉人，他们以吴哥①为中心，建立了一个帝国，繁盛于 9 世纪至 14 世纪。东南亚地区深受印度和中国的影响，许多民族从这两个国家引进了佛教、印度教和儒家学说。

在这一时期，东南亚各国虽然落后于印度和中国，但也有所发展，并逐渐形成了当今的格局。东南亚人学习印度和中国，建立自己的政权和文化，每个民族都有自己的特征，最终形成了不同的国家。

宗教和人生哲学深刻地影响了印度和东南亚文明。因此，本章的许多文献都集中探讨伊斯兰教、印度教和锡克教的性质。其中一些文献重点讨论各种宗教、传统、思想流派的冲突。另一些文献则重点讨论伊斯兰教和印度教对印度的影响，以及佛教和儒家学说对东南亚的影响，尤其是对女性的影响。另外，本章的文献还将探讨该地区四大文明社会（印度北部、越南、柬埔寨和缅甸）的政治、社会和文化特征。

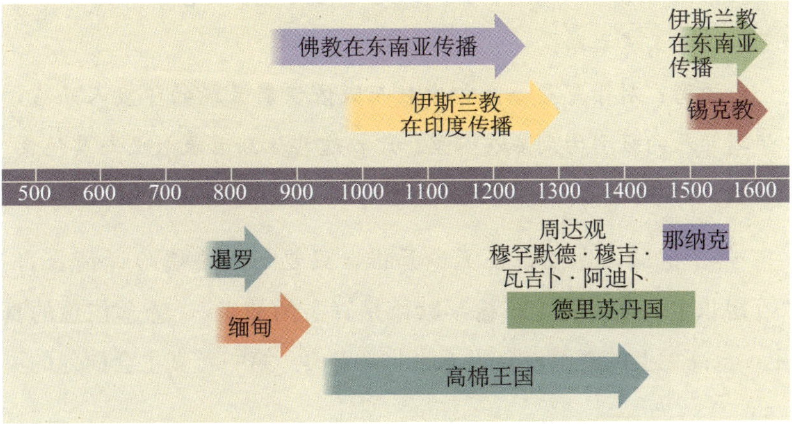

① 柬埔寨吴哥王朝的都城。

第一手资料

通往天堂之路：伊斯兰教在印度*

穆罕默德·穆吉·瓦吉卜·阿迪卜

11世纪伊斯兰教开始在印度以及亚洲其他地方传播开来。伊斯兰教给印度带来新的信仰。伊斯兰教是一神论，而印度教是泛神论。伊斯兰教认为人只能活一次，因此生命可贵。而印度教则宣扬人生是邪恶的虚幻，灵魂必须经历若干轮回。最重要的是，伊斯兰教认为所有人都是平等的。伊斯兰教的教义尤其是这些吸引人的部分，使得很多印度人皈依了伊斯兰教。以下节选的文献便对此有所阐述。作者穆罕默德·穆吉·瓦吉卜·阿迪卜（Muhammad Mujir Wajib Adib）生活于14世纪。他在下面文字中向那些刚刚加入伊斯兰教，但是对教义尚不熟悉的印度人描述了“通往天堂之路”。

思考： 对于那些舍弃印度教而皈依伊斯兰教的印度人而言，伊斯兰教的吸引力到底在哪里；比较这些伊斯兰教教义与其他宗教教义的异同。

经上记载，先知曾说无论是谁，只要每天凌晨吟诵清真言：“万物非主，唯有真主；穆罕默德是真主的使者”，感念仁慈的真主，至高无上的真主就会赐予他七项恩典。第一，真主会向他的灵

* Theodore deBary et al., eds., *Sources of Indian Tradition* (New York and London: Columbia University Press, 1961), pp. 393-395.

魂开启伊斯兰之门。第二，真主会为他减轻死亡的痛苦。第三，真主会为他照亮坟墓。第四，真主会向孟卡尔、纳吉尔[①]展示他的美德。第五，真主将会亲手记录他一生的所作所为。第六，真主将按他的意愿来书写他的记录。第七，真主将送他走过横跨在地狱之火上方的永恒之桥，进入天堂，宛若闪电一般。……

在具体的阐述部分，经上说，真主的仆人把《古兰经》作为自己的指导和庇护。在审判日《古兰经》将指引他前往天堂。而对于那些未能严格遵守《古兰经》的人，天仙将会鞭打他，把他带入地狱。……

按照传统，一个人在天堂中的地位等级是由他背诵《古兰经》的熟练程度决定的。据说，人们只要知道如何吟诵《古兰经》的一小部分，就会在天堂中享有较高的地位。知道的越多，地位也就越高。……先知说，在他升入天堂的那天夜里，他看到信徒们的罪孽。其中最大的罪孽就是不诵读《古兰经》，没有比这个更加严重的了。……

《麦斯欧迪的礼拜》（*Salāt-i-Mas'ūdī*）一书中写道，哈瓦吉·伊玛目·穆罕默德·塔耶儿说，在复活日的那天早上，等待审判的人将接受惩罚。天仙在他们头上盘旋，给他们施加惩罚。他们会对老老少少说："在世上信教的人，过来。"他们还会对老弱者说："你们是弱者，或许真主会怜悯你们。"然后，他们走到地狱的边缘，说："奉至仁至慈的真主之名。"此时，燃烧了五百年的地狱之火将避开他们。地狱之王问火："为什么不吞噬他们？"火回答："我怎能吞噬那些反复诵念造物者之名并感念他的仁慈悲悯的人

① 伊斯兰教末世论中的两个天使，专门负责考验墓中死者的信德。

呢?”他们将听到真主的声音:“这些人是我的仆人,火也是我的仆人。对于尊敬我的人,我也会尊敬他们。”至于吟诵“奉至仁至慈的真主之名”这一颂词,真主说:“我已让所有奉至仁至慈真主之名的人获得自由。”……每个反复吟诵这一颂词的人,真主都会庇护他不受地狱十九层火焰的侵害。……

先知坐在朋友们中间,艾卜·伯克尔(穆罕默德去世后的第一任哈里发)坐在他的右边。这时进来了一个年轻人,先知让他坐在离自己更近的位置。朋友们开始琢磨,这个年轻人的地位一定很高。年轻人离开之后,朋友们问先知他是谁。穆罕默德望着艾卜·伯克尔说:“噢,我最尊贵的伙伴,可别不高兴我让那个年轻人坐在比你高的位子上。”艾卜·伯克尔回道:“噢,主的先知,您这是怎么说的?我非常愿意遵从您的命令。”先知说:“噢,艾卜·伯克尔,你可知道,这个年轻人送给我一个珍贵的礼物,这是任何人都没有做过的。”艾卜·伯克尔说:“但是,主的先知,这个年轻人唯一的身份就是——他是您的追随者。”先知说:“他自己的事情很多,但是他每天白天都要做一次祈祷,晚上也要做一次祈祷。我让他在这儿坐一个高位,是因为他虔诚地做祈祷。”

王国的四大支柱*

穆罕默德·巴奎勒·汗 (Muhammad Baquir Khan)

13世纪初穆斯林控制了印度北部,并用伊斯兰教取代了印度教,建立起强大的德里苏丹国(1211—1504)。和其他社会一

* Theodore deBary et al., eds., *Sources of Indian Tradition* (New York and London: Columbia University Press, 1961), pp. 499-502.

样，穆斯林社会力图发展一种既实用又能保持其宗教信仰的统治形式。带着这些想法，伊斯兰入侵者征服了印度北部。

以下文献节选自早期印度的伊斯兰教文献。它们从理论上阐述了伊斯兰教关于好政府的思想。

思考：根据这些文献资料，一个好政府的本质是什么；这些文献反映出哪些潜在的政治问题；宗教统治与非宗教统治有什么联系。

你应该知道，“国家的栋梁”（也就是各位大臣以及其他臣子）对苏丹和国王而言是至关重要的。统治者必定需要能干的辅佐者和值得信赖的官员，这些人具有特权，可以知晓国王的秘密，有能力也有权力执行重要的任务。常言道：一个国家有四大支柱。缺少其中任何一个支柱，王国的基业就会不稳固。国家的第一大支柱是伟大的埃米尔。他们手握兵器，保卫王国的边疆，阻止邪恶的敌人侵扰国王和人民。……第二大支柱是有能力的财政官员和宗教税务官。他们是国家值得信赖的人，他们让苏丹国拥有稳定的基础，他们管理着国家的事务。……在某些方面，文官希望获得比武官更高的地位。首先，他们认为，刀剑只能用来对付敌人，却不能用于朋友。而笔既可以用来结友，也可以用来驱敌，这是刀剑所做不到的。……武官会有暗自称王的野心，图谋叛变，而文官则无这样的危险。……武官消耗国家的财富，而文官创造国家的财富。增加收入自然比消费支出要好。……国家的第三大支柱是法官。他们代表苏丹，调查民情，为弱势之人主持正义，压制社会扰乱者和鲁莽者。第四大支柱则是国王忠实的情报官。他们不断向国王汇报官员的行为和各方面情况。他们让国王注意到一些严峻事态的端倪和易于疏忽之事。当国王被蒙蔽时，他便会不分敌我、不分好坏，依自己的喜好行事。当国王不掌握情况时，国家便会动摇，叛乱便会爆发。

政府官员的任命*

巴尔尼 (Barni)

下面文献强调了政府合理任命官员的重要性。

在任命情报官员、审计员和密探这件事情上，统治者本来有很好的意图和目的。首先，这让各地官员、法官、执政者和税务官都清楚，他们的行为，无论好坏，都将被曝光，因此他们不能收受贿赂或者执法不公。他们不会偏离正轨或是犯错误。在处理私事时，他们总是小心翼翼。由于这种谨慎，他们在真正的至尊者（真主）和世间的至尊者（苏丹）面前没有过错。

其次，当人们确信各个阶层的善恶行为都能被国王知道，并且国王任命了专门的官员负责此事时，他们便会循规守法，而不会图谋不轨、叛乱、争权夺利或是欺压弱者。再次，税收人员和财务人员若知道自己的行为会被报告给国王，他们便会克制自己，不贪污、不挪用，由此保全自己不身败名裂。最后，即使是对国王的儿子、兄弟和高级官员而言，这种做法也是有利的。假如他们都由于自己的行为会被国王知晓而心存顾虑，那么他们就不会凭借自己与国王的亲密关系而对自己的手下、陌生人或奴仆不公。

---

* Theodore deBary et al., eds., *Sources of Indian Tradition* (New York and London: Columbia University Press, 1961).

对于一个情报官员来说，无论是通过口头还是通过书面发表言论，都应该客观真实。他应该出身良好，值得信赖和托付，在任何情况下都能保持头脑清醒、行事谨慎，不沉迷于过多的社会交往，这样才可能达到他的目标——为国王获取真实的情报。但是假如一个情报官员怀有贼心、办事不公，出身低贱、卑鄙无耻，常常出入各种场所、四处串门，贪婪腐败、粗暴莽撞，那么国王的意图就会适得其反。因为一个握有大量机密和眼线的卑鄙虚伪的情报官员，会造出很多貌似事实的谎言，加之他为这些谎言作证，就将把事情搞得一团糟。好人没有好报，反遭恶报；恶人得宠，好人受罚。

锡克教*

古鲁那纳克

伊斯兰教的传入，作为一次重要的宗教改变，在印度历史上并不是最后一次。锡克教在印度拥有众多教徒，其历史可追溯到那纳克时代，即 15 世纪末 16 世纪初。古鲁①那纳克（Guru Nanak，1469—1539）出生在拉合尔②附近，受伊斯兰教和印度教影响颇深。受伊斯兰教早期改革者的鼓舞，他拜访了圣地麦加和麦地那。那纳克对伊斯兰教和印度教都表示了不满，因此他开始传播自己的一神论观点。这种观点后来发展成为锡克教，对印度社

* Khushwant Singh，trans.，*Hymns of Guru Nanak*（Orient Longman Limited，India，1969），pp. 43-45，60-62. 译文参考金鼎汉：《锡克教〈阿迪经〉的晨歌》，载《世界宗教文化》1994（3）。

① 锡克教中表示“师尊”的意思。

② 巴基斯坦东北部一座城市。

会产生了巨大的影响。他的教义记载在《阿迪·格兰特》（*Adi Granth*）[①] 里面，在印度北部广为流传，其中在旁遮普地区尤盛。下面的文献节选自《阿迪·格兰特》中的"晨歌"部分，锡克教教徒认为，这段晨歌蕴涵了信仰的精髓。

思考：那纳克如何理解神；他是如何表述"人生而有罪，最终将受审判"这种观点的。

神只有一个，
他的名字叫真理。
他是造物者，
他不会害怕，也不会仇恨。
他永恒不息，
不生不灭，独立存在。
多亏了古鲁的仁慈，
我们可以膜拜他。……

在时间存在之前，
他已经存在。
时间开始运转之时，
他就成为了真理。
现在，他还是真理。
那纳克说：
"他现在存在，将来依旧存在。"

① 锡克教的主要经典。

仅凭思考，
是无法理解真理的。
即便你思考成百上千次，也是如此。
不是在庄严的肃静中，
也不是在深沉的冥思中。
世上所有的财富加起来，
也不能压制对真理的渴望。
不，不是靠这些途径，
也不是靠其他千百种途径，
便可以接触到神。……

他创造了万物，
但我们不知道他的旨意。
他创造了生命，保佑着他们。
他让一些生命优越、欢喜，
另一些生命则卑微、抑郁。
他让一些生命快乐，让另一些生命痛苦。
他的眷顾让一些生命得救，
而另一些生命则注定死亡，重生，再次死亡。
他掌控一切，谁也逃不出左右。……

神是万物之主，是真理，
他的名字意味着神圣之爱。
一切生物都请求神给自己赐名，
慷慨的他使我们全都如愿以偿。

若我们能在天堂见到他，
我们该如何报答他呢？
他把爱赐给我们，
我们又该如何赞颂他呢？
唯有在芬芳的黎明，
让我们沉思真理和伟大。
不同的行动决定了我们会有怎样的生命形式。
被选中的人将进入他的殿堂，
神将表彰他们的行动。……
空气、水和土，
我们就由这些构成。
我们降生在大地母亲的怀抱，
空气如同古鲁的话语，给予我们生命的气息，
水让我们代代相传。
在我们年幼时，
白天与黑夜看护着我们。
我们玩耍，
世界就是我们的舞台。
我们的行为是对是错，将在您的法庭上得到审判；
有人可以靠近您而坐，有人却要保持距离。
那些拜您的人，他们的苦行将会结束。
噢，那纳克，他们的脸庞闪耀着愉悦的光——
他们让许多人得到了自由。

《传统越南》*

阮克援

佛教虽然在印度日趋衰弱，但在东亚和东南亚却传播开来。在这里，佛教和其他宗教发生碰撞，越南便是其中的一个典型例子。越南深受中国文化尤其是儒家学说的影响。佛教在中国和越南都遇到儒教（儒学）的阻碍。儒教不是一种宗教，因此不能算作是佛教的竞争者。然而，儒家学说的尊崇者并不一定欢迎佛教。以下的节选文献便对这个问题有所反映。阮克援（Nguyen Khac Vien）① 是越南最权威的历史学家之一。以下文献选自他的著作《传统越南》，其中采用了 13 世纪原始文本的翻译，探讨了新传入的佛教与当时根深蒂固的主流文化儒教之间的冲突。

思考：佛教和儒教的斗争反映了怎样的阶级状况；儒家学者对佛教进行批判，是以什么为基础的。

1070 年，李圣宗（Ly Thanh Ton）② 修建了文庙，作为传授儒家学说的学校。达官贵人的子弟都在文庙接受道德的教育与为政的培训。1075 年，越南举行了第一次官方的选拔；通过选拔，儒家学者可以进入政府机构，但是机会只属于官僚贵族的后代。1086 年，越南又进行了一次学院的人员选拔；入选者的职责是保管档案、撰写皇家法令。在 1089 年，越南的官僚等级严格地建立起来。在这

* Nguyen Khac Vien, "Traditional Viet-Nam. Some Historical Stages", in *Vietnamese Studies* No. 21, Hanoi, 1969, pp. 54-57.

① 音译。

② 当时的越南李朝皇帝。

种背景下，儒教的出现源于两个原因：一是建立一套官僚等级制度的必要性，二是在政府机构中受教育的平民日益增多。最初，这些平民只得到次要的职位，重要职位是留给皇族和贵族的。……

……在文化领域，僧人的地位日益逊于儒家学者。……儒家学者在公众面前、在通常读书不多的武将后裔面前、在佛教僧人的面前，越来越高调地彰显自己的地位。到13世纪，佛教和儒教之间的意识形态斗争变得更尖锐。这场斗争反映了贵族、大领主与那些出身于平民但迅速壮大的农奴主阶层之间的敌对状况。此外，在13世纪末，农奴和奴仆的反叛动摇了原有的统治。因此，社会被一分为二，一边是贵族和佛教僧侣，另一边则是农奴主与农奴的联合阵线，而儒家学者就是后者在意识形态领域的代言人。

> 佛教强调虚幻，甚至是人世的不真实，宣扬断念出世，把人们的思想引入超越尘世的冀望。而儒教认为，人的本质是社会存在，负有社会职责。侍君、尽孝、终身忠实于配偶、处理家庭事务、参加国家管理、为维护世界和平做贡献——这些就是儒家学说认为人们所须承担的职责。上至天子，下至平民，所有人都要自我教育，提升自己，以便承担这些职责。

学者们不仅批判佛教信仰，而且反对国家和社会赋予它的地位。历史学家黎文友（Le Van Huu）[①] 写道：

> 第一位李氏皇帝登基不到两年，王朝的祖庙都还没有加固，便已在天德府修建了八座宝塔；而其他各省也大兴翻修工

① 人名均为音译。

程。他在都城豢养了上千僧侣，浪费了大量的钱财和劳力！这些钱财不是天上掉下来的，这些劳力不是神派来的。他这样做，实际上就是在压榨劳动人民的血汗！

学者黎括（Le Quat）[①] 悲痛地写道：

祈求佛祖的保佑、畏惧他的诅咒——这些观念为何变得如此深入人心？无论皇子还是平民都浪费钱财去拜佛、修塔。他们还觉得高兴，仿佛他们已经获得了在另外一个世界生活的保障。只要有房屋的地方，附近必有佛塔；佛塔一旦有点不稳固，必定很快就会得到修缮；佛钟、佛塔、鼓等等，全国有一半的人都在参与制造这些东西。

张汉超（Truong Han Sieu）[②] 也直截了当地批判僧侣：

一些无耻的僧侣已经丧失了所有的佛家修行，他们只想着占有漂亮的寺院和花园，为自己修建奢华的寓所，有仆人前呼后拥。……成千上万的人出家为僧，却是为了不种地就有饭吃、不织布就有衣穿。这些欺骗民众、败坏道德、挥霍财富的人到处都是，竟有无数信徒追随，只有极少数的僧侣不是强盗。

但是从这段时间到佛教在越南消失，至少是从政府机构中消失而由儒教独领风骚，其间还要经历数百年。……越南从来没有爆发过宗教战争。然而到了14世纪，儒教已经占据了绝对优势。

---

①② 人名均为音译。

《真腊风土记》*

周达观

在传统上，中国皇帝的目光是向内的。比起疆界之外的土地，他们对自己的国家更有兴趣。然而，他们偶尔也会从旅华的外国人那里了解到一些情况，例如，马可·波罗就扮演了这样的角色。元朝还有一位名叫周达观的官员，曾在高棉王国统治的鼎盛时期来到柬埔寨逗留了一年。以下文献选自周达观1297年回到中国后所写的游记，这或许是现存唯一的外国人对当时柬埔寨的观察记录。

思考：高棉社会的特征；中国官员对柬埔寨贸易的关心；高棉王室是如何统治人民的。

野人有二种：有一等通往来话言之野人，乃卖与城间为奴之类是也。有一等不属教化，不通言语之野人，此辈皆无家可居，但领其家属巡行于山，头戴一瓦盆而走。遇有野兽，以弧矢摽枪射而得之，乃击火于石，共烹食而去。其性甚狠，其药甚毒，同党中常自相杀戮。近地亦有以种豆蔻、木棉花、织布为业者，布甚粗厚，花纹甚别。

…………

国中语言，自成音声，虽近而占城、暹人，皆不通话说。如以一为梅，二为别，三为卑，四为般，五为孛蓝，六为孛蓝梅，七为

---

* Zhou Daguan, *Memoires sur les Coutumes du Cambodge de Tcheou Ta-kouan* (Paris: A. Maisonneuve, 1951), pp. 19, 20, 26-28, 34-35. 译文根据（元）周达观：《真腊风土记校注》，北京，中华书局，2000。按英文材料进行了段落选择和排序。

孛蓝别，八为孛蓝卑，九为孛蓝般，十为答。呼父为巴驼，至叔伯亦呼为巴驼，呼母为米，姑、姨、婶姆以至邻人之尊年者，亦呼为米。呼兄为邦，姊亦呼为邦。呼弟为补温。呼舅为吃赖，姑夫、姊夫、姨夫、妹夫亦呼为吃赖。

大抵多以下字在上，如言此人乃张三之弟，则曰补温张三。彼人乃李四之舅，则曰吃赖李四。又如呼中国为备世，呼官人为巴丁，呼秀才为班诘。乃呼中国之官人，不曰备世巴丁，而曰巴丁备世。呼中国之秀才，不曰备世班诘，而曰班诘备世。大抵皆如此，此其大略耳。至若官府则有官府之议论，秀才则有秀才之文谈，僧道自有僧道之语说。城市村落，言语各自不同，亦与中国无异也。

…………

国人交易皆妇人能之，所以唐人到彼，必先纳一妇人者，兼亦利其能买卖故也。

每日一墟，自卯至午即罢。无铺店，但以蓬席之类铺于地间，各有常处，闻亦有纳官司赁地钱。小交关则用米谷及唐货，次则用布；若乃大交关，则用金银矣。

往年土人最朴，见唐人颇加敬畏，呼之为佛，见则伏地顶礼。近亦有脱骗欺负唐人者矣，由去人之多故也。

…………

军马亦是裸体跣足，右手执摽枪，左手执战牌，别无所谓弓箭、炮石、甲胄之属。传闻与暹人相攻，皆驱百姓使战，往往亦别无智略谋画。

…………

凡出时诸军马拥其前，旗帜鼓乐踵其后。宫女三五百，花布花髻，手执巨烛，自成一队，虽白日亦点烛。又有宫女皆执内中金银器皿及文饰之具，制度迥别，不知其何所用。又有宫女，手执摽枪、摽牌为内兵，又成一队。又有羊车、鹿车、马车，皆以金为饰。其诸臣僚国戚，皆骑象在前，远望红凉伞不计其数。又其次则国主之妻及妾媵，或轿或车，或马或象，其销金凉伞何止百余。其后则是国主，立于象上，手持金剑，象之牙亦以金套之。……

每日国主两次坐衙治事，亦无定文。凡诸臣与百姓之欲见国主者，皆列坐地上以俟。少顷闻内中隐隐有乐声，在外方吹螺以迎之。闻止用金车子，来处稍远。须臾，见二宫女纤手卷帘，而国主已仗剑立于金窗之中矣。臣僚以下，皆合掌叩头。螺声绝，方许抬头。国主随亦就坐。闻坐处有狮子皮一领，乃传国之宝。言事既毕，国主寻即转身，二宫女复垂其帘，诸人各起身。以此观之，则虽蛮貊之邦，未尝不知有君也。

视觉资料

印度洋沿岸的贸易状况

虽然印度的一些地方在6世纪之前就开始与其他文明社会有大量的交流，但是由于遥远的距离、地理障碍以及陆上交通和长距离海上航行的困难，因此，印度有很大一部分长期与外界隔绝。而到了7世纪，在阿拉伯商队的影响下，印度次大陆和东南亚大部分地区与遥远的东西方国家的交流开始增多。如地图7-1所示，这些伟大的商队向南沿非洲海岸而下，向东到达印度、东南亚和中国。商队的主要贸易货物是香料和黄金。在7世纪和随后的几个世纪里，这些广阔的贸易网络得到了加强。

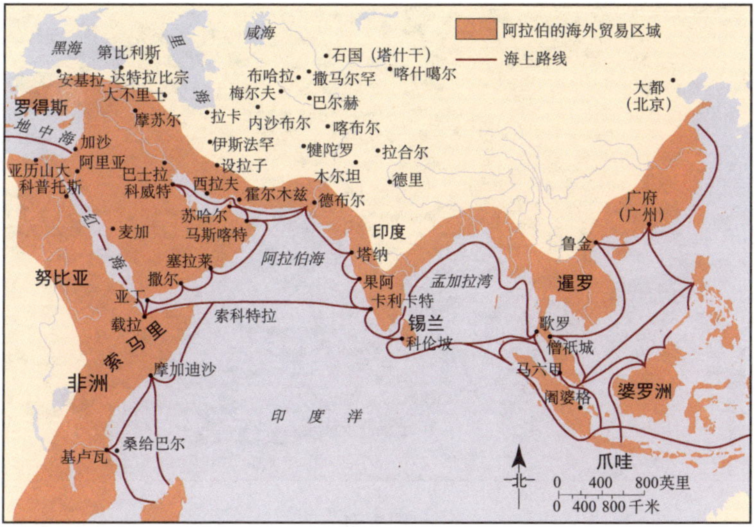

地图 7－1　印度洋沿岸的贸易状况

思考：思想观念、发明、艺术、工艺品和其他文化产品是怎样随着贸易路线交流的；北印度洋在该区域的作用类似于地中海在古希腊罗马文明时期对西方文明的作用，它是如何发挥这种作用的。

婆罗浮屠大佛塔：出海之船

在印度洋沿岸日益繁荣的商业活动中，活跃的不仅有阿拉伯人。我们从 8 世纪的婆罗浮屠大佛塔的壁画中可以看到，当时的印度商人也驾船出海。这幅壁画（见图 7－1）雕刻的是一艘印度船到达爪哇岛的情景。这些船只不仅建立了贸易联系，而且促进了这一时期的佛教和印度文化在东南亚地区的传播。

图 7-1

荷兰莱顿国家人类学博物馆提供

思考： 这艘船是印度船而不是阿拉伯船，这一点为什么很重要；当时的艺术家决定在婆罗浮屠大佛塔上雕刻这样的船，可能是出于什么原因。

女人和苏丹

传统文化，尤其是雕塑和其他艺术形式，通常是表达正统主题（例如赞美国家、加强贵族统治，特别是宣扬宗教）的载体。但是人们的日常追求也是同样重要的。图 7-2 出自一本名为《妙物书》（*Ni'mat-nama*）的书，成书年代大概在 15 世纪末。该书根据玛尔瓦的苏丹吉亚斯丁·卡尔吉的命令编写。后来，他的儿子纳西尔丁·卡尔吉又进行了扩充。该书的内容包括烹饪法、催情术、酒、香水以及需要侍奉男人的女性感兴趣的其他话题。在这幅图中，妇女们正在为苏丹的水添加香料。而在全书的 50 幅插图里，唯一的男性就是苏丹。通常，他有一堆女人簇拥在周围。据说，苏丹享有 1 500 个女人，她们都要学习唱歌、跳舞、理财以及文学艺术。

图 7－2

大英图书馆提供

思考：苏丹为什么要下令编写这样一本书；这本书打算给谁读；苏丹想要让这些人学习什么。

第二手资料

伊斯兰教在印度*

珀西瓦尔·斯皮尔

8世纪初，阿拉伯人一直向外传播伊斯兰教。但是直到12世纪末13世纪初，信奉伊斯兰教的突厥人才开始进入信奉印度教的印度地区。他们建立了德里苏丹国，控制了印度的北部和西北部，特别是现在的巴基斯坦地区。学者们一直在争论伊斯兰教在印度的影响，他们通常强调印度教与伊斯兰教的不同。以下文献选自珀西瓦尔·斯皮尔（Percival Spear）的著作，反映了上述争论以及波斯文化在伊斯兰教传入印度的过程中的重要性。

思考：波斯文化对于“印度的伊斯兰教”具有哪些重要意义；印度教与伊斯兰教之间相互影响的方式是怎样的；为什么印度教和伊斯兰教之间存在着巨大的差异。

印度的伊斯兰教表现为一种独特的文化，我们或许可以称之为印度—波斯文化。伊斯兰教在突厥人和阿富汗人手中已有所变革，而在波斯文化的影响下，它发生了进一步的改变。对于所有的外来者而言，他们或多或少地都会受到波斯文化的影响。波斯语是上流社会的官方语言（如同法语中世纪早期在英国的地位）。那时，印度教徒和穆斯林都学习波斯文学。波斯礼仪成为整个印度的标

* Percival Spear, *India: A Modern History* (Ann Arbor: The University of Michigan Press, 1972), p. 101.

准。……这种文化在政治方面体现为一种君主传统。而印度的穆斯林由于更具领导天赋，因此他们认为自己不仅是造物主的选民，而且是世间的统治者。

人们一直强调印度教和伊斯兰教的差异。虽然二者在九个世纪的时间里保持各自的特征，但它们之间也有密切的联系，所以二者必然会相互影响。如同希腊的情况一样，事实往往和人们所希望的并不一致。印度教和伊斯兰教之间肯定彼此影响。有些影响尽管重要，但是对印度教和伊斯兰教来说都不是实质性的。就印度教而言，我们发现在受穆斯林影响的几百年间里，印度教更强调主神的统一性。我们还可以从宗教虔诚运动①中看到，印度教强调罪孽与宽恕，而这带有明显的犹太教色彩。许多改革运动都反对印度教的种姓制度。还有一些运动（其中最著名的是锡克教运动）想在两个宗教之间架起桥梁；它们的基础通常都是一神论、种姓制的废除以及个人的奉献。而对伊斯兰教来讲，我们或许可以说，印度社会的氛围使伊斯兰教更具宽容特征。许多穆斯林受到印度教哲学的影响。在日常生活中，印度教的拜佛和其他活动方式被广泛接受，而种姓制度只是在婚嫁的过程中才有所体现。

印度教和伊斯兰教互相吸收了对方的某些元素，但它们没有彼此融合，也没有发生共鸣。在日常生活中，虽然二者都表现出宽容和理解，然而背后却是两种不同生活方式的永恒张力。印度—波斯文化为整个印度贵族社会披上了一件高贵典雅的外衣，可是印度教和伊斯兰教依然是各自独立的。

① 通过对一个神的虔诚信奉以求得自身的解脱。

印度："蜜罐"和贸易的吸引力*

理查德·伊顿

美国人通常认为，克里斯托弗·哥伦布1492年发现新大陆是一次了不起的航行，然而在欧洲人看来，他的航行谈不上成功。别忘了，哥伦布所许诺的目标是要到达印度。很明显，即使是在15世纪的欧洲人看来，他也并没有做到这一点。事实上，首位发现印度航线的欧洲人是瓦斯科·达·伽马，他绕过非洲大陆南端到达印度。这些航海事件的历史背景是：欧洲正在崛起，它希望与东方国家再次发生联系。据说有位名叫尼科罗·康蒂（Nicolo Conti）的威尼斯商人在1492年出版了一本书，《重温印度》（*India Recognita*），书中记录了他在亚洲的旅行见闻。在下面的节选文献中，理查德·伊顿（Richard Eaton）告诉我们，为什么欧洲人会对重新认识印度如此感兴趣。

思考：国际贸易的重要性；外交关系与贸易关系的利弊。

欧洲人为什么如此狂热地想要找到一条直接通往印度的海上航线？这其中的原因是不难发现的。印度的农业和手工业产品十分丰富，数百年来都是世界的"蜜罐"，因此欧亚大陆的所有国家都对它垂涎不已。8世纪早期，阿拉伯人与印度西部的海上往来，把印度的农业宝藏暴露在西亚、非洲和欧洲面前，并且第一次把这些地

* Richard Eaton, "Multiple Lenses: Differing Perspectives of Fifteenth-Century Calicut", in Laurie J. Sears ed. *Autonomous Histories, Particular Truths: Essays in Honor of John R. W. Smail* (Madison: University of Wisconsin, Center for Southeast Asian Studies, 1993), pp. 71-86.

区融为一个农业整体。从 8 世纪到 10 世纪，阿拉伯人从印度带回硬粒小麦、大米、甘蔗、新的高粱品种等基本食物，香蕉、酸橙、柠檬、杧果、西瓜、椰子等水果，菠菜、洋蓟、茄子等蔬菜，以及重要的经济作物棉花，并且成功地种植这些作物。这些作物的大多数都是从伊拉克出发，以各种途径向西方传播，直抵西班牙，从而把西班牙变成穆斯林统治下的种植园。而另一些作物则通过海运，从阿拉伯半岛南部向南传播，远至马达加斯加。还有一些作物，尤其是棉花，通过沙漠商队穿越撒哈拉，从西北非到达赤道附近的西非。最终，从 13 世纪开始，大部分作物都经由西班牙、西西里和塞浦路斯传入欧洲。

另一方面，由于某些珍贵的作物——如辣椒、丁香和肉桂——不易在欧洲生长，因此商人们必须去印度购买。此外，数百年来，印度的纺织大师们还生产出许多世上最精美的棉纺织品（至今西方人的不少衣物都还保留着这些织物的名称，例如宽松裤、披肩、花色丝织大手帕、粗棉布、印花棉布、印花布、泡泡纱、卡其布等）。对于这些物品，外国人也必须去印度购买。然而，欧洲却没有什么东西是印度人想用纺织品和香料来交换的——没有什么东西，除了黄金和白银之外。于是，为了获得黄金白银，欧洲人更迫切地想要洗劫西非和“新大陆”。事实上，欧洲人口稀少、行政体系并不完备、手工业和农业技术比较原始。因此，与中国、印度和伊斯兰世界相比，人们可以将欧洲视为欠发达地区。直到 14 世纪和 15 世纪，位于欧亚大陆西北角的欧洲人才开始摆脱相对落后和孤立的境地。对他们来说，发现一条直接通往更博大、更古老和更富饶的东方文明的航线，将是一件意义非凡的事情。

哥伦布航行之后的第六年，即 1498 年，葡萄牙人瓦斯科·

达·伽马成功通过海路绕过非洲南端，到达印度。他完成了哥伦布曾努力实现却未能完成的壮举。当他第二年返回葡萄牙时，里斯本人欢呼他为英雄。从此，他不仅得到欧洲人和美国人的尊重，还特别受到葡萄牙人的尊重。从欧洲的角度来讲，达·伽马的成功确实令人振奋，因为他重新建立起欧洲与印度的直接联系——原有的联系从 7 世纪起由于崛起的穆斯林横亘于两者之间而中断。不过，对于生活在印度洋核心地带、占据着繁华的海上贸易中心的印度人而言，欧洲人的到来绝非好事。事实上，印度较大的王国几乎都没有注意到越洋而至的西方人。那时候，印度地区最大的王国——维查耶纳加尔王国和德里苏丹王国均凭借陆上势力，而非海上势力。它们的都城都建在印度内陆，因此对它们来说，欧洲人从海上登陆是件无关紧要的事。所以，我们不必惊异，在达·伽马到达印度时，当时没有资料记载印度人关于此事的反应。

缅甸的传统法律体系*

丹吞

为了维护统治秩序，确保人们对统治者的信任和忠诚，每个社会都会建立一套规则（法律），并向臣民们许诺，只要他们服从统治，就能享有和平有序的生活。不幸的是，在早期文明中，这些旨在规范行为的法律（无论是成文的还是不成文的，都是得到广泛认可的）自身却有一定的缺陷，所以，必须要有司法程序和强制手段才能保障这些法律的实施。

---

* Than Tun, *Essays on the History and Buddhism of Burma*, Paul Strachan, ed. (Isle of Arran, Scotland: Kiscadale Publications, 1988), pp. 69-79.

缅甸早在一千年前就发展出这样的法律和司法体系。在下面的节选文献里，著名的缅甸学者丹吞（Than Tun）阐述了这套复杂的司法体系的性质以及它在 14 世纪以前所发挥的作用。

思考：被明确接受和界定的法律体系，对于一个社会具有怎样的必要性；如何公平地执行法律。

缅甸过去的行政体系有明确而独立的司法体系。……还有女法官和僧侣法官。法官的作用不仅是诠释法律、宣布审判结果，还有见证交易（例如土地所有权或奴隶所有权的转让）以及见证界地（在耕地边界竖立木桩作为界标）。拿走这种木桩属于严重的罪行。1207 年的一份文献就详细规定了，如果有人胆敢撬走一根界柱，尤其是具有宗教意义的界柱，他将受到残酷的处罚。……法律的本质是仲裁，而非诉讼。……到了 13 世纪下半叶，法官和文职官员才有民法和刑法作为参考。

然而很明显，他们更多地是依靠证人的证言，而不是这些法律文书。……

为了更好地保存下来，有人把这些记录刻在石头上，因此给我们留下了一些可供阅读的石刻信。国王通常会安排一个大臣专门负责记事。……但是在记录某些非官方事件时，各种人都会被召集过来，不论男女和宗教信仰。如果当时有位有名的文人在场，那么他就有可能承担记录的职责。把记录刻到石头上时，也是同样的情况。并没有专门的雕刻师，有时候甚至连僧人也得去刻记录。

从这些刻在石头上的记录，我们可以研究当时的诉讼性质。我们可以把这些诉讼大致分为三类：第一，至少有一方是僧侣的诉讼；第二，其中一方是政府官员的诉讼；第三，双方都是平民的诉讼。……

在第一类诉讼中，最典型的是僧侣控诉国王的案件。随着寺院土地收益的增加，政府的税收越来越少。于是，国王克拉克瓦决定没收寺院土地，以遏制税收下滑的趋势。……然而法官在考量证据之后，仍然决定土地属于寺院。

在第二类诉讼中，我们发现这样一些案件：王后控诉大臣的女儿们占有土地，一个大臣控诉一个村吏占有奴隶，官员控诉平民占有土地和奴隶……

在第三类诉讼，即双方都是平民的诉讼中，我们没有发现这样有意思的案例。

关于兄弟之间的继承关系，通常的做法好像是年幼的继承年长的。……我们有两个例子可以说明，当丈夫去世后，其遗孀将继承他的全部财产。

第 8 章

中国和日本（500—1500）

在公元 500 年至 1500 年这段时间里，中国强化了制度结构，重申了儒家学说的核心地位。隋（581—618）唐（618—907）两代结束了自公元 220 年汉朝灭亡后几个世纪以来的分裂，重新统一了中国。艺术和文化得到蓬勃发展。佛教在唐朝一度成为占统治地位的意识形态，并产生巨大的影响。后来，儒学虽然恢复了其主导地位，但也未能完全消除佛教和道教的影响。由此，它们形成合流之势，产生了一种新的理念，被称作新儒学。到了宋朝，儒家的治国观念完全确立了，官僚制度也更加稳固，比如儒家的教育和考试制度。当时，政府的开支有相当一部分花在军事上，其中很多被用作交给敌人的“岁币”。1127 年，北宋灭亡，南宋建立。南宋的弱小，给蒙古的进攻带来了好机会。蒙古在北方打败了金国，并最终统一了中国，建立元朝。他们采纳了汉人的社会管理秩序，使其统治成为一种汉化的统治。但由于忽略了军事需要，元朝在 1368 年被明朝所灭。明朝设立儒学教育，采取闭关政策，切断了与周边邻国的往来。明朝的统治者虽然允许过境贸易，但他们对商业几乎没有任何兴趣。

公元500年到1500年，也是日本发展文化和制度的最重要的时期之一。中国历史中关于日本的最早论述以及我们对日本文明的书面记载，是从大和时代（约300—710）开始的。在这一时期，佛教传入日本，中国和朝鲜的移民也带去了中国的文化和政治制度。日本的本土宗教神道教，是一种崇拜神灵、敬畏祖先的个人宗教。而到了平安时代（794—1185），宫廷贵族主宰着日本的政治和文化生活。他们提倡艺术，传播佛教，引领奢侈的生活方式。在此期间，土地逐渐集中到贵族和寺院手中，最终导致大领主阶层的产生。接下来的镰仓时代（1185—1333）见证了日本武士制度的开始；这种制度建立在武士道的基础上，并一直延续到17世纪。当时，日本的实际统治者是幕府将军（最高军事长官），而住在京都的天皇，只是名义上的统治者和神道教的高级祭司。这种状况一直延续到1867年。正是在这段时期里，日本的政治和经济制度开始接近于欧洲的封建制。随后的足利时代（1336—1573）战乱频仍。封建制确立后，大量田产被大地主——又称“大名”（日本封建时代的大领主）——占有。随着货币的使用和中日贸易的增长，日本的经济发展很快，从而导致商业城市和市场集镇的出现。

本章的资料是关于这段时期中日文明的一些基本方面。对日本而言，我们要特别关注日本人的文化独特性，特别是与中国相比，以及他们在社会历史方面的独特性。而对中国来说，我们应特别关注那些社会精英阶层之外的社会成员的地位，比如商人、农民和作为一个整体的乡村社会的成员。另外，还有些资料涉及中国和日本女性的家庭地位和社会地位，同样值得关注。

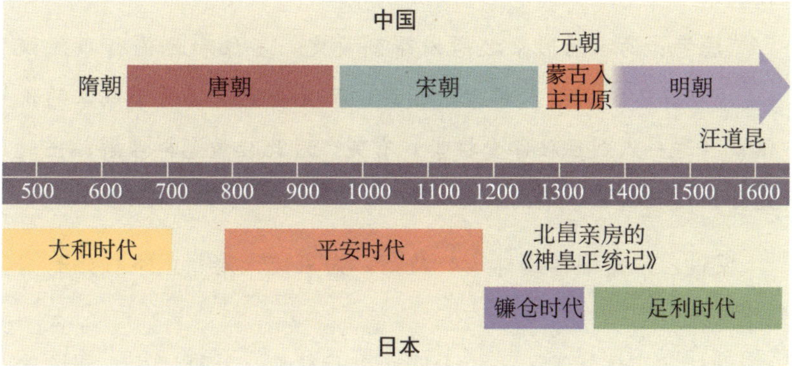

第一手资料

《朱介夫传》：中国商人*

汪道昆

在中国历史上，商人的地位很低，处于社会底层，因为人们认为他们不生产任何产品，只是从其他劳动者那里赚钱。然而从当时中国社会的实际情况来看，商人至少拥有财富，有时还掌握巨大的权力。即便如此，他们仍很关心自己的社会地位，鼓励子孙后代谋取功名，以改变卑微的社会地位。

这篇简短的商人传记选自汪道昆（1525—1593）的商人传记集。汪道昆虽然是一位学者，但其祖父是盐商。这部传记集的主题是为了强调，即使是商人也能拥有学者的道德和正直的价

* Patricia Buckley Ebrey, *Chinese Civilization and Society* (New York: The Free Press, a Division of Macmillan, 1981), pp. 157-160. 译文根据（明）汪道昆：《太函集·朱介夫传》，第 1 卷，合肥，黄山书社，2004。

值观。

思考：商人的形象之所以得到肯定，不仅和他们行事敏锐（这一点并不特别被人推崇）相关，而且和他们接受了儒家的价值观（这一点则往往备受推崇）有关，对此应该怎样理解；当时是如何处理商业争端的。

父性，以盐策客武林……及归，为家丈人寿，正室程始有身，是生介夫。

幼从父武林就学……年十四，贯武林籍，补郡诸生。居顷之，父死旅舍，少姬阑出父钱，匿母党，不欲归，介夫日夜泣曰：即余小子无良，余先考无罪。少姬始奉丧归葬，卒善事。终身既祥，赀用不给，家世受贾，奈何专儒冠？遂谢学官去，而事盐策。

介夫明习盐法，其失得，可抵掌而谈……于是，转运树诸贾人长，长介夫。……中执法出视盐策务，骤增课，大不便诸贾人。众踵门抵介夫，幸一开口。介夫入陈可否，亹亹不下千言。中执法倚席听之，卒用介夫议。

诸贾人苦二大猾，数以告讦横索钱，对簿穷，则援介夫为信，介夫伉直自负，辄暴其罪状谪之。诸贾人德介夫，将奉百金为寿。介夫笑曰：即使节非节侠，何至利诸贾人金！诸贾人愈益多介夫，无复言馈金者。诸贾人有构，有司不能平，幸介夫居其间，可立解。籍令必逞，介夫卒曲谕平之，远近质成，盖趾相错也。既毕事，退然未尝自功。

居屯溪市中，市人习争讼，喜斗，始以亲丧反也，市人数龁龁介夫，介夫折节下之，卒不校。其后，介夫骤起，横逆百端，粥粥若无能，愈益自下。……故尝买妾武林，不数月而生子，家人欲弗举，介夫叱曰：吾独子，奈何置他人子沟渎乎？卒拊之成人，授之业，使自给。

初东省多大贾，争愿结士大夫交。比年浸削故资，游道阏矣。介夫故受易东越，乃得交东越士大夫，由是以好客特闻，诸士大夫毕至；即布衣来谒，一切周事之。甚者望介夫深，不啻外府。不足，辄有后言：贾竖子金多，何薄我！介夫罢盐策久矣，命其子营别业，将归老焉。隆庆二年，中执法出视盐策，开告密，仇者中介夫，遂下有司。按介夫，无验，会簿责邑人，何氏子遂傅其罪，介夫狱成，乃戍定海。诸贾人语曰：谁挝雷鼓，捕羊为虎！谁网吞舟，唯鸿是求！谓介夫也。介夫既隶尺籍，辄束身入编伍中。其子请诣阙上书：终不令吾父被此名也！介夫叹曰：亦而父获罪于天耳，中执法，天威也，岂而父冤邪？刘都护故闻介夫名，召置幕府，故人有屏居新都者，都护使介夫新都。无何，介夫病甚，顾子正民，语曰：而父名在丹青，乃令卒死牖下！勿以父故为善不力，勉之！遂瞑，年六十五。

《弃妇》：中国社会的女性*

中国历史上，女性地位低于男性。她们没有法律权利或公民权利，常常被卖给男性做妻妾。在儒家思想中，儿子应该和父母待在一起，当父母年迈时可以照顾他们，而女儿则要离开，永远

* Cyril Birch ed. and trans.，"The Lady Who Was a Beggar" from *Stories from a Ming Collection*，(New York：Grove Press，1958). 译文根据（明）冯梦龙：《喻世明言》，第 27 卷"金玉奴棒打薄情郎"。

住在夫家，成为夫家的一分子。所以在农村，生女孩没有生男孩那么让人高兴。

另外，从宋朝（960—1279）开始，中国北方的上流社会的女性被要求裹脚。这种做法很快就蔓延开来，人们认为这样很性感，可以吸引男性，所以号召年轻女子都把脚紧紧裹住，不让它们长大。因此，女性一生都要用“三寸金莲”走路。她们经常步履蹒跚，也非常痛苦。裹脚令女性不便走动，促使她们更加依附于男性（孔子认为女性应该服从父亲、丈夫和儿子等各种男性），从而加剧了她们的从属地位。

下面是一位佚名作家的作品，最初名为《弃妇》（*The Lady Who Was a Beggar*），自宋朝开始流传。这个故事说明女性何以是依附于丈夫的附属品，也是对势利恶习的无情批判。

思考：在这则故事中，男性和女性分别扮演怎样的角色；中国读者从中可以吸取怎样的教训；它揭示了中国社会结构的哪些方面。

这四句，乃昔人所作《弃妇词》①，言妇人之随夫，如花之附于枝。枝若无花，逢春再发；花若离枝，不可复合。劝世上妇人，事夫尽道，同甘同苦，从一而终；休得慕富嫌贫，两意三心，自贻后悔。

且说汉朝一个名臣，当初未遇时节，其妻有眼不识泰山，弃之而去，到后来悔之无及。……那名臣姓朱，名买臣……家贫未遇，夫妻二口住于陋巷蓬门，每日买臣向山中砍柴，挑至市中卖钱度

① 指前文提到的四句诗：枝在墙东花在西，自从落地任风吹。枝无花时还再发，花若离枝难上枝。

日。性好读书，手不释卷。肩上虽挑却柴担，手里兀自擒着书本，朗诵咀嚼，且歌且行。市人听惯了，但闻读书之声，便知买臣挑柴担来了，可怜他是个儒生，都与他买。……一般也有轻薄少年及儿童之辈，见他又挑柴又读书，三五成群，把他嘲笑戏侮，买臣全不为意。一日其妻出门汲水，见群儿随着买臣柴担拍手共笑，深以为耻。买臣卖柴回来，其妻劝道："你要读书，便休卖柴；要卖柴，便休读书。许大年纪，不痴不颠，却做出恁般行径，被儿童笑话，岂不羞死！"买臣答道："我卖柴以救贫贱，读书以取富贵，各不相妨，由他笑话便了。"其妻笑道："你若取得富贵时，不去卖柴了。自古及今，那见卖柴的人做了官？却说这没把鼻的话！"买臣道："富贵贫贱，各有其时。有人算我八字，到五十岁上必然发迹。"……其妻道："那算命先生见你痴颠模样，故意要笑你，你休听信。到五十岁时连柴担也挑不动，饿死是有分的，还想做官！……你不听我言抛却书本，我决不跟你终身……"买臣道："我今年四十三岁了，再七年，便是五十。前长后短，你就等耐也不多时。直恁薄情，舍我而去，后来须要懊悔！"其妻道："世上少甚挑柴担的汉子，懊悔甚么来？……你倒放我出门，做个方便，活了我这条性命。"买臣见其妻决意要去，留他不住，叹口气道："罢，罢，只愿你嫁得丈夫，强似朱买臣的便好。"……

买臣到五十岁时，值汉武帝下诏求贤，买臣到西京上书，待诏公车。同邑人严助荐买臣之才。天子知买臣是会稽人，必知本土民情利弊，即拜为会稽太守，驰驿赴任。会稽长吏闻新太守将到，大发人夫，修治道路。买臣妻的后夫亦在役中，其妻蓬头跣足，随伴送饭，见太守前呼后拥而来，从旁窥之，乃故夫朱买臣也。买臣在车中一眼瞧见，还认得是故妻，遂使人招之，载于后车。……其妻再三叩谢，自悔有眼无珠，愿降为婢妾，伏事终身。买臣命取水一桶泼于阶下，向其妻说道："若泼水可复收，则汝亦可复合。……"其妻随后夫走出府第，路人都指着说道："此即新太守夫人也。"于是羞极无颜，到于后园，遂投河而死。

中国的秘密社团*

在中国历史中，农民们会基于各种目的建立秘密团体，比如为了免遭官府和犯罪分子的迫害，为了某种信仰，为了互相帮助，或是为了某种政治目的。对普通人来说最重要的是，加入这些团体会获得安全感，在面对个人无力抗争的外来压迫时，他们能从社团这里得到支持。洪门是中国历史上最大的社团之一，成立于 17 世纪中叶，其初衷很可能是反清复明。洪门主张忠于国家、扶弱济贫，信守传统的道德观念。同其他的秘密社团一样，洪门对新入会的成员要举行特定的仪式。在仪式上，社团要向新成员传达它的理念。

思考：加入这些社团有什么好处；这些社团面临哪些潜在的问题。

我等祸福共享，顺应天地之意，致力于灭亡满清蛮夷，恢复明朝统治，等待真命天子的出现。……

……进入洪门后，须同心同德，互相帮助，彼此对等无差。

---

* Theodore deBary et al., eds., *Sources of Chinese Tradition* (New York and London: Columbia University Press, 1960), pp. 652-656. 译文参考《洪门三十六誓》，http://tieba.baidu.com/f? kz=287323158。

今晚，我们敬天为父，敬地为母，以日为兄弟，以月为姐妹。我们也敬洪门始祖、“前五祖”、万云龙以及列位先贤。今夜，我们跪拜于坛前，净我等身心。各人断指歃血，生死不离。……

……为表明诚心，各人都要立下三十六条盟誓：

第一誓：自入洪门之后，尔父母即是我父母，尔兄弟姊妹即是我兄弟姊妹，尔妻是我嫂，尔子侄即是我子侄，如有不遵此例，不念此情，即为背誓，五雷诛灭。

第三誓：各省外洋洪家兄弟……到来，必要留其一宿两餐……

第五誓：洪家内事，父子兄弟，以及六亲四眷，一概不得讲说私传……

第六誓：凡我洪家兄弟，不得做线捉拿洪门兄弟，倘有旧仇宿恨，必要传齐众兄弟，判其是非曲直，当众决断，不得记恨在心……

第七誓：兄弟患难之时，无银走路，必要相帮，银钱水脚，不拘多少，各尽其力……

第九誓：不得奸淫兄弟妻女，及兄弟姊妹，犯者五雷诛灭。

第十誓：兄弟托寄银钱及什物，必要尽心交妥，带到支还，如有私骗者，死在万刀之下。

第十一誓：兄弟寄妻托子，或有要事相托，如不做到者，五雷诛灭。

第十二誓：今晚入洪门，年庚八字，须要报真年月日时，如有假报瞒骗五祖者，五雷诛灭。

第十五誓：不得强买兄弟货物，以及骗买争卖……

第十八誓：倘被兵役捉获，身做身当，不得以私仇攀害兄弟……

第十九誓：兄弟被官捉去，或出外日久，不得回家，留下妻儿子女无人倚仗，必要留心帮助……

第二十誓：遇有兄弟被人打骂，必须向前，有理相帮，无理相劝……

第二十三誓：不得捏造是非，增言灭语，离间兄弟……

第二十六誓：遇有亲兄弟或洪家兄弟，相打涉讼等事，必要相劝，不得帮助一边……

第二十八誓：遇有兄弟因事得财不得眼红，如有存心妒嫉或图谋分润者，五雷诛灭。

第三十一誓：勿恃我洪家人多，倚势欺人，横行霸道，必须安分守己……

第三十四誓：不得受买洪家兄弟之妻妾为室，亦不得与兄弟妻妾通奸……

第三十五誓：对外人须谨言慎语，不得乱讲洪家书句及内中秘密，免被外人识破，招引是非……

第三十六誓：士农工商，各执一艺，自入洪门，必要以忠心义气为先，交结各省洪家兄弟，覆灭满清恢复明室，以报五祖火烧之仇，以表今日结义联盟之情……

《神皇正统记》：日本的独特性*

北畠亲房

在日本文化中，关于日本独特性的宣扬是最核心的主题之

* Ryusaku Tsunoda et al., eds., *Sources of Japanese Tradition* (New York and London: Columbia University Press, 1961), pp. 274-280.

一。日本人的创世神话中有个太阳女神，即天照大神，她在创造万事万物之前就创造了日本列岛及其民族。之所以会这样追溯自己民族的源流，部分原因在于，日本人希望自己能有些本土的东西来抵消儒家文化和佛教文化的强烈影响。

关于这个主题，有一个很好的例子，即北畠亲房（Kitabatake Chikafusa，1293—1354）撰写的《神皇正统记》（*The Records of the Legitimate Succession of the Divine Sovereigns*）。它是日本中世时期最重要的文献，它强化了日本文化的独特性，甚至说儒学和佛教起源于日本的神道教。北畠的部分论述建立在一个人们普遍接受的观念上，即所有的日本天皇出于同一世系。在作者看来，这就是日本伟大的证据。

思考：用来证明日本民族具有独特性和卓越性的依据；正如日本这个例子所表明的，一个民族需要拥有自己独特的文化根基，特别是当这些根基借自其他文化时，更是如此。

日本是一个有神的国家。天神奠定了我国的基础，此后，太阳女神让其子孙世代统治着它。这是我国仅有的，其他国家都没有类似的情况。这就是为什么日本被称为“有神的国家”。……

在诸神时代，日本被看作是“遍地芦苇和肥沃稻田的富饶之地”。……它也被称为“八大岛国”。这个名字的由来是这样的：男神和女神创建日本时，创造了这八个岛屿。它也被称为“大和”，而这是在八个岛屿中处于中心位置的岛屿的名称。……

……日本是太阳女神的土地，之所以这么说，是因为它离太阳升起的地方很近。……

日本是大洋中一块单独的陆地，有别于中国和印度。在日本这个国家，神圣而光辉的皇家谱系一直流传至今。……

天和地的产生在每个地方都是一样的，因为它发生在同一个宇宙里，但是印度、中国和日本的传统却各不相同。……

即使在中国这样一个特别重视纪事的国家，创世的情况也没有得到明确的记载。……而在有些著作里，他们把天、地、人都说成是始于某种混沌未开的状态。这与我们诸神时代的看法十分相似。……

在某些方面，日本的起源类似于印度对其自身起源的描述，都是把世界的起源追溯到天神那里。然而在我国，从第一个神祖开始，王权的延续一直遵循着一个正统的谱系。而印度则完全不是这个样子。……中国也是一个众人皆知的乱世之国。甚至从远古时期开始（那时人们生活简单，行为得体），王权就是交给智者，而没有建立起一个单一的世袭谱系。……有些统治者是从庶民中涌现出来的，甚至还有些皇帝是强盗出身。……

只有在我国，王权的延续从古到今都没有被动摇过。它在一个单一的谱系中延续；即使由于这种延续突遭意外而只能在旁系中继续下去，它也会回到正统的谱系中。恰是这种历久弥新的神誓令日本与众不同。

《宇治拾遗物语》：不诚实的僧人*

几乎所有文化中都有口头文学，这种形式可以表达普通百姓

* D. E. Mills, *A Collection of Tales from Uji. A Study and Translation of Uji Shui Monogatari* (Cambridge: Cambridge University Press, 1970), pp. 141-143.

的感情和态度。由于普通民众常被拒于精英文化之门外，所以他们往往借助口头传说或音乐来表达自己。因此这种文学形式往往表达了对社会精英的蔑视。

在日本，《宇治拾遗物语》（*A Collection of Tales from Uji*）和《今昔物语》（*A Collection of Tales Old and New*）是口头文学的最好代表。这些文集产生于 13 世纪早期的镰仓时代，但其中也有一些作品显然是出现在 1070 年之前，而这些作品反映了平安时代的百姓生活。下面这则选自《宇治拾遗物语》的故事，表达了人们对于不诚实的僧人的厌恶之情。

思考： 这个故事反映了日本普通百姓的什么态度；故事或传说对于社会的大众文化具有怎样的重要意义。

僧人怎样把菩萨的咒语放进额头

很久以前，一个看上去颇为庄严的山僧走进一户人家，站在下人的门房外，一个有影壁的小庭院里。他的神态很是庄重，背上背着斧子，腰间别着法螺，手持带有锡环的手杖。当下人们问他是谁时，他答道："我在白山待了一段时日，后来又到了圣峰，我决定在那儿再修行两千日，但是没有食物了，所以想化些斋饭，烦请禀告你的主人。"他站在那里，下人们发现在他额头中央有一块大概两寸长的伤疤，刚刚愈合还泛着红色，一直延伸至他的发际。一个下人很好奇，想知道这伤疤是怎么弄的。僧人就装出一副严肃的口吻说："我把菩萨的咒语放进了这里。""好奇妙啊！"一个下人对另一个下人说，"见过很多人断手指或是断脚趾，但还没见过谁敲破了自己的额头，把菩萨的咒语放进去！"就在这时，一个大概十六七岁的下人跑过来，看了一眼僧人，插嘴说道："别逗我笑了！把咒语放进你的额头是为了惩罚你吧！你曾偷偷溜进一个掘金人的家里，径直往东走到第七个房间，和他年轻的妻子上床——直到去年夏天，掘金人回到家，发现你和他妻子睡在床上。你头也不回地往西逃跑，跑到我家门前，你一转身，头正好磕在了锄头上。这是我亲眼所见！"他的话让其他下人非常吃惊，但僧人的表情却没有丝毫变化，他庄重而无辜地说："就在那时我抓住机会把咒语放了进去。"在场的人都笑了，于是僧人趁机溜之大吉。

《女诫》*

班昭

每个社会的传统习惯或规范的形成，都取决于该社会的历史进程、宗教信仰、社会观念和社会经济状况等因素。在中国，没有哪种规矩会比针对女性的规矩更不公。无论是儒学还是佛教，都将女性置于从属地位。

班昭是中国著名的女学者、历史学家和诗人，她还担任过皇后的教师。公元1世纪，她撰写了一系列的劝诫文章，教导女性遵守规矩。在此后的几百年里，这些劝诫成为传统行为的规范。

思考：这些规矩表明女性在中国传统社会处于怎样的地位；哪些规矩看起来更像是针对男性的。

---

* Nancy Lee Swann, *Pan Chao: Foremost Woman Scholar of China* (New York: The Century Co., 1932), pp. 83-88. 译文参考 http://www.cnsurname.com/read.php?tid=45144。

卑弱

……谦让恭敬，先人后己，有善莫名，有恶莫辞，忍辱含垢，常若畏惧，是谓卑弱下人也。晚寝早作，勿惮夙夜，执务私事，不辞剧易，所作必成，手迹整理，是谓执勤也。正色端操，以事夫主，清静自守，无好戏笑，洁齐酒食，以供祖宗，是谓继祭祀也。三者苟备，而患名称之不闻，黜辱之在身，未之见也。三者苟失之，何名称之可闻，黜辱之可远哉！

夫妇

夫不贤，则无以御妇；妇不贤，则无以事夫。夫不御妇，则威仪废缺；妇不事夫，则义理堕阙。方斯二事，其用一也。……

妇行

女有四行，一曰妇德，二曰妇言，三曰妇容，四曰妇功。夫云妇德，不必才明绝异也；妇言，不必辩口利辞也；妇容，不必颜色美丽也；妇功，不必工巧过人也。清闲贞静，守节整齐，行己有耻，动静有法，是谓妇德。择辞而说，不道恶语，时然后言，不厌于人，是谓妇言。盥浣尘秽，服饰鲜洁，沐浴以时，身不垢辱，是谓妇容。专心纺绩，不好戏笑，洁齐酒食，以奉宾客，是谓妇功。此四者，女人之大德，而不可乏之者也。然为之甚易，唯在存心耳。古人有言："仁远乎哉？我欲仁，而仁斯至矣。"此之谓也。

视觉资料

《清明上河图》

从史学的视角看，张择端的《清明上河图》（见图 8－1）是中国古代最重要的艺术作品之一。这幅巨制创作于北宋时期，长度超过 17 英尺，几乎是以一种全景透视的方式描绘了汴京（今开封，当时的都城）城中长达 1.5 英里的主要街道，从乡村延伸到集市，再到城墙。这幅卷轴画描绘了 770 个人物、90 只动物、100 多处房屋和 20 条船，将一幅公元 10 世纪的百万人口城镇的繁忙景象栩栩如生地展现在我们面前。参照这幅卷轴画，结合当时的文字记载，史学家可以推定当时的人口密度、经济状况（画中有商人、手艺人、小贩、乞丐、说书人、歌妓、街头艺人、富商等等）、服饰风格和交通工具等情况。

图 8－1

中国北京故宫博物院提供

思考：这幅画反映了中国当时怎样的社会状况和经济状况。

武士的荣耀

在日本人的生活中，没有哪个群体比武士更加吸引人。直到今天，武士依然是日本电影、电视、漫画书和小说的重要主题，甚至被借用到商业领域。在日本，武士意味着效忠，即完全效忠于自己的领导者。12 世纪中叶，由武士组成的军事力量篡夺了天皇的统治权。此后，武士以各种形式开始了长达 700 年的统治。

武士在日本备受推崇。下面这幅（见图 8－2）创作于 13 世纪中叶（镰仓时代），描绘平治起义的长轴画卷就是以武士的荣耀为题材的作品。正是通过平治起义，武士阶层提前一个世纪掌握了权力。该画卷是一个水彩手卷，长 699.7 厘米、宽 41.3 厘米。

图 8－2

波士顿精品艺术博物馆提供

思考：这幅作品表现了武士的哪些价值观。

第二手资料

13 世纪中国的日常生活*

谢和耐

绝大多数中国人生活在农村，他们的生活方式几千年来并没有太多变化。艺术、文学、科学发现以及早期的海外联系，只是影响了文人阶层和少数城镇居民。无论如何，在几个世纪里，中国普通百姓的生活变化很小。在这部作品中，法国汉学家谢和耐(Jacques Gernet) 描述了 13 世纪中叶中国人的日常生活。

思考：中国的农村生活有哪些特征；集体主义在农村生活中是怎样发挥作用的；政治和法律在农村如何发挥作用。

冬天是唯一可以清闲的季节。男人们忙着扬谷，女人们忙着纺织。他们经常睡得很晚，有时候为了节省灯油，很多人会聚在一起干活。养蚕和缫丝是件十分精细需要全神贯注的活计。对于孩子而言，他们的任务主要是放牛、喂家畜家禽（猪、鸡，有时还有狗）、拾柴火（因为柴火总是不够用）以及从井里汲水。有一些村子会在冬天开设学堂，教孩子们一些最基本的汉字和算术。

农民的生活通常是辛劳而单调的，不过有时候也会有些娱乐和欢闹。比如一年一度的节庆，主要是春节，大约在每年的 1 月底或

---

* Jacques Gernet，*Daily Life in China on the Eve of the Mongol Invasion*，(London：George & Allen Unwin，Ltd，1962). 译文参考［法］谢和耐：《蒙元入侵前夜的中国日常生活》，刘东译，77～79 页，南京，江苏人民出版社，1995。

2 月初。还有祭祀土神的社日，社日是在 8 月底或 9 月初。而它的官定日子则是在立秋后的第五个戊日，大致相当于阳历的 8 月 7 日。村民们聚在当地祠堂附近观看戏曲、杂耍、变戏法什么的。有时还专门雇来戏班子为这样重大的场合演出。人们杀鸡宰猪，吃着白米饭，个个都会喝很多酒。即便是最穷的人，也会借钱来庆祝这些节日，因为这些特殊的日子影响着每个人的运气和幸福。

官府和乡下人之间的接触相当少。县官身居县城戒备森严的衙门里，那里还有他的府邸和监狱。他高高在上，威风凛凛，一般老百姓难得一见。他所负责的官府并不干涉农民团体，除非是必要的时候才会那样做，比如收税，为了公共工程或是为了防范叛乱活动而征调民夫（有时需要调集数以万计的劳力）。为了防止民变，各村各户都有连坐关系，有时候被组织成保甲，因此无论何时何地发生叛乱，镇压都是极其残酷的。

在中国的整个行政体制中，最重要的基本原则就是长治久安，不能发生任何骚乱。如果一个县官坐视其辖区内出现骚乱，不论起因如何，他都会被谴责为一个坏官。他的顶头上司的前程也会因此面临巨大风险。另一方面，人们也不太情愿通过官府来解决纠纷，只有当其他解决方案都行不通时，他们才会对簿公堂。被告人立刻就被投入大牢，即使他是一个蒙冤的无辜者，也被认为犯有扰乱地方安宁和滋事公堂之罪。因为既然已经遭人指控，那么他就不可能是完全无辜的。至于原告，他也会被认为有重大嫌疑。此外，诉诸公堂的成本是高昂的，因为若不送礼，状纸就难呈递上去。这是司空见惯之事。

中国的司法制度坚持要有某种客观证据（如果找不到赃物，就不能给盗贼定罪；如果尸体上没有施暴痕迹，就不能给凶手定罪）。

但同时，它又是世界上最残酷的司法制度之一。所有的处罚都包括极为严厉的体罚。被告长时间被关在条件恶劣的监狱中，只能从亲属那里获得食物；而这些亲属也还必须在地里干活。官府常常会使用酷刑（鞭挞、杖责、枷锁和手铐）迫使犯人招供。错判、误判也时有发生。总而言之，这显然是不鼓励人们依靠法律程序来解决问题，因而我们就不难理解，为什么农民们更愿意自己解决纠纷，要么是达成某种协议，要么是请人仲裁。只有最严重的案件才会诉诸官府。

相互之间的连坐、残酷的镇压措施、村里和地方的长辈权威、家长的权威、村庄的团结一致和恐怖的法律程序，这些都是导致中国乡村长治久安的因素。只有遇上大饥荒或最普遍的不公正，才会激起民变。揭竿而起的队伍为匡世救民的理想所振奋，发展成名副其实的军队。这通常会宣告一个朝代的终结，有时他们的领袖会登上皇帝的宝座。

科举制度*

宫崎市定

儒家思想的宗旨之一就是恢复秩序。孔子认为，可以通过适当的行为、普遍接受的社会阶层状况以及对人的教育（让他们知道自己在社会中应有的地位和行为规范）来实现秩序。由于存在这些观点，因此设计出一套体系，从而根据学识成就来选拔政府

---

* Ichisada Miyazaki, *China's Examination Hell: The Civil Service Examinations of Imperial China*, Conrad Schirokaver, trans. (New York and Tokyo: Weatherhill, 1976), pp. 208-214.

官员，这就不足为奇了。政府官员的选拔必须通过严格的考试，这一制度是在隋朝时确立的，考试内容完全以儒家学说以及对其进行阐述的各种经传为基础。该制度在唐宋时期得到了进一步发展，直到 1905 年才被废除。在这里，宫崎市定（Ichisada Miyazaki）分析了中国的科举考试以及几个世纪以来它与中国政治和社会之间的关系。

思考：哪些群体是科举制度的受益者；谁实际上被排除在科举考试之外；为什么政府会采用这项制度。

如果我们夸大一点点，科举考试的竞争甚至在参加考试的人还没出生就已经开始了。许多妇女使用的铜镜背后，都刻有五子登科的图案，表达了她们想要生出五个科举成功的儿子的愿望。由于女子不能参加科举考试并入朝为官，只能嫁作人妇，所以一个男人要是没有儿子，就会被看作没有子嗣。……

一旦妇女得知自己怀孕，她就要开始进行产前护理了。她必须非常小心，因为她的行为会影响到未出生的孩子，她所做的每件事都得正确才行。她必须坐得直，她的座位和枕头必须正确地摆放，睡觉时要小心枕着脑袋……不能吃奇怪的食物……避免不愉快的情绪影响，还要听些诗歌来打发时间。……人们认为，这样可以生下一个不寻常的天才男孩。……

……从很小的时候，他就接受经典的教育，因为算术是商人的事，而科学和技术是劳动阶层的事。所以，一个想要做官的人必须学习四书五经以及其他的儒学著作……能够作诗、写文章。……科举考试的题目是不会超出上述范围的。

当男孩三岁多时，他开始在家接受教育。……正式的教育从七岁开始。……家里能供得起学费的男孩子会被送到村学或私塾中学习。这些地方的授课教师往往做过官，或者多次参加科举考试都没有考中。达官贵人经常会把教师请到府上，另辟一个雅致的小房间进行教学。……教学往往从《论语》开始，这种学习的过程几乎完全是背诵。……

男孩子一边学习书本课程，一边学习为人处世，比如如何使用敬语、如何与长辈和平辈以礼相待等等。……对于男孩而言，通常是八岁进入学校，十五岁时完成一般的经典教育。……

科举考试制度有什么好处呢？……建立这种考试制度的目的……在于破除由世袭贵族垄断仕途的局面。……

正如在日本一样，中国当时存在着的一个严重问题就是，贵族阶层严重地限制了皇帝任用官员的权力。……而这正是隋朝皇帝所面临的局面。当时，隋朝皇帝通过重新建立秩序，树立起自己的高度权威，从而终结了贵族仅凭出身门第就能入朝为官的局面。……他启动科举考试制度，完成了这项改革……只有通过考试的人，才能被纳入政府官员的候选范围。……

科举考试制度是一个巨大的进步，它所包含的平等思想是非常进步的理念，这种理念在当时世界上其他任何地方都无法找到。

古代的日本妇女*

杰弗里·马斯

在日本的早期历史中，最有趣的一点是，人们认为妇女最初

* Jeffrey P. Mass, *Lordship and Inheritance in Early Medieval Japan* (Palo Alto, CA: Stanford University Press, 1989), pp. 9, 15-18.

在国家政治和社会中扮演着重要的角色。人们认为，只是随着儒学和佛教的传入，由于它们宣扬妇女的从属地位，日本妇女的地位才降低了。

下面这篇阅读材料旨在通过继承权问题，考察在妇女地位尚未降低之前，中世日本早期阶段的妇女地位。作者杰弗里·马斯（Jeffrey P. Mass）试图以这种方式弄清楚平安时期妇女的自我定位。

思考：继承关系及其相关规则的重要性；妇女的作用在哪些方面受到了限制；在哪些方面男女在法律上是平等的。

对于没有文字记载的历史，我们不知道日本家庭是如何组织的，财产是如何继承的。对此，历史学家提出了各种假设，其中大多数假设都强调财产的公有制和母系氏族模式。不过日本在 7 世纪前是否存在母系氏族，这可能是争论的中心。无论事实情况如何，可以肯定的是，妇女在涉及财产的事务上并不低于男性——若不是因为日本的政体发生了革命性的变化，这种情况可能会一直延续下去。……

……在关于平安时代婚姻状况的研究中，麦卡洛敏锐地注意到：日本人的婚姻很容易缔结，也很容易解体，多配偶制十分平常，而丈夫通常和妻子分居或是与妻子的家人住在一起。尽管这有碍于亲密关系的持久，但是显然易见，感激和爱恋之情会使得丈夫把财产赠予妻子。……

可是，相反的情况却很罕见。我们几乎没有发现妻子把财产留给丈夫的例子，即便妻子是其父母的财产继承者。这里的一个主要原因在于，寡妇比鳏夫更常见——虽然更可能的原因是由于偏爱。

只有在没有孩子的情况下，妻子才会把财产留给丈夫。……相比之下，那些身为父亲的丈夫不仅要考虑孩子，还要考虑妻子。

从上述情况来看，婚姻并不会引出“夫妻共同财产”的概念。除非确实是遗赠，否则活着的人不会得到财产；而财产的转让也不需要婚姻双方的同意。……也就是说，财产是双方各自所有的，并且也以这种方式进行处置。至于说丈夫在婚姻的持续过程中是否管理财产，则是另外一个问题。……不过，即使财产是由丈夫管理，要解释一些基本的不公平现象，也必须有证明他的行为是有意欺骗的证据才可以，而不是仅仅为了图方便。共同管理，比如把收入放在一起，或许更糟糕。

由此看来，只有在孩子的事情上，夫妻双方原先分开的资产才会真正合在一起。而且由于明确地强调各自财产的独立性，所以在日本人的婚姻中并没有成熟完善的“嫁妆”的概念。我们说“嫁妆”这个词，是指含有财产在内的陪嫁。新郎可以期望在结婚时得到衣物，有住的地方，并且有岳父支持他的事业，但是没有土地——无论是在结婚时还是在结婚后。新娘当然会把地产带入她的小家庭，但这是她自己的土地，是她作为女儿而不是妻子的东西。

事实上，女性在成为妻子、母亲和寡妇之前，首先的身份是女儿或姐妹。无疑，平安时代的日本人遵循着这一原则，即分配遗产时首先考虑关系亲近的女性，其次才是关系较远的男性。这意味着父母死后的遗产会先留给女儿，其次是兄弟、侄子、外甥或者孙子、外孙。而且女儿从父母这里继承遗产通常没有什么障碍。在很多例子中，妻子处置遗产也是不受限制的。……

尽管女性在家庭中占上风，但她们不能担任公职。另外，尽管王室的女性至少可以拥有不动产的所有权或管理权，但地方上的女性却完全没有处置土地的权力。这是两大严重障碍，因为这意味着妇女既不能被任命官职，也不能继承官职；她们只能买地，或是由他人把地转给她们，而无法享受最有声望和最能获利的财富资源。同时，尽管她们并不随夫姓，但女性仍然常常是作为某人的妻子或女儿被人提及。而一般从母亲那里继承最好的遗产的人恰恰是她们的兄弟。因此，无论女性成为多大的地主，她的政治权利仍是有限的。

航海探险*

菲利普·斯诺

一般来讲，中国的统治者很少关注自己国家之外的事，除非这些事直接影响到他们的统治。因为他们往往认为自己的文明更优越，所以觉得没有必要去探寻其他文明，也没有想过别的国家会找上门来。

不过也有例外。明朝的开国皇帝就曾努力恢复中国与其周边国家之间的关系。而明朝的永乐皇帝（1403—1424）则更进一步：他派遣一个名叫郑和的穆斯林太监，进行了先后七次，长达28 年的航海探险。郑和的船队到过东南亚、印度、波斯湾，最远到过非洲东海岸。有些中国人甚至到过麦加。

这些意义非凡的探险比欧洲人的环球航行几乎早了一个世纪，原因或许在于中国先进的航海和造船技术。然而不幸的是，永乐皇帝之后的中国统治者不再对探索世界感兴趣了，他们把注

* Philip Snow, *The Star Raft: China's Encounter with Africa* (New York: Grove Press, 1988).

意力重新转移到国家内部，再也没有尝试过类似的壮举。

在这篇选自《星槎：中国与非洲的相遇》（*The Star Raft*：*China's Encounter with Africa*）的文章中，菲利普·斯诺（Philip Snow）将郑和的航海活动与数十年后哥伦布的探险活动进行了比较。

思考：中国政府组织航海探险的能力；既然有这种能力，中国官员为什么不愿意使用他们的技术；欧洲人寻找新大陆的强烈愿望与中国人希望有其他国家来造访他们的强烈愿望之间，有着怎样的区别。

1414年，一支中国舰队驶进了西印度洋，这就是郑和，大太监三宝所率领的船队。自1405年以来，郑和与他的船队已经三次停靠过印度支那、印度尼西亚、西南印度和锡兰①的港口。当时，他们要前往更遥远的地区，他们所经过的水域总量超过了此前任何人的航行。

郑和是中国的哥伦布。他在中国的知名度就像哥伦布因其在航海方面的成就而在西方受到欢迎的程度一样。但是在一些主要方面，他还是与哥伦布不同的。这位中国明朝将领的航行比哥伦布穿越大西洋早了四分之三个世纪，前者所掌握的情况会使得这位热那亚的探险家看起来像是个业余者。哥伦布只有3条船，每条船有一层甲板，加起来总共重415吨。而郑和有62艘大帆船，还有100多艘辅助船。最大的一艘帆船仅船尾楼甲板就有三层。每艘帆船的重量都在1 500吨左右，设有9根桅杆、12面帆，这些帆据说有440英尺长、180英尺宽。哥伦布的船队只有一百来号人，而郑和

① 现在的斯里兰卡。

的这支船队有官员 868 人、士兵 26 800 人、指挥 93 人、都指挥 2 人、千户 140 人、百户 403 人；另有户部郎中 1 人、阴阳官 1 人、教谕 1 人、舍人 2 人、医官和医士 180 人、余丁 2 人、正使太监 7 人、监丞 5 人、少监 10 人、内官和内使 53 人。

郑和的随行人员还有若干旗军、通事、书算手、鸿胪寺序班、买办、民梢、舵工、搭材、火长、班碇手和厨师。哥伦布的船员们喝的是不干净的饮水，吃的是用海水和面烘烤而成的面食，他们可能会羡慕郑和船队有随行的马船和粮船所提供的充足的粮食、淡水、盐、酱油、茶叶、酒、油、蜡烛、木柴和木炭。

郑和的航行不同于哥伦布的航行，这不仅表现在它的规模上，也表现在它的形式上。郑和的每次航行都是一次大规模的集体行动，在很大程度上，是一种国家行为。与哥伦布不同，郑和不是依靠资助，而是完全代表政府。他和他的船长以及宫廷太监们作为国家的代表是由皇帝挑选的。他绝不是一个冒险家。

与哥伦布不同，郑和也不是一个严格意义上的探险家。中国真正的探险家是个不知名的商人，他曾驾船穿越印度洋，比郑和早几个世纪。而大太监的船队，如后来所记述的那样，乘风破浪，到达了西方最西以及北方最北的陆地。但他们没有像哥伦布的队伍那样，对未知的世界怀有恐惧之心。他们基本上知道将面临什么样的情况。平静地、以官方的形式，中国人做好了准备以走进比印度更远的伊斯兰世界。郑和自己就是穆斯林。他的祖父和父亲都去过麦加，他之所以被选定承担此项任务，很大程度上可能是因为他熟悉伊斯兰国家的习俗。他还雇用了一位穆斯林翻译，名叫哈桑的毛拉[1]，

[1] 伊斯兰国家对老师、先生、学者的敬称。

以及另一位名叫马欢的中国穆斯林。后来马欢写了航海游记。

中国扩展自己的海上力量，是受最内在的动机所激发，而绝非一次探险。……当时主要考虑的很可能是提高威望。作为一个新建王朝，明朝需要威望……而威望的实现则是需要外国访客带着货物到中国，然后中国人把它们作为象征性的“贡品”接收下来。……在中国人的观念中，尽管认为自己是天朝上国，但他们还是在追求一种外交上的认可。

他们也想进行贸易。商人进行冒险活动的伟大时代结束了，但中国的贸易在本质上仍是非常活跃的。郑和与他的随行太监们在印度洋四处搜罗奢侈品，供朝廷享乐和获利，以致郑和的船被称作“宝船”。宝船也载有中国的物资，太监们很可能负有任务，要为手工艺品（比如当时中国盛产的丝绸和瓷器）寻找新的出口渠道。他们可能只是想到了非洲。当时东非地区富庶的沿海城镇亟待扩大从中国的瓷器进口，因为原先为它们供应伊斯兰陶器的中东地区在13世纪由于蒙古人的破坏而中断了货源。到14世纪中叶，每一个重要的沿海地区的定居点都在使用中国瓷器，处于边缘地位的伊斯兰商品逐步退出市场。

第 9 章

蒙古人、突厥人和中东地区（1000—1500）

在本章，我们把目光集中于中亚。很多游牧部落和民族诞生在这个地区。11 世纪到 16 世纪，这些民族步入历史的中心舞台，对世界其他文明产生了重要的影响。在这段时期，从东欧到蒙古不同的民族争夺着权力，无数的帝国建立、扩张、又衰落。其中影响最大的民族当数蒙古人和突厥人。

蒙古人经历了最为传奇的命运变迁。他们本是以部落为单位的游牧民族，每个部落选出最强者作首领。1206 年成吉思汗（意为“大一统的领袖”）统一了蒙古各部落。其后数十年间，蒙古军队四处扩张，东至朝鲜，西越俄国和波斯，远及匈牙利。在征服的大部分土地上，他们建立了自己的统治，并于 13 世纪统治了亚洲的大片地区。但是到了 14 世纪初，蒙古人的势力开始削弱。到了 15 世纪，蒙古的残余势力最终在俄国瓦解。

突厥人最初生活在俄国和蒙古之间的广大地区，接受过多个统治者的统治。他们曾参加阿拉伯人的军队。之后在 11 世纪，塞尔柱突厥人建立了一个中东帝国——塞尔柱王朝①，统治着从博斯普鲁斯海峡到

① 11 世纪到 13 世纪统治中亚和西亚的突厥王朝。

土库曼斯坦之间的地区。该帝国最终走向衰落，先是在 13 世纪被蒙古人取代，后来又被帖木儿所率领的突厥军队占领，最终在 14 世纪归入奥斯曼帝国。奥斯曼人以安纳托利亚为中心，最终征服了衰败的拜占庭，建立起一个长久而强大的帝国，其疆域从中东一直延伸至欧洲东南部。

在本章，我们将探讨蒙古人和突厥人的历史。这些民族是怎样从游牧民族发展起来，建立并统治疆域广大的帝国的？它们在人们心目中的形象是怎样的？是什么使它们联合起来？这些民族具有什么共性？

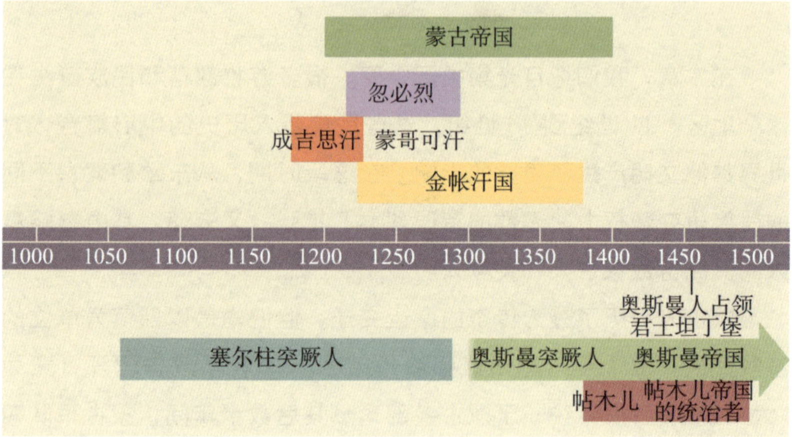

第一手资料

突厥人和阿拉伯人*

贾希兹

早期突厥人生活在俄国和蒙古之间的广阔土地上。早在 6 世

* Charles Pellat, trans., *The Life and Works of Jahiz* (Berkeley, CA: University of California Press, 1969), pp. 96-97.

纪，中国就有关于突厥人的文字记载。然而最早的突厥文字记载出现在公元 730 年。曾有人试图让突厥人皈依佛教和基督教，但均以失败告终。在 7 世纪，伊斯兰教的逊尼派通过波斯传到突厥，使突厥人皈依了伊斯兰教，甚至采用了阿拉伯文字。此后，阿拉伯人一直统治着突厥人，直到突厥人占据了中亚，深入到波斯，最终抵达安纳托利亚为止。就在 11 世纪之前，突厥人取代了巴格达的掌权者——阿拉伯的哈里发，他们由此以骁勇善战而著称于世。以下是巴士拉的波斯学者贾希兹（al-Jāhiz，776—869）对突厥人的评论。

思考：贾希兹是怎样比较希腊人、中国人和突厥人的；突厥人和阿拉伯人有何相似之处；这些描述有何用处。

阿拉伯人……不是商人、工匠、医师、农民。这些身份都是对他们的贬低，他们不以算计或种果树为营生。因为他们想要摆脱税收的耻辱；他们也不会到外面去挣钱、敛聚财富或是剥夺别人的财富；他们不是那种靠一杆秤为生的人……他们既没有穷到无心向学的地步，也不追求财富，因为财富通常是愚昧的温床；他们也不追求好运，因为好运常常带来冷漠。他们不能忍受侮辱，因为侮辱是灵魂的羞耻和死亡。他们居住在平原，生长在沙漠的默祷中。他们不知道湿气和薄雾升起的样子，不知道浓雾和肮脏的空气，也不知道城墙之内的世界。他们把聪明才智用于诗歌、优美的语言、演讲和辩论术、相术和占星术、宗谱学，根据星象和地标来航海……养马、制造兵器和战争设备，记忆自己所听到的一切，思考所有引起自己注意的东西，辨别部落的光荣和耻辱。在这些方面，他们取得了不可思议的成就。这些活动无疑开拓了他们的眼界，提升了他们的信心，因此在世界所有民族中，他们在追溯自己的灿烂历史时是最为自豪的。

居住在沙漠的帐篷里、以放牧为生的突厥人也是如此。他们是非阿拉伯裔的贝都因人。……他们对手工业、商业、医药、几何、种植果树、建筑、挖运河和税收都没有兴趣，他们只喜欢袭击、打猎、骑马、与敌方首领作战、掠夺战利品以及侵犯其他国家。他们的努力都是为了这些活动，并且投入了全部精力。于是，他们熟练地掌握这些技能。对他们而言，这些技能取代了手工业和商业的地位，是他们唯一的乐趣和荣耀，也是他们所有谈话的主题。因此，他们成为战斗领域的巨人，如同希腊人之于哲学、中国人之于手工业，以及阿拉伯人之于我们刚才所列举的领域。

蒙古人的性别关系*

卢布鲁克的威廉

到东方旅行的欧洲人通常对他们可能带回西方的那些宗教、军事以及外交情况感兴趣。他们在游记中常常对旅行地的社会文化进行评论。以下文献的作者，卢布鲁克的威廉（William of Rubruck）便是如此。他是天主教方济各会的修道士。13 世纪 50 年代，他在为法兰西国王路易九世效力期间曾到过蒙古。在下面的节选文字中，他描述了蒙古人的性别关系。

思考：男性和女性的角色分工怎样反映了蒙古人的游牧生活；请对比蒙古人的性别角色和西方传统的性别角色。

---

* Peter Jackson trans. *The Mission of Friar William of Rubruck: His Journey to the Court of the Great Khan Mongke* 1253—1255 (London: Hakluyt Society, 1990), pp. 74, 90-92.

已婚妇女为自己准备精美的四轮车。我只有画图才能把它描述清楚——事实上，如果我会画的话，我应该把所有的东西都画给你们看。有钱的蒙古人或鞑靼人拥有一两百辆这种带有车厢的车。巴图有二十六个妻子，每个妻子都有一个大蒙古包。大蒙古包的后面安放着一些小蒙古包，是给侍女住的。每个蒙古包都拥有一个由两百辆精良的四轮车组成的车队。当人们从车上卸载蒙古包时，第一个妻子把她的蒙古包安置在最西边，其他的妻子也按顺序放置自己的蒙古包，这样，最后一个妻子就在最东边。每两个女人的蒙古包之间有一箭之距。因此，一个有钱的蒙古人或鞑靼人的住处看起来就像一座大城镇，虽然里面的男人很少。

由于地势平坦，一个女人可以驾驶二三十辆车。牛车或骆驼车按顺序被拴在一块儿，女人坐在前面驾驶第一辆牛车，后面的就跟着走。如果遇到不好走的地方，就把牲口解开，一头一头地牵过去。他们行走的速度非常慢，也就相当于羊或牛的行走速度。……

驾车、载蒙古包、卸蒙古包、挤牛奶、制作黄油和奶酪以及缝制衣服，都是女人的事情。缝制衣服时，她们所使用的线是由肌腱做成的。先把肌腱分成细股，然后拧成一条长线。她们还缝制鞋、袜和其他衣物。她们从来不洗衣服，因为她们认为洗衣服会触怒上天，晾衣服会引起雷电。她们还会殴打洗衣服的人，并没收她们的衣服。她们特别惧怕雷电。要是打雷的话，她们会把所有陌生人赶出自己的蒙古包，然后把自己裹在黑毛毡里，一直躲到雷电过去。她们也从不洗碗，肉煮熟以后，就从锅里舀些滚烫的肉汤，涮一涮要盛肉的碗，然后再倒回锅里。另外，女人还要负责制作毛毡，覆盖她们的蒙古包。

男人则负责制作弓箭、马镫和嚼子、流行样式的马鞍，建造蒙古包和四轮车，还要喂马、挤马奶、搅拌马奶、制作毛皮、饲养骆驼以及把骆驼载上货物。男人和女人都要饲养绵羊和山羊。有时候男人挤羊奶，有时候女人挤。他们身上穿的皮衣都有一层凝固的羊奶，又厚又咸。

当他们想洗手或洗头时，他们就会含一口水，然后让水慢慢地从口中流到手上，用来打湿头发洗头。

关于婚姻，你应该知道，娶妻的唯一途径就是买。女孩的父母在把她们卖出去之前都把她们留在家里，有的女孩到出嫁时已经很成熟了。他们遵循第一代和第二代血亲之间不通婚的规矩，但不忌讳其他的亲密关系。一个男子可以同时或者先后娶两姐妹。而寡妇则是可以再嫁的，因为他们相信此生侍奉他们的女人到死后还要侍奉他们；寡妇死了之后将会回到她第一任丈夫身边。因此，你会发现他们有这样的陋习：有时儿子娶了父亲的所有妻子，除了自己的生母。父母的住处一般传给最小的儿子，而他有义务照顾父亲的所有妻子，因为她们是随父亲的家产一起传给他的。假如他愿意的话，可以把她们当作自己的妻子，因为他认为她们死后还会回到父亲身边，并无损失。

当有人与另一个人接触，想娶他的女儿时，这位父亲就会举办一个宴会，而这个女孩会躲到亲戚家。然后，她的父亲说："瞧，我的女儿是你的了；只要你能找到她，就带走她吧。"于是，这个男子就和朋友一起找她，按规矩，他必须装作很暴力的样子把她强行带回家。

“大埃米尔” 帖木儿*

艾哈迈德·伊本·阿拉伯沙

在中亚地区，这段历史中最复杂的人物之一就是帖木儿（1336—1405）。他是一位突厥部落首领，自称成吉思汗的后代。他的骁勇善战和个人号召力吸引了大批的追随者。到 1360 年，帖木儿打败了许多敌手，被称为帖木儿帝国的“大埃米尔”。最初，他的统治并不是特别残暴。当定都于撒马尔罕时，他鼓励文化活动。他本人非常喜欢下棋，并且棋艺高超。他给予穆斯林的地方宗教首领更大的权力，因此赢得了他们的支持。这一做法显示出他的政治智慧。但是帖木儿对自己所拥有的一切还不满足，他开始向周边地区发动战争，一切比自己弱小的国家都是他征服的对象。总的来说，这样的行动并没有遇到太大困难，然而当遇到比较顽强的抵抗时，帖木儿就会显示出他的征服才能以及难以形容的残忍。下面的文字描述和图 9-1 就反映了这一点。文献作者是 15 世纪巴格达的苏丹的文书艾哈迈德·伊本·阿拉伯沙（Ahmed ibn Arabshah）。

思考：帖木儿的征服和残忍带来了什么后果；帖木儿为什么能在战争中取胜。

帖木儿愤怒地将鞭子挥向斯瓦士城。我已经说过，这座城原由巴耶塞特（奥斯曼苏丹）的儿子苏利曼占据……他派了一名使

* Ahmed Ibn Arabshah, *Tamerlane or Timur the Great Amir* (London: Luzac & Co., 1936), pp. 116-117.

者向他父亲通报了这一紧急情况，请求援助。然而他父亲此时正在围攻斯坦布尔，也需要兵力，而且两个地方距离遥远，因此帮不了他。于是苏利曼召集自己军队里最勇敢的士兵，守卫城市和大本营，进行备战，他集合侍卫准备抵抗围攻，命令每一位将军负责守卫一部分城墙。帖木儿派出探子去证实自己的猜测。而当苏利曼看到对方的精锐军队后，他立即退缩了，决定去投奔他父亲。他命令手下的将领和士兵为他守卫城市，声称自己要去寻求援兵和粮饷。下属们没有办法，只能同意留守。于是，他匆忙逃走，自顾安危去了。

伊斯兰历八百零二年（公元 1399 年）十二月十七日，帖木儿率领浩浩荡荡的军队准备开进斯瓦士城。然而他有一种不祥的预感，于是他停下步伐，说："我将于十八日扫荡全城。"

包围城市的同时，他发出了最后通牒，并且在十八日那天摧毁了这座城市。大肆的破坏和洗劫之后，在伊斯兰历八百零三年一月五日，尽管他先前向守城的军队保证不会杀他们，还会保护他们及其家人和财物，然而当扫荡结束并控制了这些士兵后，他就把他们都铐上镣铐，命手下挖了一个土坑，将这些士兵活埋，而军官则被扔进巴达的井里。三千名将士就这样命丧黄泉。之后，帖木儿又开始大肆抢劫掳掠。

这座城市原本是最美丽的大城市之一。环境优美，以其公共建筑和防御工事著称。烈士的英勇及其墓地的庄严肃穆享誉于世。这里水质清澈、空气清新。市民朴实谦逊，崇尚礼仪。该城与三个国家相邻，即叙利亚、阿塞拜疆和鲁姆。然而现在，已是天壤之别，人们东奔西散，城里一片废墟。……

征服者穆罕默德*

克里托沃罗斯

穆罕默德二世（1432—1481）是塞尔柱王朝的政治军事首领。他率领奥斯曼帝国在小亚细亚扩张。凭借卓越的军事才略，他指挥陆军和海军包围君士坦丁堡两个月，并最终于 1453 年将其攻下并改称为伊斯坦布尔，从而结束了拜占庭帝国长达一千年的统治。以下的节选文献，其作者是一位名叫克里托沃罗斯（Kritovoulos）的希腊人。他在君士坦丁堡被围之后开始为穆罕默德效力。虽然没有亲眼目睹这个城市被包围和占领的过程，但是他收集了很多第一手资料。在此，他记录了在发动对君士坦丁堡的最后总攻前，穆罕默德对军队的动员讲话。

思考：穆罕默德是怎样鼓舞士气的；他做出了哪些承诺，说明了他们的哪些困难，他们个人对他负有怎样的职责。

“当前战斗中的朋友们和战友们！我召集大家在这儿，不是要批评你们的懒惰或疏忽，也不是想动员你们在这场战斗中表现得更投入。……我把你们召集到这里……只是有几件事想提醒你们。首先，你们现在所拥有的一切，不是来自懒惰和粗心，而是来自勤奋和拼搏，以及和大家一起经历的重重危险。现在你们获得的一切都是你们的，是对你们英勇的精神和行为的奖励，而不是运气的礼物。其次，我想告诉你们摆在你们面前的奖赏有多少，有多么美好，而在

* Kritovoulos, *History of Mehmed the Conqueror*, trans. Charles T. Riggs (Westport, Conn.: Greenwood Press, 1970), pp. 61-64.

你们赢得这场战役时，你们又将赢得多少光荣和辉煌。我希望你们能够知道，为了这最高的奖赏，你们应该怎样进行这场战斗。

“接下来我想说，第一，这座城市里有大量的财富，有的在皇宫，有的在大户人家，有的在平民百姓家里，而最多最宝贵的财富在教堂。教堂里有人们所敬献的各种珍宝，如黄金、白银、宝石和珍珠。……

“第二，城里有许多贵族，有的将成为你们的奴仆，剩下的可以卖掉。还有很多漂亮女人，年轻貌美，也有出身高贵的贞洁少女，甚至都还没有见过男人。这些女子，显然都是为你们这样的英雄准备的。……

“你们也可以拥有小男孩，很多、很俊俏，而且都是贵族出身。

“另外，你们还将享受漂亮的寺院和公共建筑、华丽的房屋和花园。还有很多很多这样的好东西，赏心悦目，你们都可以好好享受。

“最重要的是，你们将占领一座享誉世界的城市。不言而喻，这个城市的辉煌传播有多远，你们的英勇就将传播多远，因为你们靠武力占领了这样一个城市。……

“面对我们如此强大的军队，他们能够做些什么呢？我要说的是，我们打的是接力战，不断有新的军队加入，所以我们的士兵有时间睡觉、吃饭、休整自己。而他们却要连续作战，不得停顿，连打盹、吃饭、喝水、休息的时间都没有，因为我们在不断进攻、推进战斗……

“但是，他们依然会以一些方式来抵抗。那就让他们来吧！我们照样可以凭借我们的力量、经验和勇猛，轻而易举地让他们溃败而逃。……

“勇敢地战斗吧，让你们手下的所有人都勇敢战斗，用所有的热情和努力去完成任务。记住，打好仗有三个要点：自愿地战斗、明白什么是光荣什么是耻辱、服从领导。……我将亲自指挥这场战斗（将士欢呼鼓掌）。是的，我将亲自指挥这场战斗，我要和你们并肩战斗，我要看到你们每个人的英勇表现。”

视觉资料

征服者的残忍

这一时期有幅画（见图 9－1）描绘了帖木儿对于反抗他的人的报复。为了惩罚人们的反抗，帖木儿实施大屠杀，有时用刀剑杀戮，有时把上千人关在没有窗户的塔里，让他们慢慢地死去。这还不够，他还用人的头颅建造金字塔，以警诫想再次反抗的人。

思考：这种行为的目的可能是什么；这幅画对艾哈迈德·伊本·阿拉伯沙的描述提供了怎样的补充。

图 9－1

大英图书馆提供

宿营生活：游牧的帐篷

波斯人有很长一段部落生活的历史，其中最能唤起那段记忆的东西便是帐篷。游牧民族把帐篷作为安家和遮蔽风雨的简单装备。统治者在疆土内巡视时，也要用到帐篷。帐篷是波斯艺术的一大主题，尤其是从帖木儿时期到16世纪中

图9-2

哈佛大学艺术博物馆提供

期。最受欢迎的帐篷是蒙古人的蒙古包。从画家米尔·赛伊德·阿里（Mir Sayyid ‘Alī）于 1540 年左右创作的这幅画（见图 9－2）中，我们可以清楚地看到帐篷的重要性。这幅画展示了住在四个帐篷里的一个游牧部落，以及他们在营地的各种活动。

思考：从图中可以看出男女的哪些不同角色；这些角色反映了文明社会的哪些主要方面。

中亚和中东地区的政治势力

从 11 世纪到 16 世纪，突厥人和蒙古人穿越亚洲和中东，创建了庞大而强盛的帝国。从以下四幅地图中可以清楚地看出这一局面。地图 9－1 反映了 12 世纪中期塞尔柱突厥人创立的帝国。地图 9－2 是相对短暂的 14 世纪末的帖木儿帝国。地图 9－3 是 16 世纪的奥斯曼帝国。这些地图反映了这一地区在几个世纪里

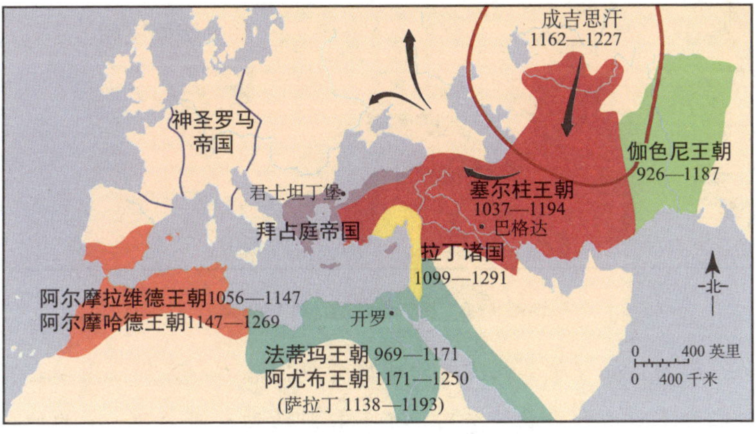

地图 9－1　中亚和中东的政治势力（约 1150 年）

的权力更迭，一个帝国替代另一个帝国。

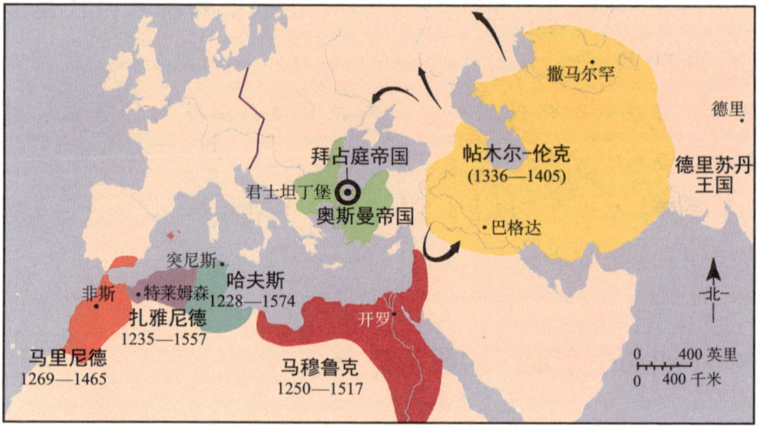

地图 9－2　帖木儿帝国（约 1400 年）

地图 9－3　奥斯曼帝国（约 1550 年）

思考： 要征服如此庞大的地区并维持统治，有哪些困难；突厥人和蒙古人的游牧传统对他们的征服活动有何帮助；又为什么会使他们的统治比较短暂。

第二手资料

成吉思汗*

查尔斯·哈尔普林

成吉思汗铁木真约生于1162年，卒于1227年。在他出生时，蒙古人口不到300万，生活在松散的部落联盟中。铁木真是其中一个部落首领的儿子。在他20岁的时候继承父位，成了部落首领。他不满足于现状，开始致力于统一蒙古部落。1189年，他完成了这项事业，获得了“成吉思汗”的称号。“成吉思汗”意为“大一统的国王”，他是唯一获得这个称号的蒙古人。

他定都于哈拉和林，发动了对欧亚大陆的侵略。最终建立了一个横跨欧亚大陆的帝国，西至匈牙利，南至今天的伊朗。在西方，人们总是把他与残忍和血腥相联系。然而在蒙古，他却以其军事才能和巨大成就而受到膜拜。在以下的节选文献中，历史学家查尔斯·哈尔普林（Charles J. Halperin）提出了自己的看法，即为什么这样一个人口甚少的民族可以完成如此的伟业。

思考：为什么蒙古人能够征服辽阔的区域并建立起一个庞大的帝国。

蒙古帝国及其后继者之所以能够统治长久，很大程度上归功于管理的灵活性和创造性，以及从成吉思汗那里传承下来的领导魅力和政治敏锐力。

---

* Charles J. Halperin, *Russia and the Golden Horde* (Bloomington, IN: Indiana University Press, 1985), pp. 21-25.

成吉思汗的成功不仅在于他出色的个人能力，还在于中亚内陆草原的地理条件和居住在那里的游牧民族文化。游牧社会的核心单元是部落。所有的经济、社会、政治和军事职能都以部落为单位来行使。妇女和儿童负责照料牲畜，而男人负责打仗，男孩子从小就要学习骑射。他们在部落长者的带领下共同战斗。长者决定该部落应该忠于谁。在草原上，引起战争的原因可能是某片地的畜牧权、政治纷争或者私人恩怨。但是游牧部落并不像中世纪的欧洲骑士那样经常打斗。当一个部落击败了另一个部落，胜利者就会把失败者收编到自己的部落，作为一个军事编制，或者还会给他们任命一个新头领。被击败的部落也就接受征服者的称号。由于这样产生的从属关系需要社会的认可，于是人们就编造了各种传奇的缘由。所以，你可能会发现，两个部落原是一对兄弟的后裔，而胜利者的祖先是兄长。但在更多情况下，失败者的祖先是胜利者祖先的属下或奴隶。随着每次战后的合并，这种等级体系不断扩大，胜利一个接着一个。

铁木真的目的不只是辉煌的战绩和战利品，他还有更神圣的使命和更高的目标。中亚地区最伟大的天神腾格里赐予他统治所有居住在羊毛毡帐篷里的人的权力。从突厥帝国那里，铁木真得到皇帝的称号“可汗”，这成为他名字的一部分。铁木真的军事眼光是使其成就超越之前草原领袖的重要原因。他意识到，要想击败宋朝和其他对手，他的军队光靠骑射方面的优势是不够的。为了攻占城市，他需要围歼战的专家。他从穆斯林和汉人中挑选了一些围攻能手，组建了一支可以攻下世界上任何城池的军队。蒙古人并没有在军事技术方面有所改进，他们只是制造了更多的兵器，以供围城之用。由于其兵器优势、军事战略以及铁的纪律，铁木真打造了一个几乎战无不胜的战争机器，它可以在广大范围内协同作战。

成吉思汗卒于 1227 年，在蒙古帝国尚未扩张到最大疆域之前。假若没有草原部落的社会结构，以及草原赋予他的骑射优势，他不可能取得已有的成就。

成吉思汗的生平故事成为 17 世纪蒙古历史的基础。他的遗物和定下的规矩都成为人们膜拜的对象。在 16、17 世纪，蒙古人皈依佛教后，成吉思汗也成为一位佛教圣人。他的威名对于蒙古帝国之后的王国具有很大的影响力。这一点从《札撒》（*Yasa*，意为律令）中可以看出来。因为《札撒》是在成吉思汗去世后编纂的一部法典，却假借了这位伟大的征服者的名字。

蒙古人几乎征服了整个亚洲，实现了所有中亚内陆草原帝国长期梦寐以求的梦想，控制了从中国到波斯的陆上贸易路线。我们不可否认为了实现蒙古人的和平而付出的巨大的毁灭性代价，然而蒙古帝国也在政治体制、经济发展以及文化多元化等方面做出了卓越的贡献。无论学识多么渊博的人，如果在研究蒙古帝国的历史时，只看到蒙古人的破坏性，都是不全面的。

蒙古帝国*

托马斯·奥尔森

13 世纪中期蒙古军队在欧亚大陆扩张。1251 年蒙古王子蒙哥①被封为大汗，他与众首领商议决定向南入侵波斯。主力军于

* Thomas Allsen, *Mongol Imperialism* (Berkeley, CA: University of California Press, 1987), pp. 221-225.

① 成吉思汗之孙。

1253 年从蒙古出发，用了两年的时间穿过中亚到达目的地。从后勤供给的角度来说，这也是一次非凡的行动。到 1257 年蒙古人占领了波斯的大部分领土，包围了巴格达。

蒙古历史学家托马斯·奥尔森（Thomas T. Allsen）在研究蒙哥统治时期（1251—1259）时，探讨了该时期蒙古的扩张。他认为，蒙古人的征服行动和物资调动十分完美，部署极为巧妙。奥尔森探讨了蒙古军队在远程行军途中出现的后勤供给困难，以及他们统治被征服的民族时遇到的问题。

思考：13 世纪在远程征战和统治管理方面会有哪些困难；蒙古人是怎样成功解决这些困难的。

蒙古帝国疆域辽阔、文化多样，因此蒙古皇帝及其臣子们所确立的行政体系包含了诸多不同的元素。他们的税收制度结合了蒙古和中亚突厥的方式，户籍制度采用了宋朝的方法，而军队体制则沿用草原上古老的传统。虽然行政体系具有一定的规范性，然而在整个帝国范围内则绝非完全统一，尤其是在较低的层次。因此，根据地方习惯和传统进行一些调整是不可避免的。由于缺乏经验，加之人力不足，蒙古人不可能从内部挑选各地必需的行政人员，所以他们不得不从被征服的民族中选出一些熟悉当地环境和语言的人，供职于重要的行政岗位。……

而且行政制度还必须考虑到蒙古的惯例，但有的惯例就明显不利于行政效率和中央集权。例如，虽然中央政府在管理封地时总是麻烦不断，蒙哥还是沿袭了传统的分封政策，把土地及居民分封给蒙古的王公和官员。他甚至还拓展了这项政策，给一些拥护自己的汉族亲信也赏赐了土地。……

蒙古传统的官位世袭制也在一定程度上限制了中央政府的施政。在军队和行政部门中，儿子继承父亲的职位或者弟弟继承哥哥的职位，这样的例子比比皆是。蒙哥没有做出任何努力来停止这一做法。……不过应该记住一点，即使一个人可以通过继承的方式获得职位，但如果他不能胜任或者不服从上司的话，也不能保证自己可以长久地坐在那个位子上。……

虽然这一行政体系并不完全统一，而且还要顾及一些有悖于中央集权化和规范化的传统，但它仍是有效的，能够响应中央权威的命令。由蒙哥所制定的资源动员方案——实行人口普查、强制征税、大量征召新兵、发行新货币——在帝国各地都实现了。并且通过这些渠道筹集起来的资源主要都在中央政府的掌控之中。我们知道，蒙哥的政府组织了人口普查，对其统治区域的人口进行征税。在这一时期，新军队的组建和部署也由皇帝来决定。……

用开阔的、比较的眼光来看，蒙哥的战争手段具有一个特征。该特征与现代意义上的“全面战争”如出一辙。蒙哥的战争除了纯粹军事方面的内容外，还包括政治、经济和心理方面的内容。所有的蒙古人以及与其结盟的游牧民族都被调动起来。在蒙哥的领导下，原本懒散的部门也开始充满活力。蒙古人为发现和运用帝国广大的人力、物力资源付出了巨大的努力，而这不禁让人联想到现代的全面战争。从参战的军队数量及其所涉及的地理范围来说，蒙古人在 13 世纪 50 年代发动的战事规模，除了拿破仑时代的战争和 20 世纪的世界大战，尚无其他战争可与之比拟。

蒙古统治下的女性地位*

莫里斯·罗萨比

在亚洲的历史中，女性很少被提及。这从一定程度上反映了女性在当时所面临的境地。很少有女性能够得到地位提升或是声名显赫的机会。传统上，女性就是男性的附属品。即使有少数女性在政治上或文化上取得一定成就，例如女诗人、女画家、女工匠，她们通常也得不到太高的认可。

当然，在不同的民族内部，女性的待遇也不尽相同。例如，相较其他的亚洲民族而言，蒙古妇女的待遇和地位就高一些。她们不用缠足，不用遮面，行动也不受限制。事实上，在游牧的蒙古人中，女性在经济方面的作用十分重要。在以下的节选文献中，著名的蒙古历史专家莫里斯·罗萨比（Morris Rossabi）简要阐述了为什么蒙古人会这样对待女性。

思考：这一时期女性所面临的困难；对女性的歧视；为什么一个游牧民族会给予女性相对较高的地位。

古代中国的史册上很少出现关于女性的记载。即使出现，也大多是附属角色。女性很少成为历史记载的中心。……

在中国，在由少数民族建立并统治的朝代，女性的成就比以往更加吸引历史学家们的注意。她们在政治、社会和文化领域也确实获得更多机会。与中国的其他朝代相比，这些朝代的人们——草原

* Morris Rossabi, "Kuan Tao-Sheng: Woman Artists in Yuan China", in *The Bulletin of SUNG YUAN Studies*, no. 21 (1989), pp. 67-83.

上的游牧民族，森林里的猎手，甚至平原上为数不多的农民——为妇女赋予了更高的地位和更多的权利。

女性在经济方面占有重要地位，在军事、社会和经济领域也担负着重要的职责，因此必须给予她们切实的权利。中国的蒙古族统治者……给女性提供了大量崭露头角的机会。蒙古贵族的女性经常参与被征服地区的政事。成吉思汗的母亲诃额仑、窝阔台的妻子脱列哥那、忽必烈的母亲莎儿合黑塔尼别吉和妻子察必在蒙古政治史上都影响非凡。可对于普通妇女的参政情况我们就无从得知了。但是从上述这些地位显赫、具有影响力的女性来看，蒙古贵族的女性要比当时东亚其他国家的女性享有更多的权利和特权。

在这种情况下，蒙古人统治下的中国，在 13、14 世纪出现了一些颇有成就的女性。这并不是说，此时的普通女性比其他时期拥有更多的权利和职责，而是说，杰出的女性能够走上历史舞台。例如，忽必烈的一个女儿独自生活，她对自己的宗教信仰十分虔诚，最终成为大都（元朝时北京的名称）潭柘寺①中颇有名望的尼姑。忽必烈的重孙女祥哥公主则收集了很多汉人的艺术品。

另一位和忽必烈同时代的女性——管道升——是当时最负盛名的女画家。她所画的竹子、兰花和梅花被当时的鉴赏家珍藏，但是评价不是很高，当时人认为其装饰性强于思想性。……

也许无论在什么环境下，管道升都能完成精美的书画作品，然而蒙古人统治下的中国却给予女性较多的机会。这或许激励了她去追求自己的艺术生涯，也让她的作品更易于为人接受。把蒙古人理

---

① 原文为 Miao-yen temple，据史实应为潭柘寺。忽必烈的女儿妙严公主曾在此出家，但潭柘寺并未因此而改名为“妙严寺”。

想化固然有违历史，但是也不能因为他们通常的反面形象就否认他们对中华文明的贡献。

穆斯林的阿拉伯和其他宗教*

艾伯特·哈比伯·霍兰尼

6世纪末7世纪初，先知穆罕默德开始在阿拉伯半岛西部传教，这就是后来的伊斯兰教。穆罕默德的教义后来被记录整理为一本神圣的经典——《古兰经》。不久之后，军队开始以其教义的名义，征服阿拉伯半岛及其邻近地区。后来，伊斯兰教占据了从马德里到巴格达的广大区域。虽然穆斯林的政治统治并不长久（到10世纪时，已有几个争权夺位的哈里发），然而伊斯兰教和阿拉伯语却传播开来，从印度次大陆到西亚和北非都占有重要地位，通过宗教、习俗规范和贸易活动把不同的地区联系到了一起。在大多数地方，伊斯兰教学会了与其他的传统习俗和文化共存。

在下面的节选文献中，世界上最著名的阿拉伯史专家之一——艾伯特·哈比伯·霍兰尼（Albert Habib Hourani）描述了在11世纪之后的一段时期内，中东地区的民族、文化和传统习俗的多样性。

思考：在该地区涌现的众多宗教传统；这些宗教传统何以时而共存发展、时而又严重冲突。

---

* Albert Hourani, *A History of the Arab People* (Cambridge, MA, Harvard University Press, 1991).

虽然在11世纪以前，伊斯兰教是统治者的宗教，地位很高，教徒人数不断增多，但在阿拉伯半岛之外的一些地方，它却不一定是大多数人的信仰。同样，虽然阿拉伯语是高雅文化和大部分城市居民的语言，但在穆斯林征服之前，其他语言仍然在使用。到15世纪，伊斯兰教的洪流席卷了这一地区，虽然早期的正统教派依然存在，但在这一时期，占主导地位的则是逊尼派。在阿拉伯西南部和撒哈拉边缘地区，有一些伊巴底斯人的组织，他们宣称是分离者①的灵魂传人。在隋芬之战②后，分离派拒绝接受阿里③的领导。这些人反抗伊拉克和马格里布的哈里发的统治。在也门，很多人追随什叶派中的扎伊迪派。而什叶派中的十二伊玛目派和伊斯马仪派，10世纪时曾在阿拉伯东部占据着重要地位，后来走向衰落。在黎巴嫩的部分地区、伊拉克南部（主要的清真寺所在地）和海湾西岸，十二伊玛目派依然拥有强大的势力。而在也门的部分地区、伊朗和叙利亚，伊斯马仪派的教众则对其信仰坚定不移；他们曾对叙利亚的阿尤布王朝④和更东边的塞尔柱王朝的逊尼派统治者发起过地方反抗运动。什叶派的分支——德鲁兹教派和奴赛瑞⑤同样存在于叙利亚。在伊拉克北部有亚齐德派，其信仰有基督教和伊斯兰教的成分；伊拉克南部的曼达派成员的信仰则源于更古老的宗教信仰和习俗。

---

① 其信仰之一是，任何犯了大罪的人实际上已经成了背教者，应该受到死刑的惩罚。

② 指公元657年春，第四任哈里发阿里与叙利亚总督穆阿威叶在叙利亚边境幼发拉底河右岸的隋芬平原进行的一次战役。

③ 穆罕默德的堂弟和女婿，四大哈里发中的第四位，656—661年在位。

④ 12世纪末到13世纪中期的伊斯兰王朝，由萨拉丁·优素福·本·阿尤布所建，统治整个埃及、今伊拉克北部、叙利亚大部和也门。

⑤ 今天这些人自称为“阿拉维”或“阿拉维特人”，意思是“遵循阿里教导的人”。

到 12 世纪，马格里布的基督教教堂已基本绝迹，但是在安达鲁斯的伊斯兰王国中，很多人信仰罗马天主教。15 世纪，科普特教徒仍是埃及人口的重要组成部分，虽然由于有人改变信仰而使其人数呈下降趋势。再往南，在苏丹北部，基督教在 15 或 16 世纪就消失了。这是因为伊斯兰教越过红海，沿着尼罗河谷传播开来。在叙利亚各地和伊拉克北部，基督教团体依然存在，尽管规模已缩减。其中有些团体——主要是在城市——属于东正教，而另一些属于其他教派，它们对于耶稣基督的本质看法不一，其中包括“叙利亚正教派”或者说“基督一性论者”①，以及聂斯脱利教派②。在黎巴嫩和叙利亚的其他地区，还有属于第四种基督教派的马龙派教徒，他们遵循“基督一志论”③ 的教义。但在 12 世纪，十字军统治叙利亚海岸的时候，他们接受了罗马天主教和教皇的至上权威。

犹太教在阿拉伯的伊斯兰世界中传播更广。在伊斯兰教到达马格里布地区之前，该地区就有相当一部分农民信奉犹太教。后来，该地区农村仍有犹太教团体，也门和新月沃土地区的情况亦是如此。在马格里布的大多数城市里也有基督教徒，他们在贸易、制造、金融和医学领域具有重要地位。大部分犹太教徒属于犹太教的主流教派，他们接受口头教规和据此成文的犹太法典《塔木德》。然而在埃及、巴勒斯坦和其他一些地方，还有卡拉派信徒。他们不接受犹太法典，只遵循源于圣经的教规。

这一时期很多犹太团体的成员都说阿拉伯语，尽管他们说的是

① 该教派坚信基督只有一个神性。

② 该教派认为耶稣同时是两个实体，即神和人。

③ 基督教的一个派别，认为基督虽具有神、人两性，但只有一个意志和作用，即神的意志和作用。

具有自己风格的阿拉伯语，而做礼拜时用的还是希伯来语。此外，阿拉伯语还在新月沃土、埃及和西班牙的基督教徒中传播。阿拉姆语和叙利亚语虽然仍是礼拜用语，但它们在口语和书面语中的使用日益减少。到了 15 世纪，埃及的科普特语除了在宗教方面，人们已不使用了。安达鲁斯的很多基督教徒都采用阿拉伯语作为自己的语言，尽管他们的罗马语言并未消亡，而且还有复兴的趋势。在阿拉伯语的洪流中，处于边缘山区和沙漠地区的人们仍使用其他的语言，如伊拉克北部山区的库尔德语、苏丹北部的努比亚语和南部的多种语言、马格里布地区和撒哈拉山区的柏柏尔语。不过，库尔德人和柏柏尔人都是穆斯林，当他们接受一定的教育后，他们就会进入说阿拉伯语的圈子。

蒙古人和奥斯曼土耳其人*

C. E. 博斯沃思

一提到蒙古人，人们想到的通常就是一大群征战的士兵，所到之处伤亡无数，遍地废墟。同样，奥斯曼土耳其人也通常被认为是可怕的士兵。这两个善于征服他人的民族都建立起自己的帝国，并保持了相当长的繁荣时期。在以下的选段中，C. E. 博斯沃思（C. E. Bosworth）研究了蒙古人和奥斯曼土耳其人，对普遍的错误看法和事实真相进行了比较。

思考：蒙古人的统治带来了怎样的后果；为什么奥斯曼土耳其人会如此成功；为什么西方人对这些民族的看法是偏颇的。

---

* R. M. Savory, ed., *Introduction to Islamic Civilization* (Cambridge University Press, 1976), pp. 23-25.

13、14 世纪，蒙古人的入侵使埃及以东的伊斯兰世界进入了多事之秋，在这一时期，出现了许多强大而长久的帝国。……

虽然在人们的普遍印象中，蒙古人和哥特人、匈奴人、汪达尔人一样，都是十恶不赦的破坏者，然而他们达到征服的目的后，便收敛了暴力。蒙古人的统治也有可取之处。他们统治了旧世界从乌克兰到朝鲜的大部分土地，从而使东西方的文化交流有可能达到空前规模。中国艺术的技巧和主题明显开始影响伊斯兰的波斯艺术。人们可以自由穿越中亚地区而不受政治边界的阻碍，这是空前绝后的。传说中有一个基督教王国，国王被称作“祭司王约翰”。人们曾猜测，他就是蒙古大汗。为了寻找这个传说中的王国，许多欧洲人来到蒙古，给我们留下许多关于蒙古生活的精彩记录。……

与古典时代后期的任何穆斯林势力相比，奥斯曼土耳其人的力量更为强大，他们让基督教的欧洲人心惶惶。对此，伊丽莎白时代研究土耳其的历史学家理查德·诺利斯（Richard Knollys）称之为“当今世界的恐慌”。土耳其军队严于律己、吃苦耐劳。因此，土耳其的入侵，对欧洲而言确实是一大威胁，甚至他们有两次抵达了维也纳。最初，奥斯曼人是安纳托利亚西北地区一支叫作“加齐”（意为受神秘力量鼓舞的战士）的队伍，他们在那里与衰败的拜占庭帝国交锋，最终凭借其英勇善战使其他的土耳其队伍黯然失色。……

奥斯曼人的勇猛，很大程度上要归因于他们的军事奴隶制。……他们的禁卫军或“新军”是经过严格训练的、最精锐的部队；部队的将士是从巴尔干半岛招募来的，后来还有安纳托利亚人。这种情况从 14 世纪晚期一直持续到 18 世纪早期。如同阿拉伯人在其扩张的最初阶段一样，土耳其人自身只是稀疏地散布在庞大的帝国领土上的一个军事阶层。利用被征服的民众，这是他们后来在巴尔干地区开发人力而采取的一个高明手段。他们对禁卫军进行长期的高强度训练。其军队纪律严明、武器精良（奥斯曼军队从 15 世纪中期就开始使用火炮和手枪），因此给欧洲人造成了凶悍和不可战胜的印象。

然而在其鼎盛时期，奥斯曼帝国是继早期的阿拉伯帝国之后，伊斯兰世界最强大、统治时间最长久的国家。在这片曾经混乱和喧嚣的土地上，它实行的是专制而有效的统治。只是到了后期，西方的政治和经济压力导致了奥斯曼帝国行政管理的衰弱和内部经济的衰落，由此，奥斯曼帝国的统治才开始没落。

第 10 章

西方社会的秩序探求：欧洲中世纪（500—1300）

公元 6 世纪西罗马帝国衰落，由此终结了地中海以及西方大部分地区由希腊罗马文明构筑的政治和文化的统一局面。在地中海与东欧的部分地区，东罗马帝国相对稳定。东罗马帝国以君士坦丁堡为中心，发展成拜占庭帝国，其繁盛一直持续到 11 世纪，此后便陷入长期的衰落。

6 世纪至 13 世纪，中世纪文明形成于欧洲的其他地区，并建立在自 5 世纪和 6 世纪以来的日耳曼风俗、罗马文化和基督教信仰的基础上。

中世纪早期的社会制度起源于上述文化遗产，并逐渐得到发展。通过依靠不断壮大的官僚机构、大量的修道院以及占有大片的土地，基督教会日益强大起来。中世纪的君主政体虽然此时已经形成，但在大部分时期里仍处于弱势；通常更能有效行使政治权力的是地方官员。基于军事服役或土地交换方面的契约义务，欧洲内部逐渐建立起封建关系。许多地方出现了相对自给自足的庄园式的经济社会体系。不过与此前的罗马时期相比，中世纪的文化衰退是显而易见的。诚然，中世纪早期（6—10 世纪）的特征就是分裂与混乱。

尽管欧洲曾有过短暂的复兴，尤其是在 8 世纪与 9 世纪加洛林王朝查理曼大帝的统治时期，但直到 11 世纪和 12 世纪（中世纪的鼎盛时期），欧洲才获得新的活力。在这两个世纪里，欧洲人口增长、对外扩张、经济复兴、城市发展、宗教改革、文化复兴。13 世纪时，这些趋势初见成效。从政治、社会以及文化方面来看，中世纪文明在这段相对繁荣的时期内明显成熟起来。

本章资料主要涉及三个主题。第一个主题是权力。宗教权威与世俗权威的界限是什么？它们如何相互排斥又相互统一？第二个主题是关于这几个世纪里的社会、经济和文化。中世纪出现了怎样的社会秩序？中世纪人们的基本价值观是什么？妇女扮演了什么样的角色？该如何追溯早期资本主义的源头？第三个主题则有关稳定与变革。内容涉及欧洲的政治与社会在中世纪初期的收缩、从 11 世纪开始的扩张以及 11 世纪晚期的收缩。我们在这里还会考察，作为几个世纪以来相对稳定性的根源，拜占庭文明扮演了何种角色。

最后一个主题会把我们带到 14 世纪末和 15 世纪，那是一个让人痛苦而又激动的转型时期。对此，我们将在下一章予以重点讨论。

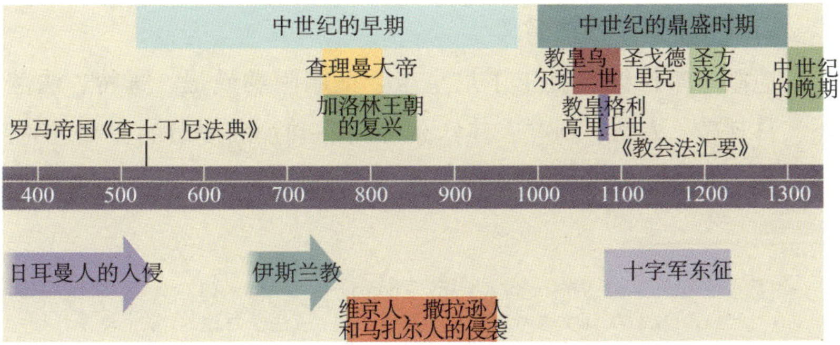

第一手资料

查士丁尼的制度：拜占庭与罗马法遗产*

与西欧相比，东欧与南欧得以长久稳定的支柱乃是拜占庭帝国。通过颁布和采用《查士丁尼法典》(Justinian Code)，拜占庭帝国与此前的罗马帝国保持着一种连续性。该法典于公元528年开始编纂，当时正是查士丁尼（527—565）的统治时期。它汇编了罗马法，并补充新法，还附加了一个学习指南，即《法学总论》（Institutes)。下面的节选段落就引自《序言》和《法学总论》的第1卷。

思考：拜占庭帝国是怎样应对日耳曼人在5、6世纪的入侵；《法学总论》的主要目的是什么；法律在拜占庭帝国扮演了怎样的角色。

序言

以我主耶稣基督的名义

恺撒·弗拉维·查士丁尼皇帝，征服阿勒曼尼、哥特、法兰克、日耳曼、安特、阿兰、汪达尔和阿非利加的虔敬的、幸运的、光荣的、凯旋的、永远威严的胜利者，向有志学习法律的青年们

---

* *The Institutes of Justinian*, trans. Thomas C. Sandars (London: Longmans, Green, 1874), pp. 1-7. 译文参考［罗马］查士丁尼：《法学总论》，张企泰译，1～6页，北京，商务印书馆，1989。

致意。

皇帝的威严光荣不但依靠兵器，而且须用法律来巩固。这样，无论在战时或平时，总是可以将国家治理得很好；皇帝不但能在战场上取得胜利，而且能采取法律手段排除违法分子的非法行径。皇帝既是虔诚的法纪伸张者，又是征服敌人的胜利者。

1. 朕以不懈的努力，极度审慎的态度，并得到上帝的保佑，达到了上述双重目的。朕所统治下的各野蛮民族都能认识到本皇帝的武功，阿非利加和许多其他行省的情况也都证实了这一点。经过了一个很长时期，并由于上苍保佑，我们终于获得了胜利，把它们重新置于罗马统治之下，归入我们帝国的版图。此外，各族人民现在都受治于我们已经颁行或编纂的法律了。

2. 朕将已往杂乱的大量皇帝宪令加以整理使之协调一致以后，就将注意力转向浩繁的古法书籍。我们好像横渡大海一样，由于上苍保佑，终于完成了一件曾经认为是无望的工作。

3. 得到上帝保佑而完成了这件工作之后，朕召见了最杰出的人物、法官、前宫廷财务大臣特里波尼安①以及两位卓越人士，即法学教授西奥菲利斯、多罗西斯②。他们三人早已不止一次地向我们证明了他们的才能、法律知识和对我们命令的忠诚；朕特别委托他们，在本皇帝的权威和指导下编写《法学总论》。这样，你们便可以不再从古老和不真实的来源中去学习初步的法律知识，而可以在皇帝智慧的光辉指引下学习；同时，你们的心灵和耳朵，除了汲

---

① 拜占庭帝国的法律权威和官员，是《查士丁尼法典》编纂工作的主要组织者。

② 两位罗马法学家，是《查士丁尼法典》的主要编纂者，并共同编写《法学总论》。

取在实践中得到的东西之外，不致接受任何无益的和不正确的东西。因此，从前须先学习三年，才能勉强阅读皇帝宪令，现在你们一开始就将阅读这些宪令。你们是这样的光荣，这样的幸运，以至你们所学到的法律知识，从头到尾，都是你们皇帝亲口传授的。

4. 因此，在把全部古法书籍编辑为《学说汇纂》（*Pandects*）共计五十卷以后（这是在杰出人物特里波尼安和其他卓越而有才识的人协助下完成的），朕又命令把这部《法学总论》分为四卷，其中包括全部法学的基本原理。

5. 这四卷简要阐述了一些古代法律，以及那些历久不用而被湮没，经由皇帝权力而重见天日的内容。

6. 这四卷乃是根据古代各卷法学总论，尤其根据我们盖尤斯①所著的几部释义以及许多其他释义编成，由上述三位学者向朕提出。朕详加阅读审核之后，赋予这部著作本皇帝宪令所具有的全部效力。

7. 因此，应该热心接受和不懈努力学习我们这些法律。你们要表明自己学得很精通，因此可以怀有美好的希望，在完成全部学业之后，你们能够在可能委托给你们的不同地区内，治理我们的帝国。

制定于君士坦丁堡，533 年 12 月 11 日，查士丁尼皇帝第三任执政官期间。

第 1 卷

正义是给予每个人他应得的部分的这种坚定而恒久的愿望。

---

① 罗马法学家。

1. 法学是关于神和人的事物的知识；是关于正义和非正义的科学。

2. 在一般地说明了这些概念之后，朕认为开始阐明罗马人民法律的最适宜的方法，看来只能是首先作简明的解释，然后极度审慎地和精确地深入细节。因为如果一开始就用各种各样的繁复题材来加重学生思想的负担，这时候学生对这些还很陌生而不胜负担，那么就会发生下列两种情况之一：或者我们将使他们完全放弃学习，或者我们将使他们花很大工夫，有时还会使他们对自己丧失信心（青年们多半就因而被难倒），最后才把他们带到目的地；而如果通过更平坦的道路，他们本可既不用费劲，也不会丧失自信，很快地被带到那里。

3. 法律的基本原则是：为人诚实，不损害别人，给予每个人他应得的部分。

4. 法律学习分为两部分，即公法与私法。公法涉及罗马帝国的政体，私法则涉及个人利益。这里所谈的是私法，包括三部分，由自然法、万民法和市民法的基本原则所构成。

封建契约与义务*

中世纪时，封建体系开始发展。这一方面是为了弥补由于罗

---

* Edward P. Cheyney, ed., "Documents Illustrative of Feudalism", in *Translations and Reprints from the Original Sources of European History*, vol. Ⅸ, no. 3, Department of History of the University of Pennsylvania, ed. (Philadelphia: University of Pennsylvania Press, 1898), pp. 3, 5, 23-24. "法兰克人的委身文书"译文参考：《世界中世纪史原始资料选辑》，4 页，天津，天津人民出版社，1959。

马的瓦解而造成的空虚，以及中央集权政体的缺点；另一方面，它又是罗马人的各种制度和日耳曼人的个人奉献与忠诚理念的必然结果。从本质上来说，封建主义是个人之间的一系列契约关系，由伦理与法律来支撑。以下选自7世纪至11世纪的文献便能说明这一点。

思考：封建契约的当事人各自希望获得怎样的利益；封建关系背后蕴藏着怎样的理念；要终止合同或关系，必须具备哪些条件；这些文献反映了当时怎样的社会与政治条件；在这种体系下，个人可以通过哪些方式来保护或提高自身的社会地位。

法兰克人的委身文书（7世纪）

我某某立委身文书于某某大人阁下：

大家知道，我没有任何衣食来源。因此我请求您的恩惠，而您准许我委身于您的保护之下，为我提供帮助和衣食，为此我将服务于您并使您满意。

只要我活着，我将尽我所能服侍您，而且不会脱离您的权力与保护，我将一生服从您的权力，受您保护，如果我们中一方不遵守本协定，应付给另一方若干苏里德。本协定永远有效。……

关于自由农与农奴的法令集（816年）

如果有农奴想离开他的领主，他需用下述罪名中的任何一项来反对他的领主：第一，领主不公正地奴役他；第二，领主的想法危及他的生命；第三，领主与他的妻子通奸；第四，领主故意拔剑攻击他；第五，在农奴把自己交给领主后，领主有能力保护他却并没有这样做。如果领主违背了上述任何一项，那么他的农奴可以无条件地离开他。

沙特尔的富尔贝尔主教（Bishop Fulbert of Chartres）的信函（1020 年）

人们要求我写一些关于忠诚[1]的东西，因此，我根据书上的权威看法，简短地写了如下文字。对其封君宣誓忠诚的人应该牢记六种情况：无害的、安全的、荣耀的、有益的、容易的与行得通的。“无害的”意思是他不应该伤害封君的身体；“安全的”意思是他不应该泄露或者破坏封君用以保护自己安全的秘密或者防御措施；“荣耀的”是说他不得有损封君用以捍卫自己名望的正义感或者其他东西；“有益的”是指他不应该危及封君的财产安全；“容易的”和“行得通的”，意为不得让本来封君很容易做的事变得困难，也不得让本来行得通的事情变得不可行。

不过忠实的封臣也可以躲避这些伤害，但这并不意味着他就可以得到自己的那份财产。这就好比，仅仅远离邪恶是不够的，除非还做了善事。因此，如果封臣希望自己能配享所获的利益并且确实履行了自己的誓言，那么他在做到上面六件事情的同时，还应该忠诚地劝告并且帮助他的封君。

封君也应该在各方面对忠实的封臣施以恩惠。否则，封君就犯下了失信之罪；而封臣如果没有这么做，也属于背信弃义之徒。

书信：世俗权威与宗教权威*

教皇格利高里七世

在中世纪世俗权威与宗教权威的界限常常含混不清。11世纪时，教皇的声望与权力都有所增长，尤其是在格利高里七世(Gregory Ⅶ，1073—1085）时期。格利高里七世决心改革宗教机构，但这很快便与神圣罗马帝国的皇帝亨利四世产生了冲突。冲突的焦点在于，谁有权任命教会高级职位的人选以及谁有权控制宗教方面的财产与税收。直到12世纪，该冲突才算得以解决。但是在接下来的几个世纪里，政教之间的这种冲突一直存在。下面的这些主张是格利高里七世在其书信（约1075年）中提出来的，它表明教皇在当时希望得到的某些权力。

思考：罗马教皇以何种方式声称自己拥有权力，这些权力的统治对象是谁；这些权力可能会给世俗统治者带来怎样的威胁。

罗马教会完全是由上帝建立的。

唯有罗马教皇才是真正统管一切的人。

只有他才能罢免或恢复主教的职务。

罗马教皇的使节虽然级别较低，但他在公会中的地位却高于所有主教，也可以决定是否罢免他们。

唯有教皇可以代表帝国。

教皇是唯一可以让所有国王亲吻自己双脚的人。

---

* James Harvey Robinson, ed., *Readings in European History*, vol. Ⅰ (Boston: Ginn, 1904), p. 274.

他的头衔在世界上是独一无二的。

他可以罢免皇帝。

没有他的同意，任何公会都是非法的。

没有他授予的权威，任何书籍或文章都是异端的。

没有人能够废除他所颁布的法令，只有他自己能够废除所有的法令。

他不受任何人的审判。

任何人都不应该斗胆指责那些追随教皇的人。

罗马教会从未犯错，而且根据基督教的经文，罗马教会也永远不会犯错。

不赞同罗马教会的人就不是天主教徒。

教皇可以为效忠者免除不公正的奴役地位。

圣戈德里克的一生：一位商业探险家*

达拉谟的雷金纳德

在 11 世纪时，欧洲与东方世界之间已经出现了远距离贸易。这些贸易活动完全掌握在拜占庭和穆斯林的商船队手中。在 11、12 世纪期间，贸易活动的参与人数大幅度增加，不仅有地中海地区的民族，还有北欧人。一些情况表明，有的人白手起家，几年后便积聚了一笔相当可观的财富。圣戈德里克（St. Godric）的经历便是这种情况。圣戈德里克生活在 12 世纪，后来因为要去耶路撒冷朝圣而放弃了商人这一职业，并将其财产捐给了教会。圣

* G. G. Coulton，*Social Life in Britain from the Conquest to the Reformation*（Cambridge，England：Cambridge University Press，1918），pp. 415-419.

戈德里克的传记由他的一位朋友完成，亦即来自达拉谟的僧侣雷金纳德（Reginald of Durham）。

思考：这份材料从哪些方面可以证明，资本主义的主要因素在12世纪就已经产生了；该材料反映了中世纪哪些潜在的社会活力。

他决定不再过农夫的生活，而是去学习和实践更复杂的知识。因此，他热衷于商贸活动，开始按照商人的方式来生活。起先，他学会了怎样从小的交易和便宜的货物中获利。从那时起，尽管他还很年轻，便一点一点地开始买卖更贵重的货物并从中获利。在经商的初期阶段，他经常到附近的村庄和农场中走动，兜售陶器。随着时间的推移，他逐渐开始与城市的商人进行交易。而为了得到货物的一般均价，他不停地奔走于城镇与乡村之间、城堡与都市之间、集市的不同货摊之间。……于是不久以后，这个曾在村庄和农场间疲于奔命的年轻人，便由于阅历与智慧的增长而获利颇丰。最初，他在林肯郡做了四年的小商贩，每日步行，背着小陶器。后来他开始经常出国，先是去了苏格兰的圣安德鲁斯，后来又去了罗马。在他的回国途中，他与一群热衷经商的年轻人建立了良好的友谊，因此他开始了更为大胆的历程：频繁地沿着海岸线航行，与周边的国家做生意。就这样，他经常来往于苏格兰和不列颠，经营各种陶制品。在此期间，他学到了很多处世之道。……他不仅是个商人，还是一位航行于丹麦、佛兰德斯[①]与苏格兰等地的船员。……在这些国家，他发现了很多更稀有、更贵重的陶制品。他将这些陶器带往

① 位于欧洲西部，濒北海，包括今比利时的东佛兰德省和西佛兰德省以及法国北部和荷兰西南部的部分地区。

一些没有陶器的国家，结果，垂涎陶器的当地人竟愿意以比黄金还高的价格来购买。由于他在一处以低价买进，又在另一处以高价卖出，因此他从中获取了巨大的利润，积攒了不少财富。

后来，他与一些商业伙伴共同买下一艘商船。出于谨慎，他又和他人购买了另一艘船。再后来，由于他的航海技术过人一筹，所以他成为舵手。……

到现在为止，他的商人生涯已有十六载。出于对上帝的敬畏与服从，他开始考虑将他辛勤积攒的财富捐给慈善团体。于是，他前往耶路撒冷朝圣。在参拜了圣墓之后，他经由孔波斯特拉的圣詹姆斯返回英格兰。

《教会法汇要》：中世纪女性的非上帝形象*

格雷希恩

在中世纪的教会看来，如何确定女性的地位是个问题。一方面，从理论上来讲，女性与男性在精神上是平等的，她们的灵魂与男性的灵魂价值是一样的。但另一方面，人们又普遍认为，女性在法律与社会的层面上低于男性。例如，只有男子才能担任神父。无论是人们的态度还是实际的情况，女性从属于男性的观点是主流。下面这段选自《教会法汇要》（Decretum）的文字强有力地说明了这种观点。《教会法汇要》由意大利北部的法学家格雷希恩（Gratian）于 1140 年左右编纂，是一部系统表述教会律法的文集。

---

* Julia O'Faolain and Lauro Martines, *Not in God's Image* (Harper & Row, Publishers, Inc., 1973).

思考： 这段文字反映了怎样的女性形象；对于这种关于女性地位的观点，格雷希恩是如何进行阐述的；这种态度可能导致哪些后果。

妇女应该服从她们的男人。自然秩序就是要妇女服务男人，就如同孩子应听从家长——次要的服务主要的，这是公正的。

上帝的形象是男性，并且只有一个。女性来自男性，男性如同上帝的代理人拥有上帝的权限，因为他就是上帝的唯一形象。因此，女性不是按照上帝的形象而造的。

女性的权威相当于零。要让她在所有方面都从属于男性的统治。……而且她不能教授知识，不能充当证人、担保人或者决断人。

亚当被夏娃诱惑，而不是亚当诱惑夏娃。因此，这个曾被妇女误导而做了错事的男人应该领导妇女，这样，他才不会因为女性的轻率而再次犯错。

十字军东征的开始*

教皇乌尔班二世

11 世纪的十字军东征使得西方与拜占庭和伊斯兰世界发生了更多的接触。东征不仅表明了西方在中世纪繁盛期的扩张野心，也表明了罗马教皇日益增长的实力与激进的态度。1095 年，为了回应拜占庭皇帝阿历克赛·康尼努斯的请求，教皇乌尔班二

---

* James Harvey Robinson, ed., *Readings in European History*, vol. Ⅰ (Boston: Ginn, 1904), pp. 314-317.

世力主发动十字军东征。在法国的克莱芒宗教会议上，乌尔班发表了如下演说。僧侣罗伯特记录了他的讲话。

思考：乌尔班是如何证明十字军东征的正当性的；乌尔班希望从这次东征中获得什么；这段演讲的对象是哪些人。

“哦，伟大的法兰克人，你们翻越群山，得到上帝的钟爱与垂青——这可以从你们的许多事迹中清楚地看到。由于你们的国家具有特殊的地位，由于你们把信仰和荣耀献给神圣的教会，因而你们与其他任何民族都不一样。在此，我们有话要对你们讲，我们要向你们布道。……

“从耶路撒冷那边，从君士坦丁堡那里，令人忧伤的消息不断传来。一个来自波斯的民族，一个应该遭到诅咒的民族，一个完全背离了上帝的民族，‘一批心术不正、意志不坚定的家伙’，残暴地蹂躏着基督徒的土地，烧杀掳掠，无恶不作。他们把一些人掳去当自己的奴隶，而把另一些人残忍地杀害。他们不是摧毁上帝的教堂，就是把这些教堂用作异端邪教的场所。他们用不洁之物玷污我们的圣坛，而后再毁掉它们。……现在，希腊人的王国被他们肢解，领土被他们大肆攫取。他们所占领的土地，你就是走两个月也走不完。

“你们要比所有的民族都优秀，上帝赐给你们非凡的武力、巨大的勇气、敏捷的身手，还有足以让你们降服反抗者的力量，如果不靠你们，那还能靠谁去纠正错误、恢复领土呢？你们的祖先，查理曼大帝、他的儿子路易以及其他的君王，曾是无比地荣耀和伟大。他们摧毁土耳其人的王国，把神圣的教堂遍布在异教徒的土地上。就让你们祖先的这些行为鼓励你们、激发你们，去建立光辉的业绩吧！现在陷入不洁民族手中的耶稣基督的圣墓正召唤着你们，正在遭受不洁之人玷污的圣地正激励着你们！啊，无敌先祖的勇士和子孙们，不要堕落，请回想一下你们祖先的英勇事迹！

“如果你深陷亲情的包围，请想想主的福音：‘爱父母过于爱我的，不配作我的门徒。’‘凡为我的名撇下房屋，或是弟兄、姐妹、父亲、母亲、妻子、儿女、田地的，必要得着百倍，并且承受永生。’不要因你们的财富和家庭而受到羁绊。因为你们居住的这片土地，完全被群山和大海包围，十分狭小，无法养活许多人。不仅如此，这片土地还非常贫瘠，甚至不能达到耕者有其食的程度。正因如此，你们才会相互残杀、彼此争斗，结果让自己的兄弟在内耗中命丧黄泉。

“让仇恨从你们中间消失，让争吵终止，让战争停歇，让一切争辩和倾轧休止，踏上奔赴圣墓的征途吧！从那个邪恶的民族手里夺回圣地吧！那个地方，如同《圣经》所说，是上帝赐给以色列的后嗣的，遍地流着奶和蜜。耶路撒冷是大地的中心，肥沃而丰腴，超过其他一切地方，它简直就是另一个充满欢乐的天堂。这座城，由于人类的救世主在此诞生而驰名于世，由于他在此居住而美丽富饶，由于他在此受难而变得圣洁，由于他在此辞世而获得救赎，由于他在此安葬而赢得不朽！

“然而，这座位于大地中心的高贵之城，现在却落入基督的敌人手里！他们根本不知道上帝，并且沉迷于异教的崇拜之中。所以，耶路撒冷渴望你们的解救。她之所以特别向你们求助，是因为——正如我们说过的——上帝让你们位列其他民族之上、拥有伟大的武力！所以，请立即踏上征程吧！这将救赎你们的罪过，在天国里收获不灭的荣光！”

方济各会的规则*

阿西西的圣方济各

在中世纪，基督教每过一段时期就会发起改良运动。而在 13 世纪，最重要的一次运动是由方济各会（约 1181—1226）发起的。方济各会的成员是一群虔诚的普通信众，他们聚集在阿西西的圣方济各（Francis of Assisi）左右。圣方济各出生于一个商人家庭，家里人希望他能从事世俗行业。但经历了情感的深刻转变后，他放弃了世俗事务，转而追求一种禁欲、说教和贫困的生活。他和他的追随者没有居住在修道院。相反，他们四处云游，在城市地区尤为活跃。即使教会尚未正式把它看作是异端，该组织实际上对教会已构成了潜在的威胁。不过随着下面这些教条逐渐被采纳，罗马教皇在 1223 年正式将方济各会承认为正统的。

思考：为什么方济各会的教条能够如此成功；这些教条对社会或教会起到了怎样的作用；这篇文献反映了宗教教条的哪些问题。

这是小弟兄的教条与生活，即通过顺从、贫穷和纯洁的生活方式，遵守我主耶稣基督的神圣福音。兄弟圣方济各承诺，他将服从并尊敬教皇霍诺留斯及其合法继任者，还有罗马教会。其他兄弟一定要听从圣方济各以及他的继任者。……

我以主耶稣基督的名义劝告、警告和忠告我的兄弟们，他们在

* Oliver J. Thatcher and Edgar H. McNeal, eds. and trans., *A Source Book for Medieval History* (New York: Scribner's, 1905), pp. 499-507.

世间不应该喜欢争吵，也不应该热衷于争论或评论他人。他们应该是文雅的、平静的、善良的、温和的以及谦虚的。除非绝对必要或者身体虚弱，否则他们不应该骑马。当他们进入一间房屋的时候，他们应该说："愿这间屋子充满安宁。"在神的福音指导下，他们才可以品尝面前的食物。

我严厉禁止任何兄弟收受财物，不管是当面收受还是通过别人收受。然而对于患有疾病的人，或是为了给其他兄弟添置衣物，高级牧师与修道院院长可以根据实际需要，根据地点、季节以及那些人居住环境的寒冷程度而提供帮助。但正如已说的那样，他们不得接受财物。

被神圣的主赋予工作能力的兄弟应该忠诚而专心地工作，因此，懒惰——这个灵魂的大敌——就会被排除在外，它无法磨灭世间万物祈祷与奉献的精神。至于他们的劳动所得，他们可以接受一些必需品，但绝对不是金钱或财物。他们应该谦卑地接受给予他们的任何东西，因为他们是上帝的仆人，是最神圣的贫乏生活的实践者。

兄弟们不应该拥有任何自己的东西，无论是房屋、土地还是别的东西。他们是这个世界的朝圣者和陌生人，他们以贫困与谦卑服侍上帝，让他们安心地祈求施舍吧。不要让他们以此为耻，因为是主叫他们贫穷的。这是至高无上的贫困！它会让你们——我最亲爱的兄弟们——成为天国的后嗣与王者！尽管你们会因此在物质上贫乏，但在精神上，你们却能得到提升。……

我严禁所有的兄弟与那些招人怀疑的女性发生任何联系或对话。禁止他们进入女修道院，除非教皇给予特许。禁止男性与女性成为亲密的朋友，以免发生兄弟们的丑闻。

视觉资料

福音书的插图：基督教与中世纪早期的文化

在中世纪早期，艺术就已经十分宗教化了。许多保存下来的绘画事实上就是宗教文本的缩影。例如，下面这幅描绘四位福音圣徒的图画（见图 10－1），就是 9 世纪早期加洛林王朝的福音书插图。每个传道者都在撰写各自的福音书，每个人的旁边都有自己的象征物：与马太相伴的是一个男人，与约翰相伴的是一只鹰，与路加相伴的是一头牛，与马可相伴的是一只狮子。

这幅画反映了中世纪早期的很多方面。首先，它暗示了基督教的地位。对于刚刚接受基督教的人类文明而言，这幅画从视觉上证实了圣经的真实性。因为画面上的四位福音圣徒是在独立撰写，但他们留下的却是相似的记载，由此证明《新约》是基本真实的。其次，它反映了在这个完全宗教化但相对无知的文明阶段，艺术所具有的部分作用。在这里，这幅画讲述了一个故事，而重要的人物都有独特的身份象征。第三，这幅画的风格与构图表明，创作者很可能是拜占庭人或是深受拜占庭艺术的影响。而拜占庭的影响在查理曼大帝时期的一系列类似作品中都有明显体现。这足以表明，当时的人们承认古典文化和拜占庭文化的优越性；此外，或许还能反映出西欧社会的某种文化自卑感。

思考：这段时期艺术创作的目的是什么。

图 10-1

巴伐利亚州立图书馆提供

中世纪的生活

从 11 世纪到 15 世纪，尽管人们的生活发生了巨大的变化，但在很多基本方面仍是相似的。下面这幅画（见图 10-2）创作于中世纪晚期，出自林堡的波尔（Pol de Limbourg）之手，是一本供祈祷者每日使用的书《最美祈祷书》（*Très Riches Heures du Duc de Berry*）里的插图。这幅画描绘了 10 月的一天：一位农民在一块面积很小、刚刚犁过的田里耕作；他的身后流淌着塞纳河，河岸上站着几位贵族；他们的后面就是卢浮宫，一座位于巴黎的哥特式皇家城堡。这幅画体现了中世纪的典型生活：农业是

图 10-2

法国尚蒂伊的孔代博物馆提供

社会的基础、季节的重要性、社会各阶级之间的巨大反差、象征着军事力量和地位的巨大城堡在不断扩建。

思考：这位画家描绘了农民生活的哪些特征；如果一位贵族看了这幅画，他会有何反应。

中世纪的收缩

在中世纪，欧洲各地的城市陷入衰落。地图10－1展示了由罗马人建立的特里尔城在中世纪早期的情况。当时这座德国城市

地图10－1　城市衰落（中世纪早期）

的面积越来越小，人们弃用了罗马人修建的整齐街道。有些罗马建筑被保留了下来，并且继续使用；而在城里城外，人们又新建了很多教堂。

地图10-2则从一个更宽泛的角度描述了欧洲的相对衰弱和收缩。在9、10世纪，三大非基督教群体给欧洲带来了不小的压力，他们是：来自南部的撒拉逊人（他们是穆斯林），来自东部的马扎尔人以及来自北部的维京人（这是对斯堪的纳维亚地区不同部族的统称）。撒拉逊人为了加强对西班牙的统治，从基督教手中夺取了地中海西部地区的控制权，并且不断袭击南欧的大部分地区，尤其是法国与意大利。马扎尔人从其领土东部出发，沉重打击了欧洲的中部、西部和南部。而维京人则最具机动性。他们不仅在地中海区域与撒拉逊人展开竞争，而且其活动范围东至斯拉夫，西及英格兰，并且包括欧洲北部与西部海岸。

这两幅地图显示了在中世纪早期影响西方基督教世界的某些地缘政治问题。当时基督教世界的君王们为了抵抗上述入侵，不得不分散中央权力并采取相应的封建政策。而入侵者对基督教圣地和官员的不尊重，进一步加深了对基督教组织活动的破坏程度。同时，贸易活动已不能安全地进行，因此欧洲商业也遭受打击。所有这些都导致了欧洲的向内收缩。这便是当时各地与各国的地理、政治的真实情况。不过对于这些侵略者尤其是维京人来说，由于他们最终皈依了基督教并适应了新环境，因此，当时的西欧社会逐渐出现了一种文化融合，涌入了一股新的活力。

思考：中世纪早期的欧洲地理情况在哪些方面促进了封建制度的发展；这两幅地图如何证明了“中世纪早期是西方的衰落时期”这一观点。

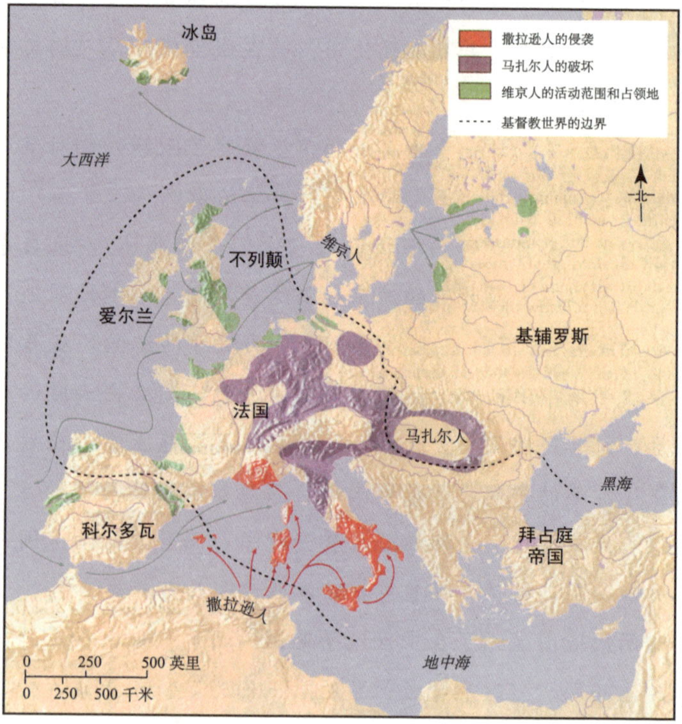

地图 10-2 非基督教群体的压力（9 世纪与 10 世纪）

中世纪的扩张

地图 10-3 显示的是德国黑林山的定居点在 9 世纪至 12 世纪的发展情况。事实上，大部分拓展发生于 11 世纪至 12 世纪。在这个案例中，许多定居点由策林根公爵计划并实施。他们还控制着一些修道院，尤其是圣彼得修道院和圣乔治修道院。到 12 世纪中期，策林根家族已经在弗赖堡、菲林根以及奥芬堡等地修建了一些具有战略意义的城镇。这样，他们得以统治整个地区。

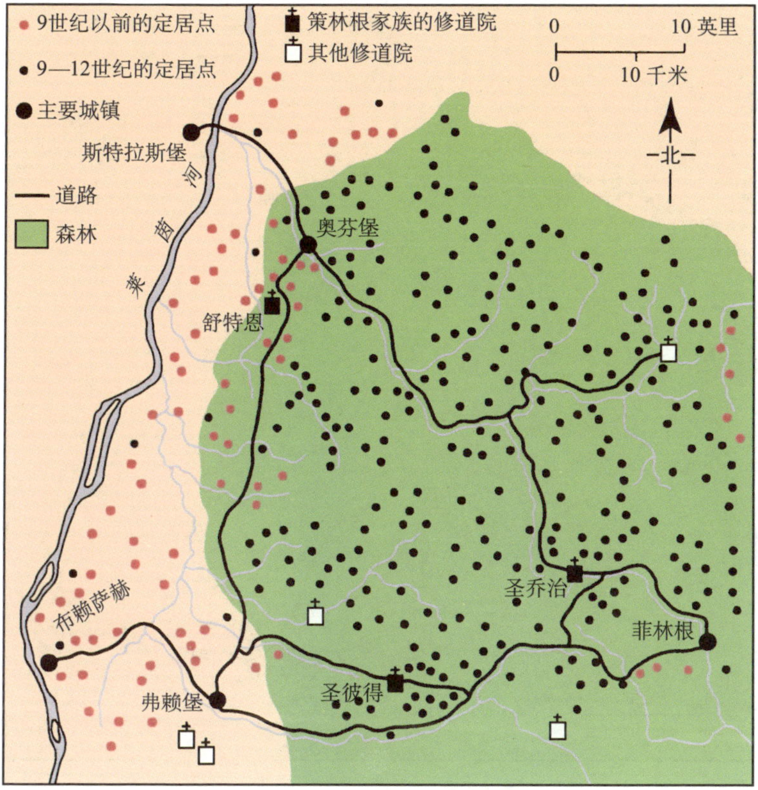

地图 10－3 有计划的定居活动（日耳曼人）

地图 10－4 则说明了欧洲与基督教世界在此期间的对外扩张情况。实施扩张活动的有疆域刚刚拓展的拜占庭帝国和皈依了基督教的维京人（现在已是诺曼人）。此外，扩张活动还包括直接受宗教原因驱使的国内军事行动（对西班牙的再次征服）和国际军事行动（对圣地耶路撒冷的十字军东征），以及意大利与德国北部城市和国家的政治与商业扩张。

地图 10－4 对外扩张

对外扩张与对内扩张互为补充，反映了中世纪繁盛时期的普遍活力。

思考： 这些地图从哪些方面反映了基督教文明的扩张，这种扩张是怎样发生的；试比较这两幅地图与前面的两幅地图，指出中世纪早期与繁盛时期的不同之处。

第二手资料

穆罕默德与查理曼大帝：中世纪文明的开端*

亨利·皮雷纳

在传统意义上，罗马文明与西方中世纪文明的断裂可以追溯到公元 5 世纪时日耳曼人的入侵。根据这种观点，到 6 世纪时，西方在政治制度、商业、社会生活和城市等方面经历了巨大的变迁与衰退，罗马顶多只是一个遥远的回忆；中世纪的早期便从这时开始。然而在 20 世纪二三十年代，这种观点遭到比利时历史学家亨利·皮雷纳（Henri Pirenne，1862—1935）的挑战。他认为，5 世纪、6 世纪以及 7 世纪上半叶存在相对的连续性。作为伊斯兰教兴起的后果之一，中世纪的转型发生在 650 年至 750 年之间。很长时间里，皮雷纳的观点被广泛接受。尽管有历史学家对其观点的重要部分提出了质疑，但是所有的中世纪研究者都必须面对他的这种观点。

思考：日耳曼人的入侵并未造成古典时期的中断，皮雷纳是如何解释其原因的；皮雷纳认为中世纪的转型完成于公元 800 年，他的理由是什么；在皮雷纳眼里，哪些重要方面才是中世纪文明与 5、6 世纪文明的不同之处。

根据前面所说的数据，我们可以得出两个基本结论：

1. 日耳曼人的入侵既没有摧毁古代世界在地中海地区的统一

---

* Henri Pirenne, *Mohammed and Charlemagne*, trans. Bernard Miall (London: George Allen & Unwin Ltd., 1958), pp. 284-285.

性，也没有终结罗马文化的本质特征。虽然西罗马帝国已经在公元5世纪灭亡，但这些特征仍然延续着。

尽管随后出现混乱与破坏，但并没有催生出新的原则——无论是经济或社会方面的秩序，还是语言状况或既有制度。得以留存下来的就是地中海文明。正是在沿海地区，文化被保留了下来；而正是这些文化促进了时代的变革：修道院制度、盎格鲁—撒克逊人的转变以及蛮族艺术等等。

在东方还有一个重要的因素，即君士坦丁堡，它是当时的世界中心。公元600年的世界格局与公元400年的格局并没有太大的差别。

2. 导致古典时代结束的原因是伊斯兰教出人意料的快速发展。这种发展致使东西方彻底分裂，地中海的统一局面走向终结。曾属于西方共同体的非洲与西班牙诸国，在此之后转入巴格达的势力范围。这些国家中出现了另一种宗教，这是一种完全不同的文化。西地中海成为穆斯林的湖泊，完全不复当年作为贸易与思想通道的盛况。

西方被完全封锁，只能依靠自有的资源为生。人类生活的轴心在历史上首次由地中海向北部转移。由于这种变迁，墨洛温王朝[①]衰落了，另一个王朝诞生了，即起源于日耳曼北部地区的加洛林王朝。

当时，罗马皇帝由于需要与穆斯林作战而无暇保护教皇，因此教皇不再依靠皇帝，而是与这个新王朝结成联盟。教会亦是如此。在罗马及其附属国，教会没有竞争者。国家无力维系统治，不得不

① 统治法兰克王国的第一个王朝（481—751），相传以创立者克洛维的祖父法兰克人酋长墨洛维的名字命名。

走向封建化——这是经济衰退的必然结果。因此，教会的权力变得空前强大。这些变化所带来的结果，在查理曼大帝之后表现得尤为明显。处于教会和封建制度统治下的欧洲呈现出一种全新的格局，不同地区之间略有差异。可以说，中世纪这时才算开始。因此，转型时期被拖延到这个时候。有人认为，转型时期大概持续了整整一个世纪——从 650 年到 750 年。正是在这段政治混乱的时期，古典时代的传统才全部消亡，新的因素才浮出水面。

公元 800 年，转型期随着新帝国的建立而结束。① 这个新兴帝国给西方带来了一个全新的罗马，使得东西方的决裂具有一种神圣的色彩——新帝国的建立乃是与旧帝国决裂的明显证据，尽管后者在君士坦丁堡依然存在。

圣洁与权力：中世纪女性的双重追求*

乔·安·麦克纳马拉　苏珊娜·F. 威姆普

人们通常认为，中世纪女性的社会地位并无大的改变。但在下面的节选文字中，研究中世纪的历史学家乔·安·麦克纳马拉（Jo Ann McNamara）与苏珊娜·F. 威姆普（Suzanne F. Wemple）试图证明，许多女性的境遇在 9 世纪时得到了很大改变。

思考：婚姻习俗是怎样变得更加合乎女性利益的；女性在财产继承权方面的变化带来了哪些社会影响。

---

① 指查理曼接受皇帝的称号，被确认为罗马帝国的合法继承者。

* Jo Ann McNamara and Suzanne F. Wemple, "Sanctity and Power: The Dual Pursuit of Medieval Women", in *Becoming Visible: Women in European History* (eds. Renate Bridenthal and Claudia Koonz), pp. 103-104.

到 9 世纪时，一系列复杂的社会进步促成了女性地位的提高，而在过去，她们总是服从于家庭的利益。由于拥有属于自己的财产，女性能够在社交允许的范围内确保自己的独立性。日耳曼人买卖新娘的习俗也已彻底消失。新郎无须付给新娘家一部分钱来买新娘，他可以直接赠给新娘礼物，比如一块属于她的田地。此外，新郎通常还会在完婚后的第二天早上，送给新娘一份新婚礼物。除了从婚姻中获得经济独立外，9 世纪的女性还获得了更多的财产继承权。妇女不但可以接受自己亲属或丈夫亲属的动产，而且当时的法律与实际情况也允许妇女继承不动产。这一趋势大概始于 8 世纪，当时有一位宠爱孩子的父亲给儿子和女儿留下了份额相同的财产。他认为他这样做是正确的，因为他说性别歧视是“不虔诚的陋习”，而这与上帝的法律相悖，同时也与他对子女们深深的爱相悖。

妇女能够继承遗产，这给社会带来了深远的影响。对此，当代的人口统计学仍在进行研究。尽管当时的年轻女子在面对婚姻时无法违背父母的意愿，但是由于她们有自己的财产，所以她们在婚后是独立的。查理曼大帝死后，他的女儿们之所以能够摆脱她们的兄弟，过上一种独立的生活，正是因为她们的父亲给予了她们大量的财产。寡妇的地位也有所提高，如果她们能够管理儿子的财产和丈夫的遗产的话。不过这种变化所带来的最大影响，则表现在英国的政治历史上。阿尔弗雷德大帝的女儿埃塞弗莉达是麦西亚[①]国王的遗孀。在她漫长的统治时期，她与她的哥哥合作，坚守其父对待挪

---

① 英格兰中部的一个盎格鲁—撒克逊王国。盎格鲁人于公元 500 年开始定居于此。在奥发统治期间（757—796）国力达到鼎盛。874 年，王国被丹麦人推翻，并分裂成两部分：威塞克斯和施行丹麦法律的地区。

威入侵者的遏制政策。他们以威塞克斯为中心，共同建立了一个强大的中央集权政府。埃塞弗莉达一生都在与丹麦人、爱尔兰人和挪威人作战。在她去世时，她没有将王国交给自己的女儿（法定的女继承人），而是交给了她哥哥。这一举动及其承认盎格鲁—撒克逊具有至高无上地位的断言，一方面破坏了麦西亚的独立，但另一方面又确保了威塞克斯和阿尔弗雷德的后裔能够统治英格兰王国。不过具有讽刺意味的是，埃塞弗莉达对英国的未来所做出的卓越贡献，却剥夺了其他女性获得统治权力的机会。

中世纪的价值观*

雅克·勒·戈夫

中世纪社会具有特定的价值观，这些价值观指导人们思考世界以及社会行为。要想将它们概括起来是很困难的；分析这些价值观时，学者们往往会将自己的价值观掺入其中。在下面的节选段落中，法国著名的中世纪研究专家雅克·勒·戈夫（Jacques Le Goff）对当时人们用于思考、行为和生活的基本价值观进行了分析。这里，他所关注的是人们对社会与政治的关切，尤其是等级、权威、反抗和自由。

思考：这些中世纪的价值观到底是什么，它们是如何相互统一的；对中世纪的人来说，正义意味着什么；一个人的社会地位怎样与这些价值观发生关联。

---

* Jacques Le Goff ed.，*Medieval Callings*，（University of Chicago Press，1990），pp. 33-35.

中世纪的人们用某些基本的价值观来引导他们的思想、行为和生活……

等级：在中世纪，个人有义务坚守在上帝为他安排的位置上。社会地位的上升令人骄傲，而地位的下降则是令人羞耻的罪过。人们必须遵从上帝所设定的社会组织，而这种组织正是建立在等级原则的基础上。仿造神的世界而建立的凡尘社会，乃是天使与天使长等阶层的复制品……

权威：从社会与政治的角度来看，中世纪的人们必须服从自己的上级。如果他是牧师的话，他的上级就是高级教士；如果他是一般俗众，那么他的上级就可能是国王、领主、城镇官员或社团领袖。而在智力与精神层面，他也必须对各种权威表示忠诚。其中，首要的就是《圣经》的权威，其次是历史上的基督教权威，比如古典时代晚期的教父、13 世纪以及此后的经院院长。“权威”这个抽象而具有优先性的价值观源自古典时代，通过体现为诸多不同的“权威”而被施加于个人。中世纪人们所须遵从的最高的理智美德和社会美德，就是服从。这是宗教所规定的。

反抗：然而（尤其是在公元 1000 年后和 13 世纪以后），越来越多的人不再接受这种来自上级与权威的统治。在很长一段时间里，争论与反抗的主要形式都体现出宗教的色彩：它们被归为异教。在封建制度的框架内，当领主滥用权力或者忽略了自己的义务时，这种反抗就转化为农奴反抗领主的起义。而大学里的争论则体现出学术的特征。社会的反抗最终以罢工、暴乱和工农起义的形式波及城市与乡村。其中，14 世纪堪称起义的世纪。当时，起义遍及英格兰、佛兰德斯、托斯卡纳和罗马。只要有必要，中世纪的人们就会揭竿而起。

自由：自由是中世纪的人们足以彪炳史册的价值观之一。自由激发人们去反抗。然而矛盾的是，“自由”的口号恰恰是教会提出来的，因为正是在“教会自由”的旗帜下，教会才在教皇的领导下脱离那个在封建制度中臣服于它的世俗社会。从 11 世纪中期开始，在伟大的格利高里的带领下，自由成为一切伟大的改革运动的口号。

后来，由于人们愈加意识到自己的力量，急切地希望扫除自公元 1000 年就有的障碍，因此，农民与新兴的城市居民便要求获得越来越多的自由。农奴的解放与城镇里市民的自由运动交相辉映。这里面最重要的就是自由，自由事实上是公民的基本权利。

拜占庭帝国：失败、衰落与复兴*

罗伯特·布朗宁

1453 年，君士坦丁堡的陷落为历经沧桑的拜占庭帝国画上了句号。然而在此前的三个世纪，拜占庭帝国就已经开始衰败。在下面的节选文字中，罗伯特·布朗宁（Robert Browning）就指出，拜占庭帝国的衰落应该追溯到 1204 年。接着，他分析了拜占庭帝国长期衰落的状况对于西方世界的重要性。

思考：1204 年的拉丁人入侵为何如此重要；拜占庭帝国的长期存在，为什么对于西方世界是十分重要的。

如果人们问历史学家，为什么经历千年兴盛的拜占庭帝国会如

* Robert Browning, *The Byzantine Empire* (Washington, D. C.: The Catholic University of America Press, 1992), pp. 255, 291.

此不光彩地衰亡，那么他一定会说，这绝非由一个原因造成的。许多因素都起了作用，既包括远航船只的改进与中亚地区的气候变化，也包括土地所有者的日益独立，以及加大货币供应量而导致的货币贬值。如果偏要指出一种致命打击，那一定是发生在 1204 年（当时，拜占庭帝国的领土仍从亚得里亚海延伸至叙利亚），而不是在 1453 年（这一年，君士坦丁堡就像一个熟透了的果子从树上掉落那样惨遭陷落）。拉丁人的侵略造成了权力真空，从而使得巴尔干地区信奉东正教的斯拉夫人开始谋求建立自己的国家；他们摆脱了拜占庭帝国的控制，但最后被奥斯曼人征服。敌对与阴谋主导着传统而稳固的政治领导阶层；而后者本来可以凭借其强大的人力与共同的文化，领导巴尔干地区进行有效的反抗。……

十字军在 1204 年对君士坦丁堡的占领，以及拉丁人在拜占庭帝国的废墟上所建立的统治，彻底摧毁了那些曾使拜占庭的艺术、文学和思想达到兴盛的制度。再也没有帝王或法庭能够提供保护。教会虽得以保存，但它的许多财产都落入西方人的手中，它的等级制度也分崩离析、步入绝境。然而许多修道院仍在为艺术的创作和手稿的抄写提供条件，尽管其规模不如以前。那些曾作为 12 世纪文学艺术的源泉、具有深厚文化内涵的大城市，也早已不复存在。现在，人们如同难民一样逃往这个或那个非拉丁人统治的地区，或是彻底地杳无音信。……

对于那些接受过古典教育的人来说，再也不可能在教会或国家的官僚体系中谋得职位。帝国的工厂也大规模地消失。而丝绸织工、镶嵌细工师、金匠和其他手艺人则被四散驱赶，传承了数百年的技艺也从而失传。

然而幸运的是，拜占庭社会与拜占庭文化被保留了下来，直到西方世界后来发展成熟，开始向它们学习。不过人们所学到的绝不是死板的教条或艺术肖像的画法，而是一个鲜活的、不断发展的社会传统。这个社会承载着丰富的文化遗产，并没有因为这些遗产而被压垮或陷入瘫痪。

生态条件与人口变化*

大卫·赫利希

大多数历史学者认为，中世纪的扩张结束于 1300 年至 1350 年之间；这种变化意味着接下来的是一个收缩、分裂和衰退的时期。以往，人们通常是从政治、军事和宗教的角度分析这种变化。然而在下面的段落中，哈佛大学的大卫·赫利希（David Herlihy）将集中讨论经济方面的问题，尤其是那些导致中世纪的扩张在 13 世纪之后不再继续的经济局限性。

思考：到 1300 年，影响经济扩张的障碍有哪些；经济的变化如何影响社会和政治；中世纪的扩张之所以终结，其原因还有哪些。

然而中世纪的扩张从未取得任何实质性的突破，从未达到现在某些经济学家所谓的“腾飞”（即具备了一种持续增长的内在能力）。大约在 1300 年，一些因素开始妨碍经济的扩张。其一就是技术的相对停滞。尽管中世纪出现了一些重要的技术发明，但是 1300 年的农民仍像其几个世纪前的祖先一样在田间劳作。不过单单技术

* David Herlihy, “Ecological Conditions and Demographic Change”, in *One Thousand Years: Western Europe in the Middle Ages*, ed. Richard L. DeMolen (Boston: Houghton Mifflin, 1974), p. 32.

停滞尚不足以使问题激化。荒谬的是，在13世纪晚期，许多农民并没有按照当时已有的最好方法来耕种。他们主要的障碍倒不是知识的匮乏，而是资金的不足。因为最好的方法是有效地使用牛耕，这既能提供劳力，也能提供肥料。但据我们目前所知，在13世纪许多小规模的耕作者都买不起耕牛，他们只能在田地里用人力耕作，因此效率十分低下。

其二，扩张的局限性还在于当时缺乏相应的制度和价值观，无法把投资尤其是农业投资维系在正常的水平上。尽管城市的面积有所扩大，但是欧洲的大部分土地仍然掌握在军队与教会的贵族手中，他们不愿意把地租的收益拿出来进行再投资。大地主们更愿意把这些钱花在引人注目但却没有任何经济价值的消费品上，比如领主的宅邸、城堡、教堂、战争，或是维持一种奢靡的生活方式。他们宁愿向城市借贷来维持这种没有任何收益的支出。

其三则是资源的持续匮乏，尤其是良田的匮乏。由于最好的土地没有被用来耕种，因此，仍在不断增长的人口就不得不越来越依赖于贫瘠的边缘地区的土地。而这些土地却需要更多的劳力和资本，才能确保一个好收成。在使用那些容易获得的资源方面，欧洲经济当时已趋于饱和。然而它既缺乏技术也缺乏资本来改变这个现状。在许多历史学家看来，资源使用的饱和不仅终止了中世纪中期的经济进步，而且带来了14世纪深刻的人口与经济危机。

注释

[1] 封臣对其封建领主的忠诚义务。

第 11 章

西方社会的转型（1300—1500）

从 14 世纪到 15 世纪上半叶，欧洲大部分地区趋于衰退、分崩与瓦解。人们通常把这段时期称作中世纪晚期，并用“衰落”和“亏减”等词语来描述它。有许多情况可以证实这类说法。由于粮食收成下降、疾病和战争，人口锐减。同时，欧洲的对外扩张也暂时停止。罗马的天主教会面临着一系列矛盾与冲突，比如异教邪说和内部分裂。当时，巨大的社会动荡导致经济条件发生了极大变化。持续的政治矛盾又使之成为战争异常密集的时期。简而言之，这些情况所描绘的内容与中世纪鼎盛时期的画面形成了强烈的反差。

尽管中世纪晚期确实趋于衰落，但与此同时，人类文明在文化艺术创造方面却爆发了一场令人惊叹的变革，这就是“文艺复兴”。文艺复兴始于 14 世纪意大利北部的一些城市，那里的学者与社会精英对古希腊罗马的文学和思想日益产生浓厚的兴趣。于是，随着对古典文明的兴趣增长，一股反对中世纪文明的思想与实践的潮流也出现了。尽管文艺复兴时期的人们宗教意识仍然比较浓厚，但他们却比中世纪的人们更加重视世俗的物质世界。对此，我们可以在

14 世纪至 16 世纪初期的文学、艺术以及意大利北部城市的社会生活中有所发现。北欧虽然有着不同的文化根源与特点，但它在 15 世纪和 16 世纪的大部分时间里，也经历了相似的文化发展与思想变迁。

为了说明欧洲中世纪晚期的分崩离析的情况，本章文献探讨了当时的社会问题。其中一个主要问题就是关于那场发生在 14 世纪中期的瘟疫。当时的人们如何看待那场瘟疫？它对人的心理产生了哪些影响？另外一些资料则会涉及宗教骚乱、城乡暴动以及犯罪状况。

至于文艺复兴，我们将重点关注那些得到历史学家公认的典型特征，比如文学人文主义与人文主义教育。同时，我们也会关注那些反映了人文主义的艺术潮流和文学趋势。我们的一个核心问题是：文艺复兴时期在多大程度上与中世纪不同？文艺复兴应该怎样被理解为一个整体？

对于中世纪晚期以及文艺复兴的研究将带领我们进入 16 世纪。当时，欧洲已经开始新的扩张，远远超出了西方世界的原有范围。这将是我们后面几章关注的焦点。

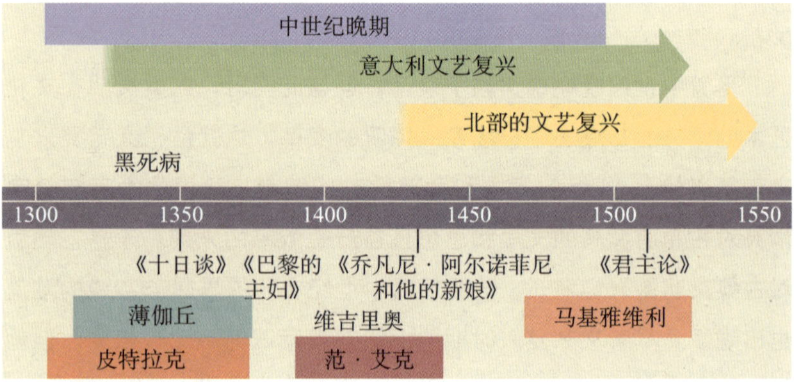

第一手资料

《十日谈》：佛罗伦萨的瘟疫*

乔万尼·薄伽丘

在 14 世纪中期，一场极具毁灭性的瘟疫席卷了整个欧洲。许多城市的人口几乎减少一半，而对于那些活下来的人来说，这场瘟疫的影响也是漫长的。意大利文艺复兴时期著名的人文学家，乔万尼·薄伽丘（Giovanni Boccaccio），便是其中一位幸存者。他的代表作《十日谈》（*The Decameron*）创作于 1348 至 1353 年之间。当时，瘟疫正席卷佛罗伦萨。在作品的开篇部分，薄伽丘对瘟疫进行了描述。下面就是这部分的节选。

思考：面对瘟疫，人们的反应是怎样的；人们通常认为瘟疫的起因是什么，它是如何传播开来的。

在我主降生后第一千三百四十八年，意大利的城市中最美丽的城市，就是那繁华的佛罗伦萨，发生了一场可怖的瘟疫。这场瘟疫不知道是受了天体的影响，还是威严的天主降于作恶多端的人类的惩罚；它最初发生在东方，不到几年工夫，死去的人已不计其数；而且眼看这场瘟疫不断地一处处蔓延开去，后来竟不幸传播到了西方。大家都束手无策，一点防止的办法也拿不出来。城里各处污秽的地方都派人扫除过了，禁止病人进城的命令已经发布了，保护健

* Giovanni Boccaccio, *The Decameron*, in *Stories of Boccaccio*, trans. John Payne (London: Bibliophilist Library, 1903), pp. 1-6. 译文根据［意］薄伽丘：《十日谈》，方平、王科一译，10～17 页，上海，上海译文出版社，1988。

康的种种措施也执行了；此外，虔诚的人们有时成群结队、有时零零落落地向天主一再做过祈祷了；可是到了那一年的初春，奇特而可怖的病症终于出现了，灾难的情况立刻严重起来。

这里的瘟疫，不像东方的瘟疫那样，病人鼻孔里一出鲜血，就必死无疑，却另有一种征兆。染病的男女，最初在鼠蹊间或是在胳肢窝下隆然肿起一个瘤来，到后来愈长愈大，就有一个小小的苹果，或是一个鸡蛋那样大小。一般人管这瘤叫“疫瘤”，不消多少时候，这死兆般的“疫瘤”就由那两个部分蔓延到人体各部分。这以后，病征又变了，病人的臂部、腿部，以至身体的其他各部分都出现了黑斑或是紫斑，有时候是稀稀疏疏的几大块，有时候又细又密；不过反正这都跟初期的毒瘤一样，是死亡的预兆。

任你怎样请医服药，这病总是没救的。也许这根本是一种不治之症，也许是由于医师学识浅薄，找不出真正的病源，因而也就拿不出适当的治疗方法来——当时许许多多对于医道一无所知的男女，也居然像受过训练的医师一样，行起医来了。总而言之，凡是得了这种病、侥幸治愈的人，真是极少极少，大多数病人都在出现“疫瘤”的三天以内就送了命；而且多半都没有什么发烧或是其他的症状。

这瘟病太可怕了，健康的人只要一跟病人接触，就染上了病，那情形仿佛干柴靠近烈火那样容易燃烧起来。不，情况还要严重呢，不要说走近病人，跟病人谈话，会招来致死的病症，甚至只要接触到病人穿过的衣服，摸过的东西，也立即会染上了病。……

活着的人们，每天看到这一类或大或小的惨事，心里就充满着恐怖和种种怪念头；到后来，几乎无论哪一个人都采取了冷酷无情的手段：凡是病人和病人用过的东西，一概避不接触，他们以为这样一来，自己的安全就可以保住了。

有些人以为唯有清心寡欲，过着有节制的生活，才能逃过这一场瘟疫。于是他们各自结了几个伴，拣些没有病人的洁净的宅子住下，完全和外界隔绝起来。他们吃着最精致的食品，喝着最美的酒，但总是尽力节制，绝不肯有一点儿过量。对外界的疾病和死亡的情形他们完全不闻不问，只是借音乐和其他的玩意儿来消磨时光。

也有些人的想法恰巧相反，以为唯有纵情欢乐、豪饮狂歌，尽量满足自己的一切欲望，什么都一笑置之，才是对付瘟疫的有效办法。他们当真照着他们所说的话实行起来，往往夜以继日地，尽情纵饮，从这家酒店逛到那家酒店，甚至一时兴来，任意闯进人家住宅，为所欲为。也没有人来阻拦他们，因为大家都是活了今天保不住明天，哪儿还顾得到什么财产不财产呢。所以大多数的住宅竟成了公共财产，哪一个过路人都可以大模大样地闯进去，只当是自己的家一般占用着。可是，尽管他们这样横冲直撞，对于病人还是避之不及。

浩劫当前，这城里的法纪和圣规几乎全都荡然无存了；因为神父和执法的官员，也不能例外，都死的死了，病的病了，要不就是连一个手底下人也没有，无从执行他们的职务了。因此，简直每个人都可以为所欲为。

还有好多人又采取了一种折中的态度。他们既不像第一种人那样严格节制着自己的饮食，也不像第二种人那样大吃大喝、放荡不羁。他们虽然也满足自己的欲望，但是适可而止，他们并没有闭户不出，也到外面去走走，只不过手里总要拿些什么鲜花香草，或是香料之类，不时放到鼻子前去嗅一下，清一清神，认为要这样才能消除那充满在空气里的病人、药物和尸体的气味。

有些人为了自身的安全，竟抱着一种更残忍的见解。他们说，要对抗瘟疫，只有一个办法——唯一的好办法，那就是躲开瘟疫。有了这种想法的男男女女，就只关心他们自己，其余的一概不管。他们背离自己的城市，丢下了自己的老家，自己的亲人和财产，逃到别的地方去——至少也逃到佛罗伦萨的郊外去，仿佛是天主鉴于人类为非作歹，一怒之下降下惩罚，这惩罚却只落在那些留居城里的人的头上，只要一走出城，就逃出了这场灾难似的。或者说，他们以为留住在城里的人们末日已到，不久就要全数灭亡了。

这些人的见解各有不同，却并没个个都死，也并没全都逃出了这场浩劫。各地都有好些各色各样的人在自身健康时，首先立下榜样，教人别去理会那得病的人，后来自己病倒了，也遭受人们的遗弃，没人看顾，就这样断了气。

真的，到后来大家你回避我，我回避你；街坊邻舍，谁都不管谁的事了，亲戚朋友几乎断绝了往来，即使难得说句话，也离得远远的。这还不算，这场瘟疫使得人心惶惶，竟至于哥哥舍弃弟弟，叔伯舍弃侄儿，姊妹舍弃兄弟，甚至妻子舍弃丈夫都是常有的事。最伤心、叫人最难以置信的，是连父母都不肯看顾自己的子女，好像这子女不是他们自己生的似的。

因此许许多多病倒的男女都没人看顾，偶然也有几个朋友，出于慈悲心，来给他们一些安慰。不过这是极少数的；偶然也有些仆人贪图高额的工资，肯来服侍病人，但也很少很少，而且多半是些粗鲁无知的男女，并不懂得看护，只会替病人传递茶水等物，此外就只会眼看着病人死亡了。这些侍候病人的仆人，多半因此丧失了生命，枉自赚了那么些钱！……

当时整个城里的种种凄惨景象也不必一一细谈了，我只要再补说一句，当城内瘟疫横行的时候，郊外的市镇和乡村也并没逃过这一场浩劫，不过灾情不像城里那样声势浩大罢了。可怜的农民（以及他们的家人），在冷落的村子里，荒僻的田野中，一旦病倒了，既没有医生，也没有谁来看顾，随时倒毙在路上，在田里，或者死在家门口。他们死了，不像是死了一个人，倒像是死了一头牲畜。

城里的人们大难当前，丢下一切，只顾寻欢作乐；乡下的农民，自知死期已到，也再不愿意从事劳动，拿到什么就吃什么；从前他们在田园上、在牛羊上注下了多少心血，寄托过多少期望，现在再也顾不到了。这样，牛、驴子、绵羊、山羊、猪、家禽，还有人类的忠诚的伴侣——狗，被迫离开圈栏，在田里到处乱跑——田里的麦早该收割了，该打好收藏起来了，却没有一个人来过问一下。这些牲口，有许多好像拥有理性似的，白天在田野里吃饱了草料，一到天晚，虽然没有家人来赶，也会自动走回农庄来。

让我们再从乡村说回到城里吧。其实除了说天主对人类真是残酷到极点，还能怎么说呢？当然有些地方也得怪人类太狠心。由于这场猛烈的瘟疫，由于人们对病人抱着恐怖心理，不肯出力照顾，或者根本不管，从 3 月到 7 月，佛罗伦萨城里，死了十万人以上。在瘟疫发生之前，谁也没想到过城里竟住着这么多人。

唉，宏伟的宫室，华丽的大厦，高大的宅第，从前达官贵妇出入如云，现在却十室九空，连一个最低微的仆从都找不到了！有多少显赫的姓氏、巨大的家产、富裕的产业遗下来没有人继承！有多少英俊的男子、美丽的姑娘、活泼的小伙子（就连盖伦、希波克拉底、伊斯克拉庇斯都得承认他们的身子顶结实），在早晨还同亲友们一起吃点心，十分高兴，到了夜里，已到另一个世界去陪他们的祖先吃晚饭了。

《巴黎的主妇》：如何做个好妻子*

中世纪晚期，关于妇女的历史资料并不多见，历史学家也只是在最近才对她们有所研究。不过情况总有例外，著名的《巴黎的主妇》（*Goodman of Paris*）一书便是如此。该书是以一位巴黎商人的口吻，写给自己妻子的书信。从这位商人的角度，该书详细叙述了身为人妻应尽的义务。下文摘自这部 14 世纪晚期的作品，在这里，作者介绍并概述了书中将涉及的内容。

思考：根据这份文献，可以看出当时的妇女处于怎样的社会地位，扮演着怎样的社会角色；在作者看来，什么才是婚姻的目的。

第一部分

在这三个部分中，第一部分对于你获得上帝的爱并拯救你的灵魂来说，是十分必要的，同样，它也可以帮助你获得丈夫的爱，并给你带来婚姻所需要的和平。由于这两件事——挽救你的灵魂以及获得丈夫的安慰——是最重要的，因此，本书将首先论述它们。第一部分包含了九篇文章。

第一篇文章讲述的是，当你醒来、起床、梳洗打扮时，你应该对救世主和圣母玛利亚表示崇拜与感激。

第二篇文章讲述的是，你要作为一个合适的伴侣，去教堂祷

* Eileen Power, trans., *The Goodman of Paris* (London: Routledge & Kegan Paul, 1928), pp. 43-46.

告、选择你的位置、采取明智的行为、做弥撒以及进行忏悔。

第三篇文章论述的是，你应该热爱上帝与圣母玛利亚，终生服侍他们，以他们的优雅做派要求自己。

第四篇文章论述的是，你应该保持节制和贞节，以苏珊娜①、鲁克丽丝②和其他优秀女性作为榜样。

第五篇文章论述的是，你应该像撒拉③、利百加④和拉结⑤那样热爱自己的丈夫。

第六篇文章论述的是，你应该谦卑，顺从丈夫。在这方面，你应该以格丽谢尔达⑥为榜样，而以那个不愿挽救落水丈夫的女子⑦为戒；以回答“我接受”的圣母玛利亚⑧为榜样，而以路西法⑨为戒；以图尔内打赌者的妻子⑩为榜样，而以安德烈塞尔的夫人⑪为

① 圣经故事中的美貌女子，品性贞洁。在自家花园里沐浴时，面对企图施暴的两位长老，苏珊娜坚拒不从。尽管受到威吓，她宁愿屈死于长老的诬告，不愿在上帝面前犯罪。

② 古罗马的贞女，因遭奸污而自杀。

③ 《旧约》中的亚伯拉罕之妻和以撒之母。

④ 《旧约》中的以撒之妻，雅各和以扫的母亲。

⑤ 《旧约》中雅各的第二个妻子，约瑟夫和本杰明的母亲。

⑥ 薄伽丘《十日谈》中的一位女性角色。无论丈夫对她做了什么，她都顺从忍耐，毫无怨言。

⑦ 出自民间故事。一对平日互不买账的夫妻在过一条深沟时，丈夫落入水中，妻子却拒绝施救。寓意在于，如果妻子傲慢自大而不愿顺从丈夫，那不仅会害死丈夫，也会毁掉自己。

⑧ 当天使加百利把上帝的旨意——生育耶稣——带给玛利亚时，她没有因为自己仍是处女之身，害怕遭到旁人污蔑而拒绝。她顺从地回答：“我接受。”

⑨ 《圣经》中的晨星天使，后来抗逆上帝的指令，堕落成魔。

⑩ 本文作者在图尔内发现，一群常在一起吃喝的男子为了决定该谁付账而打赌，看谁的妻子能顺从地重复自己的话；拥有最顺从、最有教养的妻子的那个人就是胜利者。

⑪ 安德烈塞尔是 12 世纪一位有地位的骑士。他的妻子拒绝像别的妇女那样，不问理由，只管按丈夫的要求跳过地上的短棍。

戒；以绍蒙的妇女[1]为榜样，而以罗马的妇女[2]为戒。

第七篇文章论述的是，你应该关心并留意丈夫的为人。

第八篇文章论述的是，你应该保守丈夫的秘密。在这里，我举了下面的例子：帕皮里乌斯的母亲[3]、下了八个蛋的农妇[4]、威尼斯女子[5]、从圣地亚哥-德孔波斯特拉的圣詹姆斯大教堂朝圣归来的妇女[6]和辩护律师的妻子[7]。

第九篇也是最后一篇，讲述的是，如果你的丈夫试图表现得很愚蠢或很精明，你必须明智而谦逊地召回他，就像梅里比乌斯的妻子[8]和托马斯·昆廷的妻子[9]所做的那样。

---

① 本文作者在绍蒙地区发现，一群已婚的年轻人为了凑齐晚饭钱而打赌，看谁的妻子最顺从。他们到每个人家里，让丈夫要求妻子拿出某种小玩意儿。如果谁的妻子多问了一句“干什么用?”，这个人就必须出一法郎。

② 一个小说人物。常常惹恼她的丈夫，最终遭到丈夫的回击。

③ 帕皮里乌斯是一位罗马议员的儿子。他偷听到父亲在议院的讨论，回家后告诉给好奇的母亲，结果后者泄露了秘密。

④ 一位妇女早上起床较晚，邻居敲她的窗户问她是否有事。她却回答自己刚刚下了一个蛋，所以耽误了时间。消息越传越邪乎，到最后变成她下了八个蛋。寓意在于不要散播流言蜚语。

⑤ 一位威尼斯女子在临终前向神甫和自己的丈夫忏悔说，在他们的三个孩子中，有一个是跟别的男人生的。她的丈夫为了保护孩子们的名誉而原谅了她。

⑥ 一位女子跟随情夫出走，抛家弃子，结果受骗而遭到抛弃。她的丈夫花钱四处寻找她，而且还对邻居说，她是到圣地亚哥-德孔波斯特拉朝圣去了。

⑦ 一位担任议员的律师曾在婚前与其他女子生有一个孩子，他把孩子交给一名护士照看。后来，律师的妻子得知此事，找到这个孩子，把她交给一个裁缝当学徒。

⑧ 梅里比乌斯是杰弗里·乔叟（Geoffrey Chaucer）《坎特伯雷故事集》（*The Canterbury Tales*）中的人物，为人急躁。当孩子被敌人杀害后，他要去复仇。而他的贤妻普鲁登斯却给他警示和忠告，让他不要如此冲动。

⑨ 托马斯·昆廷与一位贫穷女子有染。他的妻子发现此事后，却给了这位女子一些新衣服，试图帮助她。当昆廷再次约会这位女子时，得知新衣服是自己的妻子所赠，深感愧疚，从此断绝了与这位女子的来往。

第二部分

第二部分有助于增加家庭收入、结交朋友、节省开支，并帮助你抵御岁月的厄运。这里包含了六篇文章。

第一篇文章讲的是，你应当辛勤而坚定地劳作，保证家庭的正常运转；努力发掘劳动中的快乐，而我也会完成我的那部分工作，这样，我们才能共同抵达梦想的城堡。

第二篇文章讲的是，在照料和栽培花草方面，在相应的季节进行嫁接，在严冬仍可以让玫瑰开放，你至少应该觉得愉悦并掌握一些技巧。

第三篇文章讲的是，你要会挑选劳工，比如仆人、看门人、杂务工以及那些可以连续几小时干重活的劳工。还有裁缝、制鞋人、面包师、面点师等。尤其是你应该能够指导仆人怎样干活，比如怎样撒谷和扬谷，怎样洗衣服又怎样晾干，还要教会仆人怎样照料羊和马等牲畜以及怎样酿造与保存葡萄酒。

第四篇文章讲的是，作为女主人，你应当知道怎样安排午餐、晚餐、器皿以及配菜，并且精于跟屠夫和家禽商贩打交道，懂得香料的知识。

第五篇文章讲的是，你应该懂得如何制作浓汤、酱汁，烹制所有的肉类食品，还要懂得如何照顾病人。

第三部分

第三部分的内容涉及一些游戏和娱乐项目，这些东西极具娱乐性，能够使你心情愉快，并且在同伴面前有话可聊。本部分包括三篇文章。

第一篇文章是关于一些有趣的问题，这些问题通过掷骰子、下象棋、打扑克等奇特的方式进行问答。

第二篇文章讲的是，主妇要懂得如何喂养和训练猎鹰。

第三篇文章讲的是其他一些谜语，它们与计算和数字有关，所以比较难。

致薄伽丘的一封信：关于文学人文主义*

弗朗西斯科·皮特拉克

文学人文主义是一场复兴古典文学及其价值观的运动。在文艺复兴的早期，它居于核心地位。这一潮流发端于14世纪的意大利北部地区；它反映出当时人们关注的焦点已经有所扩展，不仅包括具有典型中世纪色彩的彼岸世界和宗教人物，而且包括此岸世界的人与自然问题。与这个潮流联系最紧密的，同时也是对其传播贡献最大的人，就是佛罗伦萨的弗朗西斯科·皮特拉克(Francesco Petrarch，1304—1374)。他最有名的作品是他写给劳拉的爱情十四行诗，同时他还收集、翻译了许多古典著作，写了大量信件，赞美古典作家及其创作风格。以下的文字选自皮特拉克1362年写给朋友薄伽丘的一封信。在这封信中，皮特拉克表明了他人文主义的坚定决心，并回应了那些反对人文学习的指责。

思考：遭到皮特拉克驳斥的那些指责，具有怎样的性质；皮特拉克是如何把人文主义与宗教联系起来的；皮特拉克认为文学人文主义有哪些优点。

---

* James Harvey Robinson and Henry Winchester Rolfe, *Petrarch*: *The First Modern Scholar and Man of Letters* (New York: Haskell House, 1898), pp. 391-395.

无论是劝人为善的主张，还是生命苦短的哀叹，都不会使我们远离文学。因为在善良的心灵里，它可以激发对美德的热爱，驱散或者是至少减少对死亡的恐惧。放弃学习只能表明一个人不够自信，而非不够智慧，因为文字不会阻碍而会有益于那些掌握了它们的正常心灵；它们便利了我们的生活，而不是妨碍它。如同那些虚弱不适的肠胃里的食物却可以给身体健康的饥饿者提供很好的营养一样，在我们的学习中，许多被头脑简单的人熟视无睹的东西，能给敏锐而健康的灵魂带来最为有益的收获。如果我们在处理食物和运用知识时考虑周到，便更是如此。如若不是这样，那么那些抱着极大的热忱、坚持到最后的人必定无法获得人们的赞美。让人难以忘记的是，加图年纪大了才开始学习拉丁文学，而当他学习希腊文时，他已经是位真正的老人了。而瓦罗在他一百岁的时候依然坚持读书写字，直到去世仍未放弃对学习的热爱。李维乌斯·德鲁苏斯尽管年老体衰并且失明，也没有放弃对民法典的阐释工作，从而为国家做出了很大贡献。……

除了上述几位和许多类似的人之外，在我们最希望仿效我们宗教的诸多人物中，并不是所有人都能终其一生全身心地投入学习，对吗？的确，有些人是在阅读或写作时猝死的。但据我了解，他们的情况都不能证明，长期的学习会带来什么危害。……

我知道有很多人不学习，他们是因为虔诚而出名，但同时我也知道，没有谁会由于学识而妨碍了自己通往神圣的道路。即便有人指责使徒保罗是因为学习才变得高傲，但世人对此早已有了定论。在我看来，依靠无知而寻求美德的道路尽管可能简单易行，但这会助长懒惰。善良的人们总有相同的目标，但他们的追求方式却多种多样。有的人徐步前行，有的人却勇猛直前；有的人庸庸碌碌，有的人却卓尔不群；有的人会很小心，有的人却很大胆。虽然大家都在追求幸福，但显然，越高尚的道路才越光荣。因此，无论多么虔诚，无知之人也永远得不到那些饱学之士所拥有的智慧。

《论人文科学》*

彼得·保罗·维吉里奥

随着文学人文主义的兴起，人们也开始强调含义更加广泛的“人文科学”的重要性。这种强调体现在对教育的全新关注上，课程设置方面的变革推动了持久而影响广泛的教育制度的发展。彼得·保罗·维吉里奥（Peter Paul Vergerio，1370—1444）是第一个在教育方面系统地表达这种观点的人。他在当时意大利的几所大学里任教。在其论著《论人文科学》（*On the Liberal Arts*）中，维吉里奥否定了中世纪教育的许多内容和方法。而在下面这封写给卡拉拉家族的乌伯提勒斯（Ubertinus）的信中，维吉里奥说明了自己的观点：人文科学正在变得越来越重要。

思考：维吉里奥的观点在哪些方面尤其具有人文主义特征，而不是学院派或中世纪的特征；在他所建议的课程中，设置这三个科目为什么是恰当的；皮特拉克可能会怎样看待这封信。

您的祖父弗朗西斯科一世，凭其处事的才能和优秀的判断力而出类拔萃；他经常说，父母对孩子负有三项义务。第一，给孩子起个他们不会觉得丢脸的好名字。因为有些父亲常常会由于随心所

* William Harrison Woodward, *Vittorino de Feltre and Other Humanist Educators* (Cambridge, England: Cambridge University Press, 1963), pp. 96-97, 106-107.

欲、漠不关心，或是为了传承家族姓氏而给孩子取了个使他们一生都痛苦不幸的名字。第二，让孩子在大城市里成长，因为这不仅关系到他今后的自尊，而且也跟第三个义务，亦即父亲对孩子所应尽的最重要的义务相关。这就是，让孩子接受健全的教育。因为任何财富或是对未来的任何保障，都无法与他在严肃而自由的教育中所习得的能力相提并论。凭借这些能力，一个人即便名字非常普通也能卓尔不群，同时也能为他的故乡赢得荣誉。我们必须记住，一个人或许可以摆脱因为名字不好而带来的烦恼，也可以摆脱因为出生地没名气而遭受的轻视——他可以改名或离开出生地，但是他却无法弥补因为忽视了早期教育而招致的损失。因此，必须尽早打下基础，在孩子容易塑造的阶段培养他们的品性，在孩子记性最好的时候陶冶他们的心灵。

这个责任适用于所有父母；尤其对上层社会的父母来说，更是如此。因为身居高位的人们的生活——如实际情况一样——为众人所关注；他们在同胞中占据了特别的位置，人们自然希望他们能表现出相应的个人价值和能力。……

现在，我们来探讨人文科学所包含的不同科目。首先我要提及历史学，因为它不仅引人入胜，而且具有实用性，能够对学者和政治家产生同样大的吸引力。接下来的是道德哲学。从某种意义来说，道德哲学就是人文科学，因为它的目的就是告诉人们什么是真正的自由。哲学为我们提供规范，而历史则为我们提供具体的实例。前者告诉我们应该做什么，而后者则告诉我们过去的人们说了或做了什么，我们今天又能从中吸取哪些教训。最后，我要推荐修辞学。它在各种精湛技艺中享有显赫的声望。我们通过哲学了解事情的真相，然后通过修辞有条理地把信念传授给其他人，并让他们深信不疑。在这里，历史可以提供经验的证明，它是智慧的累积，能为推理和修辞的说服力提供支持。在我们看来，正确的判断、智慧的言辞和正直的行动，乃是真正的人文主义者的标志。

《妇女城》*

克里斯蒂娜·德·皮桑

文艺复兴时期的文化巨匠多为男性，但也有一些女性进行创作，得到了人们的认可，并保护女性免遭男性的恶意批评。其中，最为著名的女性代表当属克里斯蒂娜·德·皮桑（Christine de Pizan，约 1363—1431）。皮桑生于威尼斯，后随全家迁往巴黎。在那里，她的父亲成为法国王室的内科医师和占星师。因为受到非常好的教育，所以皮桑创作了一些诗歌和其他一些作品，其中最著名的是写于 1405 年的《妇女城》（*The City of Ladies*）。在下面的节选段落里，皮桑向理性女神提出了许多问题，内容涉及女性的政治才能、教育能力以及男性对女性的偏见。

思考：当时社会对妇女的通常评价和看法是怎样的；皮桑如何批评这些观点；她的论证从哪些方面反映出文艺复兴的特征。

35. 反对那些认为女性不够聪慧而不能学习法律的人。

即使上帝把伟大的智慧赋予女性，她们也不该放弃原有的谦逊而跑到法庭上打官司，因为那里已有足够多的男性了。既然两个人

---

* Excerpts from *The Book of the City of Ladies* by Christine de Pizan, translated by Rosalind Brown-Grant (New York: Penguin Putnam, Inc., 1999), pp. 29, 30, 139-141.

就可以轻而易举搬动的担子，何必要三个人来抬呢？

“然而如果有人认为，女性是因为不够聪慧而不能学习法律，那么我就会引用诸多过去和现在的优秀女性的事例来反驳他们。这些女性中不仅有伟大的哲学家，也有不少其他方面的佼佼者，她们在一些比法律难得多的学科上遥遥领先于男性。关于这些女性，我随时可以多说两句。此外，如果有人认为女性缺乏领导才能，或是没有能力培养良好的习惯，那我也可以举出一些这方面的女强人。为了让人们更好地理解我的观点，我甚至能够以现在的一些寡妇为例，她们在丈夫去世后，通过自己打理家务的优秀能力向世人证明，聪慧的女性可以在任何领域取得成功。”

36. 反对那些认为受教育对女性毫无益处的人们。

听到这些话，我（克里斯蒂娜）说：“我的女神啊，我能清楚地看到女性为这个世界带来的诸多益处。即使有些不道德的妇女做了坏事，但这瑕疵也已被其他女性所做的以及仍在做的好事所掩盖。这是千真万确的，我们可以从前面提到的那些女性身上看出来；她们不但聪慧，而且在艺术或科学方面都受到良好的教育。这就是我为什么会感到吃惊，有些男性竟然因为害怕女性的道德遭到侵蚀，而极力反对自己的女儿、妻子和其他女性从事学习活动。”

理性女神回答我说：“这无非表明，并不是所有男人的思考都是基于理性的，上述男性更是错误之极。没有任何证据可以证明道德方面的知识能够侵蚀思想，实际上，这些知识都是用来劝导美德的。毫无疑问，无论依靠何种形式，这些知识都起到了修正错误、提升个人修养的作用。怎么竟会有人认为，学习好的课程、接受好的建议将导致不好的结果呢？这种想法真是不可思议，根本站不住脚。即使教会不曾禁止人们学习巫术或其他伪科学，我也不建议人们去学习这些毫无益处的知识。我只是认为，那些懂得是非善恶的女性是不会被侵蚀的。……

因此，有些男人还是赞同女性接受教育的，尤其是有智慧的男人。而那些不太聪明的男人之所以阻挠女性学习，仅仅是因为他们不想让女人知道的比自己多。你的父亲，那位优秀的占星师和哲学家，就不会认为学习科学知识会降低女性的价值。你也看到了，你的父亲非常乐意看到你如饥似渴地学习。毋宁说，倒是由于你母亲的缘故，你才未能从一开始就接受更先进、更详尽的科学知识，因为她更希望你能像其他女孩子那样，整天纺纱织布。但是正如那句我们信手拈来的谚语所说的那样：'骨子里的东西是无法改变的。'你仍然不顾母亲的反对，学到了一些知识。而这完全得益于你爱好学习的天性。我明显地感觉到，你不曾因为自己受过教育而贬低自己，事实上，你很看重教育。而这是绝对正确的！"

《君主论》*

尼科洛·马基雅维利

在意大利的文艺复兴时期，政治变得越来越世俗化，政

* *The Prince and the Discourses* by Niccolò Machiavelli, translated by Luigi Ricci and revised by E. R. P. Vincent (Oxford University Press, 1935), pp. 56, 65-66. 中译文参考［意］尼科洛·马基雅维利：《君主论》，潘汉典译，73～74、84～86 页，北京，商务印书馆，1986。

治的竞争越发激烈。在意大利境内，每个城市都有党派在争权夺利，同时，城市之间也在为获得主导权和有利条件而相互竞争。1492 年以后，西班牙、法国和神圣罗马帝国不断入侵意大利。这些变化都在当时伟大的政治理论家尼科洛·马基雅维利（Niccolò Machiavelli，1469—1527）的生活与著作中有所反映。

马基雅维利出生于梅第奇统治下的佛罗伦萨。他的政治生涯始于 1498 年，在佛罗伦萨的文职部门工作。当时，梅第奇家族失势，取而代之的是一个共和政府。虽然马基雅维利后来得到提拔，负责政府中的一个重要的外交岗位，但由于 1512 年梅第奇家族东山再起，马基雅维利被迫辞去了职务。然而他从未放弃重新获得赏识的希望。1513 年，马基雅维利创作了他最为著名的作品《君主论》（*The Prince*），并将此书献给梅第奇家族，这也是为了在佛罗伦萨政府里谋求职位。由于这本书把政治从神学和形而上学中剥离出来，因此便成为政治学理论的经典之作。下面选自《君主论》的这些段落表现了该作品的风格并阐述了其部分主题。

思考：这部作品从哪些方面反映了文艺复兴时期的价值观与行为方式；文中的这些原则可以怎样运用于 21 世纪的政治实践。

君主对待其臣民与朋友所应该采取的方法和原则，还有待考察。据我所知，已有很多人写过这方面的著作，他们的见解与我不同，但我却担心人们会觉得我倨傲自大。我只想为理解我的人写些有用的东西。在我看来，探索事情的真相要比凭空想象更加合理。

很多人对共和国与君主国的理解都停留在想象阶段，因为二者在现实里并不存在。鉴于我们现有的生活和应有的生活之间有如此大的距离，因此，如果为了追求应当怎样而忽视了实际情况，那他就会给自己带来毁灭。一个希望在所有事情上都以善良自持的人，一定会为置身于这么多的恶人当中而感到悲伤。因此，对于一个想巩固自己地位的君主来说，他必须学着不那么仁慈，并且根据不同情况而为之。……

因此，君主不必拥有上面所谈到的所有品质，但是他有必要在表面上拥有这些品质。我甚至敢说拥有这些品质或者本着这些品质行事虽然是有害的，但是表面上看似拥有这些品质却是有益的。因此，君主必须让人觉得他慈悲为怀、笃守信义、合乎人道、待人真诚、虔敬信神，并且还要这样去做。但君主也必须做好思想准备，必要之时可以与上述品质相悖。因此，一个君主，尤其是刚登基的君主，不能做那些好人应做的所有事情；为了维护国家，他常常不得不背信弃义、不讲仁慈，甚至背离人道、放弃信仰。他应该根据环境、根据命运的变化改变自己，让自己适应新局面，就像我前面说过的，如果可能的话，他还是不要背离善良之道，但在必要之时可以为非作恶。

君主应该十分注意，不要说有悖上述五种美德的话，并注意使那些看见君主和听到君主谈话的人都觉得君主是位慈悲为怀、笃守信义、合乎人道、待人真诚、虔敬信神的人。君主显得具有上述最后一种品质，尤其必要。因为一般人更多地是靠眼睛而不是靠双手来进行判断的。每个人都能够看到你，但是很少有人接触到你。每个人看到的都是你的外表，但是很少有人摸透你的内心。即使有，这些少数人是不敢反对大多数人的意见的，因为后者受到国家最高权威的保护。对于那些不会遭到控诉的人的行为，特别是君主的行为，人们就注意其结果。如果君主的目的是征服和保持那个国家，那么无论他采用何种手段，人们都会认为是光荣的、值得赞扬的。粗俗的人总会被表象以及最终的结果所迷惑。而世界上尽是粗俗之人，即使有极少数清醒之人发出反对的声音，也会被那些拥护君主的大多数声音所淹没。

视觉资料

《死神的胜利》

14 世纪和 15 世纪，对于饱受战争、饥荒和瘟疫之苦的欧洲来说，死亡成为当时的艺术主题。人们通常认为，瘟疫是上帝对人类罪行的惩罚，因此只有教会才能控制疫情。但是面对死亡，无论是宗教还是其他事物都无能为力。以死亡为主题的大量画作便是对此的最好说明。这幅名为《死神的胜利》（*Triumph of Death*，见图 11－1）的雕版画取材于皮特拉克的作品《凯旋》（*Trionfi*），由一位威尼斯画家创作于 1470 年至 1480 年之间。画面上，国王、牧师和百姓全都无助地倒在死神的马车下。亡者的灵魂要么被左上角的天使带走，要么被右上角的魔鬼掳去。

思考：这种在当时很流行的场景图反映出人们对待死亡的何种态度；这种态度与薄伽丘所揭示的内容，在哪些方面是相似的。

图 11－1

大英博物馆提供

财富、文化与外交*

汉斯·霍尔拜因（Hans Holbein）在 1533 年创作的《大使》

* Hans Holbein, *The Ambassadors*. London, The National Gallery.

（*The Ambassadors*，见图 11－2）反映了财富、文化与权力的结合，三者都是文艺复兴的关键因素。该画描绘了在英国国王亨利七世的王宫里两位衣着华丽的法国大使。他们的服饰和姿态表明，在增进国家利益方面，外交活动正在变得越来越重要。他们此行的目的之一是促成天主教会与路德教会达成协议，但是他们失败了，画中的琉特琴便是最好的证明。琉特琴本是和谐的象征，但画中的琉特琴却斜放在两人之间的那张桌子下面，琴弦也

图 11－2

伦敦国家美术馆提供

断了，旁边还有一本打开的路德教圣歌书。琉特琴旁边有一个地球仪、一个测量员用的直角尺、一副圆规以及一本商人用的算术书。这些东西都在强调文艺复兴时期的重要主题：不仅有知识、商业和领土方面的新发现，还有欧洲强国之间为了争夺领土和财富而发生的纠纷。桌子上面摆着各种仪器和一个天球仪，它们反映出人们当时对天空、时间、地理和航海的高涨热情。总体来说，这幅画揭示了欧洲精英阶层在文艺复兴时期的生活与政治特征：世界性和竞争性。

思考：这幅画怎样表现了文艺复兴时期的人文主义和个人主义；作为一名德国艺术家，汉斯·霍尔拜因创作的这幅画——画中人物为身处英国的法国大使——有何重大意义。

《乔凡尼·阿尔诺菲尼和他的新娘》：象征主义与北部的文艺复兴

人们不应该武断地认为，文艺复兴与中世纪是彻底断裂的。尽管文艺复兴时期的绘画在形式与主题上反映了现实主义、人文主义和个人主义，但它们同时也反映了中世纪的某些思想观念。

这种情况，我们可以从一幅来自欧洲北部的作品看出来。这便是《乔凡尼·阿尔诺菲尼和他的新娘》（*Giovanni Arnolfini and His Bride*，见图 11－3）。它由一位名叫扬·范·艾克（Jan van Eyck）的佛兰德斯画家在 1434 年创作。整个画面是十分世俗化的：居住在布鲁日的意大利商人乔凡尼·阿尔诺菲尼，正与他的新娘站在卧室里，交换结婚誓言（当时，双方会在教会之外签订法定的婚姻协议）。他们周围摆放着许多有代表性的物件，栩栩如生。对中世纪的人来说，他们熟知这些物品，因而能够理解这一幕特定的宗教内涵与文化意义。正在燃烧的蜡烛是传统的婚烛，它象征着耶稣基督与圣光。后方墙上的那面凸镜能够反射整个房间的布局，由此可以证明当时屋里有两个见证人（其中一个就是画家扬·范·艾克；这样，画家便向看画的人证明：当时他也在场）。此外，这面镜子还代表着上帝那洞察一切的眼睛。左下方的两只鞋，对于布鲁日的泥泞街道而言是非常适用的，但在画中，鞋被脱了下来放到一边。这意味着夫妻二人站在圣洁的地板上。最前面的那只狗象征着忠诚。画面左边的柜子上和窗台上放着几个熟透了的桃子，象征着多子多女，或许也象征着失乐园。床旁边的椅背上雕刻着生育的守护神玛格丽特。最后，这对新婚夫妇的姿势则表明了当时夫妻之间的地位：丈夫身朝前方，象征着他的主导地位，而妻子则温顺地侧过身子面向他。

因此可以说，这幅画既真实刻画了两个具有鲜明特点的人物（尤其是他们的表情），同时，那些有代表意义的象征物品也揭示出 15 世纪时婚姻的意义。一位意大利商人与其妻子是在一间摆满了欧洲各国物品的房间里举行婚礼，而作品的创作地点（布鲁日）又是欧洲北部的银行业和商业中心，由此可以说明，中产阶级的地位正在上升，财富不断增加，而当时的国际交往也愈加密切。

思考：这幅画所反映的社会情况和观点，在哪些方面与中世纪时期比较相似。

图 11 - 3

伦敦国家美术馆提供

中世纪晚期的动荡

地图 11－1 大致呈现了 14 世纪的欧洲在社会和宗教方面的动荡局面。英格兰不仅遭到异教徒的袭击，而且受到城乡暴动的影响。这些事件的发生地点表明，暴动与异教势力之间或许是有

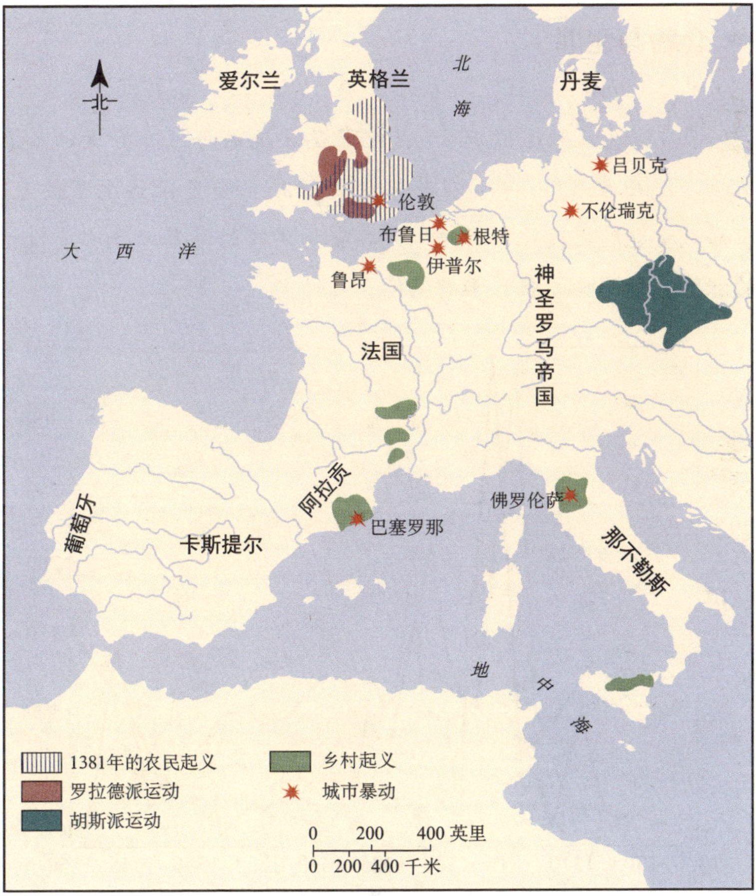

地图 11－1　14 世纪欧洲的社会与宗教动荡

联系的。此外，还有些暴动和骚乱没有显示在地图上，比如大量的政治军事骚乱，宗教大分裂时期（1378—1417）的对抗，瘟疫的传播，以及此前三个世纪所建立的定居点的消失。

思考：这幅地图揭示出政治骚乱、宗教分裂、瘟疫传播以及人口下降之间有哪些联系。

食物与犯罪

表 11－1 反映了欧洲 14 世纪混乱状况的另一个方面。如表所示，1300 至 1350 年，在英格兰的诺福克小麦价格上下波动，犯罪数量也随之变化。由此可见，食物供给的浮动以及小麦价格的涨落直接影响着犯罪率的高低。

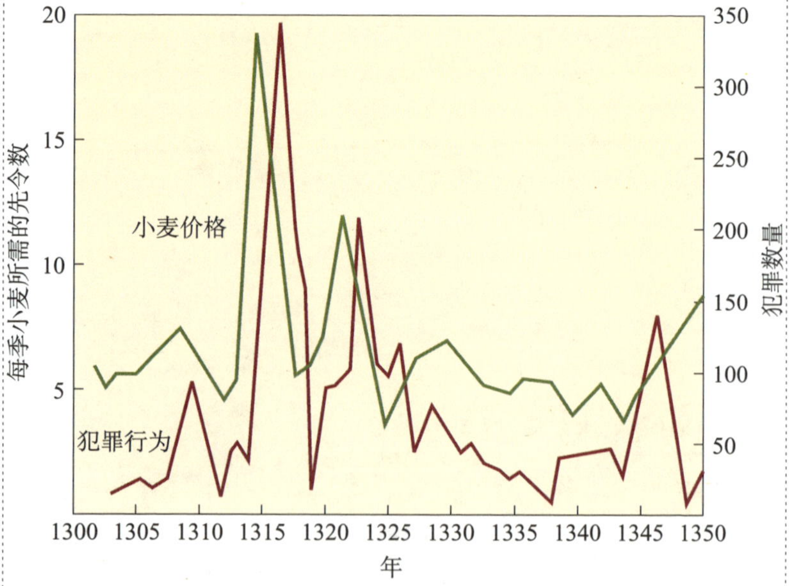

表 11－1　14 世纪英格兰诺福克地区的犯罪数量与小麦价格

第二手资料

黑死病的心理学维度*

威廉·兰格

长期以来，大多数历史学家都不愿从心理维度考察历史。但最近几十年，历史学家开始把一些心理学成果引入历史研究中。1957 年，历史学家威廉·兰格（William L. Langer），当时的美国历史协会主席，在年会上发表主席演说时提到了心理学给历史学家所带来的挑战。以下段落即摘自这篇演讲。在这里，兰格论述了运用现代心理学知识来解释黑死病及其相关事件的方法。

思考：心理学家可能会怎样解释关于黑死病的各种行为；《死神的胜利》在哪些方面与这种解释相吻合。

黑死病比欧洲人以往经历的任何事情都可怕，它简直就是欧洲有史以来所遭受的最大不幸。在欧洲的大部分地方，有三分之一甚至一半的人口都在那几个月里丧生，但我们不要忘记，发生在 1348 至 1349 年间的灾难只是一场大瘟疫的开始，接下来还有更多的人因此命丧黄泉。……

当疾病的消息传来的时候，恐惧的阴影便在人们心头挥之不去。中世纪的人们为了免遭灾难，一方面纷纷加入自笞者的队伍，掀起忏悔的高潮；而另一方面，他们又发了疯似的寻找灾难的替罪

* William L. Langer, "The Next Assignment", *The American Historical Review*, vol. LXIII, no. 2 (January 1958), pp. 292-293, 295-298. 中译文参考：《美国历史协会主席演说集（1949—1960）》，何新等译，210～220 页，北京，商务印书馆，1963。

羊，最终酿成大规模屠杀犹太人的可怕行径。这场灾难降临时最显著的特征是，人们纷纷逃离城市，其中不仅包括富裕阶层，还包括城市官员、教师和牧师，甚至还有医生。大部分人将这场灾难视为上帝震怒的表现，因此为了赎罪，他们整天忏悔祷告做善事，比如修葺教堂，建造宗教建筑等等。但另一方面，在某些地方，人们的恐惧与混乱又造成了普遍的道德败坏和社会瓦解。犯罪行为越来越多，有的人洗劫了那些被人遗弃的房屋，有的人为了抢夺珠宝甚至不惜谋杀病人。很多人对上帝的善心与仁慈彻底失望，沉溺于放荡的生活中，就像修昔底德所说的那样，他们“在生活中追求得之既易又能满足个人欲望的快乐，把他们的身体和财富都看作是昙花一现的东西”。这些人每天都喝得烂醉如泥或是纵欲无度。一个经历过 1665 年伦敦瘟疫的人记载道：“在一座房子里，你可以听见人们在临死的痛苦中呻吟，而在隔壁的酒楼中，人们却花天酒地，向上帝大放亵渎之词。”……

大家都承认，那个时期是悲惨的、绝望的和焦躁的，人们普遍具有末日感。不同领域的作者都谈到迷恋死亡的病态心理，对坟墓的低级兴趣，对尸体的离奇喜爱。在画家当中，受人欢迎的主题是耶稣的受难、末日审判的恐怖以及地狱中的折磨和酷刑。画家以无情的现实主义手法表现他们的作品，甚至连每个令人厌恶的细节都是聚精会神地加以描绘。我们可以通过《死亡之舞》（*Dance of Death*）这类附有诗文的木版壁画的广泛流行而看出这个特点。此类画作在黑死病爆发后不久便出现了。人们普遍认为，这种画表现了那种死亡迫在眉睫的末日感以及无法忏悔便要死去的恐惧心态。在整个 15 世纪和 16 世纪，这些无情的自然主义绘画促使人们经常认识到自己朝不保夕的宿命。

人们通常认为《死亡之舞》的主题起源于黑死病及其之后的传染病，并且在 15 世纪末梅毒大爆发时达到了顶峰。既然如此，那么如果我将上面提到的其他现象也以这种方式来解释，哪怕只是部分地这样做，是否就是不合理的呢？我们都知道，中世纪晚期是一个大众对宗教极为热忱甚至过分热忱的年代，人们加入朝圣和忏悔的队伍，集体传道，崇拜圣迹和圣徒，生活中充斥着世俗的虔诚和民众的神秘主义。然而这也是一个罕见的道德沦丧、生活放荡的年代。我们必须把这种情况看作是人们心里那种"鬼才管"的态度的反应。心理学家认为，这种态度是对某种无法承受的情感的压制，强调恰恰相反的一类情感的作用，并且依着这些相反的情感去行动，仿佛这些相反的情感才是真正的情感。但是当时最显著的特点还是非常强烈的负罪感，人们对于报应感到巨大的恐惧，因此表现为对祈福禳灾的热烈向往，希望个人能直接体验神的垂恩，同时也表现为对于教会和得救方法（比如赦罪制度）的强烈不满。

在现代心理学看来，上述态度，还有 15 世纪的人们对于占星学的浓厚兴趣、对于巫术的依赖以及巫术与魔鬼崇拜的惊人的流行，都是人类在那个时期遭受痛苦的正常反应。

《意大利文艺复兴时期的文化》*

雅各布·布克哈特

对文艺复兴的当代解说，基本上是从瑞士历史学家雅各布·

* Jacob Burckhardt, *The Civilization of the Renaissance in Italy*, trans. S. G. C. Middlemore (London: George Allen and Unwin, Ltd.; New York: The Macmillan Co., 1890), p. 129. 译文根据［瑞士］雅各布·布克哈特：《意大利文艺复兴时期的文化》，何新译，125～126 页，北京，商务印书馆，1979。

布克哈特（Jacob Burckhardt）的《意大利文艺复兴时期的文化》（*The Civilization of the Renaissance in Italy*，1860）一书开始的。布克哈特没有像前人那样按照时间顺序来研究，而是将 14、15 世纪的意大利文艺复兴作为一个整体对待。这个文化整体与之前的中世纪文明具有明显区别，但显然高于后者。20 世纪 20 年代以前，历史学家通常都会接受布克哈特的观点，但后来，他的观点遭到各方攻击，尤其是中世纪研究者的攻击。然而近几十年来，人们又重新开始重视布克哈特的著作，认为它至少是理想化地描述了意大利文艺复兴的历史。任何一位介入此话题的历史学家，都必须面对布克哈特的观点。以下的这些节选段落就反映了布克哈特的某些重要观点。

思考：在布克哈特看来，意大利文艺复兴与中世纪文明在什么方面差别最大；我们先前选用的文献是否会为他的观点提供一些有力的证据；如果一位骄傲自大的中世纪研究者看到这篇文章，他会有何反应。

在中世纪，人类意识的两方面——内心自省和外界观察都一样——一直是在一层共同的纱幕之下，处于睡眠或者半醒状态。这层纱幕是由信仰、幻想和幼稚的偏见织成的，透过它向外看，世界和历史都罩上了一层奇怪的色彩。人类只是作为一个种族、民族、党派、家族或社团的一员——只是通过某些一般的范畴，而意识到自己。在意大利，这层纱幕最先烟消云散；对于国家和这个世界上的一切事物作客观的处理和考虑成为可能的了。同时，主观方面也相应地强调表现了它自己；人成了精神的个体，并且也这样来认识自己。希腊人曾同样地把他自己与野蛮人区别开来，而在其他亚洲人只是意识到自己是一个种族的成员时，阿拉伯人已经感到自己是一个个人了。……

远在很久以前，我们就能在意大利随处发现一种自由人格的发展，这种发展在欧洲北部或者根本没有发生，或者未能以同样的方式表现出来。……但在 13 世纪末，意大利开始充满具有个性的人物；施加于人类人格上的符咒被解除了；上千的人物各自以其特别的形态和服装出现在人们面前。但丁的伟大诗篇在欧洲的任何其他国家都是不可能产生的，单只提它们还处在种族诅咒下这一理由就足以说明。对于意大利来说，这位堂堂的诗人，由于他显示出来的丰富的个性，是他那个时代的最具有民族性的先驱。不过这个在文学和艺术上的对于丰富多彩的人类天性的揭示——这个多方面的描述和评判——我们将以独立的章节来加以讨论；这里，我们将只涉及那个心理状态的事实本身。这个事实是以最明确的和最不易弄错的形式出现的。14 世纪的意大利人对于任何形式的虚伪的谦恭或者伪善很不熟悉；他们之中没有一个人害怕与众不同，害怕在穿着打扮上和在立身行事上是一个和他的邻居不同的人。

文艺复兴的神话*

彼得·伯克

很多历史学家并不同意布克哈特的观点。他们认为，布克哈特过分强调了文艺复兴的现代性。在这些历史学家看来，文艺复兴即使是发生在意大利，也始终是中世纪的一部分。不过，也有

* Peter Burke, *The Renaissance* (Humanities Press International, Inc., Atlantic Highlands, NJ, 07716; and The Macmillan Press, Ltd.), pp. 1, 3-5.

另外一些学者认为这种针对布克哈特的批评有些过火。在接下来的选文中，彼得·伯克（Peter Burke）批评布克哈特，认为他不应该将文艺复兴视作神话。同时，伯克列举了一些主要的反对意见。

思考：伯克为什么反对布克哈特将文艺复兴视作神话；布克哈特的支持者会如何回应；本章的资料是更支持布克哈特的观点，还是更支持伯克的观点。

雅各布·布克哈特……将这段时期定义为两个概念：个人主义与现代性。布克哈特认为，“在中世纪时期，人的知觉……还在一层粗俗的薄雾下处于半梦半醒之间。……人们只能通过一些笼统的概念意识到自己是某个种族、民族、政党、家族或者社团的成员”。然而到了意大利的文艺复兴时期，“薄雾开始消散……人类已成为精神上的个体，并且如其所是地认识自身”。文艺复兴意味着现代性。布克哈特写道：意大利人是“现代欧洲诞生的第一批子民”。14 世纪的诗人皮特拉克则是“第一位真正的现代人”。艺术与思想的伟大复兴始于意大利，随后，新的思想与新的艺术形式开始流传到欧洲的其他地方。

这种观点认为，文艺复兴就是一个神话。……

布克哈特的错误在于，他只接受了当时的学者与艺术家的自我评价，他对这个复兴的理解还停留在表面，便在书中对其大加阐发。而对于那些得以恢复的艺术和得以重生的古典事物，他却在其中加入了许多新的东西，比如个人主义、现实主义，还有现代性。……

这样一则流行于 19 世纪的文艺复兴神话，到现在仍然有不少人相信。电视公司和旅行社仍然打着这个旗号赚钱牟利。然而对于专业的历史学者来说，即便他们一直觉得这个时期及其运动令人向往，但是他们并不接受关于文艺复兴的上述解释。问题的关键在于，由布克哈特及其同时代人创建的理论经不住时间的考验。更确切地说，它已经被研究中世纪的学者削弱了。双方都通过大量的事实来证明自己，但他们根本就是不同的两种人。

首先，有力的论证显示，所谓的“文艺复兴的人”其实具有相当浓厚的中世纪色彩。他们的行为、假设和理想，要比我们所想象的更为保守，也要比他们自己所想象的更为保守。后来的一些观点指出，即便是皮特拉克，这个布克哈特眼中的“第一位真正的现代人”……在很多观点上，也跟被他描述成“黑暗时代”的那几个世纪里的人是相同的。……

其次，许多中世纪的研究者令人信服地指出，文艺复兴并不像布克哈特及其同时代人认为的那样是个单一事件，这个术语应当以复数的形式来表示。因为在中世纪，便有许多复兴的情况出现，尤其是在 12 世纪和查理曼大帝的统治时期。在这两段时期里，学习古典文化的兴趣得以重燃，并促进了文学与艺术的成就。而生活在当时的学者都声称，自己的时代是一个复兴、重生或革新的时代。

第 12 章

撒哈拉以南非洲文明与美洲文明（1500年以前）

在公元 1 千纪，撒哈拉以南非洲地区和美洲地区出现了许多人类文明。公元 1500 年之前，美洲文明尚处于独立发展阶段，而某些非洲文明已经和欧亚大陆以及北非地区发生了联系。

在撒哈拉以南非洲，尤其是在苏丹①的西部和中部，由于撒哈拉沙漠逐渐过渡成草原，贸易活动变得越来越重要，因而出现了一些国家，其中最重要的当数加纳王国。从公元 1000 至 1500 年，这里的政治和经济状况发生了重大变化。有人称这个阶段为非洲的“中世纪”。很多政治领袖在此期间涌现，而他们的目的是要掌控几个世纪之前就在此出现了的中央集权国家。尽管中央集权国家并不一定是非洲所有群体的目标——我们可以从非洲的统治者与其政治、经济和文化精英之间的冲突中看到这一点，但是从当时的文献和后人的记载来看，数量最多的仍是关于国家功能的讨论。

关于撒哈拉以南非洲——尤其是苏丹西部的加纳、马里和更往南的基特维——的大多数资料都很关注当地国家的创建过程，以及

① 这里的“苏丹”是地理名称而不是国家名称，指的是位于赤道以北，撒哈拉大沙漠以南，从大西洋沿岸横贯非洲大陆，直至埃塞俄比亚山脉的大片地区。

统治者在此过程中所扮演的角色。这些资料同时也记录了这些社会的文化和宗教情况。

历史学家和人类学家一般都认为，美洲人是亚洲人的后裔；后者至少在两万年前越过白令海峡——当时那里还有大陆桥——而来到美洲。在这块大陆上，沿着中美洲的东海岸（墨西哥中南部、危地马拉和洪都拉斯）与南美洲的西海岸（安第斯山脉）一带，出现了数种极为先进的人类文明。其中，最主要的三个分别是玛雅文明（位于现在的尤卡坦半岛、危地马拉和伯利兹城）、阿兹特克文明（位于现今的墨西哥）和印加文明（从厄瓜多尔中部一直延伸到智利中部）。其中，玛雅人最具艺术和科学潜质，他们的势力和文化在公元 600 年左右达到鼎盛，从而成为当时最先进的文明。850 年左右玛雅文明开始衰落。相比之下，阿兹特克文明更具军事化特征。1400 年左右，阿兹特克人依靠军事力量建立了一个强大的国家。而印加人则以秘鲁的安第斯高地为基地，在 15 世纪早期实力逐渐增强。通过建立一个具有高度权威性的中央集权国家，他们对自己的人民实施了严格的控制。

对这些文明而言，1500 年以前的第一手资料是基本上找不到的。因此，这段历史必须依据考古证据，以及那些在 16 世纪初同当地人打过交道的欧洲人的叙述。本章有关美洲的资料主要集中在三个方面：第一，1500 年以前美洲主要文明的政治性质和文化特征；第二，当地的不同社会在经济体系和社会体系上的差异；第三，对于西半球在一千年里何以成为人口聚居区的几种不同看法。

本章的资料合在一起，共同介绍了撒哈拉以南非洲和美洲的文明概况。在 1500 年之前，这些文明的发展基本上独立于欧亚和北非。而在 1500 年之后，西欧的扩张完全改变了美洲文明的历史，并且对非洲文明产生了巨大的影响。

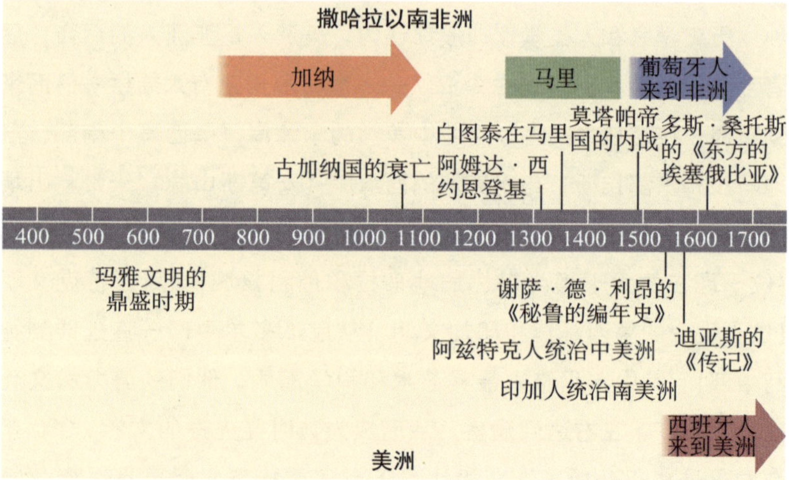

第一手资料

一位穆斯林眼中的马里王国*

伊本·白图泰

在 1100 至 1400 年之间，西非地区出现过好几个王国。其中，无论是在非洲还是在伊斯兰和基督教世界，马里都是最著名的王国之一。出生于非洲北部突尼斯的伊本·白图泰（Ibn Battuta）曾在 1352 至 1353 年间到访过马里。当时，他广泛游历伊

---

* Muhammad ibn Abdullah ibn Battuta, "What I Approved of and What I Disapproved of among the Acts of the Sudan", in J. F. P. Hopkins and Nehemia Levtzion, eds. and trans., *Corpus of Early Arabic Sources for West African History* (Cambridge, England: Cambridge University Press, 1982), pp. 285, 296-297.

斯兰世界，其行程远至东非、印度，也许还有中国。而马里就是他行程中的一站。在他生活的那个时代，马里是苏丹——包括今天的毛里塔尼亚、塞内加尔、马里、几内亚、尼日尔和加纳北部——西部疆域最广、势力最强的国家。马里的统治者不仅以其拥有大量的黄金闻名于世，而且掌控着横跨撒哈拉地区的贸易权，由此，马里人将非洲西部的森林地区与更广阔的外部世界联结在了一起。

以下文字选自伊本·白图泰的游记，他在这里考察了马里社会的各种特性。

思考：伊本·白图泰既是旅行者，同时也是一位外交家、学者和新闻记者，他的这些身份起到了怎样的作用；作为一名穆斯林学者，哪些方面是伊本·白图泰本人所关心的；当时非洲伊斯兰国家中的女性地位如何。

我赞成苏丹人的哪些行为，反对他们的哪些行为

苏丹人的一个优点是，他们不会强人所难。苏丹人让百姓远离压迫，其统治者也禁止任何人施行压迫。另一个优点是，整个国家治安良好，无论是游客还是居民都不用担心偷扒抢劫之类的犯罪。还有一个优点就是，他们从来不插手在这里去世的白人的遗产。……他们只管将财产先寄放在一名值得信任的白人手中，直到真正的财产继承人来取走它。另外值得称道的是，苏丹人对于祈祷是很勤勉的，他们坚持参加礼拜，还会训导他们的孩子，要求他们也来参加。每逢周五，所有人都得早起，因为前去祈祷的人实在太多，如果他起晚了，就会在清真寺里找不到祈祷的位置。他们的习

惯是，提前派一个仆人去清真寺，把他们的跪垫先放在地上。这样，等他们过去的时候就有位置了。他们的跪垫是用一种类似棕榈树那样不长果实的树的树叶做成的。他们还有一个优点就是，他们会在周五全都穿上精美的白衣。如果有人家境贫寒，买不起好衣服，只能穿破旧的衣服，那也会在周五之前将衣服洗熨一新，然后穿着干净的衣服前去祈祷。最后还有一点，就是他们都很虔诚地背诵《古兰经》。如果有谁家的孩子背不出来，就会被套上脚镣作为惩罚，直至他完全能够背出来为止。

在节日那天，我来到一位卡迪[①]的家，看到他的孩子们都戴着脚镣，于是我对他说："你不打算把他们的脚镣解开吗?"他说："不，除非他们记住《古兰经》!"有一天，我在路上碰见了他的一个儿子，模样英俊，衣服精美，但脚上却套着一副沉重的镣铐。我对我的同伴说："这孩子怎么了？难道他杀人了吗?"同伴明白我的意思，笑道："没有，他被戴上脚镣只是为了让他学会《古兰经》!"

……这里的人真是与众不同、神秘莫测。对这里的男人来说，他们从不互相妒忌。他们的血统不是从父亲那里算起，而是从舅舅那里算起，所以一个男人的继承人并不是自己的儿子，而是他姐妹的儿子。像这样的继承关系，我除了在穆雷巴尔那些不信教的印度人那里见过之外，再也没有在其他地方见过。不过，这儿的穆斯林每日祈祷，学习法理，并吟诵《古兰经》。至于妇女，尽管她们的祈祷也非常勤勉，但她们不会在男人面前谦卑，也不会给自己戴上

① 伊斯兰教法的执行官，其职责是根据伊斯兰教法断案。从理论上讲，卡迪可以审理民事和刑事案件，但实际上仅审理财产继承、宗教捐赠、结婚、离婚之类的案件。

面纱。如果有人想娶一名女子为妻，这是没有问题的，但妻子不能和丈夫一同旅行。如果她打算这么做的话，全家人都会阻止她。

苏丹的妇女可以同异邦的男子结为朋友或同伴，同样，男人们也可以同异邦的女子结为朋友或同伴。男人回到家中如果看到他的妻子同她的男性朋友在一起，他会表示欢迎，而不是反对。……

关于一位埃塞俄比亚国王的编年史*

埃塞俄比亚与中东地区和罗马帝国一样，同属最早的基督教中心。公元 350 年，埃塞俄比亚国王埃扎纳将基督教立为国教。下面的资料就是关于信奉基督教的国王阿姆达·西约恩（Amda Seyon，1314—1344 年在位）的一件事情，它由埃塞俄比亚的一位编年史家记载。该编年史家特别强调埃塞俄比亚王室的虔诚态度，描述了这样一幅场景：国王、王妃、士兵、牧师以及其他人一道虔诚地祈祷，只为能够成功阻止穆斯林敌军的入侵。阿姆达·西约恩国王在军事上成功击败了那些不接受埃塞俄比亚领导的南方穆斯林群体，因此他被认为是现代埃塞俄比亚的创建者。从他们对《旧约》中上帝的歌颂敬仰中，我们可以看到埃塞俄比亚社会的基督教特征。埃塞俄比亚的统治者和百姓都相信，他们与上帝之间存在着某种独特的联系。埃塞俄比亚的国王甚至将其族谱追溯到《圣经》中的所罗门王和示巴女王那里。

思考：这段文字反映出埃塞俄比亚当时战争的哪些性质；在

* G. W. B. Huntingford, trans. and ed., *The Glorious Victories of Amda Seyon—King of Ethiopia* (Oxford: Clarendon University Press, 1965), pp. 84-87.

战争期间，埃塞俄比亚的非战斗人员有哪些经历，起到了怎样的作用；埃塞俄比亚人的经历同当时世界上其他的类似事件有何异同。

阿姆达·西约恩国王因上帝而有了力气，他忘了自己的病痛和虚弱，佩上一面是“祈祷”一面是“代祷”的双刃剑，穿上名为“信心”和“信念”的胜利盔甲，说了一句：“赐予我力量吧，摩西和亚伦的上帝！”

说完后，国王走出营地大门，独自待了一会。王后在其他妃嫔的陪同下，也跟着国王走了出来。她们注视着国王，而国王则再一次地把目光投向神殿的大门。这时，一位年轻的妃子对一位年长的妃子说：“我的孩子该怎么办？”……

她们看到国王依旧沉默地站在那里，于是伤心地哭起来：“我们要承受无尽的悲伤和痛苦了，因为我们的国王要被毁灭了！”赞·梅吉莎王后对着天空呼喊：“哦，我的主，以色列之神啊！所有神迹、祥兆和奇迹的施行者！天堂和人间的众王之王，众主之主，众神之神！世上唯一的神！……现在，我的主啊，请听听您的侍女的祈祷吧，请不要拒绝我内心的哀叹！……难道不是您让他成为国王并赐给他这个国家的吗？您当时给予他这一切，现在却要把这一切都带走，他该如何接受这个事实呢？”……然后……她转向国王，声嘶力竭地痛哭起来。……其他的男男女女，老人和孩子也跟着她一起痛哭起来，并将地上的土撒在自己的头上，祈祷道：“为了您的名义，为了您所喜爱的亚伯拉罕，为了您的仆人以撒，也为了您神圣的以色列，请您不要让我们永远毁灭吧！请不要计较我们曾经的冒犯，而是想想那些一直专心侍奉您的正直的人们吧！”……

国王抬起双眼，望向天空，张开双臂呼喊道：“哦，强大的、无所不能的神啊，仁慈的、怜爱世人的神啊，请拯救您的子民吧，不要因为他们曾经造下的罪孽就毁灭他们，用您仁慈的心宽恕他们吧！”……（就这样）国王向神祈祷着，也代他的臣民向神祈祷，而不是为了他自己。他的行为应验了福音书里的话：“我是好牧人，好牧人为羊舍命。”

《东方的埃塞俄比亚》：一个非洲王国的王室生活*

若奥·多斯·桑托斯

当葡萄牙人 16 世纪到达非洲东南部时，津巴布韦文明已经瓦解，只留下著名的津巴布韦废墟。所以，葡萄牙人当时看到的是取代了津巴布韦的后继国家。若奥·多斯·桑托斯（João dos Santos）作为一名多明我会的葡萄牙传教士，留下了关于这片地区最早、最翔实的记录。从 1586 年到 1609 年，他有十多年的时间都待在东非，并出版了《东方的埃塞俄比亚》（*Ethiopia Oriental*）。书中所提到的基特维王国是当地众多的小国之一；这些小王国基本上位于今天的津巴布韦高地以及周边地区，并且其中大多数都隶属于一个结构松散的帝国，人们称之为“大津巴布韦”。当桑托斯到达那里时，大津巴布韦的古城和标志性建筑虽然已成废墟，但它们仍常常被用来代表这个复杂而强大的文化。在下面的节选文字中，若奥·多斯·桑托斯记述了他亲眼所见的

* G. M. Theal, ed., *Records of South Eastern Africa*, Vol. 7 (Capetown: 1898—1903), pp. 190-206.

大津巴布韦的王室生活和各种礼仪。

思考： 关于非洲人对法律、秩序和正义的看法，这篇文章告诉了我们哪些内容；宗教活动怎样将贵族和平民区分开来；在非洲的王室中，妇女扮演着怎样的角色。

基特维王国

统治这片地区（莫桑比克内陆和津巴布韦边境）的那位国王长着一头卷发……他没有任何信仰，更不知道有神的存在。是的，他宁愿把自己看作是国家的神，他控制着下属小国并受到它们的敬仰。他被称为“基特维”，没有自己的名字。“基特维”只是国王的名号；任何新国王一继位，就会立即把自己的名字改成这个称号。基特维的王宫里有一百多个妃嫔，其中一两个是王后，剩下的全是妃嫔，而很多妃嫔都是他的亲属。但是他照样会临幸她们，因为他和这些女人的子嗣也将成为这个国家的真正继承人，其血统也相当纯正。国王去世时，他的王后必须同他一起死去，在另一个世界服侍他。她会在国王驾崩时服下一种叫 Lucasse 的毒药，与他共赴黄泉。而国王的新一任继承人则将继承他的女人和国家。只有国王才能迎娶他的姐妹或女儿而不会遭受死刑。继任者通常是已故国王同他最喜欢的女人或王后所生的长子。如果这个儿子能力不够，则由他的弟弟继承王位；如果国王的儿子都不能胜任，那么王位将传给国王的一位亲兄弟。一般说来，国王会在他在世时就选好接班人，并将这位接班人训练成合格的治国领袖，从而能够在自己去世之后把王位传给此人。……

在老国王去世的当天，人们会将他的遗体送到一座灵山，那里是所有已故国王的埋葬地。第二天清晨，由老国王在世时选出的那位王位继承人来到王宫，老国王的妃嫔们正在那里等待。取得妃嫔们的同意后，新国王走进宫殿，并与王后一起在大厅里就座。大厅是国王听取汇报的地方，他的就座之处要拉上帘子或用布盖上，以免别人看到国王和后妃们。之后，新国王派官员到城里，向民众宣布他继位的好消息。此时，新国王已经静静地拥有了老国王的一切财产，包括他的宫殿和女人。所有的达官贵人都必须前往戒备森严的宫殿，在宫廷侍卫的许可下进入新国王及其妃嫔们所在的大厅。前来拜见的官员一拨接一拨，他们静静地走到大厅中央，向新国王请安，恭称永远效忠于他；此时，他们连新国王和后妃们的样子都没法看见。新国王从里面做了回应，接受了他们的朝贺。随后，帘子才被拉开，大家才看到他的面容。看到了新国王以后，所有人都热烈鼓掌，然后转过身去，像他们进来时那样退出大厅。这批人走了以后，另一批人又进来完成同样的仪式。在当天的王位继承仪式中，全城大摆筵席，载歌载舞。第二天，新国王派官员到全国发布通告，告知所有人新国王继位的消息，并要求所有人都必须前来宫殿，看国王拉开王者之弓。有时候，国王的继任者会有很多竞争对手，然而只有真正的继承人才能得到已故国王的妃嫔们的允许，进入王宫。因为根据法律，未经她们的许可，任何人都不能进入王宫，如果继承人不是和平进入的，那他也当不成国王。强行进入王宫只会让他失去权力和名号。因此，这些人会通过贿赂或其他方式，来获得妃嫔们的支持。……

在新国王开始统治国家之前，他会下令召集全国各地的首领来到王宫，看他拉开王者之弓——它代表着拥有王国。王室还有一种习俗，就是要杀掉一些已故的老国王可能用得着的贵族或大人物。

于是，新国王会选择杀死那些他不放心的人、他怀疑的人或是憎恶的人，而不是那些刚刚被他任命为新领主的人。这种杀戮习俗使人们恐慌，很多人都因为害怕而逃离这个国家。古时候，这里的国王在遭遇灾难时，比如患了传染病，或是没有生育能力，或是有了其他方面的残疾，通常会饮下毒药。因为国王应当是没有缺陷的，一旦发现有的话，那么对这位国王而言，死亡才是他的荣誉；通过死亡，他可以获得重生，获得人们的尊重，成为完美之身。……

如果官员有事要向国王启奏，他们就得跪在宫殿门口，在向国王报告时也不能直视国王，而且要一直拍手（这在当时是一种奉承君主的方式）。结束后，他们还得像来时一样退出。没有哪位官员觐见国王是走进来的，也没有谁与国王讲话时敢直视他，除非这个人是国王的熟客或特殊的朋友。……

在判决过程中，为了获得充分证据，他们会使用三种最恶毒的诅咒。第一种叫 Lucasse，是一个装满了毒药的瓶子。他们会让犯罪嫌疑人喝下它，同时嘴里念叨一些让他致死的咒语。如果嫌疑人有罪，他就会死去；如果嫌疑人无辜，他就会没事。出于对毒药的惧怕，犯人一般都会主动承认罪行。但是无辜的人会自信地喝下它而安然无恙，由此得到释放。而那个诬告他的原告则要受到惩罚，他的妻子、儿女和财产都要被没收。这些财产一半归国王，一半归被告。第二种诅咒叫 Xoqua，是一个在火中烧得通红的铁块。在审判时，犯人要用舌头来舔这个炙热的铁块，如果犯人是无辜的，他会安然无恙；否则，铁块就会把他的舌头和嘴烧烂。三种诅咒中这种刑罚更为普遍，一直被沿用。……第三种诅咒叫 Calano，是一瓶用某些药草制成的很苦的液体。他们让犯人喝下这瓶苦液，如果犯人是无辜的，他就会毫无顾忌地一口喝下，然后立刻把它吐出来而安然无恙；如果犯人是有罪的，那么他肯定难以下咽，而且时常会咳嗽或被呛住。……

西非的政治活动*

皮特·德·默里斯

欧洲人详细记载了在与欧洲发生接触之前的那几个世纪里，出现在西非地区的几种政府类型。16 世纪期间，在这块被称为“黄金海岸”（即今天的加纳）的土地上，分布着十几个小国，它们有着共同的语言和文化。这些国家的政治组织形式就如同它们的国土面积一样迥然各异：既有十足的君主制国家，又不乏议会政府的形式。

下面的段落选自皮特·德·默里斯（Pieter de Marees）的作品。默里斯是一位给早期荷兰商船队帮佣的商人，在 16 世纪末来到西非。通过下面的资料，我们可以看到那里的政治活动情况以及国王们所发挥的制衡作用。

思考：西非政治体系的性质是什么；这种政治体系是否有可能转型；妇女在王室生活中起到了怎样的作用。

国王是由普通民众选举产生的，谁能得到最多的选票谁就是国王。因为在这个国家，并没有禅让或世袭的传统，前一任国王不会把统治权转给他的朋友、亲属或后代，即使是自己的孩子也不行。所以当国王逝世后，人们就开始选举新的国王来统治这个国家。新

* A. van Dantzig and A. Jones ed., *Pieter de Marees: Description and Historical Account of the Gold Kingdom of Guinea (1602)* (the British Academy, 1987), pp. 94-97.

国王一旦产生，就拥有已故国王的宫廷以及宫廷里的一切。在新国王的登基典礼上，他必须首先买很多牛和棕榈酒赐予他的国民。因为一位慷慨施与的国王会受到人们的爱戴，而节俭抠门、一门心思敛财的国王则会遭到人们的厌恶。这样的国王是不会受到民众的尊重和爱戴的；相反，人们会厌恶他、嫉妒他，用尽所有的办法来与他作对，直到把他逼退位，从而选出一位大家都喜欢的新国王。……

……因此，如果一位国王想赢得民众的青睐，那么当他的卫士或税务官把从沿海地区收来的罚款或从农民那里收来的税钱交给他时，他就得每隔三个月便举行一次宴会。国王在宴会上的花销要看他在这段时间内收到多少罚款或税钱。国王还要邀请他的贵族或议会成员。因此，他就得从全国各地买来很多母牛或公牛和棕榈酒来招待他们。所有人都可以分享这些美食。于是每个人都很开心，他们击鼓高歌，十分开怀。牛头被清理得干干净净，用颜料涂上漂亮的图案，做上精美的装饰，沿着墙整齐地放置在国王的房间中。这些美丽的牛头对国王来说是一种巨大的荣誉，远远胜过名画。这样，每个来到王宫的陌生人一看到这些牛头就会明白，他是一位好国王，他受到民众的尊崇和爱戴。……

……国王的后妃们有些同他一起住在宫里，有些住在宫外。但那些住在外面的，一般是年事已高、红颜老去的妃嫔，国王已经不再宠爱她们，她们也没有能力取悦国王。在宫廷里，国王通常会赐予那些年轻貌美的妃嫔每人一间住处，这样她们就能更好地服侍他，他也就能得到更多的欢愉。妃嫔们努力伺候国王，想尽办法让国王宠爱她们。这样一来，国王便身处温柔乡中。国王的每位妃嫔都有自己的财物，每位妃嫔都能抚养自己的儿女。国王最爱的妃嫔可以衣食无缺。她们出门时都要扶着婢女的肩膀，而她们的孩子也一样，被国王的奴仆小心翼翼地扛在肩膀上。

国王自己很少出门，他总是待在自己的宫殿里；有时候他会坐在宫殿的大门前，但这样的情况不多见。国王身边戒备森严，无论白天还是晚上，国王总会派自己的人守卫宫殿。而这些人无论在寝宫内外，总是全副武装，丝毫不敢懈怠。……

……在宫廷里还有被称作“维亚多”的官员，他专门负责看管国王的金银财宝，掌管国王的一切收支，并处理国王的重要事宜。因此，此人的重要性和地位仅次于国王，而他在出门时，手上、腿上、脚上和脖子上一般都会戴着金光闪闪的饰品，这些饰品的数量甚至比国王身上戴的还多。

国王的孩子们在成长过程中如果想得到什么东西，他们就必须学会自食其力。因为他们的父王不能随便满足他们，把他们娇惯成没用的懒汉。要知道，老百姓们不喜欢看到这个样子，他们会对此说三道四。而国王如果随便满足他们，那么国王的威望也会受到质疑。但是在子女们结婚时，国王可以按惯例给予他们应得的那份财产。另外，国王还会赐给每个子女一个奴隶来伺候他们。但除此之外，他们不可能再从父王那里得到任何好处了。在其他方面，他们就跟普通百姓的子女差不多。因此，如果国王的子女到了一定的年龄还不能自力更生，那么他们就不会得到人们的敬重。国王养育自己的子女，为的是能让他们为他服务。一旦国王同某个首领、某个城镇或国王休战讲和，他会派他的子女（通常是他的儿子）前去充当人质，这样一来，他的子女就可以受到尊重并取得较高的地位。通过他所收取的各种食物，如水果、鱼、棕榈酒、棕榈油，国王可以轻松地养活整个王室、他的后妃和儿女们。他用来烤面包的粮食都在事先就为他播种并收割好了。所有的事情都为他而做，而且是义务的，因此国王从来不用担心会缺少什么。总而言之，他生活得很好（尽管按照我们的标准，那是一种痛苦的生活）。当国王逝世的时候，他会有一个合乎习俗的体面葬礼；与此同时，人们会立刻选出一位新国王，但肯定不是已故国王的后人或亲友。他们可能会选择一个他们碰巧喜欢的陌生人来做新国王，而绝不会选择与老国王有瓜葛的人。人们选那个人为国王，将他引到宫殿。这位新国王从此便开始了他的统治，他可以支配前任国王曾拥有的一切。由于他拿走了一切，因此，除了老国王自己的财产，他的子嗣们再也无福享受以前的荣华富贵了。按照惯例，他的子女只能将老国王的财产带走并平分。总之，这不是一个世袭制或分封制的国家，它的统治权不能被前任国王的朋友、亲戚或子女继承，而只能传给一个陌生人。

《秘鲁的编年史》：印加帝国*

佩德罗·谢萨·德·利昂

南美洲的印加帝国曾是世界历史上最辽阔、最先进的国家之一。在哥伦布发现新大陆以前，印加帝国的政治和经济体系已经沿着南美洲的西海岸延伸了大约 2 500 英里。我们关于印加人的现存文字材料，有很多出自 16 世纪涌入南美洲的西方征服者、探险家和传教士之手。下面这篇文章就是一名西班牙远征军士兵对印加帝国的描述。他试图记录印加帝国即将灭亡之时印加文明

---

* Pedro Cieza de Leon, *The Second Part of the Chronicle of Peru*, Clements R. Markham, trans. and ed. (London: The Hakluyt Society, 1883), pp. 36-38, 42.

的复杂性。佩德罗·谢萨·德·利昂（Pedro Cieza de Leon，1518—1560）在 1535 年到 1547 年间参与过几场发生在厄瓜多尔和哥伦比亚的战争。因此，他的描述成为关于南美洲那段历史的权威资料，他的记载有很多都是印加人亲口叙述的第一手情况。

思考：印加人的政治体系具有哪些特点，可能存在哪些问题；印加人四通八达的道路反映了印加文明的什么性质。

不难理解为什么国王们在统治大的省份时往往要非常谨慎，尤其是这些地方有的是地势起伏的森林地带，有的是白雪皑皑的高山地区，而有的又是寸草不生的沙漠。这里分布着许多不同的民族，他们的语言、法律和宗教信仰各不相同，因此，国王必须维持安定和平，精心治理，以便让大家相安无事，友善地对待各自的首领。尽管库斯科是整个印加帝国的首都（正如我们在多处提到的那样），但某些时候，正如我们待会儿将说到的，国王会派驻他的代表和总督前往某些特定地点。这些人是最博学、最能干、最勇敢的人，而且都上了年纪并有一定的阅历。由于他们很可靠，从不背叛信任他们的人，而且拥有听命于他们的人①，因此，无论当地人的势力有多么强大，也不敢试图谋反；如果谋反一旦发生，那么最先起事的那个城镇将会受到惩罚，带头造反的人将会作为犯人被押送到库斯科。……

所有人都非常惧怕国王，没有人敢在他背后说他一句坏话。不仅如此，如果国王的某个下属或仆人因为公务要去帝国境内的一个比较远的地方，那么人们就得在路上献上各种礼物迎接他们。即便

① 指对国王尽忠且愿意到新的疆土去殖垦的人。

有时只是一个人出访，也没有人敢不遵守他的一切命令。

在这幅员广阔的地区，人们如此崇拜他们的首领，因此每一个地区都治理得有条不紊，仿佛只要谁做得不好，首领就会亲自严惩那些违反命令的人。人们有这种惧怕是因为他们知道，首领是英勇无畏、刚直不阿的。人们都坚信，干坏事的人绝对会受到应有的惩治，就算是祈祷或贿赂也于事无补。与此同时，印加人总是善待那些服从统治的人，他们决不允许这些人受到虐待，这些人也不必交太多的供奉。很多人及其祖先所居住的地方原本是一片荒芜，他们生活困苦，但后来，印加人的到来改变了他们的境遇。印加人的治理使得他们的土地变得肥沃多产，曾经匮乏的物资也充裕了起来。而在其他一些地区，由于原先没有棉毛，所以那儿的人几乎不穿衣服。印加人的首领下令给这些人发放了充足的布料。总而言之，所有的首领都知道如何加强服务、管理贡品，所以，他们为百姓的生活准备好了一切，大家什么都不缺。通过有效的管理，再加上首领常给骨干下属赏赐女人和贵重的礼物，因此，他得到了大家的爱戴，甚至可以说是所有人最喜爱的人。

在思考和记录这个王国的情况时，我最惊叹的是，他们怎样建造出如此宽阔而令人赞叹的道路？为了完成这样一个浩大的工程，他们投入了多少人力？还有，他们使用了哪些工具和器械去夷平高山、开凿岩石，把道路修得如此宽阔而结实？在我看来，如果印加帝国的君主想修建一条新的皇家道路，比如一条从基多到库斯科的公路，或是一条从库斯科到智利的公路，就算他投入自己的所有力量，我相信这道路也是修不起来的。除非有那种能够让印加人的命令有效运转的社会秩序，否则任何人力都不可能实现其要求。要知道，如果需要修建的道路有 50 里格长，或是 100 或 200 里格那么长，尽管地面非常崎岖，但只要精心施工，路还是会修成的。但是印加人的道路却要长得多，有些道路还修在令人眩晕和胆战的深渊边上，绵延 1 100 多里格！要知道，站在深渊边上，往下看一眼都让人手脚发抖。而在有些地方，为了保证道路的宽度，必须从现有的岩石中开辟出一条新路来。这在当时只能通过火烧和用镐开凿来实现。还有些地方，坡太陡太高，所以要从低处开始挖出一些台阶，才能修好上坡路，此外还要在台阶间留出地方以供人休息。在另一些地方还有很厚的积雪，而这是让人更加担忧的。积雪不会只出现在一处，它们到处都是。在有积雪的地方，在有成片的树林和松散的土堆的地方，道路都得被夷平，并在需要的地方铺上石子。

一位秘鲁酋长眼中的印加社会*

休曼·波玛

如前所述，关于印加人的现有资料大多出自 16 世纪的西方人之手。然而下面这段文字的作者却是一位印加酋长，他记述了印加帝国男女老少的各自角色及其行为。可以说，这是现存为数不多的关于印加社会的第一手资料，它为我们考察印加文化的日常情况提供了独一无二的视角。尽管这些文字是一位名叫休曼·波玛（Human Poma）的印加酋长在西班牙征服印加王国之后写给西班牙王室的材料，但它依然有助于我们真实地了解西班牙人到来之前的印加社会。

---

* Human Poma, *Letter to a King: A Peruvian Chief's Account of Life Under the Incas and Under Spanish Rule*. Christopher Dilke, trans. (New York: E. P. Dutton, 1978), pp. 54-59.

思考： 印加社会的男人、妇女、儿童、老人以及残疾人，在其社会结构中分别扮演着怎样的角色；这里所描述的安宁的世界是什么样的。

印加国王与国家委员会的贵族曾做过一项普查。为了方便统计印加人口，所有的印加人（无论男女）被划分为十个层次。每个人都要在自己相应的位置上各司其职，懒惰是被人瞧不起的。只有这样，才能保证人们的温饱，印加帝国的国王和贵族们才能维系如此庞大的国家。……

国王每隔六个月就进行一次视察仪式，从不更改。通过这种仪式，人们可以从一个年龄层次升入另一个年龄层次，并承担新的责任。……

第一个层次由新生儿组成……他们躺在摇篮里，他们的母亲轻摇着摇篮，为他们哺乳，给予这些弱小的生命深深的爱。亲属们可以帮忙抚养，但根据法律，母亲应该承担养育孩子的全部责任。

第二个层次是蹒跚学步的幼童……这些幼童常常会由比他们大的孩子照顾，以免受到伤害。此时，母亲依然承担着照顾幼童的责任。……

如果这些孩子是孤儿，那么从他们呱呱落地的那一刻起，他们就有权拥有一块耕地。而当地社区里的每个人（不仅仅是那些身为父母的人）都有责任抚养和监护这个孩子。……

第三个层次是 5 到 9 岁的孩子……这些孩子的父母要经常鞭笞他们，教育他们守规矩。……而这些孩子也要照顾比他们年幼的弟弟妹妹，或是帮母亲给新生婴儿推摇篮。

同样是 5 到 9 岁的小女孩，她们有时能够帮家里干点活，或是学习纺纱之类的手工技艺。有些女孩子会采集药草、酿玉米酒，还会帮母亲照顾婴儿。在对女孩的教育中，很重要的一点就是，教会她们保持良好的个人卫生并帮助父母做事情。

第四个层次是 9 到 12 岁的孩子。这个年龄段的男孩可以猎鸟，有些鸟儿颜色非常美丽，例如蜂鸟。打猎收获的鸟皮可以用来做皮革制品，鸟肉可以充饥，鸟毛可以用来装饰盾牌，或者在印加国王和他的勇士的长矛上镶上一簇羽毛。

男孩子的所有教育都是在户外进行的，他们不必去任何学校。在印加人看来，为了工作而训练男孩子，这是不明智的，因为孩子们只会把训练当作游戏，直到他们长大后才能明白工作的重要性。对于这个年龄段的男孩，大人们只会给他们指派一些简单的活，比如照看羊群、搬运木头、编织纱线等等。

而这个年龄段的女孩子的主要工作则是到乡间去采集各种野花。野花有很多用途，但主要是用来给一种叫“库班”的上等布料染色。这些女孩们也知道如何采集营养丰富的药草，这些药草经过干燥处理后最长可以保存一年。……

第五个层次是处于 12 到 18 岁年龄段的少男少女。男孩的主要任务是照看羊群。此外，他们还要学会如何使用套索、陷阱和弹弓来捕杀野生动物。

甚至就在印加人当权之前，这个年龄段的男孩子常常会被召去，为统治者和神灵提供个人服务。

这个年龄段的女孩子都剪短发，她们已经能替父母和祖父母承担很多家里家外的活了，比如做饭、打扫房间、在农场帮忙干点农活，她们都会。女孩们温顺而有礼貌，她们很快便学会人们希望她们掌握的各种技艺。就这样，她们一直过着为他人提供服务的简单生活，直到有一天，在印加国王或是某个代表国王的人的指令下，她们出嫁了，从女孩变成已婚妇女，生活才有所改变。

第六个层次是 18 至 20 岁的年轻人。他们通常被叫作“萨亚佩亚”，意思是“随时待令”。他们就是信使，在同一个山谷里的村落之间来回奔走，为大家传递消息。同时，他们也负责看管药草，为军队运送粮草，或是为首领服务。他们的饮食很简单，从不饮酒，生活也很朴素。他们需要的只是一杯热茶、一些煮熟的玉米、一件衬衫和一件暖和的外套。而那些出身高贵的年轻人的生活则更为简朴，长辈对他们也更严厉，几乎很少允许他们休息，从不让他们接触任何女性，直到他们长大一些以后。

这个年龄段的女孩子正是待嫁之时。年轻貌美的小姑娘们会在结婚仪式举行之前一直保持贞洁。事实上，有些女孩因为要成为太阳神、月神等天神的侍女，所以终身不嫁，永保贞洁。而有的女孩则要嫁给印加国王、贵族或者有特殊功绩的英雄。当然，在挑选和分配这些女孩时，对于男人来说也是非常公平的，纵然国王也不例外。没有人能够单凭自己的意愿就娶走他想要的女孩。……

第七个层次是最重要的，包括所有从 25 岁到 50 岁具有战斗力的勇士。男人在 33 岁以后就是训练有素的，他们要随时准备战斗或肩负起其他责任。他们中的一些人会承担殖民定居的任务，被派到其他地方去繁衍生息。在那里，他们得到一大片足够养活一家人的田地，当地的女孩也会成为他们的妻子。这种政策让印加国王能够确保那些不安定的偏远地区的安全状况，因为这些定居者都是他信任的人，可以为他通风报信。……

那些饱受疾病和残疾折磨的人被划分到第八层次，包括聋人、盲人、慢性病人、跛子、肢体畸形或残缺的人。其中有一部分人，尤其是那些矮小、驼背、腭裂的人，靠讲笑话和故事来消遣时光。其他人则依据各自的实际能力做点事情。如果尚有两条健全的腿，他们就可以做些跑腿的工作；如果双手还很健全，那他们就可以做些编织之类的活，或是当服务员或会计。

通常来说，女性残疾人都有精湛的手艺，如编织、烹饪、酿酒等。而对男性残疾人来说，有些天生风趣幽默的人可以取悦贵族，并以此为生。

在任何情况下，印加人总是鼓励或强制残疾人之间通婚。盲人和盲人配对，跛子与跛子配对，驼背配驼背，矮子配矮子。印加的统治者通过这样的婚配方式，使得残疾人的队伍越来越壮大。那些找不到丈夫的残疾妇女就利用她们的情人来为她们传宗接代。

这些病残的印加人都拥有自己的房子和财产，更重要的是，他们根本不需要正常人的怜悯和同情，因为他们处处受到法律的保护。

第九层次属于那些人到暮年但依然宝刀不老的老人们。他们依然在农场里干活，依然搬木头、堆草垛，依然在为贵族们服务。在年满 50 岁之后虽然他们已不必再服军役，也不用承担任何远离家门的义务，但他们依然精神矍铄，时刻等候着国王的召唤。

而年满 50 岁的妇女们依然继续从事纺织。另一些女人则依旧服侍贵妇和神的侍女，忠实履行着她们的各项义务。……

在这个层次上，并不是所有的女人都年纪很大，有些年纪不大的寡妇由于不再是处女，因而也被包括在这个范围内。人们认为，寡妇失去了生命的活力，对社群没有什么特殊的价值，尽管她们后来可能会随着年岁的增长而受到尊重。

第十个层次亦即最后一个层次是留给那些迟钝的、终日昏睡的老人的。通常他们都已失聪，年龄达到 80 多岁。因为他们年事已高，也用不着他们干活了，所以他们整天无非就是吃饭和睡觉。

老人们通常受到大家的敬重。因为他们能够影响年轻一代，提供建议，并且把宗教知识几乎原原本本地传给后人。他们穿衣不用花钱，还可以拥有自己的园地并根据一种被称作“明加”的公社制度来种植它。此外，每对年轻夫妇都有义务照顾一位老人，给他许多礼物。所以对印加人来说，没必要为老年人准备医院。

《传记》：阿兹特克人*

贝尔纳尔·迪亚斯·德尔·卡斯蒂略

阿兹特克人约在 1218 年来到中美洲，这是相对比较晚的。在他们 15 世纪中期控制整个中美地区之前，他们的文明一直发展缓慢。尽管其帝国是通过战争和流血牺牲换来的，但阿兹特克人依然崇尚一切美好的事物。在 1519 年科尔特斯（Cortez）① 征服墨西哥之前，阿兹特克文化已经开始衰落。以下段落就是由科尔特斯麾下的一名士兵在半个世纪后写的，他的名字叫贝尔纳尔·迪亚斯·德尔·卡斯蒂略（Bernal Diaz del Castillo，约

---

* I. I. Lockhart, trans., *The Memoirs of the Conquistador Bernal de Castillo* (London: J. Hatchard and Son, 1844), pp. 220-221, 235-238.

① 西班牙征服者赫尔南多·科尔特斯。科尔特斯于 1519 年率领西班牙军队横扫墨西哥，征服了处于鼎盛时期的阿兹特克帝国。

1492—1581）。这篇文章展现了阿兹特克人高度发达的文明及其宏伟壮丽的国都。

思考：西班牙文化与阿兹特克文化之间有哪些异同；为什么迪亚斯会对阿兹特克的辉煌文明与显赫财富如此惊叹。

当我们凝视这壮丽的一切时……我们几乎停止了思考，我们怀疑眼前的一切是不是真的。沿着湖岸是一座座繁荣的大城镇，在它们中间，还赫然耸立着更加高大的水上之城。我们的周围，不计其数的船只在湖上穿梭。每走一段路，我们就要经过一座新桥。而在我们的正前方，就是宏伟壮丽的墨西哥城。……

孟特库祖玛根据自己的风俗，穿着极为奢华的服装，脚上是镶满珠宝的半筒靴，靴底也是用纯金打制。簇拥在国王旁边的四位王室贵族也穿金戴银，不过这些华贵的衣服应该是他们在路上为了恭迎国王才穿上的。因为当他们第一次出来迎接我们时，可没有穿得如此讲究。除了这些尊贵的王公，其他的名门望族也围在国王身旁，其中有些贵族身后还支着华盖呢！另一些人在国王面前的路上铺上棉布，以免国王尊贵的双脚沾上泥土。国王的随从们一直没有直视过国王，因为每个人在见到国王时都必须低头以示尊重，只有国王身边那四位搀扶他的侄子或堂兄弟才敢看他。……

就像往常一样，我们的指挥官在我军大部分骑兵和步兵的簇拥下，全副武装，向特拉特洛尔科进发。……当我们来到这个庞大的市场时，我们完全惊呆了，这里人山人海，商品琳琅满目，虽然人头攒动，路况拥挤，但有很多警察在维持秩序，而且他们做得很好。陪同我们的贵族带着我们参观这里的一切，包括那些最不显眼的小角落，而且细心地向我们解释眼前的这一切。不同种类的商品各有一个销售专区。我们首先参观了这些专区：金银制品区、珠宝区、服装专区以及其他一些商品专区；另外，我们还看到了奴隶交易的专区。……旁边是普通用品的交易区，包括棉花、线、可可等。……在这里，我们还见到了销售内昆布制品、绳子和凉鞋的交易区，而在那里，还有专门出售甜甜的龙舌兰树根的区域，有些是熟的，有些是其他的龙舌兰制品。在市场的另一边是出售各种兽皮的区域，在那里人们可以买到虎皮、狮子皮、豹皮、水獭皮、红鹿皮、野猫皮，还有好多其他动物的毛皮，其中有的已经被太阳晒黑了。还有一个地方专卖豆类、鼠尾草以及各色药草和蔬菜。有一个市场是特别为贩卖家禽、火鸡、野鸭、野兔、鹿和狗的商人准备的；这儿还有水果商、糕点师和卖动物内脏的商贩。从这个市场走过去，不远处是专门卖陶器的市场，在这儿大到陶制锅炉，小到陶制水罐，所有商品一应俱全。然后，旁边是销售蜂蜜、蜂蜜蛋糕以及其他甜点的专区。甜点专区再过去一点是木料商、家具商的天下，这些商人带来各式各样的桌子、椅子、摇篮，还有种类繁多的木质家具，每一种都分门别类地放在那里……

在这个大市场里还设有一个法院，法院里有三位法官和几位治安官，他们专门负责监管市场内的商品。……我希望我已经把这里所有的商品都一一介绍完了。这里的商品实在太多，占的地方太大，所以我可能无法全部记下来。另外，市场里的人也很多，过道里挤满了人，因此，要想在一天之内把整个市场都参观一遍，那是绝对不可能的。……

事实上，从这座庙宇的高处，可以看到整个地区。从这里，我们可以看到通向墨西哥城的三条堤路。……此外，我们还能看到引自查普特佩克的水渠，它为这个城市提供了清甜的水。我们能清楚地看到河口处的一座座大桥，在这里水渠被分割开来，水流也开始减速。湖面上到处都是船只，船上载满了准备运往这座城市的各种物品。从这里我们也发现，在这座城市以及其他的水上城镇里，人们往来都得依靠船只和那些吊桥。在这些城镇中，美丽的白色庙宇在其他的低矮建筑中鹤立鸡群……可以想象，这真是一幅无比壮丽的景色。

在我们看够了这幅壮丽的画卷后，请再次把眼光转到大市场中来吧，让我们再看看那些穿梭在市场里的顾客和商人。他们所带来的嘈杂与喧闹声，以至于远在四英里以外，我们依然能够听见。

视觉资料

西非的金属制品

下面这两座黄铜雕塑（见图 12－1 和图 12－2）是非洲西部阿散蒂地区的金属制品。它们呈现了西非人的日常活动场景。第一幅作品表现的是两名妇女正在舂谷，这反映出农业在西非社会的重要地位以及妇女的角色。第二幅作品表现的是一名男子为了制作棕榈酒而正在提取棕榈树的汁液，这反映出酒在当时社会、文化和仪式上的重要性。制作这种分量的金属制品需要精细的雕塑技巧和浇铸工艺，我们可以从中看出阿善堤人的心灵手巧。

思考：这些雕塑品与玛雅人的有何异同；制作这些金属制品需要掌握怎样的技巧并注意些什么。

图 12 - 1

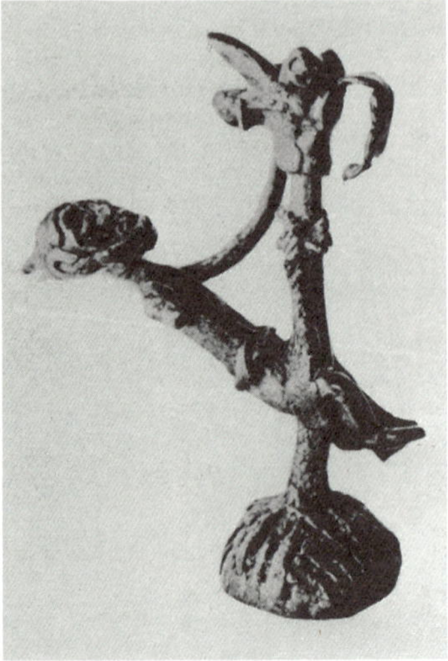

图 12 - 2

大英博物馆托管

14 世纪的苏丹西部： 商路和政治

地图 12 - 1 展现了在公元 1000 至 1500 年之间，苏丹西部主要国家的分布状况，还反映了金矿、盐矿的分布情况以及几条主要的商路。我们可以从地图上看到，当时有很多大中型国家，其中有些存在着竞争关系。这张地图也表明，控制苏丹南北部之间的贸易是十分重要的。这也有助于我们理解为什么像加纳和马里这样的国家会成为当地的强国，而它们又何以会受到其他非洲国家的影响。

思考：地理、经济和政治因素何以会促成非洲该地区大国的崛起。

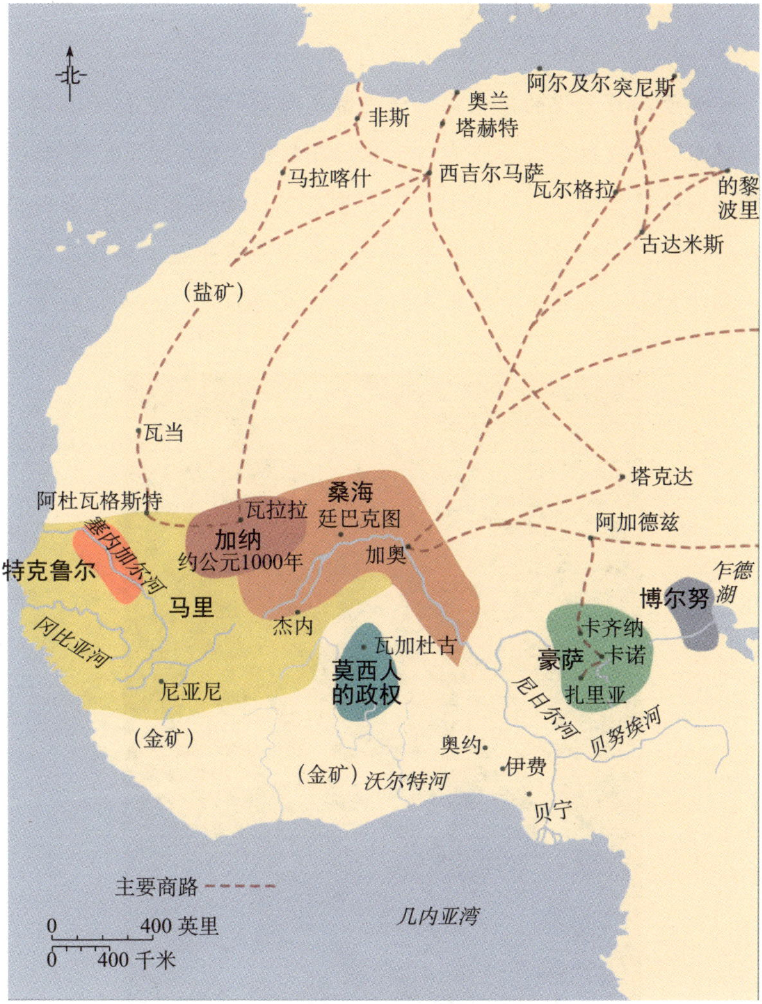
北
阿尔及尔
突尼斯
奥兰
非斯
塔赫特
马拉喀什
西吉尔马萨
瓦尔格拉
的黎波里
古达米斯
（盐矿）
瓦当
塔克达
阿杜瓦格斯特
瓦拉拉
桑海
廷巴克图
阿加德兹
加纳
约公元1000年
加奥
特克鲁尔
塞内加尔河
马里
乍德湖
博尔努
杰内
卡齐纳
冈比亚河
瓦加杜古
豪萨
卡诺
莫西人的政权
尼亚尼
扎里亚
尼日尔河
贝努埃河
（金矿）
奥约
伊费
（金矿）
沃尔特河
贝宁
主要商路
几内亚湾
0 400 英里
0 400 千米

地图 12－1　西非的商路

玛雅的妇女和儿童

关于玛雅文化的很多实物证据都是雕塑作品，它们为我们了解玛雅社会提供了重要线索。下面这座创作于约公元800至1000年之间的玛雅雕塑（见图12－3），塑造了一名妇女正在准备做玉米饼的情形。她背上背着一个孩子，前面还有一个。该作品反映出玛雅妇女在公元1千纪末期所扮演的社会角色。妇女们既要负

图12－3

责照顾孩子，又要负责培养孩子们的基本生存技能。同时，这座雕塑还暗示着，在玛雅文化早期，玛雅人已经拥有了完善而发达的农业体系。这名妇女正在磨玉米面，而玉米正是玛雅人最基本的农作物。不过，在此之前的大约四千年前，墨西哥高原中部地区的美洲土著就已经开始种植玉米了。

思考：为什么在这座雕塑中，孩子们会全神贯注地观察母亲的劳动；对玛雅人来说，该作品意味着什么。

1490 年的美洲人

任何民族的繁荣都离不开稳定的农业体系。地图 12－2 向我们展示了美洲土著民族的几个农业地区。以往的观点认为，美洲土著民族主要以打猎和采集为生，但实际上，大多数美洲土著很早便建立了稳定的农业社区。更重要的是，最发达的农业社区同时也是拥有成熟的道路网络和城市中心的文明地区。阿兹特克人、玛雅人和印加人都建立过繁荣的城市，这些城市也成了他们的贸易和政治中心。这种“作为过渡阶段的”农业文化虽然使其政治结构有所发展，但它却缺乏完善的基础设施。

思考：稳定的农业社区的存在，反映了美洲土著民族在政治和社会发展方面的哪些情况。

地图 12-2 美洲大陆的主要生活方式（地理大发现前夕）

第二手资料

发展中的西非各国*

罗德里克·詹姆斯·麦金托什

在 8 世纪到 15 世纪之间，苏丹西部——与撒哈拉沙漠接壤的西非地区——先后建立了三个帝国：加纳、马里和桑海。在很大程度上，这些国家的国力依赖于它们的中心城市、政治组织、骑兵部队以及兴旺发达的黄金贸易的税收（这是最主要的）。然而，这些国家最初是如何发展的呢？在下面的选文中，罗德里克·詹姆斯·麦金托什（Roderick James McIntosh）探讨了这个问题。

思考：关于这些国家的起源，最近的研究从哪些方面提供了更具洞察力的看法；在这些帝国巩固自身的过程中，骑兵起到了怎样的作用。

……我已谈到了加纳，但不是把它描述为一个通过强行征服建立起来的国家，而是一个逐步统一的联盟，其中的许多部族与帝国的核心地区有着各种各样的关系（既有名义上的进贡关系，也有完全的统治关系）。而这种理解与学界最近关于国家起源的看法——国家是从较早的小型城邦发展起来的——是更为一致的。加纳无疑会对所有从它那儿过境的黄金贸易和其他商品贸易征税，它也无疑会保留一支强大的骑兵部队。而为了对付北方凶猛的骑骆驼的游牧

---

* Roderick James McIntosh, *The Peoples of the Middle Niger: The Island of Gold* (Blackwell, 1988), pp. 256, 259, 263-265.

民族，加纳的军事基地可能会在规模上发生变化。……

结成联盟的进程很可能在公元500年就开始了。到9世纪末的时候，加纳已成为西非的一大强国。对此，阿拉伯人当时的资料中已有详细的记载。……

对于接下来的两个世纪，外部资料所描述的一般都是一个相当繁荣的国家。……与加纳不同，马里不再是一个由诸多半独立的部落所构成的联盟。凯塔绝对是帝国的核心地带，马里创立了一个由众多附属国组成的等级体系。在该体系的一端，是名义上保持独立的麦马和瓦加都（它们也许需要进贡）。然后是拥有各种自主权，但仍须向宗主国进贡的省份（其中，有些省份由本地首领统治，有些则由国王派来的官员管理）。杰内和迪亚大概就是属于这种情况吧。而在经常发生变化的帝国边境地区，还有一些戒备森严的（通常也是充满仇恨的）边缘国家，如塞内加尔河中游地区的特克鲁尔和锡拉，以及尼日尔河大拐弯处的桑海（1320年被征服）。

最后面的这些国家一直希望马里王国的势力能被削弱。它们梦想自己能够摆脱帝国的统治，摆脱本地的傀儡政权。桑海从迪亚王朝转向索尼王朝，也许就代表着马里帝国的一次蜕变。在松迪亚塔执政的最后25年里，马里成为一个幅员辽阔的强国。同样，在他的儿子曼萨·乌利以及之后的另一个儿子曼萨·瓦里的统治下，马里王国依然强大。然而由于此后继任的是一些意志薄弱、不够幸运、靠谋权篡位登上王位的国王，所以马里曾一度分裂。幸而曼萨·穆萨（1312—1337年在位）和他的儿子穆罕默德，使马里恢复元气并步入黄金时期。像加奥这种曾经在权力真空中占得便宜的边境国家，如今重新被纳入马里的势力范围，并且被盯得更紧。但在

1350 年，曼萨·穆罕默德的叔叔苏雷曼篡夺了穆罕默德的王位。形势由此急转直下。1360 至 1390 年间，马里政权明显衰落，这自然意味着马里帝国开始分崩离析。……

还有一件离奇的事情可作为补充：在 13、14 世纪期间，杰内作为一个统一、和平而且治理井然的帝国的经济中心，本来最有可能成为繁华之地，然而考古学告诉我们的却是，在这两个世纪里，不论是在城镇还是在穷乡僻壤，居住情况都极其混乱，人口也大幅骤减。这些情况似乎不仅发生在杰内摆脱马里帝国之前——杰内是在 15 世纪早期独立的，当时它已经控制了内陆三角洲上游的大部分地区，而且还早于 15 世纪 30 年代、70 年代和 80 年代莫西人的入侵（当时，马里帝国的长期衰弱使得这一地带出现了权力真空）。

占据马里帝国所留下的权力真空地带的还有桑海。14 世纪末，桑海完全从马里帝国独立，并迅速发展壮大。在桑海国王索尼·希尔曼·达玛的统治期间，这个发展神速的国家占领了麦马。

大津巴布韦王国的起源*

因诺森特·皮基莱伊

位于津巴布韦高地的大津巴布韦城墙遗址是南非地区最著名的石质遗址，长期以来一直是受人关注的对象。现代考古学认为，这一古代政权的起源同其贸易、税收、畜牧业和军事力量的进步紧密相关。大津巴布韦是在 12 世纪左右，由

---

* Innocent Pikirayi, *The Zimbabwe Culture: Origins and Decline in Southern Zimbabwean States* (Rowman and Littlefield Publishers, Inc., 2001), pp. 124-127.

讲修纳语的民族建立的。作为一名津巴布韦的考古学家，因诺森特·皮基莱伊（Innocent Pikirayi）在下文中介绍了他的一些最新发现，向我们提供了关于津巴布韦文化兴起及其稳定性的最新观点。

思考： 为什么关于大津巴布韦的起源问题会有如此多的争议；在非洲历史上，贸易和意识形态对于中央集权的形成有何作用；考古学家和其他专家对早期非洲国家的起源和发展有哪些深刻的见解。

大津巴布韦的历史可以追溯到豹岩山地地区的农耕民族。10世纪时，他们从南部和西南部迁移至津巴布韦的中南地区，在很多地方都建立了定居点，包括位于奇韦集体土地上的古曼伊山，现在的马斯温戈以西的奇沃瓦山以及大津巴布韦山。这批数量不多的农民并不像南部和西部的人那么富足，但是他们会驯养牲畜，也很重视仪式——如果从他们的聚居地点挖掘出来的那些陶塑是可信的话。

12世纪时，这个民族已经十分强大，足以掌控印度洋的贸易活动。而最早在大津巴布韦山以及奇沃瓦山地区，建起了大而坚固的住房，当地的陶制品设计也开始有了新变化，人们可以获取更多外地物品。到13世纪时，出现更进一步的发展。在那些显赫人家的门外，修起了由当地大理石筑成的高大石墙。富有的精英阶层也开始出现；到1270年左右，他们的财富已经为建立一个复杂的城市联合体奠定了基础。

然而这是如何产生的呢？难道仅仅是因为与东海岸地区有贸易往来？尽管为大津巴布韦带来新的财富来源的远途贸易，一直都是强有力的催化剂，能够将本地的部落组织逐渐转化为区域组织，但是我们也不能忽视其他的因素，如土地在家族产业中的作用，以及牲畜作为个人身份地位的象征。保持血统关系，一方面可以发展重要的社会关系网络，如朋友、客户和亲戚，另一方面也是为了对商品和服务——这些东西在传统的政治和社会机构内部，是作为利益而进行分配的——放开管理。为了有效地从与东海岸的贸易中获得利益，那些新兴的大津巴布韦行政官们必须首先向商人们提高赋税。这也是他们的不动产越敛越多的原因。有了这些财富，他们可以修建更多的石质建筑，而这些建筑的规模和数量在整个津巴布韦高地上都是无与伦比的。

在我们讨论大津巴布韦的霸权地位时，宗教信仰往往是一个原因。尽管宗教并非最主要的催化剂，但它有效地将人们联结在一个相互依赖的政治联合体内。政治与宗教的意识形态使得这里的人们结成了一个共同体。当然，我们也应该考虑其他因素，如各个世袭家族的领土完整性与确定性，由于牲畜拥有者和其他群体的结盟而带来的通婚现象以及其他类似行为。在津巴布韦高地各国的建立过程中，这些因素都发挥了各自的独特作用。就跟许多封建国家一样，最牢固的结合永远都存在于那些彼此依赖、彼此忠诚的有血缘关系的族群内部。然而随着时间的推移，这些与高级官员、旁系家族之间曾十分紧密的联系变得越来越微弱了。相互敌对的世家会为了获取王国大权而争得头破血流。对于津巴布韦高地成为殖民地之前的这段历史，我们应当探讨一下这些相互敌对的贵族和国家之间的斗争情况。

最早的美洲人*

约翰·诺贝尔·威尔福德 (John Noble Wilford)

现在通行的考古学和科学理论认为，美洲土著人是从亚洲迁移过去的，他们跨越了一条冰冻的地峡陆地桥（现在的白令海峡），然后南下美洲。但是最近的发现却对这一看法提出了质疑。新发现认为，这群人迁移的时间应该更早，大约是在3.2万年前到1.5万年前之间，而且他们首先到达的是南美洲。

思考：科学家们是根据什么来断定第一批移民到达美洲的时间和路线；这些新发现和新理论可能具有哪些重要意义。

在北极和南美洲的新发现引发了学术界的新一轮争论，这些争论的焦点正是美洲考古学最棘手的一些问题：人类最先是怎样进入新大陆的？他们何时进入？又是什么人种？

考古学家们唯一赞同的是，最早的美洲人来自东北亚，他们在1.15万年之前就来到这片土地。通常认为，他们是在更新世晚期的冰河时代，从西伯利亚迁移到阿拉斯加的；当时，亚洲同北美洲之间由一片广袤的平原（即现在的白令海峡所在地）连接在一起。

关于迁移的具体时间，考古学家们有很大的分歧：到底是在至少2万年以前，还是在更早的时候？或是晚一点，不早于1.5万年以前？地质学家认为，白令海峡的大陆桥在1.4万前就消失了。因为当时大面积的冰川融化了，水太多，以至于全世界的海平面上升

---

* John Noble Wilford, "New Finds Challenge Ideas on Earliest Americans", *The New York Times*, July 22, 1986, pp. C1, 13.

了几百英尺。

法国科学家们从巴西的一处岩洞中得到了一些新证据。这些证据如果通过进一步的分析和挖掘能够得到确认的话，那么我们完全有理由相信，人类出现在新大陆的时间要比现在推断的更早。根据放射性碳定年技术，岩洞里的石器和其他手工制品大约是在 3.2 万年以前制作的。而岩洞内部的壁画则表明，美洲的壁画艺术应该与欧洲、亚洲和非洲处于同一时期。

一位肯塔基大学的人类学家在勘察智利的一个遗址时声称，他已经发现了一些初步证据，可以证明可能在 3.3 万年以前，就有人类居住于此。

南美洲的发现既对考古学提出了新的挑战，又使考古学家们陷入了疑惑。因而考古学家不得不重新审视从前的推断，同时也在思索下一步该在哪里开展新的挖掘工作，以进一步确定人类最早到达美洲的时间和地点。

如果人类早在 3.2 万年之前就已经在南美洲生活，那么有没有证据可以表明，在当时甚至是更早的时候，北美洲也同样有人居住呢？如果关于横穿白令大陆桥的假设是真的，那么这些人必定曾在北美出现过；否则考古学家就没有其他的选择，而只能重新考虑那个曾经让人觉得不可信的观点，即第一批移民是横跨太平洋，在南美洲登陆之后再迁往北美。

迄今为止，没有任何文献可以证明在 1.15 万年前北美洲曾有人类居住。……

法国科学家们在他们关于佩德拉·弗拉达（Pedra Furada）的报告中得出如下结论：新的发现“有力地”表明，人类从亚洲迁徙到北美洲的时间要早于 3.2 万年前。而位于费尔班克斯的阿拉斯加大学博物馆馆长 E. 詹姆斯·狄克逊（E. James Dixon）则声称，这些新发现使得之前的两种假设——白令海峡曾经是大陆桥地带，人类是从北美向南美散播——陷入遭人质疑的境地。……

最近，挪威探险家托尔·海尔达尔（Thor Heyerdahl）提出了一种新的假设，他认为第一批来自亚洲的美洲人是坐船横穿太平洋而来的。

对此，史密森学会的一位考古学家丹尼斯·斯坦福（Dennis Stanford）指出："我觉得，漂洋过海的迁移，这对于早期的人类来说实在是太难以想象了。"

尽管史前的波利尼西亚人是海上航行的好手，但科学家们认为，目前并没有证据可以证明，在大约 3 500 年前，所罗门群岛以东的太平洋岛屿上有人类居住。对海尔达尔的假设表示怀疑的人还指出，认为澳大利亚在 5 万年前就有人类居住，并且他们是从那里出发，取道南极而到达新大陆，这同样令人难以想象。

此外，关于血型、语言和牙齿的研究都表明，早期的美洲人同亚洲人（主要是中国北部和西伯利亚东北部的亚洲人）之间具有直接关联。这个观点以及关于大陆桥的地质学证据，都是支持"白令海峡迁徙说"的最坚实基础。

美国亚利桑那州立大学的人类学教授克里斯蒂·特纳（Christy G. Turner）认为，2 万年前从西伯利亚来到美洲的开拓者肯定来自中国的北部，他们很可能是分成三批，虽然各不相同但有一定的亲缘关系。而他的结论正是建立在针对 9 000 名美洲印第安人、阿留申人和爱斯基摩人的牙齿的研究基础上，而这些人早在哥伦布到达美洲之前就已经生活在那里了。

特纳博士指出，阿留申人和因纽特人肯定是那批从中国沿着白令海峡的大陆桥南部来到美洲的人的后裔。而美国西北海岸的印第安人，一支被称为纳-德内的土著，很可能是那些从西伯利亚原始森林横穿大陆桥中部而到达美洲的人的后裔。其余的美洲印第安人，则可能是那些从大陆桥北部来到美洲的猎人的后裔。

红种人、白种人和黑种人：早期的美洲民族*

加里·纳什

我们理所当然地认为，人们本来就有买卖土地的权利。这种观点在西欧的经济学话语中如此根深蒂固，以至于我们很难设想还有别的观念。然而对于美洲的土著人来说，却不尽如此。关于土地所有权的不同理解，或者更广义地说，关于私有财产的不同理解，会带来持续不断的冲突。随着时间的推移，欧洲的定居者将大片土地围起来，看作自己的财产，他们会圈养野马，也会到处捕猎以牟取私利。而这种做法却损害了游牧部落的整个生活方式。因为他们需要自由，包括行动的自由、打猎的自由和建立临时社区的自由。在如下选文中，美国加利福尼亚大学洛杉矶分校的历史学家，加里·纳什（Gary Nash）就为我们描述了白人定居者同北美印第安土著之间在文化和经济上的冲突。

思考： 美洲土著与欧洲人在世界观、土地观和个人的身份观念上存在哪些差异；根据我们目前所了解的生态破坏情况，你会怎样评价印第安人关于自然平衡的观点。

---

* Gary B. Nash, *Red, White and Black: The Peoples of Early America*, 3d ed. (Englewood Cliffs, NJ: Prentice-Hall, 1982), pp. 25-27.

虽然印第安文化和欧洲文化之间的差异远非“野蛮”和“文明”那样巨大，但是大西洋东西两岸的这两种社会，在彼此接触之前，就已经各自发展出两套截然不同的价值观体系。这两套相互矛盾的价值观体系，成了欧洲人与印第安人发生暴力冲突的根源。我们可以对比二者在人与自然的关系、财产观念和个人身份等问题上看法的差异，从而看到这些潜在的冲突。

根据欧洲人的价值观，自然的一切资源就是为人所用的。“治理这地，”《旧约·创世记》里如是说，“也要管理海里的鱼、空中的鸟，和地上各样行动的活物。”当然，整个世界都是由上帝主宰，而那些超自然的力量则以地震、飓风、干旱和洪水等形式彰显它们的魔力，这些都是人类驾驭不了的。但是到了现代社会早期，一场科学革命正在进行，这场革命赋予了人类信心，他们由此相信，他们是可以理解自然界并最终战胜它的！对于欧洲人来说，世俗和神圣是两个截然不同的世界，而人类与自然环境的关系则属于世俗凡界的范围。

而在印第安人的价值观体系里，从来没有凡界和神界的区别。自然界的每一寸土地都是神圣的，因为印第安人相信，在世上居住的是各种各样拥有神力的“存在者”，它们联系在一起就组成了一个神圣的整体。“植物、动物、石头和星星，”莫里·瓦克斯（Murray Wax）解释道，“不是根据自然规律而产生的物质，而是任何个人或团体都可以与之有着或多或少亲密和谐关系的‘伙伴’。”因此，如果有人想要破坏地面，那就会触怒土地，土地里的那些精灵（当地的印第安林地部族称之为 manitou）就会对他进行反击。如果有人过度捕鱼、狩猎，那么这些鱼和动物内部的精灵也会报复他，因为他已经破坏了维系人类与非人类世界的那种信任和互惠原则。

而过度地开发土地或以不敬的方式对待自然界，都是在割断人类同自然界精灵的关系，“等于是在对最伟大的自然力量进行批判和挑衅”。

因为欧洲人将土地视为一种为人类带来利益的可开采资源，所以他们更容易把土地看成是一种可以私人占有的物品。对地产的私人占有，为欧洲的文化奠定了基础。因此，围墙便成了地产私人占有的典型象征，而继承则成为在家族内部将这些“资产”从上一代人传给下一代人的纽带，法庭则为解决家庭内部的地产纠纷提供了平台。在一个高度农业化的社会，地产理所当然地成为政治势力的基础。事实上，在英国一个人是否拥有政治权力就看他是否拥有一定数量的土地。另外，在很大程度上，欧洲的社会结构是由地产的分配情况决定的；那些拥有大量地产的人就站在社会金字塔的顶端，而大批没有地产的民众就构成了金字塔的宽阔底层。

在印第安社会，将土地看作私人财产的观点是难以理解的。印第安部落承认有领土的边界，但是在领土内部，大家却是共同拥有土地的使用权。土地并非一种财产，而是自然的一部分，是造物者托付给人们的。……因此，土地是造物主的礼物，人们需要小心使用它，而不能成为某些个人的私有财产。

在个人身份方面，欧洲人和印第安人的理解也有很大分歧。欧洲人贪婪、具竞争性，很长时间以来，他们一直都在提升个人的作用。每个人都渴望通过勤奋、勇敢，甚至是让自己受苦的个人牺牲来获取更多的选择和机会，从而提升自身的地位。实际上，个人的理想和抱负在 16、17 世纪欧洲人横渡大西洋的大迁徙过程中，曾起到了非常重要的作用。与此相反，印第安人的文化传统重团体而轻个人。因为土地和其他的自然资源都是全体公有，印第安人的社会结构也远没有欧洲社会那样具有等级性，因此，积累财产的想法和个人的野心在印第安人这里是极不恰当的。……所以在印第安部落里，与领袖崇拜的错误相比，犯有个人主义错误的人更有可能遭到驱逐。

美洲的印第安人：地缘政治学的分析*

罗克珊·奥尔蒂斯

在欧洲人来到新大陆之前，美洲的印第安人已经建立起各种复杂多样的社会。与电影和畅销书的描述相反，很多土著部落其实都有成熟的农业和政治体系。加利福尼亚州立大学海沃德分校的罗克珊·奥尔蒂斯（Roxanne D. Ortiz）发表了一篇论文，在论文中，她简要梳理了现今美国境内的各种文化。下面的选文即出自这篇文章。她在文中指出，印第安人的经济和政治体系，在分配社会财富和保持社会凝聚力等方面是非常有效的。

思考：美洲的印第安文化具有怎样的性质；这些特点在哪些方面与电影和文学中的相关描述形成了鲜明的对比。

无论是在16世纪还是在今天，在向欧洲人解释美洲的真实情况时，总是出现这样的问题，欧洲人总是坚持认为其征服行为是正义的，他们只不过是遇到了一些“靠狩猎和采集为生的部落”。而这些部落“最近”才从亚洲穿过白令海峡来到美洲大陆，并且他们同欧洲人一样，都没有权利拥有新大陆及其巨大的资源。然而如果

---

* Roxanne D. Ortiz, *Indians of the Americas, Human Rights and Self-Determination* (New York: Praeger, 1984), pp. 1-4.

人们抛弃这些虚假的猜测，那么事实就会很清楚，殖民时代之前的美洲也就没有什么神秘可言。

同世界上其他三个大陆的文明一样，美洲文明也是从某些中心地带发展起来的。这些文明中心衍生出众多的外围文明，而后者又逐渐同前者合为一体。在此过程中，既有迅速壮大与整合的时期，也有走向衰落和分裂的时期。在欧洲人到达美洲之时，美洲大陆上至少已有十几个这样的文明中心。在北美洲，曾有一个强大的邦联整合了五个分散的部族，这些部族各自都拥有上千个农庄，它们的领土范围从五大湖直到大西洋，南抵卡罗来纳，并占据宾夕法尼亚的腹地。这就是最初由五个部族组成的易洛魁邦联。当面临荷兰人、英国人和法国人的入侵时，它显示出强大的应变能力。后来这个邦联又合并了另一个部族，即南部的塔斯卡洛拉，它由那些逃离英国殖民地的难民组成，是易洛魁的第六大部族。易洛魁邦联是一个高度结构化的国家体系，是一个融合了不同民族和部落的多民族国家。毫无疑问，它完全会继续整合和吞并北美洲的其他民族和国家。易洛魁最令人叹服的一面在于，它通过建立在土地公有制基础上的以氏族—村庄为单位的民主体系，避免了中央集权制度的形成。在这个国家，所有的产品都存在仓库里，由民众选出来的官员负责进行公正的分配。族长①负责监督一切活动，对任何决议都拥有最终的否决权。……在欧洲人到达美洲时，这个国家的人口大约在 200 万左右。……

易洛魁邦联的边境以西，生活着北美洲中部的草原民族，其活

① 易洛魁人的族长均为年长且阅历丰富的女性，这些女性族长统领整个族群，拥有至高无上的权威，负责任免各个部落首领和信仰守护人。

动范围从得克萨斯的西部一直到亚北极区。在这片居住着狩猎者的广袤区域里，有些部族因为发展较快而成为文明中心。它们包括加拿大草原地区的克里人、达科塔地区的拉科塔人和达科塔人（即苏人）、西部和南部的夏延人与阿拉巴霍人。每个民族都靠自己的氏族社会以及一年一度的太阳舞庆典而联系在一起。与此同时，很多其他的狩猎民族也生活在这片土地上，因而领土冲突便在所难免。有些民族，比如波托瓦托米人，几乎完全转变成为一个商业化的民族。因为这些人更倾向于在冲突中充当和事佬和谈判专家的角色，他们会讲很多种语言，或许正是由此而发展出手语（手语在前殖民时代的西半球是通用的）。此外，据说他们还首创了部落间的集会，并且延续至今依然。整个区域内的人口大约在 100 万左右，而野牛的数量则大约有 8 000 万。

从易洛魁的东南方向（从大西洋到墨西哥湾）到西边的密西西比河，一直是世界上最肥沃的农业地带之一。这里雨水充足、物产丰富、气候温和，美国后来便在此建立了很多劳动密集型的种植园，从而为美国的资本原始积累打下了良好的基础。然而早在英国的种植者带着他们的非洲奴隶到来之前，这里就已经是一个繁荣的文明区域，居住着五个大部族。到 1600 年，这五个部族合并了大多数的外围地区。它们是：位于这片地区中南部的说马斯科吉语的乔克托族、克里克族和契卡索族，位于东部的彻罗基族（该族与其易洛魁的亲族一样都说阿尔冈琴语），以及位于西部密西西比河谷地区的纳齐兹族。根据目前认可的人口统计数据，这一区域的总人口估计有两三百万，但可能实际上的人数要多得多。仅纳齐兹族就有几百万人口，后来由于殖民和奴隶贸易的影响，这个部族现在已经灭绝了。因为这些只是城镇人口，所以实际总人口会比估计的更多。这些部族同易洛魁的社会体系非常接近，也以城镇聚居为基础。然而他们的决策体系是建立在公众意见的基础上的；这种政府形式让后来的殖民者非常为难，因为他们找不到可以进行贿赂或控制的印第安官员。而这一点或许可以在一定程度上说明，为什么美国政府后来会驱逐并重新安置这些部族。

在北美大陆西北部的太平洋沿岸，从阿拉斯加到旧金山，从广袤的沿海地区到层峦叠嶂之处，有一种单一的渔猎民族的文化非常繁荣。虽然它们的仪式和商贸活动能够支撑某种国家结构，但像这样的国家体系并不多见。在这个自然资源富足的天堂之国里，到处都是富人。这里的人口估计超过了 400 万，主要分布在加利福尼亚的北部和俄勒冈的南部地区。

第 13 章

全球交往与文化冲突（1500—1700）

15 世纪中期至 16 世纪中期，欧洲在政治、经济、科技等方面获得全新的发展。这些因素使得欧洲国家再次进行对外扩张。这股浪潮最先由葡萄牙发起，西班牙紧随其后，它们向世界各地派出自己的探险家、传教士、商人、殖民者和武装力量。对美洲文明来说，这种遭遇的后果是直接的，其影响是深刻的。而在另一些地方，比如中国与日本，影响则较为间接。从长远角度看，欧洲的对外扩张成为世界历史的一个转折点。

在亚洲，东亚和南亚各民族与西方人的交往可以追溯至好几个世纪以前，这要远远早于 13 世纪马可 · 波罗来到中国的时间。当时在当地土耳其人的帮助下，由商人、传教士、冒险家与勘探者组成的车队穿越了辽阔的中亚高原。到 15 世纪，说阿拉伯语的商人和银行家垄断了东亚及南亚的商业贸易。然而这种局面随着葡萄牙人、西班牙人、荷兰人、英国人以及法国人的介入，在 15 至 17 世纪被打破了。与此同时，俄国人穿越西伯利亚，一路向东，不断扩张。崭新的欧亚关系本来有可能形成一种对各方都有利的对话机制，但是种族中心主义以及欧洲人总想把自己的意愿强加于亚洲人的做法，从一开始就破坏了这种关系。在这个时期，历史悠久的亚洲社会通常能够抵御欧洲人，使其无法统治自己。

而在撒哈拉以南非洲，由于地理环境、疾病以及非洲王国的反抗等原因，欧洲人除了在沿海地区建立据点外，无法入侵内陆。但是欧非之间在此时出现的新联系，尤其是奴隶贸易的发展，对两者而言都是意义重大的。

1492 年克里斯托弗·哥伦布到达美洲，通常是人们讨论美洲历史的起点。但最近的研究却表明，北美、中美以及南美地区的土著民族，其实早在欧洲人到来之前就已经拥有了丰富的文化，只不过这些一直都为人所忽视。由于这些民族已经建立了自己的帝国，因此那些来自欧洲的西班牙人、葡萄牙人、法国人、荷兰人以及英国人不得不调整自己，以适应西半球业已存在的人文环境和地理环境。欧洲人不得不与被他们征服的美洲土著，以及被他们带到美洲的黑人奴隶打交道。

本章资料将考察三个主题：第一，欧洲人对外扩张的目的是什么？他们会得到什么？他们是如何证明其行为正当性的？第二，身处跨文化交往的环境中，人们可以观察到哪些东西？这些观察将告诉我们哪些信息？它们反映了观察者的哪些假设？第三，全球范围内的交往导致了什么后果？这些后果对欧洲和欧洲以外的世界分别产生了怎样的影响？

最后一个主题会促使我们更细致地考察世界各地的发展变化，这也正是后续章节的重点任务。

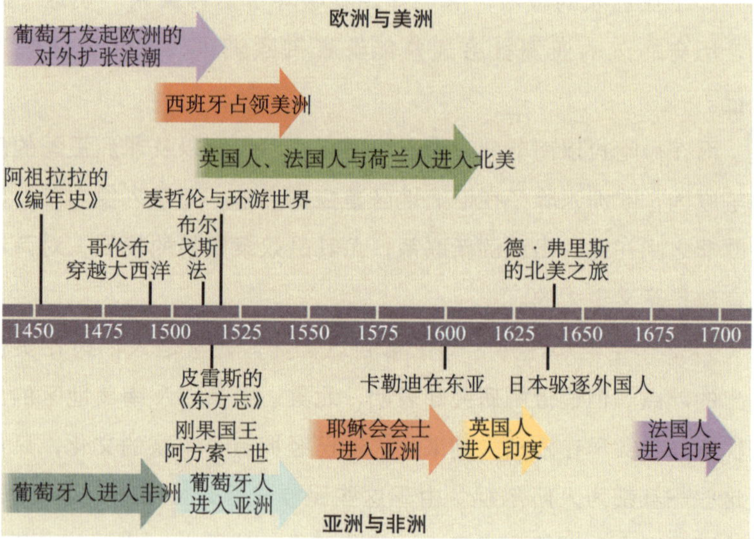

第一手资料

几内亚的发现与征服*

阿祖拉拉

15 世纪和 16 世纪的地理大扩张与征服活动是由葡萄牙的航海家亨利王子（Prince Henry，1394—1460）发起的。尽管他本人没有参与探险活动，但他在葡萄牙的西南角创建了航海学校和航海基地。从这里他派出探险队，沿非洲西海岸航行。对于亨利

* Gomes Eannes de Azurara，*The Chronicle of the Discovery and Conquest of Guinea*，vol. Ⅰ，trans. Charles Raymond Beazley and Adgar Prestage（London：Hakluyt Society，1896），pp. 27-29.

王子采取这些举动的动机，他的朋友戈麦斯·埃亚内斯·德·阿祖拉拉（Gomes Eannes de Azurara）给出了最清楚的解释。应国王阿方索五世的要求，阿祖拉拉撰写了 1452 年至 1453 年的航海编年史。

思考：在阿祖拉拉给出的各种理由中，哪些听起来是更合理而非牵强的辩解；经济、军事和宗教方面的动机是相互补充的，还是相互抵触的；这份文献从哪些方面反映了葡萄牙同伊斯兰世界的碰撞。

对于一件事情，如果我们熟悉做这件事情的人，并且知道他的目的，那么我们就可以认为我们完全了解这件事情了。由于我们在前面几章已经知道，王子是这些事件的主角，因此在本章中，我们应了解他的目的。你应该注意到，王子通过天生的自我约束而培养出来的高贵精神，正是推动他从事这项事业并取得丰功伟绩的原因。出于这个原因，在征服了休达[①]之后，他仍让船队保留打击异教徒的精良装备。这不仅是因为战争的需要，而且是因为王子希望能了解加那利群岛[②]与博哈多尔角[③]之外的世界。在那个年代既没有文字的记载，也没有前人的回忆，因此人们对于海角之外的情况缺乏确切的了解。有人说圣布兰登[④]曾经到过那里，也有人说那儿有两艘永不返航的大船。但是这两种说法显然都不成立。因为如果真有大船到过那儿，那么其他的船就应该知道通往那里的航线。王

① 摩洛哥北部港市。本书脚注均为译者所做，不再一一说明。

② 非洲大陆西北岸外火山群岛，位于北大西洋东部。

③ 非洲西海岸延入大西洋部分，现为西撒哈拉地区的一部分。

④ 公元 6 世纪的爱尔兰传教士、航海家。

子希望知道这条航线的真实情况，要知道，如果他或其他亲王不去探求这方面的信息，就不会有水手或商人敢去尝试（因为这些人绝不会在得不到利益的情况下冒险前往某地），并且他又看到其他亲王都不愿意参与此事，因此他便派出了自己的船队，探求这些航线和地区的真实情况。在这件事上，他对上帝的热忱以及对自己的哥哥——当时在位的爱德华国王的效忠激励着他。而这正是他进行航海探险的首要原因。

第二个原因是，如果这些地区碰巧是基督徒的聚居地或避风港从而使航行风险降低，那么各种货物就可以运到这里，销路会很好。因为没有人与他们交易过，也没有其他人知道这里。而且还可以将他们的货物运到我们这儿，为我国百姓造福。

第三个原因则与非洲的摩尔人[①]有关。据说那里的摩尔人要比人们通常所认为的强大得多，而且他们当中既没有基督徒，也没有其他的种族。而每个聪明的人出于天性都想知道自己对手的力量，因此王子亲自发起航海行动，希望对当地进行全面的考察，彻底弄清楚这些异教徒究竟有多大能耐。

第四，在王子与摩尔人长达30年的交战中，他从未在国外遇到过一位信奉基督教的君主出于对耶稣基督的信仰而帮助他。因此王子希望知道，那些地方是否有信仰基督教的君主，并且这些君主是否会因为信仰与热爱基督而帮助他击败异教敌人。

第五，王子非常渴望提升人们对耶稣基督的信仰，并将那些应该得到拯救的灵魂带到耶稣基督的面前。要知道，耶稣基督之所以道成肉身、慷慨赴死、死而复生，全都是为了这个目的，即拯救迷

① 生活在非洲西北部的伊斯兰民族。

失的灵魂。王子十分愿意通过自己付出的辛劳和金钱来传播这些真理。对他来说，这是回馈上帝的最好方法了。因为上帝会对人的善行给以百倍的回报，所以我们确信，既然王子靠自己的力量拯救了这么多的灵魂，那么他一定会在上帝之国获得上帝百倍的奖赏，他的灵魂也会在其死后升入天国享受荣耀。在撰写这段历史的过程中，我看到，那里的许多男男女女都已变成虔诚的基督徒；就算王子是个异教徒，那他们的祈祷也足以使他获得救赎。不仅第一代皈依者成为真正的基督徒，他们的子孙后代也都成了真正的基督徒；对他们来说，上帝仿佛就在他们身体里呼吸，他们清楚地认识到上帝的存在。

非洲与欧洲：　联盟的难题*

刚果的阿方索一世

在 1500 年以前，刚果王国是非洲中西部面积最大、实力最强的国家。1483 年，葡萄牙航海家迪戈·卡奥率领船队到达刚果，这是刚果人与欧洲人的首次接触。1491 年，刚果国王接受洗礼，成为基督徒。而他的儿子阿方索一世，则一直试图将刚果变为基督教国家。尽管如此，他仍要不时处理各种问题，其中既包括本国内部的麻烦，也包括同葡萄牙人的关系。与基督教世界的联系为刚果人带来许多好处，如文化教养、新的建筑技术、官僚体制和头衔，以及其他诸多文化成果等。为了维系基督教，阿方索一世常常向葡萄牙或罗马寻求帮助。下面的选文就反映了葡萄

* William H. McNeill and Mitsuko Iriye, *Modern Asia and Africa* (Oxford: 1971), pp. 56-59.

牙不同集团（它们与刚果的贵族结成了不同的联盟）之间的矛盾，以及非洲国王与欧洲盟友之间的关系。

思考：选文反映了欧非联盟的哪些优点和缺点；葡萄牙人与刚果人的关系是怎样影响基督教的传播与发展的。

陛下，我们想为您讲讲关于瑞·杜·瑞格这个人的一些事。您派他来这里教化百姓、树立榜样，但是自打他到了这儿，他就以贵族自居，希望我们隆重款待他，反将教化百姓的任务抛诸脑后。在大斋戒①期间，他说要一头牛，我们就给了他一头。后来他又说自己要饿死了，于是我们不得不再给他两只羊，但他偷偷地把羊吃掉了。因此我们都不愿意理他。可他全然不顾这些，在斋戒中期，他竟当着所有贵族的面，宰杀了我们送给他的那头牛，甚至还引诱我们吃肉。结果，一些年轻人和皈依基督教不久的人都跑去吃肉了。那些留在原地的老人们则絮絮叨叨地抱怨说，我们不让他们吃肉，而白人却能吃许多肉，他们还说我们欺骗了他们，因此要杀掉我们。于是我们不得不耐下心来用许多礼物来安抚他们，告诉他们应该拯救自己的灵魂而不要看那个人正在做什么，如果有人想下地狱就让他去，不要管他。

我们对瑞·杜·瑞格的厌恶已经到了极点，再也不想多看他一眼，因此要求他前往阙拉[1]，搭乘最早的一班船离开。因为他并没有按照陛下的要求教导我们，反而使我们回到先前曾努力摆脱的偶像崇拜中。瑞格去了阙拉，待在那里。就在那时，西蒙·达·席尔瓦[2]的两艘船到达阙拉，遇上了瑞格。瑞格向席尔瓦讲述了很多邪

① 复活节前的40天是基督教的“斋戒和忏悔”期。在此期间，基督徒要禁食并为复活节做准备。

恶的事情以及数不胜数的谎言；就这样，瑞格斯骗了席尔瓦。但他并没有告诉席尔瓦自己在这里的罪恶行径和不敬行为。席尔瓦竟相信了他的鬼话。结果，席尔瓦没有遵照陛下的指令来到我们这儿，只是派船上的医生带着您的书信前来，而我们则像对待自己的兄弟一样对待这位医生。这时，一位来自圣多美岛的牧师请求我们允许医生与他同住。可哪里知道，这位牧师竟然对医生说了许多我们的坏话。结果，医生改变了想法，居然说服席尔瓦不要来我们的首都。陛下，稍后您就会知道，正是费尔南·德·梅洛安排的这一切。因为您在这里一直没有设立交易站，他便将有瑕疵的货物卖给我们，还偷走了我们的许多东西。

还不止这些呢，陛下。那位医生因为发烧，无法回去答复席尔瓦，因此他给席尔瓦写了封信，告诉他不要来这里，还说我们无非是些无足轻重的人，根本不配得到陛下送来的东西[3]。他将这封信交给我们的一个仆人，由此我们才有机会看到信的内容。我们把这封信拿给每一个曾经来过这里的您的仆人看。这时，我们才知道这全都是梅洛的安排。我们要感谢上帝，因为我们是因为他的爱而被称为“无足轻重的人”。我们以良好的判断力和审慎力忍受着所有这些事情，经常哭泣。我们没有让我们的贵族和百姓知道这些情况，以免他们反叛我们。

接着，我们派了一位兄弟和一位年轻的贵族前往席尔瓦那里，给他捎去一封信。信上说，看在上帝的分上，他应该到这里来安抚我们，并惩罚先前来搞破坏的人。因为我们的目的不是要向陛下索要什么东西，而是请求陛下能够公平地对待每一个人。也许是被我们和我们的兄弟堂·若昂的恳求所打动，席尔瓦终于答应前来。但是他却在途中染上很重的热病，去世了。听到这个消息，我们悲恸不已，如丧手足。而那些随同席尔瓦一起来的人则给我们带来了巨大的混乱和麻烦。从此以后，我们一直烦恼不断，再也没有快乐可言。

《东方志》*

托密·皮雷斯

1498年，瓦斯科·达·伽马绕过非洲南部到达印度。这次航行开启了欧洲向亚洲大规模扩张的历史，结束了阿拉伯人对印度贸易的垄断。不久，葡萄牙就在世界各地建立了许多前哨基地和殖民地，仅在亚洲就包括印度西海岸的果阿（1510）、马来半岛西海岸的马六甲（1511）、中国的沿海城市澳门（1514）、印度尼西亚东端的帝汶岛（1520）以及1543年占领的日本。

到过这些贸易点和城市中心的葡萄牙旅行者，通常会把自己的见闻记录下来，从而为我们提供了许多证据。托密·皮雷斯（Tomé Pires）是葡萄牙的皇家药商，同时也是一位游历过亚洲的探险家。他主要生活在果阿和马六甲，但在1511至1517年间也曾到过许多地方。1517年，皮雷斯作为葡萄牙特使前往中国。但是由于当时盛传欧洲人会把中国人变成奴隶，因此皮雷斯被中国政府拘捕，最终死在广州的监狱中。1517年，皮雷斯向葡萄牙国王递交了自己的著作《东方志》（*The Suma Oriental*）。该书记录了亚洲当时的贸易情况和政治形势，为日后葡萄牙的亚洲殖民

---

* Armando Cortesão, trans., *The Suma Oriental of Tomé Pires. An Account of the East, From the Red Sea to Japan, Written in Malacca and India in 1512—1515*, vol. Ⅱ (London: Printed for the Hakluyt Society, 1944).

扩张提供了帮助。下面的选文摘自这本书。

思考： 托密·皮雷斯关注哪些方面，他的看法是什么；他所描写的贸易点有哪些风土人情；在欧洲人来到亚洲之前，亚洲各港口的人口混杂状况是怎样的。

坎贝[1]

现在我来到坎贝的贸易市场。……坎贝的所有贸易都掌握在异教徒手中。他们通常被称为“古吉拉特人”，但细分，他们也有不同类别：班尼亚人、婆罗门和帕塔尔人。……古吉拉特人很识货；他们潜心于商品交易，以至于他们认为，与商品有关的任何过错都是可以原谅的。……他们是勤劳、头脑灵活的商人。他们用一种与我们的数字相似的符号记账。他们从不放弃属于自己的东西，但也不会觊觎别人的东西。他们的贸易活动使国家非常富有，因此在坎贝一直都受到尊重。同时，坎贝还有开罗商人，从亚丁[2]和霍尔木兹[3]来这里做生意的呼罗珊人和居伊兰人。他们在坎贝这个港口城市的生意都很大。……

他们与德干[4]、果阿和马拉巴尔[5]的人做生意。同时，他们的代理商遍布世界各地。这些代理商生活在当地，经营着生意，就跟热那亚人在我们国家所做的一样……然后将值钱的货物运回他们自己的国家……

① 位于印度西部阿拉伯海岸的港口城市，介于德干半岛与卡提阿瓦半岛之间。
② 阿拉伯半岛南部的主要港口之一。
③ 伊朗和阿拉伯半岛之间的海峡地区，连接波斯湾和阿曼湾。
④ 印度南部的高原地区。
⑤ 印度西南部的一个沿海地区。

暹罗[1]

暹罗商人很精明，所有去他们那里做买卖的外国商人都赚得特别少。但中国商人除外，因为暹罗与中国的关系很好。……

暹罗几乎没有摩尔人。暹罗人不喜欢摩尔人。但那里有很多阿拉伯人、波斯人、孟加拉人、印度人、中国人，还有一些其他民族。所有的暹罗贸易都对中国商人有利，在帕斯[2]、帕第尔和孟加拉等地也是如此。而摩尔人住在港口。

中国

人们都知道，从广州进货，然后到海岛上去卖货能够获得三到五成的利润。中国人在广州设立了海关，一方面是为了保卫这个地方，另一方面也能收取进出口商品的关税。不过主要的原因仍在于他们害怕失去广州，因为这是一个富饶的城市，常常遭到海盗的骚扰。……

人们说，中国政府之所以规定“禁止进入广州”，是因为他们害怕爪哇人和马来人，这些人的一条船就可以打败中国人的 20 条船。人们还说中国有一千多条船，但只在合适的地方做生意。中国人很软弱，他们害怕马来人和爪哇人，所以我们只要一条 400 吨的船，便可以洗劫广州，而广州的削弱将给中国造成巨大的损失。

这么说并不是诋毁中国，那确实是一个非常重要、非常优秀、非常富有的国家。但是要征服中国，马六甲的统治者却无须他们所

---

① 泰国的旧称。

② 今苏门答腊东北岸。

声称的那么大力量，因为中国人太软弱了，很容易被征服。……

据说中国也有鞑靼人……这些人皮肤白皙，留有红胡子。他们骑马，很好斗。据说，这些人骑马从中国到鞑靼需两个月的时间。在鞑靼地区，他们的马钉着铜马掌，这一定是中国人在向北扩张的过程中带去的。我们的炮手在日耳曼人那里也曾听说过这些人，他们还听说过中国的茶马古道。据说，中国人能够通过这条连接川滇藏的通道用最短的时间将货物从产区运到销区进行贸易。但由于天气寒冷，那里人烟稀少。

爪哇

爪哇国王是个异教徒。……在历代爪哇国王的脑子里，净是些稀奇古怪的想法：他们认为自己的高贵无人能及。爪哇的王族都很高大英俊，他们衣着华丽，骑着装饰奢华的马匹，所使用的各种短剑、长剑和长矛都镶着金子。这些人是了不起的猎人和骑士——他们的马镫和马鞍也镶着金子，而这在世界上是独一无二的。爪哇王族是如此的高贵不凡，在周边的广大区域中，没有哪个民族能与之相比。……

爪哇人尊敬他们的王族，就如同敬仰神灵一般抱以极大的尊重和深深的敬畏。爪哇国人口稠密，有许多大城市，包括王宫所在地，大有。据说，经常去王宫的人数不胜数，但国王每年只露一两次面。他终日待在王宫里……那里有各种娱乐和盛宴，还有众多妃嫔。据说，爪哇国王命令上千名宦官伺候这些女人，而宦官也是女人打扮，戴着头饰。……

马六甲

来自开罗的商人坐着威尼斯的军舰，带来了许多商品，有武器、染色的羊毛衣料、珊瑚、铜器、水银、朱砂、钉子、银器、玻璃珠子，还有镀金的玻璃器皿。

来自麦加的商人带来了大量的鸦片、玫瑰精油以及诸如此类的商品，还有许多液态香脂。

来自亚丁的商人给古吉拉特带来了很多鸦片、葡萄干、茜草、靛青、玫瑰精油、银器、小珍珠和各种染料，这些商品在坎贝都是很值钱的。

帕西人、土耳其人、土库曼人和亚美尼亚人也成群结队地来到古吉拉特，购买货物。每年3月，他们在古吉拉特把货物装船，然后直接航行到马六甲；而在回程途中，他们会在马尔代夫群岛靠岸停歇。

日本的妇女与贫困*

弗朗西斯科·卡勒迪

欧亚关系本来可以发展成对话的局面，但由于双方实际上从一开始就对彼此的文化缺乏了解，因此关系急剧恶化。以下文字选自佛罗伦萨人弗朗西斯科·卡勒迪（Francesco Carletti）的一篇文章。卡勒迪生于1572年，与父亲进行了数年的环球旅行。其间，他曾在1597年至1598年到访过东亚。这篇文章是卡勒迪写给那些对日本文化一无所知的人的，后者可以通过他的描述形

* Bishop Trollope, trans., "The Carletti Discourse", published in *The Transactions of the Asiatic Society of Japan*, second series, vol. Ⅸ, 1932.

成自己的看法。在文中，卡勒迪讨论了日本的贫困、妇女和卖淫活动。但是请注意卡勒迪的伪善，因为贩卖儿童和卖淫现象也同样在欧洲存在。

思考： 这篇文章可能让欧洲人对日本文化产生怎样的印象；文章对日本妇女的关注是否超过了对日本社会的关注；作者为什么要写这篇文章。

日本人不尊重他们的女儿和姐妹，他们也根本不关心这个问题。当时，整个日本都很贫穷，女孩的父母或者兄弟常常可以为了一点小钱，在她嫁人之前把她卖到妓院做妓女，而且他们对此丝毫不觉得羞耻。这种极度的贫穷正是绝大多数道德败坏的根源。在日本，道德败坏的表现多种多样、千奇百怪，简直让人难以置信。

葡萄牙人，尤其是每年从澳门来这里的葡萄牙人，可以作为我的证人。……当这些葡萄牙人一上岸，控制当地性交易的皮条客就会到他们的住所拜访他们，问他们是否想在日本的逗留期间买个姑娘玩玩，或是找点别的乐子。他们可以包养一个姑娘几个月，也可以只玩一个晚上、一个白天或是一个小时。葡萄牙人需要先与这些皮条客或女孩子的亲戚订好合同，然后付钱。如果他们乐意，皮条客就会把他们带到女孩家中，以便让他们先看看这个女孩；或者他们也可以根据事先的约定，到城外的小村庄去见这个女孩。按照很多葡萄牙人的说法，他们就像着了魔似的喜欢上了这种风俗，他们会尽最大努力为了一点钱而讨价还价。就这样，葡萄牙人通常只需要花三四个斯库多①，就能买到一个十四五岁的漂亮小女孩。至于

① 16—19 世纪在意大利和西西里岛流通的货币单位。

出价多少，则依据他们希望享用的时间而定。葡萄牙人除了完事后要把女孩送回家之外，不必承担任何责任。而这种经历也不会影响女孩嫁人。事实上，如果她们不通过干这一行而攒出三四十斯库多作为自己的嫁妆，许多人是嫁不出去的。葡萄牙人在自己的住处包养她们大概七八个月，陆陆续续地把钱给她们；有时，葡萄牙人也会娶了她们。如果白天要找姑娘，价钱就比较低，随便给她们一点就够了。她们也不会因为嫖客给的钱少而拒绝他们，因为她们的亲戚或是把她们当作摇钱树养着的人是不会拒绝任何价钱的，况且钱也是付给这些人。女孩们实际上只是奴隶。一些跟皮条客有契约的女孩，其实只能得到廉价的食物和衣服，而她们所挣的全部收入都被养她们的人收入囊中。

总而言之，在这个国家人们对性关系十分放纵，其他恶习也很泛滥。在这方面，世界上其他任何国家都不及它。

征服墨西哥：阿兹特克人的描述*

迭戈·穆尼奥斯·卡马尔戈

在叙述阿兹特克帝国的情况时，卡斯蒂略强调那里的科技先进程度[4]。而与之形成对比的是，西班牙人迭戈·穆尼奥斯·卡马尔戈（Diego Munoz Camargo）更关注阿兹特克人的迷信观念和精神层面。卡马尔戈曾与当地一个部落的贵族联姻。在西班牙殖民者科尔特斯抵达墨西哥后不久，一些部落就与这个部落结盟。他的文章告诉我们，迷信也许是寡不敌众的阿兹特克帝国被

* Miguel Leon-Portilla, *The Broken Spears: The Aztec Account of the Conquest of Mexico* (Boston: Beacon Press, 1962), pp. 7, 11.

西班牙人摧毁的一个主要原因。

思考：在 15、16 世纪，宗教与迷信在欧洲与拉丁美洲扮演了怎样的角色。

在西班牙人来到这儿的十年之前，阿兹特克人看到一种奇怪现象，他们把它视为不祥的征兆。这种怪现象是，夜晚会燃起一柱巨大的火焰，火花四射，光照天地，天上好像下起了火花雨，把黑夜照得如同白昼。火焰呈金字塔状，塔底朝向地面，很宽很大，顶端缩成一个尖顶，直指天空。它半夜出现，直至拂晓仍依稀可见；而在白天，由于阳光太强，则看不见。这一征兆出现了整整有一年，即从当地人所谓的十二豪斯年开始，也就是我们西班牙人所说的公元 1517 年。

这个征兆首次出现时，当地土著全都吓坏了。他们大哭大叫，用手掌拍打自己的嘴巴，他们经常那样。伴随着哭叫和拍打的，是血祭和人祭。他们每觉得有灾难来临，就会举行这样的祭祀以求平安。

怪异现象给人们带来了巨大的恐慌与惊愕，人们一直谈论它，并希望能破解这一奇异现象。由于从来没有发生过这样的事情，因此他们请求先知与巫师对此予以解释。不过应该注意的是，这个现象是在西班牙人来到这里的十年前开始出现的，然而当地土著所谓的十二豪斯年，即公元 1517 年，却是西班牙人来到这个国家的两年前。

……发生在墨西哥的第八种奇观是：当地土著看到有两个人合为一体——他们称其为 tlacantzolli（“被挤压在一起的人”），还有一些人有两个脑袋，却只有一个身子。人们把这些人带到大殿上，让伟大的孟蒂祖玛观看。但是孟蒂祖玛一看到他们，他们就消失不见了，所有的奇怪现象也都消失得无影无踪。对当地土著来说，这些征兆预示着他们的死亡和毁灭，代表着世界末日的来临，意味着其他民族将占据地球。他们陷入巨大的恐慌和悲恸之中，以至于根本无暇去识别这些以前从未出现过的怪异现象。

布尔戈斯法：西班牙人对中南美地区的殖民统治*

作为新大陆的最早殖民者，西班牙人通过强制劳动来剥削中南美洲。监护征赋制度是一套运用于种植园的强制劳动制度，它准许西班牙殖民者强迫当地土著人在矿山、农场和家中为他们干活。以下文字选自西班牙布尔戈斯地区 1512 年制定的法律，它是西班牙人在美洲进行早期殖民统治的法律基础。

思考：西班牙人怎样看待当地土著，他们关注当地土著的哪些方面；这些法律表明，西班牙统治下的当地土著过着怎样的生活。

国王，我们的主人和父亲，还有王后，我们的女主人和母亲，一直以来都希望那些西属岛屿上的酋长与印第安人能够了解天主教的信仰……

然而长期以来的经验证明，没有人能够让这些酋长和印第安人理解这种足以拯救他们的信仰，因为他们根本就是一群懒散、堕落之人，毫无美德或教养，这真让我们的主蒙羞。在矫正他们的恶

* Lesley Byrd Simpson, trans., *The Laws of Burgos of 1512—1513* (Westport, Conn.: Greenwood Press).

习、让他们接受教义并从中有所收获的过程中，最大的阻碍在于，他们的居住地与岛上的西班牙人定居点相隔太远。尽管印第安人在为我们服务时，我们会向他们灌输我们的信仰，但在劳动结束后，他们就会返回自己的住所。因为距离太远，再加上他们骨子里邪恶的本质，结果他们很快就忘掉了学到的东西，重又变成懒散、堕落的样子……

然而这与我们的信仰相悖，并且……

尽可能地为他们的罪行寻求救赎，正是我们的责任……现在我们所能做的最有益的事，大概就是让那些酋长和印第安人搬到西班牙人的村庄或社区附近居住。……

首先，既然我们已经决定让酋长和印第安人搬到西班牙人的居住点附近居住，那么根据监护征赋制，我们要求和命令那些接收或即将接收印第安人的西班牙人马上修建 4 个大屋子（每个屋子长 30 英尺，宽 15 英尺，可以容纳 50 个人），并让印第安人耕种 5 000 个山丘（其中，3 000 个用来种木薯，2 000个用来种山药）、250 株胡椒、50 株棉花……根据监护征赋制拥有印第安人的西班牙人，应该把这些安排在其产业附近，让印第安人住得舒适，并处于我们的舰队司令、法官和军官的监督下……根据监护征赋制掌管印第安人的西班牙人，应该让他们根据季节种植半法内格[①]的玉米，喂养 12 只母鸡和 1 只公鸡，这样他们就有鸡肉和鸡蛋吃。当印第安人一到他们的新住所，我们就应该尽快把上述物品提供给他们，归他们所有。……

同时，对于那些根据监护征赋制拥有印第安人的市民，我们也

① 墨西哥的土地测量单位。

要求和命令他们，必须在分配给他们的土地上建一个教堂。……每逢周日或其他重大节日，印第安人可以去教堂祈祷、听弥撒；做弥撒的牧师应当向他们传授基督教的戒律、教义和其他东西。因此为了确保印第安人奉行基督教的信仰，养成祈祷和听弥撒的习惯，我们要求拥有印第安人所有权和管理权的西班牙人，有义务在早晨带领他们前往教堂，跟他们待在一起直到弥撒结束，而后再把他们带回来，并给他们分发一些肉类熟食。这样印第安人就会明白，在一个星期里，他们在做弥撒的那天可以比其他日子吃得更好。……

此外，我们还要求和命令，从此以后，岛上的黄金开采必须按照下面的方法来进行：根据监护征赋制度拥有印第安人的西班牙人，每年应该花五个月的时间与印第安人在一起开采黄金；五个月结束后，印第安人可以休息 40 天，而这 40 天的休假应当登记在一份证明书上，待他们返回矿山时再交给他们。……

还有，我们要求并命令，任何根据监护征赋制拥有印第安人的西班牙人必须为每个印第安人发放吊床，禁止他们像以前那样睡在地板上。……

从荷兰到美洲：荷兰人的北美殖民史*

大卫·彼得斯·德·弗里斯 (David Pietersz de Vries)

美国哈得孙河谷的下游地区包括现在的纽约州、新泽西州和康涅狄格州，荷兰人是该地区最早的殖民者。他们在这里开发大片土地，分成小块租给佃农耕种。起初，美洲土著与荷兰农民进

* David Pietersz de Vries, *Voyages from Holland to America*, Henry C. Murphy, trans. (New York, 1853), pp. 167-171.

行贸易往来，相处很融洽。然而随着经济利益和政治形势的变化，荷兰人试图赶走阿尔冈琴人①。以下这篇选文记录了 1643 年 2 月的一次大屠杀，充分说明了残酷的殖民者是多么不尊重土著居民的权利与人格。他们被殖民者视作“野蛮人”。

思考：作者为什么反对荷兰总督的做法；总督的立场是出于私利还是人道主义关怀。

……这件事发生在 1643 年 2 月 25 日至 26 日。那天晚上，我待在总督府邸，一夜未眠。我坐在厨房里，大约午夜时分，听到了一阵刺耳的尖叫。于是我马上跑到堡垒的墙边，朝着帕法尼亚②的方向望去。茫茫火海，我什么都看不见，只听到印第安人传来的声声惨叫，他们就这样在睡梦中被活活烧死。我立马返回屋里，坐在火炉旁。过了一会儿，一个印第安人和他的妻子走了进来。我认识他们，他们的住处离我的房子大概有一个小时的步行路程。他们告诉我，他们是坐小船从帕法尼亚逃出来的，那些来自奥兰治堡的印第安人把他们吓坏了，因此他们希望能够到堡垒里避一避。我告诉他们必须马上离开，这里根本没有藏身之地，而且那些在帕法尼亚杀死他们同胞的也不是印第安人，而是这个堡垒里的荷兰人。……天亮了，荷兰士兵返回堡垒。他们在一夜之间屠杀了 80 个印第安人，而且还认为自己就像罗马勇士一样，把这么多的人在睡梦中结果掉。他们将嗷嗷待哺的婴儿从母亲怀里夺过来，当着他们父母的面将婴儿砍成几段，然后丢进火里或水里。他们还将一些婴儿绑在小木板上，然后砍他们、刺他们。面对这样残忍的屠杀，就连铁石心

① 北美印第安人的一支。
② 印第安人居住区，位于新泽西。

肠的人也会被触动。……在烧杀掠夺之后，士兵获得嘉奖，总督威廉姆·凯夫特握着他们的手，感谢并祝贺他们。……

……印第安人自从知道荷兰人是如此残忍地对待他们之后，便偷袭荷兰人的农场，杀害荷兰人。但据我所知，印第安人从未杀过妇女和儿童。他们烧掉所有的房屋、农场、粮仓、谷物和干草堆，捣毁所有东西。一场公开的大破坏由此拉开序幕。……现在，印第安人正为了报仇而破坏大量农场，杀死许多荷兰人。于是我到总督那里，质问他是否只知道让基督徒付出血的代价，谁能够补偿我们的损失？然而他并没有回答我。

南美之旅：拉丁美洲的等级制度与人种特征*

豪尔赫·胡安（Jorge Juan） 安东尼奥·德·乌略亚（Antonio de Ulloa）

英国殖民者排斥美洲土著，不让他们参与殖民地社会的任何活动，而且还把有非洲血统的人都降为奴隶。与此不同的是，西班牙与葡萄牙的南美殖民者建立起一种复杂得多的社会等级和种族制度。英国的殖民者严格区分黑人与白人之间的界限，而西班牙人则有一套更加多样的种族划分体系。有些历史学家认为，正是这套体系降低了种族隔离和对抗的激烈程度。下文出自两位西班牙官员之手；他们在视察了卡塔赫纳（加勒比海港）的社会等级状况后，写下了这些文字。

思考：南美洲的社会等级制度是怎样促进了不同种族之间的广泛交往；这套等级制度又是如何强化了社会与阶级差异。

---

* Jorge Juan and Antonio de Ulloa, *A Voyage to South America*, vol. Ⅰ (London, 1772), pp. 29-32.

这里的居民被分为不同的社会等级或种族，他们的血统因为白人、黑人和印第安人之间的通婚而变得复杂。我们应该有区别地对待不同的种族。

白人可以被划分为两类：欧洲人与克利奥尔人（在美洲殖民地出生的白人）。前者通常被称为查匹顿人，但他们人数不多。大多数查匹顿人要么在发了一笔财后就返回西班牙，要么就深入内陆地区以获得更多的财富。那些在卡沙及纳定居下来的查匹顿人负责该地区的贸易活动，生活得很富裕。但这里的其他居民却很贫穷，不得不辛苦劳作，勉强维持生计。克利奥尔人拥有土地，其中有些家族占有大量土地，受到高度的尊重……还有些家族为了维持原有的尊严，与门当户对的家族联姻，或是把孩子送到舰船上做指挥官。而另一些克利奥尔家族则衰落了。此外，还有些白人的生活状况也比较糟糕，因为他们有印第安血统，因而不再是纯粹的白种人。但是如果没有人知道这个秘密，那么身为白人的自负感依然能帮助他们应对各种灾祸。

白人与黑人的通婚造就了另一些人种。第一类是穆拉托人，即黑人与白人所生的混血儿。第二类是特塞罗人，即白人与穆拉托人所生的后代，这种人与白人有些近似，但还不至于完全一样。第三类是科特罗人，他们是白人与特塞罗人的后代。最后一类是白人与科特罗人的后代，君特罗人。这是最后一个等级，他们无论是在肤色上还是在长相上，与白人都无明显差异，而且通常还比西班牙人好看。白人与君特罗人的后代仍被称为西班牙人，他们认为自己完全没有黑人的缺陷。每个人都特别在意自己的种族或等级，如果你冒失地用较低等级来称呼他们，就是对他们的极大冒犯。要知道，他们从不会让人剥夺自己的这种珍贵的命运恩赐。……

以上是最常见的人种与等级。事实上，由于通婚而出现的其他人种还有一些。不过这样的情况太多了，恐怕就连他们自己也难以分清。……

从穆拉托人开始，这些人种便不断地影响西班牙人的服饰穿着。不过由于气候炎热，他们常常只穿非常少的衣服。城市的情况是这样的：白人（不管是克利奥尔人还是查匹顿人）不愿意从事卑贱的职业，只愿意经商或从事其他更好的工作。但是不可能所有人都能成功，因为很多人无法获得足够的贷款，再加上他们讨厌去欧洲做生意，因此他们的生活贫困潦倒。他们曾以为自己能在印度群岛获得大量财富，但恰恰相反，他们遭遇的却是最悲惨的境地。

黑人的数量不是最少的，他们被分为两类：自由人和奴隶。这些黑人又被细分为克利奥尔人①与博扎来人。其中，部分黑人在庄园或者大牧场干农活。而城市里的黑人则被强迫去做最辛苦的工作，而且他们还要将部分收入交给主人，自己只能靠剩余的那点钱来维持生活。这里的酷热使他们不用穿什么衣服，男奴只用一小块棉布系在腰间，女奴也是这样。他们当中的一部分人住在庄园里，跟那儿的奴隶结婚；而生活在城市的黑人，则会在市场上兜售各种食品。……

① 这里的“克利奥尔人”指的是在美洲出生的黑人奴隶，与从非洲带来的黑人奴隶相对。

视觉资料

开拓、扩张与政治

对于15、16世纪的航海探险活动来说，除了人们的动机之外，还有一些其他因素使得这些以前不可能的航行变成了现实。技术上的发明创造大大提高了造船与航海技术。不过同样重要的，还有对洋流和季风的了解与绘制。顺风顺流会让航行变得顺畅，水手们也能够在海上新发现的陆地上获得补给。

地图13-1反映了利用洋流和季风进行的早期航海活动。我们可以看到，比方说，前往北美的船只在向西穿越大西洋时，大多选择靠南的路线，而在返航时则选择靠北的路线。此外，向东前往印度洋的葡萄牙船只，一般是先顺着季风和洋流方向，往巴西那边航行，然后在更南边穿越大西洋。季风与洋流也说明了为什么绕过南美洲末端的西行航线会如此困难。此外，这些航海情况还能帮助我们理解欧洲扩张活动的某些地理政治的后果。比如说，本来葡萄牙人是打算向东前往远东地区的，但是由于巴西处在季风和洋流经过的地方，结果葡萄牙人占领了位于西边的巴西，使之成为新大陆上唯一的葡萄牙殖民地。

思考：这幅地图在哪些方面有助于理解欧洲国家的扩张模式。

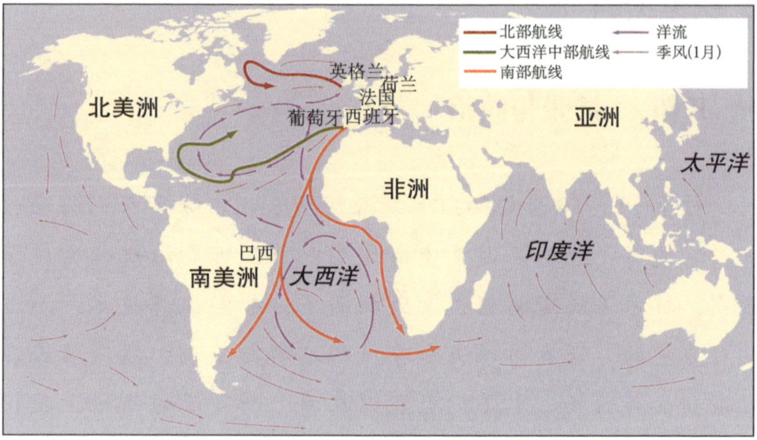

地图 13－1　海外扩张

佛寺：　欧洲人眼中的亚洲

当第一批欧洲旅行者从亚洲返回时，他们也带回了许多关于异国风土人情的见闻。这些见闻令欧洲人十分惊异，他们几乎难以相信。虽然亚洲文化与欧洲文化之间的差异足以让人惊叹，可是那些旅行者们还是夸张了（甚至是扭曲了）他们的所见所闻。欧洲人对亚洲很感兴趣，他们把亚洲视为珍贵物品（如香料、茶叶等）的来源地、欧洲商品的出口市场，以及有待传教士去传播信仰的肥沃土地。但是他们很少用心去理解他们所经历的事情，对欧洲以外文化的蔑视使得他们的描述变得歪曲，他们不愿承认亚洲人与他们是平等的。图 13－1 是绘于 17 世纪的图画，画的是一座中国佛寺。这位佚名的欧洲画家竟然在佛像左右安插了两个看似是欧洲人的魔鬼的形象。

图 13－1

奥尔德斯（Aldus）藏品

思考： 这位画家想给欧洲人留下怎样的印象。

征服墨西哥：阿兹特克人的见证

除了少许的文字记载，阿兹特克人的文化大多是通过壁画、雕塑和其他器物保存下来的。这一点与印加文化、玛雅文化很像。至于那些重要的历史事件，则往往是由征服他们的人记载。不过图 13－2 却出自阿兹特克人之手，这很少见。它反映了西班牙人征服阿兹特克的场景。这幅图大约创作于 1519 年至 1522 年之间，就在科尔特斯 1519 年进入墨西哥后不久。作品展现了殖民者对阿兹特克人的血腥残忍的镇压。请注意，阿兹特克人送给科尔特斯的似乎是个花冠，而科尔特斯却在挥舞着他的宝剑。

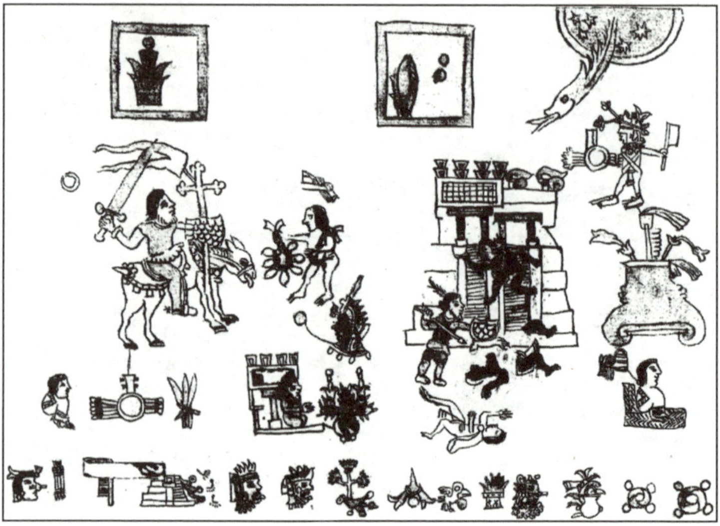

图 13-2

罗马梵蒂冈教廷图书馆提供

思考：图中的哪些东西象征着征服和毁灭。

第二手资料

欧洲的扩张*

理查德·里德

历史学家在分析 15、16 世纪欧洲的海外扩张活动时，通常

* Richard B. Reed, "The Expansion of Europe", in *The Meaning of the Renaissance and Reformation*, ed. Richard L. DeMolen (Boston: Houghton Mifflin, 1974), p. 299.

会把经济因素和宗教因素结合起来，解释其背后的动机。同时，他们也会把知识和科技的进步视为对外扩张的重要条件。在以下选文中，理查德·里德（Richard B. Reed）认为，欧洲的对外扩张是一种民族主义现象，正因为如此，葡萄牙才成为对外扩张的先驱。

思考：为什么意大利与德国没有参与海外扩张；里德认为葡萄牙要比其他国家更有优势，能够率先发起扩张，对此人们可以怎样予以反驳；是否还有别的因素可以说明葡萄牙首先发起海外扩张的原因。

欧洲的扩张是典型的民族主义现象。它反映了 15 世纪末 16 世纪初在“新君主”的统治下建立强大的中央集权的需要。同时，它也反映了民族国家产生的趋势。推行海外扩张需要有稳定的内部环境和强烈的民族意识，只有一个强大的中央政府才能拥有这些条件。葡萄牙比它的对手更早地做到了这一点；在阿维什王朝的统治下，葡萄牙在 15 世纪末就结束了封建割据局面，成为一个相对稳定且统一的国家。与之相比，当时的西班牙仍处于纷争不断的政治割据状态，英国和法国忙着处理各自的国内事务和相互之间的争端，荷兰在当时还只是帝国的附庸，而葡萄牙则将自然地理优势与其政治、经济的稳定性结合起来，开启了一个大发现的时代。西班牙在 16 世纪，英、法、荷在 17 世纪成为活跃的殖民力量，而这也是因为它们发展成为强大的民族实体，并且摆脱了封建政治与经济体系的束缚。……

与意大利的城市国家相比，民族国家在文艺复兴时期的扩张活动中的重要性尤为明显。威尼斯与热那亚虽然在中世纪有很多旅行家，在文艺复兴早期有很多地理学者与制图师，但是这两个城市却没有直接参与欧洲的海外扩张，尽管大部分早期的航海者都是意大利人。亨利王子就雇用了很多威尼斯人与佛罗伦萨人，而哥伦布、韦斯普奇①、维拉扎诺②、卡伯特③以及许多其他意大利人也都在为西班牙、法国和英国进行航海探险。在16世纪下半叶以前，意大利的绘图技术是欧洲最先进的，很多记载新发现的书籍和小册子都来自维琴察、威尼斯、罗马及佛罗伦萨的出版社。意大利的银行家与商人在伊比利亚地区主要城市的商业活动中也十分活跃。一个分裂的意大利尽管为文艺复兴时期的扩张活动提供了可能性，但它自身却不能充分利用这些有利条件。同样地，德国在16世纪的扩张中也发挥了举足轻重的作用。费德尔曼、斯达登、威尔瑟，还有富格尔，这些名字便可以证明这一点。不过与意大利一样，德国也不是一个统一的国家。它们只是到了19世纪实现统一以后，才作为殖民力量登上历史舞台。

尽管西欧各国都曾参与文艺复兴时期的扩张活动，然而这绝不是国际性的冒险事业。相反，在很大程度上，扩张活动是民族主义热情的表现，而民族主义正是15、16世纪政治发展的特征。欧洲的海外扩张主要是一项国家事业，虽然它通常由私人赞助，但受到政府的控制和保护。各国之间没有合作关系，即便是在经历了新教改革的剧变之后，也是如此。当时，宗教上的契合感虽然促成了政治上的忠诚和结盟，但是并没有出现能够支撑共同的新教或天主教

① 即 Amerigo Vespucci，意大利商人、航海家和探险家。

② 即 Giovanni de Verrazano，意大利航海家。

③ 即 John Cabot，意大利航海家。

海外政策的殖民联盟。

美洲的传染病与环境变化*

阿兰·泰勒

欧洲人不仅给美洲带来了新的生活习惯、科技以及文化，也带来了“令人讨厌的寄生虫与致命的细菌”。这些新事物合在一起，极大地影响着美洲土著与殖民者的人口数量和生存环境。以下段落选自阿兰·泰勒（Alan Taylor）获得普利策奖①的作品。作者概述了欧洲人在长达四个多世纪里给美洲带来的毁灭性影响。除了介绍美洲土著遭受的生存影响外，泰勒还指出，殖民者带来的家畜、草种和寄生虫改变了美洲的环境。值得注意的是，泰勒并不认为所有的变化都是有益的。

思考：为什么泰勒会认为“美洲的殖民化过程导致了一场在速度、范围和影响程度上都史无前例的环境变革”；外来的细菌为何会给美洲土著带来如此大的影响。

美洲的殖民化过程导致了一场在速度、范围和影响程度上都史无前例的环境变革。

这场变革所带来的影响是不均衡的。它对欧洲人有利，而对美洲土著有害，后者眼睁睁地看着他们的人口数量锐减。尽管环境的改变不完全由殖民者控制，但是土著赖以生存的自然环境被破坏

---

* Alan Taylor，*American Colonies*：*The Settling of North America*（New York：Penguin，2001），pp. 25，39-41，43，48-49.

① 1917 年根据美国报业巨头约瑟夫·普利策（Joseph Pulitzer）的遗愿设立，主要分为新闻奖和艺术奖，每年颁发一次。普利策奖象征着美国最负责任的写作和最优美的文字，特别是新闻奖，更是美国报界的最高荣誉。

了，从而也就增强了殖民者的力量。殖民化逐渐造成土著与土地的分离。特别是，殖民者在无意之中把令人厌恶的草种、寄生虫和致命的细菌带入了美洲。……在第一批欧洲探险家和殖民者的所到之处，都有报道说，当地的土著居民中间出现了一些前所未有的可怕流行病。……

第一波流行病几乎侵袭了所有的印第安人。在十年左右的时间里，有一半的土著死于这种新的疾病。而且由于传染病的不断复发和变异，土著几乎没有机会通过生育恢复人口数量。50 年后，连续复发的疾病导致当地人口锐减到原来的十分之一。有一些遭到严重打击的部族甚至丧失了独立，因为它们的少数幸存者不得不加入了附近的其他部族。因此这场流行病使印第安部落的数目大为减少。历史学家小阿尔弗雷德·克罗斯比（Alfred W. Crosby Jr.）将人口的锐减生动地描述为“绝对是人类历史上的最大悲剧”。

……大多数学者的看法都比较保守。他们估计，1492 年的美洲土著人口总共只有 1 000 万，而且这还包括那些居住在格兰德河河口北部（也就是今天的美国与加拿大地区）的 100 万人。

而比较乐观的学者则估计，当时的美洲人口最少有 2 000 万。有些人甚至认为，这个数字会达到 1 亿或者更多。……

传染性疾病在入侵者与本地人之间的相互传染明显是一边倒的状况。美洲病原体导致的殖民者的死亡人数，与欧洲病菌所致死的美洲土著的人数简直不成比例。

病原体的相互传染之所以会出现一边倒的情况，部分原因在于，印第安人此前一直生活在一个鲜有致命疾病的半球上。……

在 16、17 世纪，殖民者并不是有意传播这些疾病。事实上，他们也不知道该怎样传播它们。尤其是在 16 世纪，与印第安人的土地相比，殖民者更觊觎印第安人的身体与灵魂。他们需要印第安人在矿场、种植园和大农场里为他们劳作。而基督教的传教士们也会因为没有在印第安人染病死去之前为他们施行洗礼而感到懊恼。只是后来在英国殖民地，一些殖民者才会乐于见到土著人口由于流行疾病而减少，因为他们能因此得到更多的土地来定居。

欧洲人的入侵导致了一场生态变革。此前，美洲人的生活以人与自然的互动为特点，而这场变革却生硬地切断了这种互动。世界上如此多的动植物（既有大型的也有小型的）发生如此彻底而突然的混合与改变，这在人类的历史上是前所未有的。当然，这并不是说，之前的美洲人没有破坏环境，因为每个人类群体总会影响其居住环境。但是美洲土著只是捕鱼打猎、焚林开荒、驯养动物、种植庄稼，有选择性地改造自然。在印第安人最多的地方，比如墨西哥中部、密西西比河谷地区，这种对自然的影响才是最大的。然而，欧洲人向美洲的自然环境提出了前所未有的要求。他们通过有意无意的行为，促成了一系列的发展，使这片土地无论是在事实上还是在名义上都远离了它原来的主人。

总而言之，土著民族及其自然环境遭到了外来的入侵，这不仅包括外来民族的入侵，也包括他们所带来的家畜、细菌、寄生虫和草种的入侵。这些因素相互协同竞争，改变了当地的环境，将当地土著人原先熟悉的环境变得面目全非。如今，在北美的发展程度最低的最封闭地区，我们倾向于认为，我们在那里重新发现了一片永恒的“荒原”，我们可以在那里体验到 1492 年以前美洲土著所了解的自然。实际上，我们现在看到的，是一个被殖民者所带来的动植物深刻影响的自然，它们重新塑造了美洲大陆。

尽管人口的锐减和生态的改变削弱了印第安人保卫自己领土与

自主权的能力，但是他们仍然人数众多且足智多谋，足以抵制殖民者的征服活动。尽管人口减少了，但殖民者从未发现一处真正杳无人烟的土地。印第安人口的减少虽然使得殖民者及其奴隶有可能蜂拥而至，并征服当地的土著，但这一过程却历经了近四个世纪才得以完成。

中国明朝的穆斯林*

莫里斯·罗萨比

从历史上看，中国人比较闭关自守，他们对外面的世界很少感兴趣，甚至根本没兴趣。然而他们也会欢迎外来者，只要这些人能适应中国的社会与政治体系，并且不对皇帝的权威构成威胁。穆斯林（最初是一些阿拉伯与波斯的商人）早在唐朝时就来到中国定居，其中尤以西北地区居多。后来他们发现，当地的中国人对他们的出现并没有什么过激的反应。因此，穆斯林（尤其是在明代初期）开始大量涌入中国。在下面的选文中，莫里斯·罗萨比（Morris Rossabi）讨论了从 14 世纪末至 15 世纪，明朝统治者和中国老百姓是如何对待穆斯林的。

思考：融入一个完全不同的文化与社会会遇到哪些困难；文化的适应与同化过程是怎样的。

中国的穆斯林人数众多，影响很大，他们给明朝政府带来了很多问题。……

---

* Morris Rossabi, "Muslims and Central Asian Revolts", in *From Ming to Ch'ing: Conquest, Region and Continuity in Seventeenth Century China*, Jonathan D. Spence and John E. Wills, Jr., eds. (New Haven and London: Yale University Press, 1979), pp. 170-185.

对于居住在非战略地区的穆斯林，明朝政府事实上非常宽容。朝廷聘请他们观察天象、制定历法、进行占卜；这些在农业社会里全是关键性的职位。直至17世纪耶稣会会士成功发起挑战之前，穆斯林一直在朝廷里从事这些工作。从永乐年间（1403—1424）开始，明朝政府任命穆斯林为外交官、笔译和口译人员，偶尔还授予他们一些重要的职位，给予丰厚的报酬。……

明朝有两位皇帝对伊斯兰教很感兴趣，据中国的一些穆斯林说，他们皈依了伊斯兰教（尽管这种说法并不十分可信）。……正德皇帝（1506—1521）就对穆斯林很感兴趣。他身边有几位穆斯林的宦官和顾问；他曾下令允许生产带有阿拉伯文字的青铜器和陶瓷制品，并把它们出售给中国和中亚地区的穆斯林；他还曾邀请一位哈密的穆斯林头领——他曾与明朝的敌人吐鲁番合作过——到朝廷任职，并把以前关押过这位头领的官员降职。……

对于那些聚居在中国西北边界的穆斯林，明朝政府并没有打算分化或者遣散他们，这无疑是朝廷实施宽容政策的最好证据。……

就穆斯林这方面而言，在明朝初期他们所奉行的是一种和平共存的政策。也就是说，他们在行为或语言上没有过分强调自己的宗教信仰。不过，他们仍尽量按照伊斯兰教的基本教义来生活。……

中国的穆斯林之所以能保持凝聚力，部分原因在于他们是在城镇的单独区域里居住，而且一贯谨慎地遵照其宗教要求生活。……他们修建清真寺，并让一些穆斯林学习波斯语和阿拉伯语，这样他们就可以接触到伊斯兰教的原著。有的穆斯林还会西行，前往麦加朝圣。

不过，穆斯林为了适应中国社会也做了一些调整。他们穿汉人的衣服，在清真寺附近竖起牌匾以示对皇帝的忠心，学说汉语。……大多数穆斯林为自己取了个中文名字，还有一些与中国人结了婚。……通婚不仅没有减少穆斯林的人数，反而让西北地区的穆斯林群体逐渐扩大，而且他们对伊斯兰教的信仰也不曾减退。……大部分通婚都发生在穆斯林的男性和中国的女性之间，他们的后代自然就被当作穆斯林而抚养长大。此外，通过收养孩童，穆斯林的人数也会有所增长。有时，富裕的穆斯林会收养中国小男孩，并教他们信奉伊斯兰教，这样他们就可以把自己的女儿许配给这些男孩。……

明朝时期的中国穆斯林与整个中亚地区的穆斯林都有密切的往来。元朝时，只要朝廷不干涉，中国的穆斯林甚至可以前往中东地区。……

自从中国的穆斯林加强对外交流以来，他们与外界之间的联系就更加紧密了。由于有一些通往中亚与蒙古的商贸路线横穿中国的西北地区，许多中国的穆斯林得以有机会参与到商业活动中。他们从事商人、翻译、驿站服务人员以及运货员等相关职业。一般来说，凡是涉及马匹和骆驼的职业，全被穆斯林垄断了。……摆在穆斯林面前的耕地荒芜、商业限制等问题不可避免地导致他们与明朝政府之间发生冲突。据明末的资料记载，有些穆斯林商人一而再、再而三地故意规避中国的商业规定与纳税要求，对朝廷构成了挑战，并且与朝廷日益疏离。从 16 世纪早期开始，就有数起暴动是因为朝廷与穆斯林之间的紧张关系而引发的。

中国对西方的反应*

费正清 邓嗣禹

起初，中国是欢迎欧洲人的。在中国人看来，自己的文化无与伦比，而几个世纪以来外国人来到中国都是为了学习他们的先进文化。中国人认为，欧洲人只不过是最近的一批来访者罢了。然而这些旅行者却与之前的有所不同。欧洲人不仅认为欧洲文化比中国文化更先进，而且还带来了一些先进的科技产品以证明这一点。他们还试图让中国人皈依基督教，将中国人欧洲化，与中国人平等地进行交易。这些都让中国政府感到迷惑不解。

最早到达的葡萄牙人没有和中国人建立起亲密的联系，但后来的耶稣会会士则不同（尤其以担任过中国皇帝顾问的利玛窦为代表）。他们尊重儒家思想，将儒学与基督教信条结合起来，从而使中国的精英阶层更容易接受基督教。但是其他教派的传教士（比如多明我会的修道士）反对一切有可能淡化基督信仰的做法。为此，持不同立场的教会各方进行了激烈的争辩。这次争辩被称为“礼仪之争”，并以耶稣会会士的失败而告终。结果，所有的传教士都因此被驱逐出中国。

以下选文出自美国两位著名的中国历史学家之手：费正清（John K. Fairbank）与邓嗣禹（Ssu-yu Teng）。文章讨论了中国政府官员应对欧洲挑战的方式，以及欧洲人对中国人的影响。

思考：新到来的欧洲人在哪些方面让中国人觉得不自在；为

* John K. Fairbank and Ssu-yu Teng, *Response to the West* (Cambridge, Mass.: Harvard University Press, 1954).

什么会这样；西方人是怎样影响中国的；这种影响为什么不大。

中国与欧洲之间最早的广泛的文化交往始于 16 世纪晚期；当时，随着葡萄牙的觉醒，耶稣会会士漂洋过海来到中国。他们的双重作用众所周知：不仅把西方的观念带到中国，比如数学、天文学、地理学、水利学、历法以及火炮的制作工艺等，而且将中国的传统思想尤其是儒家学说引入欧洲。这些基督教徒发现，与宗教信仰方面的改造相比，影响中国的科技要容易一些。因此，他们开始传播科学知识，以此作为接近中国学者的一种方法。尽管有一小部分中国学者皈依了基督教，参与到翻译和编撰西方宗教、科技书籍的工作中，但是大多数中国学者仍然坚持自己的那种具有民族优越感的文化传统，很少受到西方思想新元素的影响。……

……耶稣会会士对中国的直接影响表现在一些具有实用性的器物中，比如火炮、历法和利玛窦的世界地图。然而在后来中国学者的作品里，我们却很少发现基督教教义的痕迹，这又是为什么呢？如果说这个问题的答案是因为朝廷镇压中国的基督教教徒，从而切断了他们与外界的联系并使他们几乎没有后继者，那么我们还要回答另外一个问题：为什么非基督教学者的思想没有更持久地受到西方思想或观点的影响。……

中国人之所以反对耶稣会会士和其他西方传教士，大概是出于如下几个原因：中国人怀疑外国人，认为他们都是间谍；中国人对基督教仪式有些道德上的顾忌，因为这些仪式看起来与中国的习俗（比如敬天、敬祖、推崇孔圣人）相悖。还有一个原因可能是嫉妒，因为有些中国人认为，天主教如果在中国流行，就会削弱儒教、佛教和道教的思想，使它们丧失主导地位。……

中国的佛教领袖似乎特别反对天主教。而中国的大多数学者也很武断地反对西方人的宗教。这些士大夫不仅对天主教缺乏热情，对科学也不感兴趣。……保守派大肆批评西方的科学仪器。他们说，时钟价格昂贵却没什么用；火炮不但不能歼灭敌人，反倒会烧伤炮手；中国在利玛窦的世界地图里既不处于世界的中心，又不够辽阔。此外，他们还反对西方的绘画，认为这些绘画用笔无力。……

在所有这些反对西学的背后，其实隐藏着一个基本的政治事实，即中国的清朝统治者无法容忍外来宗教的传播，因为这种宗教居然声称罗马在精神上要高于北京。1640 年以前，德川幕府统治下的日本就曾宣布，与基督教以及其他任何涉外的接触（接触长崎的荷兰人除外）在政治上都是危险的。而在 17 世纪末，中国只有两个省有天主教教会；到了雍正时期（1723—1735），朝廷完全禁止天主教的传播。……

总而言之，由早期传教士带来的科学技术，其影响已经微乎其微了。即便存在，也很少被人承认。与此同时，反西方的政治传统却被树立起来。

欧洲人抵达日本*

让-皮埃尔·莱曼

在 15 世纪，欧洲人开始探索其疆土之外的新世界。此前，他们很早就与东亚有过接触，但在接下来的几个世纪里，欧洲却

* Jean-Pierre Lehmann, *The Roots of Modern Japan* (New York: St. Martin's Press, 1982), pp. 36-42.

把自己封闭了起来。葡萄牙人是第一批探索东方的西方人，他们在1510年首先占领了印度的果阿，接着占领了马来群岛的马六甲、东帝汶岛，最后在1557年抢占了中国的沿海城市澳门。

在另一方面，日本人也做好了迎接他们的准备。当时，日本已成为一个贸易大国，他们在东亚各地（远至暹罗和印度尼西亚）都建立了自己的基地。在下面这段选文中，日本问题专家让-皮埃尔·莱曼（Jean-Pierre Lehmann）探讨了欧洲与日本初次接触的情况。

思考： 欧洲人努力让日本人皈依基督教，这产生了怎样的后果；在莱曼看来，宗教与君主政体的兴起之间有哪些联系。

在16世纪早期与中期，日本发生了一件大事，那就是葡萄牙人的到来。它对日本历史所产生的影响是举足轻重的（无论是直接的还是间接的）。……葡萄牙人的出现影响了日本的发展，比如一般意义上的战争、医药与科学，贸易与航海，宗教与政治，以及最终的锁国政策。

第一批欧洲人于1542年踏上日本领土，他们在九州南部海岸的种子岛登陆。然而他们的到来并不是事先计划好的，纯粹是一场意外。他们的船遭遇强风，因此偏离了原定驶向澳门的航线。1502年，罗马教廷曾颁布一道教皇谕旨，授予葡萄牙人赴远东传教的特权；而由两个伊比利亚王国发起的基督教传教活动，也被视为其商业拓展与政治扩张的重要部分。因此，传教士的活动得以在皇室的支持和赞助（这在葡萄牙被称为Padroado Real，而在西班牙则是Patronato Real）下进行。正如前面所提到的那样，西班牙在1564年征服了菲律宾，并向东方派出了自己的传教士。一般来说，耶稣会是受葡萄牙君主庇护的，而像方济各会这种医师团体则得到了西班牙王室的支持。……

虽然耶稣会会士在传播开始阶段颇有成效，但随着时间推移，他们遇到了不少麻烦。这些麻烦不是由日本人造成的，而是那些从菲律宾过来的传教士。……为此，教皇格利高里十三（Pope Gregory Ⅻ，1502—1585）于 1585 年 1 月 28 日颁发通谕，规定只有耶稣会会士可以在日本传教。对此，菲律宾的方济各会、多明我会和奥古斯丁教团愤怒不已，它们不顾教皇谕旨，纷纷将自己的传教士派往日本。于是，罗马教皇保罗五世（Pope Paul Ⅴ，1552—1621）不得不在 1608 年 6 月 11 日颁发公报，废除先前禁令，允许耶稣会会士与托钵僧共同在日本传播福音。耶稣会会士与托钵僧之间长期的明争暗斗，无疑是导致天主教在日本传教活动最终失败的原因，但不可否认，他们也为天主教的传播做出了不小的贡献。

16 世纪末，日本通过了一系列反基督教的法令，对基督教的迫害也随之开始。……1614 年，日本对基督教发出禁令，驱逐日本境内的所有传教士。而那些日本的基督徒要么放弃信仰，要么以身殉道，要么流亡他乡。……

从传统上来看，日本人在宗教问题上还是相当宽容的。然而在 17 世纪早期，日本一些权贵认为，基督教与其说是一种宗教，倒不如说是一种意识形态；而对于新兴的德川幕府和日本的国家利益来说，这种意识形态具有敌意和破坏性，因此必须铲除。……

这些反映了当时的一个普遍情况。大约从 16 世纪末到 18 世纪初，这段历史时期的一个典型特征就是君主专制的兴起。在奥斯曼土耳其帝国、罗曼诺夫王朝尤其是彼得一世（Peter Ⅰ，1672—1725）时期的俄国、波旁王朝的亨利四世（Henry Ⅳ，1553—

1610）至路易十四（Louis XIV，1638—1715）时期的法国、莫卧儿王朝的阿克巴大帝（Akbar，1556—1605）时期的印度以及清王朝统治下的中国，我们都能看到这一点。

在德川家康（Ieyasu，1542—1616）领导下的德川幕府，正是上述现象在日本的具体表现。这些绝对君主制国家之所以出现在欧亚大陆的许多地方，原因是多种多样的。其中，最显著的原因在于战争技术的发展，尤其是火器得到了推广和大量使用。……

为了巩固君主专制的统治，统治者当然需要加强正统的意识形态。换句话说，每个君主专制的政府都需要一套绝对的教条。在日本所发生的这一切，从本质上来说，与世界上其他地方类似的政治情况是没有什么差别的。

欧洲的扩张对外部世界的影响*

M. L. 布什

欧洲的对外扩张对于欧洲的历史具有重要的影响，但是对于那些欧洲以外的国家来说，其影响则更大。不过，这种影响在西班牙统治下的美洲新大陆和在葡萄牙统治下的东方却存在很大不同。在下面的选文中，M. L. 布什（M. L. Bush）对这些差异进行了分析。

思考：在非西方社会中，有哪些内部因素可以说明这些差异；在葡萄牙与西班牙之间，又有哪些区别可以说明非西方社会的不同命运。

* M. L. Bush，Renaissance，*Reformation and the Outer World*（New York：Harper & Row，1967），pp. 143-145.

西方的卡斯提尔帝国①与东方的葡萄牙帝国给欧洲之外的世界所带来的影响是十分不同的。首先，卡斯提尔帝国向西扩张，导致了一系列前所未有的海外移民活动。在几乎整个 16 世纪，每年大约有 1 000 或2 000名西班牙人前往新大陆定居。后来，又有大批来自西北欧的移民为了逃避迫害而前往北美洲与加勒比地区。最后一波移民浪潮是非洲人，他们是被迫作为奴隶而来到西印度群岛和巴西的。但另一方面，16 世纪的东方却没有移民迁入的现象。欧洲人带去的只是他们的要塞、工厂、教堂、殖民地官员、商人和传教士。

其次，西班牙在新大陆的定居给土著民族造成了严重的影响，而在东方，在很长一段时间内，欧洲人对当地的影响非常小。

16 世纪 20 年代初，西班牙征服者带来了天花和伤寒。这些源自欧洲的疾病很快让印第安人数量锐减，尤其是在 16 世纪 20 年代、40 年代和 70 年代的传染病大暴发期间。例如墨西哥中部，1519 年该地区的印第安人口约为1 100万，而到 16 世纪末仅剩下 250 万。此外，让印第安人烦恼的还有白人带来的大量角牛。虽然印第安人可以为白人殖民者干活而避免受到牛群的伤害，但如果他们因此而生活在拥挤的工人定居点（事实上，这种情况经常发生），那么他们几乎必定会染上疾病。印第安人基本上都被欧洲化了，因为他们要么由于想得到白人的货物而陷入永无出头之日的债务里，要么会为了避免牛群的伤害而与西班牙人签署终身的劳动协议，卷入西班牙人的义务劳动体制[5]中。因此，他们会成为工薪族、债务

① 1035 年，斐迪南一世在伊比利亚半岛中部建立卡斯提尔帝国。1479 年，卡斯提尔同阿拉贡合并，奠定了西班牙统一的基础。

人和基督教徒。印第安人遭到了剥削。不过，他们在法律上仍是自由的。虽然在当时存在奴役制度，但是这个制度并未得到官方的正式承认。此外，方济各会作为新大陆的一支强大的传教势力，也竭尽所能地帮助印第安人摆脱白人的邪恶魔爪。巴托洛梅·德·拉斯·卡萨斯和弗朗西斯科·德·维多利亚就是印第安人的杰出辩护者；他们计划建立单独的印第安社区，这样印第安人可以在一定程度上摆脱白人的魔爪。尽管建设印第安城镇的计划得到查理五世的允许，然而他的继任者菲利普二世却反对这种做法。因此，这些印第安城镇只能在一些偏僻地区存在。

白人的到来基本上改变了印第安人的生活方式，极少有例外。不过，最显著的例外是葡萄牙统治下的巴西。在那里，一些更原始的印第安游牧部族有很大的机会可以逃到丛林里去。葡萄牙人在那里的定居点比较少，影响也较小。这是因为葡萄牙人的重点区域在其他地方，而且他们也缺乏资源，难以建立一个像西班牙那么大的帝国。此外，在西班牙帝国的范围内，欧洲人主要影响了墨西哥的阿兹特克人，而不是秘鲁的印加人。由于对秘鲁的征服行动缓慢，再加上印加人多次起义、当地的地形条件特殊以及西班牙社区的规模较小，因此这里的欧洲化过程要缓慢得多，从长远角度来看，它还远远没有完成。尽管残余的印加贵族养成了西班牙人的生活习惯，皈依了天主教，但农民阶层仍然还是异教徒。与这些发展状况相比，欧洲人在东方推行的西化过程则是一个更为现代的过程。

在16世纪，西方主要依靠传教士影响东方。1542年，随着圣方济各·沙勿略抵达印度，一场轰轰烈烈的传教活动拉开了序幕。

他用了大约十年的时间，专门在科摩林角[1]海岸的贫苦渔民中传教；据说他让六万人皈依了基督。而耶稣会会士也重点关注东方，他们选择果阿作为罗马之外的总部。16 世纪，尽管他们在马来半岛、苏门答腊和中国等地收获甚微，在摩鹿加群岛[2]的传教活动也是刚有起色便遭打击，但是锡兰科提王国的年轻国王在 1557 年的皈依，却是一个胜利的标志。日本的传教情况也差不多。16 世纪 80 年代，身在日本的耶稣会传教士宣称，他们帮助 15 万人皈依了基督教，不过，其中大部分人都是九州岛的居民。

基督教在东方并不是一种新宗教。因为东方有很多聂斯脱利派[3]的教徒，但是在欧洲人眼中，这些人就跟穆斯林一样属于异端。到 1583 年，新加入基督教的教徒差不多有 60 万人。不过，与同时期伊斯兰教在东方的扩张相比，基督教的扩张只能算是取得很小的成绩。

最后，海洋帝国葡萄牙很少对外输出葡萄牙人的生活习惯。他们的帝国基本上是根据当地的条件进行建设。而西班牙帝国则不同，他们会在更大的程度上输出自己的生活习惯。

在新大陆，一套得到精心组织和规划的政府体系被建立了起来；在这个政府体系中，人们认为，那些用于约束旧大陆封建贵族的独立权力的规定也应该被运用在这里。人们坚持要求，政府官员应当成为虔诚的奴仆。然而，新大陆的政府要比旧大陆的政府更容易进行管理和调控。人们没那么重视贵族的特权，后者手中的权力

---

① 印度最南端的海角。

② 印度尼西亚东部群岛，印尼语称作 Maluku。该群岛由三个大岛和许多小岛组成，以“香料之岛”闻名于世。

③ 又称“景教”。

也变得更少。事实上，新大陆的政府缺陷主要不是贵族的权力和特权造成的，而是政府机器的糟糕状况引起的。不过无论如何防范，在 17 世纪早期，新大陆仍然掌握在封建权贵的手中，他们实际上拥有着不受约束的权力。

注释

［1］扎伊尔河南部的沿海地区。

［2］1512 年葡萄牙国王派西蒙·达·席尔瓦作为访问刚果的特使，带领几艘船、许多人员和供给品前往刚果。

［3］葡萄牙国王给刚果运来了大量的供给品、动物、奢侈品、植物以及种子。

［4］参见第 12 章“第一手资料”中贝尔纳尔·迪亚斯·德尔·卡斯蒂略的《传记：阿兹特克人》。

［5］该体系要求，每个印第安村庄每年必须有一段时间为白人提供一定的劳动服务。

第 14 章

现代早期的欧洲（1500—1789）

文艺复兴和欧洲的海外扩张是西方文明从中世纪迈向全新历史时期的两大标志。这段时期从 16 到 18 世纪，被西方史学家称为“现代早期”。此外，该时期还有另一些标志。新君主建立的强大的民族国家往往持续数个世纪。这些国家得益于也利用了新的经济因素，如商业的发展和资本主义的传播。贵族阶层虽然在社会和文化上仍居主导地位，但其内部正经历着巨大的变革。同时，他们的地位也受到新兴中产阶级（他们由商人和企业家构成）的挑战。在中世纪最后两个世纪里日趋衰落的罗马天主教，由于新教改革而彻底分裂。关于世界和人类生存状态的新思想和新思维引发了人类的思想革命，这就是科学革命和启蒙运动。

在本章中，我们将集中讲述其中的三大发展。首先是宗教改革。1517 年，马丁·路德公开挑战天主教的教条和教皇权威，这成为宗教改革的导火索。16 世纪，宗教改革遍及德国和欧洲其他国家。宗教改革的热情以及西方基督教分裂的重要性，使得宗教改革成为学术界的研究焦点。在这里，我们将主要论述新教改革的性质、它所提出的要求、天主教的回应、备受争议的改革原因及其重大意义。

第二大发展是现代早期政治制度的出现。本章将从理论和实际出发，着重讨论各种政治力量的冲突来源和表现。这里所涉及的主要还是君主和贵族之间的冲突，以及王室同议会之间的冲突（尤以英国为典型）。这将促使我们考察政治斗争、经济政策和宗教冲突之间的关系。另外，思想史上的一些发展情况也会有所涉及，尤其是在政治理论方面。

第三大发展是欧洲此时的社会性质。尽管战争、经济发展和城市化进程都推动了社会变革，但在这一时期，欧洲社会的结构却没有发生太多变化。平民——大多数是农民——处于社会底层，而贵族仍然位于顶层。本章资料将讨论这些阶层，以及现代早期的欧洲家庭和妇女地位。

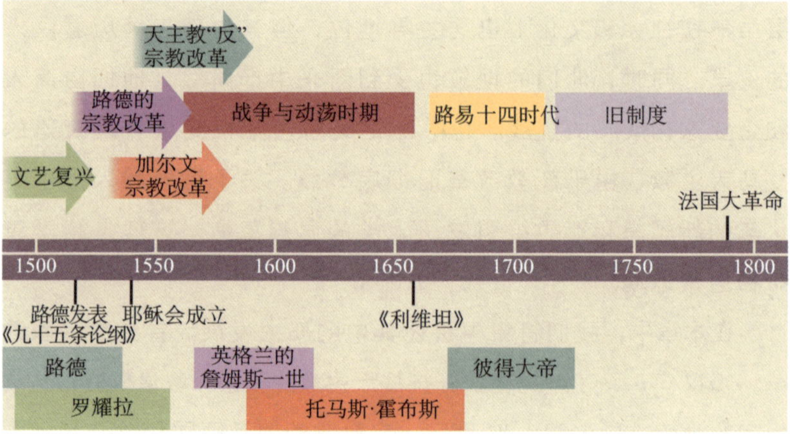

第一手资料

因信称义*

马丁·路德

马丁·路德（1483—1546）是宗教改革的早期领袖。他出生在德国一个富裕的农民家庭，后来成为奥古斯丁会的修道士和威滕堡大学的神学教授。在他任职期间，1517 年他针对台彻尔兜售“赎罪券”的行为，发表了具有相当学术分量的《九十五条论纲》。这个消息迅速传播开来，激起了一场论战。一开始，路德只是想在天主教内部进行一些细微改革，但他很快发现，他所支持的教义与罗马教廷的正统教义格格不入，他的行为最终招来罗马教会对他的驱逐。

路德本人将其思想的发展归结于一些重要经历。其中，最重要的当数他首先提出了“因信称义”说。该观点既是他的思想核心，也是新教的主要基础。以下文字摘自路德的自传，描述了他提出该观点的过程。

思考：路德的“因信称义”说是什么意思；为什么这一信条会吸引这么多的天主教徒；为什么它会对罗马天主教会产生威胁。

我很想理解保罗写给罗马人的使徒书，但有一个表述令我百思不解，即“上帝的正义”。我的理解是，上帝的判决是正义的，上

* Roland H. Bainton, *The Age of Reformation* (New York: D. Van Nostrand Co., Inc., 1956), pp. 97-98.

帝会惩罚任何非正义。而我的境况是，尽管我从未犯任何过错，但在上帝面前，我的良知告诉我，我仍是个罪人，我不自信我的功德能减轻我的罪。所以我并不热爱这位正义而愤怒的上帝，相反，我会憎恨他、抱怨他。但是我向亲爱的保罗祈求，我诚恳地想知道他的旨意到底是什么。

我夜以继日地思考着这个问题，直到我悟出上帝的正义同“义人必因信得生”这一观点之间存在关联。而后我领悟到，上帝的正义是建立在信仰基础上的，上帝根据信仰公正地对待我们，使我们得到他的恩典和怜悯。于是，我感觉自己获得了重生，穿越了敞开的大门进入了天堂。《圣经》的教义对我来说有了全新的意义。以前，“上帝的正义”让我对上帝满腹怨恨，现在，它对我来说是大爱之中无以言表的甜蜜。保罗的这段文字为我打开了通向天堂的大门。……

如果你虔诚地相信基督就是你的救世主，那么你立刻会拥有一位仁慈的上帝，因为信仰把你领入了上帝的内心，开启了上帝的心扉和意愿，你会看到纯粹的恩典和充沛的大爱。只有在内心对上帝有虔诚的信仰，你才能看到他那慈祥、友爱的内心，在那里没有愤怒，也没有猥亵。而那些将上帝看成是愤怒之神的人，却隔着一层帷幔，就像一片乌云挡住了他们的视线。

耶稣会章程*

天主教在面对新教改革者的挑战时并不消极被动。教会通过

* James Harvey Robinson, ed., *Readings in European History*, vol. Ⅱ (Boston: Ginn, 1904), pp. 162-163.

多种方式进行内部变革，从教义和行动上反击新教。在这一过程中，由依纳爵·罗耀拉（Ignatius Loyola，1491—1556）创立的耶稣会成为天主教抗衡宗教改革的最有效的武器。罗耀拉曾是一名军人，在养伤期间皈依天主教。他身边聚集着一批服务教皇、纪律严明的信徒。1540 年，教会正式承认他们。于是，耶稣会很快成为罗马教廷对抗新教的武器，他们在世界各地宣传天主教教义，扩大天主教在欧洲的影响。下面的选文就是教皇保罗三世在 1540 年所批准的耶稣会章程。

思考：耶稣会的哪些特点可以解释它的成功；这份章程在语气和内容上与路德的学说有何差异。

对于那些高举十字旗，愿意在我们的组织里——我们希望能以耶稣的名义来标示我们这个组织——为上帝而战，并且只愿为上帝和罗马教皇服务的人，在做出永葆贞洁的庄严宣誓后，他所在地区的牧师应当让他记住，他是这个组织的一部分；而这个组织之所以建立，就是为了提升基督徒的灵魂和基督教的教义，为了通过公开的布道、对上帝话语的传达、灵修和善行来传播信仰，尤其是通过对年幼无知的基督徒的教育，在倾听其忏悔时给予他们精神慰藉的方式来传播信仰；他应时刻把上帝的利益和组织的利益放在眼前。……

只要生命不止，所有成员都应意识到并每日铭记，我们的整个组织和每一个成员都是为上帝而战，忠诚于至高无上的主、教皇及其继任者。尽管福音书曾告诉我们，尽管我们也通过正统的信念始终承认，所有的基督信徒都将罗马教皇视作他们的领袖和教宗，但我们仍然认为，为了在我们的组织中更大地发扬谦卑，让每个人做到真正的禁欲并牺牲自己的意愿，我们除了履行通常的职责之外，应当再立下一项特别的盟誓，即无论现任的或将来的教皇颁布何种关于灵魂福祉和宗教传播的法令，我们都应毫无推脱地遵循；无论他将我们派到土耳其还是其他的异教之地，甚至是印度那里，也无论他把我们派到异端者、分裂教会者还是具有坚定信仰的教徒中间，我们都应服从他的命令。

英格兰君主的权力*

詹姆斯一世

混乱、动荡和战争（通常是内战）是 16 世纪中期至 17 世纪中期的历史特征。在英格兰的斯图亚特王朝期间，自詹姆斯一世开始，君主和议会之间的摩擦便不断升温。詹姆斯本来已是苏格兰的国王，伊丽莎白女王 1603 年去世后，他又成为英格兰的国王。詹姆斯很有学识并因强烈主张君主制而闻名。1610 年，他的一次议会演讲最清晰地表达了自己的观点。在演讲中，他对君主——不仅包括英格兰的国王，而且包括世界各国的君主——权力的本质进行了评论。

思考：詹姆斯是怎样论证国王应当享有崇高的地位和无上的权力的；君主的权力受到了哪些限制。

君主制国家是世上最崇高的东西；因为国王们不仅是上帝在世间的代理者，坐在上帝所赐予的宝座上，而且他们甚至被上帝称作

---

* J. R. Tanner, *Constitutional Documents of the Reign of James Ⅰ, A. D. 1603—1625* (Cambridge, England: Cambridge University Press, 1930), pp. 15-16.

“神”。有三个主要的比喻说法可以反映君主制国家的情况：一个出自《圣经》，另外两个出自政治和哲学。在《圣经》里，国王被称为“神”，所以他们的权力经由这种关联而被比作为“神圣的力量”。国王还被比喻成一家之父，因为国王真的就是子民们在政治上的父亲。最后，在微观层面，国王还被比作人类身体的头颅。

国王当然可以被称为“神”，因为他们在世上实施着神圣的力量；如果你想知道哪些是上帝的特征，你只需看看国王这里有些什么就行了。上帝可以随心所欲地创造或消灭，制造或销毁；也可以赐予或剥夺生命；可以审判任何人，而自身不被审判；只要他愿意，他可以让低贱的变得高贵，也可以让高贵的变得低贱；对于上帝来说，灵和肉都归他所有。同样，国王也拥有这些权力。他们也可以制造或销毁某个东西；他们也有提拔和贬黜的权力，并主掌着生杀大权；他们也能以任何理由审判所有人，而自己不被任何人审判，除了上帝以外。他们有权提拔低贱者、贬黜高贵者，将人们像棋子一样握于股掌之中，主教和武士是他们最有力的兵卒，他们能像处理金钱那样夸奖或呵斥任何人。同时，国王也应该得到臣民们热忱的灵魂，配享他们肉身所提供的劳役。……

至于说国王是一家之父，这是指根据自然法则，他们自古就对子女或家庭拥有“父权”——这就是生杀大权。现在，这位父亲可以随心所欲地将遗产分配给他的子嗣。是的，在必要的时候，他甚至可以根据自己的喜好，剥夺大儿子的继承权而选择小儿子；他也可以随心所欲地让他们沦为乞丐或暴富；如果他发现子女有冒犯他的动机，他会囚禁或流放他们；如果子女有心悔过，他可能重新眷顾他们。国王也可以这样对待他的臣民。

最后，作为一个身体的头颅，它有权指挥身体的各个部分，按照它所认为的最合适的方式来运行和使用。

英国议会的权利*

众议院

议会并不接受詹姆斯一世关于君主权力的观点。事实上，从他上台直至他的儿子查理一世继任，国王和议会一直在进行权力斗争。再加上其他矛盾，国王和议会的对抗在17世纪40年代达到顶峰，内战由此爆发，查理一世也在内战中身首异处。下面的文字选自英国众议院1604年递交给詹姆斯一世的抗辩书，我们可以从中看出这场斗争的本质。

思考：众议院和国王的权力有何不同；詹姆斯一世和众议院各自如何证明自己的看法；双方有没有妥协的可能。

自古以来，我国的国民权利主要集中在众议院，陛下听到的那些错误报告主要有三个方面的内容：

第一，我们所拥有的不是特殊的权利，而只是特殊的恩惠，每届议会都要提交议案才能重新召开，所以它的权利是有限的。

第二，我们不是记录法庭，也不是一个能对记录的观点发号施令的法庭，我们在这里只是为了提出法案和呈交意愿书；参与记录不是我们的职责，而只是出于礼貌。

第三，也是最后一点，我们无权过问呈递给郡选议员和市镇议

---

* J. R. Tanner, *Constitutional Documents of the Reign of James* Ⅰ, *A. D. 1603—1625* (Cambridge, England: Cambridge University Press, 1930), pp. 220-222. 译文参考周一良、吴于廑主编：《世界通史资料选辑·近代部分》，2～3页，北京，商务印书馆，1964。

员的法令文书，这归大法官法庭管理。

最尊贵的陛下，上述报告显然会直接导致我们众议院丧失最基本的特权，从而也将摧毁您所统治的英格兰全体国民的权利和自由。须知这些人及其祖先，自古以来，就在您最尊贵的先王的允诺下一直享受着这些权利和自由。我们，郡选议员、选民以及市镇议员，今天齐集议会，以英格兰所有民众的名义，不仅有我们还包括我们的子孙后代，在此提出强烈的抗议！因为议会法庭真正的尊严、自由和权威遭到了最严重的贬损，从而给您子民的权利和王国的整个政体也带来了最严重的破坏。我们希望，这份抗辩书能被记录下来，留给后世。

为了指正这些错误的报告，我们以万分的谦恭和应有的尊敬向陛下，我们的主上和元首，最忠诚地宣告：

第一，我们的种种特权和自由，就和我们的土地和财物一样，皆是我们的权利和应得的遗产。

第二，这些特权和自由不能从我们这里被夺走，也不能被否定或损害，否则对于整个国家都显然不利。

第三，我们进入议会提出要求，希望能享受我们的特权，这仅仅是出于礼节；该行为就跟我们通过申诉向国王索回我们的土地一样，不会削弱我们的权利。……

第四，我们再次宣称，我们的议会是一个记录法庭，应当永远受到尊重。

第五，无论是在尊严上还是权威上，国内再没有其他的最高常设法庭能够与议会的法庭分庭抗礼。议会的法庭得到陛下的认可，向其他法庭颁发法律，但不接受来自其他法庭的法律或命令。

第六，也是最后一点，我们确认，对于一切权利令状的呈报和全体众议员的当选，众议院是唯一恰当的裁判者，否则选举自由就是不完整的；而大法官法庭，尽管是您管辖的常设机构，但它应只负责法令的送出、呈报和保存。不过，这项职权也只是为了议会而用。大法官法庭和任何其他法庭都没有，也不应当有凌驾于议会之上的权限。

最尊敬的国王陛下，我们国家绝大部分的动乱、失信和嫉妒都是由于对议会的错误报告而造成的。……

关于邀请外国人的法令*

彼得大帝

俄国位于欧洲东部边缘，疆域一直绵延至亚洲。16 世纪时，俄国人驱逐蒙古人，开始大规模的扩张。一个世纪后，俄罗斯帝国已延伸至太平洋。但在西扩过程中，野心勃勃的沙皇却感受到重重阻力。很多人都认为，俄国在技术和其他方面都要落后于西欧。因此，沙皇彼得大帝（1682—1725）号召国民采用西欧的某些制度和做法。在他 1702 年颁布的邀请外国人的法令中，我们就能看到这一点。

思考： 彼得大帝是怎样促进俄国变革的；他的动机何在；在让俄国人接受外国人的过程中，他遇到了哪些问题。

在上帝赐予我们统治的土地上，人们都知道，既然我们获得了王位，那么我们的所有努力和打算都是为了治理这片疆土，让我们

* George Vernadsky, ed., *A Source Book for Russian History from Early Times to 1917* (New Haven: Yale University Press, 1972), p. 347.

的臣民都能通过我们顾全大局的措施而变得越来越富足。为了实现这一目标，我们一直努力维持内部秩序，免遭外界的侵扰，并尽可能地促进和扩展贸易。为了实现这一目标，我们必须做出一些必要而有益的行政改革，以便让我们的臣民能够更容易地获得他们先前不知道的知识，并且在商业活动中变得更加老练。为此，我们已经下发命令，做出部署，建立了对于发展我国外贸而言不可或缺的机制，并在将来仍会秉承这一做法。然而我们担心，事情无法像希望的那样顺利进展，我们的臣民不能平静地享受劳动的果实。所以，我们仍然考虑了其他的方法和对策，以保护我们的边境免遭敌人的入侵，保护我们国家的权利和利益，保证所有基督徒的安宁（这是一个基督教国家的君主所肩负的责任）。为了实现这些崇高的目标，我们正努力增强保卫国家的军事力量，让我们的部队由训练有素、服从命令、纪律严明的将士组成。为了在这方面实现更大突破，鼓励那些能在这方面帮助我们的外国人，以及对我国发展有利的艺术家和工匠大量来到俄国，我们做出了这个决定，并将该决议印成传单，在整个欧洲散发。在我们所居住的莫斯科，尽管其他教派不一定和我们的教会观点一致，但宗教信仰的活动自由已经得到了允许；不仅如此，通过上帝所赋予的力量，我们不再强迫人们的良知，并且欣然允许每一位基督教徒负责自己的灵魂救赎。

视觉资料

路德与《新约》

路德在 1546 年出版了他所编译的《新约》，该版本的卷首画

(见图 14-1) 反映了新教改革的很多内容。首先，语言基本上是德文而非拉丁文，这反映出新教的一个观点，即人人都能阅读《圣经》。画上所描绘的地点是威滕堡，路德就是在那里发表了著名的《九十五条论纲》，从而在 1517 年掀起了宗教改革运动。

图 14-1

德国萨克森—安哈特州路德纪念馆提供

1546 年路德去世。在这幅画中，位于基督右边的是正在祈祷的路德，左边的则是他的资助者——萨克森选侯。这象征着二人通过新教的核心信念（“因信称义”）团结起来，结成了真正的政治—宗教联盟（它对于路德教在德国境内的传播是非常重要的），也象征着路德教所倡导的教会与国家的兼容性。作品整体布局简洁，没有什么装饰，体现了路德教的风格及其对天主教的否定。该书本身是由机器印刷的，这反映了刚刚出现的印刷术对于推动宗教改革的重要意义。

思考：这幅画大概从哪些方面阐释或表现了宗教改革的原因。

路德与天主教僧侣的辩论

在宗教改革的辩论中，天主教和新教常常运用艺术作品来宣传自己的教义。纽伦堡艺术家泽巴尔德·贝哈姆（Sebald Beham）1525 年创作的一幅木刻画（见图 14 - 2）被印在一张大幅宣传页上，旁边还有汉斯·萨克斯的文章，标题为“路德和工匠”。画面左边是些“不信神的人”——行会成员，包括一位手拿画笔和刷子的油漆匠，一位铸钟人和一位带着渔网的渔夫——他们全都依赖于天主教会的委派。这些人认为，路德批评神职人员贩卖赎罪券、出租教会土地的行为，这是不公正的。他们中领头的是一名修女和一名牧师，牧师用手指着路德，像是在控诉他。画面右边是一群谦卑的农民（代表“普通民众”），他们由马丁·路德带领。路德运用《圣经》的内容来回应各种指控，并劝导那些指控者去探寻上帝之国。基督站在一片祥云上，作为世界之主，他手握圣球和权杖，对下界的辩论做出了判决：他谴责牧师，因为他的权杖倒向了路德这边。

图 14－2

柏林国家博物馆提供

罗耀拉和天主教改革

受耶稣会的委托，彼得·保罗·鲁本斯（Peter Paul Rubens）于 1619 年创作了下面这幅作品（见图 14－3）。画上的依纳爵·罗耀拉正在布道，将魔鬼逐出教会。他位于画面中央，头上有道光环，右后方还有一群牧师。在他的上方，天使在支持他。而在画面的左上方，魔鬼们正从受害人身上逃离；受害人虽然备受摧残，但也从这次经历中获得新的希望。

图 14 - 3

维也纳艺术历史博物馆提供

如果将这幅作品与图 14－1 进行比较，我们便不难发现，后者在一定程度上揭示了天主教改革的性质，而前者的重点在于强调教会是上帝和人类的中间人，并突出基督圣礼的重要意义和任命神父的必要性。天主教会为了自身的事业，愿意投入它所拥有的一切财富和资源。这一点不仅可以从画中罗耀拉所穿的长袍和教堂内部的华丽装饰看出来，而且可以从鲁本斯这样的一流艺术家所展示的那种全新、精致而华贵的巴洛克风格中看出来。

思考：如果将这幅画和前面两幅画都看作是宣传画，那么它们的吸引力反映在哪些方面，会吸引哪些人。

《收割者》

图 14－4 是佛兰德斯艺术家，老彼得·勃鲁盖尔（Pieter Brueghel the Elder，约 1525—1569）于 1565 年创作的作品，展现了佛兰德斯地区的丰收场景，反映了农村日常生活的很多内容。在画面的前景位置，一群农民在辛苦劳作之后正稍事休息，他们正在吃午饭，在树下小憩，而另一群农民则继续收割小麦。在麦田的间隙，一位年轻人疲惫地拿着一个大水罐，朝大家走来。画面右方的远处是一片教堂和城堡，这些建筑代表着社会的统治阶层，也是他们的住所。更远处，依稀可见的是依赖农民劳动为生的富裕阶层，他们正在水池里沐浴，在草地上打保龄球。

思考：这幅作品体现了怎样的社群感；它是农村生活的真实再现还是对农村生活的理想表达。

图 14－4

大都会艺术博物馆提供

《利维坦》：政治秩序和政治理论*

托马斯·霍布斯

尽管英国没有卷入“三十年战争”①，但也因为处于烽火之中而削弱了自己的权威地位。从 1640 年到 1660 年，英国先后经历了内战、对查理一世的审判和处决、奥列弗·克伦威尔掌权，以及斯图亚特王朝的复辟。这一系列政治事件激发托马斯·霍布斯（Thomas Hobbes，1588—1679）提出了政治理论史上最重要的一个观点。

---

* Thomas Hobbes, *The Leviathan*, vol. Ⅲ of *The English Works of Thomas Hobbes*, ed. Sir William Molesworth (London: John Bohn, 1889), pp. 113, 151-153, 157, 159. 译文参考［英］霍布斯著、黎思复等译：《利维坦》，94～95、128～132 页，北京，商务印书馆，1985。

① 三十年战争（1618—1648），是由神圣罗马帝国的内战演变而成的全欧参与的一次大规模国际战争。

在内战时，霍布斯支持保皇派并担任查理二世的老师。通过运用 17 世纪的一些新兴哲学和科学概念，他逐渐发展了一套理论，用以阐释国家和政治权力的来源与功能。他的主要观点集中在《利维坦》(*Leviathan*，1651) 中。图 14－5 就是该书的标题

图 14－5

纽约公共图书馆提供

页，展示的是一个巨大的君主形象，手握权力和威严的象征物，统治着一个秩序良好的城市及其周边地区。通过细致观察，我们不难发现，这位君主的身体是由国民组成的；而根据霍布斯的理论，这些人达成一致，同意放弃自己的独立性而服从这位治国有方的万能君主。下面选自《利维坦》的文字就表达了这种观点。文中，霍布斯把国家的形成原因与国家权力的性质联系在了一起。

思考：人们为什么会组成国家；他们为什么会把国家权力交给君主；霍布斯的论述同詹姆斯一世的论述有何异同；为什么支持议会拥有更多权力的人，以及那些主张加强君主权力的人都会批评霍布斯的看法。

因此，在人人相互为敌的战争时期所产生的一切，也会在人们只能依靠自己的体力与创造能力来保障生活的时期中产生。在这种状况下，产业是无法存在的，因为其成果不稳定。这样一来，举凡土地的栽培、航海、外洋进口商品的运用、舒适的建筑、移动与卸除需费巨大力量的物体的工具、地理地貌知识、时间的记载、文艺、文学、社会等等都将不复存在。最糟糕的是，人们不断处于暴力死亡的恐惧和危险之中，人们的生活孤独、贫困、卑污、残忍而短寿。……

我们看见天生爱好自由和统治他人的人们生活在国家之中，使自己受到束缚，他们的终极动机、目的或企图是预想要通过这样的方式保全自己并因此得到更为满意的生活；也就是说，要使自己脱离战争的悲惨状况。……没有有形的力量使人们畏服，并以刑法之威约束他们履行信约和遵守……所列举的自然法时，这种战争状况便是人类激情的必然结果。

因为各种自然法本身［诸如**正义、公平、谦谨、慈爱**，以及（总体来说）**己所欲，施于人**］，如果没有某种权威使人们遵从，便跟那些驱使我们走向偏私、自傲、复仇等等的自然激情互相冲突。没有武力，信约便只是一纸空文。……

如果要建立这样一种能抵御外来侵略和制止相互侵害的共同权力，以便保障大家能通过自己的辛劳和土地的丰产为生并生活得很满意，那就只有一条道路——把大家所有的权力和力量托付给某一个人或一个能通过多数的意见把大家的意志化为一个意志的多人组成的集体。这就等于是说，指定一个人或一个由多人组成的集体来代表他们的人格，每一个人都承认授权于如此承当本身人格的人在有关公共和平或安全方面所采取的任何行为、或命令他人做出的行为，在这种行为中，大家都把自己的意志服从于他的意志，把自己的判断服从于他的判断。这就不仅是同意或协调，而是全体真正统一于唯一人格之中：这一人格是大家人人相互订立信约而形成的，其方式就好像是人人都向每一个其他的人说：**我承认这个人或这个集体，并放弃我管理自己的权利，把它授予这人或这个集体，但条件是你也把自己的权利拿出来授予他，并以同样的方式承认他的一切行为。**这一点办到之后，像这样统一在一个人格之中的一群人就称为国家，在拉丁文中称为城邦。这就是伟大的利维坦的诞生，用更尊敬的方式来说，这就是活的上帝的诞生：我们在永生不朽的上帝之下所获得的和平和安全保障就是从它那里得来的。因为根据国家中每一个人的授权，他就能运用托付给他的权力与力量，通过其威慑来组织大家的意志，对内谋求和平，对外互相帮助抗御外敌。国家的本质就存在于他身上。用一个定义来说，**这就是一大群人相互订立信约、每个人都对它的行为授权，以便使它能按其认为有利于**

大家的和平与共同防卫的方式运用全体的力量和手段的一个人格。

承当这一人格的人就称为**主权者**，并被说成是具有主权，其余的每一个人都是他的**臣民**。

《快乐的秋千》

在旧制度[1]中，贵族在文化上占据着主导地位，把持着当时的艺术。因此毫不奇怪，当时的艺术会反映出贵族的价值观和品位。让-奥诺雷·弗拉贡纳尔（Jean-Honoré Fragonard）的作品《快乐的秋千》（*Happy Accidents of the Swing*，见图 14－6）就是一个很好的例子，它在 18 世纪的法国贵族阶层中非常受欢迎。

1767 年，弗拉贡纳尔受圣-朱利安男爵的委托，给他的情妇画一幅荡秋千的画。在画中，一位主教在她身后帮着推秋千，但他并不知道这位女子就是男爵的情妇，而朱利安本人则躲在一旁偷看。秋千上的女子似乎完全知道这一切，她把鞋子用力踢向神灵雕塑，以便让自己的裙摆随风吹开。

画作通过嘲笑那位不知情的主教，体现了 18 世纪贵族阶层对宗教的不尊敬。而现实中的圣-朱利安是负责监管僧侣财产的官员，他同教会之间的很多情况更加放大了这种不尊敬的含义。

作品的奢华描绘以及场景的寓意，反映了当时最有特权但即将衰落的社会阶层对于浪漫奢侈和放纵肉欲的依恋。

思考：作品中的哪些东西体现了 18 世纪法国贵族的生活态度和生活方式。

---

① 尤指 1789 年法国大革命前的社会及政治制度。

图 14-6

伦敦华莱士收藏馆提供

第二手资料

什么是宗教改革？*

尤安·卡梅伦

历史学家一般都认为，宗教改革包括欧洲 16 世纪的全部宗教变革。然而对于“什么是宗教改革的核心”，他们往往意见不一。在如下选文中，尤安·卡梅伦（Euan Cameron）阐述了他的观点。他认为，宗教改革的本质就在于宗教改革者的抗议与世俗政治理想的相互结合。

思考：教士和学者的抗议是怎样同世俗的政治活动家的政治抱负相结合，从而构成了宗教改革的本质；这种看法反映了宗教改革的哪些原因。

宗教改革将欧洲的基督教一分为二，划分为天主教和新教，这场改革是独一无二的。自古以来，没有哪场宗教运动能有如此广泛而持久的影响力，能对当时的观念提出如此深刻而透彻的批判，能给它所废除的旧东西予以毁灭性的打击，又能为它所创造的新东西赋予充沛的活力。……

欧洲的宗教改革并不是一场简单的革命，不是由一个领袖、一些明确的目标或一个严密组织构成的抗议运动，也不是由一群懒散、分散的无政府主义者或反对势力组成的联盟。宗教改革是一系列平行发展的运动。在每次运动中，持不同观点的人们会在历史的

* Euan Cameron，*The European Reformation*（Oxford University Press，1991），pp. 1-2.

关键时刻集结起来，共同追求他们也许只是部分理解的目标。

首先，宗教改革是教士、学者以及中世纪的特权阶级对上层阶级的抗议。那些上层阶级，即罗马教皇及其代理人，一直在打压一些真诚而受人尊敬的教会学者所提出的教义，因为这些教义似乎给教会和教皇的威望与特权带来了威胁。在这些提出抗议的神职人员中，马丁·路德是首当其冲的一位。他曾经攻击“教皇那雍容华贵的皇冠和教士们大腹便便的丑态”，而教皇和教会为了保住地位，也对此予以了反击。这些提出抗议的教士，即“改革者们”，并不是用沉默或私下的反对来回应罗马教会的反击，而是通过出版作品公开抨击那些非难他们的人。不仅如此，他们还完善他们的教义，以便让他们的抗议更为连贯从而证明其反抗行为的合理性。

中世纪时期，世俗百姓对于宗教方面的不同意见通常反应平平，但这次却发生了最令人吃惊的情况。世俗的政治活跃分子——（最初）还不是别有用心的政治统治者，而是普通的小康家庭——接受了改革者的抗议，把它们视作自己的信条（或许只是误解），并团结起来给统治者施压。宗教改革者的抗议与世俗民众的政治抱负之间的混合或联合，正是宗教改革的本质。它把改革者的运动转化为一种新的宗教分歧：它没有创立“教派”（一部分天主教派在政治上反对威权，但并未改变信仰或实践），也没有带来“异端”（一部分人偏离正统信仰和崇拜，但同时也失去了尊敬、权力或威权）。换句话说，它促成了一种新型的崇拜和信仰，这种信仰能够公开宣讲、公开承认，同时也为所有社会、社群、地区或国家的新的宗教制度奠定了基础。

宗教改革中的妇女*

玛里琳·波克塞　简·奎塔特

宗教改革中的伟大人物都是男士，人们通常关注他们的斗争和教义。但近年来有些学者开始思考，妇女在宗教改革中扮演了怎样的角色？这场运动是否给她们在社会上或公共生活的其他方面带来了益处？玛里琳·波克塞（Marilyn J. Boxer）和简·奎塔特（Jean H. Quataert），这两位妇女研究专家在《相连的领域》（*Connecting Spheres*）一书中就提出了这些问题。下面的文字即选自该书。

思考：妇女是怎样促进了宗教改革的传播；为什么宗教改革没有给她们的社会地位带来较大的改观。

与人们的惯常看法不同，1517 年以后妇女在欧洲各社群、城镇和省份传播宗教改革观念的过程中，发挥了很大的作用。她们在家里扮演着妻子和母亲的角色，因此常常不仅会给欧洲的贵族家庭，也会给城市的普通家庭带来早期的宗教改革思想。英国神学家理查德·胡克（Richard Hooker，约 1553—1600）就颇具代表性地解释了妇女在宗教改革运动中的突出贡献。他认为这是她们的“天性”使然，因为她们“感情强烈”，没有运用她们的理智或能力去有意识地做出选择。同样，天主教的辩论家也认为，是妇女们的不成熟及其脆弱的“天性”使她们未能对新教的教义提出质疑。

---

* Marilyn J. Boxer and Jean H. Quataert ed.，*Connecting Spheres*：*Women in the Western World*，*1500 to the Present*（Oxford University Press，1987）.

妇女们在16世纪的宗教改革中扮演重要的角色，这不应当令我们感到惊讶。因为在支持先前的异教徒时，她们就已经发挥过同样重要的作用。那些异教徒对既有的秩序提出挑战，有时也会对性别之间的等级关系提出挑战。中世纪很多的反对教权运动在夸扬世俗男性的美德时，也不乏对世俗女性的赞美。……

因为宗教改革跟以前的宗教运动一样，它所传达的信息意味着社会等级的一次松动，所以它对妇女有着特别的吸引力。通过强调个体与上帝之间、与自身行为责任之间的个人联系，宗教改革肯定了每个人都有通过阅读《圣经》文本发现真理的能力。因此，它为世俗的男女信徒提供了更为重要的角色地位，远远超过罗马天主教。……

然而，宗教改革并没有在根本上改变女性的社会地位，改革者也从来没打算这么做。但可以肯定的是，他们号召男女信徒都来阅读《圣经》，参与宗教仪式。但是阅读《圣经》却强化了圣徒保罗关于妇女心智脆弱且身负罪恶的观点。当宗教改革运动沿着世俗化的方向日趋激进时——巴黎西南部的新教教会就曾发生过这种情况，而在茨维考①也有妇女聚集在一起讨论“非基督教事物”——路德和加尔文这些改革者因为害怕而后退了。同路德教派相比，改革者队伍中的激进分子和再洗礼教派则允许妇女在宗教生活中扮演更加积极的角色，甚至允许她们布道。而更保守的新教徒则“劝诫再洗礼教派皈依基督教的正义”，指责他们，认为他们不应觉得“婚姻和卖淫是同一件事情”。有的妇女甚至因为“胆敢否认丈夫的婚姻权利”而遭到指控。在一次审讯中，一名妇女解释道，她嫁给

① 德国中东部城市，位于莱比锡以南，建立于13世纪早期。

了基督，因而必须永葆贞洁，所以她才引用了这一说法，即没有人可以同时服侍两个主人。

居于威权地位的宗教改革者也做出明确的反应。福音书中的平等不是要消灭社会等级或两性关系的不平等。正如法国人皮埃尔·富瑞在 1560 年所解释的那样，新教的选民作为基督徒和信徒——作为男人和女人、主人和仆人、自由人和奴隶——都是平等的。此外，宗教改革尽管没能提高妇女的社会地位，但它却剥夺了妇女们在感情上长期依赖的女性形象，即那些曾经在其生命的关键环节中扮演重要角色的圣徒和护卫者。宗教改革者拒绝承认圣徒的特殊力量，也不重视例如玛格丽特和安这样的圣徒——在女性进行生育和守寡期间，她们是可靠的陪伴者。由于不承认圣母玛利亚、各个女性圣徒、修女和女修道院院长的地位，天父的地位得以更加稳固。

我们失去的世界：　现代早期的家庭*

彼得·拉斯莱特

家庭在任何社会中都是至关重要的。家庭结构和功能的变化是缓慢渐进的。自现代早期以来的几个世纪里，我们能看到，当时的家庭和今天的家庭存在明显的区别。在下面的选文中，剑桥大学的社会历史学家彼得·拉斯莱特（Peter Laslett），一位对现代早期文明研究颇多的学者，为我们指出了这些差异之处。

思考：本文反映了当时家庭的哪些经济和社会功能；这种家庭结构与 20 世纪的家庭结构有何不同。

* Peter Laslett，*The World We Have Lost*（Charles Scribner's Sons，1965）.

1619年，伦敦的面包师向政府提出抗议，要求提高面包价格。为了增加抗议的力度，他们还提交了一家面包店经营状况的详细记录及其每周的开销账本。这家店有十三四名成员：面包师和他的妻子，还有雇有四名熟练工人、两名学徒、两名女佣，以及面包师本人的三四个孩子。……

在那个时候，唯一可用来描述这样一群人的术语就是“家庭”。这群人的首领，即这位企业家、雇主、经理，在当时就被称为一家之主。他是家庭某些成员在血缘上的父亲，而对其他成员来说，他则是他们在地位上的父亲。他的家庭功能和经济功能之间没有很明显的差异。他的妻子既是他的伙伴也是他的下属。之所以是他的伙伴，因为她要经营这个家庭，负责食物并管理女佣；之所以是他的下属，因为她是妇女、妻子和母亲，在地位上她也是其他成员的母亲。

家庭里的雇佣工人，无论男女，都有各自特定的基本地位；虽然他们的这种地位类似于孩子们，但又并不完全一样。当时，家庭不仅仅是一个社会，而且是三个社会的结合体：男人和女人的社会、父母和子女的社会、主人和仆人的社会。不过，在他们年轻时，大多数仆人也非常年轻，尚未婚嫁，因此后者在地位和功能上都与家里的孩子十分相似。……

所以，学徒既是工人也是孩子，他们是额外的儿子或女儿（女孩也能成为学徒），家庭会为他们提供吃、穿、住以及受教育的机会，他们必须服从主人。而且在21岁之前，他们不能婚嫁，也没有工资，在经济上完全依赖这个家庭。如果学徒在家庭中是一种类似于儿子或女儿的工人，那么家里真正的子女们也同样具有工人的身份。约翰·洛克在1679年主张，穷人家的孩子在年满三周岁以后必须每天工作一定的时间。一名伦敦面包师的子女，在年幼时有很长时间是不能上学的，甚至回家以后也不能随心地玩耍嬉戏。很快他们就能筛面粉，或是在女仆提着一筐筐面包到集市去卖的路上帮她一把，或是在为全家人准备一日三餐的过程中，分担一些琐碎的杂务。

因此，我们立刻就可以发现，我们所失去的那个世界（我喜欢这么称呼它）并不是天堂，也不是一个充满平等、宽容和友爱的黄金时代。这一点非常重要。因此我可以准确地断言，并非工业时代的到来导致了经济压迫和剥削。这些压迫和剥削早就有了。我们正在探讨的家长制早在莎士比亚和伊丽莎白时代的英国就已经不足为奇了。它们同希腊人一样古老，同欧洲的历史一样悠久，而且不仅仅是在欧洲。这种制度冷酷地虐待和奴役人民，丝毫不亚于后来在布莱克和维多利亚时代取代家长制的经济体制。当一个人只能期待自己活 30 年时，如果他意识到，他要把成年生活的大部分时间，甚至所有时间都花在别人的家庭里以维持生计并赚取微薄的收入时，他会做何感想呢？

领主与农民*

杰罗姆·布卢姆

在欧洲的人口比例中，贵族阶级只占很小一部分。80％～90％的人口依然是农民。尽管农民们的生活处境不同，但他们大多数只能勉强维持生计。所以他们通常被视为社会的底层。在如

* Jerome Blum，*The End of the Old Order in Rural Europe*（Princeton University Press，1978），pp. 29-31，44-49.

下选文中，杰罗姆·布卢姆（Jerome Blum）分析了领主对待农民的态度，以及农民对待自己的态度。

思考：与看待自己相比，领主是怎样看待农民的；领主的态度如何反映了社会的真实状况；针对农民的消极态度可能会带来什么后果。

由于拥有土地的所有权，因此领主对生活在这片土地上的农民就拥有了权力和威权。威权的性质和农民对领主的依附性分很多种，而领主对农民的管理和控制，以及农民必须向领主承担的义务也分很多种。农民有不同的名称，这样他们对领主的义务也不尽相同。但是无论存在怎样的差异，只要他们生活在具有奴役关系的土地上，那么农民就是不自由的、受约束的。在传统的社会等级阶梯里，他们处于最底层。他们是“这个时代的前妻所生的孩子，宽阔而负重的后背承载着整个社会金字塔的重量……他笨拙而缓慢，被法庭、贵族和整座城市剥削、嘲笑。”……

农民的依附性及其对领主的依赖，可以通过东西方领主们的观点和态度反映出来。领主们相信，事物的自然秩序把人类分成了主人和仆人，有些人注定要发号施令，有些人注定要言听计从。他们觉得自己天生高人一等，而那些注定服侍他们的人则生来就是下等人。他们对待农民的态度，充其量只是家长式的恩赐，更多的时候是轻蔑和鄙视。当时的观点反复强调农民的无知、懒惰、缺乏责任感而且毫无价值。在东欧，领主们认为，要想把事情做好，除了随时动鞭子外，别无他法。农民被他们视作次等的生命。一名巴伐利亚的官员甚至在 1737 年说，农民是“介于人和动物之间的杂种”。而另一名 1752 年普罗旺斯农民起义的目击者则将农民描述成“邪恶的动物，狡猾而凶猛的半文明野兽，没心没肺，毫不诚实……”。摩尔达维亚的巴兹尔·巴尔什说，他那里的农民“从来不知何为纪律、秩序、节约和清洁……他们非常懒散，经常说谎……习惯了在谩骂和鞭打中干上一点点活”。而梅克伦堡的一名公爵顾问在 1750 年的一份官方声明中，将那里的农民描述成“牲畜”，并声称必须按照对待牲畜的方式来对待他们。……

领主对自身优越感的深信不疑，往往同他们和农民之间在种族和宗教上的差异联系在一起。在中欧和东欧的很多地方，领主是征服者，他们在当地人之上建立起自己的统治。日耳曼领主统治着波希米亚、加利西亚、东普鲁士和西里西亚等地的斯拉夫农民，以及波罗的海地区的列托人和爱沙尼亚人；波兰的领主成为乌克兰、立陶宛和白俄罗斯一带农民的主人；在俄国人所拥有的领地上，生活着乌克兰、立陶宛和波兰的农民；而马扎尔人则统治着斯洛伐克人、罗马尼亚人和斯洛文尼亚人——这里仅仅列举了一些有较大差异的种族。能够认识到其他种族和宗教群体的存在，并且通常羞辱或至少蔑视它们，在这一点上，很少有人堪比欧洲人……这个占据支配地位的群体尽管人数众多，但是它之所以能够成功地维系其文化身份，主要还是因为它把被统治者视为低等人甚至贱民。……

对大多数农民来说，在最好的情况下，受教育的机会也是少得可怜的。况且通常而言，他们根本没有机会接受任何教育，即使是在宣称要强制实施基础教育的地方也是如此……到目前，欧洲大部分农民依旧生活在蒙昧的黑暗中。

而农民自己，在受到社会优越者的压迫、谴责，并且得不到任何教育机会的境遇下，接受了社会强加给他们的“次等”标签。当有人问及他的身份时，一个农民通常会这样回答：“我只是个农奴。”他们似乎丧失了骄傲与自尊，肮脏、懒惰、阴险狡诈，总是对他们的领主和村子外面的世界心存疑虑。即使是善意的观察者，也会反感他们这种看待事物的方式和行为方式。一位18世纪60年代的评论员曾抱怨道：“要不是他们粗俗而野蛮的外表证明了他们就该如此苦命，人们也许还会对他们多一些怜悯。”

旧制度：理想与现实*

约翰·罗伯茨

通过别人的假设而不是我们自己的假设回顾过去，这是非常困难的。然而身处旧制度（18世纪的欧洲）下的人们有他们自己的信仰、价值观、世界观以及自我定位。在下面的选文中，约翰·罗伯茨（John Roberts）描述了18世纪欧洲人的一些普遍想法，强调了他们在思想上的保守主义倾向。

思考：他们的假设与我们的假设有何异同；他们关于变革和传统的看法为何如此重要。

被生活在18世纪欧洲大陆的大部分欧洲人、部分英国人及其海外殖民者视为理所当然的假设，可以用下面这些命题予以简单的描述：上帝创造了世界并赋予其道德和社会框架；他通过耶稣基督而给出启示，要求社会有责任以积极的方式（倡导正确的行为和信仰，摒弃错误的行为和信仰）保护教会、基督教的真理和道德原则；基督教告诉我们，社会的现存结构原则上是善的，应该得到维

* John Roberts, *Revolution and Improvement: The Western World, 1775—1847* (the University of California Press, 1976), pp. 34-35.

护；该结构以等级制的形式构成，并且这种等级制基本上是世袭的，其顶端通常是一位君主；而根据该等级制度来分配特权和义务，则是正当的方式。像这样的假设，我们还可以接着举出很多。比如，尽管以世袭为基础的社会结构是旧制度下的社会基本情况，但它仍会尊重那些为了宗教、职业、经济和社会的目标而走到一起来的团体；人们把具有此类目标的团体看作是日常生活诸多方面恰当的调节者——例如，它们可以在贸易活动或是享有法定权益的过程中发挥作用——而个人的利益则要排在合法公民的权益之后。……

那时的社会还认为，应该有更多的个人行为受到法律和传统道德的制约。……

社会的约束体现了旧制度对个人主义的普遍反对，而且道德观念和意识形态总是密不可分。因此，从理论上讲，这几乎没有给个人的奇思妙想留下任何空间。……

在所有这些假设中，思想上的保守主义是最重要的。我们这个时代与旧制度时期的最深刻的差异在于，当时的人们普遍认为，需要被审视和怀疑的是变革，而不是传统与过去。由习惯、传统、陈习和简单无知的粗暴现实所形成的巨大惯性，重重地压在 18 世纪的社会制度上。几个世纪以来，父辈的行为方式，他们所制定的规则和法律，都被认为具有不证自明的合理性。沉迷于旧思想、老判断、血统和遗产的那种强烈的律法主义倾向就反映了这一点。上层阶级全神贯注于血统、祖系和家族荣誉。然而对过去的这种关注，根本就不是真正关心历史。他们虽然迷恋过去，把过去当作指南、惯例，甚至奇迹，但这并非出于历史本身的缘故。很少有人意识到，他们所看到的世界与其祖先眼中的世界已经不一样了。……

Dennis Sherman, A. Tom Grunfeld, Gerald Markowitz, David Rosner, Linda Heywood

World Civilizations: Sources, Images, and Interpretations, Volume I (Fourth Edition)

0073127590

World Civilizations: Sources, Images, and Interpretations, Volume II (Fourth Edition)

0073133388

北京市版权局著作权合同登记号：01-2008-6037

图书在版编目（CIP）数据

世界文明史．上册/（美）丹尼斯·舍曼（Dennis Sherman）等著；李义天等译．--4版．--北京：中国人民大学出版社，2021.9

书名原文：World Civilizations：Sources，Images and Interpretations

ISBN 978-7-300-29586-2

Ⅰ.①世… Ⅱ.①丹… ②李… Ⅲ.①世界史-文化史 Ⅳ.①K103

中国版本图书馆CIP数据核字（2021）第159604号

世界文明史（第四版·上册）

丹尼斯·舍曼（Dennis Sherman）
A. 汤姆·格伦费尔德（A. Tom Grunfeld）
［美］杰拉尔德·马科维茨（Gerald Markowitz）　著
戴维·罗斯纳（David Rosner）
琳达·海伍德（Linda Heywood）
李义天　黄慧　阮淑俊　王娜　译
Shijie Wenmingshi

出版发行	中国人民大学出版社		
社　　址	北京中关村大街31号	**邮政编码**	100080
电　　话	010－62511242（总编室）		010－62511770（质管部）
	010－82501766（邮购部）		010－62514148（门市部）
	010－62515195（发行公司）		010－62515275（盗版举报）
网　　址	http://www.crup.com.cn		
经　　销	新华书店		
印　　刷	涿州市星河印刷有限公司		
规　　格	145 mm×210 mm　32开本	**版　　次**	2021年9月第1版
印　　张	15.25　插页2	**印　　次**	2021年9月第1次印刷
字　　数	346 000	**定　　价**	198.00元

丹尼斯·舍曼
Dennis Sherman
A. 汤姆·格伦费尔德
A. Tom Grunfeld
[美] 杰拉尔德·马科维茨
Gerald Markowitz
戴维·罗斯纳
David Rosner
琳达·海伍德
Linda Heywood
著

世界文明史

下

WORLD CIVILIZATIONS

OURCES, IMAGES AND INTERPRETATIONS

第四版

李义天　黄慧　阮淑俊　王娜／译

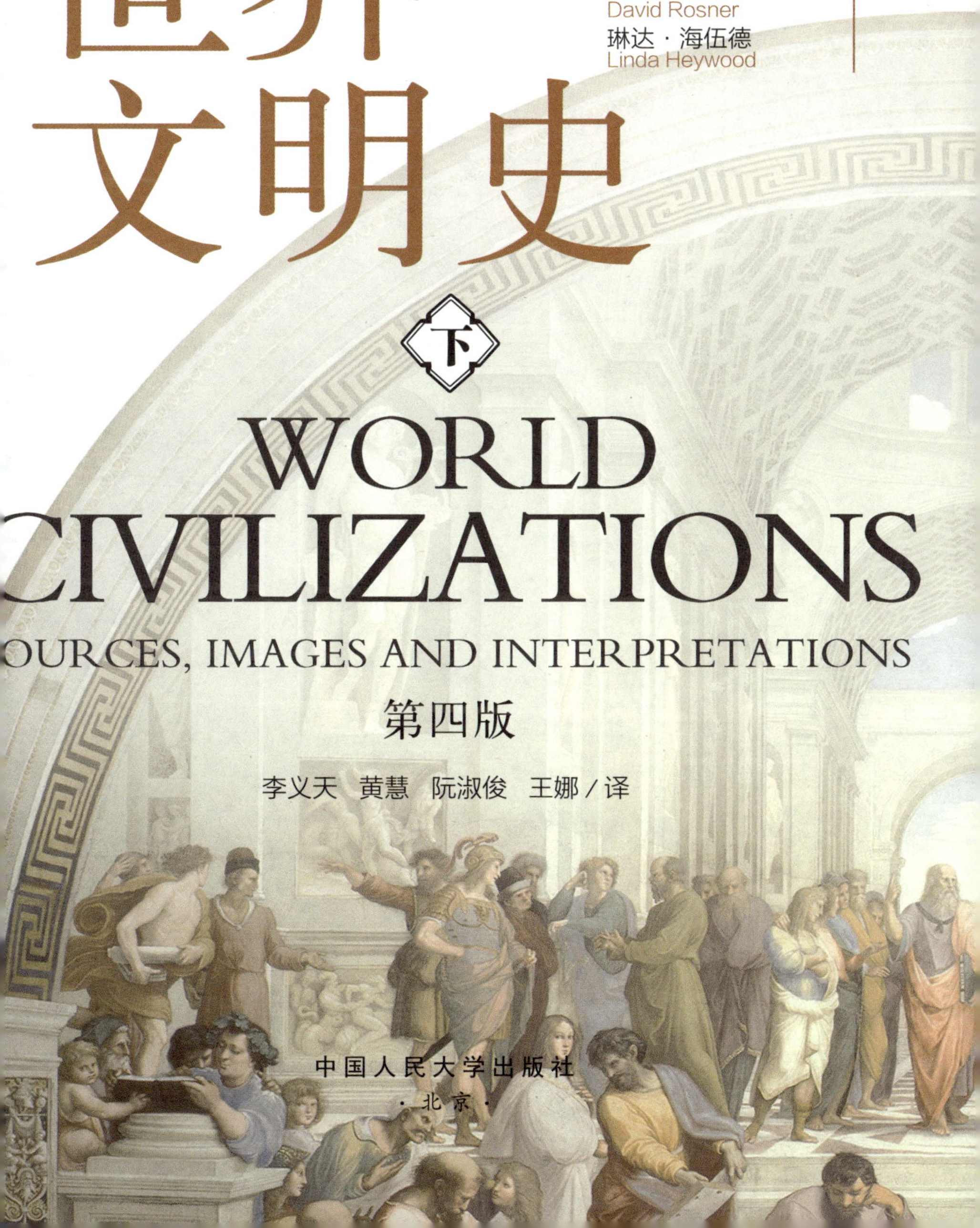

中国人民大学出版社
·北京·

目　录

第 15 章

亚洲（1500—1700）

在 16 至 18 世纪，世界历史的重点是西方的重大变化与东西方之间的新碰撞。亚洲没有发生重大变革，但是亚洲各国内部依然出现了重要的发展。

在中国，明朝相对稳定而且繁荣。一些主要的建筑工程开始动工，例如 15 世纪初建于北京的紫禁城。明朝的文化十分繁荣，尤其是文学——尽管其数量更胜于创意。整体来说，明朝政府体制僵化，依然是只顾内政而不闻外事。不过，唯一的例外是，政府对沿海地区的倭寇和北方的蒙古族与满族的侵犯表现出必要的警惕性。到 17 世纪中期，满族人取得胜利，建立了自己的王朝。他们采用了儒家的官僚体系和管理方式，因而被汉族人普遍接受，最终将中国的统治范围扩大到了西藏。

日本在这一时期的变化更大。16 世纪，日本出现了强大的军事首领。到 1600 年，德川家族统一了日本，并于 1603 年建立了德川幕府，从此统治日本长达 250 年之久。德川幕府禁止基督教，断绝日本与世界的联系，建立了一个中央集权的封建国家。渐渐地，通过教育越来越多的日本武士成为政府的官僚。此外，随着经济的发展，商人阶级也发展起来。

在印度，第一个穆斯林统治的王朝——德里苏丹国（1211—1504）逐渐衰弱，最终在 1520 年被信奉伊斯兰教的莫卧儿（这个词最初是波斯语中对蒙古人的称呼，但在 16 世纪用于指征服了印度北部的凶悍的土耳其部落）王朝替代。在阿克巴[①]大帝的统治下，莫卧儿王朝对印度人比较温和，并且鼓励艺术的发展。但是到了 17 世纪，阿克巴的后继者所推行的政策就不那么宽容了。他们耗费巨大的代价向南扩张，最终导致莫卧儿王朝在 18 世纪初期，即英国势力在印度发展时走向崩溃。

最后，在中东，伊斯兰教不仅保持强大的势力，而且扩大了控制范围。最引人注目的是奥斯曼帝国的进一步崛起。到 17 世纪末，奥斯曼已经控制了地中海盆地的南部和东部，并渗入了东欧。然而北方不断扩张的俄罗斯帝国和波斯新兴的萨非王朝却给奥斯曼人带来了压力。在 18 世纪，伊斯兰世界的这些力量进入了漫长的衰退期。

本章的资料集中于三个主题。第一个主题是中国、日本和中东的社会政治生活。此处着重关注日本女性、武士的地位以及中国的家庭生活。第二个主题是印度文明，重点关注印度女性和印度文化。最后，有些资料是关于伊斯兰文明的，特别是关于奥斯曼帝国的——它在这一时期达到鼎盛，但也显示出衰退的征兆。

---

① 印度莫卧儿王朝最伟大的皇帝。

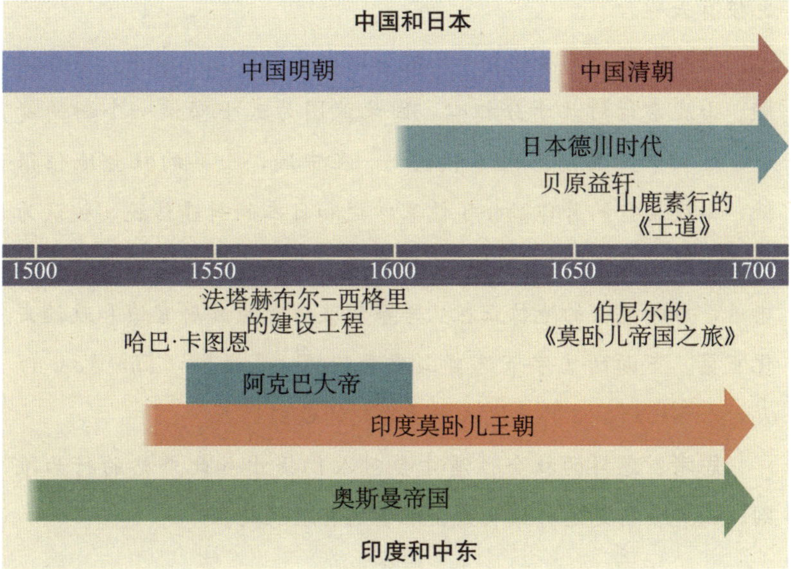

第一手资料

《士道》*

山鹿素行

17 世纪，由于日本文人开始发展更具自身特色的文化范式，因此，儒学在日本的影响变得更加深入了。第一个开始这种实践的是山鹿素行①（Yamaga Sokō，1622—1685）。山鹿素行才智过人，善于独立思考，不仅对当时的主流哲学感兴趣，对军事科学

* Ryusaku Tsunoda et al.，eds. *Sources of Japanese Tradition*（New York and London：Columbia University Press，1961），pp. 398-401.

① 日本德川时代初期的儒学家、军事学家、古学派的先驱。

也极有兴趣。

在德川幕府统治的和平环境下，武士变得无所事事、日益慵懒。山鹿素行对此十分担心，因此试图为武士塑造一个新的身份。这和中国的情形大不相同——在中国，士兵的社会地位很低。山鹿素行的著作融合了儒家学说和日本的封建传统，被认为是武士道（武士的行动准则）的开端。山鹿关于武士的著作还标志着，当时武士的地位正在从军事贵族转变为政府官僚和政治文化官员。下面的文字节选自山鹿素行的《士道》（*The Way of the Samurai*），这只是他武士道思想的最初观点。

思考：怎样的社会性质才会对人们提出如此严格的行为准则；山鹿素行是怎样证明武士职责的合理性的。

师曾曰：盈天地之间，所以为造化之功者，阴阳也。人乃万物之灵，万物以人为极致。人世代不息，或以农耕为生，或设计制造器具，或相互贸易取其利，天下人之需求皆得满足。因此农民、工匠、商人必为共生互惠之关系。然武士不耕种而获食，不造物器而用之，不买卖而获利。此中理何在？……武士非务农者、非工匠，亦非贸易之士，然并非一无所能。不劳而食之人或许可谓之游民。因此人必须为履其职而尽其全力。

世间除人之外，鸟兽、虫鱼、草木等生灵之中有何种天性为闲逸？鸟兽飞行奔走以捕食，鱼虫结伴以觅食，草木延伸根须以入土取养……万物皆然。及人，农民、工匠、商人亦是如此。终日好逸恶劳之人可称之为逆天之徒。因此吾等自问，为何武士可无职；唯有探究武士之职能，其存在之理才会明了。……

若深刻了解余先前所述之理，仔细探究各自职责，武士之功用自然明了。凡所谓士之职，在于省其身；得主人而尽奉公之忠；交友笃信，慎独重义。然而，自身有父子、兄弟、夫妇等，此乃人之常情，又为天下万民皆不可缺之人伦。而农工商因其职无暇，不得经常相从以尽其道。士则弃置农工商而专于斯道。三民之间苟有乱伦之辈，速加惩罚，以正人伦于天下。是故必须具备文武之德知。这样，外则习于刀枪弓马之事，内则尽君臣、朋友、父子、兄弟、夫妇之道，文道充之于心，武备整之于外，三民自将以之为师而尊崇之，足以从其教而知其本末焉。

此乃武士之道，即武士获取衣食、房屋之道。尽此道，他心境平和，得以回报君主父母之恩。……若有人愿为民服务，成为武士，则应拟仆役之职，以微薄收入维持生计。他须效忠主人，担当门卫、守夜等简单行职。此即为武士之职。若贪图报酬，玩忽职守，他将羞愧于心。因此，武士之首要目标乃知己之职分。

《女大学》*

贝原益轩

我们从一些历史证据中得知，在日本的早期社会，女性地位是相当高的。随着封建思想的传入和武士社会的形成，日本变成了一个军事化国家，再加上儒教和佛教的影响（二者都贬低女性），日本女性的地位因此大为降低。日本对女性的歧视程度很快赶上甚至超过了相邻各国，使其女性的地位非常低下。

---

* Ekiken Kaibara, trans., *Women and Wisdom of Japan* (*Greater Learning for Women*) (London: John Murray, 1905), pp. 33-46. 译文参考王慧荣著：《近代日本女子教育研究》附录 5，276 页，北京，中国社会科学出版社，2007。

以下的节选段落出自17世纪的日本思想家贝原益轩（Ekiken Kaibara）的著作《女大学》（*Greater Learning for Women*）。这本书宣称其目的是为了规范日本女性的义务和职责，因而直到19世纪末仍在日本广泛使用。

思考：为什么这些规矩如此严格；男性何以从这些规矩中获益；从总体上，这反映了日本社会的哪些特征；这些规矩与中国的班昭所写的《女诫》有何相似之处（见第8章）。

女子自幼须正男女之别，不闻戏谑。《礼》曰：男女不同席。衣不同置。浴不同处。不相授受。……《小学》云：非父母之命、媒妁之言，不相亲交。故纵令丧命，亦坚若金石，守节尚义。

*

女子以夫家为家，唐土（中国）娶妻曰“归”，回也。夫家贫贱，不可怨恨。家贫乃天意，己之过也。一朝出嫁，终生守节，女子之道也。古圣贤有去妻之训。不守妇道而遭弃，实乃终生之耻。去妻者有七恶，一曰不孝舅姑；二曰无子，娶妻为传宗接代故也……三曰淫乱；四曰吝啬；五曰有恶疾；六曰多舌，妇人妄言，中伤亲友、为乱家门者可去之；七曰盗窃。此七去之法皆圣贤之教，女子遭夫家弃去，纵再入富贵之门，亦为莫大耻辱。

女子在室孝敬父母，适人则侍奉舅姑，敬爱孝顺之意较之事父母尤甚。不可重父母而轻舅姑。……

女子别无主君，以夫为主君，敬慎侍奉，不可轻侮。妇人之道，一切贵在从夫。应对夫君，殷勤恭顺，辞色谦和。不可忤逆争辩，不可骄奢无礼。此女子之第一要务。夫君训诫，不敢违背。……

凡女子心性多有恶疾：和顺阙如、怨恨难止、长舌谤毁、嫉妒频频、愚钝智浅。女子十之八九有此五疾。此乃女子不及男子之处，可时时自省，以求戒除。……

一位印度女性的声音*

哈巴·卡图恩

哈巴·卡图恩（Habbah Khātūn）生活在 16 世纪中期阿克巴统治下的印度。我们对其生平知之甚少，只知道她出身于富裕家庭，嫁给了一个门当户对的男子。但由于一直未生育，这给她的婚姻蒙上了阴影。在田间劳动的时候，她和其他妇女一起唱歌，用歌声把自己所感到的羞辱表达了出来。

卡图恩聪慧过人、才华横溢，因而被克什米尔王室召唤入宫。她发挥自己的才智，用克什米尔语创造了一种文学形式，又借鉴波斯音乐和印度音乐，创造了新的音乐体系。她的歌曲在印度西北部激起了强烈的反莫卧儿情绪。以下是她的两首歌，至今仍在克什米尔人中传唱。

思考：在一个男权社会中，女性如何能够脱颖而出；这些歌曲反映了卡图恩和 16 世纪印度女性生活的哪些方面和特征。

他用爱的闪电穿透了我的身体：
我，无可救药地，对他充满了渴望。
他从墙头凝望我——

* M. Mujeeb, *The Indian Muslims* (London: George Allen &Unwin, Ltd., 1967), pp. 328-329.

我希望我可以在他的头上戴上一块头巾。
为什么他又转过了身？
我，无可救药地，对他充满了渴望。
他从门外凝望我——

是谁告诉他我的居所？
为什么他如此痛苦地离开了我？
我，无可救药地，对他充满了渴望。
他从窗外凝望我，
就像我的耳环一样可爱；
他让我心跳不已：
我，无可救药地，对他充满了渴望。
他从屋顶的缝隙凝望我，
像鸟儿一般唱歌，吸引我的注意，
然后，轻轻地，从我的视线中离去：
我，无可救药地，对他充满了渴望。
他在我汲水的时候凝望我，
我像一朵凋零的红玫瑰，
身心都在爱火中燃烧：
我，无可救药地，对他充满了渴望。
他在黎明淡淡的月光下凝望我，
痴痴地跟在我身后。
为什么他的腰弯得那么低？
我，无可救药地，对他充满了渴望。

*

我想我太放纵于玩乐，失去了自己。
噢，因为这飞逝的时光！
在家里，我深居简出，默默无闻，
离家之后，我声名远扬，
仰慕者纷纷拜倒在我的脚下。
噢，因为这飞逝的时光！
我曾经的美丽，宛如储满珍稀物品的仓库，
吸引着四面八方的男子；
如今我的财富已经离去，我一无所有：
噢，因为这飞逝的时光！
父亲的部下声名显赫，
我也变成了著名的哈巴·卡图恩：
噢，因为这飞逝的时光！

《莫卧儿帝国之旅》：印度的政治与社会*

弗朗索瓦·伯尼尔

弗朗索瓦·伯尼尔（François Bernier，1620—1688）是一位法国医生，在 1654 年到 1669 年期间，他游历了中东地区和印度的很多地方。他在印度莫卧儿帝国待了 12 年。其间，他跟随莫卧儿帝国的皇帝奥朗则布旅行，观察莫卧儿帝国的朝政。回到法国后，伯尼尔发表了关于旅行的文章和书信。

* François Bernier, *Travels in the Mogul Empire A. D. 1656—1668* (London: Oxford University Press, 1983), pp. 300-303.

在这封未写日期的致法国财政大臣让·巴普蒂斯特·科尔贝特的信中，伯尼尔描述了自己跟随奥朗则布的惊险经历以及途中的所见所闻。在下面的节选段落里，伯尼尔试图解释莫卧儿的统治者在社会分层、特权阶级等方面所面临的主要问题。

思考：这封信中反映出印度政治、经济和社会之间的哪些联系；这封信反映了伯尼尔自己的哪些忧虑和推想。

……国王作为土地的所有者，把一些土地赐给军人，作为他们服役的补偿，这叫作“贾吉尔”，土耳其语叫作“提马尔”。“贾吉尔”的意思是获取的地方。地方长官同样可以获赐土地的一部分作为薪水，同时也是为了供给他们的军队。前提是，他们要把土地每年额外收成的一部分上交给国王。除了这些封赐的土地外，其余的土地全都归国王自己占有，很少以贾吉尔的方式划分出去。国王把自己的土地承包出去，承包者则每年缴纳地租。

这些土地所有者，无论是军人、地方长官，还是承包者，都对农民拥有几乎绝对的控制权；对当地的工匠和商人，差不多也是如此。他们压榨这些人的方式极其残忍。而受到迫害的农民、工匠和商人即便满腹苦水也无处申诉。和法国不一样的是，印度没有大领主、议会或地方法庭，无法制止压迫者的残暴行为。并且卡迪①或法官也没有足够的权力来救助那些不幸的人。这种滥用权力、欺压百姓的行为在德里②、阿格拉等城市或者大城市和海港周围的地区尚不那么严重。因为在这些地方，严重不公平的行为是很难逃脱法庭的制裁的。

---

① 按照伊斯兰教法进行宗教审判的法官。

② 原文为 Dehly，应为 Dehli。

奴役现象的存在阻碍了贸易的发展，影响了印度人的生活方式。人们不太愿意经商，即使生意做好了，也不会给家庭带来好处；相反，只会招致附近有权有势之人的注意，剥夺自己的劳动果实。如果有人发了财，他不会让自己生活得更舒适，表现出衣食无忧的样子，反而要装穷：衣服、住所、家具都和以前一样破旧，还要特别小心，不能过分贪图美食。同时，所有的金银财宝都深埋地下。农民、工匠和商人往往是这样做的。无论穆斯林还是异教徒，尤其是后者，他们拥有这个国家绝大部分的贸易份额和财富，相信此生所藏的财富将造福于后世。而那些收入来自皇帝的赏赐，或者有靠山的人，就不用煞费苦心地伪装贫穷，而可以享受安逸的生活。

我很肯定地认为，这种埋藏贵重金属的习惯导致很多贵重金属退出了市场流通，因而是印度斯坦陷入贫困的一个主要原因。

中国的乡村生活和政府*

明朝时期（1368—1644），中国长期以来的中央集权制度依然完好。然而此时的乡镇有了一定的自主权，中央允许它们制定和实行地方法规。以下三则地方法规就是告诉村民们应该履行的职责。这些法规记载在一些正式出版物上，如《鼎锲崇文阁汇纂士民万用正宗不求人全编》。和《四民便用积玉全书》。

思考：人们应怎样按规矩行事；乡镇官吏面临的问题有哪些。

* Patricia Buckley Ebrey, ed. *Chinese Civilization and Society: A Sourcebook* (New York: The Free Press, 1981), pp. 136-137.

禁约

朝廷有法律，地方有法规。法律监管整个国家，法规仅制约某一地区。虽然法律和法规的范畴不同，但是它们处理的问题都是同等重要的。

我们每年都要为乡里立乡约，然而十分遗憾的是，它总被贪婪之人破坏，被有权之人践踏。因此，乡约没有得到有效的实施，民风日益败坏，我们的村民及家畜给乡里造成了不可估量的损失。

问题不是没有实施这些法规，而是负责人不称职，制定者欠缺能力。最近，我们采纳建议，把家户分成几个片区，每个片区的户数是固定的。每月初一和十五，每个片区要备酒开会，唤醒乡民的良知。通过这种方式，建立高层和低层的联系，形成一个群体。违背乡约之人将由集体进行处罚。若他认为处罚不公，可以上诉到乡会。不过，大家要知道，包庇、贿赂、敲诈、搞阴谋必须要严惩不贷，这些罪行必将遭受天打雷劈。我们知道，即使在小群体内，也是有好有坏的；我们的乡民中怎么会缺少诚实之人呢？

从今以后，我们要妥善执行乡约，恢复乡民的道德水平。整个乡以及每一位乡民都将从中受益，高层和低层的道德和习俗都达成一致，因此他们将和平相处。所以，所谓“乡约”，就是让我们生活得更好的手段。

禁赌博令

为禁约赌博事，切惟业农务本者，固无博戏之，为游手好闲者，乃有赌博之病，伤风败俗，荡产倾家，皆基于此。奈本乡生齿日众，礼义之教不明，游逸之风愈炽，中间有等无籍之辈，生理不务，惟图招群结党，专为赌博之事，或投钱铺牌，以兢输赢，或掷色局戏，以争胜负，终日忘餐，彻夜失寐，仰事父母之无赖，俯育妻子之无依，盗心从此而渐生，奸谋由是而辄起。小则穿穴逾墙，无所不至，大则鸣火持刀，靡所不为，若不禁革，深为未便。为此会议禁革，今后务要洗心涤虑，痛改前非，守义守仁，各遵本业。如有长恶不遵者，定行惩治，轻则会众加禁，重则送官发落。为此俱陈，的不虚示。

宵禁

此法令由某某人起草，内容为禁止夜行，目的在于保障我乡的安全。

古代严禁夜行，违者严惩不贷。强盗和窃贼没有机会翻墙、打洞，因此保证了所有乡民的安全。

然而近来，有人晚上不睡，竟敢有目的地在四周游荡。为此，我们备酒聚会，起草一道禁令。日落之后，任何人不得出门。五更之后，方得出门。我们将轮流持锣巡视，看到违法者就鸣锣，每家每户的人都带着兵器出来，把违法者当场处决。若有人听到锣声而不出来，将根据乡会的决定对他加以严厉的处罚。

此禁令我们已抄写了若干，各处张贴，以警告夜游者，杜绝盗窃、抢劫。

即日执行。

奥斯曼的社会秩序*

吉塞林·德·布斯贝克

1555年，佛兰德斯外交家和文人吉塞林·德·布斯贝克（Ghiselin de Busbecq，1522—1590）奉哈布斯堡王朝斐迪南一世之命，访问伊斯坦布尔。布斯贝克被眼前的一切深深吸引，对奥斯曼土耳其人大为赞叹。那时，奥斯曼人刚从哈布斯堡皇室手中夺取匈牙利的大片地区，中欧人对强大的奥斯曼军队十分惧怕。布斯贝克到达伊斯坦布尔时，正是苏莱曼一世统治的巅峰时期。苏莱曼一世治国有方，并且精通艺术，被称为“苏莱曼大帝”。在以下的选文中，布斯贝克描述了奥斯曼的政治秩序，特别是苏莱曼一世时期的朝政秩序。

思考：一个人怎样才能在奥斯曼帝国获得地位和官职；在他自己国家获取官职和在奥斯曼帝国获取官职，布斯贝克如何比较这两套规则的异同。

苏丹的皇宫有许多奴仆和高级官员。所有的护卫骑兵都在那里……还有很多禁卫军。在各种大型集会上，每个人的尊卑地位由其品质和勇气决定；没有人因为出身而与众不同，任何人的荣誉都只来自他所履行的义务和职责。人们无须争抢排位，因为每个人的位置都是根据他所行使的职责来分配的。苏丹给所有人分配职责时，并不考虑他们的财富状况和阶层归属，也不考虑他们的影响力

* Translated by Edward Seymour Forster，*The Turkish Letters of Ogier Ghiselin de Busbecq*（Oxford：The Clarendon Press，1927），pp. 96-97.

和受欢迎程度，而只考虑他们的优点、品性和能力。这样，每个人按功过接受奖惩，政府部门都是称职之人。在土耳其，每个人不论出身，都可以凭自己的能力获得地位和财富。那些在苏丹之下位居高职的人，通常都是牧羊人或者牧马人的儿子。他们完全不会为自己的出身感到羞耻，相反会以此为骄傲。从父辈那里得到的越少，出身越卑微，他们就越觉得骄傲。他们认为，优秀的品质与出身贵贱无关，因为品质不能世代相传，它们一部分拜上天所赐，另一部分得益于良好的训练和持之以恒的努力及热情。他们认为，正如音乐、数学或几何学等艺术才智是不能遗传给后辈的一样，人的品性也不是遗传的，儿子不一定像父亲，他的品质是上天注入他的身躯里的。因此，在土耳其，尊贵的地位和职位是对能力和优点的奖励。那些不诚实、懒惰、散漫的人永远也不可能出人头地，只能一直生活惨淡、遭人鄙视。这就是为什么土耳其人能够干成他们想干的所有事情，成为统治民族，每天都在扩大自己的疆域。而我们的方式则完全不同：不看人的优点，一切只看出身；一个人只要出身好，便能在仕途上平步青云。

视觉资料

阿克巴视察法塔赫布尔-西格里的建设工程

印度莫卧儿帝国的皇帝阿克巴的前两个儿子都夭折了，因此，当 1569 年 8 月 30 日他的另一个儿子出生时，阿克巴对这个未来的继承人寄予了最热切的期望。他十分欢喜，决定在儿子的出生地——一个叫作西格里的镇子——外边修建宏伟的建筑群。

该建筑群被称为“法塔巴德”，是莫卧儿建筑的代表。后来这里发展成“法塔赫布尔”（意为胜利之城），被称作“法塔赫布尔-西格里”，成为莫卧儿帝国的首都。建筑工程从 1571 年持续到 1576 年，建造了各种宫殿和宝塔、大清真寺、集市区、花园和庭院。

阿克巴本人对艺术非常感兴趣，下令修建了许多宏伟的建筑。图 15－1 作于 1590 年，图中，阿克巴正在指导城市的建筑工程，与石匠商讨，工人们在他的旁边忙着干活。

图 15－1

伦敦维多利亚与艾尔伯特博物馆提供

思考：怎样区分不同阶层的人；这样宏伟的建筑工程在一个文明社会中有何作用。

中国的建筑和皇城

儒家思想造就了一个注重修身养性的礼仪之邦，其建筑风格自然也受之影响。家境较好的人家在房屋周围筑起高高的围墙，各个房屋沿着围墙内侧修建，中间空出来的地方是庭院。而更加富裕的人家通常有好几个庭院。地图 15－1 不是随意挑选的一个建筑，而是具有详细用途说明的设计图。（参见第 3 章的中国房屋设计。）按照传统，每一个家庭成员的住处都是有讲究的。

皇族的住宅同样遵照这样的设计和传统。15 世纪，明朝决定迁都北京，为此修建了一座皇城。皇城中还有一个紫禁城。之所以叫“紫禁城”，是因为只允许皇室人员和有公务在身的官员进入。明朝统治者为自己修建了居住和举行仪式典礼的宫殿，四周高墙耸立，有通往四方的城门。皇室家族和数千名太监生活在紫禁城中。紫禁城外矗立着官僚的官府，而每一座官府的位置，都是按照其重要性和地位的高低而指定的。

思考：影响这些建筑设计的传统思想是什么；这些建筑怎样合乎了中国社会的规范。

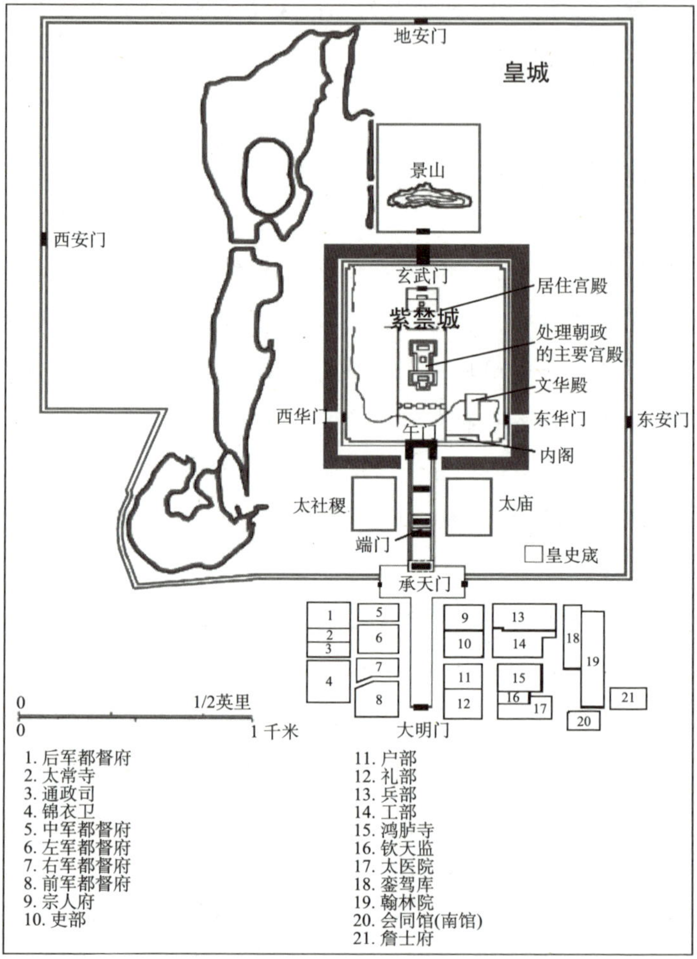

地图 15－1　中国皇城

奥斯曼帝国的扩张　(1520—1639)

地图 15－2 反映了 16 世纪奥斯曼帝国不断增长的势力。其中，规模最大的是向东和沿地中海南岸的扩张。该地图还显示了，奥斯曼人向西部发起了多次战争，却产生了不同的结果。17世纪，奥斯曼扩张的时代走到了尽头。

地图　15－2

思考：奥斯曼人对谁构成了最大的威胁；奥斯曼人如何连接了西方文明和其他文明。

第二手资料

印度的婚姻、种姓和社会*

拉古凡什

印度社会很大程度上是建立在种姓制度的基础上的。一个人的种姓等级与生俱来，终生不变，世代传递，不能混杂。对印度人而言，这是天经地义的事情。种姓制度中，最严格的规矩是关于不同种姓间的两性关系和婚姻的。这是维持种姓制度的核心。在以下选文中，著名的印度社会历史学家拉古凡什（V. P. S. Raghuvanshi）分析了两性关系、婚姻、种姓制度和社会之间的联系。虽然他的研究对象主要是18世纪的印度，但是他的分析对16、17世纪的印度也基本适用。

思考：为什么婚姻方面的规矩在印度社会的种姓制度中如此重要；这种重要性是如何体现的；功能种姓和非功能种姓有何区别。

种姓制度支配着印度社会中婚姻方面的规矩和传统。在18世纪，不同种姓之间的联姻是无法令人接受的，必将遭到驱逐。有证据显示，在这一时期，如果有人违背了种姓制度的其他规矩，一般会从轻处置，但是如果触犯了婚姻和两性关系方面的规矩，处罚就会相当严厉。……如果佩什沃斯①时代的一个上等种姓的女子被发

* V. P. S. Raghuvanshi, *Indian Society in the 18th Century* (New Delhi: Associated Publishing House, 1969), pp. 53-56.

① 印度次大陆上的一个古代王国（马拉地王国）的最后一任国王。

现有通奸行为，她将被卖掉，受到奴隶一般的待遇。从这个意义上说，种姓制度意味着家族在同一群体中繁衍，禁止不同等级之间血缘混杂。同种姓通婚的规矩，几乎是所有印度人都信奉的社会准则……在别的地方，种姓内部甚至在其亚群体内部还有所区分，这反过来又影响了婚姻。一般来说，在那些其成员无权“重生”的种姓中，亚种姓群体完全在内部进行同族通婚。从这个意义上讲，像首陀罗[①]这样的种姓，实际上并不存在。被称为首陀罗的匠人和以其他行业为生的人，到 18 世纪末期已经分化成了不同的社会群体，互不通婚。这些亚种姓此时成了独立的种姓。种姓制度非常严格，若一个女子和其他种姓的男子发生性关系，她将被逐出自己的种姓。这一规矩相当死板，即便是那些公认为“低贱”的种姓也要遵守这样的规矩。

如果把“是否允许群体内通婚”作为种姓的判断标准，那么印度北部的卡亚斯塔先前可以算作一个种姓，不过到 18 世纪末就不再是这样了。卡亚斯塔的亚种姓，如斯瓦塔斯、包纳加尔、马思尔、萨克赛纳、高尔等已成了相互分离的群体，互不通婚，因此成为独立的种姓。类似地，在印度南部，潘迦拉虽然被视为一个种姓，其成员包括金匠、铁匠、木匠、泥瓦匠等各行各业的人，但在整个种姓之内也不全是可以通婚的。

而在上等种姓中，亚种姓在婚姻方面的关系却各有不同。在孟加拉，和卡亚斯塔的情况一样，婆罗门[②]内部也存在着亚种姓，但是这并没有给同种姓内部的通婚带来实质性的影响。因此，该种姓

① 印度种姓等级中的最低等级。

② 印度四大种姓中地位最高的一个。

中所有的人都想与其内部地位较高的亚种姓群体，即库林人联姻。库林人虽然支持贩卖妇女，但是并没有死板地禁止与其他亚种姓群体通婚。不过在印度北部或中部，情况有所不同。在比哈尔，一些婆罗门宣称是卡瑙季①的后代，他们分化成若干地方性的亚种姓，如舒克拉、安特维迪等。在这些亚种姓之间不允许通婚。而其他的婆罗门亚种姓也是在各自的内部通婚。在印度中部，我们还发现，婆罗门并非一个统一的种姓。婆罗门中分化出了无数的亚种姓，它们严格遵循着同种姓通婚的规矩。印度北部的吠舍②也是如此，它分化为若干同种姓通婚的亚种姓。不过，拉吉普特人③是个例外，他们的亚种姓以部落为基础，相互之间可以通婚，婚姻的首要基础即是“血统的纯正”。如果一个出身卑微的女孩要嫁给一个有钱有势的人家，这一规矩也可以打破。然而这仅限于拉吉普特这个大种姓内部，若与其他种姓通婚则被视为大逆不道。马尔科姆说，当印度中部的帕玛部落的首领，即塔尔的统治者把女儿嫁给马拉地的王子时，整个帕玛都视之为奇耻大辱，就连“最穷的拉吉普特的部落首领都高傲地”拒绝与他同席进餐。

综上所述，我们或许可以认为，种姓必然是同种姓通婚。只不过，在功能性的种姓中，亚种姓群体也仍然坚持内部通婚。而在非功能性的上等种姓中，情况则各有不同——虽然印度北部的婆罗门、吠舍和卡亚斯塔的亚种姓仍坚持内部通婚。

① 印度古国名。

② 印度四大种姓制度中的第三等级，即平民。

③ 印度北方一部分专操军职的人，自称属于古印度武士的种姓阶层，即刹帝利。

《奥斯曼帝国及其继承者》*

彼得·曼斯菲尔德

15、16 世纪，奥斯曼帝国迅速发展，并在 17 世纪下半叶达到其顶峰。然而奥斯曼帝国在 17 世纪就已经显示出衰败的征兆。下面的段落选自彼得·曼斯菲尔德（Peter Mansfield）的著作《奥斯曼帝国及其继承者》（*The Ottoman Empire and Its Successors*）。该书分析了奥斯曼帝国陷入长期衰退的原因，此处主要涉及的是经济因素。

思考：新的贸易路线和奥斯曼的税收政策，对于奥斯曼帝国的衰退有什么影响；奥斯曼帝国应该怎样阻止这种衰退的趋势。

……16 世纪，葡萄牙人开启了经过好望角到达亚洲的新航线；17 世纪，荷兰和英国开始在亚洲发展自己的势力。这些因素“严重冲击了土耳其的对外贸易，使得土耳其及其附属国宛如一潭死水，生机勃勃的世界贸易浪潮不再来临”。与此同时，来自西班牙在新大陆的殖民地的廉价白银大量流通，导致奥斯曼帝国的货币严重贬值，经济一片萧条。农民本已不堪税收重负，而政府为了养活膨胀的官僚群体和军队却还要不断增加税收。17、18 世纪，欧洲各国发展迅猛，奥斯曼帝国已然衰落。农民纷纷弃地进城，农业日益萧条，而工业也未见发展。土耳其的科学技术逐渐落后于西方，缺乏一个独立的实业家阶层发动并领导工业革命。在奥斯曼帝国内部，

---

* Peter Mansfield，*The Ottoman Empire and Its Successors*（London：The Macmillan Press，Ltd.，1973），p. 7.

西方的经济优势也有所显现。16 世纪，在奥斯曼帝国的鼎盛时代，苏丹赐给帝国境内的法国人、英国人、威尼斯人和其他非穆斯林以贸易特权。这些特权被称为“投降协定”，为外国人免除了奥斯曼的穆斯林所需要上缴的赋税，并且允许他们在自己的领事法庭受审。奥斯曼帝国衰落后，这些特权更加巩固了。到 19 世纪，欧洲的商业团体活跃在奥斯曼帝国各地，它们的实际地位已经凌驾于法律之上了。

艰难的时日与明朝的灭亡*

史景迁

16 世纪末，中国的明王朝开始衰落。虽然有一个强大而复杂的中央政府，但是明朝皇帝已经不能有效应对社会的快速变化。不少征兆预示着灭亡的临近。在下面的选文中，著名汉学家史景迁（Jonathan Spence）重点研究了在城市和农村人口中越来越多的问题。

思考：穷人的问题和富人的问题有何联系；人们是怎样应对艰难时日的。

几个世纪以来，不论是中国的北方还是南方，农民都显现了他们的勤劳和在遭受不虞之灾时谋求生存的能力。遭到旱涝灾害时，有借贷、赈济等各种各样的方式帮助他们及家人渡过难关。人们也许依靠做些零活，如当看门人、灌溉工或纤夫等，而得以度荒。小

* Jonathan D. Spence, *The Search for Modern China* (New York: W. W. Norton, 1999), p. 15. 译文参考［美］史景迁著、黄纯艳译：《追寻现代中国——1600—1912 年的中国历史》，14～15 页，上海，上海远东出版社，2005。

孩也订立或长或短的契约，到富裕人家做家仆。女孩子则可能被卖到城里，甚至最终沦落妓院。但至少她们能够保全性命，家里也可以少一张嘴吃饭。然而，如果除了所有这些苦难之外，社会秩序和法律体系也开始瓦解的话，那么情况就真的变得无可救药了。如果市镇彻底凋敝，如果绝望的人们开始结伙在村里游荡，夺走农家用以过冬的仅有储备，偷走他们精心储藏以备来年春播的最后一点种子，穷蹙无计的农民只能抛弃土地——无论土地是租借的还是私有的——而加入流民的行列之中。

17 世纪初，尽管富裕精英阶层的生活仍然奢华，但是整个国家已是山雨欲来风满楼了。政府没有有效地赈济城市里的贫困居民。虽然城镇将农村穷困人口拒之门外，但是其危机也可能从城市内部爆发。高额的税收、不稳定的工作使得苏州的数千纺织工人陷入绝望，并于 1601 年发动罢工。他们烧毁房屋，对他们痛恨的当地暴吏施以私刑。同一年，在苏州的西南方，江西境内的瓷都——景德镇，也有数千名工人因为待遇太低以及明朝宫廷贪得无厌地提高御用“龙碗”的生产配额而发起暴动。一名窑工跳入熊熊燃烧的瓷窑自尽，这恰恰凸显了他的同伴们所面临的困境。当时，在其他许多城镇也都可以看到各种形式的社会经济动荡。

城市和乡村都不再太平。明朝晚期，农村时有反抗事件发生。在早些时候，这被视为阶级斗争的必然性使然。这些常常伴随暴力的事件主要有两种形式：订立了契约的佃农或奴仆反抗主人，试图获得人身自由；佃农拒绝向地主缴纳他们认为不公平的地租。

第 16 章

理性和运动的世界：西方的科学革命与启蒙运动（1600—1800）

西方文明最重要的一次思想变革发生在 17 世纪，并最终遍及全世界。少数思想精英和科学精英们——笛卡尔、伽利略、牛顿、开普勒、培根和波义耳——以 16 世纪的突破为基础，出于对自然界更加浓厚的研究兴趣，奠定了现代科学的基础。

在现代科学的发展过程中，上述思想家对已有的宇宙概念和以前的知识假设提出挑战。这次最终获得成功的挑战，也就是我们现在所说的“科学革命”，包含着大量的关键元素。首先是宇宙观的改变。宇宙不再被视为稳定、不变和有限的，而是运动的和无限的。地球也不再被视为宇宙中心，而只是千百万个遵循自然法则的天体之一。其次是求知方法的改变。以前探求真理的方法主要依靠传统权威，比如亚里士多德、托勒密和基督教会，现在则被怀疑主义、理性主义和以观测事实和数学法则为基础的严格推理所取代。最后，尽管思想家仍关心自己根深蒂固的宗教信仰，但科学研究总体上已从神学问题转向世俗问题，聚焦于世间万物的运动方式。

当时的大部分思想成果只为欧洲人所知。18 世纪，这些科学理念和方法逐渐流行，成为启蒙运动的理智催化剂。一些被称为“启蒙思想家”的学者发展并普及了诸多相关概念，奠定了现代思想的基础。他们在方法上强调怀疑主义、经验推理和对愚昧旧习的讽刺。大部分人相信，西方即将进入启蒙时代，推理和教化很快将驱散曾使人处于不成熟状态的历史黑暗。他们的主要批判对象是各种制度（比如政府与教会）和不合理的习俗，这些东西让旧的思维方式苟延残喘，阻碍了人类的进步。

对于科学革命，本章的第一手资料强调 17 世纪科学家所面临的一个广泛问题：如何才能发现真理？而第二手资料则主要探讨科学革命的本质、原因及其对女性的意义。

对于启蒙运动，本章的第一手和第二手资料关注两个问题：第一，启蒙思想的本质是什么？第二，应如何描述那些启蒙思想家？

总体而言，这些资料共同揭示了一场思想变革，它一方面同近代欧洲的传统社会紧密相连，另一方面又处处彰显出浓郁的现代气息。18 世纪末，这场运动在欧洲的现代转型过程中扮演了重要的角色。对此，我们将在后续章节予以探讨。到了 19 世纪和 20 世纪，这场思想运动的原则和理念已经遍及世界。

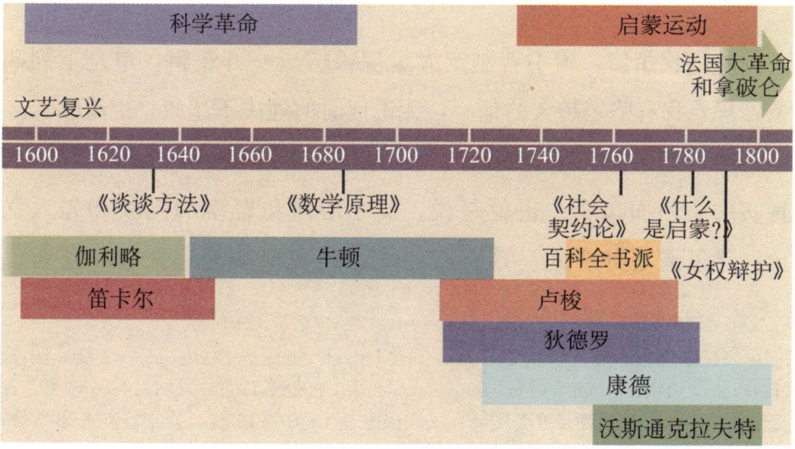

第一手资料

《谈谈方法》*

勒内·笛卡尔

17世纪的科学在哲学和方法论上需要有新的真理标准，以替代那些支持以往科学假设的传统标准。在笛卡尔（René Descartes，1596—1650）的著作《谈谈方法》（*The Discourse on Method*，1637）中，这些标准被有力地提了出来。笛卡尔生于法国并在那里接受教育。成年后，他大部分时间是在荷兰度过的。他既是著名的数学家和物理学家，又是著名的形而上学哲学家。以下文字选自《谈谈方法》这本书，其中就包括他关于如何发现真理的著名表述。

思考：笛卡尔的方法论在哪些方面与传统的求知方式截然不同；他的方法有何不足之处，现代科学家可能对此提出怎样的批评；他的方法如何反映出笛卡尔的数学家身份。

所以我相信，用不着制定大量规条构成一部逻辑，单是下列四条，只要我有坚定持久的信心，无论何时何地决不违犯，也就够了。

第一条是：凡是我没有明确地认识到的东西，我决不把它当成真实的东西而接受。也就是说，要小心避免轻率的判断和先入之见，除了清楚分明地呈现在我心里、使我根本无法怀疑的东西以

---

* René Descartes，"The Discourse on Method"，in *The Philosophy of Descartes*，Henry A. P. Torrey，ed. and trans.（New York：Henry Holt，1982），pp. 46-48. 译文参考［法］笛卡尔著、王太庆译：《谈谈方法》，15～16页，北京，商务印书馆，2000。

外，在我的判断中，决不能多加一点其他东西。

第二条是：把我所审查的每一个难题按照可能和必要的程度分成若干部分，以便一一妥为解决。

第三条是：按次序进行我的思考，从最简单、最容易认识的对象开始，一点一点逐步上升，直到认识最复杂的对象；就连那些本来没有先后关系的东西，也给它们设定一个次序。

最后一条是：在任何情况之下，都要尽量全面地考察，尽量普遍地复查，做到确信毫无遗漏。

我看到，几何学家通常总是运用一长串十分简易的推理完成最艰难的证明。这些推理使我想象到，人所能认识到的东西也都是像这样一个连着一个的，只要我们不把假的当成真的接受，并且一贯遵守由此推彼的必然次序，就决不会有什么东西遥远到根本无法达到，隐蔽到根本发现不了。要从哪些东西开始，我觉得并不很难决定，因为我已经知道，要从最简单、最容易认识的东西开始。我考虑到古今一切寻求科学真理的学者当中只有数学家能够找到一些证明，也就是一些确切明了的推理，于是毫不迟疑地决定就从他们所研讨的这些东西开始。

《自然哲学的数学原理》*

艾萨克·牛顿

17 世纪最伟大的科学体系是由剑桥大学的数学教授，艾萨

* Sir Isaac Newton, *Mathematical Principles of Natural Philosophy*, Andrew Motte, trans., revised by Florian Cajori (Berkeley: University of California Press, 1947), pp. 398, 400. 译文参考［英］牛顿著、赵振江译：《自然哲学的数学原理》，476～478 页，北京，商务印书馆，2006。

克·牛顿（Isaac Newton，1642—1727）完成的。牛顿在早年就提出了他最重要的发现。到18世纪初，他已成为欧洲最受尊敬的科学巨匠，在力学、光学和微积分领域都有杰出的贡献。最重要的是，他整合了各种科学发现和方法，对宇宙形成了一种全新的描述，即宇宙是遵循可测量、可预测的机械规律而运转的。在其最著名的《自然哲学的数学原理》（*Mathematical Principles of Natural Philosophy*，1687）中，牛顿阐述了万有引力定律，并论述他得出这个结论的四条规则。

思考： 为什么牛顿的规则对于实验科学特别有用；这些规则与笛卡尔的有什么不同。

规则Ⅰ

寻求自然事物的原因，不得超出真实并足以解释其现象者。

哲学家如是说：自然绝不为无用之事，且在较少即成时，多则无用。因为自然是简单的且不沉迷于过多的原因。

规则Ⅱ

因此，对同类的自然效果，应尽可能归之于相同的原因。

例如对人和动物的呼吸；石头在欧洲和在美洲的下落；灶火的光和太阳的光；光在地球上和在行星上的反射。

规则Ⅲ

物体的性质，它们既不能被增强又不能被减弱，并且属于所能做的实验中所有物体的，应被认为是物体的普遍性质。

因为物体的性质不能被知道，除非通过实验，且因此普遍的性质是任何与实验普遍地符合的性质；且它们不能被减小亦不能被除去。

规则Ⅳ

在实验哲学中，由现象通过归纳得出的命题，在其他现象使这些命题更加精确或出现例外之前，都应被视为完全正确的或基本正确的，而不管相反的假设。

我们必须遵守这一规则，使得归纳论证不会被假设消除。

《什么是启蒙？》*

伊曼努尔·康德

启蒙思想家讨论得最多的一个问题是对启蒙精神的自我理解。下面选自伊曼努尔·康德（Immanuel Kant，1724—1804）著作的短文，就是对此很好的说明。康德生活在东普鲁士的哥尼斯堡，是人类最深刻的哲学家之一。他尤以《纯粹理性批判》（*Critique of Pure Reason*，1781）中对人类心智及其与自然关联的分析闻名于世。这篇短文写于 1784 年，其中康德定义了启蒙的精神实质并描述了它的内涵。

思考：康德的“自由”概念是什么意思，为什么他认为自由

* Immanuel Kant，“What Is Enlightenment?” in *The Philosophy of Kant*，Carl J. Friedrich，ed.（New York：Random House，Inc.，1949），pp. 132-134，138-139. 译文参考［德］康德著、何兆武译：《历史理性批判文集》，22～24、28～30 页，北京，商务印书馆，1990。

居于启蒙的核心位置；人如何才能获得启蒙，推动启蒙需要怎样的合适环境；康德如何理解“成熟”；康德是怎样将启蒙和政治联系在一起的。

启蒙就是人类脱离自己所加之于自己的不成熟状态，不成熟状态就是不经别人的引导便不能合理地运用自己的理智。当其原因不在于缺乏理智，而在于不经别人的引导就缺乏勇气与决心去运用自己的理智时，那么这种不成熟状态就是自己所加之于自己的了。要敢于运用自己的理智！用拉丁语说就是 Sapere Aude！这就是启蒙运动的口号。

有许多人都是懒惰而怯懦的，甚至当自然早已使他们摆脱外界的引导后，他们仍然愿意终身处于不成熟状态之中。这就是别人何以那么轻易地就俨然以他们的保护人自居的原因所在。处于不成熟状态是多么安逸啊！如果我有一部书能替我有理解，有一位牧师能替我有良心，有一位医生能替我制定食谱等等，那么我自己就用不着操心了。只要能对我合算，我就无须去思想：自有别人替我去做这类伤脑筋的事。绝大部分的人（其中包括全部的女性）都把步入成熟状态看作是不仅艰辛而且非常危险的，对于这一点，一直好心承担监护责任的保护人早就看到了。……

然而公众要启蒙自己，却是很可能的；只要允许他们自由，这还确实几乎是无可避免的。……

然而这一启蒙运动除了自由以外，并不需要任何别的东西，而且在一切确实可被称为自由的东西中最无害的东西，那就是在一切事情上都有公开运用自己理性的自由。……

如果现在有人问：“我们目前是不是生活在一个启蒙了的时代？”那么回答就是：“不是，但确实是在一个启蒙的时代。”目前的情形是，要说人类总体已经处于，或者仅仅说已经被置于一种不需别人引导就能在宗教事务上确切而又很好地使用自己的理智的状态，则还缺乏许多东西。可是现在领域已经对他们开放了，他们可以自由地在这上面工作，而且对普遍启蒙的，或者说对摆脱自己所加给自己的不成熟状态的障碍也逐渐地减少。关于这些，我们都有明确的信号。就这方面考虑，这个时代乃是启蒙的时代，或者说是腓特烈大帝的世纪。……

我把启蒙运动的重点，亦即人类摆脱他们所加之于其自身的不成熟状态，主要是放在宗教事务方面，因为我们的统治者在艺术和科学方面并没有向他们的臣民尽监护之责的兴趣；何况这一不成熟状态既是一切之中最有害的而又是最可悲的一种。但是一个庇护艺术与科学的国家首领，他的思想方式就要更进一步了，他洞察到：即使是在他的立法方面，容许他的臣民公开运用他们自身的理性，公开向世上提出他们对于更好地编纂法律，甚至于是直言不讳地批评现行法律的各种见解，那也不会有危险的。在这方面，我们有着一个光辉的典范，我们所尊敬的这位君主就是没有别的君主能够超越的。但是只有那位其本身是启蒙了的、不怕幽灵的而同时手中又掌握着训练精良的大量军队可以保障公共安宁的君主，才能够说出一个自由国家所不敢说的这种话：可以争辩，随便争多少，随便争什么，但是必须听话！

《科学、艺术和工艺百科全书》简介*

丹尼·狄德罗

没有哪部著作能比《科学、艺术和工艺百科全书》(*Encyclopedia of Arts and Sciences*,以下简称《百科全书》)更好地概括启蒙运动。该著作由丹尼·狄德罗(Denis Diderot,1713—1784)和达朗贝尔(Jean-le-Rond d'Alembert,1717—1783)编写于1745年至1780年,它将启蒙思想家眼里全部重要的知识呈现给公众。《百科全书》所蕴含的批判精神招来当局的谴责,被多次禁止发行。以下材料选自《百科全书》的简介,公布了《百科全书》即将出版的消息。这篇文章的作者就是集哲学家、小说家和剧作家于一身的狄德罗。在《百科全书》第一版公开出版前,就已经得到了超过1 000本的订单。

思考: 读者能够希望从《百科全书》中获得什么,这种愿望怎样体现了启蒙运动的精神;下述段落在哪些方面反映了与康德同样的理念;这里所描述的启蒙运动与17世纪的科学革命有怎样的关系。

不可否认,自文艺复兴在我们中间发生以来,普遍的启蒙运动之所以在社会中传播,逐渐促使人们探求更深奥知识的科学活动之

---

* Denis Diderot, *Prospectus à l'Encyclopèdie*, in Diderot, *Oeuvres complètes*, eds. Jules Assézat and Maurice Tourneux, 20 vols. (Paris, 1875—1877), vol. XIII, pp. 129-131, in Richard W. Lyman and Lewis W. Spitz, eds., *Major Crises in Western Civilization*, vol. II, Nina B. Gunzenhauser, trans. (New York: Harcourt, Brace & World, 1965), pp. 11-12. 译文参考[美]斯·坚吉尔著、梁从诫译:《丹尼·狄德罗的〈百科全书〉》,88~90页,沈阳,辽宁人民出版社,1992。

所以会萌芽，这部分地应归功于各类词典。因此，拥有这样一本能帮你查到所有知识科目的书，一本既可以为有勇气教育别人的人提供指导，又可以为只进行自我教育的人提供指导的书，将是非常有价值的。

这是我们所想到的一个优点，但它的优点并非只有一个。在将各种艺术和科学知识转化为词典的形式的时候，它必然要让人们意识到彼此的协助；必然要通过这种协助而让原则更加确定，结果更加清晰；必然要反映自然界各种事物之间的远近关系（它们已经融入了人类的生活）；必然要通过揭示根枝交错的状况而说明，如果不考察某个整体的诸多其他部分，那就不可能彻底了解其中的任何一部分；必然要展现一幅涵盖所有地域、所有时期人类知识的整体图景；必然要澄清这一切；必然要给每个人适当的机遇，而且如果可能的话，还必然要用我们的成功来证明我们的预言。……

这类作品大部分是在上个世纪问世的，人们无法完全轻视它们。人们发现，虽然百科全书未必是什么天才之作，但它们至少反映了编者的劳动和知识。不过，这些百科全书究竟与我们有什么关系呢？从那以后，我们在艺术和科学的领域中取得了哪些进步？我们现在又发现了多少未曾了解的真理？真正的哲学当时还在襁褓中，微分几何学当时尚不存在，实验物理学才刚刚出现，辩证法还根本没有，进行正确批评的法则仍不得而知。笛卡尔、波义耳、惠更斯、牛顿、莱布尼兹、伯努利家族、洛克、拜尔、帕斯卡、高乃依、拉辛、布尔达卢、波舒哀等巨匠，当时或是尚未出世，或是还没写出作品。研究和竞争的精神没有调动学者的积极性，而另一种精神，即注重精确性和方法的精神（它也许不那么具有创造性，但更为可贵）仍未占领各个学术领域；旨在促进艺术和科学发展的各种学会当时也还没有成立。……在这项计划的最后，你将发现人类的知识之树，它显示各种理念之间的联系，并且在这一规模巨大的工程中一直指导着我们前进。

《女权辩护》*

玛丽·沃斯通克拉夫特

尽管男性占据启蒙运动的主导地位，但其中也有女性的积极参与。作为哲学家聚会的重要资助人和思想参与者，以及巴黎等地中产阶级和贵族精英的沙龙成员，一些女性在启蒙运动中扮演着特别重要的角色。不过当时的女性要想出版严肃的论文集，这还是非常困难的。而且启蒙思想家对待女性从属地位的基本态度，事实上几乎从未改变。但是有一个人试图改变上述情况，她就是英国作家玛丽·沃斯通克拉夫特（Mary Wollstonecraft，1759—1797）。1792 年，沃斯通克拉夫特出版《女权辩护》（*A Vindication of the Rights of Woman*）一书。该书不仅尖锐批评了对妇女的压迫，而且积极赞成教育改革。在下面的选文中，沃斯通克拉夫特指出，法国新宪法的立法者并没有对妇女的权利予以充分的考虑。

思考：为什么她在论述中把教育放在如此重要的位置；这种论证体现了启蒙运动的什么方法和理念。

为妇女权利而斗争，我的主要论点是建立在这样一个简单原则

---

* Mary Wollstonecraft, *The Rights of Woman* (London: J. M. Dent and Sons, Ltd., 1929), pp. 10-11. 译文参考［英］玛丽·沃斯通克拉夫特著、王蓁译：《女权辩护》，10～11 页，北京，商务印书馆，1995。

之上的：假如教育没有使妇女准备好去做男人的伴侣，那么她们的知识和德行都将停止发展。因为真理必须是适用于每一个人的，否则它在普遍实践方面就不会产生有效的影响。如果妇女不明白自己为什么应该具有美德，我们怎么能期望她们合作呢？除非自由使妇女的理性加强，直到她们了解自己的责任并且看到责任是怎样和自己真正的幸福联系起来的。要把子女教育成懂得爱国主义的真义的人，他们的母亲必须是一个爱国者；而能够激发一系列美德的那种对人类的大爱，只能通过充分考虑全人类的道德和文明利益，才能养成；但是现在妇女的教育和处境都使她们得不到进行这种考察的机会。

在拙作中我提出了很多对我说来是结论性的论点，用以证明目前流行的关于性的观念是有损于道德的，并且我认为，要使人的身心更健全，必须使贞操更普遍地受到重视；而在妇女的容貌没有受到可以说崇拜以前，当她们没有美德和理智来使她们的容貌具有心灵美的高贵痕迹或者含有感动人的淳朴感情时，贞操在男性社会中是永远不会受到尊重的。

先生，请平心静气地考虑一下这些意见，因为当你说“看着人类的半数受到另外一半的排斥而不能参与政府的管理，按抽象的原则来讲是一个不可解释的政治现象”的时候，似乎你已经瞥见了这个真理。如果是这样，你们的宪法是用什么作为根据呢？假如抽象的男性权利能经得住讨论和辩解，那么基于同样的理由，妇女权利也不会害怕同样的考验；虽然与此不同的意见在我们国家中占据着上风，但那种意见的根据也正是您用来替受压迫妇女辩护的理由——成规惯例。

既然您坚决认为您是按照最宜于增进妇女幸福的方式行事的，

那么我把您当作一位立法者来向您呼吁，请考虑一下，当男人争取他们的自由，在有关自己的幸福问题上可以自行判断时，压制妇女是不是自相矛盾和不公平的呢？假使妇女和男人是分享天赋的理性的话，是谁使男人成为唯一的审判者的呢？

《社会契约论》*

让·雅克·卢梭

与其他人不同，让·雅克·卢梭（Jean Jacques Rousseau，1712—1778）对启蒙思想的边界进行过考察，并批评启蒙思想的基础。出生于日内瓦的卢梭，大部分时间都是在法国（主要在巴黎）度过的。在那里，他曾为《百科全书》撰稿。然而他同时也反对启蒙，因为在他看来，社会制度腐化了人类，他们在自然状态下要比在现代文明中更为纯洁、自由和幸福。这条思路为 18 世纪末 19 世纪初浪漫主义的兴起奠定了基础。卢梭在他最重要的政治著作——《社会契约论》（*The Social Contract*，1762）——中论证了人民主权的正当性。以下段落就选自这本书。在这里，卢梭集中论述了该书的基本论题——人类是通过达成社会契约从自然状态迈向文明社会的。

思考：面对社会契约所需处理的主要问题，卢梭的解决方案是什么；社会契约具有怎样的优点和缺点；这篇文章反映了启蒙思想的哪些特征。

---

* Jean Jacques Rousseau, *The Social Contract and Discourses* (London: J. M. Dent, Everyman Library, 1913), pp. 14-15, 18-19. 译文参考［法］卢梭著、何兆武译：《社会契约论》，23～24、29～31 页，北京，商务印书馆，1980。

“问题是要寻找出一种结合的形式，使它能以全部共同的力量来护卫和保障每个结合者的人身和财富，并且由于这一结合而使每一个与全体相联合的个人又只不过是在服从自己本人，并且仍然像以往一样地自由。”这就是社会契约所要解决的根本问题。

这一契约的条款乃是这样地被订约的性质所决定，以至于就连最微小的一点修改也会使它们变成空洞无效的，从而，尽管这些条款也许从来就不曾正式被人宣告过，然而它们在普天之下都是同样的，在普天之下都是为人所默认或者公认的。这个社会公约一旦遭到破坏，每个人就立刻恢复了他原来的权利，并在丧失约定的自由时，就又重新获得了他为了约定的自由而放弃自己的天然的自由。

这些条款无疑地也可以全部归结为一句话，那就是：每个结合者及其自身的一切权利全部都转让给整个的集体。因为，首先，每个人都把自己全部地奉献出来，所以对于所有的人条件便都是同等的，而条件对于所有的人既然都是同等的，便没有人想要使它成为别人的负担了。

其次，转让既然是毫无保留的，那么联合体也就会尽可能地完美，而每个结合者也就不会再有什么要求了。因为，假如个人保留了某些权利的话，既然个人与公众之间不能够再有任何共同的上级来裁决，而每个人在某些事情上又是自己的裁判者，那么他很快就会要求事事都如此；于是自然状态便会继续下去，而结合就必然地会变为暴政或者是空话。

最后，每个人既然是向全体奉献出自己，他就并没有向任何人奉献出自己；而且既然从任何一个结合者那里，人们都可以获得自己本身所渡让给他的同样的权利，那么人们就得到了自己所丧失的一切东西的等价物以及更大的力量来保全自己的所有。

因而，如果我们撇开社会公约中一切非本质的东西，我们就会发现社会公约可以简化为如下的词句：

我们每个人都以其自身及其全部的力量共同置于公意的最高指导之下，并且我们在共同体中接纳每一个成员作为全体之不可分割的一部分。

*

由自然状态进入社会状态，人类便产生了一场最引人注目的变化；在他们的行为中正义就代替了本能，而他们的行动也就被赋予了前所未有的道德性。唯有当义务的呼声代替了生理的冲动，权利代替了欲望的时候，此前只知道关怀一己的人类才发现自己不得不按照另外的原则行事，并且在听从自己的欲望之前，先要请教自己的理性。虽然在这种状态中，他被剥夺了他所得之于自然的许多便利，然而他却从这里面重新得到了如此之巨大的收获；他的能力得到了锻炼和发展，他的思想开阔了，他的感情高尚了，他的灵魂整个提高到这样的地步，以至于——若不是对新处境的滥用使他往往堕落得比原来的出发点更糟的话——对于从此使得他永远脱离自然状态，使他从一个愚昧的、局限的动物一变而为一个有智慧的生物，一变而为一个人的那个幸福的时刻，他一定会是感恩不尽的。

现在让我们把整个这张收支平衡表简化为易于比较的项目吧：人类由于社会契约而丧失的，乃是他的天然的自由以及对于他所企图的和所能得到的一切东西的那种无限权利；而他所获得的，乃是社会的自由以及对于他所享有的一切东西的所有权。为了权衡得失时不致发生错误，我们必须很好地区别仅仅以个人的力量为其界限的自然的自由，与被公意所约束着的社会的自由；并区别仅仅是由于强力的结果或者是最先占有权而形成的享有权，与只能是根据正式的权利而奠定的所有权。

除上述以外，我们还应该在社会状态的收益栏内再加上道德的自由，唯有道德的自由才使人类真正成为自己的主人；因为仅只有嗜欲的冲动便是奴隶状态，而唯有服从人们自己为自己所规定的法律，才是自由。然而关于这一点，我已经谈论得太多了，而且自由一词的哲学意义，在这里也不属于我的主题之内。

视觉资料

马可·文森佐·克罗尼地图集的扉页插图　（1691）

多才多艺的威尼斯制图师和数学家马可·文森佐·克罗尼（Marco Vincenzo Coronelli，1650—1718）在 1691 年出版了一本世界地图集，图 16－1 就是该作品的扉页插图。在画面中，地球仪和帆船占据中心位置，它们代表着西方对世界的探索。画面上方，一位吹号天使手举一面旗帜，上面写着“还要更远”。而这与中世纪的传统表述——“无须更远”——形成了鲜明的对比。画面的外围部分是各式各样的器具，它们代表着一个探索和科学的新时代。

思考：整幅图从哪些方面表现了一个自豪地通过科学不断增强力量的民族——它因此超越了其他民族和自然本身；这幅图又怎样反映出文艺复兴时期的主要文化特征——强调要通过阅读与技艺进行学习探索。

图 16-1

马萨诸塞州迪博纳科技史研究所布恩迪图书馆提供

《空气泵实验》

没有哪幅作品能比英国艺术家约瑟夫·赖特（Joseph Wright）所创作的《空气泵实验》（*Experiment with an Air Pump*，1768）更好地展现启蒙运动了（见图 16-2）。画面正中是一场实验；实验显然做成功了，因为在那个抽空了空气的密闭玻璃杯中，小鸟已奄奄一息。穿着随意的实验者正仔细观察着他的研究，而他的家人和一些穿着考究的朋友则围绕在周围。

图 16－2

伦敦国家美术馆提供

无论是形式上还是内容上，这幅画都典型地反映出启蒙的特征。一点点光明就足以照亮人类的世界，揭示自然的规律。科学不仅属于专业学者，也是业余人士可以理解和实践并获得实际结果的东西。这幅作品意义重大。因为与其他国家的人相比，正是英国人首先发明出一些有用的机械，并找到更为实用的科研道路和思考途径。不过这幅作品也体现了性别之间的传统差异：实验者大胆地进行实验操作，而他左边的朋友则平静地向一位妇女及其女儿解释眼前的情况，她们就跟那只快要死去的小鸟（这是她们所关注的主要目标）一样敏感脆弱。

思考：这幅画与狄德罗和康德的作品之间有哪些共同的主题。

奥斯曼天文台

图 16－3 描绘了奥斯曼人 1575 年在伊斯坦布尔建立的天文台，这表明奥斯曼人当时已意识到 16 世纪学术和科学发现的重要性。

图 16－3

土耳其伊斯坦布尔大学图书馆提供

位于图画顶部的两排人物是伊斯兰学者，他们正在研究天文学以及各种航海工具和方法。画面中间和底部的学者则在研究地理学，仔细记录观察的结果。

第二手资料

伊斯兰科学与西方科学*

迪克·特雷西

8 世纪到 12 世纪，亦即欧洲的文艺复兴和科学革命之前，伊斯兰的科技水平绝对超过欧洲。在 14、15 和 16 世纪，欧洲学者才开始领先他们的穆斯林前辈。不过正如这篇选自迪克·特雷西（Dick Teresi）的文章所揭示的那样，很大程度上，欧洲的进步要归功于他们的穆斯林同行，以及通过后者传入欧洲的各种亚洲成就。

思考：哥白尼这样的西方学者借鉴了伊斯兰的哪些科学成果；特雷西关于西方学术和伊斯兰学术的论述，能否得到图 16-3 的印证。

许多传统的西方史学家认为，希腊文明瓦解以后，几乎没有出现任何原创性的科学研究，阿拉伯人只是复制了欧几里得、托勒密、阿波罗尼奥斯等人的著作，而欧洲人最终从伊斯兰世界重新获得了这些科学遗产。在中世纪，阿拉伯学者搜集希腊手稿，并在波斯的荣迪沙帕尔和伊拉克的巴格达等地建立翻译和研究中心。西方

---

* Dick Teresi, Lost Discoveries: *The Ancient Roots of Modern Science* (New York: Simon & Schuster, 2002), pp. 13-14.

史学家很少愿意承认，这些学者同样也在搜集中国和印度的手稿，并创造了阿拉伯人自己的科学。

随着伊斯兰帝国向欧洲扩张，科学知识传到了开罗，之后又传到西班牙的科尔多瓦和托雷多。当基督教在12世纪夺回托雷多时，欧洲学者突然注意到了这些资料。他们对于所有的阿拉伯文献都感兴趣——不仅将阿拉伯语的希腊著作重新翻译过来，还翻译了一些阿拉伯的原始著作以及由阿拉伯人所翻译的其他文化的手稿。古代世界的——希腊的、巴比伦的、埃及的、印度的和中国的——大量科学知识，通过西班牙传入西方。乔治·萨里巴发现，在16世纪早期，阿拉伯的手稿在大马士革和帕多瓦之间频繁流通，用阿拉伯语所写的科学文档越来越多地在欧洲的图书馆里被重新发现。萨里巴还证明，许多文艺复兴时期的欧洲学者都精通阿拉伯语。他们阅读伊斯兰文献，与那些对阿拉伯语不甚精通的同行们共享信息。

在帕多瓦学习的哥白尼就是其中的一个例子。萨里巴指出，如果哥白尼确实从伊斯兰的天文学家那里借鉴了什么成果——尽管这一点还不能确定，他也有很好的理由不承认这一点。萨里巴说，当奥斯曼帝国就在欧洲人的家门口虎视眈眈时，提及伊斯兰科学肯定是不明智的。

女性和科学革命*

邦妮·安德森　朱迪斯·津泽

长久以来，历史学家认为是男性主导了科技革命。但最近有

* Bonnie Anderson and Judith Zinsser, *A History of Their Own*, vol. Ⅱ (New York: Harper & Row, Publishers, 1988), pp. 87-89, 96.

学者指出，女性也是其中的参与者。下面的这段文字节选自《她们自己的历史》（*A History of Their Own*）这本书。这是一部阐释欧洲女性历史的专著。在节选文字中，邦妮·安德森（Bonnie S. Anderson）和朱迪斯·津泽（Judith P. Zinsser）所考察的问题是，女性究竟在何种程度上与科学革命相关，这些新科学是否改变了人们对女性，特别是对女性生理特征的传统判断。

思考：女性以何种方式参与科学革命；女性要想成为学者，会面临怎样的问题；安德森和津泽说“然而对于女性来说，并不存在科学革命”，这是什么意思。

正如女性对人文主义运动有所回应并投身其中那样，她们也参与了科技革命这场知识运动。特别是 17、18 世纪的一些科学新发现，激励着很多有天赋的女性科学家提出自己的自然理论，做自己的实验，公布她们自己的科学发现。与那些按照人文主义观念受到严格、正规教育的女性不同，这些女性几乎没有受到什么约束，她们可以自由地选择读物和研究对象。虽然她们的家庭并不鼓励她们这么做，但好一点的仍然允许她们保持这份科学兴趣，而差一点的，则批评她们的这种行为不够得体、不优雅，批评她们不太像个女孩子。

从 16 世纪到 18 世纪，在整个欧洲，女性科学家对于自然科学简直就像着了魔一样。她们和同时代的男性科学家相互通信，一起研究。她们细心观察自然，并把她们在植物学、园艺学、化学等方面所获得的新知识加以实际应用。

数学、天文和宇宙研究同样让这些自学成才的女科学家兴趣浓厚。……

从 15 世纪到 18 世纪，上流社会的女性参与了这场新知识运动。同上流社会的男性一样，她们也是人文主义者、自然主义者和科学家。然而不幸的是，很多人发现，自己依然不得不面对家庭角色和社会角色之间的格格不入。因为学者的角色与女性的角色是存在冲突的；无论一个女人多么博学，人们仍然希望她扮演后者而不是前者。……

然而对女性来说，并没有什么科学革命。因为当男性研究女性的身体结构，当他们谈起女性生理机能、女性的生殖器官、女性在生殖中所扮演的角色时，并未采取科学的态度。他们没有诉诸理性，而是拒绝接受他们所看到和听到的经验证据。在他们关于女性的结论中，充斥着传统、偏见和想象，丝毫不见科学观察的影子。像亚里士多德和盖伦这些古典学者的论调，虽然在其他领域已被摒弃，但在科学领域中却延续着当年的权威派头。男人们尽管在新的“科学”旗号下高谈阔论，但实际上是新瓶装旧酒，满口陈词滥调。在科学的名义下，他们提供了一套莫须有的生理学基础，用来支持关于女性本质、功能和角色的传统看法。科学巩固了男人们所一直知道的东西，巩固了习惯、法律和宗教所一直坚持的东西。凭借着所谓“客观”“理性”的调查的权威性，他们不过把古人的假设重新叙述了一遍，并且得出同样的结论：男性的优势与生俱来，而女性的从属地位则是理所应当。

启蒙时代*

莱斯特·克罗克

启蒙运动的主旨源于18世纪一小群哲学家的思想，他们来

---

* Lester G. Crocker, *The Age of Enlightenment* (Harper Collins Publishers, Inc., 1969), pp. 2-3.

自多个国家，但主要集中在法国。他们彼此常有争论，但有些方法和主张却是他们多数人都赞成的。在下面的选文中，莱斯特·克罗克（Lester G. Crocker）对哲学家们走到一起来的原因进行了分析。

思考： 本章的第一手资料可以在哪些方面支持克罗克的看法，又会在哪些方面反对他的解释；启蒙思想家为什么如此关注基督教和教会；对现代社会而言，这种态度的哪些内容是最有意义的。

我们所说的启蒙运动是历经数代而逐渐形成的，起初是一种个人思想，到了 18 世纪 40 年代晚期才成为一场自觉的运动。伏尔泰的不懈努力和“百科全书派”的持续斗争是推动启蒙的主要力量。前者孜孜不倦地进行宣传，激发起人们的“党派”意识；后者则将许多启蒙思想家联系在一起，他们进一步深化了启蒙运动的目标。启蒙思想家之间时常会就各种问题的答案发生分歧。但是他们的团结使其很清楚，谁是他们共同的敌人——这就是现状以及支持现状的各种力量，尤其是基督教和教会。同样，他们也都知道他们共同面临着哪些疑问和问题。这些启蒙思想家拥有共同的理念和目标。其中包括：实施宗教宽容（并非所有的启蒙思想家都觉得，应当宽容所有人或所有理念）；坚信人类的生活可以通过社会进步得到改善，因为他们认为人类（或多或少）是由法律和政府塑造的；已经得到启蒙的群体应该影响执政者的理念，既可以是直接的，也可以通过公共的意见。他们的立场是建立在世俗主义和人文主义的基础上的。如果不考虑他们在宗教信仰上的差异，那么所有的启蒙思想家其实都主张，有组织的教会的最适宜的任务（如果有的话）只是拯救灵魂。而科学、政府、经济政策，甚至价值观念和个人道德（很多人这么认为）都必须摆脱基督教威权的幽灵。启蒙运动推崇自由的批判理性，支持那种能够启发人们，使之在遭遇挑战必须改进行为时采取正确措施的社会经验。即便真的有上帝存在，也不会产生任何影响——拜尔早在 17 世纪后期就提出了这一点。对于启蒙思想家来说，教会是一种被我们现在称作“权力集团”的东西；就跟所有此类集团一样，教会主要关心它们自己的利益。天启宗教只是幻想，或是彻头彻尾的欺骗。基督教尤其反人性，它假称可以带领人们摆脱此生的私人利益，前往一个根本不存在的神秘天堂。对基督教世界观及其思想控制的反抗，是 17 世纪自由思想运动的起源。启蒙思想家们坚信，为了在尘世谋求更好的生活，人类必须掌握自己的命运，必须尽一切可能扩大这种掌控。正是基于这种共识，他们才团结在了一起。

第17章

欧洲的革命、民族主义与国家（1789—1914）

1789年，法国大革命打破了旧制度下社会政治的相对稳定，开启了被西方史学家称作“现代”的历史时期。经过数年动荡，封建主义被摧毁，呼应启蒙思想的自由主义原则得到正式的承认，革命者没收了教会的土地，废除了君主制，重组了政府。

十年之后，动荡仍未结束。拿破仑·波拿巴借大革命之机变得羽翼丰满；他不仅在法国，而且在欧洲大陆的大部分地区都直接或间接地掌握了权力。1815年，他最终失败，从而宣告了一系列战争和拿破仑时代的结束。

在维也纳会议（1814—1815）上，欧洲列强构建了一套体系。保守主义占据上风，主张摒弃大革命和拿破仑时期的变革，恢复旧集团和政府的权力，并抵制自由主义和民族主义。尽管如此，19世纪的20年代、30年代和40年代，民族解放运动和自由主义改革仍层出不穷。在西欧，要求更多自由、宪政和政治权利的自由主义尤为强劲。1848年，运动达到高潮，整个欧洲爆发了高举民族主义或自由主义大旗的革命。然而胜利只是昙花一现，很快，支持威权统治的集团利用革命者的不团结夺回了政权。

从 1850 年到 1914 年，欧洲政治的主要特点是，在经济和社会生活以及民族主义的发展过程中，政府的作用不断增强。源于法国大革命和拿破仑时期的民族主义为各国所利用，并成为意大利和德国统一的关键因素。

本章主要关注三个主题：革命、保守主义与自由主义、民族主义。历史学家对革命更着迷，因为革命会使社会变化更加迅速而富于戏剧性。下面有几则材料就涉及当时革命运动——特别是 1789 年的法国大革命——的原因和意义。此外，还有材料探讨了拿破仑的魅力及其妇女政策的重要性。通过了解其理论学说和相关政策，我们能够洞察保守主义和自由主义的本质。而对民族主义的分析，则主要考察了它在 19 世纪后半叶的好战倾向。

对 1789 年至 1914 年欧洲革命和政治发展的这种集中讨论，可以提供一个背景舞台，帮助我们了解当时西方的经济、社会和文化变迁。

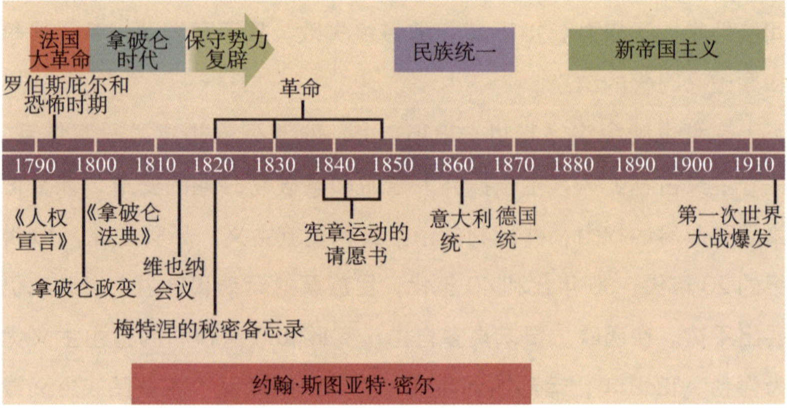

第一手资料

陈情书：第三等级的不满*

迫于民众的不满和财政压力，路易十六在 1789 年提出召开三级会议。此前，三级会议已中断了 175 年。这项代议制度代表着法国社会传统的等级划分：第一等级，教士；第二等级，贵族；第三等级，所有其他人（包括银行家、律师和农民）。按照会议预期，国王要求并且收到陈情书，上面列出各个等级的地方代表所提出的种种不满。这些陈情书为历史学家提供了极为丰富的材料，反映了 1789 年革命爆发前夕的社会问题。以下材料就摘自卡尔卡松①的第三等级的陈情书。

思考： 为什么这些不满可能导致革命；它们在哪些方面为第三等级所特有，而与另外两个等级无关。

8. 在上述这些权利中应特别指出，国民今后只服从那些自由设立的法律和税收要求。

9. 三级会议应定期召开；经裁定认为是用于支持国家和公共事业的必要津贴，应在下次三级会议召开那年的年底之前提出。

10. 鉴于第三等级的成员人数、他们为国库所做的贡献，以及他们必须在国民议会上捍卫或提升的各种利益，第三等级应当获得

* “Cahier of the Grievances, Complaints, and Protests of the Electoral District of Carcassone...” From James Harvey Robinson, ed., *Readings in European History*, vol. Ⅱ (Boston: Ginn, 1904), pp. 399-400.

① 法国西南部城市。

影响力；而为了确保这一点，须赋予他们议会表决权，并且按人头计票。

11. 任何教会、社团或个人都无权提出免税要求……全国按照同一个体系确定赋税。

12. 废除向平民的封地索取规定税额的法令，废除那些把第三等级排除在某些位置、公职和品级（迄今为止，这些职位和品级一直是贵族终身制或世袭制的）之外的一般或特殊规定。应通过一项法律，宣布第三等级成员有资格获得这类公职，因为就个人而言，他们是适合这些职位的。

13. 鉴于个人自由与民族自由密切相关，请求陛下今后不要允许通过专断的监禁命令妨碍个人自由的行为发生。……

14. 给予新闻自由，但按照严格的规定，这种自由必须服从宗教、道德和公共礼仪的原则。……

第三等级的妇女*

在18世纪，绝大多数欧洲人都不是贵族。他们中的90%以上都是农民、工匠、佣人和劳工——在法国，这些人属于“第三等级”。虽然第三等级的男性和女性之间存在很多共同点，但是妇女的地位及其遭遇的不公仍与男性不同。关于这些不公的明确记录尽管很难找到，但在1789年法国大革命前，大量的请愿书为我们提供了丰富的材料。下面的文字即选自《第三等级妇女给

* Julia O'Faolain and Lauro Martines, *Not In God's Image* (Harper & Row, Publishers, Inc., 1973).

国王的请愿书》（*Petition of the Women of the Third Estate to the King*），它写于大革命爆发前的几个月。

思考：摆在妇女面前的有哪些选择；她们提到什么问题，又提出怎样的解决方法；男性和女性之间会在哪些方面产生利益冲突。

1789 年 1 月 1 日。几乎所有的第三等级妇女都出身贫寒。她们的教育要么被忽视，要么被误解，因为这种教育就是把她们送到那些自己本身就是白字先生的老师那里去学习。十五六岁时，一个女孩每天可以赚五六个苏[①]。如果她们长得不漂亮，那么结婚时不仅没有嫁妆，而且会嫁给那些穷苦的工匠，在条件恶劣的地方生活，过着朝不保夕的日子，甚至连她们生了孩子都无力抚养。另一方面，如果女孩长得漂亮，却没有文化、原则或道德观念，那么她们往往会遇到骗子，误入歧途，然后为了隐瞒这一切，她们就会来到巴黎，并在这里彻底堕落，最终成为放荡生活的牺牲品而命赴黄泉。

今天，谋生的困难迫使数千女性把自己卖给出价最高的人，而男人们买下她们也只是为了一时欢心；任何一个向往美德、渴望教育、想要拥有正常生活的女人……只能面临两种选择：要么带着微薄的嫁妆进入修道院，要么嫁为人妇、操持家务。……

如果一个女人到了一定年龄还没嫁出去，她们会整日以泪洗面，成为亲戚们嘲笑蔑视的对象。

为了应对这种不幸，陛下，我们请求您，不要再让男人学习那

① 当时法国的一种铜币。

些女人的手艺吧，比如缝纫、刺绣等。让他们把缝衣针和纱锭留给我们吧，而我们保证绝不会去碰指南针或三角板。

陛下，我们请求……能接受教育，得到工作。我们不是要夺取男人的威权，而只是为了拥有谋生的手段，以便我们身边那些沉溺于奢华或误入歧途的弱女子们不会沦为街头妓女。她们不仅玷污了我们的街道，也玷污了女人自己和经常嫖娼的男人们。

《人权宣言》*

没有哪部文献能比《人权宣言》（*The Declaration of the Rights of Man and Citizen*）更好地概括了法国大革命的基本理念。该文件经过广泛讨论，在 1789 年 8 月 27 日被国民议会通过；后来的修订版本则被纳入法国《1791 年宪法》。这份文件既包括关于人权的一般陈述，又包括关于政府行为内容和权限的具体陈述。《人权宣言》与美国的《独立宣言》遥相呼应。它包含 18、19 世纪民主革命的一般原则，因而视角更加宽广。

思考：《人权宣言》怎样体现了启蒙运动的理念；它针对的是哪个社会群体；谁将是它的最大受害者，最容易被它激怒；这份文件在哪些方面与君主制政府相抵触；君主在遵守该文件的同时，如何保留某些权力。

---

* James Harvey Robinson, ed., "The French Revolution, 1789—1791", in *Translations and Reprints from the Original Sources of European History*, vol. 1, no. 5, Department of History of the University of Pennsylvania, ed. (Philadelphia: University of Pennsylvania Press, 1898), pp. 6-8. 译文参考周一良、吴于廑主编：《世界通史资料选辑·近代部分》，123～125 页。

组成国民议会之法国人民的代表认为，无视、遗忘或蔑视人权是公众不幸和政府腐败的唯一原因，所以他们决定把自然的、不可剥夺的和神圣的人权阐明于庄严的宣言之中，以便本宣言可以经常呈现在社会所有成员面前，提醒他们时刻铭记其权利和义务；以便立法权的决议和行政权的决定能随时和整个政治制度的目标进行比较，从而获得更多的尊重；最后，以便公民们今后基于简单而无可争辩的原则所提出的各种要求，能够维护宪法，并促进全民之福祉。因此，国民议会在上帝面前并在他的庇护之下确认并宣布下述的人与公民的权利：

1. 在权利方面，人生来是而且始终是自由平等的。除了依据公共利益而出现的社会差别外，其他社会差别，一概不能成立。

2. 任何政治结合的目的都在于保护人的自然的和不可动摇的权利。这些权利即自由、财产、安全及反抗压迫。

3. 整个主权的本原主要是寄托于国民。任何团体、任何个人都不得行使主权所未明确授予的权力。

4. 自由就是指有权从事一切无害于他人的行为。因此，各人的自然权利的行使，只以保证社会上其他成员能享有同样权利为限制。此等限制仅得由法律规定之。

5. 法律仅有权禁止有害于社会的行为。凡未经法律禁止的行为即不得受到妨碍，而且任何人都不得被迫从事法律所未规定的行为。

6. 法律是公共意识的表现。全国公民都有权亲身或经由其代表去参与法律的制定。法律对于所有的人，无论是施行保护或处罚都是一样的。在法律面前，所有的公民都是平等的，故他们都能平等地按其能力担任一切官职、公共职务，除德行和才能上的差别外不得有其他差别。

7. 除非在法律所规定的情况下并按照法律所指示的手续，不得控告、逮捕或拘留任何人。凡动议、发布、执行或令人执行专断命令者应受处罚；但根据法律被传唤或被扣押的公民应当立即服从；抗拒则构成犯罪。

8. 法律只应规定确实需要和显然不可少的刑罚，而且除非根据在犯法前已经制定和公布的且系依法施行的法律以外，不得惩罚任何人。

9. 任何人在其未被宣告为犯罪以前应被推定为无罪，即使认为必须予以逮捕，但为扣留其人身所不需要的各种残酷行为都应受到法律的严厉制裁。

10. 意见的发表只要不扰乱法律所规定的公共秩序，任何人都不得因其意见，甚至信教的意见而遭受干涉。

11. 自由传达思想和意见是人类最宝贵的权利之一；因此，各个公民都有言论、著述和出版的自由，但在法律所规定的情况下，应对滥用此项自由负担责任。

12. 人权的保障需要有武装的力量；因此，这种力量是为了全体的利益而不是为了此种力量的受任人的个人利益而设立的。

13. 为了武装力量的维持和行政管理的支出，公共赋税就成为必不可少的；赋税应在全体公民之间按其能力作平等的分摊。

14. 所有公民都有权亲身或由其代表来确定赋税的必要性，自由地加以认可，注意其用途，决定税额、税率、客体、征收方式和时期。

15. 社会有权要求机关公务人员报告其工作。

16. 凡个人权利无切实保障和分权未确立的社会，就没有宪法。

17. 私人财产神圣不可侵犯，除非当合法认定的公共需要所显然必需时，且在公平而预先赔偿的条件下，否则任何人的财产不得受到剥夺。

1794 年 2 月 5 日在国民公会上的讲话：为恐怖辩护*

马克西米利安·罗伯斯庇尔

1793 年至 1794 年，法国进入最激进的革命阶段，史称“恐怖时期”。在此期间，统治法国的主要是 12 名公共安全委员会的成员，他们由国民公会每月选举一次。在该委员会中，最惹眼的是马克西米利安·罗伯斯庇尔（Maximilien Robespierre，1758—1794）。他是一名律师，凭其廉洁的作风和卓越的演讲才能在雅各宾俱乐部中享有很高的声誉。历史学家对罗伯斯庇尔有很大的争议：一些人把他看成是一个嗜血成性的人，对恐怖时期的大量死刑负有主要责任；而另一些人则把他看作是一位真诚的、有理想的、能有效应对时局的革命领袖。以下是罗伯斯庇尔 1794 年 2 月 5 日在国民公会上的讲话，其中，他陈述了革命的定义，并为某些极端行为（包括恐怖活动）进行了辩护。

思考： 当罗伯斯庇尔说恐怖“是美德的一种体现”时，他是什么意思；采取恐怖行为在哪些方面与革命的本质相关；这个演讲可以从何种意义上理解为针对旧制度的一次启蒙主义攻击。

现在是明确地指出革命的目的和我们想要达到的目标的时候

---

* Raymond P. Stearns, ed., *Pageant of Europe* (New York: Harcourt Brace Jovanovich, Inc., 1947), pp. 404-405. 译文参考王养冲、陈崇武选编：《为恐怖辩护》，见《罗伯斯庇尔选集》，228～236 页，上海，华东师范大学出版社，1989。

了；是反观我们自己，考虑我们将面临的困难以及为了实现我们的目标而应采取的措施的时候了。……

我们努力追求的目标是什么？是平静地享有自由和平等。这是永恒正义的法则！它不是镌刻在大理石或石头上，而是镌刻在所有人的心里。

我们希望：所有卑劣和残酷的激情受到法律的抑制，一切良好和崇高的热情受到法律的鼓励；人们以渴望赢得荣誉和为祖国服务作为自己的抱负；任何差别只是由于平等本身而造成的；公民服从官员，官员服从人民，而人民服从正义；国家保证每个人的幸福，每个人都自豪地享有祖国的繁荣和光荣；由于共和主义情感的长期陶冶，为了赢得伟大民族的尊敬，每个人都能变得高尚；艺术是自由的花朵，是自由让艺术充满荣耀；商业是公共财富的源泉，而不只是让少数家庭暴富。

在我们国家，希望可以用道德取代自私，用正直取代荣誉，用原则取代惯例，用责任取代礼数，用理性的王国取代习俗的暴政，用轻视恶习取代轻视灾殃，用自豪取代傲慢，用心灵的崇高取代虚荣心，用热爱光荣取代热爱金钱……也就是说，用共和政体的美德和奇迹取代君主政体的恶习和荒谬。

总而言之，我们希望满足自然的要求，完成人类的使命，信守哲学的诺言……要使过去在奴隶国家中曾占有显著地位的法国超过一切曾经存在的自由民族，成为各个民族的榜样。……这就是我们的抱负，这就是我们的目的。

什么性质的政府才能实现这种奇迹呢？只有民主的政府。……但是，为了在我们中间确立和巩固民主政体，为了达到宪法的和平统治，必须首先结束自由对抗暴政的战斗，顺利度过革命的风暴：

这就是你们已经建立的革命体制的目标。……

那么，什么是民主政府或人民政府的基本原则呢？也就是说，什么是支持和推动这个政府的主要动力呢？是美德。我指的是公共美德……这种美德不是别的什么，而是对祖国及其法律的热爱。……

法国革命目标的崇高性，恰恰是给我们带来力量和弱点的东西。之所以说是我们的力量，因为它让我们用真理压倒欺骗，用公共权利压倒个人利益；说是我们的弱点，因为它使所有的坏人都联合起来反对我们，其中包括所有那些掠夺人民财产的人。……我们必须剿灭共和国内外的敌人，否则就与他们同归于尽。在这种情况下，我们的政策的首要准则就应该是：用理性来指引人民，而用恐怖来对付人民的敌人。

如果说，在和平时期，人民政府的基础是美德，那么在革命中，人民政府的基础就既是美德，又是恐怖：美德，没有美德的恐怖是有害的；恐怖，没有恐怖的美德是软弱无力的。恐怖只不过是迅速的、严峻的、不屈不挠的正义。因此，它是美德的一种体现。

回忆录：拿破仑的吸引力*

雷缪扎夫人

对于那些希望推进革命的人和那些想回到旧制度的人来说，拿破仑都不是他们的合适人选。他上台时，曾承诺坚守革命原则和秩序。学者们也分析过为什么他能掌权。一些人认为，拿破仑

---

* James Harvey Robinson, ed., *Readings in European History*, vol. Ⅱ (Boston: Ginn, 1904), pp. 491-492.

是个军事和政治的天才，而另一些人则认为，他是个善于利用时局的机会主义者。雷缪扎夫人（Madame de Remusat，1780—1821）是最早分析拿破仑崛起之路的人之一。作为约瑟芬皇后的侍女和拿破仑时代的一位贵夫人，她可以近距离地观察拿破仑，并把他写进自己的回忆录中。

思考：在雷缪扎夫人看来，为什么拿破仑对于法国人具有如此大的吸引力；拿破仑是通过怎样的手段掌权的。

我能理解，男人们已经被革命的巨浪搞得筋疲力尽；他们害怕自由，因为长期以来自由都是与死亡联系在一起的；他们渴望依附一位有能力的统治者，这样前途似乎会光明一些。我能想象，他们会把他的掌权视为命运的判决，并天真地相信，如果坚守这项命令，他们将获得和平。我可以自信地说，那些人非常真诚地相信，无论波拿巴是执政官还是皇帝，他都能发挥其威权，反对派系的阴谋，把我们从无政府的混乱中拯救出来。

没有人敢说出“共和”这个字眼，因为恐怖已经深深地玷污了它；督政府的领袖们遭人蔑视，已经灭亡。波旁王朝的复辟仅仅得益于革命的帮助；而最轻微的骚动都会让法国人民感到惊恐，每个人的热情似乎都已消退。况且，人们曾经信任的那些人，全都一个接一个地欺骗了他们；而这一次，由于是屈服于武力，他们至少确信自己没有欺骗自己。

这个时代只有独裁才能维持法国的秩序——这种信念（或者更应该说是一种偏见）得到了广泛的传播。它成为波拿巴的坚强支柱；正是因为他这么说，所以他也确信这一点。他把各个派系的鲁莽举动转变为自己的有利条件，将它们控制于自己的股掌之中。他有很多理由可以证明自己的信念，即他必然掌权；法国也相信这种信念；他甚至成功说服了外国元首，让他们相信，他是对付共和派势力的一道屏障，如果没有他，共和派的势力会四处传播流毒。当波拿巴将帝冠戴在自己的头上时，欧洲的所有王室都相信，这样可以让他们更加安享他们的王位。假如这位新皇帝能批准一部自由宪法，那么各民族、各王室将会真的、永远的高枕无忧了。

给亚历山大一世的秘密备忘录（1820）：保守主义原则*

克莱门斯·冯·梅特涅

拿破仑倒台后，另一位突出的保守派领袖是克莱门斯·冯·梅特涅（Klemens von Metternich，1773—1859）。作为奥地利的外交大臣，梅特涅主持了维也纳会议，并且在奥地利和欧洲保守派势力中间扮演了主要角色（1815—1848）。无论是在原则上还是实践中，他都代表着保守主义，拒绝法国大革命所带来的变化，并反对自由主义和民族主义。以下段落摘自梅特涅于 1820 年寄给俄国沙皇亚历山大一世的一封秘密备忘录，他在其中阐发了自己的政治原则。虽然这算不上精辟的政治理论，但它足以反映出保守主义的关键态度和基本理念。

思考：梅特涅觉察到哪些威胁；梅特涅怎么把“臆断”和中间阶级联系在一起；这份文件从哪些方面反映了大革命和拿破仑时期的情况；哪些政策在逻辑上源于这种态度。

---

* Prince Richard Metternich, ed., *Memoirs of Prince Metternich, 1815—1829*, vol. Ⅲ, Mrs. Alexander Napier, trans. (New York: Charles Scribner's Sons, 1881), pp. 454-455, 458-460, 468-469.

最近，有位著名作家说：“欧洲……让高贵之人感到遗憾，让美德之人感到厌恶。”

就在写下这几行字的时候，我们很难用寥寥数语来准确描述实际情况！

国王们不得不考虑，他们在不久的将来还有多大的生存机会；人们的激情空前释放，他们联合起来，要推翻当前社会赖以存在的所有基础；宗教、公德、法律、习俗、权利和义务，全都被攻击、被混淆、被推翻或被质疑。多数群众是这些攻击和革命的安静的旁观者，他们完全缺乏防卫手段。一些人被这场洪流夺去了生命，但绝大部分人仍希望维持平静，尽管这种平静不再存在，甚至连它的基础也已丧失。……

现在，只要我们对目前状况的首要原因予以大致了解，就有必要专门指出如下这一点：有种罪恶正形成威胁，要在瞬间摧毁真正的社会福祉和纯正的文明成果，还在人们享受它们时横加干扰。对于这种罪恶，我们可以用一个词来描述——“臆断”；这是人类思维朝着完善的方向飞速发展的必然结果。它几乎已成为一种普遍的情绪，因此导致目前有很多人误入歧途。

宗教、道德、法律、经济、政治、管理，所有领域都变得平常，每个人都可以接触它们。知识似乎是从灵感中迸发出来的；对于自以为是的人来说，经验已毫无价值，信念什么都不算；取代它们的是所谓的个人信念，但这种信念却不是经过调查研究形成的；因为这些方式似乎太琐碎，人们相信自己的思维已足够强大，只需瞥上一眼便能掌握所有的问题和事实。他没有参与法律的制定，法律对他也没有价值。而且在他那样的人看来，承认这种被一代代粗鲁愚昧的人所遵守的限制，是不值得的。既然力量就在自己手中，那他为什么还要让自己屈从于法律呢？法律只对那些未被启蒙、缺乏知识的人有用。在他看来，软弱的年代才需要的法律，对于一个理性和活力几近完美的时代则并不适宜。这就是德国改革家从理念——这种理念本身就是荒谬的——出发所提出的解放人民的任务。他并不公开攻击道德本身，因为没有道德，他就不能确定自己的存在；但他以自己的方式解释道德的本质，并且允许其他人也这么做，只要这些人不杀他、不抢他就可以了。

因此，在描述自以为是的人的特征时，我们相信，我们实际上已经描述了当前社会的特征。……“臆断”使每个人成为自身信念的指引者和法律的仲裁者；这样一来，他乐于管理自己，或是乐于让别人来管理他和他的邻居。简而言之，“臆断”使他成为自己的信念、行为及其原则的唯一判断标准……

方寸尽失的各国政府在社会中间阶级的叫嚣声中感到害怕、胆怯，陷入了混乱。中间阶级曾位于国王和国民之间，现在他们打破帝王的威权，盗用民众的呼声——人民常常否认这个阶级，但可以轻易消灭它的人们却非常听从它、讨好它、害怕它。

我们看到，中间阶级正以盲目的愤怒和仇恨放纵自己。而这些情绪证明，对于自己事业的成功，他们的担心要远远多于信心。他们的手段看起来可以满足他们的权力欲，他们以此说服欧洲各国的国王，让国王们知道自己的权利只是坐在王位上，而人民的权利才是管理国家。他们还攻击一切流传了数世纪的神圣而高贵的事物——事实上，他们否认过去的价值，宣布自己是未来的主人。我们看到，这个阶级会采用各种伪装形式，在不同场合或是团结或是分散，他们面临危险时会彼此帮助，但转脸也可以相互剥夺对方的战利品。这个阶级控制了舆论，并利用舆论倡导不恭敬的邪说，挑拨人们违抗宗教和国家的法律，甚至鼓吹说，对于追求善的人而言，谋杀也是一种责任。

《论自由》*

约翰·斯图亚特·密尔

19世纪下半叶，自由主义在理论和实践上都有所变化。总体而言，与19世纪上半叶相比，此时的自由主义不那么执着于自由放任政策，也没那么乐观。这种变化体现在约翰·斯图亚特·密尔（John Stuart Mill，1806—1873）的思想中。他是19世纪中叶最具影响力的英国思想家，或许也是当时自由主义理论的领军人物。在他年轻时，他赞同其父詹姆斯·密尔和功利主义的首创者杰里米·边沁的早期自由主义。但随着时间的推移，他发现这种早期自由主义存在许多问题，面临新的危险。于是，他修正了自己的自由主义思想，而这种变化后来体现在19世纪末20世纪初的自由主义政策中。下面这则材料选自他最著名的作品《论自由》（*On Liberty*，1859）。在书中，密尔从19世纪上半叶的自由主义出发，分析了这种学说的演变过程。

思考：在密尔看来，早期自由主义的本质是什么；哪些关键的变化导致自由主义的转型；密尔所说的“多数的暴政”是什么意思。

因此，爱国者的目标就在于，对统治者施加于群体的权力要划

* John Stuart Mill, *Utilitarianism*, *Liberty*, *and Representative Government* (London: J. M. Dent and Sons Ltd., Everyman Liberty, 1910), pp. 66-68. 译文参考［英］约翰·密尔著、程崇华译：《论自由》，2～5页，北京，商务印书馆，1959。

定一些应有的限制；而这个限制就是他们所谓的“自由”。谋取这种限制之道有二。第一条途径是，要取得对于某些特权即某些所谓政治自由或政治权利的承认，统治者若侵犯了这些自由或权利，便是背弃义务；而当他果真有所侵犯时，那么个别的抗拒或者一般的造反就可以称为正当。第二条途径，一般说来是个比较晚近的方案，即要在宪法上建立一些制约，使得在管治权力方面的某些比较重要的措施须以下面一点为必要条件，即必须得到群体或某种团体的利益代表的同意。上述两种限制方式之中，第一种曾在多数欧洲国度里迫使统治权力或多或少有所屈服；第二种却未能这样，于是要求达到这种限制，或者在已经达到某种程度之后还要求更加全面，就成为各处爱好自由的人们的主要目标。从历史上看，只要人类仍然满足于以一个敌人去攻击另一个敌人，仍然满足于由一个主人来统治自己（只要存在一些有效的保证，足以帮助他们对付主人的暴政），他们就还没有使自己的渴望超出这点之外。

但是人类事务的进程已处于这样一个时代：人们对于管治者作为一种独立的权力而在利益上与自己相对，已不再认为是一种自然的必然性。他们看到，若政府成为他们的租户或代表，可以随他们的高兴来撤销，那将好得多。他们看到，只有那样，他们才能享有完全的保证，从而使政府的权力永不会被滥用、对他们造成不利。这个想使统治者出于选举并且仅任短期的新要求，逐渐变成了平民政党——只要有过这种政党——所致力的明确目标，在很大程度上代替了先前目标仅为限制统治者的权力的努力。随着这种要使统治权力出自被统治者的定期选择的斗争的进行，有些人开始想到，对于限制权力本身这一点，从前倒是看得过重了。那（看来可能）原是一种用来抵制在利害上惯于和人民作对的统治者的办法。而现在所要的则是，统治者应当与人民一致起来，统治者的利害和意志应当就是国民的利害和意志。国民无须对自己的意志有所防御，不必害怕它会肆虐于自身。只要有效地促使统治者对国民负责，可以及时地被国民撤换，那么国民就不怕把自己能够支配其用途的权力托付给他们。统治者的权力实即国民自己的权力，不过是集中了，寓于一种便于运用的形式罢了。这种思想，或许毋宁说是感觉，在欧洲的上一代自由主义当中很普遍，而且在大陆的自由主义中至今仍明显地占据优势。……

可是时间过去，终于出现了一个民主共和国，占据着地球表面的一大块面积，表现为国民群体中最有力量的成员之一；既然有巨大的现存事实足供观察，于是这种选举制和责任制政府就成为观察和批评的对象。这时，人们觉察出来，原来所谓的“自治政府”和“人民施于自身的权力”等词语，并没有表述事情的真实状况。运用权力的“人民”与权力所加诸身上的“人民”并不总是同一的；而所谓的“自治政府”亦非每个人管理自己的政府，而是每个人都被其余的所有人管理的政府；至于所谓的“人民意志”，实际上只是最多的或者最活跃的一部分人民的意志，亦即多数或者那些能使自己被承认为多数的人们的意志。于是人民会压迫自己中间的一部分；对权力的这种滥用必须加以防止，就跟防止权力滥用的其他形式一样。这样看来，要限制政府施于个人的权力，这一点即使是在掌权者对于群体，也就是对于最有力的党派正常负责的时候，也仍然不失其重要性。这个看法既投合思想家们的智虑，又投合欧洲社会中那些在其真实的或假想的利害上与民主相对立的重要阶级的意向，因此，自然很容易地就被树立了起来；在今天的政治思想中，一般已把“多数的暴政”列入社会所须警惕的灾祸之内了。

和其他各种暴政一样，多数的暴政之可怕，人们起初只看到，现在一般俗见仍认为，主要在于它会通过公共威权的措施起作用。但是深思熟虑的人们已看出，当社会本身是暴君时，就是说，当社会作为集体而凌驾于构成它的个体之上时，它的肆虐手段并不限于通过政治机构所采取的行为。社会能够并且确实在执行自己的诏令。假如它所颁的诏令是错的而不是对的，或者其内容是它所不应干预的事，那么它就是一种社会暴政；而这种社会暴政比许多种政治压迫还可怕，因为它对生活细节的深入要深得多，它奴役到灵魂本身。因此，虽然它不常以极端性的刑罚为后盾，但它却使人们更难逃避。因此，仅仅防御官员的暴政还不够。对于流行的观点和感觉的暴政，对于社会要借行政处罚以外的办法而把它的观念和行事当作准则，强加于所见不同的人，以束缚任何与它的方式不相协调的个性的发展，甚至假如可能的话，阻止这种个性的形成，从而迫使一切人都按照它的模型来塑造自己的这种趋势，也都需要加以防御。关于集体意见对个人独立的合法干涉，是有限度的；要找出这个限度并使它不遭侵蚀，这正如防御政治专制一样，对于实现人类事务的良好状况乃是必不可少的。

宪章运动的第一封请愿书：要求英国发生改变*

1815 年到 1848 年，尽管保守派不断镇压革命运动，但是变

* R. G. Gammage, *History of the Chartist Movement*, 2d ed. (Newcastle-on-Tyne, England: Browne and Browne, 1894), pp. 88-90. 译文参考［英］甘米奇著、苏公隽译：《宪章运动史》，97～99 页，北京，商务印书馆，1979。

革的力量依然席卷了整个欧洲。最终，几乎所有国家都掀起了令保守派心惊胆战的革命。虽然英国是个例外，但即便是在那里，政治运动也极有可能演变成暴力活动，以推翻无力改变现状的政府。在这些政治事件中，最重要的是宪章运动，其主体主要是希望改革的工人阶级。下面的材料选自 1838 年提交给下议院的第一份宪章。随后的宪章是在 1842 年和 1848 年相继提交的。每一次，群众运动都有可能演变成暴力反抗，而每一次，议会都否决了宪章派的要求。直到 19 世纪末，其大部分要求才得到了满足。

思考：宪章派的要求的本质是什么；宪章派希望通过哪些手段来实现其目标；梅特涅会如何看待这些要求。

人民既被要求一概奉公守法，那么我们就要求在立法时毫不迟疑地听取人民一致的意见，这也是合情合理的。我们履行自由人的义务；我们必须享受自由人的权利。因此，我们要求获得普遍选举权。为了避免发生富人的利诱和有权势者的威逼，必须实行秘密选举。为了充分行使我们的权利，在运用这项权利时必须不受任何约束。我们所要求的是实际利益，不是表面利益，我们要求无记名投票。为了达到有益的结果，代表和人民之间必须存在着亲密的关系。为了便于纠正错误、指导工作，立法和选举的权力机构应当经常保持联系。某些错误若能及时接受公众的纠正，原是相当轻微的，但倘若任其在长期的强迫容忍下因循成习，就可能产生非常不幸的恶果。为了保障公共安全，同时为了取得公众的信任，议会必须经常进行选举。因此，我们要求每年改选一次。我们有了选择的权利和选择的自由，那么选择的范围就必须不受任何限制。现行法律强制我们选举那些无法了解或者不太同情我们困难的人为代表，比如那些已经退休、不再感受业务上烦扰的商人；那些对土地上发生的祸患和纠正方法都毫无所知的地主；或是那些追求议会荣誉，只为博取法庭上声望的律师。一个勤勤恳恳地执行职责的代表的工作是繁重的。代表们继续从事于无报酬的工作，这不公平，也不合理，更不妥当。我们要求将来选举贵院议员时，应以选民的意见作为唯一标准，对于通过这种方式选出的代表，在他为公众服务期间，应从国家税收中拨付一笔合理、适当的酬金。到目前为止，有关怎样治理这样一个强大王国的问题，一直被互相倾轧的党派当作达成自私目的的试验品。我们已从个人的惨痛经历中体验到这种后果——欢乐无常，有如微光一闪，随即被漫长而黑暗的苦难岁月所吞没。人民自主的政府即使不能消除他们的一切疾苦，至少可以使他们不出怨言。普遍选举必将给国家带来真正的持久和平，唯有普遍选举才能做到这一点；我们坚信它也会带来繁荣。为此，敬请贵院十分慎重地考虑我们的请愿，做出最大努力，通过合乎宪法的各种方式，制定一项法律，对每个精神健全、未被宣判有罪的法定成年男子，给予选举议会议员的权利，规定未来的议会选举都采取无记名投票方式，每届议会的任期无论如何不超过一年，取消议员资格的财产限制，议员在议会供职期间享有应得的报酬。

请愿人不胜感祷待命之至。

好战的民族主义*

海因里希·冯·特赖奇克

民族主义的理念和运动在 19 世纪获得了巨大的力量。虽然

---

* Louis L. Snyder, ed., *Documents of German History* (New Brunswick, NJ: Rutgers University Press, 1958), pp. 259-262.

它在19世纪上半叶曾得到自由派与保守派的欣赏，但是到了19世纪下半叶，民族主义变得更加激进、更加极端、更加有种族主义倾向——特别是在中欧地区。对于这种好战的民族主义，最知名的支持者是德国柏林大学的历史学家海因里希·冯·特赖奇克(Heinrich von Treitschke，1834—1896)。以下材料选自他的著作，其中特赖奇克阐述了他对民族特性、国家、战争和犹太人的看法。

思考：这些观点具有何种吸引力；特赖奇克为什么这样看待英国人和犹太人；根据这些理念，可能会制定出怎样的政策。

论德国人的性格

深邃的思想、理想主义、全球视野；一种大胆地（或自由地）超越有限存在物之分隔藩篱的超验哲学；熟悉每个人的思想和感情，希望与所有的先贤智者一起畅游全部的思想世界。所有这些，一直都是德国人的性格特征，总是被作为德国人性格和教养的本质而受到褒奖。……

论国家

国家是个道德共同体，它主张用积极的成就来教育人类。其终极目标是，一个民族应该在国家中得到发展，一个民族应该以真正的民族性格而闻名。为了实现该目标，国家是民族和个体的最高的道德责任。当国家处于危难之中时，所有的私人恩怨都必须忘掉。

当国家发出呼唤，说自己危在旦夕时，社会上的一切自私和政党之间的仇恨都应停止。个人必须忘记私利，而把自己看作整个国家的一部分。

国家最重要的财富，亦即它的终极目的，就是力量。任何人如果不能充分认识到这个真理，就不应该插手政治。国家就其自身的目标而言并不是一种物理力量，而是一种维护和促进更高利益的力量。力量要证明自己的合理性，就必须用于人类的最大福祉。增强其力量，这是国家的最高道德责任。

国家的真正伟大之处在于，它联系着过去、现在和未来；因此，个体无权把国家作为实现自己野心的手段。国家行为的每次扩展如果都能唤醒、促进、净化那些自由而理性的人的独立性，那它就是有益的；如果它消灭和阻碍了自由人的独立性，那它就是邪恶的。创造历史的是人。……

只有真正伟大和强大的国家才该存在。小国无法保护自己的子民免遭外敌的入侵，而且它在许多方面都是软弱无力的。魏玛是出了歌德和席勒；但如果这些诗人是德意志民族国家的公民，那么他们将会更加伟大。……

论战争

关于永久和平的想法只是懦弱之辈的白日梦。一直以来，总是生活在疲倦、沮丧和精疲力竭的时代的人们才会幻想永久和平。无数的动人画面表明，正义之战能够在高贵的民族中唤起神圣的爱的力量。想在一个武器林立的世界里保持和平是完全不可能的，即使上帝也会将战争的频繁出现看作是拯救人类的一剂猛药。在伟大的国家，最大的政治过错和最可鄙的东西就是懦弱。这是对圣灵的政治罪恶。

战争令人振奋，因为在伟大的国家概念面前，个体消失了。共同体成员的彼此奉献，只有在战场上才最为壮丽和显著。

论英国人

虚伪的英国人，一手捧着《圣经》，一手拿着烟枪，此外再无其他品质。在世界的每条商路上，英国人全副武装，手持长矛，简直就是一个老牌强盗。

英国人满身铜臭，他们对金钱的热爱已经扼杀了他们的荣誉感和正义感。英国人的好色和怯懦隐藏在他们的油腔滑调中，对于我们这些思想自由的德国人而言，这副嘴脸在英国人本性的所有罪孽中是最恶心的。在英国，所有的荣誉观念和等级观念都在金钱的力量面前消失了，而德国贵族虽然贫穷却具有骑士风范。在英国，用来反对社会粗鄙的最后一个不可或缺的壁垒——决斗——已经过时，将很快消失，并被马鞭所取代。这是粗俗的胜利。在英国，报纸上关于贵族婚礼的报道所详尽谈论的，是婚礼上的客人送了多少礼物或现金。甚至连这个民族的青年都已经把体育变成了商业，他们为了争夺贵重的奖品而竞争；而德国的学生却为了一个真正的或想象的荣誉，让身心经受严酷的考验。

论犹太人

犹太人因其理财能力而一度在德国历史上扮演着不可或缺的角色。但现在，雅利安人已经熟悉了财务的性质，不再需要犹太人了。在国际上，犹太人在不同国籍的面具下，发挥着零零碎碎的影响；他们对世界没有更多的作用。现在，有必要公开地讨论犹太人了，而不必在乎犹太媒体对历史事实的诽谤。

视觉资料

《革命的寓意画》

若拉·德·贝特莱（Jeaurat de Bertray）的《革命的寓意画》（*Allegory of the Revolution*）（见图 17－1）在画面上有一大堆历史象征和革命符号。画面顶部是让·雅克·卢梭的肖像。尽管他从未主张革命，而且早在革命爆发前 11 年就已去世，但当时仍有许多人把他看作法国大革命的精神与智慧之父。在他下方，是法兰西共和国的新旗帜，左边那面旗帜上写着民族主义的口号：爱国。左边更远处是一座倡导平等的三角形纪念碑；碑下有两位少女，分别代表善良和真诚。画面中间，竖着一捆木棒和武器，其顶部有一顶红色的自由之帽。所有这些都象征着公平有力的共和政府。在画面下方则是用于资助革命和偿还债务的纸券（法国大革命期间发行的一种纸币），中间偏右的位置还有一棵自由之树。在画面右边，是两个尚未建成的支柱：一个献给新的道德风气和《人权宣言》，另一个献给法国大革命。就在这两根支柱下方的背景处有几件象征物，代表着维护和捍卫革命的坚强决心：断头台、大炮和士兵。而在前景处，则是一个头戴自由帽的农民在播种。这幅画汇集了革命意识形态的许多象征和元素。它完成于 1794 年，正值革命最激进的阶段。

思考：这幅画与《人权宣言》以及启蒙运动之间有什么联系；这幅画怎样体现了旧制度的废除。

图 17－1

巴黎卡纳瓦莱博物馆提供

内乱与恐怖时期

人们常常曲解恐怖时期，把它想象成一个随机的、毫无目的的残暴局面。要对恐怖时期形成更清晰的认识，有一种方法是利用地图和统计数据，它们能显示恐怖活动的地点、密集程度和受害者的身份。以下两幅地图（见地图 17－1 和地图 17－2），根据不同地区，比较了当时的内乱程度以及法国各地的死刑数量。图表 17－1 显示的是 1789 年法国各阶层的人口百分比。为了对比，图表 17－2 显示出从 1793 年 3 月至 1794 年 8 月在恐怖时期内被处死人员的社会阶层分布情况。

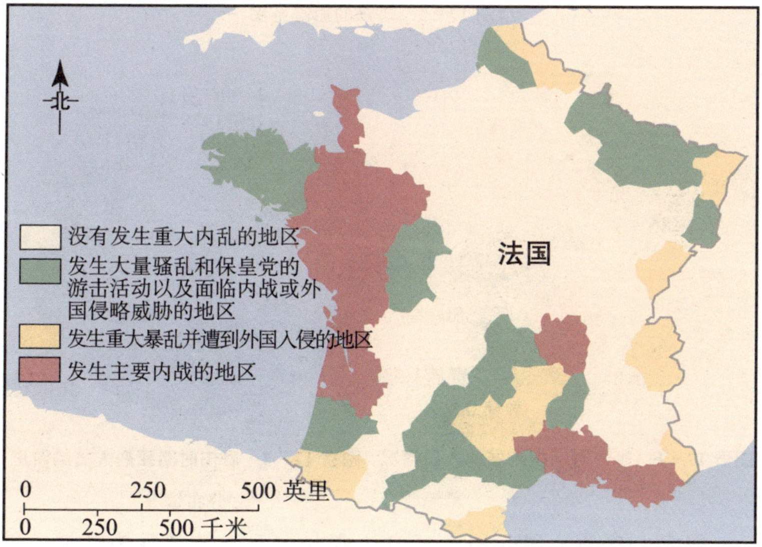

地图 17－1 内乱的情况

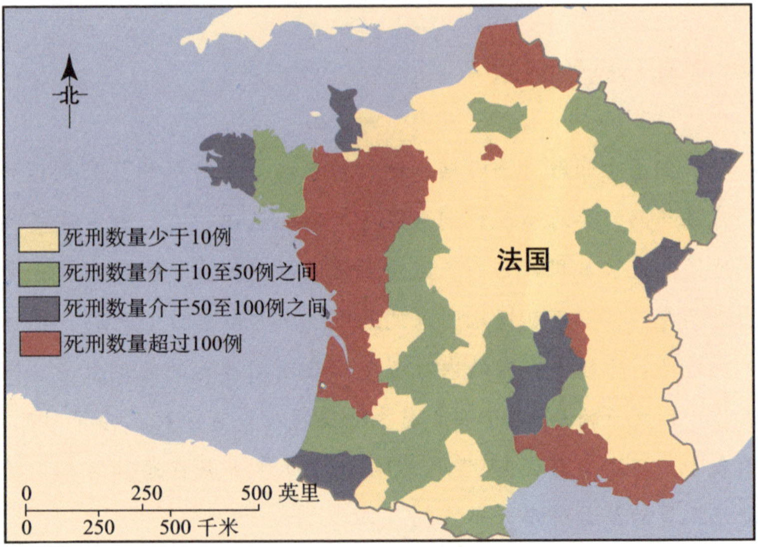

地图 17－2　恐怖的影响范围

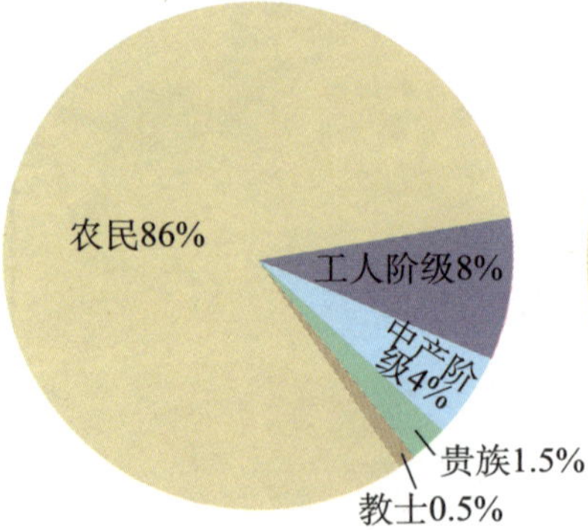

图表 17－1　恐怖时期各阶层的人口情况

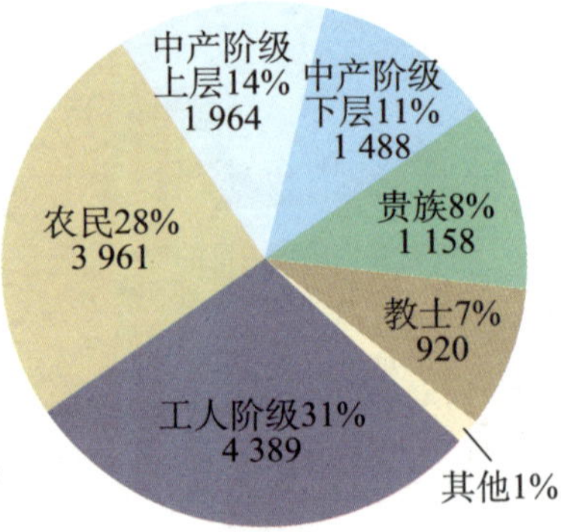

图表 17－2　恐怖时期死刑人员的阶层分布情况

思考：这些地图和图表可以从哪些方面支持"恐怖时期不是随机或无目的的"看法；根据这些地图和图表，请谈谈为什么会出现恐怖时期，它带来了哪些后果。

波拿巴巡视雅法疫区

尽管英国在埃及的阿布基尔湾取得胜利，消灭了法国的海上力量，但拿破仑仍然打算征服近东（通过陆路）。1799 年 2 月，法国军队从开罗向东北方向的加沙和拿撒勒开进。虽然打了些胜仗，但法国人并没有控制这些地区。为了驱赶失落感，拿破仑要求艺术家创作一些展现胜利形象的绘画作品。

1804 年，安托万-让·格罗斯（Antoine-Jean Gros，1771—1835）以 1799 年的近东战役为题材，呈献了下面这幅作品（见图 17－2），它显示了英雄拿破仑的人文主义情怀、博爱和贵族气质。该画作所描绘的是雅法战役后，拿破仑于 1799 年 3 月 11 日进入圣地（雅法的巴勒斯坦城）的一座清真寺（带有马蹄形拱廊和尖形拱廊）的庭院。这里是收治瘟疫患者的地方，里面躺着患黑死病的病亡者。当时，这场瘟疫刚刚在阿拉伯的守军中爆发，并蔓延到法国。而当瘟疫爆发时，一开始，拿破仑还让他的总医务官德热内特（就在拿破仑的右后方）否认疾病的存在。在这里，拿破仑试图阻止恐慌并激励部队，他表现出不怕被传染的样子，并承诺病患者将得到很好的照顾。此时，拿破仑显然不惧怕瘟疫，他甚至用手触碰一位染上可怕的腹股沟腺炎（这种病会使人淋巴结发炎肿胀，通常都会导致死亡）的法国患者。他也许是想传达一个意思，即他的触摸可以奇迹般地使患者痊愈。紧跟在拿破仑左后方的是一位比较小心谨慎的官员，他用手帕遮住脸，想挡住病人和死者身上的恶臭。在画的前景位置，躺着已经死去和病痛难忍即将死去的人。左边，穿着白色长袍的阿拉伯医师正在照料病人，一名助理在向需要的人分发面包。右边，一个盲人靠在柱子上，他试图接近拿破仑。在画面的右下角，一位正在照顾士兵的医生自己也染病死去。而画面的背景是雅法地区白色的方房和高耸的尖塔。在画面的中间偏上位置，法国的三色旗高高地飘扬在方济各会修道院的楼顶上。

图 17－2

法国国家博物馆联合会提供

实际情况与这幅画所呈现的历史图景是不一样的。在雅法战役中，拿破仑曾经同意，如果敌军投降就给他们一条活路。然而敌人放下武器后，拿破仑却下令屠杀了 3 000 名战俘，掠夺了整个城市。直到 1799 年 5 月，法国军队才撤回埃及。

思考：艺术家想给观众传达什么信息；高水准的艺术如何被用于宣传的目的。

第二手资料

《法国大革命的来临》*

乔治·勒费弗尔

在所有的现代历史事件中，关于法国大革命的研究大概是最详尽的，人们投入了最大的热情。这方面的历史文本非常多，以至于这种编史工作本身就是对大量书籍和文章的研究。关于法国大革命，人们争论的核心问题之一是其原因，而这也是下述材料——选自乔治·勒费弗尔（Georges Lefebvre）所著的《法国大革命的来临》（*The Coming of the French Revolution*）一书——所要讨论的问题。在 1959 年逝世之前，勒费弗尔一直是巴黎索邦大学法国大革命史的资深教授。他对法国大革命的研究在史学界受到高度尊重，尽管有许多历史学家与他存在很大分歧。

思考：在勒费弗尔看来，法国大革命最重要的原因是什么；这种解释如何将法国大革命同其他地区联系在一起；它又怎样综合考虑了社会、经济与政治因素；第一手资料可以在哪些方面支持他的观点。

导致 1789 年法国大革命爆发的根本原因，深深地植根于法国和西方世界的历史中。18 世纪末，法国的社会结构是贵族制的。这种社会结构所反映的时代特征是，土地几乎是唯一的财富形式，而

---

* Georges Lefebvre, *The Coming of the French Revolution*, R. R. Palmer, trans. (Princeton, NJ: Princeton University Press, 1947), pp. 1-3.

土地的拥有者则是那些需要在土地上劳动和生活的人的主人。确实，在古老的斗争过程中，国王已经可以剥夺封建领主的政治权力，并要求贵族和神职人员服从他的威权。但是他仍将他们放在社会等级的第一序列。虽然作为国王的“臣民”会让他们焦躁不安，但他们仍然享有特权。

与此同时，工商业的增长逐渐产生一种新的财富形式（即流动的商业财富）和一个新的阶级（在法国，它被称为资产阶级）。自 14 世纪起，资产阶级就作为第三等级参与王国的三级会议。随着 15 和 16 世纪的海上大发现以及随后的新世界探险，资产阶级变得越来越强大。此外还有一个原因就是，资产阶级对于君主政权也是非常有用的，它不但能够为王室提供金钱，还能提供有能力的官员。在 18 世纪，商业、工业和金融业在国民经济中日益占据重要地位。正是资产阶级在危急时刻拯救了皇家的国库。从这支队伍里涌现出了大部分的自由职业者和公务人员。资产阶级发展出一套新的意识形态，而当时的“哲学家”和“经济学家”只是为它赋予了明确的形式而已。贵族的作用相应地衰落了；而教会的神职人员，作为失去威望的理想阶层，发现自己的威权也逐渐式微。虽然这些群体在国家的法律结构中仍处于最高等级，但实际上，他们的经济实力、个人能力以及对未来的信心早已远远不如资产阶级。这种不协调的矛盾状况不会持续很久。1789 年的革命就重新理顺了事实和法律的关系。到了 19 世纪，这种转变在整个西方乃至全世界蔓延开来。从这个意义上说，1789 年的理念遍及全球。

贵族的革命*

唐纳德·萨瑟兰

乔治·勒费弗尔对法国大革命爆发原因的解释，成为关于革命起源的一种“经典解释”。近年来，这种解释日益受到历史学家的强烈批评。其中，大多数人反对勒费弗尔的社会经济视角，而更倾向于从政治角度进行分析。在下面的材料中，唐纳德·萨瑟兰（Donald M. G. Sutherland）对这场争论进行了评论。

思考：反对经典解释的那些观点的根据何在；为什么“排他主义”对于这些解释如此重要；主张经典解释的学者会怎样回应这些攻击。

历史学家曾经十分自信地描述法国大革命的起源。他们惯用的概念是“贵族的反动”。这个概念有几层意思。在政治上指路易十四的专制主义的瓦解；在许多人看来，专制主义损害了贵族的独立性及其特权。地方的最高上诉法院（巴黎的最高上诉法院在当时最重要）是在背后推动贵族攻击的强大动力。它们能把登记法律和布告的权利，转化为对王室立法活动的否决权。因此，王权被削弱了不少。这一点在社会领域也有所体现。18 世纪，贵族终于得以垄断政府、军队、教会和司法机关中的最高职位。而这反过来又影响到资产阶级。由于无法爬上当时主流社会政治体制的顶层，因此，资产阶级逐渐疏离于政坛和名流社会。他们无法实现自己最高的理

* Donald Sutherland，*France*，*1789—1815*（Oxford University Press，1986），pp. 15-18.

想，他们的忠心变得勉强，他们甚至开始暗地批评现存的社会体系，最终，他们充分利用了1788年至1789年的政治危机，彻底推翻了旧秩序。因此，社会流动性的危机正是旧政权的诸多危机之一。

这种观点具有不可抗拒的吸引力，因为它不仅简练，而且可以解释很多事实。它帮助人们理解路易十四的统治、18世纪以及法国大革命。革命与反革命之间的较量被简化为两个角色（即资产阶级和贵族）的斗争，它们在路易十四的统治末期首次开始较量。当然，贵族失败了。但到了19世纪，新一轮的较量又开始了，斗争双方变成了资产阶级和工人阶级。

不幸的是，过去20年来，许多研究和反思性的批评让上述关于大革命爆发原因的经典解释完全站不住脚了。首先，这种解释更多是假设而没有证明“贵族持续垄断高级职位”这一点。此外，它还假设17世纪的社会要比后来的社会更加开放，然而它所依据的只是一些不完整的证据以及当时人们的部分抱怨。事实表明，圣西门公爵的著名断言——路易十四抬高了“卑鄙的资产阶级”的地位——在大主教的问题上是错误的，在政府部门的情况中也只部分正确且有很大误解，而在军队官员的问题上则无法确定。……

如果更仔细地考察“贵族排他主义”的主要迹象，我们会发现，各种约束和限制主要是为了排斥那些富有的新贵族，而不是正在上升的资产阶级。……因此，旧制度下的贵族阶层相对比较年轻，仍处于不断的更新过程中。

第二等级的大门向有能力的人敞开，但首先是向有钱的人敞开。社会因此能够吸引那些最有冲劲、最富创业精神和最有抱负的财阀。……

针对经典解释的这种修正和批评，使得人们重新强调大革命的政治原因。如果贵族一直占据主导位置，如果所有的“排他主义”推论在解释上都成问题，如果上升的机会远远大于设想的情况，如果贵族和中产阶级拥有的经济功能和利益是相似的，那么我们就必须放弃原先的看法，即大革命源自这两个截然不同的阶级之间的斗争。政治因素仍然存在。资产阶级和贵族阶级可以联合起来，推翻专制主义，支持自由宪法；但是根据持修正意见的史学家的看法，这两个阶级仍会在下列问题上发生争执：或是关于革命的手段，或是因为失去了政治领导权，或是关于政治危机的表现形式，甚或是关于“风格”这样的无形之物。

评价法国大革命*

威廉·多伊尔

虽然大部分人都会承认，法国大革命期间发生了迅速而巨大的变化，但是我们很难评价这些变化是表面的还是实质性的。不少历史学家的结论是，尽管大革命提出许多主张，但大部分的许诺都没有兑现。也有一些人认为，许多曾被归因于大革命的东西也许早已产生。在下面的材料中，威廉·多伊尔（William Doyle）试图在上述两种观点之间谋求平衡。

思考：对于那些很可能早已出现的变化，多伊尔是如何确定的；他认为什么才是大革命的直接后果；那些通常反对革命的人可能会怎样利用多伊尔的论述。

---

* William Doyle, *The Oxford History of the French Revolution* (Oxford University Press, 1989), pp. 423-425.

因此，法国大革命的阴影贯穿了整个19世纪及其随后的一段时期。直到1917年，几乎所有人都认为，它是世界史上最伟大的一次革命；甚至在此之后，它所倡导的内容仍有巨大的影响。这是历史上第一场现代革命，是现代革命的原型。此后，欧洲的一切都发生了变化，我们都受到它的影响。然而许多被归因于大革命的事情，很有可能在此之前就已经发生了。有大量迹象表明，早在1789年以前，法国社会的结构就越来越受到某个精英集团的支配，其财富远远高于其出身。支撑这种发展的资产阶级人数的长期膨胀，似乎已成不可逆转的趋势；而有钱人也越来越多地参与政务活动，对于这一点，正如省议会的长期试验所表明的那样，似乎注定要发生。此外，由革命所带来的许多变革，其实在君主专制时期就已经有所考虑或试行了，如编纂法典、使财政合理化、减少贪污受贿、实行自由贸易和宗教宽容。在所有这些正在进行或计划进行的变化中，政府的权力似乎也在逐步增强。不过，具有讽刺意味的是，这也正是在1789年困于专制统治的人们的一种抱怨。在教会方面，修道士的理想已经沦丧，各教区神职人员的悲惨状况需要越来越多的公众同情。在经济方面，法国的殖民贸易已经见顶，在工业化上日益无法与英国竞争。同时，其他领域也发生了巨大的改变。保守的投资习惯仍是19世纪早期的特点，农业的惰性和非企业化的商业也是如此。在国际事务方面，我们很难相信，如果法国大革命不曾发生，英国就不会在19世纪主宰全世界的海洋和贸易，奥匈帝国同普鲁士的战争就不会是后来那样的进程，拉美各国就不会以这种或那种形式宣布独立。对于所有这些情况，法国大革命只不过是加速或延缓了某些趋势，并没有改变它们的总方向。

与此相反的是，我们也同样难以相信，如果没有法国大革命中搅和在一起的诸多意外、错估和误解，还会出现这种专门反对贵族、反对封建、高举“人权”大旗的革命意识形态。同样很难相信的是，如果没有导致革命者与天主教会之间产生纷争的重大误判，还会发生“去基督教化”这样惊人的事情。如果没有这次纷争，教皇也不可能戏剧性地重获威权。代议制政府在当时也许已经出现，但如果没有激进的共和派运动，这种人民民主的理想又能持续多久呢？它确实改变并拓展了英格兰议会改革的历史趋势，尽管满手鲜血的激进的共和派同时也会激起保守派的抵抗。最重要的是，革命者走向战争的决定——所有的历史学家都认为，这使大革命成为一场彻底的革命——破坏了已有的战争模式，因为没有哪个旧政体的政府曾经做到这一点。让人民拿起武器去战斗，他们对此难以想象。战争的紧急局面带来了“恐怖时期”，它在我们关于大革命的记忆中让人无法忘怀。大屠杀不是什么新鲜事，而且 18 世纪 90 年代最严重的大屠杀也不是发生在法国。但是一个政府有组织地、连续数月地把一车一车的反对者推上断头台（无论这种装置被说成有多么人道，但它毕竟让大街上血流成河），这种事情却闻所未闻、难以想象。而这就发生在所谓最文明的欧洲国家！这一国家的作家在 18 世纪还曾为自己越来越多的宽厚、善识和仁爱而感到骄傲。这部大戏改变了政治变革的全部意义；如果没有它的发生，我们就难以理解今天的世界。

换言之，它使人类的前景发生了改变。

妇女与《拿破仑法典》*

邦妮·史密斯

无论怎样评价拿破仑及其统治，大多数历史学家都指出，《拿破仑法典》(Napoleonic Code，以下简称《法典》)，这部编排合理的法律体系是拿破仑最重要、最持久的遗产之一。《法典》体现了启蒙运动和法国大革命的许多原则，并被欧洲其他国家和西半球地区修改采用。虽然人们普遍认为《法典》是一套进步的法律体系，但现在有历史学家指出，它对妇女而言也许是一种倒退。以下材料选自邦妮·史密斯(Bonnie G. Smith)的《改变生活：18世纪以来的欧洲女性史》(*Changing Lives*: *Women in European History since 1700*)一书。其中，她分析了《法典》对于妇女的意义。

思考：《法典》怎样使女人在法律和经济上依附于男人；《法典》认为什么才是"妇女的恰当角色"，什么又是"男人的恰当角色"。

首先，妇女婚后取得其丈夫的国籍。这使得妇女与国家之间变成一种间接关系，因为这要看她的丈夫是哪国人。其次，妇女必须住在丈夫想住的地方。妇女不能在法庭上进行诉讼或充当证人，也不能为诸如出生、死亡、婚姻等民事行为作证。女性的公民地位在降低，从而巩固了男性的公民地位。此外，就算这部法典没有消

* Bonnie G. Smith, *Changing Lives*: *Women in European History since 1700* (D. C. Heath and Company, 1989).

除，它也至少减轻了男人在性行为方面的责任，并把这项责任直接扔给了妇女。例如，男人不再轻易被要求参与生父确认的诉讼程序，不再有法律义务抚养私生子。女人若有了私生子，她们就会有经济负担；男人若有了私生子，却不会受到影响。最后，女人如果通奸，就会被监禁和罚款（除非丈夫怜悯她，把她接回家）。但如果是男人出轨，则不会受到制裁（除非他们把性伴侣带回了家）。女人的性行为受到法律的约束和监督，而男人的性行为几乎全都不涉及犯罪。因此，男人的性行为几乎没有限制，但女人的性行为则必须严格限定于家中。《法典》明确规定，妇女必须拥有美德。从此，这个术语在民法的定义里就有了性别的含义。

《法典》还规定了妇女在新的关于婚姻、母性和家庭关系中的位置，而所有的公共事务则全由男人决定。财产法律的相关规定通过切断妇女经济独立和在家庭之外生存的可能性，更加有效地确保了这条界限。一般来说，一个女人没有财产控制权。即使她在婚约中专门约定了她对嫁妆的使用权，她的丈夫也仍然有权对其管理。丈夫与父亲的管理权取代了专制的家长制，更加符合现代的政府理念。就像父亲是为了增进家庭的福祉一样，现代的政府官员也是为了服务国家的最大利益，而不是国王的荒诞念头。对妇女的这种经济控制，体现在社会的各个阶层。妇女的收入要交给丈夫；未经丈夫允许，妇女不能从事任何商业活动。她们得到了丈夫的允许，才算是获得了某种合法地位，否则妇女经商是要遭到起诉的。另一方面，她也无法控制自己的收入，因为这些钱往往都要交给她丈夫。当时的法庭记录表明，这种经济控制一直在延续。此外，这种权利还意味着，丈夫会将这些财富传给子女而不是妻子。从严格意义上讲，所有这些规定都表明，妇女并不能自由或独立地行动。

《法典》影响了许多欧洲和新大陆国家的法律制度，它为对待女性的法律条款奠定了一个广泛的基础。通过将自主权和经济物资从女性手里转移到男性手里以确立男性的权力，《法典》规定了此后一个多世纪的性别角色。“从《法典》对待妇女的方式，你就可以看出它是由男人编写的。”上了年纪的妇女就是这么评价新法典的。各种妇女出版物对于这种从天而降的压制政策纷纷表示抗议。甚至在19世纪20年代，任何一本向妇女们解释《法典》的书籍也常常激起她们的愤怒。为《法典》的条款进行辩护的人，常常会提醒人们注意男性的侠义精神和女性的弱点。他们的论述以天性为基础，由此指出所有男人的平等地位，并强调女人在身体方面的劣势。“看看人的天性”，一位作家认为，“与女人缺乏活力、天性谨慎的弱点相比，男人更积极、更自信，具有更强大的力量。”在编纂《法典》的那个时代，编纂者看待“天性”有两种方式。就男人而言，“天性”意味着抽象的权利。而在妇女看来，由于身体素质不如男性，因此“天性”成为某种具有经验性的东西。男人无论个头高矮都是平等的，可女人因为比男人瘦小，就无法获得平等的地位。

因此，在法学家看来，女性需要保护，并且这种保护必须放在家庭环境中。他们坚持认为，法律应保护妇女免受男性个体的侵害。因此，立法者应该通过法律正式为没有权利的妇女开辟出一片私人空间。同时，法律应保护妇女免受以前所遭受的虐待。少数可能造成恶果的虐待行为并没有被法学家视为严重的缺陷。他们认为，《法典》“确保了世袭财产的安全，恢复了家庭的秩序”。旧制度将女性视为一种“等级”形式，这意味着妇女的处境将从出生一直持续到死亡，都不会改变。对法学家来说，这不算什么大问题。

主张社会流动性的男性已废除了等级，但这副枷锁依然套在妇女身上。

当《法典》生效时，除了“兄弟与姐妹享有平等的遗产继承权”的条款外，与妇女有关的自由的、革命的内容几乎没有得到任何延续。《法典》为财富的统治和个人的成功扫清了道路。它引导了一个以充满活力、勇敢无畏的男性为标志的变动的时代。但是对于女性，《法典》几乎没有为她们在获得成就或成为英雄方面留出空间。相反，女性的领域仅限于美德、生育和家庭。

1848 年革命*

约翰·魏斯

长期以来，1848 年革命一直是历史争论的核心问题。对一些人来说，1848 年革命代表着维也纳体系的终结；对另一些人来说，它代表着自由主义与保守主义之间的一场伟大较量；还有一些人认为，它代表着自由主义、民族主义、社会主义与浪漫主义的相互碰撞。也许，最持久的史学传统会将 1848 年看作是历史的“错误”转折点。约翰·魏斯（John Weiss）对 1848 年革命的解释，就反映了这方面的争论。在下面的段落里，他没有强调自由主义的作用，而是强调工匠和农民在这场革命中的作用。

思考： 在魏斯看来，革命爆发的社会、经济原因是什么；魏斯如何证明他的这个结论，即 1848 年的革命不应当被贴上自由主义的标签。

* John Weiss, *Conservatism in Europe* (Thames & Hudson, Ltd.), p. 56.

1848年革命是欧洲的最后一次革命（那些因战败而引起的革命除外）。而对1848年革命的镇压，也是上述各种半封建的保守主义变种的最后一次胜利。从前给这场革命贴上自由主义的标签，这是一种误导。1848年的革命由工匠和农民发起，并得到他们的推动和捍卫；这些人要么是为了尽力维系传统秩序的某些因素，要么是因为自己的地位遭到自由商业资本主义的侵犯。的确，在战争爆发初期，自由派承担了领导者的角色，但它想要的是改革而不是革命。况且自由派并不代表整个中间阶级，而仅仅代表那些具有政治觉悟的专业团体——律师、公务员、教师和学生。大众并没有追随欧洲自由派的改革，而中间阶级通常也没有清晰地意识到，阶级敌人正在像1789年那样阻碍他们的社会流动性。因此，对于自下而上的社会剧变的可能性，他们更为警觉。

革命的自由派领导者被自己人所孤立；而且事实已经证明，他们既不能给暴动中的工匠和农民提供什么，也不会那么轻易地得到保守派的承认。只有在匈牙利和意大利——在那里，民族主义者鼓动群众起来反抗奥地利人——才有真正的全面的暴力革命。而在别的地方，我们只看到零星的城市暴动和农民起义。除了法国，其他国家的那些惊恐万分的保守派其实从来没有被推翻；它们仅仅做了些表面让步，暂时收起锋芒，等到革命力量明显暴露出弱点时卷土重来。法国东部的传统势力仍然支配着前工业社会的社会特征。而工业无产阶级，在1848年革命中也几乎没有发挥什么作用，因为革命的爆发有其常见的传统原因：1846年和1847年是欧洲农作物歉收最严重的时期，饥荒、通货膨胀、市场萎缩和失业都是由此而来的。

第 18 章

西方的工业化、社会变革与文化（18世纪末至1914年）

18 世纪末，工业革命始于英国，它改变了 19 世纪西方社会的经济生活，并在 20 世纪波及全球。拿破仑倒台后，工业革命传入西欧；到 19 世纪末，它已在西方大多数国家发生。空前的经济增长、工厂化的生产体系、使用人工驱动的新机器从事运输和机械运作，是工业革命的显著特点。工业革命的潜力巨大，因为人类第一次有能力生产出远远超过维持自身所需的产品数量。然而这种潜力能否实现，又将付出怎样的代价，还有待历史的检验。

工业化带来了巨大的社会变革，也给中产阶级和工人阶级带来了深远的影响。不仅其人数和社会影响力在增长，而且其工作和生活的城市数量也在增长。不过，受益最大的还是中产阶级，生活水平改善了，社会地位得到提高，政治影响力也日益加强。而工人阶级在工业化早期是否受益，则一直是历史学家争论的问题。显然，工人阶级承受着城市的社会问题所带来的负担：拥挤不堪的贫民窟、恶劣的卫生条件、匮乏的社会服务以及一系列相关问题。随着工业化的传播，贵族、农民和工匠这些与传统农业经济和古老生产方式紧密相连的阶层，在数量上不断减少，其社会重要性也逐渐衰落。

这段工业化和社会变革时期，同时也是一个知识与文化激荡的伟大时代。某种程度上，这种激荡是思想家、艺术家和作家对工业化本身及其相关发展（比如城市化）的一种反馈。城市中产阶级的人数、财富、权力和威望的增长，也许是这场知识与文化激荡的更重要的内容。中产阶级日益宣扬自己的价值观和看法，并将这些内容反映在其思想和创作中。同时，中产阶级不断上升的思想和文化影响力也受到各方的挑战，尤其是来自那些对工人阶级问题更加敏感的人，或是那些观点更为保守的人的挑战。

本章资料涉及上述经济、社会和文化变革。关于工业化，本章主要关注工业革命的起源和传播，特别是英国的情况。关于社会变革，本章将重点讨论那些对工人阶级和中产阶级——它们是与工业化联系最密切的阶级——产生重大影响的变化。这里，本章还会特别关注经济和社会的变化对于当时妇女的意义，以及她们对待这些变化的态度。至于文化变革，我们的重点是：第一，当时主要的知识和文化流派，如达尔文主义、马克思主义和弗洛伊德主义；第二，工业化早期最重要的文化风格，即浪漫主义。

本章和上一章对 19 世纪的欧洲文明进行了深入的研究。当时，欧洲在很多方面都达到了相当高的程度。而后面几章将着重介绍美洲、亚洲和非洲的情况，它们在内部动力与欧洲文明的双重影响下向前发展。

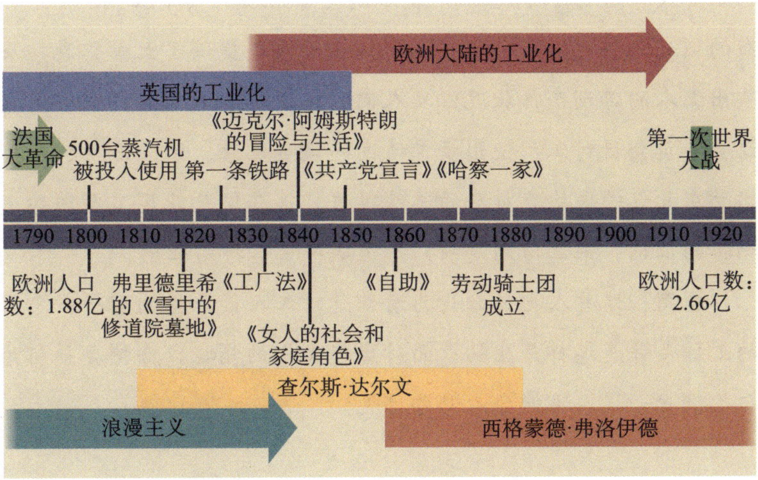

第一手资料

为 1833 年《工厂法》采集的证词：英格兰的劳动条件*

工业化很快就让人们感受到社会和经济的广泛变化。其中，最令人震惊的变化发生在新的工厂和矿山的工作条件方面。在工业化早期，政府很少管理劳动条件，再加上缺乏有效的劳工组织，因此，劳动者完全受工厂主的支配，而后者在竞争中一味地追求经济利益。19 世纪三四十年代，英国议会对这些工厂和矿山

* Commission for Inquiry into the Employment of Children in Factories, *Second Report, with Minutes of Evidence and Reports by the Medical Commissioners*, vol. Ⅴ, Session 29 January—20 August, 1833 (London: His Majesty's Printing Office, 1833), pp. 5, 26-28.

的工作条件进行了调查，并最终制定了相关法律，如1833年颁布的《工厂法》(Factory Act)。议会的调查提供了大量信息，反映出工人的劳动条件状况以及人们的态度。以下三则材料就选自议会委员会针对工厂使用童工情况的调查记录。第一份材料是英格兰东北部的医检委员会的总结报告。第二份是纱厂工人约翰·赖特的证词。第三份则是纱厂厂主威廉·哈特的证词。

思考：这些人把什么行为看作是对工人最严重的虐待；恶劣的工作条件是怎样产生的；面对虐待工人的指控，哈特会如何为自己辩护；证人可能会有哪些偏见。

医检委员会的证词

在英格兰东北部的大城镇，制造业人口的身体状况不是很乐观。负责调查当地情况的委员会官员说："我们发现，的确存在5岁的孩子每天工作13个小时的情况，而且经常看到有9到11岁的孩子每天工作14到15个小时。"该官员经过调查确认说，在很多情况下，高强度劳动使孩子的身体变得"畸形"，而更多的人则是"发育不良，肌肉松弛，身体纤瘦"，"长骨两端扭曲，膝盖踝关节等部位的韧带松弛"。"这种情况十分普遍，以至于人们很容易就能将工厂童工与其他的孩子区分开来。虽然我可以毫不犹豫地说，这种描述有些夸张和不实，但同时必须指出的是，由高强度劳动所造成的这些情况还是常见的，它绝不是个别情况……

"概言之，在我看来，有一点是毫无疑问的：在工厂的现行体系中，需要并且应该对童工予以立法保护，以阻止其老板和父母超出限度地剥削他们。

“最后，我认为，孩子们每天要承受极不合理的、残忍的工作时长，成年劳动力每天须完成一般人难以承受的工作量，这些情况都是确实存在的。我认为，未满 14 岁的孩子，在各类工厂的工作时间每天不应超过 8 小时。而 14 岁以上的孩子，我建议，在任何情况下，每天的工作时间都不应超过 12 小时。如果有可能的话，作为一名医生，对于那些靠劳动养家糊口的工人，我建议其工作时长最好限制在 10 小时以内。”

约翰·赖特的证词

你在纱厂干多久了？——30 多年了。

是小时候进厂的吗？——是的，在五六岁的时候。

你那时每天工作多长时间？——30 年前就跟现在一样。

时间都是怎么安排的？——每天工作 11 小时，还有 2 小时的加班，加班时间是从晚上 6 点到 8 点。而通常的上班时间是从早晨 6 点到晚上 6 点，另外就是 2 小时加班，大约 50 年前就开始加班了……

那么，为什么工人说他们的工作环境十分恶劣？——第一，很多工人都挤在狭小的房间里工作，有些里面挤着 40 人，有些挤着 50 人，还有些挤着 60 人，据我所知，最多有 100 人挤在一起的情况。这既损害健康又影响成长。第二，厕所设在工厂里面，常常发出恶臭。以后再建纱厂厂房时，这一点应该引起注意，要在厕所门与厂墙之间留出一定的距离。第三，工作过程沉闷乏味、千篇一律，让工人们感到十分压抑，毫无生气。第四，孩子们每周都被迫劳动或是被关在工厂中长达 76 个小时，这也太过分了……第五，一年里大约有 6 个月的时间，我们不得不使用煤气、蜡烛或酒精灯。这样，在一天之中，我们最长有将近 6 个小时不得不在烟雾和煤烟里工作；此外，工厂还使用大量的油脂灯来照明。

现行的劳动体制造成了哪些影响？——在我最早的记忆中，我发现它对劳工的健康非常有害。我经常注意到，在工厂工作的孩子不能走路，而这完全是由过度劳动和被关在工厂里造成的。工人们身体状况的恶化程度简直无法用语言来描述：我的两个姐妹不得不一次次地在工厂和家庭中忙碌，直到她们不能再走路，双腿完全残废掉。第二，我记得是在 10 或 12 年前，大约 25 个人和我一起在马格斯菲特最大的公司（它属于贝克先生和皮尔逊先生）里干活。在那里，符合老板要求的雇员还不足一半。那些好不容易四肢健全的人却身材矮小，在力气上完全不能跟他们的父辈相比。第三，过度劳动和活动限制，经常使人食欲不振；郁闷和倦怠渐渐渗入工人的身体，甚至进入骨髓，掏空我们的肉体和力量，直到我们身体衰竭，化成灰烬。第四，劳动时间的延长，让越来越多的残疾人出现在城镇的各个角落，这些都是我个人的观察和理解。……

所有这些残疾都是在纱厂里造成的吗？——是的，我想是这样。……

威廉·哈特的证词

把劳动时间减少到 10 个小时，对你的生产有什么影响？——这会降低我的工厂和机器的价值，对我的生产极为不利。

这怎么会呢？——它们的价值是根据一定时间内的产量来计算的。每台机器的价值与它在一定时间内的产量成正比。机器工作 10 小时的产量，不可能多于它工作 12 小时的产量。如果说操作机器是个艰苦的工作，那么产量的差别也许不会总跟工作时间的差别成正比；但在我的纱厂（纱厂通常都是这样）里，对劳力的需求是最少的；因此，机器工作 10 小时的产量，肯定比不上工作 12 小时的产量。在生产效率一定的情况下，产量会随着工作时间的长短而变化。

劳动骑士团：　工人的联合*

随着工业化在欧洲和北美的传播，工人们发现自己在很多方面都受到了侵害。特别是技术工人注意到，机械化控制了工作的节奏和产量，侵蚀了他们的重要地位。一旦独立的工匠离开家庭和作坊而成为工人，他们就会发现自己被卷入工厂中。在那里，他们要面对长时间的工作强度、恶劣的劳动条件和低廉的工资。尽管美国工人没有成立社会主义政党，但他们成立了劳工联合会，以保护他们作为独立技术工人的地位。劳动骑士团属于美国第一批全国性的跨行业组织，旨在解决工业化带来的问题。它是全国罢工运动的中心，后被熟练技工人员的组织——美国劳工联合会——所取代。以下材料选自劳动骑士团章程的序言部分，该章程于 1878 年 1 月 3 日在宾夕法尼亚州通过。

思考：这份文件反映了工人们所面对的哪些问题；该如何为他们的要求进行辩护；劳动骑士团的目标是什么；请比较其目标与现今的工会目标。

* Terrence V. Powderly, *Thirty Years of Labor* (Philadelphia, 1890), pp. 128-130. 译文参考周一良、吴于廑主编：《世界通史资料选辑·近代部分》（下册），124～126 页。

近年来财富积累的惊人速度和掳掠，如不加以制止，势必导致劳苦大众的日益贫穷和绝望的堕落。如果我们渴望享受幸福生活，那么就必须立即制止这种敛聚和不公正的积累，采取一种能够确保劳动者获得劳动果实的制度。这一众望所归的目标只能通过劳动者的联合来完成，只能通过那些遵守神圣诫令——“你必汗流满面才得糊口”[①] ——的人们的共同努力来完成。因此，我们组织了这个劳工骑士团，旨在凭借工人阶级的通力合作维护我们的组织和方向。我们向世界人民宣传我们组织的目标，并向那些坚信“最大多数的人获得最大利益”[②] 的人们发出呼吁，请他们支援和帮助我们……

> 二、确保劳动者获得他们所创造的财富的合理部分，拥有更多的业余时间，享有更高的社会地位，获得更多的福利、特权和薪酬。总而言之，要让他们获得所有必需的权利和特权，使之能够享受、体味、捍卫和保全一个好政府所能赋予的幸福生活。……
>
> 四、建立合作性机构，管理生产和分配。
>
> 五、作为人民遗产的公共保留地，应该交给真正的移民；再也不要把一英亩地留给投机者或是用来修铁路。
>
> 六、废除所有不平等地对待资本家和劳工的法律；消除司法行政中不公正的技术环节、拖延和歧视问题；采取相关措施，保障从事采矿业、制造业或建筑业工人的健康和安全。
>
> 七、制定法律，强制那些特许公司以国家的法定货币的形

① 见《旧约·创世记》3：19。

② 英国功利主义者的口号。

式，每周向劳工们发放本周工作的全额工资。……

十、无论何时何地，只要雇主和雇工都愿意平等对话，就可以用仲裁来代替罢工。

十一、禁止在工场、矿山和工厂中雇用 14 岁以下的儿童。

十二、不再允许通过契约租用在监狱和劳教所里服刑人员的劳动力。

十三、确保男女同工同酬。

十四、劳动时间缩短至每天 8 小时，使劳动者能有更多时间结交朋友，提高知识水平，享受他们的脑力发明——节省了大量劳力的机器——所带来的好处。

《共产党宣言》*

卡尔·马克思　弗里德里希·恩格斯

尽管马克思主义最初只是诸多激进理论之一，但是后来，它被证明是挑战工业资本主义和中产阶级文明的最具活力与影响力的理论。《共产党宣言》（*Communist Manifesto*）是马克思主义最简洁、最流行的表述。该作品由卡尔·马克思（Karl Marx，1818—1883）和弗里德里希·恩格斯（Friedrich Engels，1820—1895）共同撰写，并于 1848 年首次出版。马克思生于德国，精通历史和哲学，是伟大的新闻记者、作家和革命家，一生的大部

---

* Karl Marx and Friedrich Engels, *Manifesto of the Communist Party*, 2d ed (New York: National Executive Committee of the Socialist Labor Party, 1898), pp. 30-32, 41-43, 60. 译文根据《马克思恩格斯选集》，2 版，第 1 卷，271、285～286、293～294 页，北京，人民出版社，1995。

分时间都客居伦敦。他的合作者恩格斯也生于德国，同样居住在英国，帮助家人管理曼彻斯特的棉花生意。他们的学说直接攻击中产阶级和工业资本主义，并且提出，要将共产主义作为一种哲学、历史学和资本主义的科学替代方案。他们把自己看作是日益壮大的无产阶级（工人阶级）的革命领袖。以下内容即选自《共产党宣言》。

思考：《共产党宣言》中的这些观点具有哪些吸引力；马克思和恩格斯倡导的具体政策是什么；《共产党宣言》反映出怎样的历史潮流和思想趋势。

一个幽灵，共产主义的幽灵，在欧洲游荡。为了对这个幽灵进行神圣的围剿，旧欧洲的一切势力，教皇和沙皇、梅特涅和基佐、法国的激进派和德国的警察，都联合起来了。

有哪一个反对党不被它的当政的敌人骂为共产党呢？又有哪一个反对党不拿共产主义这个罪名去回敬更进步的反对党人和自己的反动敌人呢？

从这一事实中可以得出两个结论：

共产主义已经被欧洲的一切势力公认为一种势力；

现在是共产党人向全世界公开说明自己的观点、自己的目的、自己的意图并且拿党自己的宣言来反驳关于共产主义幽灵的神话的时候了。

为了这个目的，各国共产党人集会于伦敦，拟定了如下的宣言，用英文、法文、德文、意大利文、弗拉芒文和丹麦文公布于世。

*

共产党人同全体无产者的关系是怎样的呢？

共产党人不是同其他工人政党相对立的特殊政党。

他们没有任何同整个无产阶级的利益不同的利益。

他们不提出任何特殊的原则，用以塑造无产阶级的运动。

共产党人同其他无产阶级政党不同的地方只是：一方面，在无产者不同的民族的斗争中，共产党人强调和坚持整个无产阶级共同的不分民族的利益；另一方面，在无产阶级和资产阶级的斗争所经历的各个发展阶段上，共产党人始终代表整个运动的利益。

因此，在实践方面，共产党人是各国工人政党中最坚决的、始终起推动作用的部分；在理论方面，他们胜过其余无产阶级群众的地方在于他们了解无产阶级运动的条件、进程和一般结果。

共产党人的最近目的是和其他一切无产阶级政党的最近目的一样的：使无产阶级形成为阶级，推翻资产阶级的统治，由无产阶级夺取政权。

共产党人的理论原理，决不是以这个或那个世界改革家所发明或发现的思想、原则为根据的。

这些原理不过是现存的阶级斗争、我们眼前的历史运动的真实关系的一般表述。废除先前存在的所有制关系，并不是共产主义所独具的特征。

一切所有制关系都经历了经常的历史更替、经常的历史变更。

例如，法国革命废除了封建的所有制，代之以资产阶级的所有制。

共产主义的特征并不是要废除一般的所有制，而是要废除资产阶级的所有制。

但是，现代的资产阶级私有制是建立在阶级对立上面、建立在一些人对另一些人的剥削上面的产品生产和占有的最后而又最完备的表现。

从这个意义上说，共产党人可以把自己的理论概括为一句话：消灭私有制。

*

前面我们已经看到，工人革命的第一步就是使无产阶级上升为统治阶级，争得民主。

无产阶级将利用自己的政治统治，一步一步地夺取资产阶级的全部资本，把一切生产工具集中在国家即组织成为统治阶级的无产阶级手里，并且尽可能快地增加生产力的总量。

要做到这一点，当然首先必须对所有权和资产阶级生产关系实行强制性的干涉，也就是采取这样一些措施，这些措施在经济上似乎是不够充分的和没有力量的，但是在运动进程中它们会越出本身，而且作为变革全部生产方式的手段是必不可少的。

这些措施在不同的国家里当然会是不同的。

但是，最先进的国家几乎都可以采取下面的措施：

1. 剥夺地产，把地租用于国家支出。

2. 征收高额累进税①。

3. 废除继承权。

4. 没收一切流亡分子和叛乱分子的财产。

5. 通过拥有国家资本和独享垄断权的国家银行，把信贷集中在国家手里。

6. 把全部运输业集中在国家手里。

---

① 按照课税对象数额的大小，规定不同等级的税率。课税对象数额越大，税率越高；课税对象数额越小，税率越低。

7. 按照总的计划增加国家工厂和生产工具，开垦荒地和改良土壤。

8. 实行普遍劳动义务制，成立产业军，特别是在农业方面。

9. 把农业和工业结合起来，促使城乡对立逐步消灭。

10. 对所有儿童实行公共的和免费的教育。取消现在这种形式的儿童的工厂劳动。把教育同物质生产结合起来，等等。

当阶级差别在发展进程中已经消失而全部生产集中在联合起来的个人的手里的时候，公共权力就失去政治性质。原来意义上的政治权力，是一个阶级用以压迫另一个阶级的有组织的暴力。如果说无产阶级在反对资产阶级的斗争中一定要联合为阶级，如果说它通过革命使自己成为统治阶级，并以统治阶级的资格用暴力消灭旧的生产关系，那么它在消灭这种生产关系的同时，也就消灭了阶级对立的存在条件，消灭了阶级本身的存在条件，从而消灭了它自己这个阶级的统治。

代替那存在着阶级和阶级对立的资产阶级旧社会的，将是这样一个联合体，在那里，每个人的自由发展是一切人的自由发展的条件。

《自助》：中产阶级的态度*

塞缪尔·斯迈尔斯

中产阶级的自由派并非没有意识到工业化的社会后果。各种

* Samuel Smiles, *Self-Help* (Chicago: Belford, Clarke, 1881), pp. 21-23, 48-49. 译文参考［英］塞缪尔·斯迈尔斯著、齐仲里等译：《自助：靠自己拯救自己而获得成功》，1～3、26～27 页，北京，中国发展出版社，2004。

不断发展的学说就反映了他们的态度和偏好。这些学说通常是为了证明中产阶级地位的正当性，支持有利于他们的政策，并将工人阶级的贫困状况予以合理化的包装。在塞缪尔·斯迈尔斯（Samuel Smiles）的《自助》（*Self-Help*）一书中，就有许多这样的学说。斯迈尔斯先后做过医生、编辑和铁路大臣。《自助》自1859年首次出版后，很快成为英国最畅销的书籍，并被翻译成多种文字。以下摘录的片段正反映了这本书的道德基调和个人主义思想。

思考：斯迈尔斯是怎样为自己的主张——“自助是问题的唯一答案”——进行辩护的；斯迈尔斯可能会如何分析工人阶级的处境，如果面对那些提交给议会委员会的关于童工问题的证词，他又将做出怎样的反应。

“自助者，天助之。”这是句至理名言，已被众多的人类实践所证实。自助精神是个人发展进步的源泉，也是国家兴旺发达的根本。外在的支持经常显得软弱无力，而个人内在的自立才是生命真正的动力。从某种程度上讲，无论你对某些人或某些阶层做过什么，反而都消磨了他们自力更生的动力和需要。在一个管理过度、指挥过度的国家，人们总是显得更加无助，这是历史的必然趋势。

即使是最好的制度也不能给人以积极的帮助。也许制度所能做的最有意义的事情就是让人们自由地发展，自由地改善个人的处境。但是，人们往往相信他们幸福、安宁的生活是通过制度的手段而不是通过自己的行为获得的。因而，我们经常高估了作为人类进步之保障的立法的价值。尽管我们每隔三五年就选举出一两个代表来执行立法权力，但无论他们多么尽心尽力，它对人们的生活和性格却产生不了什么积极的影响。而且，我们越来越清楚，政府的作用是消极的、有限的，而不是积极的、进步的。政府的作用主要是保护人们的生命、自由和财产安全。如果司法公正的话，它能确保人们享受他们的劳动果实，无论是脑力上的还是体力上的，而个人无须付出多大的代价。然而，无论多么严厉的法律都不可能使游手好闲的人变得勤勉自持，让大手大脚的人变得未雨绸缪，让醉鬼变得清醒如初。这样的改造只能通过个人的节俭和自律来完成，通过良好的个人习惯而不是更大的权力去实现。……

的确，一个国家的价值和力量并非依赖它的制度形式，而是依靠民众的性格，所有的人类经验都证实了这一点。因为国家只是个人的集合体，而文明自身也不过是一个个人发展的问题，即组成社会的男人、女人和孩子的发展问题。

国家的进步是个人勤勉努力、积极进取的结果，正如国家的衰败是个人懒惰、自私、邪恶的结果一样。我们习惯上认为的社会之大恶，大多指的是个人生活的堕落。虽然我们企图通过法律的手段减少它们、根除它们，但是，它们总是以各种各样的形式死灰复燃，除非个人生活和性格的状况得到根本的改善。如果这个观点是正确的，那么，我们就可以得出结论：崇高的爱国和博爱精神不是通过改变法律和制度产生的，而是通过鼓励人们独立自主、完善自我的行动产生的。

英国人最显著的品格就是勤劳，这是显而易见的历史事实，也是当今社会的实际情况。就是这种英国大众身上表现的精神，建立了帝国的基础，并铸就了帝国伟大的工业文明。这个国家的生机与活力主要源于英国人民充分发挥了个人的力量。英国人民用他们勤劳的双手和智慧的头脑创造了伟大的奇迹，无论是耕地的、生产商品的、制造工具的、写书的，还是搞艺术创作的，他们都同样功勋卓著。这种勤劳精神一直是我们国家基本的信条，无时不在纠正着我们制度和法律中的缺欠。

我们民族对勤奋精神的追求本身就是对民众最好的教育。勤奋工作就是对个人最好的培训，也是对一个民族最好的锤炼。勤劳与义务相伴，艰苦与幸福同在。诗人说，上帝在通往天堂的道路上设置了艰难困苦。没有哪块面包能比自己亲手挣来的更香更甜，无论是通过脑力劳动，还是体力劳动。通过劳动，大自然被人类征服，人类也从此走出荒蛮。没有劳动，文明则寸步难行。劳动不仅是一种需要和义务，而且还是一种幸福。只有游手好闲的人才诅咒劳动。劳动的义务被书写在发达的肌肉和四肢上，书写在灵活的双手上，书写在大脑发达的神经上，这些健康的运动本身就是幸福和享受。劳动这所学校教给我们的是最实用的智慧，正如我们后面要证明的，没有哪一种体力劳动不与高度的精神文明紧密相连。

《女人的社会和家庭角色》*

伊丽莎白·普尔·桑福德

工业化也给中产阶级的妇女造成了影响。在不断变化的经济环境中，她们的财富逐渐增加，地位逐渐提升，以前的行为模式不再适用。因此，出现了许多书籍和手册，针对中产阶级妇女的恰当角色和行为问题提供建议。以下材料就反映了这一点。它选自伊丽莎白·普尔·桑福德（Elizabeth Poole Sandford）的著作，

---

* Mrs. John Sandford (Elizabeth Poole Sandford), *Woman in Her Social and Domestic Character* (Boston: Otis, Broaders and Co., 1842), pp. 5-7, 15-16.

《女人的社会和家庭角色》（*Woman in Her Social and Domestic Character*，1842）。

思考： 在这则材料看来，对丈夫而言，妻子的理想角色是什么；可以推论出中产阶级的男子在妻子面前扮演着什么样的角色；还可以怎样解释这种有关女性的观点。

这个时代发生了很多变化。它影响人们的观念，就如同亲密的关系会影响他们的情绪一样。摒弃迷信、追求每件事物的真实价值成为一种趋势。

由此，人们对女性的情感也发生了变化。曾把女性奉若神明的浪漫主义激情逐渐消退；现在，她们必须靠自己的内在品质来获得尊重。她们不再是情歌中的女王或骑士眼里的明星。不过，如果人们对她们再少点热情，他们的情感就会更加理性，而且，也许依然真诚。因为，她们之所以被男人欣赏，主要是由于她们能带来幸福。

我们必须承认，在这方面，她们是最有用、最重要的。家庭生活是她们发挥影响的主要渠道；社会赋予她们的最伟大的责任就是家庭的和睦与舒适：她们的幸福几乎就是美德的一个构成要素。没有什么能比家庭的和睦更有利于改善男人的性格了。她们可以给男人带来家庭的快乐，从而促使他更愿意追求美德。她们可以使男人的心智变得完善和平静，平息他的愤怒，减轻他的悲伤。她们的微笑可以使男人心情愉悦，舒展他的愁眉，驱散他的愁云。在使周围人感到快乐的同时，她们也将收获尊敬与爱戴。她们将用美德捍卫这种影响力和受尊重的地位（她们以前就认为这些东西是专属女性的），并且真正配享人们的尊重（这样，她们拥有这些东西就是理所当然的）。……

她之所以具有影响力，也许首要原因就在于她能适应周围人的口味，理解周围人的感情。无论在宏观或微观层面，这都是必需的。就微观层面而言，事实上，对伴侣缺乏兴趣常常是最令人失望的情况。由于趣味不能相投而导致家庭不够和睦，往往被归结为女性的过错。做出牺牲（尤其是在一些微小的事情上）正是为了女性而不是男性。如果她想塑造别人，那么在某种程度上她必须首先塑造自己。……

女人要体现自己的价值，就一定要有感情。情感能给家庭带来无数的快乐，而这些快乐会充满她的内心，使她变得和蔼可亲、不可或缺。正因如此，她在家庭中的地位便无形之中得以提高，从而成为家庭的黏合剂和魅力源泉。

*

没有什么能比女人渴望支持和指导的情感更吸引男性了。男人自己越是优秀，就越会被女性的这种诉求所吸引。而对于那些不是寻求而是提供帮助的女人，男人从来就不会有兴趣。的确，独立自主仿佛不该是女性的气质。它违背女人的天性，因此是一种罪过。虽然我们不希望看到女人胆小怕事，但我们更不希望看到她们成为彪悍的女斗士。一个真正明智的女人会感觉到她的依赖性，她做她能做的事情；但她又意识到自己的局限性，因此会对他人的支持表示感谢。她知道自己是弱者，知道自己应该得到什么荣誉。按照这种观点，她的弱势正是她的吸引力，而不是她的缺点。

所以，在她们所尝试的每件事情上，女性都应显示出她们的依赖性意识。如果她们是学习者，就应表现出孺子可教的精神；如果她们想发表观点，就应采取谦逊的方式。女性的自负会让人十分讨厌，因为这种自负常常使之排斥而不是采纳他人的建议，即便这些建议从理性判断上来讲应该得到采纳。

我们为何如此激进？*

艾米琳·潘克斯特

妇女选举权运动源于 19 世纪，但直到 19 世纪末才得以有力发展。西方的妇女组织通过散布请愿书、组织游行示威等形式要求获得选举权。第一次世界大战前，面对政府的拒绝，妇女团体采取了更激进的行动。在英国，艾米琳·潘克斯特（Emmeline Pankhurst，1858—1928）创建了“妇女社会政治联盟”。该团体攻击私有制，并以集体绝食的方式为妇女争取选举权。以下材料摘自潘克斯特在 1913 年的演讲，在演讲中，她解释了为什么自己的团体如此激进。

思考：那些想要获得选举权的妇女，面临着哪些问题；在潘克斯特看来，为什么妇女的反抗行为是必要的；政府官员可能会怎样反驳潘克斯特。

我知道你们的心中有这样的疑问，你们会说：“妇女选举权是一定会有的；人类解放是个渐进的过程，怎么有些妇女不相信这一点，不去教育人民群众，不去努力提高自己，以便为行使公民权做好准备呢？这些好战的妇女怎么会急不可耐地通过暴力和颠覆国家

* Jane Marcus，ed.，*Suffrage and the Pankhursts*（New York：Routledge and Kegan Paul，1987），pp. 153-156.

制度来达到自己的目的呢?”……

在19世纪80年代，妇女是和男人同时提出公民权要求的。与其他方面的改革相比，要求妇女选举权的改革呼声更大更多。许多社团和城镇议会都通过决议，赋予妇女投票权。妇女为得到选举权而举行的会议，也比男性所举行的会议数量更多、规模更大，然而她们没有得到想要的结果。男性得到了选举权，因为他们一直都采取暴力手段。而妇女没有得到选举权，因为她们总是遵纪守法。为什么，难道事实对大家来说还不够明白吗?面对这样一个糟糕的政府，有耐心的人们也许还得继续忍耐下去吧!为什么要劳烦他人来帮助她们?我感到很羞愧，因为这些年来，从我80年代初开始参与选举权运动至今，我并没有吸取我的政治教训。

同许多英国女性一样，我也相信，妇女可以用纯粹和平的方法，以一种不可思议的方式得到她们想要的结果。我们妇女已经习惯于接受双重标准——为男人制定的一套标准和为女人制定的另一套标准，我们甚至允许这种双重标准伤及我们的政治利益。

既然拥有更好的教育机会，受过一些政治训练，并且在政治生活中更加成熟而发现男人们并不完全像他们所想的那样是智慧的源泉，我们女性所具有的人性弱点他们也会有，因此，20世纪的妇女们开始对自己说：“既然我们的方法已经失败，而男人取得成功，这难道不是我们学习他们的政治策略的最好时机吗?”

是的，我承认，英国女性为了保持自尊而不得不反抗的那个时代早已过去。但是，投身现在这场运动的妇女们却要做好战斗的准备。如果只是为了自由的理念，如果只是为了成为一个自由国家的自由公民，我将为这一理念独自而战。但是，除了对自由的热爱之外，我们还有很多无法忍受的冤屈需要平反。……

在英国，我们曾试图说服人们相信，我们也曾努力表明（通过诉诸公共机构，在那里，他们让我们做些他们自己没太多时间去做的事情）我们是有能力的人。我们这样做，是希望能让他们做出正确而恰当的选择。不过，我们曾经是为了痛苦而努力，而现在，我们是在为权利而斗争，在这个进程中，我们妇女变得日益强大和优秀。我们越来越配享我们的权利，因为我们的权利实在来之不易。

《物种起源》和《人类的由来》*

查尔斯·达尔文

19 世纪出现了许多伟大的科学思想和科学发现。最重要也最具争议的，或许是达尔文的进化论。查尔斯·达尔文（Charles Darwin，1809—1882）是英国的一名博物学家。他在南太平洋的航海过程中采集了大量资料。以此为基础，达尔文完成了他的自然选择进化论。该理论，尤其是其中关于人类的部分，给《圣经》的造物论带来了挑战。他认为，所有生命，包括人的生命，都是从较低级的形式进化而来的。进化的过程要比人们以为的更

* Charles Darwin，*The Origin of Species by Means of Natural Selection*，6th ed.（London：John Murray，1872），pp. 63，85. Charles Darwin，*The Descent of Man*（New York：D. Appleton and Co.，1883），pp. 606-607，619. 译文参考［英］达尔文著、周建人等译：《物种起源》，95、124 页，北京，商务印书馆，1995；潘光旦等译：《人类的由来》，919～921、939～940 页，北京，商务印书馆，2005。

加缓慢，耗时更长。自然选择，或者说适者生存，决定了物种如何进化。在1844年的论文中，达尔文首次公布了他的研究结果和理论。但直到1859年《物种起源》（*The Origin of Species by Means of Natural Selection*）出版后，他的想法才广为人知，但同时也备受争议。下面的第一则材料选自该书，而第二则材料选自他1871年出版的另一本书，《人类的由来》（*The Descent of Man*）。

思考：对于达尔文的想法，为什么有些人会欢迎，有些人却会感到不安；他的理念可能带来怎样的心理冲击；偏向《圣经》造物论的人会如何回应达尔文的进化论。

《物种起源》

……如果这样的变异确能发生（必须记住产生的个体比可能生存的更多），那么较其他个体更为优越（即使程度是轻微的）的个体具有最好的机会以生存和繁育后代，这还有什么可以怀疑的呢？另一方面，我们可以确定，任何有害的变异，即使程度极轻微，也会严重地遭到毁灭。我把这种有利的个体差异和变异的保存，以及那些有害变异的毁灭，叫作“自然选择”或“最适者生存”。……

自然选择的作用全在于保存在某些方面有利的变异，随之引起它们的存续。由于一切生物都按照几何比率高速度地增加，所以每一地区都已充满了生物；于是，有利的类型在数目上增加了，所以使得较不利的类型常常在数目上减少而变得稀少了。地质学告诉我们，稀少就是绝灭的预告。

《人类的由来》

本书已得出的主要结论，也是许多有着足够的专长来做出健全判断的自然学者如今也都主张的结论，是：人是从某一种在组织上不那么高等的形态传下来的。支持这个结论的一些基础是永远不会动摇的，因为人和低等的动物相比，既在胚胎的发育上有着密切的相似性，又在结构和素质上有着无数的相似之处，其中有高度重要的，也有微不足道的。例如人体上所保留的种种遗留而发育不全的器官，以及间或发生的一些变态的返祖遗传的现象，这些都是无可争辩的事实。这些事实是我们早就知道了的，但直到最近，它们对于人的起源才有所说明。现在，我们用我们所已有的全部有机世界的知识再来看它们，它们的意义就十分明了了。如果我们把这一宗宗的事实和其他一些事实，诸如同一生物群中各个成员之间亲缘关系的远近、它们过去和现在在地理上的分布，以及它们在地质层里出现的先后承接，结合起来而加以考虑，伟大的进化原则就非常明确了。若说所有这一切都是假的，那是难以置信的。一个人只要不像野蛮人那样，不满足于把自然界的种种现象看作是各不相关的，他也就不会再相信，人是一次单独创造的产物。……

我们已经看到，人在他的生理和心理上都不断呈现出个人的差别。这些差别或变异，和比较低等的动物的变异，似乎都是由同样而普遍的一些原因所引起，而又遵循着一些同样的法则。人也罢，低于人的动物也罢，在它们中间通行着相类似的一些遗传法则。人在数量上的增长往往比他的生活资料的增长更快，因此，他时常要受到一番严酷的生存竞争的考验，而自然选择或自然淘汰就会在它威力所及的范围内起作用。自然选择起作用，不一定体现在代代延续的一些特别显著的相似变异上，个体身上一些轻微波动的差别就足以说明这一点。……

……人，尽管有他的一切华贵的品质，有他高度的同情心，能怜悯最为下贱的人，有他的慈爱，惠泽所及不仅是其他的人，而且是最卑微的有生之物，有他的上帝一般的智慧，能探索奥秘，窥测到太阳系的运行和组织——有他这一切一切的崇高的本领，然而，在他的躯干上面仍然保留着他出身于寒微的永不磨灭的烙印。

视觉资料

工业化与人口变化

地图 18－1 和地图 18－2 反映的是英国从 1801 年和 1851 年的人口密度。通过对比可以看出，当时某些地区的人口增长和城市化速度相对较快。地图 18－3 显示了 1851 年英国工业集中区（主要是纺织、冶金和采矿业）的分布情况。比较这三幅地图，我们可以发现人口密度、城市化与当时的工业化和英国经济快速现代化之间的关系。

思考：人口增长与经济变化之间的联系会导致哪些地缘政治的后果和社会后果。

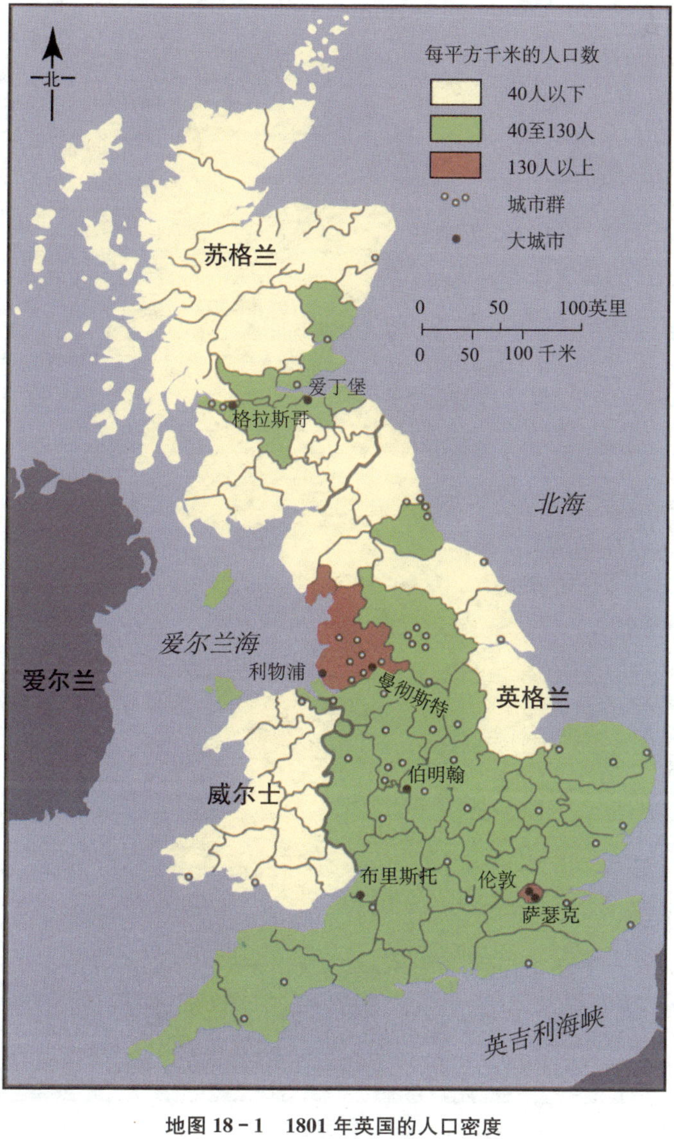

地图 18－1　1801 年英国的人口密度

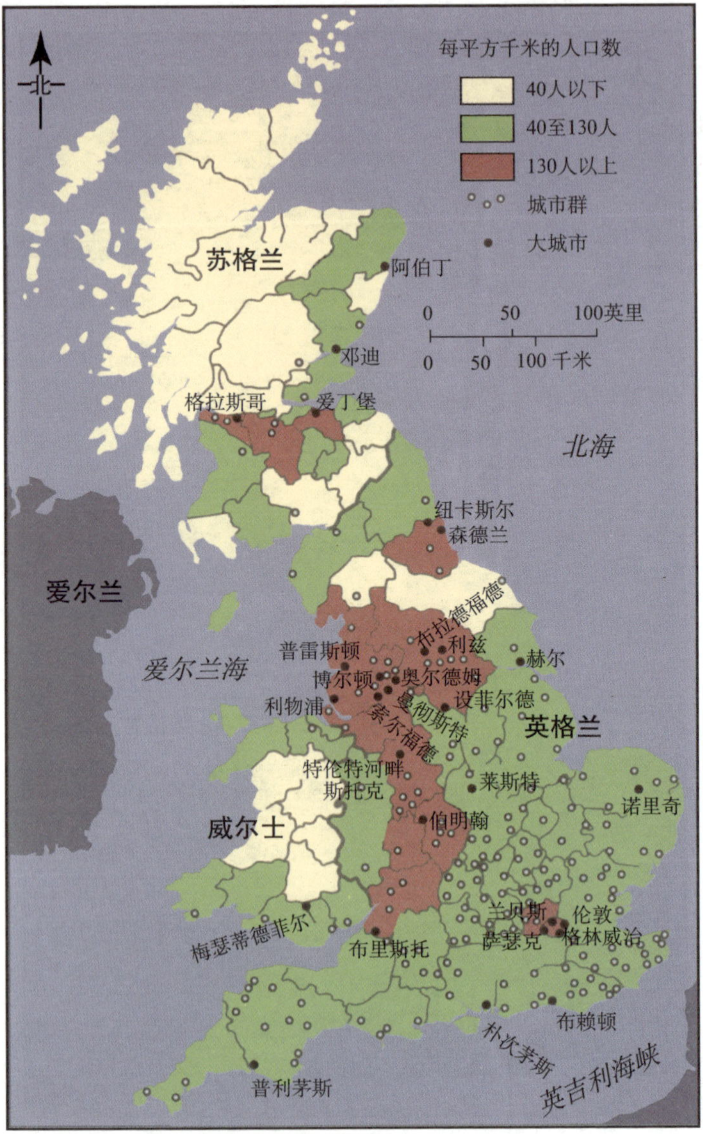

地图 18－2　1851 年英国的人口密度

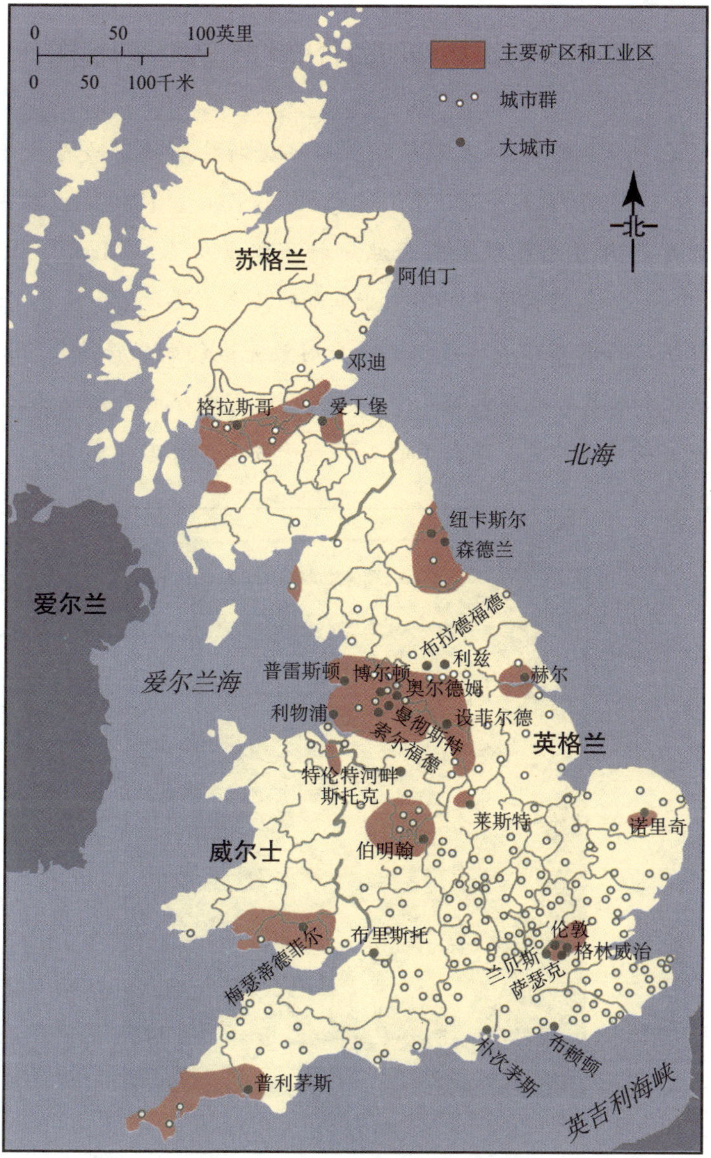

地图 18－3　1851 年英国的工业集中区

《迈克尔·阿姆斯特朗的冒险与生活》的插图

图 18-1 选自小说《迈克尔·阿姆斯特朗的冒险与生活》(*Life and Adventures of Michael Armstrong*，1840)的插图，作者是英国著名作家弗朗西丝·特罗洛普夫人(Mrs. Frances Trollope)。该图描绘了英国工业革命的几个主要元素，反映了一家纺织厂的内部环境(纺织业是当时最先进的新兴产业)。由于机械化和技能，现在只需几个工人就可以完成以前要靠许多工人才能完成的工作量。画面上的工人——男工、女工和童工们——

图 18-1

贝特曼/考比斯图片公司提供

显然都很贫穷。在画面后方，站着严厉的资产阶级雇主，他正与另一个资本家谈论着什么；而在画面前方，一个童工正友好地拥抱他的资产阶级小伙伴。这幅场景反映了典型的资产阶级观点——穷人和贫困只是道德问题，对此，人们应当给予怜悯和博爱，但无须对社会或经济制度做出实质性的改变。

思考：对于本章其他文献所涉及的工业化的各个方面，这幅图是怎样反映的。

铁和煤

下面这幅关于泰恩赛德[1]工业活动的绘画（见图 18－2），是由英国艺术家威廉·贝尔·斯科特（William Bell Scott，1811—1891）于 1860 年创作的。在解说该作品时，他自豪地宣称："在 19 世纪，诺森伯兰人向全世界展示了铁和煤的用途。"斯科特之所以创作这幅画，可能是为了顺应人们的需求。因为公众常常抱怨，在大多数绘画中，"我们漏掉了……与我们有关的那些东西，漏掉了我们的铁路、工厂、矿山、轰鸣的城市、蒸汽轮船、无穷无尽的新奇事物，还有每天都会出现的奇迹"。而这幅 19 世纪中叶的作品，正是为了颂扬上述的工业要素。画的前景是一间制造车间。在画面中央，三名强壮的工人正在挥锤打铁。画面的右边，有一台由罗伯特·斯蒂芬森公司制造的蒸汽机车。事实上，就在画面的右侧背景处，还有一台这样的蒸汽机车正在通过斯蒂

① 英格兰的自治市，位于泰恩河畔。

芬森的高架铁路桥。画面的左前方，一名女孩坐在阿姆斯特朗火炮上，端着父亲的午餐，她的膝上还放着一本算术书。车间里的其他工业产品也是铁制的：锚、航海用的空气泵、带滑轮的重型铰链。在那三名工人的身后，一个在煤矿工作的男孩拿着戴维安全灯，低头看着下面的码头。河面上，一艘运煤船正在经过。

图 18－2

国家信托图片库提供

思考： 这幅画向人们呈现了怎样的工业活动场景；艺术家还可以展现工业活动的哪些其他形象。

圣拉扎尔火车站

雄伟的火车站是最能展现工业文明风采的一种建筑。图 18-3 便反映了这一点。该画由法国印象派大师克劳德·莫奈（Claude Monet，1840—1926）创作，描绘的是 19 世纪位于巴黎市中心的圣拉扎尔火车站。这座车站是通往巴黎西北部城乡地区的始发站和终点站。它的顶棚由铁和玻璃建成，不仅为列车和乘客提供了遮风避雨之处，而且能让阳光透过蒸汽和烟雾照进来；挂在车站右侧的那些路灯可以为夜间的列车照亮车站。钢铁是如此坚韧、耐用、强劲，而且价格低廉，因此，从列车本身到铁轨

图 18-3

哈佛大学艺术博物馆提供

和车站的横梁，处处都使用了钢铁。画面的右边，人们正在等待一趟开往诺曼底的列车，它已经吐着烟雾，发动了蒸汽机。而在画面的左边，工人们注视着另一趟列车，它正渐渐驶离繁忙的车站。在车站的顶棚之外，巴黎的建筑拔地而起，被笼罩在蒸汽机喷出的烟雾中而难以识别。像这样的火车站已成为城市的中心和标志性建筑，它就如同宏伟的教堂一样引来人们的参观和称赞。

思考：19 世纪的观众看到这幅画时会产生哪些联想。

《哈察一家》：中产阶级上层

图 18-4 是由美国艺术家伊斯特曼·约翰逊（Eastman Johnson）于 1871 年创作的《哈察一家》（*The Hatch Family*）肖像画，表现了中产阶级上层在生活条件、生活方式和价值观念等方面的大量元素。家具和衣着的质量与数量，均表明这个家庭有多么富裕。他们的服饰和举止传达出十足的礼仪性质，儿童的活动及其玩具的位置则体现出他们在家里的中心地位。对于两性之间的恰当角色，这幅画也有所暗示：父亲位于画面的中心偏右，一副权威架势，拿着钢笔，坐在书桌旁；祖父在左边，读着报纸上的新闻；母亲在右边，一直照顾孩子；祖母在左边，做着针线活。左侧墙上的大幅油画和右侧的雕塑显示出这个家庭的艺术喜好和鉴赏力，而右侧的大书柜则反映出他们对于书籍和学问的尊重。厚厚的窗帘挡住了外部世界，家庭生活和私密性的重要意义由此可见一斑。

思考：19 世纪的观众会从这幅肖像画中得到怎样的体验。

图 18－4

大都会艺术博物馆提供

工人的生活

利昂·弗雷德里克（Léon Frédéric，1856—1940）曾一度是比利时最著名的画家。在下面这张创作于 1895 年的三联幅作品（见图 18－5）中，他试图描绘出工人生活的所有阶段。中间那幅画的前景处，右边的孩子正在打牌，而左边的孩子正拿着面包啃。他们的父母和年轻夫妇们站在他们身后。画面的背景部分是上了年纪的工人，画家通过从远方慢慢走来的葬礼队伍表现他们的最终命运。左边那幅画描绘的是男人们的工作场景。所有年龄段的男子（从青年到老年）都在从事体力劳动，或是在一旁观看。画面前景处，他们正在地上挖洞，努力竖起重型的钢柱。身后的背景处是他们的工厂。而右边那幅画描绘的则是工人阶级的妇女，她们全都把婴儿抱在怀中，喂着奶，悉心呵护他们。她们的身后有市场的摊位，她们就是在那里买东西的。如果用一句话来概括工人的生活，那就是：男人要干重体力活，而女人要养育孩子和准备食物，最终，所有人都将衰老而走向死亡。

图 18－5

法国巴黎奥赛美术馆提供

思考：画中所描绘的工人生活是否真实；就内容和基调而言，对中产阶级生活的相应描述又该是怎样的。

《雪中的修道院墓地》：视觉浪漫主义

《雪中的修道院墓地》（*Abbey Graveyard in the Snow*，1819）（见图 18－6）是德国北部著名画家卡斯帕·大卫·弗里德里希（Caspar David Friedrich）的作品。画面中心有一幢破败的哥特式教堂，周围是白雪覆盖的墓地和光秃秃的冬日森林。画面左侧，一支僧侣队伍跟着棺材走进废墟。

图 18－6

普鲁士文化遗产图片档案库提供

这幅画体现了浪漫主义——尤其是德国的浪漫主义——的许多典型元素。虽然在透视上很准确，但画面的场景仍然超越现实：光线太过完美，教堂过于雄伟，周围的森林过于对称，而且葬礼队伍也走的不是地方（葬礼不会发生在废墟中）。通过这些暗示，这幅画抛开了启蒙理性的限制，没有反映 19 世纪生活的真实状况，而是试图焕发浪漫的中世纪、自然的灵性以及基督教的荣光。通过在巨大的风景里勾勒出渺小的人物，画家想要表现一种浪漫主义的渴望，即被永恒的自然完全拥抱和征服。浪漫主义是特别重感性而轻理性的，即便是一种忧郁的情怀（就像这幅作品所展示的），也会如此表现。

思考：这幅画在哪些方面符合浪漫主义的典型特征；弗里德里希试图唤起观众心中怎样的感受。

第二手资料

经济社会的形成：英国，第一个工业化国家*

罗伯特·海尔布隆纳

尽管工业化最早发生在英国是不争的事实，但为什么会这样，其原因却不那么清楚。18世纪，法国社会繁荣、经济发达，而其他国家（比如比利时和荷兰）也比英国更具经济优势，它们很可能比英国更早实现工业化。然而，事实并非如此。在下面这份材料中，经济学家和经济史学家罗伯特·海尔布隆纳（Robert Heilbroner），对于英国成为第一个工业化国家的原因进行了探讨。

思考：在诸多因素中，海尔布隆纳为什么特别强调“新贵”的作用；英国必须克服哪些不利条件；是当时的条件造就了“新贵”，还是“新贵”利用了其他国家大多数人所没有的条件。

为什么工业革命最先发生在英国而不是欧洲大陆？要回答这一问题，我们必须来看一看，18世纪的英国与大部分欧洲其他国家之间的背景差异何在。

首先，英国相对更加富有。事实上，经过一个世纪的成功探险、奴隶交易、海上劫掠、战争和商贸活动，英国已成为世界上最富有的国家。更重要的是，英国的财富不是仅仅集中在贵族手里，而是分布在商业资本家这个巨大的社会中上阶层手中。因此，英国

---

* Robert L. Heilbroner, *The Making of Economic Society* (Englewood Cliffs, NJ, 1980), pp. 76-77, 80-81.

成为率先发展的国家之一。尽管规模不大，但它具备了工业经济的一个首要条件："巨大的"消费市场。因此，需求的高涨动力刺激了对新技术的探索。

其次，英国从封建社会到商业社会的转型非常成功而且彻底。强硬的国王富有成效地瓦解了地方贵族的势力，将英国变成统一的国家。在这个过程中，崛起的商人阶层得到了最有力的鼓舞。此后，正如我们所看到的那样，17 世纪至 18 世纪的圈地运动驱赶大批农民离开土地，为英国新工业的建立提供了劳动力。

再次，英国对科学与工程的热情是独一无二的。著名的皇家学会成立于 1660 年，牛顿曾经担任主席；这里是无数激动人心的科学成果的诞生地。的确，人们对于各种装置、机器和设备的兴趣很快就发展成为全国性的痴迷：创立于 1729 年的《绅士杂志》——它是那个时代的《纽约客》——使读者从此能"和任何发明保持同步"。不过，面对日益增多的发明，它很快就没法做到"同步"了。同样重要的还有英国拥有土地的贵族对科学耕种的热情：对于诸如轮作和施肥等技术，英国的地主会很有兴趣，而法国的地主却会觉得这样做有失身份。

此外，还有一些其他因素，例如，英国幸运地拥有巨大的原煤和铁矿石资源，英国政府又专门制定出一套国家专利制度，旨在激励和保护发明行为。在许多方面，英国已经具备了发生工业革命的条件。不过，最终将工业革命从可能变为现实的却是一群新贵，他们抓住了历史的潜在机遇，改变了自己的命运与声望。……

无论情愿与否，个人的特点在一种最耀眼的属性面前黯然失色。当时，所有人都热衷于扩张、热衷于发展、热衷于为了投资而投资。他们全都关心技术进步和生产过程。莫兹利[①]工厂里的一名雇工说："看莫兹利操作任何一种工具都是令人愉悦的，他最拿手的是使用18英寸的锉刀。"瓦特不知疲倦地试验着他的机器；威基伍德[②]一看到别人粗心工作就生气跺脚，指出"这样给威基伍德干活可不行"；还有那个不知疲倦地追求利益的理查德·阿克莱特[③]，他总是乘坐一辆四驾马车，颠簸在英国糟糕的道路上，在旅途中他还不忘保持商业通信。

一位法国游客在1788年参观一家棉布工厂后，写道："和我们在一起时，拥有这种工厂的英国富人们并不注意保持与其财富相称的姿态。"而对于英国新兴的工业资本家来说，这是种完全陌生的态度。对他们而言，他们的工作有其自身的尊严和回报；至于工作所带来的财富，则是另一回事。当博斯韦尔在伦敦索霍区看到瓦特和博尔顿的大型发动机工厂时，他想起了博尔顿的一句话："先生，我们在卖全世界都渴望拥有的东西——动力。"

这些新贵就是企业家，他们带来了一种新的精神。事实证明，这种精神是取之不尽用之不竭的。从经济而非政治的角度来讲，他们给我们呈现了一场全面彻底且不可逆转的变革，因此他们堪称"革命者"。

---

① 亨利·莫兹利（Henry Maudslay，1771—1831），英国机械发明家，被称为"英国机床工业之父"。

② 约西亚·威基伍德（Josiah Wedgwood，1730—1795），英国陶瓷工匠。他改进了制陶的材料及流程，并在1759年创建了自己的工厂。威基伍德所制造的器皿是英国新古典主义陶瓷的最佳代表。

③ 理查德·阿克莱特（Richard Arkwright，1732—1792），英国发明家和工业家，曾在1769年获得水力纺纱机专利，拥有多个大型机械棉纺厂。

俄国的工业革命*

彼得·斯特恩斯

1850 年以前，工业革命只在英国等西欧部分地区发生。1850 年到 1870 年间，使英国成为工业巨人的各种技术设施——煤矿、铸铁厂、纺织厂、蒸汽机车和铁路——被广泛传播至西欧、中欧及北美。然而除这些地区外，直到 19 世纪 70 年代，其他地方仍未发生工业革命。历史学家提出各种理由来解释这种西方和其他地区之间的差异。在下面的材料中，彼得·斯特恩斯（Peter N. Stearns）给出了俄罗斯工业化发展缓慢的原因。

思考：俄国的工业发展面临着哪些机遇；但是俄国为什么没有更快地实现工业化。

在工业革命发生的数十年间，俄国开始接触来自西方的工业进步的成果。1843 年，俄国开始进口英国的纺织机械。一个叫恩斯特·努普的德裔英国人，曾是曼彻斯特一家棉布厂的职员，后来成为出口俄国的代理商。在俄国，他仍然雇佣英国的安装工人；遇到性急的俄国人要求操作、改装或升级机器时，他会说："这不是你们的事，他们更专业。"尽管被轻视，许多俄国企业家还是建立了一些小型的棉纺厂。因为他们意识到，如果他们的布匹售价低于传统工艺制作的布匹，那么即便是在小城市的市场上也能获得大量的利润。此外，还有一些工厂是英国人直接建立的。

---

* Peter N. Stearns, *The Industrial Revolution in World History* (Boulder, CO: Westview Press, 1993), pp. 72-73.

沙皇政府希望在修建铁路和轮船方面得到援助，对此欧洲和美国给予了非常积极的回应。1815 年，第一艘蒸汽轮船在俄国出现；到 1820 年，定期的航运业务已经在伏尔加河上开始运营了。1837 年，俄国的第一段公共铁路，即连接圣彼得堡及其郊区帝国府邸的铁路开通。1851 年，第一条主干线建成，正如沙皇尼古拉一世所期望的那样，该线路把圣彼得堡和莫斯科直接连在了一起。在俄国政府的邀请下，美国工程师再次来到俄国，帮助建立了铁路工业，这样俄国人就能建造自己的机车和车厢。……

但是俄国并未就此实现工业化，因为现代工业的运行仍不足以撬动已有的经济形态。俄国在整体上依然是个农业国。制造业的基础相当薄弱，尽管它发展迅猛，但几乎没有产生根本的影响。一些结构性的障碍制约了真正的工业革命。俄国的城市一向缺乏制造业的传统，甚至连掌握传统方法的熟练技工都是稀少的。只不过到了 19 世纪六七十年代，俄国的城市才发展到可以建立技工（比如印刷行业）中心的程度。为此，俄国还不得不吸引大量的外国人（特别是德国人）移民过来。更糟糕的是，农奴制度把人们束缚在农村的土地上。尽管有一些自由劳动力，但是大多数俄国农民不能合法地离开他们的土地，他们必须承担高强度的劳役而为农奴主积累个人财富，这导致他们的农业生产积极性大大降低。为了扩大钢铁业的规模，彼得大帝曾准许农奴主出售村庄和劳动力，从而完成了由农奴制向前工业化的冶金工业的转变。但是这种不伦不类的体制却无法满足工业革命所必需的条件。

此外，西方的工业革命虽然一方面为俄国提供了效仿的实例，但另一方面也给更多传统部门的结构化调整带来巨大的阻力。西方城市的发展和繁荣，使得它们对于俄国的木材、大麻、油脂（后来逐渐包括谷物）的需求水平不断提高。然而生产这些出口货物是不需要新技术的，而且也不必改变现有的劳动体系。实际上，很多地主为了生产更多的谷物以出口西欧，甚至还强化了农奴这种劳役义务。摆在眼前的这种诱惑令俄国在陈旧的经济体制中故步自封——它要应对传统制度下因为需求的增加而带来的新机会，它要继续保持农奴制和农业的优势，它不会冒险进行根本的内部转变。

欧洲与没有历史的人民：移民劳工*

埃里克·沃尔夫

随着工业化的发展，欧洲的各种社会变化应运而生，其中最重要的一个变化是大量移民的出现。一部分移民是在欧洲内部从农村迁向城市和新的工业中心，另一部分则是从欧洲移民至海外。在以下文字里，埃里克·沃尔夫（Eric R. Wolf）对于 19 世纪和 20 世纪工业化过程中的数次劳动力移民潮进行了分析。

思考：沃尔夫所描述的三次移民浪潮之间有何差异；欧洲内外的劳动力移民会引起哪些经济和社会后果。

人们会为了宗教、政治和生态等原因而迁移，但 19 世纪和 20 世纪的移民则主要是劳动力的转移。这些劳动力移民自然带动了相关人员的迁移，例如，新闻编辑会随之迁移，以便给波兰矿工或德国冶金工人出版报纸；杂货店主会随之迁移，以便给他们的同胞提供意大利面或红豆等商品；而神职人员也会随之迁移，以便安抚各

* Eric Wolf, *Europe and the People without History* (Berkeley: University of California Press, 1983).

自教徒的灵魂，等等。每次迁移不仅给新的地区带来劳动力，而且带来服务与资源。每次移民潮还会给迁入地带来更多的服务人员，他们也许是劳务中介人，也许是商人或律师，也许是打击乐手。

在资本主义的发展进程中，发生过三次大规模移民，每次都是源于劳动力需求的急剧变化，而每次也都产生了新的劳动阶层。第一次移民发生在欧洲工业化初期。初始于英国的工业化运动一开始范围很小，因为工业化发展本身仍是局部的、有限的。在兰开夏郡的产棉城市普雷斯顿，1851 年几乎有一半的人口都是移民，40%的人来自 10 英里内，仅有约 30%的人来自 30 英里以外的地方。在所有移民中，14%的人出生在爱尔兰，他们是在 19 世纪 40 年代日益高涨的爱尔兰移民潮中来到普雷斯顿的。由于这种移民的地区化特色明显，因此到 19 世纪中期，他们的涌入使得兰开夏郡成为英国城市化程度最高的郡，全郡一半以上的人口生活在 14 个人口在万人以上的城市里。

比利时紧跟英国，也出现了劳动力从农村向城市的转移。早在 19 世纪 20 年代，说瓦隆语的南方省份就已出现了工业化城镇的萌芽。19 世纪 30 年代，威斯特伐利亚、莱茵、柏林、勃兰登堡等普鲁士各省开始工业扩张，吸引了普鲁士东部农业地区的大量人口。由于容克地主阶层通过合并与机械化生产代替了依赖性较强的农民，因此在 19 世纪的最后 25 年中，这种移民潮尤为明显。

资本主义的第一波劳动力移民，是在欧洲半岛内部把人们从乡村迁往各个工业中心，而第二波则漂洋过海了。总计约有 5 000 万人在 1800 年至 1914 年间永久地迁离了欧洲。其中，最主要的目的地是美国。从 1820 年到 1915 年，大约有 3 200 万人被吸引到美国，其中绝大部分是欧洲人。这些大量涌入的人口为美国的工业化进程提供了劳动力。

第三波移民浪潮，是将不同种族的契约劳工派往矿山地区和热带种植园。这股浪潮表现出多种形式，例如向南非矿区稳定输出劳动力，印度和中国的契约劳工贸易不断增长，意大利劳工通过担保移民至巴西的咖啡产区。这些移民不仅奠定了热带产品大规模增长的基础，而且在建设交通、通信等基础设施方面发挥了重要作用，而这是资本主义进一步加速发展的先决条件。

西欧的家庭和工业化*

迈克尔·安德森

出于对社会历史的巨大兴趣，其他学科的学者也会讨论一些历史问题。许多社会学家运用社会学方法来研究 19 世纪工业化的社会影响。在下面的材料中，来自英国爱丁堡大学的社会学家迈克尔·安德森（Michael Anderson）探讨了工业化对工人家庭的影响。

思考：工业化给工人家庭带来的影响，具体体现在哪些方面；工业革命给工人阶级带来的是积极影响还是消极影响，对于这番争论，安德森支持哪一方；工业化对中产阶级家庭的影响有何不同。

在农业社会，父母与孩子之间紧密的依赖关系是非常重要的。然而在工业时代，这种关系被淡化了。这反映出家庭关系的变化。

* Michael Anderson, "The Family and Industrialization in Western Europe", *The Forum Series* (St. Louis, MO., Forum Press, 1978), p. 14.

不过在工业化早期，夫妻之间的关系却并未发生多大变化。尽管摆脱了严密的监督，并且拥有了更私密的家庭环境，足以让此时的夫妻关系能够比在前工业化时代的农业社会中更加亲密。夫妻双方不再共同从事同样的生产任务，但是这种情况从来就不是普遍的。为了养家糊口，夫妻双方仍然需要而且也有可能共同扮演生产者的角色。在一些地区，妻子事实上已经离开家，到工厂去做工。更为普遍的是，就像女人此前所做的那样，这些在工厂做工的妇女仍然得在家里打理衣食住行，替中产阶级洗衣服，或是经营一个小商店或小旅馆。因此，通过使工人家庭变得紧密团结，同时又让这些家庭的母亲能够比出去做工之前有更多时间来照看孩子（也许照看得比以前更好），工业社会的各种需求便得以满足了。

起初，妇女的经济地位以及由此引发的家庭情况的变化，只是发生在采矿、机械生产、金属制造、造船和原木制材等领域。这些领域不能提供给妇女们足够的工作机会，因此，很多妇女不得不适应她们的全新角色，即做个全职家庭主妇。然而随着衣食方面的传统任务越来越多地被工厂的产品替代，家庭也就逐渐只成为一个消费单位。正是从这时起，男人在外从事生产、女人在内打理消费的明确的分工模式，才在工人阶级的家庭中变得普遍起来。

虽然例证不多，但至少在某些地区，这种模式已开始影响到夫妻间的关系。既然丈夫成为家庭的唯一经济来源，那么其他家庭成员就得更多地依赖于他，而非他依赖于其他成员。无论丈夫要做什么，妻子都很难阻止。这时候，整个家庭在物质上就要依赖丈夫或父亲，而他所需要的，只是其他家庭成员的情感回馈或者他在别的地方得不到的其他报偿，或者是邻里之间的公众意见，这种意见能有效地约束他的行为（而在大工业城市，人们交往弱化，因此邻里间的约束也常常变得微弱）。因此，在工人阶级家庭，认为妇女应该待在家里，其角色处于家庭的次要地位，这种看法并不老套。换句话说，该看法只是对于夫妻间权力平衡发生重大改变的一种回应，而这种改变所反映的，正是工业社会在 19 世纪末 20 世纪初新的就业形势。

欧洲的妇女*

埃莉诺·里默尔　约翰·富特

近年来，许多历史学家指出，1850 年到 1914 年间的中产阶级妇女面临着诸多约束和限制。随着妇女史研究的深入和拓展，这方面有了新的论述。在以下文字中，历史学家埃莉诺·里默尔（Eleanor S. Riemer）和约翰·富特（John C. Fout）认为，当时的中产阶级妇女日益质疑自己的社会角色，她们开始扩大活动范围，进入到一些新兴的重要领域中。

思考：中产阶级妇女作为母亲和家庭主妇的角色是怎样被证明为合理的；她们如何拓展自己的社会角色；中产阶级妇女的新角色如何影响她们的观点。

中产阶级妇女同样面临着 19 世纪和 20 世纪的新形势和新挑战。虽然有些中产阶级下层的妇女仍像过去一样，在她们当店主的丈夫身边工作，但大多数中产阶级的已婚妇女没有也不用再为养家糊口而继续工作了。她们的生活集中在照顾子女和家庭上。不过大

* Eleanor S. Riemer and John C. Fout eds., *European Women: A Documentary History, 1789—1945* (Schocken Books, Inc., 1980).

多数中产阶级妇女并不清闲。事实上，她们发现，随着现代化进程的发展，社会对她们在时间和精力上提出了更多的要求，中产阶级家庭对卫生、烹饪和身体舒适的标准也提高了。

根据某种对女人本性与能力的双重理解，中产阶级妇女作为母亲和家庭主妇的角色在19世纪被认为是合理的。一方面，人们觉得妇女是被动的，她们在体力和智力上不如男性。因此，女性需要从父亲和丈夫那里得到保护。另一方面，由于妇女的非攻击性和性方面的被动性，以及她们远离了竞争激烈的工作环境的污染，所以，人们又认为她们在道德上优于男性，并因此受到尊重。在生活中，一个女人的独特能力和最大责任就是关照家人的道德与精神需求。

这种理解的内部矛盾以及妇女们试图调和或消除这些矛盾的努力，成为文献中反复出现的重大主题。从19世纪中叶开始，大批中产阶级妇女就在自觉地、按部就班地将其母亲角色和道德角色，以及她们的能力范围，拓展到家庭之外，进入到整个社会之中。她们完成这一转变的一种方式是，改造中上层妇女传统的（常常也是无计划的）慈善性工作，将之转变为有组织的社会改革运动。这些妇女对于贫困女性和儿童的问题越来越感兴趣。她们相信自己能够理解工人阶级的母亲，相信自己与她们有很多共同的关注点；她们认为，工人阶级的妇女及其子女正是由城市化和新工业秩序造成的经济和社会混乱的主要受害者。

通过从事社会福利和改革工作，中产阶级妇女不仅认识到自身的能力，也认识到她们在男性社会中受到的种种限制。许多人还认识到，尽管中产阶级妇女期望成为有所依赖的妻子，但经济和社会的现实并不能保障她们在一生中总能得到男人的支持。很多妇女还逐渐认识到，她们有限的教育程度、法律所施加的约束，以及温文尔雅的女性行为规范，往往使之不能很好地扮演她们本应扮演或是想要扮演的生活角色。这样一来，社会改革与妇女改革便紧密地结合在了一起，两者往往正是整个欧洲的妇女组织需要同时面对的问题。

第 19 章

美洲（18世纪中叶至1914年）

18 世纪，被我们现在称作北美洲、中美洲和南美洲的广袤土地，依然处于欧洲殖民者的统治下。然而到了 1914 年，西半球的所有国家基本上都建立了独立的共和国。尽管各国在文化、政治、经济、民族和价值观上存在明显差异，但它们都曾努力抗争，解放自己，摆脱外来的殖民统治。不过，这一共同的经历却没有清晰地揭示出不同民族在谋求解放的过程中所付出的巨大代价，也没有反映出外国统治势力后来仍在这些国家以未曾意料到的新方式继续发挥影响。虽然北美洲的美国和加拿大相继建立了自给自足、运行良好的城市化和工业化经济，但是墨西哥和中南美洲地区依然以农村和农业经济为主，并且时时受到外界的威胁。

从 1776 年到 1914 年，美国可谓世界历史上的一个伟大奇迹。一开始，美国只是英国的 13 块殖民地，在经济和社会上都要依赖于这个 3 000 英里外的岛国。然而后来，美国俨然成为全球经济的主导力量。不仅如此，以自由和平等原则为基础的美国革命也为世人提供了一种政治变革的模式，被许多国家所效仿。

然而，无论政治革命如何波澜壮阔，也不能解决自殖民时期以来的诸多社会不平等问题。奴隶制度在美国革命之前就存在，甚至在美利坚合众国建立后还延续了将近 90 年，并且成为世界历史上一场最血腥的内战的导火索。无独有偶，尽管美国在建立伊始便宣称人人平等，可是直到第一次世界大战后，美国妇女才为自己争取到了平等的选举权。

历史学家们已专门探讨过这个国家的重要成就。然而在本章的资料里，我们将会看到，在第一次世界大战之前，实现更大更充分的自由和平等的历史运动还远远没有完成。本章资料将涉及三个基本问题：第一，它们会凸显“平等”、“自由”和“民主”这些处于新大陆政治运动核心的首要目标。第二，它们会反映这些理想所遭遇的各种抵制，这些抵制力量不仅强烈，而且融入了新兴国家的经济和政治生活。第三，本章资料还将关注一些一直以来充满争议的话题，如奴隶制度和本土主义，对妇女平等权利的剥夺，以及对美洲印第安人和非裔美国人的政治压迫。

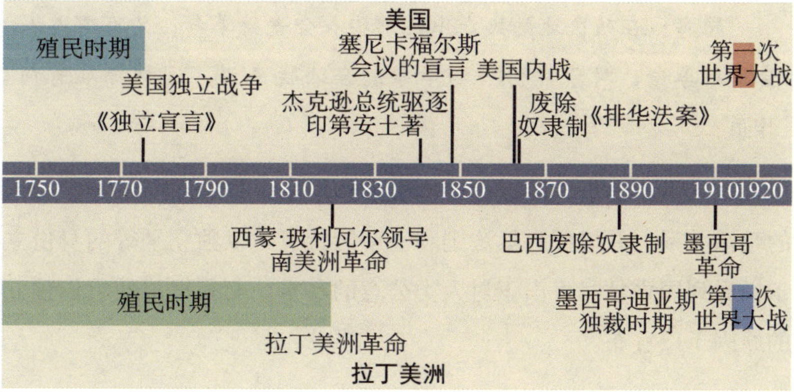

第一手资料

《独立宣言》*

18世纪中叶，英国同其殖民地的关系日趋恶化。尽管殖民地之间因为各种问题而存在分歧，如奴隶制、地区利益、中央政府针对地方政府的权力等，但它们都认为，继续同英国保持传统的殖民与被殖民的关系并没有什么好处。不过即便如此，很多殖民地民众（可能有三分之一）也不愿意公然反抗，而是依然对英国政府表示忠诚。写于1776年（美国独立战争刚刚爆发）的《独立宣言》，可能不仅是当时日益发展的启蒙哲学的最激进表述，而且也成为法国大革命以来革命文献的典范。这一宣言主要由托马斯·杰斐逊执笔。起初，宣言还包含一些谴责奴隶制的段落。但是考虑到南部各州对奴隶制的依赖，因此这些段落后来被删掉了。

思考：在殖民地的民众中，哪些人会支持革命；又有哪些人会反对革命；对于评价一场革命的合法性来说，这种标准有何作用？

在人类历史事件的进程中，当一个民族必须解除同另一个民族的政治关系，并按照自然法则和上帝的旨意，以独立平等的身份立于世界列国之林时，出于对人类公意的尊重，必须把迫使它们独立的原因予以宣布。

---

* 译文参考［美］《杰斐逊集》（上），22～24页，北京，三联书店，1993。

我们认为下述真理是不言而喻的：人人生而平等，造物主赋予他们若干不可让与的权利，其中包括生存权、自由权和追求幸福的权利。为了保障这些权利，人类才在他们中间建立政府，而政府的正当权力则是经被统治者同意所授予的。任何形式的政府一旦对这些目标的实现起破坏作用时，人民便有权予以更换或废除，以建立一个新的政府。新政府所依据的原则和组织其权力的方式，务使人民认为唯有这样才最有可能使他们获得安全和幸福。若真要审慎地来说，成立多年的政府是不应当由于无关紧要的和一时的原因而予以更换的，过去的一切经验都说明，任何苦难，只要尚能忍受，人民还是情愿忍受，也不想为申冤而废除他们久已习惯了的政府形式。然而，当始终追求同一目标的一系列滥用职权和强取豪夺的行为表明，政府企图把人民置于专制暴政之下时，人民就有权，也有义务，去推翻这样的政府，并为其未来的安全提供新的保障。这就是这些殖民地过去忍受苦难的经过，也是它们现在不得不改变政府制度的原因。当今大不列颠国王的历史，就是屡屡伤害和掠夺这些殖民地的历史，其直接目标就是要在各州之上建立一个独裁暴政。为了证明上述句句属实，现将事实公之于世，让公正的世人做出评判。

他拒绝批准对公众利益最有益、最必需的法律。

他禁止他的殖民总督批准刻不容缓、极端重要的法律，要不就先行搁置这些法律直至征得他的同意，然而这些法律被搁置以后，他又完全置之不理。

他拒绝批准便利大地区人民的其他法律，除非这些地区的人民情愿放弃自己在立法机构中的代表权，而代表权对人民来说是无比珍贵的，只有暴君才畏惧它。

他一再解散各州的众议院，因为后者坚决反对他侵犯人民的权利。……

他力图阻止各州增加人口……

他拒绝批准建立司法权力机关的法律，以阻挠司法工作的执行。

他迫使法官的任期年限、薪金数额及其支付方式完全由他的个人意志决定。……

他在和平时期，未经我们立法机构同意，就在我们中间维持其常备军。

他施加影响，使军队独立于民政机关之外，并凌驾于民政机关之上。……

他在我们各州驻扎大批武装部队；

不论这些人对我们各州居民犯下何等严重的谋杀罪，他都可用假审判来庇护他们，让他们逍遥法外；

他切断我们同世界各地的贸易；

未经我们同意便向我们强行征税；

在许多案件中剥夺我们享有陪审制的权益；

以莫须有的罪名把我们押送海外受审……

他取消我们的许多特许状，废除我们最珍贵的法律，并从根本上改变我们各州政府的形式；

他中止我们的立法机构行使权力，宣称他们自己拥有在任何情况下为我们制定法律的权力。

南美洲的独立*

西蒙·玻利瓦尔

西蒙·玻利瓦尔（Simon Bolivar，1783—1830）是南美洲伟大的解放者。在 19 世纪的头 30 年，他同何塞·德·圣马丁一道成功地领导了南美人民反对西班牙殖民统治的斗争。下面的选文摘自玻利瓦尔《在安戈斯图拉国民议会上的演讲》（*Message to the Congress of Angostura*，1819）。在演讲中，他主张建立一个全新的、独立的委内瑞拉共和国。玻利瓦尔不愿让缺乏教育的人掌握政权，提议要将政治控制权集中在知识精英和有产者手中。

思考：玻利瓦尔为什么会支持世袭制的国民议会和强势政府；他为什么会在提倡充分民主的问题上犹豫不决；玻利瓦尔的看法在哪些方面影响了拉丁美洲后来的政治事业。

委内瑞拉过去是，现在是，也应该是一个共和政府。它的基础应该是人民主权、权力分立、公民自由、废除奴隶制、废除君主制和特权。也就是说，我们需要用平等来把各阶层人民、政治舆论和公共习俗重新熔铸为一个统一的国家。……

一个世袭的参议院将是立法权的根本基础，因而也将是整个政府的基础。参议院既是政府和人民之间的制衡力量，又将作为一个中立的权力机构，弱化这两股永远对立势力之间的相互对抗。在所有的冲突矛盾中，来自第三方的冷静会起到很好的协调与和解作

---

* *The Selective Writings of Bolivar*, vol. Ⅰ, compiled by Vincente Lecuna, edited by Harold A. Bierck, Jr. (Colonial Press, 1951), pp. 175-191. 译文参考中国社科院拉美研究所译：《玻利瓦尔文选》，86～94 页，北京，中国社会科学出版社，1983。

用。因而，委内瑞拉的参议院将巩固这个对暴力反应比较敏感的脆弱的政治结构；它会成为调停风波的仲裁人，并在这个政治结构的领导者和其他部分之间维系和谐。……

尽管行政权的权力在英国显得过于强大，但在委内瑞拉共和国却并不过分。在这里，议会把执政者的头和手绑在了一起，负责议事协商的议会却承担了部分的行政功能；这违反了孟德斯鸠的格言。孟德斯鸠说：一个代议机构不应具有任何行政功能。议会只要制定法律并确保法律的实施就够了。国家的几种力量搅和在一起，这是最不利于它们之间的和谐关系的。对人民来说，拥有一个软弱的行政机构，也是最危险的。如果一个王国尚且认为赋予行政机构较多权力非常有必要，那么在一个共和国里，这些权力便更加不可或缺了。……

委内瑞拉的人民已经拥有了他们可以合法并轻松享用的权利。现在我们要节制那些过分的要求，它们也许会给我们带来一种不合适的政府形式。让我们放弃那种不适合我们的联邦制吧，让我们撇开那种三头政治的行政权吧，而将这种权力集中在总统身上，赋予他足够的威权，使他可以继续战斗，克服我们近期局势中的种种障碍、与我们的国内外敌人进行斗争，而我们不得不长期进行这种斗争。所以，请让立法权放弃本属于行政权的职权吧！

巴西之旅：巴西的宗教与奴隶制度*

亨利·科斯特

直到1889年被废除之前，巴西的奴隶制对于该国的经济和

* Henry Koster, *Travels in Brazil* (London: 2 vols., 1816), Ⅱ, pp. 238-243.

社会结构而言，乃是至关重要的。奴隶占据了巴西全部人口的三分之一，从事着这个国家大部分的生产工作。在下面的这则选文中，亨利·科斯特（Henry Koster），一位英国的旅行者，记录了宗教和教会在控制非洲黑奴、改善种植园恶劣的生存环境中所发挥的重要作用。

思考：科斯特带有偏见的陈述是怎样使读者对教会表示同情的；如果这段历史由非洲人来讲述，那么其视角和内容会有怎样不同。

在巴西，所有奴隶信仰的都是其主人的宗教。尽管基督教会在这个国家的发展状态并不纯粹，但是它仍然带来了一些好的效果，例如，被教会收养的孩子都得到了很好的成长，严格遵守宗教礼仪的奴隶往往成为优秀的仆人。那些从安哥拉被贩运到巴西来的非洲人，在离开自己的国家之前就已经大批地接受了洗礼，而从到达巴西的那一刻起，他们就必须开始学习教会的教义和基督教的义务职责。这些人在胸膛上留下了国王皇冠的烙印，表示他们已接受了洗礼，国王也已经赐给了他们职责。而那些从非洲其他地方运来的奴隶，在到达巴西时是没有接受洗礼的。因此，在实施洗礼从而正式成为基督教徒之前，他们必须学会祈祷。每个奴隶主在把奴隶送到当地教堂进行洗礼之前，有一年的时间可以用来教导他们。虽然法律并没有严格规定这方面的时间限制，但这一步却是他们必须要走的。奴隶主的宗教信仰告诉他，如果他的奴隶一直是异教徒，那将属于罪大恶极的情况。实际上，葡萄牙人和巴西人都有很强烈的宗教情感，因此他们不会让自己的奴隶对基督教义全然不知。同样地，奴隶本人也非常愿意成为一名基督徒；否则，他的同伴会在任何一次口角或意见稍有不一致的情况下，给他扣上“异教徒”这个称号。未受过洗礼的黑人会觉得自己是个卑下的人，尽管他可能对白人赋予洗礼的重要意义一无所知，但他仍然很清楚，只要接受了洗礼，所有的因为没有接受洗礼而带来的耻辱从此就会被一扫而空。所以，每个奴隶都渴望像他的同伴那样接受洗礼。来到巴西很长时间的奴隶具有一种天主教情感，他们会逐渐忘记自己也曾处于同样的境地。人们不会去问奴隶是否接受过洗礼。他们加入天主教被认为是一件天经地义的事情：事实上，除非他们去参加弥撒、在上帝面前忏悔并接受基督教的圣礼，否则他们不会被看作是社会的一员，而只是粗鲁的动物。

同自由人一样，奴隶们也有自己的兄弟会团体：他们通常希望能成为兄弟会的一员，能成为这种团体中的管理者。那些勤奋工作的奴隶，甚至会把自己为了赎回自由而积攒下来的钱捐赠出来，用于装饰圣像；这样，捐赠者就可以在他的社会圈子中成为重要的人物。黑奴会向圣母玛利亚祷告，这是他们所特有的。在他们那里，有时会把圣母玛利亚的脸和手画成黑色的。通过这种方式，奴隶们得到引导而把注意力放在他们感兴趣的目标上。在这种目标的指引下，他们不可以伤害自己或以任何方式伤害他们的主人。他们的心中不再对祖国有任何留恋，他们被引入了一个本质完全不同的国度，这里同他们原先的生活没有任何关联。来自非洲的人们会选举刚果之王，这似乎会让他们偏爱自己的本土文化。但是巴西的刚果之王却崇拜圣母玛利亚，并且穿着白人的服饰。事实上，他们及其子民都会跳克利奥尔人和姆拉托人的舞蹈，而且所有人的舞蹈方式都是一样的。这些舞蹈现在成了巴西的国舞，其地位在巴西和非洲同等重要。奴隶们说的是葡萄牙语，而他们自己的方言则逐渐淡化，直至在他们中间基本消失。虽然奴隶主不会诉诸强制手段来逼迫奴隶采取他们的生活方式，但是他们的观念却不知不觉地被奴隶们模仿并最终接受。与此同时，奴隶主也会吸取奴隶的某些习俗。这样一来，奴隶主和奴隶之间的心理距离就拉得更近了。我坚信，给新来的黑人们施以洗礼，这种做法是源于早期葡萄牙人的偏执心理，而非出于任何政治目的，但是这样做却有非常好的效果。奴隶们因此更加温顺，除了成为更好的男人和女人外，他们也变成了更顺从的奴隶。他们处于教会的控制之下：尽管这是他们加入教会而遭受的唯一的额外束缚，但这也给他们的行动赋予了巨大的动力。

加拿大的革命呼声*

威廉姆·莱恩·麦肯锡

威廉姆·莱恩·麦肯锡（William Lyon Mackenzie）是一名从苏格兰移民至加拿大的激进政治家，他曾担任多伦多市的第一任市长。但是当他 1836 年竞选失败后，他开始支持一个公开反抗英国殖民统治的组织。农业危机和当时的世界经济危机，进一步削弱了英国对这个辽阔国家的殖民统治。在如下的选文中，麦肯锡呼吁人民进行革命，反抗"欧洲暴政"。

思考：麦肯锡是怎样把宗教用作他的战斗口号的；加拿大人和美国人在反抗殖民者的措辞方面有何异同。

勇敢的加拿大人！上帝已经在召唤我们这些勇敢而真诚的加拿

* Margaret Fairly, ed., *The Selected Writings of William Lyon Mackenzie* (Toronto: Oxford University Press, 1960), in J. M. Bliss, *Canadian History in Documents, 1763—1966* (Toronto: The Ryerson Press, 1966), pp. 46-48.

大人要起来反抗——我们反抗的不是“合法的威权”而是“非法的威权”。法律规定，如果未经我们所推选的代表同意，我们便无须纳税。然而，一个猥亵的暴政政府却践踏了这一法律，它抢劫了我们的国库，瓜分了我们的战利品，还宣称我们只是贫穷无知的农民，生来就该为他们那些上等人服务。他们无视正义，继续坐着豪华的马车，在宫殿里快活，花的却都是我们的钱。但是农民们已经睁开他们的双眼，开始感受到他们的力量了。……

加拿大的人民啊！你们热爱自由吗？我知道你们的回答是肯定的。你们憎恨压迫吗？谁又敢否认这一点？你们想要永久的和平吗？你们想要一个建立在耶稣基督永恒天堂的信条基础上（即平等地推行法律）的政府吗？那么，请穿上你们的盔甲，打倒那些压迫和奴役我们国家的恶徒吧。……

只要我们大家拧成一股绳，一起去打倒暴君并建立一个以上帝的法则为基础的政治制度，那么我们就必定成功，因为掌控着风云变幻的上帝与我们同在。但是，如果我们胆怯而又心胸狭窄，那么等待我们的将是悲伤而黑暗的明天。……

加拿大的人民啊！“自由之友”决定给每一位自愿参加革命的志愿者几百英亩田地，要大家彻底推翻非法的加拿大公司，让生活在自己土地上的人们拥有属于自己的土地，还要把教会的土地分给在这片土地上定居的好公民，分给在英格兰国教的土地上定居的人民。这样一来，自由民就会感到独立，从而能为这个国家的繁荣昌盛做出贡献，再也不用把他们的劳动果实送到国外去了。……

独立的价值是无法估量的。加拿大的幅员比英国和法国的要更加辽阔；它的自然资源如同我们的愿望一样丰富。我们会建立一个法律面前人人平等的政府，我们的宗教信仰将纯粹而洁净，我们的社会将长治久安，每个公民都能接受教育，我们有成千上万亩土地充实国库，我们再也不用向英国人进贡，我们可以同世界各国建立自由的贸易往来。可是我该打住了，因为我无法穷尽民族独立所能带给我们的益处！

起来吧，勇敢的加拿大人！将你们的枪上膛，展开搏击吧！只要同英国有任何关联，我们就会卷入它的战争，但是这些战争全都是为了英国人的利益，从来不是为我们的利益而进行！只要我们的土地上还有英国来的地方长官，那么贿赂将在我们的选举中盛行，每个城镇都充斥着腐败、罪恶和永久的不和；而独立却能让我们享受诸多益处。在多伦多，我们的敌人正处于恐怖和沮丧之中，他们深知自己的罪恶，他们害怕我们的复仇……现在，正是复仇的绝佳时机！让那些压迫我们的人陷入悲伤吧，因为“上帝与我们同在”。

美国驱逐印第安土著*

安德鲁·杰克逊

美国 19 世纪的向西扩张把印第安人赶到了保留区内。这些保留区不仅瓦解了依靠广阔草原和游牧为生的诸多印第安部落，也毁灭了他们的文化。19 世纪早期，佛罗里达和佐治亚的彻罗基人已经懂得使用白人的农业技术，并且创立了书面语言，甚至还有他们自己的宪法。尽管印第安人曾做出这些努力，试图采用白人的风俗、法律和价值观，但是在 1835 年到 1836 年冬天，他们

* James D. Richardson, ed., *A Compilation of the Messages and Pages of the Presidents 1787—1897* (Washington D C: Government Printing Office, 1896—1899), vol. 3, pp. 171-172.

仍然被迫放弃家园，往西迁移至俄克拉荷马州；当时，那里被认为是印第安人的领地。由于死亡人数太多、牺牲十分惨重，人们把印第安人这次艰苦的长途跋涉称为“血泪之路”。据估计，每天都有一百多个印第安人因为暴晒、饥饿和疾病而死去。1835年12月7日，以“印第安斗士”而闻名全国的安德鲁·杰克逊（Andrew Jackson，1828—1836）总统向国会提议，要将数以千计的印第安人赶出家园，强令他们移居到他们既不熟悉，也没听说过的领地上去。

思考：杰克逊如何证明其政策的合理性；这反映了美国对美洲印第安土著的何种态度；对于美国白人和印第安人之间的冲突，还有什么解决方案可供选择。

……我们将仍定居在美国境内的原住居民迁移到密西西比河以西的计划，很快就要圆满成功了……之前所有旨在提升印第安部落文明程度的实验都已失败。现在看来，他们不能同一群文明的人共同居住、共同繁荣，这似乎已成事实。往年那些毫无成效的努力最终让我们明白一个重要的原则，那就是，我们要同他们有更多的沟通和交流。我们不能改变过去，但却能掌握未来……我们深信，美国政府具有保护、保留（如果有可能的话）和保存这些处于我国各地的零散的印第安文化的道德责任。在履行该职责的过程中，我们已经在西部预留了一片广袤的区域，供他们永久居住之用。……

这个移居和重建计划建立在我们对他们的性情和习惯了解的基础上，是我们本着一种大爱和宽容的精神而制定的。我们给予每个部落的土地要比他们原先所放弃的更大。这块新土地在气候、土壤和物产上都非常适合印第安部落居住。印第安人这次大迁徙的费用全部由美国政府承担，政府还负责为他们提供部分物资援助，如衣物、武器、弹药以及其他生活必需品；在他们到达新的居住地后，政府还将给他们免费配备一年的供应品。在这段时期内，凭借肥沃的土地和他们所种植的农作物，他们可以通过农耕维持生计，只要他们愿意采取这种生活方式；如果不愿意，他们也可以依赖周围广袤的草原，那里有成千上万头美洲野牛，他们很快就可以改变自己的习惯，适应那里可捕食的动物种类。政府已经为他们配备了完备的学校，有些地方还将建立管理委员会和教堂，为他们的首领建造住房，为普通老百姓建造磨坊。我们还设立了专门针对穷困者的援助基金。政府会给各部落引进最必需的机械，在他们中间培养专业的铁匠、军械师、车匠、轮机工等技术人员。政府为他们购买钢铁原料，有时还有食用盐，当然还有犁和其他农业用具，以及家禽、织布机、纺纱车、马车等等。除了这些对他们的生活非常有益的用具外，政府还会为他们所有人发放养老金，部落里平均每个人能拿到三十多美元。这样一来，如果资源分配均匀，物资使用谨慎，再加上他们自己的努力，那么所有这些充足的配备可以让他们生活得非常安逸了。

情感宣言：美国妇女的权利*

塞尼卡福尔斯会议

作为美国意识形态的基本原则，民主和自由的言辞突显了美国社会实际存在的不平等现象。除了当时风靡全美的废奴运动之

* Elizabeth Cady Stanton，Susan B. Anthony，and Matilda J. Gage，eds.，*History of Woman Suffrage*，vol. Ⅰ，pp. 70-71.

外，美国的妇女们也开始要求平等。1848年的塞尼卡福尔斯会议就是为了争取她们的正当权益而召开的。上百位男男女女聚集在纽约州北部的一个偏僻的地方，草拟了这份宣言，要求女性同男性一样获得平等的政治、社会、宗教和经济权利。这份宣言有意模仿《独立宣言》的模式，预示着20世纪早期的妇女解放运动，该运动最终在1920年为妇女赢得了平等的选举权。

思考：从这份宣言的陈述来看，当时的妇女面临哪些困境；这一情感宣言同《独立宣言》为什么会有相似之处和若干差别；为什么女性花费了这么长的时间才赢得选举权。

我们认为如下事实是不证自明的：所有人，无论男女，都生而平等；他们都被造物主赋予了某些不可剥夺的权利，其中包括生存权、自由权以及追求幸福的权利；为了保护这些权利，我们才建立了政府，政府的正当权力来源于被统治者的同意。任何时候，如果政府破坏了这些权利，那么因此受到伤害的人们就有权拒绝服从它，并建立一个尊重这些权利的新政府，新政府的职权应当是维护人民的安全和幸福。……妇女们在这个政府统治下长期忍受着不公正的待遇，现在，我们要将那些本应属于她们的平等地位还给她们。

人类的历史是一部男性不断伤害和剥削女性的历史，它的直接目的就是建立对妇女的绝对专制。为了证实这一点，我们现在把下列事实向公正的世界宣布：

他从不让她拥有本应属于她的公民选举权。……

只要她结了婚，他就在法律上剥夺了她的民法权益。

他从她手里拿走她的所有财产，甚至是她挣得的那份工资。

他使她变成一个毫无道德责任感的个体，因为只要她是当着丈夫的面干坏事，那么她就可以免于惩罚。在婚姻中，她被迫承诺顺从自己的丈夫，他俨然成为她在各个方面的主人——法律给予他剥夺她的自由并肆意惩罚她的权力。

在男性至上的错误假设下……他制定了离婚法律，把所有的权力都握在自己的手中。……

他几乎垄断了所有有利可图的行业，而她只被允许从事某些行业，而且工资还极其微薄。……

他剥夺了她享有充分教育的权利，所有学院的大门都朝她紧闭。

他允许她进入教堂，涉及国家事务，但她的位置只能是次要的；他声称自己有使徒的权威，禁止她当牧师，而且除了少数例外，她也不能公开参与任何教会事宜。

他通过给社会传递两种不同的道德观营造了一种错误的公众情感；根据这种道德观，妇女的不道德行为会将她逐出社会，而同样的错误若是男子所犯，则不仅会被宽恕，甚至会被视为无足轻重的小事。……

他绞尽脑汁，努力让她泯灭对于权利的信心，让她失去自尊，让她心甘情愿地过着终生依赖他人的可怜日子。

现在，考虑到这个国家一半的人口都被剥夺了公民权，在社会和宗教上低人一等——考虑到上述不公正的法律，以及因为妇女感到自己受到虐待和压迫，感到自己被骗取了最神圣的权利，我们在此坚持，应当立即准许妇女享有美国公民的一切权利和特权。

为土地和自由而战*

埃米里亚诺·萨帕塔

19世纪，拉丁美洲人民的斗争使他们摆脱了西班牙和葡萄牙的殖民统治，获得了民族独立，并建立了广受欢迎的民主政治。一直以来，美国都在鼓舞着这些争取独立和民主的斗争。然而1898年美西战争①爆发时，美国却在中美洲及加勒比海地区扮演着帝国主义角色。在墨西哥，埃米里亚诺·萨帕塔（Emiliano Zapata）领导人民革命，这场革命在墨西哥的土地改革中达到顶峰。虽然萨帕塔于1919年被暗杀，但他依然是墨西哥数百万人民和全世界人民反对暴政和压迫的英雄楷模。下面这段选文摘自"阿亚拉计划"（Plan of Ayala），其中埃米里亚诺·萨帕塔号召要在墨西哥实行彻底的经济和政治改革。

思考：为什么萨帕塔会以土地和自由作为口号，而不是简单地呼吁政治民主；这一点反映了农民和城市贫民的哪些不满情绪。

我们这些在下面签了名的人，以革命议会的名义，为了坚持和实现1910年11月29日革命运动的诺言，在此特向审判我们的文明世界、向我们所热爱的国家郑重声明如下准则，以求结束压迫我们的暴政。……

---

* Gilberto Magana, *Emiliano Zapata y el Agrarismo en Mexico* (Mexico: 1934—1937), vol. Ⅱ, pp. 126-129 (excerpt translated by Andrea Vasquez).

① 美西战争是1898年美国为夺取西班牙属地古巴、波多黎各和菲律宾而发动的战争，是列强重新瓜分殖民地的第一次帝国主义战争。

1. ……共和国总统弗朗西斯科·马德罗与科学家派①、大庄园主、封建势力以及惯于剥削的地方头领等革命之敌结成了臭名昭著的联盟……对有效普选进行了血腥的讽刺。这样，他就可以建立一个新的专制政府，一个比波费里奥·迪亚斯政府更可恶、更恐怖的政府……正因如此，我们认为，弗朗西斯科·马德罗根本没有履行他曾许下的革命诺言……他已背叛了革命的准则，辜负了人民对他的信任……从今天起，我们将继续由他开始的革命，直到我们最终推翻现存的专制统治。……

5. 除非我们推翻波费里奥·迪亚斯和弗朗西斯科·马德罗的专制统治，否则民族革命议会便无法发挥作用。墨西哥已经厌倦了虚伪者和背叛者的嘴脸，他们表面上说要解放人民，可事实上他们一旦获得权力，就会把承诺统统抛诸脑后。……

6. 作为我们计划的一部分，我们宣布，凡是大庄园主、科学家派和地方头领以专制统治剥削得到的土地、树林和水资源，都应当归还给城镇或公民；它们原本是属于后者的正当财产，可是却被前者贪婪地掠夺了。后者应当武装起来，不惜一切代价，重新享有这些财产的所有权。那些认为自己有权拥有这些土地的掠夺者，可以在我们革命胜利后所设立的特别法庭上陈述他们的主张。

7. 绝大多数墨西哥人除了他们赖以过苦日子的立锥之地外一无所有，他们毫无提升社会地位的机会，更不可能投身工农业，因为土地、树林和水资源早已被少数人占领殆尽。出于这些原因，我

① 信奉并传播欧洲实证主义和社会达尔文主义的墨西哥精英阶层。他们主张大量引进外资和技术，实行西欧北美式的资本主义治国方针。1892 年组成政党，部分成员曾在波费里奥·迪亚斯的政府中任职，为其制定政策。

们必须没收这些主要的不动产，给予原来的占有者以三分之一的补偿。这样，墨西哥的城镇和公民就可以获得殖民地、城镇、场所和耕地，从而增进所有墨西哥人的繁荣和幸福。

禁止华人移民美国*

美国众议院

美国拥有丰富的自然资源，如煤、铁、石油、水和木材，然而美国境内的工人却相对缺乏，因而增加了劳动力成本，这迫使工业家鼓励移民。19 世纪晚期，大量来自爱尔兰、德国、意大利和东欧的移民，以及犹太裔移民涌入美国东海岸。而在西海岸，为了获得修建铁路、开采矿山、捕鱼和进行农业生产所需的劳动力，他们大批招募来自亚洲和墨西哥的劳工。这导致了剧烈的冲突，因为美国本土的工人不得不以降低工资为代价，与这些外来劳工竞争。种族歧视是美国西海岸冲突问题的主要特征，并导致了限制外来移民的政治运动。1882 年制定的《排华法案》（The Chinese Restriction Act）就是第一个专门针对特定族群的限制性措施。该法案于 1892 年被更新并放宽了要求，但直到第二次世界大战后才最终被废除。如下选文摘自美国国会 1892 年的《内务委员会关于移民和入籍的报告》（House Committee on Immigration and Naturalization）。该报告强烈建议应当通过法令，重新限制华人劳工进入美国。

思考：这份文件体现了美国对华人的何种态度；这项法案的合理性和动机是怎样的。

---

* U. S. Congress，House of Representatives，Report ＃225，February 10，1892，pp. 1-4.

现在急需立刻就华人移民劳工的问题实行立法。1882 年 5 月 6 日通过的《排华法案》及其修订案，在 1892 年 5 月 6 日已经过期；此后，再没有任何法律能够限制中国人涌入我国。这些移民的数量之大，速度之快，很快就会超过太平洋沿岸富裕各州目前的人口总和了。……

大众对于制定《排华法案》的需求是非常紧迫的，也几乎是普遍的。他们在这里出现，这是对我们制度的一种威胁，肯定会给我们造成危害并且是一个危险的来源。他们是个与众不同的人种，他们会从工资中节衣缩食攒下好几百美元，然后再回到中国。他们要省下这些钱，大概需要五到十年的时间，他们生活在最糟糕的环境里，住在城镇中最拥挤最便宜的公寓里，充斥着肮脏、污秽和妓女，周围到处是赌场和瘾君子。如果他们当了厨师、农夫、仆人和园丁，他们在习惯和仪态上兴许还会规矩一些。他们通常在这里没有任何家人；所有的华工都是男性，只有极少数是女性，不过通常也都是妓女。他们对我们的国家、法律和制度没有任何亲近感，对美国的繁荣昌盛也不抱任何兴趣。他们从不效仿我们，也不接受我们的礼仪、品位、宗教或价值观。他们同我们没有任何共同之处。

他们的饮食（大多数情况下都是蔬菜）是最便宜的，穿的也是最便宜的衣服，还不用养家。他们进入劳动力市场，同美国的劳工竞争。在旧金山，甚至是在整个美国西海岸，上述情况都告诉我们，中国人几乎已经侵入了我国工业的每个角落。香烟、香烟盒、扫帚的制造工人，还有裁缝、洗衣工、厨师、仆人、农民、渔夫、矿工和其他所有体力劳动行业，只要这些工作能让他们吃饱饭，无论工资多低他们都愿意接受，而这样的工资水平对于美国本地的白人劳工来说，远远不能养活他们自己和靠他们生活的家人。从前，美国还是一个新兴国家，可能在当时一度需要外来华工。但是现在，我们美国自己的人口正在填补劳动力的空白，美国人正在努力开发这块富饶而收益丰厚的土地；美国公民绝不愿意坐等闲，眼睁睁看着外来族群抢走本属于他们的劳动果实。一场种族之战一触即发；而像这样的战争已经有过好几次，带来的是血腥的后果。塔科马镇曾在1887年发布通告，驱逐了3 000名中国劳工，而且迄今为止，那里仍然不允许任何华工返回。

然而我们美国人民还是愿意让现有的华人留在这里，用法律保护他们——虽然他们并不欣赏或遵守这些法律。但前提是，美国绝不允许再有新的华人劳工登陆。

视觉资料

《天定命运》

约翰·贾斯特（John Gast）的这幅作品，《天定命运》（*Manifest Destiny*）（见图19-1），体现了19世纪美国西部扩张精神的理想境界。命运女神从大西洋海岸的东部城市沿平原和山脉飞往太平洋，她一手拿着教科书，一手拿着电报线。在她身下，白人猎手和殖民者把印第安人与野牛驱赶到西部。而在她身后则是新建的铁路。

思考：一个19世纪的人看到这幅画时会做何感想；这幅画反映了西进运动的哪些意义与合理性。

图 19-1

国会图书馆提供

墨西哥革命

墨西哥革命是 20 世纪拉丁美洲反对独裁和外国殖民统治的第一场成功的政治变革。图 19-2这幅作品是伟大的墨西哥壁画家迭戈·里维拉（Diego Rivera，1886—1957）在皇宫创作的一幅巨型历史壁画。在这幅作品中，他向我们展现了几个世纪以来外强对墨西哥的统治，以及他们对墨西哥本土文化的摧毁。在壁画底部，是西班牙征服者杀害阿兹特克战士的场景。在中间部分，教会充当着统治者压迫人民的工具，他们正在处决异教徒。

而在画面上方，里维拉向我们展示了墨西哥的革命力量，包括农民、工人和中产阶级。请特别注意，在壁画的中心位置写着这样一句话："Tierra, Libertad y Pan"（土地，自由和面包），这是墨西哥革命的口号。在壁画最顶端，描绘的是破坏墨西哥自由的两股外国势力：英国和美国的石油利益集团。

图 19－2

墨西哥城国家艺术局提供

思考：参观者能从壁画中得出怎样的结论；该作品是里维拉对墨西哥历史的积极展望，还是他对墨西哥未来危险的警示。

1770 年与 1830 年的西半球格局

1770 年，欧洲控制着西半球的大部分地区。虽然某些偏远地区的美洲印第安部落还保持自治，但是它们的人口已经由于疾病和殖民者的征服战争而大大减少了。然而就在 60 年后，西班牙、法国、英国和葡萄牙等各国的殖民地相继爆发了独立战争，最终结束了欧洲的殖民主义时代。

地图 19－1 和地图 19－2 向我们展示了当时美洲人民迅速摆脱殖民统治的情况。第一幅地图描绘的是独立战争爆发之前（亦即 18 世纪后期）欧洲在美洲的控制情况，第二幅地图展现的是 19 世纪初期美洲新兴的独立民族国家。到 1830 年，只有加勒比地区、圭亚那、阿拉斯加和加拿大等地区仍被掌握在原先的殖民势力手中。把两幅地图合在一起，我们可以看到欧洲殖民统治在北美和南美的迅速瓦解，以及各个独立国家的崛起，尽管它们在经济和政治上仍同其原来的宗主国保持着密切的联系。

思考：这些地图怎样体现了西半球人民的反殖民情绪；这些地图如何证明这些新兴的独立国家与欧洲在文化和语言上仍然存在联系。

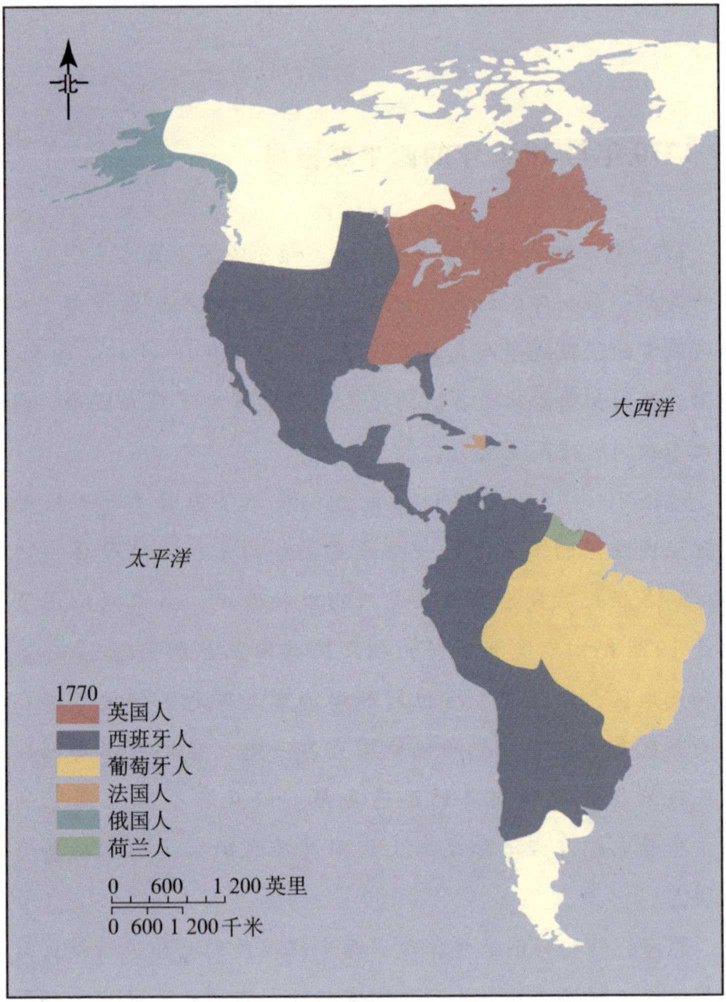
北
大西洋
太平洋
1770
英国人
西班牙人
葡萄牙人
法国人
俄国人
荷兰人
0 600 1 200 英里
0 600 1 200 千米

地图 19－1

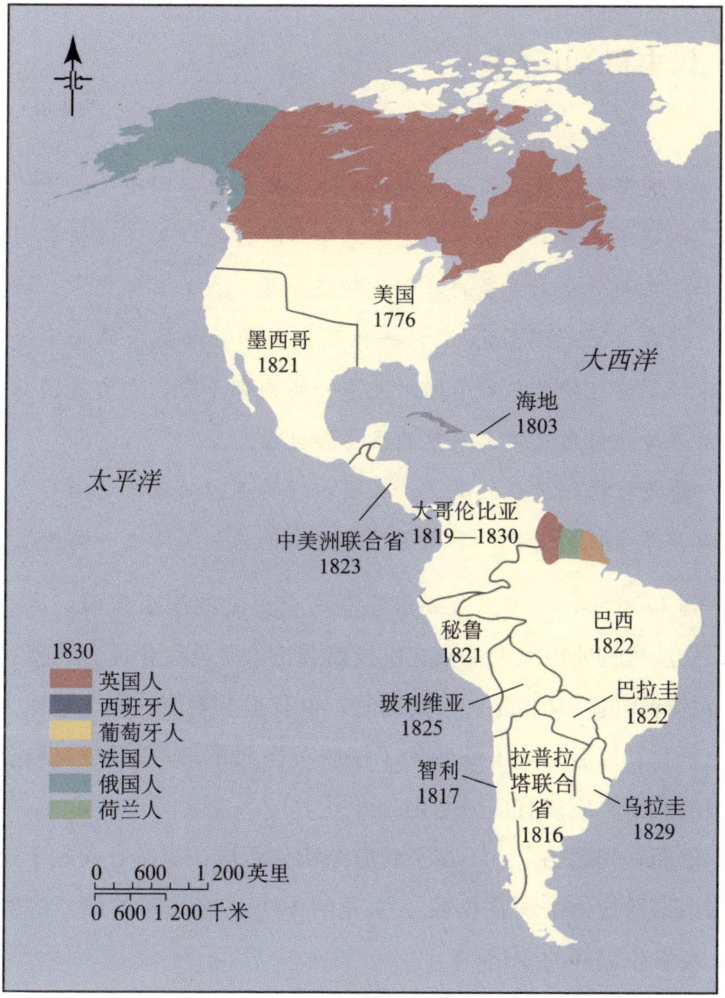
美国
1776
墨西哥
1821
大西洋
海地
1803
太平洋
大哥伦比亚
1819—1830
中美洲联合省
1823
巴西
1822
秘鲁
1821
1830
英国人
西班牙人
葡萄牙人
法国人
俄国人
荷兰人
巴拉圭
1822
玻利维亚
1825
智利
1817
拉普拉塔联合省
1816
乌拉圭
1829
0 600 1 200 英里
0 600 1 200 千米
北

地图 19-2

第二手资料

民主和美国革命*

梅里尔·詹森

美国革命通常被视为一场殖民地人民反抗英国殖民统治的斗争。但是历史学家也认为，这场革命所提出的口号还促使贫困农民和手工业者要求更多的社会与经济平等。在如下选文中，梅里尔·詹森（Merrill Jensen），一位研究美国独立战争的知名历史学家，认为这场独立战争同时也是一场内部革命，它为美国社会的底层阶级谋取了更大程度的民主和自由。

思考：根据詹森的观点，美国在脱离英国的殖民统治后发生了哪些革命性的变化；詹森运用了哪些论据来支持这一观点。

到 1776 年，美国民众要求建立一个民主的国家政府，也就是说，立法机构要由绝大多数选民投票选出，并且废止原先在殖民地阻碍其行为的一切措施。与此同时，也有很多美国人坚定地认为独立战争胜利以后，除了那些为了摆脱英国而不得不采取的措施外，美国的政治不应该有任何变化。……

然而，问题的重点不在于政府结构是否应该延续，而在于这个结构内部的权力平衡在摆脱了原先的中央政府（即英国）的管辖后，会发生怎样的变化。

首要的也是最具革命性的变化是在基础理论领域。1776 年 5

* Merrill Jensen, "Democracy and the American Revolution", *The Huntington Library Quarterly* 20 (August 1957), pp. 338-341.

月，为了推翻宾夕法尼亚议会这块独立道路上的主要绊脚石，国会做出决议，必须镇压所有受英国操控的政府，“所有政府权力都应根据殖民地人民的威权来行使……”约翰·亚当斯将这称之为“美洲历史上最重要的变革”。《独立宣言》旗帜鲜明地体现了这种理念，强调了人人生而平等、人民主权至上、人民可根据其意愿更换政府的思想。

第二，美国革命终结了一个中央政府对殖民地的统治权力。英国曾有权任命和罢免殖民地的总督、作为立法机构的参议院的成员、法官以及其他官员。英国也曾有权否决殖民地的立法，有权重新审理上诉至殖民地最高法庭的案件，也有权使用殖民地的武装力量。所有这些监管权都因为美国的独立而消失殆尽。

第三，美国根据《联邦政府条例》产生的新的中央政府，最起码是一个民主的政府。美国国会无权管理各州及其公民。因此，各州可以根据自己的意愿自我管理，并且根据新的各州宪法，州长的选举必须由州内多数选民的投票选出。

第四，在制定新的州宪法时，改变是在所难免的。曾经的立法、行政和司法官员是委任的，由此造成的等级制度严重地阻碍了选举立法，而革命之后，它已不复存在了。选举立法成为各州最重要的权力，而代表广大人民的众议院（无论它是否真的代表了人民）则成为占主导地位的机构。在殖民地时期通过任命产生的议院，现在则被通过选举产生的参议院取代。在理论上，这意味着参议院拥有任命权。尽管人们希望参议院约束众议院（有时也确实如此），但是比起独立战争之前的参议院来说，现在的参议院权力要小了很多。

第五，地方长官的职权也经历了一场真正的革命。从前的殖民地官员至少在理论上拥有广泛的权力，其中包括绝对否决权。但根据新的宪法，却是由大多数美国人分享地方长官的几乎所有权力。

第六，最高法院也同样经历了类似的革命。根据州宪法的规定，最高法院的成员是由立法机构选举的，或者是由民选官员任命的。如果最高法院还想干涉立法机构，那它就会有麻烦了。

对于政治现实而言，这些变革的意义在于：一个国家内部的多数选民如果对某个决议取得了一致意见并能够坚持，那么他们就可以做他们想做的任何事情，而不必受地方官员、法庭或该国之外的某个更高权力的阻挠。……

……美国革命原本不是一场民主运动，但它在结果上却是一场民主运动。18 世纪的政治领袖们当然会把这场革命的结果视为民主的。至于他们认为这种结果是好是坏，那就是另外一回事了。

合理的武力： 南美洲的强权政治与国际关系*

罗伯特·伯尔

当新大陆的人们陆续摆脱欧洲殖民统治、赢得民族独立时，一些领导人认为，新生国家应该拒斥那些会把它们同欧洲继续联系在一起的旧世界的价值观和生活方式。但是罗伯特·N. 伯尔(Robert N. Burr) 在下面的文字中指出，南美洲的大部分精英阶层其实已经接受了欧洲人处理国际关系的那种流行模式，由此导致了南美各国之间的频繁冲突。伯尔还指出，尽管殖民主义在拉美的大部分地区都已失败，可是在 19 世纪，欧洲势力仍以新的

* Robert N. Burr, *By Reason on Force*:*Chile and the Balancing of Power in South America* (Berkeley: University of California Press, 1966).

方式影响和控制着拉丁美洲。

思考：在拉丁美洲取得独立之后，为什么欧洲势力还能对当地施加影响；除了欧洲强权政治体系，拉丁美洲是否还有其他的选择。

南美各国以前会关注彼此的政治利益，只因为它们被浩瀚的大海限制在一块与世隔绝的大陆上。此外，国家力量之间的对抗和竞争以及南美大陆权力结构的波动，也促进了它们的彼此互动。……

南美领导人接受了南美洲强权政治体系的早期成分，并视之为强权政治的基本原则和方式。统治精英阶层的文化和教育都非常欧化；欧洲人在文学、时尚和政治方面的价值观和形式，以及欧洲的政治制度都被他们接受和模仿。当然民间仍有一些声音在呼吁新大陆抵制欧式的强权政治，谴责它们是颓废的、腐败的、不适合美洲的。但是对于这个由相互竞争的主权国家所组成的共同体概念，南美的当权者却没有给予认真的质疑。根据这种看法，共同体中的每一方都有责任保护自我并拓展自己的利益，它们一般采用和平的方式，但在“必要”时也会使用武力——即使是在牺牲他国利益的前提下也是如此。欧洲列强作为强权政治的率先实践者，成为南美各国在处理国际关系问题上的具体榜样。由于南美洲的文化基本上是派生的，南美洲的人民因为曾经的被殖民经历而存有自卑感，且南美各国的国力相对薄弱，所以他们会十分认可对于欧洲模式的效仿。……

在与大国调整关系时遇到的困难……转移了这些新兴国家对南美洲内部事务的注意力。独立之后，南美各国希望得到大国的承认，并努力拓展与大国之间的贸易往来。此外，南美人还希望能从欧洲强国那里借到资金以满足公共建设和私人经营的需要，从欧洲和美国那里引进先进的技术和熟练技工。南美洲对欧美的资金、人员和技术的需要，对于实现其物质富裕和文化繁荣的迫切愿望来说，乃是不可或缺的。面对这样一个开拓市场和资源的机会，那些发达国家也迅速地做出了反应；当然西班牙除外，因为长期以来西班牙政府一直拒绝承认它们。但是问题很快便出现了，大国的利益难以得到保证。贫穷导致南美国家无法履行它们的财政承诺；不稳定的经济局面损害了个人和欧洲国家的利益；对于由此产生的纷争，各方的不同态度使得问题难以解决。而在南美洲的西班牙语民族中，还普遍存在着一种仇外情绪；因为几个世纪以来，西班牙的经济体系和宗教势力一直切断了他们同外界的联系和对外界的了解。反过来，欧洲移民也很轻视这些“落后的”南美人。他们想从宗主国政府那里寻求更高的强制性力量以解决现在的利益冲突，而不愿意在一个平等（理论上）的基础上进行协商。

豪宅与棚户：现代巴西的形成*

吉尔贝托·弗雷雷

19世纪南美的城镇地区逐渐发展起来。在这种新环境下，社会各阶层确立了自己的制度，逐步形成一种贫富人群共同生存的新型社会关系。在如下选文中，著名的巴西历史学家吉尔贝托·弗雷雷（Gilberto Freyre）分析了19世纪巴西精英阶层和劳苦大众的关系。在这里，他集中阐述了“街道”——它是富人和穷人

* Gilberto Freyre, *The Mansions and the Shanties: The Making of Modern Brazil* (Berkeley: University of California Press, 1963, 1986), pp. XXIV-XXIX.

发生直接接触的场所——功能的变迁。

思考：在全新的城市社区中，富人和穷人处于怎样不同的环境；对于这两个阶层来说，街道具有哪些不同的功能，他们如何看待街道的用途。

正当我们的社会环境开始改变时——原来的种植园变成了欧式城市的高楼豪宅，奴隶的营房被仆人的房屋取代，这时原来的协调状态不见了，富人和穷人之间、白人和有色人种之间、大厦和小屋之间开始出现新的从属关系和新的社会藩篱。棚户和贫民窟虽然就兴建在高楼豪宅的旁边，但是住在这两个地方的人却几乎没有交流；相比于原来种植园和大农场里的奴隶，现在的非裔信徒对天主教偏离得还要远。尽管出现了新的权力分配，但是大部分权力仍掌控在白人地主的手中。在统治者和被统治者之间、在高楼豪宅中成长的白人孩子和在街上长大的有色人种的孩子之间，出现了更加尖锐的对抗；而曾经在种植园里普遍存在的彼此友善、曾经在贵妇人与贫穷女子之间存在的深厚友情，全都不复存在了。两个社会极端的经济差距变得更大。

两者之间的友善关系只能是逐渐形成的：通过宗教游行、教会庆典以及狂欢节的活动等等。就拿公园来说，本来大家都可以在那里散步，但是有榕树蔽荫的场地多年来一直被铁栅栏围着，这些栅栏很像是最时髦的公寓四周用来代替围墙的玩意；而被围起来的区域只对那些脚蹬高筒靴、头戴丝绸帽、颈上系领结、打着遮阳伞的人开放，这些都是人种差异的标志，但主要是社会等级的象征。设施虽然供某个特定阶层使用和享受，但只限于男性。妇女和孩子必须待在家里或后院，最多只是在走廊上、门口、栏杆边上或者花园的墙边上走动走动。跑到街上放风筝、玩陀螺的孩子会被认为是缺乏教养的野孩子，而上街购物的妇女则可能被看作是在街头拉客的妓女。……

到 19 世纪初，街道不再是城市居民的污水沟，而是拥有了自己的高贵价值和社会地位。原先，有身份的市民穿着好鞋子走在街上时必须小心脚下的污水。入夜后，街道也不再是漆黑一片，人们用金属丝把一盏盏鱼油灯挂在高高的柱子上，街道变得灯火通明。而市民们以前走夜路时，前面得有奴隶掌灯。这就是公共照明的开端，它是街道拥有自身尊严的一缕曙光；而在以前，街道是完全被忽视的，它只能依靠路边房子里透出的灯光和神龛上燃着的蜡烛来获得光亮。

大概就是在这个时期，市政当局开始保护街道，反对住在豪宅里的人对街道的滥用。这些人搬进了城市，但是他们依然保持着那种暴戾嚣张的态度，几乎同从前他们在种植园和农场里的那种傲慢一模一样；街道成了他们砍柴，扔掉死牲畜、垃圾和脏水，甚至时不时倒夜壶的地方。城市豪宅的建筑结构把周边的街道当作了自己的附属品：排水管直接把雨水倾注在街道上；大门和窗板都冲着街道开；而当窗户取代了窗板后，窗户也是如此设计的，以便于人们朝街道吐痰。

19 世纪初期的城市法令主要是针对人们的这些陋习而制定的，同时也是为了确立被人们长期忽略与轻视的街道所应享有的地位、尊严和权利。……

根据法令，住在棚屋里的黑人被禁止在市中心的公共喷泉那儿洗衣服，而只能在门外的小河里洗。

限制个人行为的其他法令还有：严禁豪宅主人在晚上九点的教

堂钟声敲响后鞭打他们的仆人。在钟表成为生活的必需品之前，教堂的钟声对于巴西人的日常生活甚至是公共生活来说，都非常重要。

政府还制定了其他禁令，以便能让那些来自偏远地区的人也同样地尊重街道。这些人来自山区、内陆或种植园，赶着马车或牛车。然而一旦进了城，他就必须下马，用缰绳牵着他的牲口在街上步行，如果不遵守规定，他将受到 24 小时的监禁惩罚；如果是黑人违反了这条规定，就要被重打 24 鞭。任何人都不能衣衫不整地穿着睡衣和内裤进城，也不能在街上慢跑和飞奔。因为从 18 世纪末以来，街道上就开始出现了各种交通工具，最开始是轮车、四轮马车、单马双轮马车和双马单座轻马车，后来陆续出现了篷顶车、出租马车、轻便双轮马车……种类繁多的交通工具来回穿梭，震动着街上的鹅卵石和凹坑。

城市房屋的建造者和业主们也必须尊重街道。他们必须把房子沿街建在一条直线上，而不能像从前那样随意或胡乱地建房屋。他们必须将房前街面上的坑洼之处填平。他们还必须在步行道和人行道的问题上达成共识，修整各处崎岖不平的地方。这些地方原来都是各个业主一时兴起，只顾自己的方便而挖出来的。

这样一来，街道就从“别墅”“庄园”和豪宅的绝对支配中解放了出来。街道顽童——这是对巴西街道的形象描绘——开始逐渐对豪宅表示不敬，他们在豪宅的墙上和栅栏上涂鸦，其中不乏粗俗的内容。更不用说，他们会在豪宅门口的台阶上甚至是通向豪宅大厅的楼梯平台上，肆无忌惮地玩耍嬉戏。

尽管豪宅在街道面前已经颜面尽失，而且由于教堂、工厂、学校、旅馆、图书馆和药店的兴起而丧失了它们的显赫功能（在某些城市，豪宅仍保持着这种功能），但是相比于巴西城市化进程中的其他因素，19 世纪的豪宅仍然发挥着更为重要的影响。这些豪宅，由于它们更具欧洲风格，因此代表着一种社会类型；而更具非洲和印度风格的小棚屋则代表着另外一种。还有街道、广场、教会庆典、市场、学校以及狂欢节，这一切都体现出不同社会阶层之间的交流和不同种族之间的融合；巴西人已经摸索出一套自己的方案，能够在不同的生活方式和文化类型之间寻求协调与平衡。

追求真正的女性气质*

芭芭拉·韦尔特

19 世纪的美国出现了一股思潮，号召妇女回到家庭中去。女性气质在文学、通俗形象和专业期刊中被理想化了，人们把她们与休闲安逸和家庭生活联系在一起。有人指出，“追求真正的女性气质”实际上是对当时正在崛起的中产阶级妇女群体的职业理想和政治抱负的攻击。另一些人则认为，“追求真正的女性气质”是为了将中产阶级妇女同工人阶级妇女区分开，瓦解美国社会和文化中一股潜在而强大的新生力量。下面这篇由芭芭拉·韦尔特（Barbara Welter）撰写的文章对于历史学家而言非常重要，因为它能帮助他们辨别一些微妙的方式。正是凭借这些方式，人们为男性和女性建构起各自的文化领域，并将妇女的地位置于男性之下。

思考：“将女性奉之高阁”的策略在哪些方面造成了女性的退化，使她们依赖于男性。

---

* Barbara Welter, “The Cult of True Womanhood: 1820—1860”, *American Quarterly* 18 (Summer 1966), pp. 151-153, 173-174.

19 世纪的美国男人是繁忙的桥梁建设者和公路建设者，在这个物质主义的社会中，他们每天要工作很长时间。被他们祖先所珍视的那些宗教价值，在实践中都被忽视了，也许他们的本意并非如此。偶尔他们也会感到愧疚，因为他们已经把这块新大陆、这个上帝选民的神殿变成了一个巨大的账房。然而一旦他们想起自己还有一个抵押物，不仅可以换来财富，而且可以换来他们如此珍视却轻率对待的各种价值时，他们便能够缓解自己的烦恼。妇女在 19 世纪的女性杂志、礼品年鉴和宗教文献所掀起的“追求真正的女性气质”的潮流中，就是那个留在家中的抵押品。在一个价值观频繁变更、财富在顷刻间可聚可散、社会经济变化带给人们希望与不稳定的社会里，至少有一件事情是没有改变的，那就是：一位真正的女性就是真正的女性，无论她在哪里被发现，都是如此。如果有人（不论男女）想破坏那份构成“真正的女性气质”的美德清单，他会被立刻诅咒为上帝的敌人、文明的敌人和国家的敌人。这是 19 世纪的美国妇女所拥有的一项重要的义务和庄严的职责。只有这样，她们才能用柔弱的白皙的双手撑起宗教神殿的支柱。

真正的女性特质是女人评价自己的标准，也是她的丈夫、邻居和整个社会评价她的标准。这种特质被分成四大美德——虔诚、贞洁、温顺和持家。将这四种美德放在一起，就出现了母亲、女儿、姐妹和妻子——女性。缺乏它们，就算一个女人再有名望、财富再多、成就再大，也没有任何意义。而拥有了这些品质，她就拥有了幸福和力量。……

美国的妇女可以有自己的选择。她可以通过妇女杂志来确定自己的权利，并通过实践上述美德确保自己的权利，她也可以选择走出家门，去寻找除了爱以外的其他快乐。别人告诉她，她生活中的一切都取决于她的一个决定。“你的选择就是在决定，”斯特恩斯教士在讲坛上严肃地告诫妇女，“这个社会的正常秩序……要么按照原有的方式持续下去”，要么“发生骤变，变得一片杂乱，混乱不堪”。如果她选择听人蛊惑，而不是听从她圣明的导师，如果她寻求的是其他的房间而不是自己的家，那么这个女人将失去所有的幸福和力量，而“那是种不可思议的力量，在恰当的范围内使用，她就可以支配世界的命运”。

但是即便妇女杂志和其他相关文献都在倡导这种完美的女性形象，也仍有一股势力在19世纪鼓励妇女改变自己，去扮演更富创造性的社会角色。社会改革运动、西进运动、传教活动、乌托邦团体、工业主义，还有内战——所有这些都在呼唤着妇女的回应，这些回应与此前的那些所谓出自妇女天性和神意的回应是截然不同的。此外，对女性气质的尽善尽美的追求，其实本身也孕育着自我解构的因素。因为如果妇女真的完美得跟天使一般，那她反而应该为这个世界做一些更加积极的事情，尤其是当男人们把事情搞得一团糟的时候。

第 20 章

非洲（1500—1880）

从 16 世纪开始，非洲在与欧洲进行通商和交往的过程中受到越来越多的影响。不过在 16、17 世纪，非洲除了沿海地区和南非的少数地区之外，安哥拉、莫桑比克以及撒哈拉以南的大部分地区都以内部发展为主。17 世纪末，非洲各国所关注的是国家治理问题。有些地方因此爆发了内战，例如贝宁和刚果；有的地方，例如黄金海岸，出现了更大、更专制的国家；而在其他一些地方，例如塞内冈比亚①，上述两种情况同时发生。在北非和东非，伊斯兰世界的变化带来了深远的影响。16 世纪，奥斯曼帝国扩大了它在北非的地盘。17 世纪，阿曼的阿拉伯人控制了东非的一些沿海地区。与此同时，伊斯兰教与非洲的宗教传统相融合，产生了一个颇具地方特色的伊斯兰教分支，继而传播开来。

18、19 世纪是非洲与欧洲关系的关键时期，也是非洲大陆内部变化的关键时期。对外，非洲是欧洲和伊斯兰市场的劳动力与原材

① 由塞内加尔和冈比亚两个独立国家组成的联盟。

料的主要供应者。从 1700 年到 1810 年，仅是美洲的欧洲人就获得了大约 700 万奴隶。1810 年以后，在通常被人称为“自由贸易时期”的那段岁月里，非洲向欧美的新兴工业中心输送了各式各样的原材料——硬木、棕榈产品、象牙、橡胶等等。与这种对外贸易相比，非洲内部所发生的主要政治经济变革或许是更为重要的。有很多地区产生了新国家，例如索托和阿散蒂；而在另一些地区，例如刚果和津巴布韦，旧的国家体系则试图巩固其制度安排。但是到了 19 世纪下半叶，特别是 80 年代之后，非洲的大部分地区都沦为了欧洲的殖民地。

本章的资料主要关注两个主题。第一个主题是非洲在这几百年时间里的内部发展变化。这些非洲国家的政治性质是什么？在非洲，尤其是西非，发展了哪些社会形式？非洲各国怎样与其他国家交流？第二个主题是关于非洲大陆上越来越多的外来者。我们的问题是：非洲人试图如何应对西方的影响？非洲的首领对欧洲人采取了怎样的态度？第二个主题将把我们带回 19 世纪末，当时非洲被卷入帝国主义的一股新浪潮中。对此我们将在第 22 章加以详细探讨。

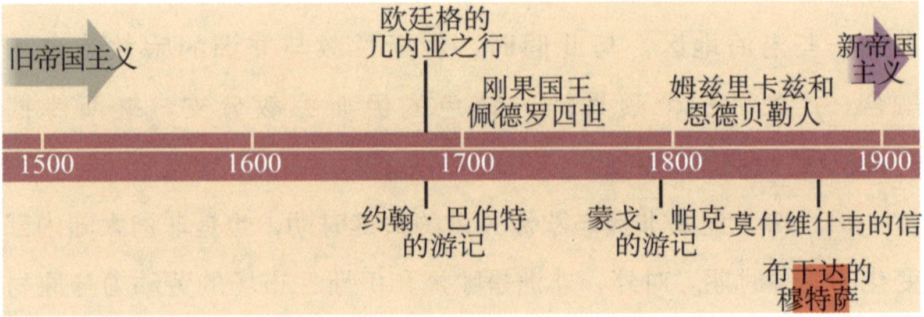

第一手资料

驶向几内亚的航程：欧洲人在非洲的奴隶贸易*

约拿·彼得·欧廷格

约拿·彼得·欧廷格（Johann Peter Oettinger）是位外科医生，供职于普鲁士王国的布兰登堡非洲公司，并在 1692 年至 1693 年间乘船前往非洲。下文所记载的就是他的这段经历。在他的描述中，重点突出了欧洲与非洲之间的贸易体系，该体系自 15 世纪 40 年代欧洲人到达非洲西海岸后，就在这片地区逐渐发展了起来。17 世纪末，美洲的制糖业十分繁荣，需要大量劳动力，因此欧洲人就从非洲购买奴隶，而后贩运到新大陆。奴隶贸易迅速成为 19 世纪之前欧非关系的最主要方面。

思考：既然许多国家都有商人介入，那么非洲沿海地区的奴隶贸易达到了怎样的国际化程度；被当作商品的奴隶遭受了怎样的待遇；作者对非洲人的态度是什么样的；非洲人进行了哪些反抗。

船上为奴隶安排了食宿。上层甲板上有几口大锅，为七八百人做吃的。船上还带了许多大水桶。在压舱物的上面，安置了一层类似甲板的板子，黑人们分别睡在这几层板子上。

大船和岸上之间的联络工作由我们的小船来负责。如果遇上海

---

* Adam Jones，ed. and trans.，“Johann Peter Oettinger's Account of His Voyage to Guinea”，in *Brandenburg Sources for West African History，1680—1700*（Stuttgart，Germany：Franz Steiner，1985），pp. 187，189，195-196.

面风浪太大，小船用不了的时候，就使用所谓的“冲浪艇”——这是一种特别设计的轻舟，就在当地制造。被装在大船上的黑人……有时候会跳进海里，游回岸上。这种情况有时非常危险。有一次，一个黑人男孩的膝盖以下部分都被鲨鱼咬掉了，只剩下残缺的尸体可带回给他可怜的父母。……

阿克拉[①]被英国人、丹麦人和荷兰人占领了。他们修建的防御设施在船只登岸处形成了一个环形带。作为一个港口，它并不比黄金海岸的其他地方更加便利。甚至可以说，这里还不如其他地方更容易进入，因为冲浪艇必须特别小心岩石和滔滔海浪。在我们的右方，往东半英里，就是克里斯蒂安堡。它处在一个地势颇高的海岸上，覆盖着美丽的植被，棕榈树成荫。远远看去，海岸线上耸立着一排郁郁葱葱的山峦。我们刚一上岸，一群光着身子的黝黑的小孩和几百个脏兮兮的穿着棉质衣服的黑人就跑来迎接我们。小孩乱糟糟的，而那些大人的衣服都脏得发亮了……我们在阿克拉逗留期间，我们的船长和司令官建立了良好的关系。我们的主要代理人霍夫曼趁这个时候把船上的丝绸制品、亚麻布、火药和玻璃珠等物品卸载下来，拿去换了黄金和奴隶。一个男性奴隶大约值 25 泰勒[②]，女性奴隶 20 至 22 泰勒，男孩 12 至 14 泰勒，女孩约 10 泰勒。……

……收罗了足够数量的苦命人之后，他们就交给我来检查。健康强壮的就买下，而不合格的——断手指的、掉了牙的或残疾的——就不要了。被买下的奴隶必须跪下，一次 20 或 30 人。他们的右肩被抹上棕榈油，并用烙铁打上 CABC 公司的印记。而后，烙

① 加纳的首都。
② 德国在 15 至 19 世纪所使用的银币。

上印记的人必须老老实实地待在指定的地方，受到严格看管。等人数达到 50 或 100 人之后，就把他们两三个人为一组绑在一起，押送到海岸。途中看管的任务落在了我的头上，他们把我抬在吊床上，走在后面，这样我就能看到整支队伍。其中一些奴隶很驯服，即使被鞭笞着赶路，也没有表达一丝自己的意愿或是反抗。另一些则大吼大闹，手足乱舞。还有一些人，尤其是女人，撕心裂肺地哭，整个世界仿佛都是她们的哭声，甚至盖过了鼓声和其他乐器的巨大声响，也不时刺痛着我的心。然而，我并没有权力去改变这些可怜人的命运。我们到达海岸以后，发出事先约定好的信号，小船就驶到岸边，把这些黑人带上船。

在回来的路上，我们雇用了刚才负责押送的大约 100 名黑人，让他们把货物卸下船。我的任务同样是带领并监督他们。由于这些衣衫褴褛的可怜家伙们总是摆脱不了他们小偷小摸的劣根性，因此看管他们的确是件麻烦事。这些人不仅磨磨蹭蹭，需用好言相劝或严厉呵斥才能敦促他们加快步伐，而且他们常常有意无意地在搬运过程中把那些桶——他们认为桶里面装的是美味的贝类——掉在地上，或是用其他的手段来搞破坏，以便把掉出来的一部分东西藏在他们的大草帽中。

有一次，我当场抓住了几个小偷，要用鞭子抽他们。但事情却变得更糟糕——这些家伙把桶扔下，逃跑了。这可给我添了麻烦，我不得不又安排别的搬运工把桶搬到目的地。

4 月 4 日，船上至少装载了 738 个奴隶，有男有女。于是我们告别了国王，回到大船上。和来的时候一样，他们把我们抬到海滩。我们招待脚夫以及其他的送行者喝了白兰地酒，然后就上了小船。

贝宁的政府、税收和战争*

约翰·巴伯特

17世纪，非洲西海岸的贝宁成为该地区最强大、最富裕的国家之一。私人贸易商约翰·巴伯特（John Barbot）于17世纪最后的25年里在西非游历。以下资料就选自他的游记合集，其中有别人提供的一些材料，内容包括17世纪30年代至1700年所搜集到的各种信息。这里，约翰描述了贝宁政治体系、税收政策及其与邻国的冲突。

思考：贝宁政治体系的性质及其复杂性；它的社会体系在税收制度中是如何反映的；它的政治权力怎样通过军事手段得以维护。

贝宁政府的权力主要集中在国王及三位国务大臣手中。这三位大臣被称作“大维达”，意为监督官。他们负责行政、司法和税收。另外还有大元帅，处理与战争有关的事务。这四位大臣按照职责必须经常到各省巡视，看看全国都是什么样的情况，各地的行政和司法事务处理得如何，以便尽可能地维护和平与秩序。这些大臣手下都有下属官员和助理，履行各自的职责。人们把上面提到的三位国务大臣分别叫作奥涅格瓦、奥塞德和阿里蓬。

他们长期居住在王宫，是国王的私人顾问，为各种紧急情况和国家事务提供建议。若有人想拜见国王，必须先去参见他们，让他

---

* Awnsham and John Churchill eds., *A Collection of Voyages*, vol. V (London: J. Walthoe, 1732), pp. 355-375.

们把事情转告给国王，再由他们把国王的意思传达给朝见者。但是和其他国家的情形一样，他们通常都只告知国王对自己有利的事情。就这样，他们可以借国王之名为所欲为。可以说，整个朝政都掌控在他们的手中，因为他们极少让谁去面见国王或亲自向国王汇报。所有人都知道他们权势遮天，因此都想尽办法去讨好他们，阿谀奉承，重金送礼，只为在宫中办成自己的事情。所以他们的权势给他们带来了巨大的利益。

除了四位大臣，国王手下还有地位稍低的两级官员。第一等级叫作“雷斯拉思”，这是葡萄牙语，意思是街王。这些人有的管理平民，有的管理奴隶，有的管理军务，还有的管理畜牧业和果蔬种植……只要能想得到的领域，都有人管，目的在于让一切都秩序井然。

*

国王收入颇丰，因为他拥有如此广阔的疆域，统管着如此众多的高级官员和低级别官员。每个人都要给国库进奉很多财富，根据各自的职位，进奉的财富有多有少，而加起来就是一个庞大的数目了。另一些低级别的官员还要以各种形式缴税，如牛、鸡、水果、布料，或是任何王室用得着的东西。这些东西实在是太多了，整个王室一年到头不用花一分钱去养活自己。于是，国王的财富逐年疯长。除此之外，各地的进出口商品都要向监督官和其他官员缴纳关税和通行税，这些税收的一部分也要上缴给国王。如果收税官员正直无私，不私吞的话，那么上缴的税收将是惊人的数目。

*

贝宁王室一直在和北方邻国打战，不是和这个国家打，就是和那个国家打。有时还和西北的国家打。这些国家的人都很勇猛，但是欧洲人对其却知之甚少，甚至一无所知。贝宁通常处于优势地位，占领了这些无名小国的不少土地，收了很多贡品——有碧玉，还有这些国家出产的其他名贵物品。拥有这么多财富，再加上自己丰厚的税收，贝宁国王足以供给一支庞大的骑兵和步兵队伍。但是大多数时候，他所给养的军队不会超过三万人，所以在邻国眼里，他比几内亚湾地区的其他国王更加令人敬畏。在整个几内亚湾，没有哪个国王的封侯国和附属国比他的更多。例如，伊斯坦纳、弗加多、约伯、伊萨伯和欧度巴每年都要向他进贡丰盛的贡品。其中伊萨伯进贡的最少，虽然它比其他国家更富有。

非洲内陆之旅：西非的城市生活和女性*

蒙戈·帕克

从11世纪起，阿拉伯人开始在西非的城市和贸易中心定居。但是直到18世纪末19世纪初，大批欧洲人才开始深入西非内陆。苏格兰医生蒙戈·帕克（Mungo Park）就是最早进入西非内陆的欧洲人之一。1796年，他到达班巴拉的首都塞古，看到了寻找已久的尼日尔河。以下段落选自他的游记，其中描述了班巴拉国的塞古城，以及他与附近村庄妇女们的交往情况。

思考：蒙戈·帕克所描述的城市，其发展水平如何；摩尔式清真寺的出现有哪些重要意义；国王怎样介入奴隶贸易的过程；女性的角色及其独立性如何。

我现在来到了班巴拉的首府——塞古。这座城市有四个各具特

* Mungo Park, *Travels in the Interior Districts of Africa* (London, 1799), pp. 195-198.

色的城镇，其中两个位于尼日尔河北岸，叫作塞古库罗和塞古布，另外两个位于尼日尔河南岸，叫作塞古苏库罗和塞古色库罗。四个城镇周围都耸立着高高的泥土墙，城里的房屋是用黏土砌的平顶房，呈正方形，有的有两层，很多房子都被刷成白色。此外，到处可见摩尔式的清真寺。街道虽然狭窄，但在一个完全不知四轮马车为何物的国家，已经足够使用了。据我所知，塞古大约有三万人口。班巴拉国王长期居住在塞古色库罗，他雇用很多奴隶在尼日尔河摆渡，接送两岸的人。虽然每个乘客只收十货贝[①]的船费，但一年到头加起来也是国王一笔可观的财政收入。……

……这座大城市的风光，岸边停靠着数不清的独木舟，拥挤的人群和得到开垦的周边农村，这些共同呈现出一派文明和繁荣的景象。这是我之前未曾想到会在非洲内陆地区看到的。

我等了两个多小时，没有机会渡河。在此期间，过了河的人给国王曼桑捎了信，说有个白人在等着过河，想要见他。国王立即派了一个官员来告诉我，除非我讲清楚来到班巴拉的目的，否则国王是不会接见我的，而且没有国王的允许，我不能渡河。然后，他建议我先在远处的一个村子里住一晚，并给我指了指村子的方向。他说，他第二天早上会告诉我接下来该怎么做。这令人非常沮丧。然而没别的办法，我只好出发前往那个村子。让我羞愤难当的是，那个村子居然没有人愿意留宿我。我不得不在树荫下待了整整一个白天，饥肠辘辘。眼看狂风大作，暴雨将至，晚上若是在此露宿，必定难受至极。而且这周围经常有野兽出没，我或许得爬上树去，在枝干上休息。日落时分，我准备就这样过夜，因而将马的缰绳解

① 从前在南亚和非洲部分地区被用作货币的贝壳。

开，让它可以自由地吃草。正在这时，一个从田间劳作归来的妇女停下来打量我，看我疲惫不堪的样子，就问是什么情况。我简略地跟她说了一下。她十分同情我，拽起马的缰绳，让我跟她走。她把我带进她的小屋，点亮油灯，在地上铺了垫子，让我晚上在这儿过夜。看我很饿的样子，她说给我弄点吃的，然后就出去了。不一会儿她回来了，带来了十分可口的鱼肉给我当晚餐，尽管是在余火上烤的，鱼尚未熟透。她居然对一个落魄的陌生人如此热情周到。我的女主人指着垫子，告诉我可以安心地睡在上面。接着，她又对家里的其他女人（她们一直站在那儿惊异地盯着我）说，都回去继续纺线吧！她们干活干了大半夜，还唱歌来提神，其中有一首是即兴的，因为歌曲的内容把我也编进去了。唱这歌的是一个年轻女子，其他人跟着唱和声。曲调优美而忧伤，歌词直译过来是这样的："风在怒吼，雨落下来。可怜的白人，疲惫又虚弱，走来坐在树下。没有母亲给他奶喝，没有妻子给他磨面。（合）让我们同情一下这个白人吧，他没有母亲。……"读者或许觉得这只是件小事，但在当时的情景之下，我被深深地感动了。这意料之外的善意让我一夜难眠。第二天早晨，我把马甲上还剩下的四粒铜纽扣中的两粒送给了善良的女主人，这是我唯一可以回报她的东西了。

中非的恩德贝勒人*

罗伯特·莫法特

19世纪20年代，恩德贝勒人在首领姆兹里卡兹的率领下，

---

* Robert Moffat, *Missionary Labours and Scenes in Southern Africa* (London: J. Snow, 1842), pp. 539-541.

脱离了祖鲁军事政权的创立者沙卡的统治，在南非建立起自己的军事王国。独裁者姆兹里卡兹在中非和南非的很多族群战争中都取得了胜利，但在 1837 年至 1838 年间，他败给了布尔人[1]和非洲人的盟军。于是，姆兹里卡兹率领部下向北走，到达罗得西亚高地。在那里，在强大的军事支持和中央集权的政治控制下，他一直统治到 1868 年。以下资料的作者罗伯特·莫法特（Robert Moffat），是一位与姆兹里卡兹相交甚好的英国传教士。莫法特在文中记录了姆兹里卡兹对一个被控有罪的高级军官的审判。

思考： 这种司法体系涉及哪些因素；在恩德贝勒社会中，阶级和层级有何重要性。

被告是一个军官，被称作“恩图纳”（官职名），头上还戴着功勋章。他被带到总部，没有持盾，也没有拿矛。这些兵器曾是他的荣耀，但现在他已被剥夺了这个权利。由于被控有罪，他被带到国王和大法官面前。为此，即便是一个更人道的统治者也很难赦免他。他弯下伟岸的身躯，跪在法官面前。案件的审理过程十分安静，整个场景庄严肃穆。观众们没有窃窃私语，法官们的声音也只有他们彼此和离他们最近的观众才能听得到。犯人虽然跪在地上，但依然有一种高贵的气质。他面色平静，乌黑的双眼十分有神，对于生死之间的天平如何倾斜表现出急切的关心。案子审理得很简单，因为指控的理由很充分，犯人也认罪。他很清楚，在这里，从来没有人听到过令人振奋的赦免判决，甚至是对那些罪过比他轻得多的犯人也是如此。审判停顿了片刻，全场一片死寂。接着，国王

① 即阿非利坎人，荷兰人等欧洲移民在南非的后裔。

发话了。他对罪犯说："你罪当至死，但是我今天要做一件我从来没有做过的事情。看在我的神父朋友的分上，我将饶你一死。"他指着我这边。"我知道他的心在流血哭泣，为他之故，我放你一条生路。他从很远的国家来看我，他使我的心变得纯洁。他告诉我，杀生是件罪恶的事情，永远不可宽恕。他恳求我不要参加战争，不要毁灭生命。我希望，在他回国时能带回一颗纯洁的心，如同我被他感化后的心一样纯洁。我因为他而赦免你，因为我热爱他，他拯救了我的子民。但是，"国王继续说道，"我必须贬谪你，你不能再和贵族接触，不能进入王室所在的城镇，不能参加高层的聚会。你只能去贫民区，与沙漠中的人共同生活。"宣判结束后，人们以为罪犯会万分感激地向高高在上的国王鞠躬，向他献上那些只有人类命运的主宰才享受得起的赞歌。然而，事实并非如此。他低垂着头，说道："哦，陛下，不要折磨我的心！我冒犯了您，罪有应得。请让我作为一个战士领死吧。我不想和贫民生活在一起。"他把手举到眉环处，接着说："我怎能和贱民生活在一起，侮辱我在刀林剑雨中获得的荣耀勋章呢？不，我不能苟且偷生！让我死吧，哦，苍天！"他的请求得到了应允。

致乔治·格雷先生的信：南非的冲突和外交*

莫什维什韦

在18世纪的大部分时间里，南非内陆地区的非洲人有效地阻止了欧洲人从好望角和纳塔尔发起的殖民活动。然而自从19

---

* G. McC. Theal, ed., *The Basutoland Records* Ⅱ (Capetown: Government of Capetown, 1883), pp. 384-388.

世纪早期以来，荷兰殖民者的后裔（现称“阿非利坎人”）为了逃避新的英国霸主的压榨，逐渐向内地迁移。而非洲土著想竭力保护自己的土地不被阿非利坎人剥夺，因此二者之间的冲突日益加剧。索托人（即巴苏陀人）在国王莫什维什韦的带领下，巧妙地运用外交手段，从英国人与阿非利坎人之间的冲突中获取渔利。后来，在欧洲人控制了南非之后，他们是少数得以保持领土完整的非洲民族之一。1966 年，索托人成立了独立的国家莱索托。以下这封信是莫什维什韦在 1858 年写给乔治·格雷先生的，充分地展示了莫什维什韦高明的外交手腕。

思考：这封信在多大程度上反映了当时南非的黑人与白人的关系；莫什维什韦国王怎样达到他抵抗欧洲侵略、维护民族独立的目标；这封信在多大程度上反映了非洲内部当时的政治结构。

尊敬的阁下：

或许我并没有必要向您赘述我和奥兰治自由邦①之间所发生的冗长琐事。我知道您已经了解到双方之间的敌意是如何产生的，已经听说了战争所引起的痛苦和恐惧。现在，希望您的干预能重新带来和平，缓解痛苦。

请允许我先向您回顾一些事实。大约 25 年前，我对白人及其规矩还知之甚少。我只知道他们有强大的国家，其中之一就是英国。了解英国人的黑人无不赞赏他们的公正。然而遗憾的是，我所第一次打交道的白人却不是英国人。首先跑来和我们接触的是殖民地的白人，他们自称为布尔人。我以为所有的白人都是诚实可信的。一些布尔人

① 19 世纪下半叶位于非洲南部的一个独立国家。1848 年被英国人侵。1854 年 2 月 17 日，英国承认其为独立的奥兰治自由邦。后来成为南非联邦的省份。

要求住在我们的国界地区。他们让我相信，他们会像我自己的臣民一样住在那儿，也就是说，他们会把我视为他们的父亲和朋友。

大约 16 年后，殖民地的一个长官，乔治·纳皮尔先生越过了我们协议所规定的界限，侵犯了本属于我的领土。不久之后，又来了一个长官，即梅特兰德先生。接下来，布尔人就开始跟我谈论他们对于这些地方的权利。可这些明明都是我借给他们的土地。梅特兰德先生告诉我，那些人都是女王陛下的子民，应该对其进行恰当的管理。尽管他并没有说他们对于我国境内的土地享有权利，不过，因为很难再把他们迁走，所以最后只好商定，所有的英国人都必须住在奥兰治河和卡利登河的交汇处附近。

后来哈里·史密斯先生来了，他叫我不要剥夺任何头领的土地或权利，他希望看到所有人都得到公正的对待，不过为了做到这一点，他要让每个白人都受英国法律的保护。他说，白人和黑人要和平共处。我不明白他想干什么。我以为这是非常正确的事情，我以为他只是想让那些在我的土地上生活的布尔人受到恰当的管理，我以为他们不会再声称，他们所居住的土地是他们的独有财产。然而，我现在听到的是，布尔人竟然认为所有的农场都是他们的，他们互相买卖农场，用各种手段把我的臣民赶了出去。

我的抗议只是徒劳。哈里·史密斯先生派了执行官，完全独立地统治这一地区。他听了布尔人的话，提议把布尔人农场所在的所有土地都从我手里拿走。我那时正不得安宁，因为斯康耶拉[①]和考兰纳人的偷盗和杀戮让我和我的臣民头疼不已。他们公开说，这都是史密斯长官命令他们做的。而我得到的证据也表明，这确实是他

① 曼塔提人的首领。

的主意。一天，史密斯送给我一幅地图，说如果我签署了它，他就让曼塔提人和考兰纳人不再打了。他说："你要是不签的话，我可就无能为力了。"我认为史密斯的做法非常欠妥而且有失公正。有人建议我向女王陛下申诉，结束这种不正义的行为。而我不愿同女王陛下的臣民开战，给她带来不快。如果我不签的话，就将引发一场大战。于是我签了，之后向女王递交了申诉。我请求她对此事进行调查，取消这一所谓的"边界"，因为它侵犯了我的土地。我以为很快就能看到公正的结果，而执行官也会妥善处理。……

我尽最大的努力去让他们满意以避免战争。我派我的儿子尼希米及其他人去布尔人住地附近的村庄巡查，惩治盗贼。他做得很好，盗窃事件不再发生。双方一度和平相处。然而今年（1858 年）初，住在附近的我的臣民却得到命令，要求他们迁走。这再次引发了冲突。我们仍然竭力息事宁人，但是布尔人步步相逼，不停地侵扰巴苏陀人，以战争相威胁。奥兰治自由邦的总督博肖夫说到这一边界时，就好像他已经拿枪教训过我们一样。而我仍然尽力避免战争。

可这不再可能！布尔人在贝尔谢巴发起了对我的臣民的大屠杀，他们摧毁了那个地区，而那里的人们从未激起他们的一句怨言。可怜的人们，他们以为他们的诚实正直和对基督教的挚爱可以保护自己不受伤害。他们以为如果白人非要挑起战火的话，那也应该先杀那些被他们说成是盗贼的人。我下令让我的臣民向我的住地方向撤退，让布尔人把他们的愤怒发泄在空旷无人的土地上。不幸的是，仍然发生了一些摩擦，一些布尔人被杀，我的人也有伤亡。这并不奇怪，战争就是这个样子！但我想说的是，很多巴苏陀人被白人抓捕后，遭到了最残忍的虐杀。假如您需要查看这类情况，我将递呈给您。不过，我还想说说布尔人在莫里加所犯下的暴行。在那里，他们烧毁了传教士的房子，拿走他们很多财物，还掠夺并无耻地毁坏了教堂。

我曾下令不许烧农场，但是当我的臣民看到一个又一个村庄被焚烧，谷物被毁掉时，他们也开始去破坏敌人的房屋。

到了我的山区地带时，布尔人发现我已经准备好了，要看看他们有多大能耐，于是他们退却了。而我接下来的目标则是追击他们，让他们看看我的人也能采取还击的行动。我想，在经历了这场战争的恐怖之后，我们在短期内应该不会再遭受他们的侵扰了。

我的人正准备要教训他们一次。这时，他们提出了休战的请求。我很清楚，倘若让巴苏陀人去毁坏布尔人所占据的地方，我将给这个国家带来怎样的灾难。因此，我同意了 J. P. 霍夫曼先生的提议。我不能说这个决定是我的臣民的意愿，因为众多受害者是期望弥补损失的。

如果他们保持安宁，这要归因于我的劝告和承诺——我承诺给他们公正的待遇，而且阁下已经答应协调布尔人和巴苏陀人之间的关系。我非常希望能尽快地见到您。

巴苏陀人首领 莫西什的马克 ×

1858 年 6 月于塔巴博休

东非的文化和帝国主义*

欧内斯特·利南特·德·费勒方德

从 19 世纪 30 年代到 1885 年，葡萄牙人和非洲人在 16 世纪就开始的文化和宗教接触，被欧洲传教士再次开启。出现新的开

* D. A. Low, *Mind of Buganda: Documents of the Modern History of an African Kingdom* (Berkeley: University of California Press), pp. 2-3.

放和交流的时代背景是，当时非洲很多地区的统治者越来越愿意与欧洲通商，并接纳欧洲的思想。

东非内陆布干达①的穆特萨就是这样一位君主，出生于约1838 年。通过与邻国的战争，布干达成为东非最强大的王国。对于基督教徒和穆斯林，他都接待，并且试图让二者相斗，以求自己的王国能够在帝国主义盛行的时代保持独立。他会见欧洲传教士，表明自己愿意了解新的知识，因为他认识到，这对于维护国家的独立是必需的。下面的文字是有着法国血统的罗马天主教传教士欧内斯特·利南特·德·费勒方德（Ernest Linant de Fellefonds）在 1875 年对穆特萨的观察记录。

思考：费勒方德以欧洲为师，请注意他通过这种视角对非洲人和穆斯林的知识所表示的蔑视，以及他对穆特萨的才智的反应；国王要求自己的亲信学习新知识的意愿是怎样的；请注意一部分非洲人已经掌握了欧洲语言这一事实。

4 月 21、22 和 23 日。在这最后三天，我与穆特萨进行了许多不同层面的讨论。我们的谈话依次涉及世界上的各种力量：美国、英国、法国、德国、俄国、奥斯曼帝国，以及法制、政府、军权、生产、工业和宗教。

国王的妹妹也参加了我们的会谈。国王的女儿和姊妹从不徒步前来，都是由奴隶抬着她们。

4 月 25 日。在 11 点钟，穆特萨同时召见我和另一位伊斯兰教的托钵僧[1]。因此，我们的话题全是关于《古兰经》的。面对国王

① 乌干达中南部一地区。

的问题，托钵僧有点应付不过来，我不得不给他一些帮助。

我给国王介绍了货币贸易体系。所有商品的价值都以货币形式来体现。这一制度使得贸易和交易更加便捷。

4月27日。为了回答国王提出的各种天文地理问题，为了让他搞清楚天体运动，我在一块木板上做了模型，用一些小玻璃珠来代表天体。今天，我就要给他进行讲解。参与的人不多，有两位维齐尔①——卡提基罗和查姆巴兰古、四位高官、两位抄写员和另外几个近臣。我主要讲了以下几点：地球的自转，地球围绕太阳的公转，白天和黑夜，四季，月球围绕地球的运转以及月相（我借助一面镜子来演示），还有这一系统在太空中的基本运动。

穆特萨对每件事情都掌握得很好。我们围坐在地上，气氛十分融洽。我从来没见过穆特萨如此开心。这是我们第一次直接交流，没有用翻译。而这本来是不符合礼节的。在我们的聚会结束后，穆特萨亲自向别人解释他们还不明白的问题。令人惊讶的是，他还会鼓动他的随从以及臣民，让他们都来探索知识、提高自身。他们相互竞争，渴求进步。他们是智慧的人民，善于观察、勇于探索。他们认识到白人的先进性，渴望向他们学习。如果有包括农民、木匠和铁匠在内的传教团的帮助，这些干达人将很快进入工业化社会。如果这样，那么干达将成为东非的文明中心。……

我2点钟的时候告别了国王，我们约好了4点再见面。在场的还是早上的那些人。这次的谈话是关于《创世记》。我给国王讲了《创世记》中的故事，从上帝创世到大洪水。夜幕降临时，我们才分别。穆特萨像着了迷一般，而我将从他那里得到我所想要的一切。……

① 伊斯兰国家的高官或大臣。

视觉资料

贝宁奥巴

西非人十分擅长雕刻金属、赤陶和象牙。他们所制造的最著名的金属工艺品，或许是精美的贝宁铜器。图 20－1 就是一个很好的例子。该作品大概完成于 16 至 18 世纪，表现了在贝宁王国的鼎盛时期，奥巴（即国王）端坐于马上，随从围在身边保护他的情形。他颈上的项圈以及体格和姿势都表明了他的君主地位。

图 20－1

美国纽约大都会艺术博物馆提供

思考：在当时的观看者眼里，这个形象可能有哪些含义；是怎样的社会导致了这种现象的存在。

19 世纪之前撒哈拉以南非洲的国家

地图 20－1 显示了 19 世纪之前撒哈拉以南非洲的主要国家。

地图 20－1

虽然不完整（很多较小的政权没有显示在地图上），但它反映了悠久多样的非洲文明。该地图还揭示了西非等地区政治的历史变迁，很多国家相互角逐，轮占鳌头。结合第 22 章关于帝国主义的地图，我们可以更深刻地理解，非洲在 19 世纪末被欧洲人征服和瓜分的意义。

思考：这些国家与它们毗邻河流的地理位置之间有什么关系；在不同时期，国家的大小及其变化的政治边界是怎样的。

第二手资料

大西洋世界形成过程中的非洲与非洲人（1400—1680）：大西洋的奴隶贸易*

约翰·桑顿

在 15、16 世纪，欧洲人开始到达非洲的大西洋沿岸地区。他们主要进行黄金、香料及其他产品的贸易，其中包括奴隶贸易。与后来对待美洲人的情形不同，欧洲人并未对非洲各国实行军事征服。在以下的节选段落中，约翰·桑顿（John K. Thornton）表明，为什么非洲头领和商人在接下来的四个世纪中，愿意而且能够把 1 500 万人卖给欧洲和美国。

思考：非洲在大西洋地区的政治经济形势为什么容易招来欧洲的奴隶贩子，但同时又使其避免了被征服的命运；是什么原因让非洲的决策者能够维持奴隶贸易那么久。

---

* John K. Thornton, *Africa and Africans in the Making of the Atlantic World, 1400—1680* (New York: Cambridge University Press, 1992), pp. 98-99, 125.

非洲人进行奴隶贸易，不是因为受到了直接的商业压力或经济压力。而且我们不仅看到非洲人接受自己国家内部的奴隶制，还看到奴隶作为私有生产资料这种特殊性质，使得奴隶制度得以推广。至少在最初，欧洲人只是利用已有的奴隶市场。不过我们不能说，仅仅靠这些原因就可以解释奴隶贸易的兴起。有学者认为，虽然欧洲人没有入侵非洲，亲自掠夺奴隶，但他们掌控了重要的军事装备，例如马匹和枪支，这种军事压力间接地促进了奴隶贸易的发展。在这种“枪支—奴隶的循环”或“马匹—奴隶的循环”中，非洲人被迫进行奴隶贸易，因为要是不交换的话，他们就得不到必要的军事装备（枪支和马匹）以御敌自卫。而且掌握了这些装备，将使他们更容易获得奴隶，因为战争的胜利保证了大量的奴隶供给。……

当时的证据有力地证明了一个观点：战争和奴隶制度之间具有直接的联系，对于在国内劳作的奴隶和供出口的奴隶而言，都是如此。当然，这并不是说不存在那些非军事性的奴役。司法奴役便是获取奴隶的常见渠道，此外，法官还会歪曲法律以提供更多的囚犯，或是把获罪者的远房亲属判为奴隶。耶稣会士的观察者认为，这种现象早在1600年，在恩东戈[①]地区就已十分普遍了。而在17世纪到达上几内亚地区的传教士，也经常对当地的这种现象发表看法。然而无论这是不是诽谤，司法奴役总不可能为非洲的奴隶出口提供太多的奴隶。

因此，军事奴役是迄今为止获得奴隶的最主要的方式。这个事实非常重要。因为这意味着，统治者在大多数情况下卖掉的不是自己的臣民，而是被他们至少视为异族的人们。很多被出口的奴隶都

① 非洲历史上姆本杜人的王国。

是刚刚被俘的士兵；这说明，他们是从战败的俘虏中被挑选出来的，这些俘虏没有被对方雇用，却被卖作奴隶。在这种情况下，虽然统治者以后可能用得到这些奴隶，但他们决定不用。在出口的奴隶中，有的是由于各种原因而被当地豪强处置的，也有的是因为被当地土匪抓获而成为奴隶，或是因为司法判决而成为奴隶。……

总而言之，我们必须认识到一个事实：非洲人参与奴隶贸易是自愿的，而且处于非洲决策者的控制之下。奴隶交易不仅表面上是如此，在更深的层面上也是如此。欧洲人没有采取任何经济手段或军事手段强迫非洲头领出卖奴隶。

非洲的商业精英和政治高层愿意出卖奴隶，这在他们自己的内部交往和历史中早有体现。制度上的因素使得非洲社会倾向于蓄奴。早在欧洲人到达非洲海岸之前，非洲经济的发展就已经刺激了大规模的奴隶贸易和蓄奴。一些地区的战事增多，政治不稳，也导致了奴隶贸易的增长。但是我们不能草率地认为，对奴隶的需求是导致社会不稳定的原因，尤其是当我们了解了非洲的政治之后，就会知道这其中有很多的内部原因。既然非洲各国以及许多早已存在的私有奴隶市场渴望商业利益，那么只要欧洲人开得出好价钱，他们对奴隶的需求就会得到满足，这是不足为奇的。

约鲁巴人的奥约王国及其灭亡*

罗宾·洛

在 16、17 和 18 世纪，西非约鲁巴人的奥约王国发展得相当

* Robin Law, “Making Sense of a Traditional Narrative: Political Disintegration in the Kingdom of Oyo”, in *Cahiers d'études Africaines*, vol. 23 (1982), pp. 397-398.

繁荣强大。但是到了 19 世纪 30 年代，奥约王国因内战而亡国。在下面的文字里，奥约王国当时为数不多的历史学家之一罗宾·洛（Robin Law）指出，王国的灭亡应该归因于早在 17 和 18 世纪就出现的一些因素。

思考：支撑奥约王国权力的经济因素和军事因素；奥约王国的政治制度和行政制度；奥约王国衰落的原因。

很显然，奥约王国在 17、18 世纪获得了一些新资源，它们有可能颠覆现有的权力分配。军事扩张的胜利带来许多战利品，其中尤其值得一提的是奴隶。虽然现代学者对于西非在沦为殖民地前所进行的战争是否是为了获取奴隶还有所争论，但是奥约人的若干口头陈述明确表明，战争是获得俘虏的渠道，它在经济上具有重要性。奥约王国通过军事征服实现了领土扩张，送到都城的贡品也随之增加：主要是金钱（货贝）、贸易商品和奴隶。大西洋地区奴隶贸易的扩大也给奥约人带来了新的致富机会；他们不仅出卖自己的战俘，还出卖从更北边的国家买来的奴隶。这或许可以得出这样一个结论，正是这些新兴资源的出现，可以缓解奥约王国所面临的紧张的政治局势。

奥约王国之所以在战争中获胜，赢取战利品，在很大程度上归功于他们的军事组织形式。遗憾的是，我们对此了解甚少。虽然原则上所有成年男性都有义务服兵役，但实际上只有在遇到危机的时候才是这样的。通常，战争只是一小群特殊人群的事；他们包括军事将领和训练有素的士兵，而这些士兵的主要来源是奴隶和将领们的下层亲属。正如克莱伯顿 1826 年所观察到的那样，“军队包括军官和他们自己的亲近家臣”。阿拉芬[1]有自己的私家军队，成员从王宫的奴隶中招募。然而奥约王国都城里的主要军事力量是由 70 名军官组成的，他们被称为埃索，居住在都城里的非王城区，服从奥约梅西[2]的领导，通常听命于巴索朗的指挥。都城的军事力量更多是掌握在奥约梅西手里，而非阿拉芬的手里。这一点能够通过下列事实得到证明：1774 年，阿拉芬阿比奥顿为了推翻巴索朗加哈，不得不传唤城外的援军前来协助。虽然阿拉芬有权通过军队分得奴隶和其他战利品，但是战争的直接进程主要掌握在非王族的军事首领手中。

关于贡品的情况则更加复杂。在奥约王国，下级城镇进奉的贡品一般由都城的官员转交给阿拉芬，但是都城里的官员会自己留一部分。在 19 世纪一些较小的约鲁巴王国里，贡品完全是由非王族的官员掌控的。而在奥约王国，一开始似乎也是由奥约梅西处理贡品。不过到了 19 世纪，阿拉芬充分利用王宫的妇女和奴隶官员，让他们作为传送贡品的中介。这样，奥约梅西就无法掌控所有下属城镇的贡品了。而且奥约王国以外的那些附属国——例如埃格巴和达荷美——所进贡的物品，似乎都直接由阿拉芬的奴隶官员把持。因此可以说，阿拉芬是奥约帝国领土扩张的最大受益者。

奴隶贸易以及其他商业贸易的发展，为王宫和非王室居住地提供了致富机会。在奥约王国，王室并没有垄断贸易权，阿拉芬和奥约梅西都可以雇用各自的贸易代理商。并且他们都有现成的渠道获得最重要的商品，即奴隶。奥约梅西的货源主要是军事行动中所获

① 意为国王。
② 相当于国务院。

取的战利品，而阿拉芬则主要是通过进贡获得。然而阿拉芬更能保证自己的贸易优势，因为他可以免除自己的代理商在王国境内的市场费和过路费，并且要求地方官员为这些代理商提供免费的食宿。

衰落之后：18、19 世纪的刚果王国*

苏珊・赫尔林・布罗德海德

刚果王国位于中非西海岸，在 15 世纪葡萄牙人到来之前，它曾是一个相对强大的中央集权国家。尽管经历了不少艰难困苦(其中既有葡萄牙人的原因，也有刚果内部的原因)，但刚果王国还是保持了很长时期的雄厚实力，直到 17 世纪下半叶才灭亡。1709 年，在长达半个世纪的内战后，刚果在国王佩德罗四世的统治下得以复原。但是这时的刚果王国已经不再那么集中，几大统治家族的斗争也在持续。在接下来的一个半世纪里，没有哪个统治者能够掌控全国或彻底击败其他家族。正是这种政治体系的软肋，为 19 世纪末葡萄牙人征服刚果奠定了基础。在以下的节选资料中，苏珊・赫尔林・布罗德海德（Susan Herlin Broadhead）分析了刚果人的政治信仰和国家体系。这些因素有助于说明，为什么葡萄牙可以征服刚果王国。

思考： 刚果人关于政治秩序和社会阶层的观念是什么；这种政治意识形态对于实现国家的完整具有怎样的作用；请比较刚果人的政治观念与同一时期其他大洲社会的政治观念。

---

* Susan Herlin Broadhead, "Beyond Decline: The Kingdom of the Kongo in the Eighteenth and Nineteenth Centuries", in *International Journal of African Historical Studies*, 1980, pp. 623-627.

在我们讨论刚果的历史之前，有必要先思考一下刚果人关于政治和合理健全的政府的观念。从刚果人普遍接受的政治理论和实践原则看，什么是政治系统的基本要素？他们组织机构、评判领导和解决矛盾，又是依据怎样的模式？在当代政治理论的指导下，通过仔细阅读史料，我们可以对这些问题有个大概的了解。

第一个原则所有人都知道，那就是，政治——对权力的运用——并不完全是一种世俗行为。相反，它天生就是神圣的。只有通过恰当的仪式手段，才能掌控这种神圣的力量。这一点明确地被刚果的军官、法师、巫婆和预言师展示出来。他们的职能和身份相互重叠，他们都能超自然地看待事物，并能介入黑暗（即死亡）的力量。

在这个基本前提下，可以确定两套组织原则。第一套组织原则是等级制的、理想主义的；第二套组织原则是平等式的，注重实用性。这里有两种等级制结构：一种是建立在宗教制度基础上的等级结构，另一种是更广泛的尊卑长幼关系（父—子、庇护人—扈从、主人—奴隶），后者在社会各阶层都普遍存在。在王国中，等级制度当然同政治精英的活动有关。但是事实上，这些人并不是一直都能实现他们的威权，他们必须通过提供资助、提高威望或是收买的方式来吸引追随者。

从理论上讲，刚果的政治等级制度在姆班札刚果[①]的国王手中达到顶峰，他实现了神圣力量和世俗威权的理想结合。所有政治官员都被授予了掌管生死的神圣权力。而这种授权不仅要求具备个人资质，而且是分等级的。地位高的人给地位低的人授权。此外，授

① 位于今日的安哥拉西北部。

权对财富也有所要求，因为权力只能授给那些有能力交纳所需费用的人，这些人能够定期地呈送贡品和军需用品。在 17 世纪的中央集权结构中，国王虽然由委员会选举产生，但是下级官员却是由上级任命的。到了 18、19 世纪，授权制度仍然存在，尽管选择官员的权力已经被下放到了地方。……

然而，以姆班札刚果国王为首的被赋权的官员仍拥有神圣的权力……在 18、19 世纪，刚果官员的超自然能力至少有两方面的来源：一个是地方牧师团体古老的宗教力量，另一个是在大贵族与地方官员争夺权力的早期斗争中，被当作一种抗衡物而建立起来的基督教团体的力量。这两种元素在官员任职的过程中都有所表现。而随着经济、军事和神权高度集中的情况（这种情况以 17 世纪中期的圣萨尔瓦多为典型代表）的消失，贵族面临着一个新问题，即，他们怎样才能维持自己在社会和王国中的优越地位，而无须对中央威权做出太多的妥协？答案似乎是：他们需要继续巩固基督教团体，基督教团体已经和贵族密不可分了。因此，他们把在刚果创建了基督教的英雄人物——阿方索一世①——写进刚果的历史，重点表述忠于这位英雄的那些基督教团体，及其（尤其是国王）对天主教牧师、活动与物品的兴趣。

注释

[1] 一位来自尼罗河上游地区的阿訇。

① 16 世纪上半叶的刚果国王，在刚果建立了罗马天主教。

第21章

亚洲（1700—1914）

对于亚洲的大部分地区而言，18和19世纪是一个变革时期。亚洲各国在这个时期不再独立，不再仅仅关注自身的内政；它们必须面对欧洲人日益增多的干涉，并对这种外部威胁做出回应。

18世纪，中国（从1644年起，即为清王朝）的疆域扩张达到顶峰。中国依然认为自己是世界文明的中心，周围都是不甚开化的蛮夷之国。而到了18世纪末，欧洲人开始干涉中国的事务。19世纪初，英国等国强迫中国通商并签订不平等条约，严重削弱了中国的统治。与此同时，清政府不得不应对人口增长的问题（中国的人口从1700年的1.4亿增加到1850年的4.2亿），而耕地面积只增长了10%——这个问题至今仍然存在。种种原因导致了内部矛盾和叛乱，进一步削弱了清政府的统治。然而由于中国过于辽阔和强大，它并没有完全丧失独立。

17世纪初，日本断绝了与西方的联系，并减少了与邻国的交往。19世纪初，英国、俄国和美国的船舰开始驶入日本海域，打破了它的闭关锁国状态。日本很快就面临着和中国同样的困境，但是

(和中国不一样)它通过一场自上而下的社会政治变革迅速地解决了问题。日本借鉴欧美模式，建立了一套融合西方制度、科技与日本文化的体系。到 19 世纪末，日本成为一个帝国，开始要求与西方列强平起平坐。

由于相互之间的斗争，东南亚各国的实力和凝聚力变得薄弱，难以抵抗欧洲的侵略。在 18、19 世纪，英国控制了缅甸、马来西亚和新加坡，法国控制了柬埔寨、老挝和越南。

此时，印度的莫卧儿帝国正处于衰败之中。欧洲人迅速乘虚而入；英国在与葡萄牙和法国的竞争中取得了胜利，并在 19 世纪把印度的各番国、封邑和部落合并到一起，建立了一个由英国控制的印度。英国的统治给印度的经济、社会和文化带来了重要的改变，同时也激起了印度人日益增长的民族主义情绪。

最后值得一提的是，像奥斯曼帝国等中东伊斯兰力量，当时也处于衰退之中。不过，它们依然可以控制其核心地带。奥斯曼帝国内忧外患——内部各民族的政治立场相互抵触，外部又有欧洲列强的压力，尤其是俄国，已然觉察到奥斯曼帝国的弱点。

本章资料主要集中在这些亚洲国家的变化及其反应。或许对它们来说，最急迫的问题是如何应对西方世界迅猛增长的影响力，特别是在 19 世纪和 20 世纪初。至于这些地区在 19 世纪末随着新帝国主义的兴起而获得的发展，我们将在第 22 章予以讨论。

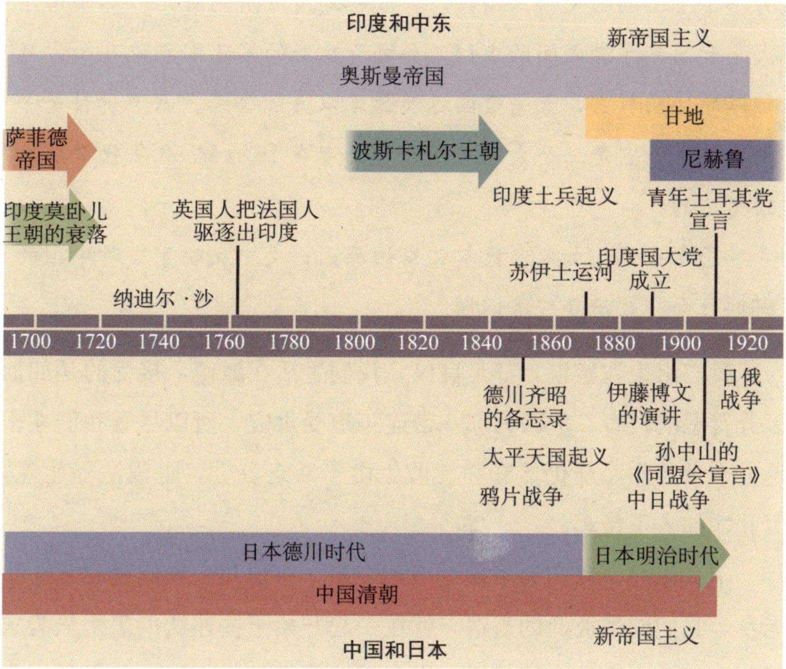

第一手资料

太平天国起义者的自白书：中国人的造反*

鸦片的进口、西方商业的到来，以及由此造成的清政府统治的削弱（清政府由于无力驱赶外国人而颜面尽失），加剧了清王朝的灭亡。国内起义不断。其中一支起义队伍——太平天国——

* Patricia Buckley Ebrey, ed., Chinese *Civilization and Society: A Sourcebook* (New York: The Free Press, 1981), pp. 225-226.

打下了清王朝的大半江山，严重威胁到清政府的统治。然而由于太平天国领导者之间的内讧，加之清政府的军队围剿以及西方雇佣军的协助打击，太平天国运动最终以失败告终。以下材料是一份自白书，它是三个太平天国的起义者在19世纪50年代被捕后所留下的。

思考：他们加入农民起义军的原因；文中反映了当时中国的哪些社会、政治和经济问题。

我们出生在盛世，都是良民。我们生活在城镇，接受的是如何区分善恶的教育。但因为那一带连年遭受洪灾，所以尽管我们在土地上辛勤劳作，却仍然颗粒无收。由于缺乏资金，也没法做生意，因此才加入了叛军。

不久以前，我们为了谋生来到广西。在那儿，我们遇到了一些老乡。我们同情彼此的遭遇，就在一起开始干些违法的事，只为求得一点充饥之物。也就是说，没人强迫我们加入叛军。我们是因为走投无路才被迫加入的。如果有机会的话，我们很想回到正常的生活。

我们无时无刻不在想家，但是回不去。我们漂流在饥饿和痛苦的海上，不知何时才能到达彼岸。希望大人可以原谅我们过去的罪孽。希望您能念及皇恩，给我们一次机会。草木虽无情，但也会感激雨露的滋养。人是有情之物，若您能给我们一次改过自新的机会，我们怎能忘记您的大恩大德？我们坦白地向您交代我们的情况。假如您有意原谅我们的话，请颁布赦令吧。假如我们还能成为天下众生之中的一员，还能继续生活在这个仁义久治的国家，我们会做牛做马报答您。我们遵奉您的一切命令，也愿意为您的人马效劳。我们的情况就是这些。我们知道自己的错误冒犯了您，心惊胆战地等候处罚。我们是十分诚恳地向您交代问题的。……

那些当兵的对我们要求苛刻，还扰乱村子，我们对其恨之入骨。他们借口要组建一支地方民兵，结果却是让好人麻烦不断，让坏人得了便宜。他们嘴上说得好听，所作所为却极其卑劣。他们和官府勾结，结党营私，就是为了压迫村民，随心所欲地提出过分的要求。他们谎报有些村民和叛军有染。可实际上是因为他们和那些被诬陷的人之间有个人恩怨，或是自己想要获得奖赏。他们烧毁我们的房屋，抢走我们的全部财产。不仅掳掠财物，还威胁到我们的生命安全。所以为了保护自己的安全，我们联合在一起。离家出来的人很难再回去，而留在村里的人将来有一天也可能会跑出来。多一个跑出来的人，就多了一个叛军，因此叛军的成员越来越多。因为我们人太多了，所以我们只能抢劫，否则就活不下去。如果不和前来剿灭我们的官兵打仗，我们也不可能活下去。所以我们才会冒犯朝廷，伤害商户。

《同盟会宣言》*

孙中山

最终，推翻清王朝的不是各地的造反起义，而是清政府自身的腐败和无能，由此导致其在 1911 年被推翻。不过，各种起义

* Sun Yat-sen, "Manifesto of the T'ung-Meng-Hui (TongMenghui)", in Ssu-Yu Teng and John K. Fairbank in *China's Response to the West: A Documentary Survey, 1839—1923* (New York: Atheneum, 1963), pp. 227-229. 中文根据孙中山先生《同盟会宣言》原文，对照英文节选段落有所删节。

活动都加速了清朝的灭亡。

孙中山（1865—1925）是最杰出、最坚决和斗争时间最长的革命者。他出生于澳门附近，原本是一个接受西方教育的医生，信仰基督教，能说流利的英文。他曾在欧美生活和旅行，梦想在中国建立一个现代的共和政府。为此，他奉献了自己生命中最后的35年，被后人尊为“国父”。以下资料选自孙中山的《同盟会宣言》（1905年），旨在阐述他所希望建立的新式中国。

思考：孙中山关于新式中国的观点；这一观点如何与中国的传统文化相应；孙中山的看法在哪些方面受到了西方观念的影响。

……所谓国民革命者，一国之人皆有自由、平等、博爱之精神，即皆负革命之责任，军政府特为其枢机而已……用特披露腹心，以今日革命之经纶暨将来治国之大本，布告天下：

（一）驱除鞑虏。今之满洲，本塞外东胡。昔在明朝，屡为边患。后乘中国多事，长驱入关，灭我中国，据我政府，迫我汉人为其奴隶，有不从者，杀戮亿万。我汉人为亡国之民者二百六十年于斯。满政府穷凶极恶，今已贯盈。义师所指，覆彼政府，还我主权。其满洲汉军人等，如悔悟来降者，免其罪；敢有抵抗，杀无赦！汉人有为满奴以作汉奸者，亦如之。

（二）恢复中华。中国者，中国人之中国；中国之政治，中国人任之。驱除鞑虏之后，光复我民族的国家。敢有为石敬瑭、吴三桂之所为者，天下共击之！

（三）建立民国。今者由平民革命以建国民政府，凡为国民皆平等以有参政权。大总统由国民公举。议会以国民公举之议员构成之，制定中华民国宪法，人人共守。敢有帝制自为者，天下共击之！

（四）平均地权。文明之福祉，国民平等以享之。当改良社会经济组织，核定天下地价。其现有之地价，仍属原主所有；革命后社会改良进步之增价，则归于国家，为国民所共享。肇造社会的国家，俾家给人足，四海之内无一夫不获其所。敢有垄断以制国民之生命者，与众弃之！

上四纲，其措施之次序则分三期：

第一期为军法之治。义师既起，各地反正，土地人民新脱满洲之羁绊，其临敌者宜同仇敌忾，内辑族人，外御寇仇，军队与人民同受治于军法之下。军队为人民戮力破敌，人民供军队之需要及不妨其安宁。既破敌者及未破敌者，地方行政，军政府总摄之，以次扫除积弊。政治之害，如政府之压制、官吏之贪婪、差役之勒索、刑罚之残酷、抽捐之横暴、辫发之屈辱，与满洲势力同时斩绝。风俗之害，如奴婢之畜养、缠足之残忍、鸦片之流毒、风水之阻害，亦一切禁止。……

第二期为约法之治。每一县既解军法之后，军政府以地方自治权归之其地之人民，地方议会议员及地方行政官皆由人民选举。凡军政府对于人民之权利义务，及人民对于军政府之权利义务，悉规定于约法，军政府与地方议会及人民各循守之，有违法者，负其责任。以天下平定后六年为限，始解约法，布宪法。

第三期为宪法之治。全国行约法六年后，制定宪法，军政府解兵权、行政权，国民公举大总统及公举议员以组织国会。一国之政事，依于宪法以行之。此三期，第一期为军政府督率国民扫除旧污之时代；第二期为军政府授地方自治权于人民，而自总揽国事之时代；第三期为军政府解除权柄，宪法上国家机关分掌国事之时代。俾我国民循序以进，养成自由平等之资格，中华民国之根本胥于是乎在焉。

以上为纲有四，其序有三，军政府为国戮力，矢信矢忠，始终不渝。尤深信我国民必能踔厉坚忍，共成大业。汉族神灵，久焜耀于四海，比遭邦家多难，困苦百折，今际光复时代，其人人各发扬其精色。我汉人同为轩辕之子孙，国人相视，皆伯叔兄弟诸姑姊妹，一切平等，无有贵贱之差、贫富之别；休戚与共，患难相救，同心同德，以卫国保种自任。战士不爱其命，闾阎不惜其力，则革命可成，民政可立。愿我四万万人共勉之！

日本：拒绝西方*

德川齐昭

在两个多世纪的闭关锁国后，日本忽然发现，西方人开始对自己虎视眈眈。英国、俄国和美国等西方国家的船舰不请自来。日本人看着中国在19世纪早期的一幕幕遭遇，自己也心生恐惧。他们意识到，抵抗外来者是没有用的，因为对方的军事技术占尽优势。所以，在面对美国船只的到来，从而被迫打开国门时，日本人相对比较镇静。然而正如我们从下文看到的那样，并不是每个人都愿意妥协。以下是一位名为德川齐昭（Tokugawa Nariaki）的高级官员于1853年写给幕府（由幕府将军领导的军事政府）的一封信函。他极力建议，应当对那些试图停靠在日本海岸

---

* G. Beasley, trans. and ed., *Select Documents on Japanese Foreign Policy, 1853—1868* (London: Oxford University Press, 1960), pp. 102-107.

的外国船只采取强硬的措施。

思考：日本人拒绝西方的原因；这反映了日本人的哪些文化和态度；日本和中国在对待西方帝国主义方面有何异同。

我坚信，对于幕府来说，当务之急是要在“战”与“和”之间做出抉择，并在今后毫不动摇地坚持我们的抉择。当考虑“战”与“和”的各自利弊时，我们会发现，如果倾向于“战”，那么整个国家的士气就会增长；即便刚开始时会有所挫败，但我们最终一定能赶走外国人。可如果我们选择“和”，那么纵然事态一度平静，国家的士气也会极其低落，而我们最终将彻底崩溃。这种情况在中国那边已经得到了充分体现。……我在这里列出十条主要原因，说明我们为什么绝不能选择“和”。

1. 虽然我国领土并不辽阔，但外国人对我们不乏敬畏。……而美国人明知幕府的禁令，最近却还是来到日本，在浦贺竖起白旗，表明和平之意，还要求递交他们的书面请求。他们到达江户湾①，鸣礼炮，甚至在未经允许的情况下进行调查。他们傲慢无礼，十分放肆。这实在是我国有史以来所蒙受的最严重的奇耻大辱。……

2. 严禁基督教，这是德川幕府的首条戒令。……但是若让美国人再入我国，那无论怎样禁止，基督教都会再次兴起。如果这样，我们恐怕难向列祖列宗交代。……

3. 用我们的金、银、铜、铁等贵重物品去换取羊毛、绸缎等没用的外国物品，这不会有任何好处，只会损失惨重。幕府所应该采

① 今东京湾。

取的最佳措施是停止与荷兰之间的贸易。……

4. 多年来，俄国、英国及其他国家都想与我国进行贸易往来，然而幕府一概未允。难道我们现在就该答应美国吗？那样的话，俄国等其他国家（再）来请求，我们又有什么理由拒绝它们呢？……

5. 好多人认为，外国人“除了做生意之外”并无其他恶意；只要幕府同意与之通商，就不会有其他麻烦。然而他们的计划却是先以做生意为手段在我国站住脚，接着便宣传基督教，从而提出其他的无理要求。……

6. （有人认为）日本……坚持闭关锁国的态度……必然蕴藏着危机，而我们的最佳发展道路应该是……与外国交流，广泛开放贸易；然而我却认为，只要日本人紧密团结，只要我们完善军备，恢复中世纪之前的社会模式，那么我们甚至可以走出国门，与外国抗衡，传播我们的威名。……

9. 我听说，凡是见识过外国人近年来所作所为的人，即使是普通百姓，都十分厌恶他们。幕府若不将这些傲慢无礼的外国人统统驱逐出境，国内势必有人暗中抱怨，质疑国家的军备武装都有何用。当人们看到外国人在浦贺如此横行霸道时，他们心里自然会有这种想法。我想，这是因为即便最卑微的子民也心念国恩，而这实乃万幸之事。正由于普通百姓都会如此评说，所以我担心，幕府若不下决心驱逐外国人，幕府的处理方式若显得对外国人过分宽大或有取悦之嫌，那么下层的百姓就无法理解，而那些对幕府权威感到失望的刁民将会发起暴动。若是到那一步，幕府对领主的控制也将岌岌可危。

日本宪法*

伊藤博文

日本闭关锁国的时间长达两百多年。从 17 世纪早期到 19 世纪中期，只有极少数日本学者对欧洲的科学和军事进步有所了解。

最终，日本不得不打开国门。在佩里①到达日本（1853）的几年后，德川幕府时代结束，日本于 1868 年开始明治维新。日本的领导人迅速终结了社会的封建体系，解除武士阶层的武装，建立现代征兵制，废除社会等级体系，引进大众教育，并创立了现代工业经济体系。明治维新这场变革还包括用成文宪法替代了封建时代的绝对规矩。意义重大的《明治宪法》规定了日本国民的权利，并且不再承认治外法权（即外国公民只受本国法律的约束，而不受其居住或访问的国家的法律约束）。原先存在治外法权（在中国也存在）的理由在于，欧洲人和美国人不能理解当地的法律制度。而日本宪法则强行取消了外国人的这种权利。

下文选自日本的新政元老之一，伊藤博文（Count Ito），在 1889 年所做的演讲。他评论了《明治宪法》对于一个新生的日本的重大意义。

---

* W. W. McLaren, ed., *Transactions of the Asiatic Society of Japan*, vol. 92: 1 (1914), pp. 614-622.

① 美国海军将领马休·佩里（Matthew Calbraith Perry，1794—1858），1853 年率领舰队进入江户湾岸的浦贺，要求与德川幕府谈判，史称“黑船事件”。1854 年，日本与美国签订了《神奈川条约》，同意向美国开放除长崎外的下田和箱馆（函馆）两个港口，并给予美国最惠国待遇等。

思考：伊藤博文是怎样阐述日本变革的合理性的；伊藤博文所期望的变革结果是什么；成文宪法的出台有何重要意义。

……既然宪法已经公布，那么如果我们能从历史的角度来简要地予以探讨，从而说明这一重大事件并非偶然，将是很有意思的。……这项伟大的成就之所以能够把权力和统治交到恰当的人手里，原因有二，即对国家的忠诚以及与外国的交流。对国家的忠诚表现在把权力交还给天皇的强烈愿望，而与外国进行交流，目的则在于改变国家政策、发展与各国人民的关系。……我们应该都知道，在古代，国家是由天皇掌控的。然而到了武士时代，武士阶层想掌权，结果让朝廷变得形同虚设。尽管大多数人都还记得历史的真相，并希望皇权总有一天能够得以恢复……这段历史令我们痛悔不已，但作为事实，忠诚人士的暂时失败却激起后代更加强烈的热情。长期以来，尽管封建主义在其反对者面前总是表现得坚不可摧，然而它的末日必然会渐渐临近。在德川幕府末期，统治者发现自己不得不打开对外长期紧闭的国门，而且还要与那些过去一直被视为“野蛮人”的外国人签订合约。幕府令人不满的对外方针很快引起了国民的非难。随着幕府的政策日益糟糕，曾一度沉睡的对于过去皇权时代的怀念，最终促成了人们的行动。于是，维新运动发生了。……很明显，假如我们还继续闭关锁国，与世界其他各国隔绝，将是相当地不识时务。因此，我们与来访者谈判签约，开始与他们进行交往。但是天皇目前在公共事务的管理中委以重任的一些人，却并不满足于把权力交还给天皇，也不满足于仅仅与外国停留在签订合约的程度上。他们把引进西方文明、努力消除我国与西方的差异视为自己的职责。他们看到，西方各国都在争相壮大实力、开发资源，因而他们不禁自问，日本怎样才能在竞争中挺立，保证国家独立及完整，从而能和其他国家一样享受文明和启蒙的成果。他们认为，日本若要在世界面前显示国家尊严，就必须开发国家资源，必须通过统一的管理程序来壮大国家力量。……在完成这些工作后，第二个问题便是，如何在开发资源的同时节约资源。答案很清楚，就是要教育国民，培养他们成为建设国家的积极力量。……请让我们仔细看一下公共教育的发展，包括各领域的知识传授，从政治经济、法律及相关专业到商务、贸易和工业，再把现在的状况和 20 年前的状况进行比较，如果有人说我们国家经历了天翻地覆的变化，那他是一点也没有夸张。……只有依靠法律的保障，才能提高人民的生活水平，保护他们的人身与财产安全。而要达到这一目标，人们就得选举自己的代表，并赋予他们权力，让他们以维护人民利益和保护人民权利为目的来商讨制定法律。先生们，这一程序已经写入了宪法。这是把一项最重要的权利赋予了人民，我想你们一定会同意这种看法的。

青年土耳其党宣言*

19 世纪，奥斯曼帝国已经进入了漫长的衰落期。面对衰落之势，人们的反应之一是努力向帝国的中心——土耳其——灌输西方的民族主义、世俗主义和政治变革。19 世纪六七十年代，一群被称为“青年奥斯曼人”的现代改革者们开始致力于在土耳其实

* A. Sarrou, “*La Jeune-Turquie et la Révolution*” (“The Young Turks”), in *Civilization since Waterloo*, Rondo Cameron, ed. (Paris, 1912), pp. 40-42.

施宪政民主。1867年，他们达到了目标，制定了第一部宪法。然而不幸的是，新的苏丹阿卜杜勒·哈密德二世不赞成改革，无视宪法，恢复了专制统治。

民族主义者开始组织发起反对苏丹的运动。其中一个组织——统一与进步委员会——于1889年成立。这些通常被称为“青年土耳其党”的年轻人试图恢复1867年宪法，结果惨遭迫害，有的入狱，有的被放逐。

1908年，土耳其发生了一次影响广泛的军事政变。青年土耳其党趁机公开要求恢复议会统治；此时，苏丹无法抵抗，最终只得妥协。宪法恢复后，青年土耳其党发表了下面这个宣言，为理想的“新土耳其”制订了规划。青年土耳其党统治下的奥斯曼帝国是一个世俗国家，虽然号称民主，却依然压迫少数民族。

思考：青年土耳其党的政治要求的本质是什么；其试图建立的国家与自由民主的西欧国家之间有哪些异同点；谁会赞同这一治国纲领。

1. 宪法的基础是尊重大多数国民的意愿。根据这个原则，内阁毫无疑问对议会负责。因此，如果内阁大臣在下议院中未能取得多数票，他们理应辞职。

2. ……上议院将通过以下方式组成：三分之一的成员由苏丹指定，三分之二的成员由普选产生。议员的任期是有限的。

3. 所有年满20岁的奥斯曼公民都有选举权，没有任何财产资格的限制。……

4. 宪法里将补充一项条款，明确规定公民具有自由组织政治团体的权利。……

7. 土耳其语仍是国家的官方语言。……

9. 每个公民，无论种族和宗教信仰，都享有完全的自由和平等，并负有相同的义务。所有的奥斯曼公民依法平等享有关于国家的权利和义务，并有资格根据自己的能力和受教育情况在政府中任职。穆斯林和非穆斯林皆有服兵役的义务。

10. 各民族继续完整地享有自己的宗教自由和特权。……

14. 在不牺牲土地所有者的财产权的前提下……允许农民获得土地，并给予他们低息贷款。……

16. 实行免费教育。……

17. 所有学校均受国家监督。为了让奥斯曼公民获得同等而统一的教育，国立学校将不分种族向所有人免费开放。……

中等教育和高等教育由公立学校和私立学校提供。……根据国家的发展目标，相应开办商业、农业和工业学校。……

同时应当修筑道路和开挖运河，加强交通设施建设，增加国家的财富来源。任何阻碍商业和农业发展的事物都将被废除。

视觉资料

外国人在横滨

当外国人在 19 世纪来到日本时，曾受到日本人极大热情的欢迎。艺术家纷纷为这些新来的面孔作画，以便让开埠港口之外的日本人看看这些陌生的造访者长得什么样。

图 21－1 这幅三联画由五云亭贞秀（Gountei Sadahide，1807—1873）创作，从左至右分别是：俄国家庭、荷兰家庭和英国家庭。

日本画家喜欢突出欧美人的面部特征，尤其是鼻子。画中人常穿着宽松的衣服，而且总是拿着些奇怪的东西，比如望远镜和六角手风琴。请注意画中的女性面孔，与19世纪歌川画派采用的日本女性的标准面孔相比，这些欧美女性的面部特征还没有那么欧化。

图21－1

大英博物馆提供

思考：这些画反映了日本人对西方男性、女性和儿童有怎样的印象。

旁遮普地区的村庄

通过高雅文化，我们得以保存上层人士的生活以及城镇生活的记录。世界各地都是如此，印度也不例外。然而绝大部分印度人其实生活在农村，而且将继续生活在农村，所以关于他们生活的描述很少。

图21－2这幅描绘了19世纪印度乡村的画，可能是古拉姆·阿里汗（Ghulam'Ali Khan）创作的。该画由一位叫威廉

姆·弗拉斯特（William Fraster）的性情古怪的英国人收藏。弗拉斯特从 1799 年开始在印度居住，直到 1835 年去世。在此期间，他请人画了一百多幅乡村生活题材的画作，下面这幅画便是其中之一。弗拉斯特在哈拉亚纳邦和其他各处地产上巡视时，习惯带上擅长莫卧儿传统画法的印度画家。这些画家的任务是尽量真实准确地画下他们所见的场景，结果成就了 19 世纪印度日常生活的最佳记录。这幅画描绘的是位于旁遮普地区的一个名叫罗尼尔的村庄。在画中，我们可以看到英式田园画风格（或许这是弗拉斯特的授意）和对细节的精确描绘（这正是莫卧儿传统画派的特色）混合在一起。请注意茅草屋顶的孔雀、成群结队的动物以及繁忙的乡村生活场景。

图 21－2

大英图书馆提供

思考：19 世纪的印度乡村生活是怎样的状况；这幅画反映出男性和女性各扮演怎样的角色。

中国的衰落 (1839—1895)

自从公元前2世纪以来，中国的统治者就在努力维持着强大的中央集权统治。儒家学说给人们灌输的信念是，如果缺乏强大的中央威权和仁治，一个朝代就会被暴力推翻。事实上，这样的暴动在中国的历史上出现了二十多次。

清朝的统治从1644年开始，但是随着欧洲人在18世纪末的到来，清政府的中央集权日益削弱。1839年后，清朝的衰败趋势就进一步加快了。首先，清朝皇帝无法阻止英国人向中国走私鸦片，并且在两次鸦片战争中深受耻辱。接着，这种衰败迫使清政府承认西方列强在“通商口岸”的特权。所有这一切，导致中国大地上的起义风起云涌。虽然国内起义在1873年结束了，但是清朝已经无可避免地开始步入灭亡的进程。

思考：哪些力量能够从根本上瓦解一个政府；对外贸易和文化交流有何利弊。

第二手资料

身为中国人*

韩书瑞　罗友枝

强大的中央集权并不是凝聚中国人的唯一力量。其他因

* Susan Naquin and Evelyn S. Rawski, *Chinese Society in the Eighteenth Century* (New Haven: Yale University Press, 1987), pp. 91-93.

素——包括儒学和书面文字的早期发展——也使得中国人具有一种文化统一感甚至优越感。在以下的节选资料中，著名的汉学家韩书瑞（Susan Naquin）和罗友枝（Evelyn S. Rawski）分析了这种统一感，并重点关注它对于 18 世纪中国人的意义。

思考： 中国人的信仰体系中有哪些核心元素；中国人如何把外在形式——如文字和服饰——与内在价值体系联系起来。

身为中国人具有哪些内在特性？有人把中国人的身份认同与文字联系起来，因为在中国几千年的文化历史中，汉字是受过教育的上层人士的传承纽带。甚至是不识字的农民也会对文字——当然是中国的方块字——满怀尊敬，只要他知道那是字的话。……尽管有各种不同的方言在实际中分化了汉语，但是中国人似乎有一种与生俱来的责任感去统一汉字并使之标准化。

传统研究认为，中国人的特征主要在于服饰、饮食和礼仪方面。中国高超的纺织技术一直以来都是中国文化的标志。中国人不喜欢食用游牧民族的奶制品，而以自己的烹饪传统为荣。这种传统把好的饮食视作健康的关键因素，并且认为民以食为天。对中国人而言，最重要的是注重礼仪、遵循传统，尤其是婚丧方面的礼仪和传统。

礼仪之所以居于核心，其深层原因在于，人们相信外在行为和内化的价值之间是相互关联的。这种观念在中国文化中根深蒂固，以至于那些缺乏信仰的外在行为都可以被人接受。在礼仪活动中，正确的做法要比当事人的感受更加重要。有着不同教育程度和背景的人，对于同一礼仪可能会有不同的理解。因此，礼仪包含了差异性，并且正如它所倡导的那样，融合了差异性。那些群体的仪式跨越了不同的阶层，并没有被划分为专供上层人士和专供普通百姓的仪式。因此，这便为一种真正大众化（就涉及面的广泛程度来说）的共同文化的形成奠定了基础。中国人对儒家之道的信守不仅表现在礼仪方面，也表现在通过这些礼仪反映出来的核心价值观中，例如君臣之间、父子之间和夫妻之间的从属关系。

在儒家思想中，反映了正统价值观的得体行为是一个有序而稳定的社会不可或缺的因素，而这种社会的统治者也应该是一个与天地相和的君主。和谐、有序、稳定不仅是国家的目标，也是个人的目标。对中国人来说，文明意味着有序而非混乱，意味着使民众不再衣不蔽体，不再“只知其母，不知其父”，不再没有社会差异。……

到了清朝，孝道意味着对父辈的忠诚和服从，不论是已故的还是在世的父辈。我们已经看到，孝道十分重要，它不仅影响个人的行为，还影响许多政治和社会体制。家庭的身份是最重要、最核心的。正如我们所提到的那样，与西方相比，中国人的个体性比较弱，有欠发展。……

中国人的信仰体系并不强调个人的救赎，而是强调群体的传承关系。这种信仰体现于重视建立在古老的儒学基础上的礼仪和行为，因为儒学关注社会和宇宙的秩序，鼓励个人努力奋斗并在生活中提升自己。这些不仅是 18 世纪中国文化的主要元素，也是中国传统社会的主要元素。

奥斯曼帝国的少数民族*

伯纳德·刘易斯

奥斯曼帝国统治着许多不同的民族。大多数情况下，这些民

* Bernard Lewis, *The Middle East: A Brief History of the Last 2 000 Years* (New York: Scribner's, 1995), pp. 321-327.

族受到较宽容的对待。这种宽容的态度使得少数民族能够繁荣地发展。然而到了19世纪，欧洲的独立观念、公民平等观念以及捍卫文化支配权的观念，在奥斯曼少数民族间广泛传播。这三个原则导致奥斯曼帝国内部发生冲突。著名的阿拉伯历史学家伯纳德·刘易斯（Bernard Lewis）在下文中对这些问题进行了探讨。

思考：“不信教者”在传统的伊斯兰社会中处于怎样的地位；欧洲的观念对奥斯曼社会有哪些影响。

在奥斯曼帝国得到繁荣发展的那种传统的政治和社会秩序（及其在波斯属国的变体），根源于经典的伊斯兰法律和风俗，以及更为遥远的古代中东文明。同其他的宗教文化一样，这种政治与社会秩序明显建立在不公平的基础上。因为，如果对接受真主最终启示的人和拒绝接受启示的人都一视同仁，那将是不合理的甚至是荒唐的。现在有些辩护者赞赏传统伊斯兰政体的宗教宽容性，认为这是一种体现平等权利的体制。但事实上并非如此。我们今天所说的平等，在当时并不意味着进步，而是意味着玩忽职守。奥斯曼帝国和其他宗教国家一样，对不信教者实行不公平的政策。不过与大多数宗教国家不同的是，奥斯曼帝国会给予不信教者一定的社会地位，而这种地位由律法规定，并被广大的穆斯林接受。尽管这种地位不与穆斯林的地位平等，但确实也体现了一定程度的宽容性。在其他宗教国家，除非宗教消亡或是丧失了它在公共事务中的大部分影响力，否则是达不到这一点的。当然，伊斯兰教的宗教宽容仅限于某些一神论者，他们接受了穆斯林所承认的那些更早期的启示。而在中东，这实际上就是不同教派的基督教徒和犹太人；在波斯，还包括少数幸存下来的拜火教教徒。……

只有到了近代，在欧洲的民族观念的影响下，受过教育的城市居民才开始用民族的概念来描述自己。

在奥斯曼帝国的基督教徒中间，这些欧洲思想观念的影响自然更加强烈和直接。首先是希腊人和塞尔维亚人，然后是其他的巴尔干民族，最后是亚美尼亚人，他们都受到新兴蓬勃的民族主义思想的影响并纷纷予以响应。甚至人数最少、力量最弱、在非穆斯林民族中对现状不满最少的犹太人，也开始发展自己的民族主义。1843年，一位名叫耶胡达·阿勒卡莱的拉比①写了一本小册子，倡导一种新观念，认为犹太人应该回归圣地，靠自己的努力重建家园，而不是坐等神的救赎。这位阿勒卡莱拉比出生并生活在奥斯曼帝国的一个城市——萨拉热窝。

在19世纪，奥斯曼帝国的基督教徒所追求的，是三个不同的并且在根本上无法协调的目标。第一个目标是在奥斯曼帝国获得平等的公民资格……

使过去的不平等变得难以接受的原因，不仅仅是这些新观念，还有新的繁荣状况。……在总体上，非穆斯林群体发展得很好。……他们越来越强大。所有这些因素都使得旧秩序施加在他们身上的那些社会歧视和政治歧视变得越来越不可接受。……

奥斯曼帝国的基督教徒狂热追求的第二个目标则是独立，或者至少是在自己的领土内实现自治。……

至于第三个目标，基督教徒很少公开承认，但实际上在坚定不移地追求，那就是维持他们在旧秩序下所拥有的特权和自治权，亦即维护并巩固他们自己的宗教法律，保持自己的语言，掌控自己的

---

① 犹太人的学者。

教育体系，在总体上保持自己的独特文化。

一时间，甚至是奥斯曼帝国的穆斯林——土耳其人、阿拉伯人等——在面对欧洲思潮时都失去了以前的抗拒力，他们开始接受自由、爱国主义和民族主义等源于欧洲的思想观念。

遏制印度的抗议之声*

内买·萨丹·博斯

欧洲列强为其殖民活动予以辩解的常见理由是，欧洲给其他地区的人带去了“文明”和“教养”。按照这种说法，一旦其他地区的人们达到和欧洲人一样的文明程度，他们便可以享受到平等的待遇。然而事实上，殖民地的人们受教育程度越高，越接近欧洲人，欧洲人就越紧张。

在印度，英国人的新闻出版政策比较宽松。随着印度人文化水平的提高，以及报纸日益成为斗争的一支力量，印度人开始效仿英国的出版自由原则，随时准备对任何事件、任何人进行评论。报纸尤其喜欢质疑英国对印度的统治。有时，这种批判令英国人相当恼火，因此在 19 世纪的一小段时期内，英国殖民政府严格限制印度报刊的出版。印度历史学家内买·萨丹·博斯（Nemai Sadhan Bose）在此为我们讲述了这段历史。

思考：一方面允许出版自由，但另一方面有时又要忍受尖锐的批判或冒犯性的言论，这两者之间有何矛盾；为什么英国人想要控制印度的出版业。

---

* Nemai Sadhan Bose, *Racism, Struggle for Equality and Indian Nationalism* (Calcutta: Firma KLM Private Limited, 1981), pp. 130-151.

19 世纪，印度出版业的迅速发展是印度民族主义高涨的一个主要原因。1875 年，印度的报刊种类累计约达 500 种。人们在报纸和期刊上进行政治讨论，从不同角度对问题进行评论和分析。……新闻业和民族主义的关系如此紧密，我们甚至可以把印度的新闻业称为印度民族主义的“侍女”。

印度的本土出版业占有重要的一席之地。……它具有显著的特征。首当其冲的是，本土出版业特别关注种族仇恨问题……并且关心对人民权利和荣誉的维护。此外，它还传达了一种信念，相信人民联合起来的力量，并且强调政治组织的必要性。而另一个特征是，虽然印度的报刊承认英国统治的好处，也表示了对英国的忠诚，但是它们又幻想着印度独立，让人民生活得有尊严。

英国在印度的管理机构对本土报刊的宣传调子颇为不满。由于认识到本土报刊对于公众舆论的影响，因此，英国殖民政府在 1866 至 1867 年的官方报告中阐述道：“印度的报纸肆无忌惮地发表自己的观点，从公众的角度来看，有时十分粗鲁。这些观点是建立在人人平等原则的基础上的。而威权常常成为他们随意评论，甚至是抨击的对象。……国内外人士开始认为他们的观点代表了广大印度民众的感受。”……

19 世纪 70 年代，许多经济问题和政治问题搅得民心不安，因而成为报刊批判的对象。而这让当局再次考虑要压制印度的出版业。不过迄今为止，印度报刊上最常出现的主题是种族歧视，以及揭露欧洲人在印度无视法律而犯下的罪行。

第 22 章

帝国主义与新的全球争斗（1880—1914）

15 至 18 世纪，欧洲人控制了西半球的大部分地区，并在非洲西海岸和南亚建立了军事基地及商业口岸。后来，从 18 世纪 60 年代到 19 世纪 70 年代，欧洲国家的扩张活动相对平静。实际上，有些帝国主义国家还丧失了一定的海外控制范围。然而，1880 年至 1914 年间，帝国主义开始了新一轮的大规模扩张，史称“新帝国主义”。这轮扩张的推动力来自欧洲列强，它们急切地想在亚洲、非洲和太平洋等地控制更多的领土。探险家、传教士、商人、军队和政府官员纷纷而至，在那里建立直接或间接的政治管治。而另一些此前已被部分控制的地方（如印度和东南亚），则受到了更为严密的统治。通过这次扩张，欧洲大大增强了它对其他地区的支配力，给非西方社会带去了西方的文化与制度，而无论其愿意与否。虽然新帝国主义对各地的影响不同，但它却使人感受强烈，在整个 20 世纪里日益激起人们的反抗与斗争。

作为长期以来最强大的美洲国家，美国在世界经济中逐渐成为一支主导性力量，从而扮演了一些原本由欧洲帝国主义列强所扮演的角色。1898 年美西战争后，美国占领了波多黎各和菲律宾，并将古巴变成它的保护国。尽管它反对欧洲在世界其他地方推行帝国主义和扩张主义，但是美国却常常认为，它在行动时可以把美洲各国仅仅当作半自治的国家来对待。因此，与欧洲列强一样，美国也不得不面对新帝国主义政策在 20 世纪所造成的后果。

帝国主义当然是历史学家长期热烈辩论的话题，本章所涉及的诸多问题就表明了这一点。帝国主义的民族主义动机是什么？它的经济和政治动机又是什么？人们对帝国主义抱以何种态度？尤其是那些将帝国主义美化为基督教运动和人道主义运动的资料，它们反映出哪些态度？根据马克思主义的观点，我们应当如何理解帝国主义？各民族为了摆脱帝国主义势力而进行的独立斗争是怎样反抗帝国主义的？

在本章，我们对帝国主义之间竞争情况的关注，将把我们引向第一次世界大战。关于这个话题，我们会在下一章进行考察。而帝国主义在 20 世纪的全球影响则在后续章节中加以讨论。

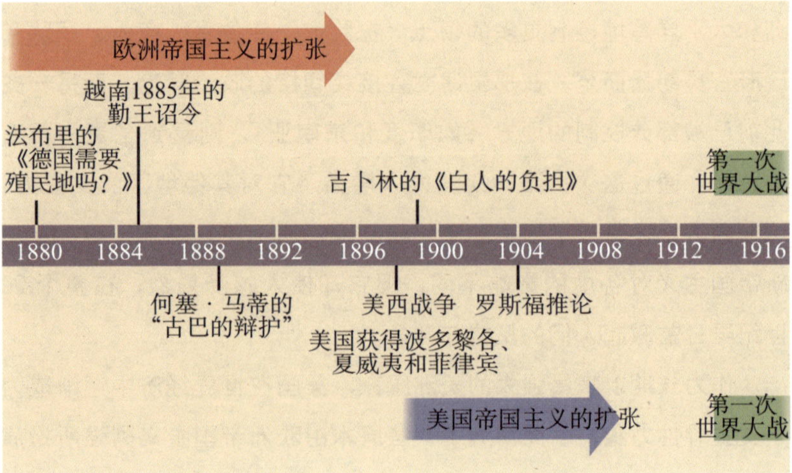

第一手资料

《德国需要殖民地吗？》*

弗里德里希·法布里

19 世纪末，帝国主义浪潮席卷欧洲。经济原因也许是新帝国主义最明显的动机。在每次征服活动中，人们都希望能在殖民地开发新的商业机会，特别是为其产品开拓新的市场。然而，也许还有一个更重要的动机，那就是民族主义。从当时日渐狂热的民族主义迈向新帝国主义，只有很小的一步距离。弗里德里希·法布里（Friedrich Fabri）在 1879 年出版的《德国需要殖民地吗？》（*Does Germany Need Colonies?*）一书里就反映了上述两种观点。作为西南非德国传教协会的前督察，法布里强调，德国在成为一个帝国主义强国的过程中应承担“文化使命”。

思考：法布里是怎样证明德国占领殖民地的合理性的；法布里所说的德国的“文化使命”指的是什么，它在哪些方面与帝国主义有关。

德意志民族如此擅长航海，如此精于工商业，而且比其他民族更早进入农业殖民化，占有丰富的劳动力资源——它在所有这些方面都比别的现代开化民族要强得多，那么难道它不该成功地开辟一条新的帝国主义道路吗？我们毫无疑问地确信，殖民地已成为一个事关德国发展的生死攸关的问题。殖民地将给我们的经济形势以及

* Louis L. Snyder, *The Imperialism Reader* (New York: D. Van Nostrand, 1962), pp. 18-20 as excerpted.

整个民族的进步带来好处。

有一个措施可以解决我们所面临的许多问题。在我们的新德意志帝国里，有太多的痛苦，有太多徒劳、乏味而且有害的政治纷争，因此，开启一条全新的、充满希望的民族之路，将具有一种解放的力量。我们的民族精神将被重建，它将令人欣喜，并成为一笔巨大的财富。一个走向更高权力的民族，只要它能理解并证明自己就是**文化使命的担当者**，那么它就能够保持其历史地位。同时，这也是稳定和国家财富增长的唯一途径，是权力持续扩张的必要基础。

曾经一度，德国对于我们时代的贡献仅仅表现在思想和文学上。但是那个时代现在已经结束。作为一个民族，我们应该富有政治头脑并变得强大。不过一旦政治权力成为民族的首要目标，便会导致粗鲁甚至野蛮。我们必须做好准备，完成我们这个时代在理想、道德和经济方面的文化任务。法国的国民经济学家，勒鲁瓦·博利厄（Leroy Beaulieu），在他关于殖民地著作的结尾处说道："殖民地最多的民族就是世界上最伟大的民族；如果其今天尚未获得这一排名，那么明天便能获得。"

谁也无法否认，在殖民地方面，英国远远超过了其他国家。即便在德国，人们在过去短短数十年里也常常提到"英国的摧毁性力量"。事实上，如果我们想一想帕麦斯顿[①]和格莱斯顿[②]时的政治状况，我们就会觉得这种说法似乎有点道理。虽然在我们这个以军力

---

① 亨利·约翰·坦普尔·帕麦斯顿（Henry John Temple Palmerston，1784—1865），英国政治家，曾两度担任首相（1855—1858，1859—1865）。

② 威廉·尤尔特·格莱斯顿（William Ewart Gladstone，1809—1898），英国政治家，1868至1894年间曾四度担任英国首相。

为主导的时代，根据一个国家的常备军来评价其力量已是一种习惯，但是如果放眼全球，注意一下英国持续增长的殖民地数量，看看英国榨取殖民地的方式及其统治殖民地的手段，想一想英国是如何在海外占据支配地位的，那么人们就会意识到，只注重军事方面的因素，那是庸人的思路。

事实上，英国用几乎不到我们欧洲大陆军事国家四分之一的人力，牢牢掌控着它在全世界的财产。这不仅是一个巨大的经济优势，也是对英国的坚实力量和文化实力的突出证明。……

向我们的盎格鲁—撒克逊兄弟学习殖民手段，并与他们保持友好的竞争关系，这对于我们德国人来说是明智的。几个世纪以前德意志帝国屹立于欧洲之巅时，它曾是第一大贸易强国和海上霸主。如果新德国想要长期保持自己刚刚获得的权力地位，那么它就必须注重其**文化使命**，在重新争取殖民地的任务上不要再拖延。

《白人的负担》*

拉迪亚德·吉卜林

那些积极投身帝国主义扩张活动的人以及其国内民众，往往会美化和歌颂帝国主义。在溢美之词中，有的将帝国主义视作一场基督教或民族主义的冒险。而更多的是把帝国主义描述为一种英雄举止，认为西方文明的理想主义领袖们之所以推行帝国主义，是为了努力将“真正文明”的“好处”散布到世界上的“欠发达”地区。这种最为流行的看法体现在拉迪亚德·吉卜林

* Rudyard Kipling, “The White Man’s Burden”, *McClure’s Magazine*, vol. Ⅻ, no. 4 (February 1899), pp. 290-291.

(Rudyard Kipling，1865—1936）的作品中，尤其体现在他在1899年为庆祝美国占领菲律宾而作的诗歌《白人的负担》（*The White Man's Burden*）中。

思考：吉卜林想通过《白人的负担》这首诗表达什么意思；吉卜林何以认为帝国主义是合理的；他的说法为什么有这么大的吸引力。

扛起白人的负担——
派出最好的群体——
让你的孩子去流放，
满足俘虏的需要；
穿起沉重的甲胄，去照应，
那躁动的民族和野性——
你刚刚捕获的忧郁民族
一半是魔鬼，一半是孩童。

扛起白人的负担——
在耐心中坚守，
用它遮住恐怖的威胁，
用它反省骄傲的表现；
公开而质朴的演说，
反反复复使人明白，
你是在谋求他人的利益，
你是在为他人的收获而操劳。

扛起白人的负担——

残忍的和平之战——
填满饥荒的大嘴，
终结疾病的蔓延；
当你的目标非常接近
（别人所寻找的终点）
小心懒惰和蒙昧的愚蠢
让你的希望化为云烟。

扛起白人的负担——
不是国王的铁腕统治，
而是仆人和清道夫的辛劳——
写就了平凡的故事。
不能通航的港口，
不能通行的大路，
去吧，用你的生命去建造，
用你的死亡去铭刻。

扛起白人的负担，
收获陈年的奖赏——
你所帮助的人的责备，
你所保护的人的憎恨——
你所逗乐的主人的哭喊，
（啊，慢慢地）都会走向光明：——
“为何要将我们从束缚中释放，
亲爱的埃及之夜？”

扛起白人的负担——
你不敢堕落——
也不敢高声呼唤自由，
以掩饰你的厌倦。
凭借你的决心或耳语，
凭借你的许可或责任，
这安静忧郁的民族，
将尊重你的上帝和你。

扛起白人的负担！
这已不再是童年——
那些轻松获取的桂冠，
慷慨赠予的赞誉：
现在来吧，在无人感谢的岁月里
探寻你的男子气概，
用高贵的智慧包装起来的冷酷，
是你伙伴的判决。

越南的民族主义和殖民主义*

勤王诏令 (1885)

长期以来，暹罗、老挝、柬埔寨和越南之间的竞争，导致东

* David Marr, *Vietnamese Anticolonialism 1885—1925* (Berkeley: University of California Press, 1971).

南亚地区的控制权不断转移。18、19 世纪，英国（在缅甸、马来西亚、新加坡）和法国（在柬埔寨、老挝、越南）也加入了权力的争夺。当时，民族主义是贯穿整个东南亚历史的不变主题。

法国对越南的殖民统治长达百年，从一开始，法国人就必须应对越南的民族主义反抗。以下材料是越南在 1885 年颁布的勤王诏令，旨在呼吁越南民众反抗法国的殖民统治。

思考：越南王室对待法国殖民者的态度是什么；越南人的力量源泉何在。

皇帝诏曰：

自古以来，抗敌之策只有三种：攻击、防御和谈判。我们现在缺少进攻机会，也难以集合足够的力量来防御，而在谈判桌上，敌人又是狮口大开。在困难重重的条件下，我们不得已只能选择权宜之计。……

我国最近面临许多重大事件。……而随着时间的推移，西方的特使变得越来越咄咄逼人。最近，他们派出更多的部队和海军，试图把一些我们从来不会接受的条件强加给我们。我们以正式的仪式招待他们，他们却拒不接受任何安排。首都人民非常担心麻烦正在迫近。大臣们设法维护国家的安宁，保护朝廷的安全。他们决定，与其低头服从，坐以待毙而丧失良机，不如了解敌人意图，先发制人。就算不能成功，我们仍可按照目前的路线，根据具体的情况制定更好的计划。……

朝中之人应当追随正道，为正道而慷慨赴死。……我们的力量不够，我们对这些事无力阻止，只能目睹皇城沦陷，内眷们夺路而逃。这完全是我们的错误，真是奇耻大辱啊！但是自古以来的忠诚之心是强有力的。成百上千的各级官员和武将没有离朕而去，他们比以往任何时候都要团结，有头脑的人帮助出谋划策，有勇力的人愿意去战斗，有财富的人捐献战备物资——所有人都在寻找脱离险境的道路，谋求解决困难的方案。

另一方面，那些害怕死亡甚于热爱皇帝的人，那些关心家庭甚于关心国家的人，那些找到借口溜之大吉的官员，那些当了逃兵的战士，那些没有为正道而积极履行公共责任的民众，那些放弃抵抗、任凭黑暗吞噬光明的军官——所有这些人，虽在世上苟延残喘，却只是穿衣戴帽的畜生罢了。谁能接受这种行为？奖励是慷慨的，处罚也同样是严厉的。朝廷将秉公执法，绝不反悔。所有百姓皆须严守本令。

爪哇公主的信件*

阿金·卡蒂妮公主

到 19 世纪末，荷兰人在印度尼西亚群岛的殖民统治已有很长时间。该群岛位于南中国海与印度洋的交汇处，有数以千计的岛屿。为了加强控制，荷兰人采用了许多方法，其中包括使用荷兰语的规定。

阿金·卡蒂妮公主（Raden Ajeng Kartini，1879—1904）是一名爪哇贵族。她的父亲鼓励她学习荷兰语。她本人致力于民众教育，并为爪哇创办了一所女子学校。在下面这封 1901 年的信件中，她描述了荷兰语被用作殖民统治手段的情况。

---

* Raden Ajeng Kartini，*Letters of a Javanese Princess*，tr. by Agnes Louise Symmers（New York：Alfred A. Knopf，1920），pp. 39-44 as excerpted.

思考：在殖民统治的条件下，为什么语言会成为一个敏感问题；语言的使用为什么会强化荷兰人和爪哇人之间的差异。

我将给你讲一个有天分、有教养的爪哇男孩的真实故事。这个孩子通过考试，在爪哇的一所重点高中里排名第一。在他上学的三宝垄市①和参加考试的巴达维亚市②，最好的大学都愿意招录这个可爱的男孩。他讨人喜欢，富有教养，而且非常谦虚。

人人都跟他说荷兰语，他也以流利的荷兰语与他们交流。从这种环境里毕业以后，他回到父母身边。他觉得自己应该向当地官员表达敬意，于是他前去拜会殖民地长官。长官听说过他。但是我的朋友在这儿却犯了一个错误，他竟然用荷兰语跟这位大人物讲话。

第二天早晨，一纸任命书送到他的面前，要他去做山区审计官手下的一名办事员。在那里，年轻人必须常常反省自己的"不当言行"，并且忘掉他在学校里所学的一切。几年后，来了一位新审计官（也许还只是个助理审计员），这就更增添了他的不幸。因为这位新上司是他以前的同学，一个能力平平的人。曾在各个方面都领先全班的年轻人，如今却不得不趴在一个笨学生面前，跟他说着爪哇语，而后者则以蹩脚的马来语回应他。一个自豪和独立的灵魂却如此卑微，这种凄惨你能理解吗？需要多么坚韧的性格才能忍受这种卑贱而可恶的压抑啊！

最后，他忍无可忍，只身前往巴达维亚，请求总督阁下的接见。他的请求得到了允许。就这样，他被派往布雷安格研究水稻。

---

① 印度尼西亚爪哇岛北部一城市，位于雅加达以东的爪哇海岸，是主要港口和工业中心。

② 印度尼西亚首都雅加达的旧称。

在那里，他把一本有关水生农作物的小册子从荷兰语翻译成爪哇语和苏丹语。为此，政府奖励他数百荷兰盾。后来，巴达维亚的审计学校需要一名教爪哇语的老师，他的爪哇朋友全力为他争取这个职位，可惜没有结果。因为对爪哇人来说，让他去教那些今后可能成为政府官员的欧洲学生，这种想法本身就是荒谬的。必须消灭这种思想！可我想问的是，还有谁会比土生土长的爪哇人更适合教爪哇语呢？

年轻人回到住所，就在此时，当地来了一位新长官。这位棕色皮肤的天才少年，终于在他手下成为一名行政助理。他被流放到偏远之地这么多年，也并非一无所获。他学到了生存的智慧：要把欧洲官员服侍得好，就只有在他们面前卑躬屈膝，并且当他们的面绝不说半句荷兰话。其他的爪哇人现在也渐渐有了权力，不久之后，当爪哇语翻译者的位置出现空缺时，由于没有人与我们这位朋友竞争，他得到了这次机会（真是非常幸运）！……

这里，欧洲人心情沉重地发现，曾被他们视为下等人的爪哇人正在慢慢觉醒；这些棕色人种常常表现突出，他们证明自己跟白人一样拥有聪明的大脑和善良的心灵。……

但我们在进步，他们无法阻挡时代的潮流。我非常非常爱荷兰人，对从他们那里所获得的一切心存感激。虽然许多荷兰人是我们最好的朋友，但也有些人讨厌我们，不是因为别的，而是因为我们敢于学习他们的教育和文化。

他们常常含蓄地让我们知道他们的这种反感。他们似乎在说："我是欧洲人，你是爪哇人。"或者说："我是统治者，你是被统治者。"尽管他们完全知道我们懂荷兰语，但他们仍然常用蹩脚的马来语跟我们讲话。其实，我倒不在乎他们用什么语言，只要他们的语气能够礼貌点就行。……

几天前，我们拜访了一些托托克斯（指刚刚来到爪哇的欧洲人）。他们的家佣是年纪比较大的爪哇人，通晓荷兰语。当我对他的主人提到这一点时，你猜那位绅士是怎么回答我的？他说："不，他们绝不能讲荷兰语。""为什么不能？"我问。"因为当地人不应该懂荷兰语。"我惊讶地看着他，嘴角带着一丝讽刺的微笑。这位蓄着胡须的绅士羞得满脸通红，嘴里不知道嘟噜着什么，又低头好像在他的靴子里发现了什么有趣的东西，反正他把自己的注意力完全放到靴子上去了。

罗斯福推论：美帝国主义*

西奥多·罗斯福

拉美国家19世纪初革命的成功，再加上美国相信自己注定会从大西洋扩张到太平洋，这些因素促使美国总统詹姆斯·门罗在1823年发表一份声明，要求欧洲今后不再涉足美洲。这份被称为"门罗主义"的声明在当时并未引起很大注意，然而到了20世纪初，它却成为美国向整个中南美地区进行势力扩张的一个相当重要的理由。而针对门罗主义的"罗斯福推论"，实际上是西奥多·罗斯福（Theodore Roosevelt，1901—1909年执政）总统1904年的国会咨文的一部分。该推论提出了一些新的假设条件，认为美国在这些条件下有权干涉拉丁美洲。于是，这成为美国后

* Theodore Roosevelt，Annual Message，December 6，1904，*Messages and Papers of the Presidents*，vol. XIV，pp. 6923ff. 译文参考周一良、吴于廑主编：《世界通史资料选辑·近代部分》（下册），119～120 页。

来干预圣多明各、海地、尼加拉瓜和古巴的理由。

思考：罗斯福如何论证美国干预行为的合理性；他所说的“文明”一词是什么意思；拉丁美洲会对这种政策有何反应。

……说美国贪求领土，或是在帮助西半球其他国家之外还有自己的利益，这是不对的。我国所希望看到的，是周边国家的稳定、有序和繁荣。对于任何国家来说，只要其人民行为得当，就可以期望得到我国的诚挚友谊。如果一个国家表明，它懂得如何以合理的效率和恰当的分寸处理社会与政治问题，如果它能够保持其秩序并履行其义务，那么它就无须担心美国的干涉。时常发生的错误行为，或是导致文明社会的纽带完全松散的那种虚弱无能，在美洲或别的地方，也许终将需要某个文明国家的干预；而在西半球，由于美国奉行门罗主义，因此，这会迫使美国（无论它是否情愿）在此类错误和无能的重大情况中，行使一种国际警察的权力。……这是一个不言自明的真理，每个国家，无论它是在美洲或其他地方，只要它希望保持独立，就会终将认识到，这种独立的权利是同好好使用它的义务密不可分的。

我们在提出门罗主义时，在采取我们曾对古巴、委内瑞拉和巴拿马所采取过的措施时，在努力缩小远东战争的范围时，在确保中国的门户开放时，我们的行动不仅是为了美国的利益，也是为了全人类的利益。然而有的情况尽管并未牵涉到我们自己太大的利益，但我们的同情心却在发出强烈的呼吁。……在某些极端情况下，我们的行动也许就是合理而恰当的。应该采取怎样的行动，这必须取决于事情的具体情况，也就是说，取决于暴行的程度有多严重，以及我们的补救力量有多大。我们能够用武力来施加干涉的情况——

比如，我们曾经为了终结古巴国内忍无可忍的社会状况而进行的干涉——必然是非常少的。

古巴的辩护*

何塞·马蒂

在 1898 年的美西战争之前，古巴为了摆脱西班牙的殖民统治，已经进行了十年之久的解放斗争。何塞·马蒂（Jose Marti，1853—1895）是古巴最活跃的爱国者，也是伟大的民族主义诗人。在下面的材料中，马蒂为古巴人民辩护，反对美国的家长统治。后者打着“帮助”反西武装力量的幌子，实际上却把新的外族统治强加在古巴人民头上。

思考： 马蒂如何看待美国；他又怎样看待古巴人及其特点；这位拉美诗人的民族主义本质和重要性体现在哪些方面。

有些古巴人，出于值得尊敬的动机，出于对进步和自由的热烈赞扬，出于对自己能在更好的政治条件下获得某种权力的预期，出于对历史的不恰当忽视，出于对合并趋势的理解，希望看到我们这个岛国跟美国合并起来。但是还有一些古巴人，他们在战场上战斗、在流亡中求学，他们通过体力劳动和脑力劳动在一个充满敌意的社会中建设美好的家园。他们作为科学家、商人、铁路建设者、工程师、教师、艺术家、律师、记者、演说家、诗人以及作为智慧超群且举止不凡的人，通过自己的努力赢得人们的尊重（只要他们

---

* Jose Marti，*Our America：Writings on Latin America and the Struggle for Cuban Independence*（New York：Monthly Review Press，1977），pp. 234-237.

的力量付诸了行动，人们可以理解他们）……他们的人数更多，他们不希望古巴与美国合并。他们不需要美国（或者）……他们并不相信，过分的个人主义、对财富的崇拜以及对骇人胜利的持久狂喜，能将美国变成一个自由国家的典范——在那里，所有的选择都不以贪婪为基础，所有的胜利和获取都不与仁慈和正义背道而驰。……

我们遭到暴政的折磨，我们对此不能忍受；长期以来，我们像男人（有时像巨人）一样战斗，就是为了获得自由；我们现在正处于暴风雨前的平静期，到处都是反抗的萌芽，而这只是过多的不成功行动的必然结果。……

但是，由于我们的政府在战后一直放纵罪犯的行为，允许社会败类占据城市，允许西班牙官员及其古巴帮凶炫耀来路不正的财富，允许将首都变成一个赌场，而英雄和哲学家却在这些高贵的强盗面前饥饿前行；由于健壮的农民在一场看似无用的战争中变得堕落，他们现在只会沉默地拿起耕犁，而在以前，他们还知道如何把它们换成砍刀；由于数以千计的流亡者在一段平静时期内（没有人能够加速这个过程，除非它自己结束），只是在自由国家的生存斗争中练习如何管理自己和建立国家；由于我们的混血儿和那些在城市长大的年轻人一般都体质娇弱，温和谦恭，把他们用来攻击敌人的手都藏进手套里，改改诗文歌句——那么，我们就要成为……一个女性化的民族吗？城里的年轻人和贫穷的混血儿曾经知道如何反抗残忍的政府，知道如何典当自己的手表和饰品以支付通往战场的路费，知道在被流放时如何坚持自己的道路（尽管那些自由国家会为了自由之敌的利益而把他们与自己人分开），知道如何像士兵一样服从命令、睡在泥里、吃草根，不求任何报酬地战斗十年，用木棍战胜敌人并在战斗中死去……他们的死就跟我们其他人一样，我们都能挥舞砍刀，叫人身首异处，或是翻手之间，便让一头公牛轰然倒地。

视觉资料

光荣的帝国主义

图 22－1 由乔治·哈考特（George Harcourt）创作于 1900 年，它表现了欧洲人眼里的帝国主义。1900 年，该画在英国皇家学会首次展出。画面上，英国士兵正要乘坐火车前往南非去参加布尔

图 22－1

贝特曼/考比斯图片库提供

战争。他们不仅在自己眼里，而且在老老少少的英国人眼里，都是具有男性气概的英雄。这一点通过画面中央的那对情侣表现得更加明显，他俩是多愁善感的英国男女的一个缩影。对许多人来说，帝国主义使欧洲人具有冒险精神，使他们能够向自己和其他人证明其优越性。但是那些士兵和殖民地人民所遭受的杀戮与剥削的现实情况，却在这幅画中被忽略掉了。

思考：这幅画与吉卜林的《白人的负担》有哪些呼应之处。

殖民地的战场*

欧洲人贪婪地掠夺殖民地，而报道亚非事态和征服情况的报纸，则把帝国主义的进展描述为一场冒险和爱国主义事业。有关海外行动的惊悚故事总是让报纸销量颇佳，并成为画家们的创作主题。查尔斯·埃德温·弗里普（Charles Edwin Fripp，1854—1906）就是其中之一。在图 22－2 这幅创作于 1885 年的油画里，弗里普反映了关于帝国主义及其征服手段的某些看法。该作品描绘的是 1879 年 1 月 22 日伊桑德尔瓦纳战役的最后时刻。残余的 1 200名英军士兵肩并肩围成一个方阵，进行着最后的抵抗，直至被一支由两万名祖鲁人所组成的军队完全消灭。勇敢的英国士兵的坚定举止和坚决表情表明，他们都是具有男子气概的英雄，而祖鲁人则是无情的“野人”，他们残忍地杀死英国士兵，然后对着他们的尸体得意扬扬。画面中，那些仍然站立的士兵身处这

* Charks Edwin Fripp，*The Battle of Lsandhlwana*，*22 January 1879*. 1885. National Army Museum，London.

场悲剧性“冒险”活动的绝境，但是观众们可以看到，他们严密的阵形组织——就像更大规模的帝国主义组织一样——成倍地增强了帝国军队的力量。

图 22－2

伦敦国家军事博物馆提供

看过该画的人知道，这场战斗让祖鲁人付出了昂贵的代价；他们还觉得，先进的武器和英军士兵的素质今后必定会使英国赢得胜利，不仅在这里会如此，而且在其他地方也会如此。这幅画表明，武器的革新给西方人带来了巨大的力量，他们可以用很少的兵力拖延对手很长时间。其实很早以前，欧洲人就比其他民族有更多的热兵器。而新的膛装步枪和机关枪的出现则更加扩大了这种优势。祖鲁人这样的土著社会虽然有所反抗，但是由于新武器极具杀伤力，因此几百名欧洲士兵便可以歼灭数千人的土著武装。

思考：帝国主义军队在战斗中具有哪些优势；这幅画给英国观众传达了哪些信息。

美帝国主义在亚洲：1899年独立日

在1898年的美西战争中西班牙战败，由此，西班牙撤出古巴、波多黎各和菲律宾。而这场战争也在美国引起一场激烈的争论，即美国是否应该像欧洲那样掠夺殖民地。为了赢得国家“解放”，菲律宾起义武装开展了长达十年的独立战争，他们不仅同西班牙人作战，也同美国人作战。而美国人之所以对菲律宾感兴趣，很大程度上是因为他们可以借道菲律宾，在亚洲其他国家——尤其是在传闻已久的中国市场（据说，中国市场能容纳难以计数的美国商品）——进行贸易和投资。在这幅漫画（见图22－3）中，我们可

图22－3

纽约公共图书馆提供

以看到，山姆大叔正用刺刀刺向一个拿着剑努力保护自己的菲律宾青年；这反映出美军和菲律宾起义武装在实力上的巨大差异。而在山姆大叔身后，当时的美国总统麦金莱挥舞着旗帜；这反映了美帝国主义背后的那种爱国主义和沙文主义主张。

思考：美国人既然长期反对欧洲人的帝国主义，又何以证明自己的殖民主义是合理的。

帝国主义与文化掠夺

1897年，英国对贝宁古国发动了一场报复性战争，因为后者杀害了英国的临时领事詹姆斯·菲利普。此前，菲利普曾试图进入贝宁的首都（贝宁城），他并没有携带武器，却被贝宁士兵杀死。英国以此为由，对贝宁发动了战争。他们在贝宁城烧杀抢掠，征服了该国。在图22－4中，英国官员正在展示从皇宫里抢

图22－4

英国牛津匹兹河博物馆（Pitt Rivers Museum）提供

来的一部分象牙和铜器。后来，这些有名的象牙和铜器流落到欧美的许多博物馆或艺术商手中。

思考：这幅图反映出“新帝国主义”的哪些本质；像这样的图片在今天会引发关于国宝问题的何种争论。

帝国主义在非洲

在下面两幅地图中，地图22－1是欧洲殖民之前，非洲土著民族长期以来的分布情况。当时，非洲内部在文化和政治方面已经出现了非常重要的差异。而地图22－2显示的是欧洲1880年以前所控制的非洲领土，以及1914年它对非洲的瓜分情况。

两幅地图揭示了帝国主义在非洲的许多情况。首先，瓜分非洲的方式和速度反映出帝国主义国家在19世纪后期扩张过程中的激烈斗争。其次，欧洲的瓜分行为没有顾及非洲已有的社会、政治、文化和种族差异。仅从地理政治学的角度，人们也能想象出帝国主义给非洲社会和文化带来的破坏。最后，这两幅地图有助于理解非洲在摆脱殖民统治之后所遇到的问题。新的非洲国家往往是在欧洲殖民者留下的那种独断的政治基础上建立起来的，因此，许多非洲国家不得不处理民众之间长期存在的分歧和敌对，而这些正是源于欧洲殖民者19世纪对非洲的瓜分。

思考：这些地图在哪些方面有助于说明帝国主义对非洲的影响。

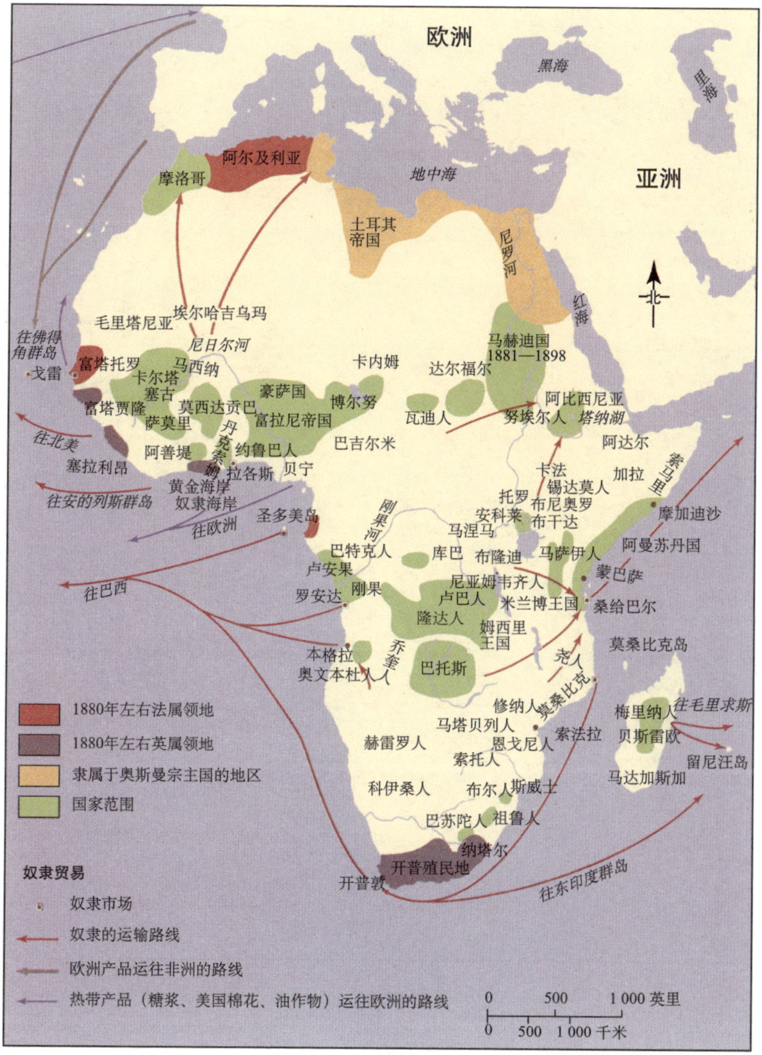
欧洲
黑海
里海
亚洲
地中海
阿尔及利亚
摩洛哥
土耳其帝国
尼罗河
红海
北
毛里塔尼亚
埃尔哈吉乌玛
尼日尔河
往佛得角群岛
戈雷
富塔托罗
马西纳
卡尔塔
塞古
富塔贾隆
莫西达贡巴
萨莫里
豪萨国
博尔努
富拉尼帝国
卡内姆
达尔福尔
马赫迪国
1881—1898
阿比西尼亚
瓦迪人
努埃尔人
塔纳湖
往北美
阿善堤
丹克索姆
约鲁巴人
巴吉尔米
阿达尔
塞拉利昂
拉各斯
贝宁
卡法
加拉
索马里
黄金海岸
奴隶海岸
往安的列斯群岛
往欧洲
圣多美岛
刚果河
托罗
锡达莫人
布尼奥罗
安科莱
布干达
马涅马
摩加迪沙
阿曼苏丹国
巴特克人
卢安果
库巴
布隆迪
马萨伊人
蒙巴萨
往巴西
罗安达
刚果
尼亚姆韦齐人
卢巴人
米兰博王国
桑给巴尔
隆达人
姆西里王国
莫桑比克岛
本格拉
奥文本杜人
乔奎人
巴托斯
尧人
修纳人
莫桑比克
梅里纳人
往毛里求斯
马塔贝列人
贝斯雷欧
赫雷罗人
恩戈尼人
索法拉
留尼汪岛
索托人
科伊桑人
布尔人
斯威士
马达加斯加
巴苏陀人
祖鲁人
纳塔尔
开普殖民地
开普敦
往东印度群岛
1880年左右法属领地
1880年左右英属领地
隶属于奥斯曼宗主国的地区
国家范围
奴隶贸易
奴隶市场
奴隶的运输路线
欧洲产品运往非洲的路线
热带产品（糖浆、美国棉花、油作物）运往欧洲的路线
0
500
1 000 英里
0
500
1 000 千米

地图 22－1

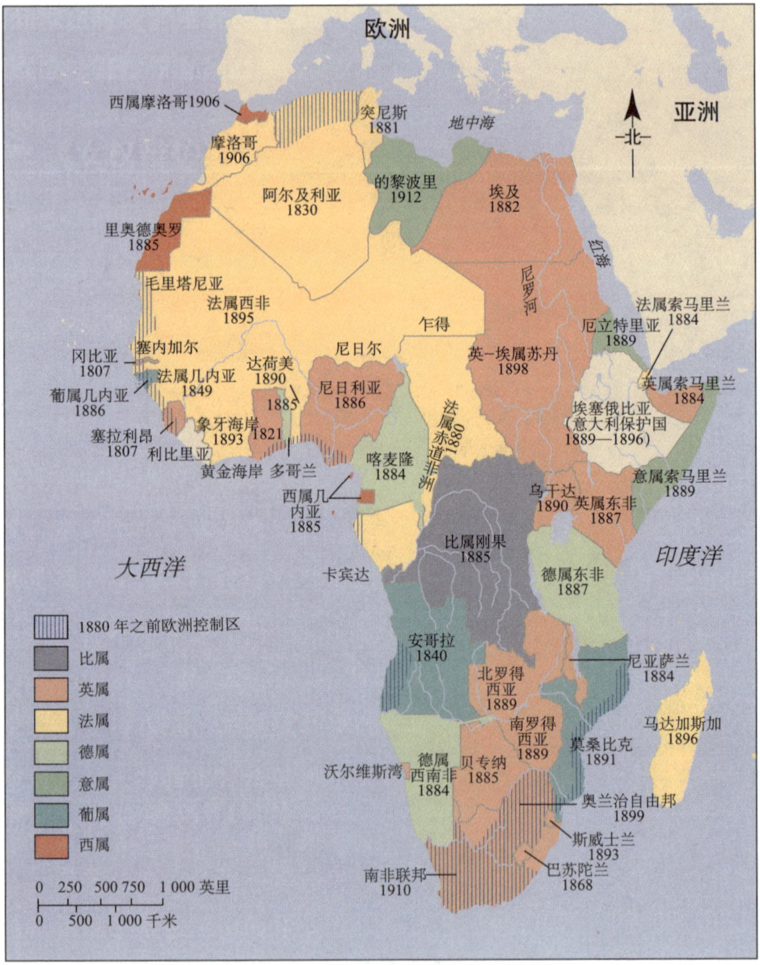
欧洲
亚洲
地中海
红海
大西洋
印度洋
西属摩洛哥1906
摩洛哥
1906
突尼斯
1881
阿尔及利亚
1830
的黎波里
1912
埃及
1882
里奥德奥罗
1885
毛里塔尼亚
法属西非
1895
尼罗河
乍得
塞内加尔
冈比亚
1807
葡属几内亚
1886
法属几内亚
1849
达荷美
1890
尼日尔
英-埃属苏丹
1898
厄立特里亚
1889
法属索马里兰
1884
英属索马里兰
1884
埃塞俄比亚
(意大利保护国
1889—1896)
1885
尼日利亚
1886
塞拉利昂
1807
利比里亚
象牙海岸
1893
1821
黄金海岸
多哥兰
法属赤道非洲
1880
喀麦隆
1884
西属几内亚
1885
乌干达
1890
英属东非
1887
意属索马里兰
1889
比属刚果
1885
卡宾达
德属东非
1887
安哥拉
1840
北罗得西亚
1889
尼亚萨兰
1884
南罗得西亚
1889
莫桑比克
1891
马达加斯加
1896
沃尔维斯湾
德属西南非
1884
贝专纳
1885
奥兰治自由邦
1899
斯威士兰
1893
南非联邦
1910
巴苏陀兰
1868
北
1880 年之前欧洲控制区
比属
英属
法属
德属
意属
葡属
西属
0 250 500 750 1 000 英里
0 500 1 000 千米

地图 22-2

第二手资料

帝国的时代*

埃里克·霍布斯鲍姆

20 世纪初以来，学者们从许多角度出发来解释帝国主义。他们对于这个问题的思考方式，往往反映了自己的政治观点和意识形态。在最早的解释中，有些人，比如霍布森和列宁，是从经济的角度看待帝国主义。他们批判帝国主义，认为它是资本主义的一个发展阶段。霍布森是一名自由主义的社会主义者，而列宁却是一位马克思主义理论家和政治领袖。关于帝国主义的经济学解释常常会出现新的版本，因此一直广受欢迎。下面这份出自英国史学家埃里克·霍布斯鲍姆（Eric J. Hobsbawm）——他对于 19 世纪的西方社会有着广泛的研究——之手的材料，就反映了上述的解释方式。

思考：为什么霍布斯鲍姆认为，帝国主义在经济方面的结果与其经济动机无关；他为何把帝国主义称作“国际经济的天然副产品”；帝国主义的政治行动相对于它的经济动机而言为什么是次要的。

殖民扩张一般更具说服力的动机，是为了寻找市场。当时许多人认为，大萧条时代的“生产过剩”可以通过大规模的外销予以解决。商人永远希望能填满拥有庞大潜在顾客的世界贸易空白区，因

---

* Eric J. Hobsbawm, *The Age of Empire* (Pantheon Books, 1987). 译文参考［英］埃里克·霍布斯鲍姆著、贾士蘅译：《帝国的时代》第 3 章，南京，江苏人民出版社，1999。

此他们自然会不断寻找这些未经开发的地区：中国是他们始终想要猎获的地区（如果它的几亿人口每人买一盒白铁大头钉，那将会有多大的利润啊），不为人知的非洲则是另一个。在不景气的 19 世纪 80 年代早期，英国各城市商会曾为外交谈判可能使其商人无法进入刚果盆地一事而大为恼怒。当时人们认为，刚果盆地可以给他们带来无法估量的销售期望，尤其是当时的比利时国王利奥波德二世，正把刚果看作一个利润丰厚的事业而加以开发。……

当时全球经济的症结在于，好几个发达的经济体同时感到对新市场有需求。如果它们够强大，那么它们的理想就是要求不发达世界的市场能实行“门户开放”。但是如果它们不够强大，它们便希望能分割到一些属于自己的领土——凭借着所有权，它们的企业可居于垄断地位，至少可享有相当大的优势。因此，对第三世界未被占领的部分的瓜分，便是这种需求的合理结果。在某种意义上，这是 1879 年以后盛行的贸易保护主义的延伸。……“新帝国主义”乃是一个以若干互相竞争的工业经济体为基础的国际经济的天然副产品，而 19 世纪 80 年代的经济压力显然强化了这种态势。帝国主义者不曾指望某个殖民地会自动地变成理想中的黄金国，不过这种情形真的在南非发生了——南非成为世界上最大的黄金出产地。充其量，殖民地只被视为区域性商业渗透的适当基地或出发点。……

在这点上，占取殖民地的经济动机，渐渐与达成这个目的所需要的政治行动无法分开，因为任何一种保护主义都必须在政治力量的协助下运作。……

一旦互相敌对竞争的列强开始划分非洲和大洋洲的版图，每个强国自然都会设法不让其他强国得到过大的区域或是一小片特别具有吸引力的土地。一旦列强的地位开始和能否在某个棕榈海滩（或者更可能是一片干燥的灌木林）升起它的国旗扯上关系，占领殖民地本身就变成了地位的象征，不论这些殖民地的价值如何。

争夺非洲*

M. E. **张伯伦**

1884 年至 1914 年是非洲历史上的欧洲帝国主义时期，当时欧洲列强通过武力征服非洲，用欧洲人取代了非洲的统治阶层。许多学者对这一时期极有兴趣，他们试图将帝国主义放到欧洲的政治、经济和文化发展的背景中加以解释。与其他的帝国主义势力相比，英国的扩张活动所引起的学术争论也许是最多的。在下面这则材料中，英国著名历史学家张伯伦（M. E. Chamberlain）指出，经济竞争是英国对西非进行殖民扩张的原因。

思考：在英国的民主政治中，一小群实业家与普通大众之间是什么关系；历史学家为什么会认为英国的行动是防御性而不是进攻性的；这种评价怎样忽视了非洲的发展。

英国参与争夺西非的行为主要是防御性的，目的在于保护既得利益免遭新竞争的损害。然而无论是欧陆列强的挑战，还是英国的有力回应，其根源都在于更为一般的经济因素。在 19 世纪的大部分时间里，高度工业化的强国曾经只有英国一家，它给全世界提供制造业装备。然而现在，却出现了众多具有竞争力的工业强国。美国在南北战争后再次步入跨越式的发展。而德国，由于在 1871 年

---

* M. E. Chamberlain, *The Scramble for Africa* (New York: Longman, 1974), pp. 60 - 62.

实现统一并获得法国的巨额战争赔款，因此工业化发展极为迅速，反倒显得英国停滞不前。即便是比德国行动迟缓一些的法兰西第三共和国，也在快速地实现现代化。作为竞争条件下的必然结果，各国重新启动了关税保护政策。到 19 世纪中叶，只有英国仍在奉行完全的自由贸易政策。对英国人来说，自由贸易几乎已成为一种宗教学说，一个关于和平、繁荣与国际合作的必要前提。在当时的环境里，英国难以将自由贸易政策作为过时的经济理论而抛弃，可是其他国家却并不如此。美国并未降低它在南北战争非常时期所设立的高关税。德国也在 1879 年启动了保护性关税，当然，这部分是由其国内因素和财政状况所致。而从来没有一心一意搞自由贸易的法国，早在 1882 年就恢复了传统的贸易保护性关税。英国商人一次又一次地提出抗议说，他们反对贸易保护行为的真正原因是，这种保护会因为歧视性关税而损害英国的商业贸易。

在“大萧条”的背景下，商人们（不仅包括英国的，还包括德国和法国的）更加怨声载道。这次大萧条的特征是低物价、低利润、低利率、日用品的生产过剩，以及毫无规律的高失业率。对此，经济史学家至今还争论不休。大萧条自 1873 年的金融危机开始，伴随着不同的剧烈程度，一直持续到 1896 年。19 世纪 70 年代，德国和英国就已遭受到严重的打击。而在法国，经济危机的主要影响直至 19 世纪 80 年代才开始显露。对德国人来说，法国的战争赔款是一把双刃剑。在最初的繁荣之后，数以百计的德国企业在 1873 年纷纷破产。而到了 1879 年，英德两国的经济学家非常恐慌。因为这次经济萧条的时间要比以往的危机持续得更久，而且似乎无法摆脱。于是在这两个国家，有人开始考虑通过殖民来解决国内的经济问题。一些胆子比较大的英国人开始要求“公平交易”（这是禁忌语“贸易保护”的委婉表述）。同时，他们还要求议会进行调查。议会最终在 1885 年着手调查，并于 1886 年底发布了一份厚厚的报告。这是对 19 世纪英国工业情况的一次最完整的调查。调查委员会收集了很多证据，这些证据不仅来自政府专家，而且来自商会、雇主联合会与工会。这些证据反映出社会深切而广泛的焦虑。尽管对于如何应对危机仍有很大的意见分歧，但很多人都提到英国需要拓展新的市场，还有些人专门提到现有的殖民地以及在非洲攫取新殖民地的可能性。

19 世纪 80 年代中期，虽然在帝国主义扩张的问题上还谈不上有太多或清晰的公众要求，但是舆论的风向无疑已经转变了。英国的工业地位现在受到挑战，而人们普遍认识到，只有保证这种地位，才能实现英国各阶层的繁荣；这不仅对于城市里的商人来说是如此，对于兰开夏郡的纺织工人来说也是如此。如果英国想摆脱竞争对手的控制，那就不但要紧紧掌握已有的一切，而且要敢于占领新的殖民地。这种策略影响了政府和公众。对英国而言，在 19 世纪 80 年代中期大规模地占据热带非洲的领土，这几乎没什么逻辑可言。从本质上讲，面对本已糟糕的局势下所出现的新挑战，这种占领只是一种焦虑甚至是恐慌的反应。

《帝国的工具》*

丹尼尔·海德里克

最近，一些历史学家特别关注帝国主义在 19 世纪下半叶的

---

* Daniel R. Headrick, *The Tools of Empire: Technology and European Imperialism in the Nineteenth Century* (New York: Oxford University Press, 1981), pp. 205-206.

扩张方式。他们认为，征服活动所使用的工具，是导致当时殖民大扩张的重要因素。下面这份材料选自一部影响很大的作品——《帝国的工具：19 世纪的技术与欧洲帝国主义》（*The Tools of Empire*：*Technology and European Imperialism in the Nineteenth Century*）。其中，作者丹尼尔·海德里克（Daniel R. Headrick）所关注的是，关键性的发明创造是怎么使欧洲人如此轻松地征服新土地的。

思考：根据海德里克的观点，技术在哪些方面促进了帝国主义的扩张；海德里克的论证是削弱了关于帝国主义经济的或民族主义的解释，还是加强了这种解释。

19 世纪中叶的帝国主义活动，主要是英国将其触角从印度伸向缅甸、中国、马来西亚、阿富汗、美索不达米亚和红海等地。至少从领土方面来讲，新帝国主义给人留下更加深刻的印象，就是它在 19 世纪最后数十年里对非洲的争夺。历史学家普遍认为，如果从获利的角度来考虑，那么这种争夺是令人疑惑的。在这里，技术因素有助于对此做出解释。

技术发明无疑可以被一项一项地描述，每项都有各自的技术和社会经济背景。然而，各项发明的内在逻辑不应使我们忽视它们在时间上的巧合。每个时代都有技术进步，但是对于帝国主义者的掠夺行为有帮助的许多发明，却首先是在 1860 年至 1880 年这 20 年间产生作用的。在此期间，奎宁[①]预防技术使欧洲人在非洲更安全；驻扎在帝国前沿阵地的军队用快速开火的后膛炮代替了前装炮；复

① 奎宁可用于预防和治疗疟疾。

合式发动机、苏伊士运河以及海底电缆的应用，使蒸汽轮船不仅在得到政府补贴的邮路上比帆船更有优势，而且在普通的远洋货运方面也更具竞争力。1880 年的欧洲殖民者要比他们 20 年前的前辈们拥有更大的力量去应对自然环境和当地民族，他们可以更加安全而且轻松地完成任务。……

后膛炮、机关枪、蒸汽船、奎宁药以及其他发明，降低了欧洲列强在渗透、征服和开拓新领土的过程中所付出的人力和财力代价。这些发明让帝国主义的行动变得十分划算，因此不仅各国政府，而且一些较小的团体也都愿意参与其中。例如，孟买管辖区①开发了红海航线；皇家尼日尔公司征服了索克托的哈里发王国；甚至像麦格雷戈·莱尔德、威廉·麦金农、亨利·斯坦利和塞西尔·罗兹这样的个人也能制造事端，占据广袤的领土（后来，这些土地成为帝国的一部分）。新技术在 19 世纪的传播令帝国主义的成本变得很低廉，因此欧洲各民族和政府对它的接受程度也达到了顶峰，它让欧洲各国进入了帝国主义时代。在抢夺非洲的过程中，技术因素不是和历史学家所强调的政治、外交和商业动机同样重要吗？

美洲的帝国主义*

曼纽尔·马尔多纳多-丹尼斯

尽管美国历史学家通常认为，美国对拉丁美洲的介入是错误

① 孟买管辖区是过去英属印度的一个省份，成立于 17 世纪，起初作为英国东印度公司的贸易据点，后来其范围包括印度西部和中部的大部分，以及一部分巴基斯坦和阿拉伯半岛地区。

* M. Maldonado-Denis, *Puerto Rico: A Socio-Historic Interpretation* (Random House, Inc., 1972).

的，或者其良好意图被扭曲了，但是拉美人却从完全不同的角度来看待这种政治控制和经济操纵行为。波多黎各的历史学家曼纽尔·马尔多纳多-丹尼斯（Manuel Maldonado-Denis）运用相当严格的马克思主义的“帝国主义”概念，说明了美国对于波多黎各（它名义上属于美国）的压迫。

思考： 马尔多纳多-丹尼斯认为，应当如何看待和理解美国的扩张；又应当如何理解美国在波多黎各的利益；人们可以从哪些方面反驳他的看法。

美国的扩张行为必须……被如实地视为一场旨在获得西半球商业、工业和金融霸权的运动，因此我们必然可以推论出，为了保持这种霸权，海军和军事基地乃是不可或缺的。美国的往南扩张，需要与它往东扩张的活动联系起来看。美国往东在菲律宾、夏威夷、中国和其他国家寻找新的市场，以便将自己多余的商品销售出去。在所有这些地区获得影响力，是该帝国整体规划中的一部分。美帝国主义最狂热的辩护者认为，美国的整体计划就是要将美国文明的巨大好处带给那些“野蛮而落后”的人民。当时的这些花言巧语——它们完全不顾殖民地人民的感受和权利——反映出……北美资本主义迫切需要把自己的影响力扩大到国外，否则它就会面临危机……例如 1893 年的大萧条——这次危机从根本上动摇了资本主义体系。

帝国主义天生就是一种全球支配体系。因此在美国 19 世纪末的成功扩张过程中，出现了一种奇怪的殖民主义混合体，其中既包含传统意义上的殖民主义（例如，占领波多黎各、夏威夷、菲律宾），又包含我们今天所说的新殖民主义（例如，控制古巴、圣多明各、海地等）。全面地来看，新殖民主义并不是 1898 年美西战争之后才发展起来的，早在战争进行的过程中，它就已经在美国的对外政策中开始萌芽了。门罗主义及其推论（欧恩尼解释[①]和罗斯福推论），还有“命定扩张论”，这些例子都或多或少地说明了上述现象。当欧恩尼借英国与委内瑞拉在英属圭亚那地区产生争端之机而发表其著名的推论（“美国就是美洲目前实际的统治者，美国的命令在其所介入的那些事情上就是法律”）时，他毫不掩饰地承认：美国的霸权已经根深蒂固，没有什么力量能够对抗它的意志。……

如果从这种观点出发，那么就能更透彻地理解美国对于波多黎各的兴趣。首先……正如我们所看到的，对于一个需要市场来消化其剩余产品的资本主义体系而言，即使是安的列斯群岛[②]中最小的岛屿也不是无关紧要的。其次，一旦美国成为海上强国，那它就必须建造加煤站和供给中心，以使美国海军横渡大洋时尽可能少停靠。布莱恩[③]在 1891 年写给本杰明·哈里森[④]的信中说：“我认为，只有三个地方值得争夺：夏威夷、波多黎各和古巴。”此外，哈里森政府还计划夺取荷属西印度群岛、圣多明各的萨马纳湾以及海地的圣尼古拉斯·摩尔。抢先占据战略地区的策略，一直以来都是美国对外政策的一个主要特点。在这种政策的推动下，巴拿马运河数

---

① 1895 年，时任美国国务卿的理查·欧恩尼（Richard Olney）解释门罗主义，声称美国有权调解发生在南美洲的边界纠纷，史称“欧恩尼解释”。

② 加勒比地区的西印度群岛中除巴哈马群岛以外的全部岛群，分为大安的列斯群岛和小安的列斯群岛。

③ 詹姆斯·吉莱斯皮·布莱恩（James Gillespie Blaine），本杰明·哈里森总统的国务卿，1889—1892 年在任。

④ 美国第 23 位总统，1889—1893 年在任。

年之后开通了。……

因此，把加勒比地区变成“北美地区的地中海”，这和管理北美大陆本身的事务之间并不矛盾。由于波多黎各具有重要的战略位置，因此它对于美国这个新兴帝国来说意义重大。而古巴、夏威夷和菲律宾也同样如此。

第 23 章

战争、革命与西方的独裁主义（1914—1945）

西方历史学家通常不以世纪之交，而以 1914 年第一次世界大战的爆发作为 19 世纪结束的标志。起初，很少有人预料到这场战争会如此持久。最后，面对空前的破坏和惨烈的战斗，人们不得不怀疑，西方文明是否真的进步了。

战争的紧张局势导致许多地区在战争期间和战争之后发生革命，特别是德国、奥匈帝国和俄国。其中，俄国革命最为重要。1917 年 3 月，相对温和的自由派推翻沙皇政府。同年 11 月，新的临时政府又被布尔什维克推翻，共产主义政权建立。事实证明，共产主义政权具有令人惊叹的复原能力。在布尔什维克的领导下，苏联成为世界政治舞台上的一支重要力量。

一战后的 20 年是极不稳定、极不确定的。除布尔什维克领导的苏联外，自由民主制度似乎已在许多西方国家建立起来。但很快，独裁主义的趋势就出现了。虽然 20 世纪 20 年代中期曾出现短暂而脆弱的繁荣，可是第一次世界大战所遗留的经济问题却并未得到解决。1929 年，纽约股市的崩盘引发美国的经济大萧条，这场危机迅速蔓延到欧洲。很多人遭受经济损失，政府被迫实施激进的解决方案。由于对眼下和未来没有把握，社会日益分化出对立的阶级和意识形态。

尽管共产主义政党遍及西方社会并被认为是个巨大的威胁，但实际上，共产主义当时只在苏联掌握了政权。右翼的独裁主义运动才是议会民主的最直接威胁。这些运动中，首当其冲的是墨索里尼的法西斯主义，1922 年它在意大利成为支配性力量。到 20 世纪 20 年代末，东南欧的政权变得更加独裁。在 20 世纪 30 年代的大萧条时期，这种趋势在欧洲和拉丁美洲愈演愈烈。最极端的右翼意识形态，即希特勒的纳粹主义，1933 年在德国占据主导地位并造就了一个极权主义政府。20 世纪 30 年代末，欧洲（随后不久还包括西方的大部分国家）被卷进一场新的世界大战，它比一战的规模还要大。

本章资料围绕四个主题展开。第一个主题是这段时期的两次世界大战，特别是第一次世界大战的起因与后果。第二个主题是俄国革命的原因及其性质，这场革命最终使布尔什维克掌握政权，并使俄国变成苏联。第三个主题涉及当时的社会和经济问题，其中包括第一次世界大战和经济大萧条引发的问题；我们会特别关注这些变化对妇女的影响程度。第四个主题是关于独裁主义和极权主义的兴起，我们重点讨论意大利的法西斯主义、德国的纳粹主义和苏联的斯大林主义。

正如资料所显示的那样，1914 年至 1945 年是欧洲遭受创伤的时期，这段时期对整个世界来说也具有重大的意义。在后面的章节里，我们将看到，这一时期及其后续发展标志着世界历史的转折。

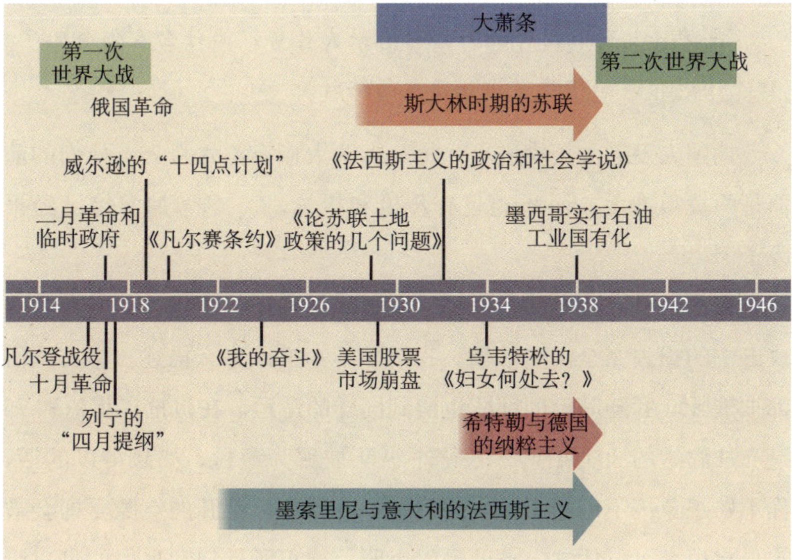

第一手资料

来自前线的报告：　1916 年的凡尔登战役*

以英勇冲锋为特征的第一次世界大战曾被普遍认为会速战速决，然而事实并非如此。相反，它变成一场漫长而极为残酷的斗争。在西线战场，敌对双方在战壕里彼此屠杀。当时有许多来自前线的真实报道。下面这则材料就是这样，它出自一名参加了

---

* Charles F. Horne，ed.，*Source Records of the Great War*，vol. Ⅳ（New York：National Alumni，1923），pp. 222-223.

1916 年凡尔登战役的法国军官之手。

思考： 为什么防守的一方占有很大优势；为什么人们会为了这么小的推进而情愿做出如此大的牺牲。

德国人发起大规模进攻，每个纵队大概有五六百人，他们的前面是两拨狙击手。而我们只有步枪和机枪，75 毫米加农炮已经报废了。

幸运的是，我们的右翼部队狠狠地教训了德国佬。他们在这些攻击中的损失完全没法估量。我根本不知道该怎么描述。整支队伍都被摧毁，紧随其后的部队也遭到同样的命运。在机枪、步枪和 75 毫米加农炮的火力扫射下，德军纵队被碾为齑粉。如果可以的话，你不妨想象一下用耙子耙水的情景——那些被耙开的空隙立即会被水再次填满。仅凭这一点就足以表明，德军所计划和采取的进攻行动是何等轻视人的生命。

在此情况下，德军当然能向前推进。虽然他们让人震惊，但在前线没有人把他们当一回事。事实上，我们的战壕跟德军的战壕挨得非常近，一旦破坏了中间带刺的铁丝网，它们之间也就几分钟的路程。因此，只要愿意付出足够多的生命，填满阵线之间的空间，那么对面的战壕就总是可以到达的。经过猛烈的炮击，再搭上几千条性命，敌人的阵地总能被攻破。

在 304 高地的斜坡上，德军的尸体已经堆得有好几米高了。有时，德军的第三拨进攻是以第二拨士兵的尸体作为壁垒和掩体的。5 月 24 日，就在最初的五次进攻后所留下的尸体墙的后面，我们看到德国人还在利用这些掩体，准备着下一次的进攻。

当我们发动反击时，我们可以在死人堆里捕获一些俘虏。他们虽然没有受伤，但被旁边大量的死伤者撞倒在地。他们很少说话，往往因恐惧和酒精的缘故而晕晕乎乎的，直至数天后才能恢复。

《为国捐躯，死得其所，无上荣光》*

威尔弗雷德·欧文

第一次世界大战让那些坚信 19 世纪理想的人有种深深的幻灭感。从 18 世纪至 1914 年，欧洲常常被标榜为乐观、进步和荣耀之地，然而一战后，人们不再这样描述它。在一些不是颂扬战争，而是厌恶战争、认为战争毫无裨益的诗歌中，这种看法十分明显。威尔弗雷德·欧文（Wilfred Owen）是最优秀的反战诗人之一。他 1893 年出生于英国，1918 年战争结束前一周死于战场。下面这首诗出自他的笔下，诗的结尾无疑充满了反讽意味："为国捐躯，死得其所，无上荣光。"

思考：战争给士兵造成了怎样的心理后果；小说、戏剧、绘画，甚至包括当时的历史论述还以哪些方式反映了这种幻灭感。

双腿弯曲，犹如身扛麻袋的老乞丐，
双膝紧锁，好似老婆子般咳嗽，在泥土中，我们咒骂，
直到看到久寻的亮光，我们才转身
朝着相反的方向，艰难地跋涉。
人们麻木地前进。许多人丢掉了鞋子

---

* C. Day Lewis, *Collected Poems of Wilfred Owen* (New Directions and Chatto & Windus, Ltd., 1946, 1963), p. 55. 译文参考［美］杰里·本特利、赫伯特·齐格勒著，魏凤莲等译：《新全球史——文明的传承与交流》（下册），1012 页，北京，北京大学出版社，2007。

腿已受伤，满脚鲜血。所有人跛瘸；所有人失明；
筋疲力尽；即便是无休无止的毒气弹落在身后
对它们的声声呼啸也充耳不闻。

毒气！毒气！快跑，小伙子们——一直向前摸索的人，
刚刚戴上笨重的钢盔；
仍有人在呼喊，跌跌撞撞
如同在火焰与石灰中挣扎……
笨蛋，行进在泥泞的道路和密集的绿光中，
我看见他仿佛淹没在绿色的海洋里。
在我全部的梦中，在我无助的视线前，
他冲向我，摇摆、挣扎、被淹没。

如果在令人窒息的梦中，你大步前行
走到我们将他扔上去的马车后面，
注视他那双扭曲而苍白的眼，
他垂下的脸，就像罪恶的魔鬼一样可怕；
如果你能听到鲜血的每次颤动，
从腐烂的肺叶中喷出，
就像癌症一样可怕，就像被呕出的食物一样恶心
坏透了，无辜的舌头上无法治愈的伤口——
我的朋友，你不能怀着如此高涨的热情，
向那些热衷于无望荣誉的孩子，讲述这些故事。
古老的谎言：
为国捐躯，死得其所，无上荣光。

十四点计划*

伍德罗·威尔逊

每个第一次世界大战参与国的参战原因既有其现实原因，也有其理想主义因素。在考虑战争目标与可能的和平方案时，各国政府并没有预料到这场代价高昂、时间颇长（这些都出乎人们的意料）的战争所引起的变化。到 1918 年，许多政府相继垮台，美国也卷入大战。同年 1 月 8 日，美国总统伍德罗·威尔逊（Woodrow Wilson，1856—1924）在参众两院的联席会议上，提出了他的“十四点计划”，对美国的参战目的以及战后的和平安排计划进行了描述。该计划成为 1919 年巴黎和会的辩论基础，是最理想的和平方案。

思考： 这 14 个方面是围绕哪些理念展开的；这份方案承认了哪些不平等，否认了哪些不平等；它认为哪些措施可以维护战后和平。

我们参加这次战争，是因为正义受到了侵犯，我们为此感到痛心，除非这些情况得到纠正并且保证不再发生，否则我国人民的生活便不可能维持。因此，我们在这次战争中所要求的，并不仅仅是为了我们自己。我们所要求的，是要让世界适于生存、变得安全，尤其是要让它对于每个热爱和平的民族来说变得安全。这些民族和

---

* Woodrow Wilson, “Fourteen Points”, *Congressional Record*, vol. LVI, part I (1918) (Washington, DC: U. S. Government Printing Office), pp. 680-681. 译文参考方连庆等编：《现代国际关系史资料选辑》（上册），北京，10～18 页，北京大学出版社，1987。

我们一样，希望能过自己的生活，确定自己的制度，确保能得到世界上其他民族的公正对待，从而避免暴力和自私的侵害。事实上，全世界各民族都是这项事业的参与者。对我们自己而言，我们十分清楚地看到，除非他人能够享有正义，否则我们自己便不能享有正义。因此，世界和平的方案就是我们的方案。在我们看来，这项方案，这项唯一可行的方案应该是这样的：

1. 公开和平条约，以公开的方式缔结，此后不得有任何类型的秘密的国际谅解，外交必须始终在众目睽睽之下坦诚进行。

2. 无论是在和平时期还是在战争时期，各国领海以外的海洋区域应有绝对的航行自由，只有在采取国际行动时才可以封锁海洋的一部分或全部。……

3. 应尽最大可能，消除所有同意接受和平并协助维持和平的国家之间的经济障碍，并建立平等的贸易条件。

4. 应采取充分的保证措施，使各国军备降低到确保国内安全所需的最低限度。

5. 关于殖民地方面的各种权益要求，应该以严格遵守下述原则为基础，进行自由、开明和绝对公正的协调：在决定关于主权的一切问题时，当地居民的利益应与管治权待决的政府的正当要求，获得同等的重视。

6. 撤退俄国领土内的所有军队并解决关于俄国的所有问题，这种解决应当确保世界上其他国家有最良好和最自由的合作，以便使俄国获得不受牵制和干扰的机会，独立地决定它本身的政治发展和国策，并保证它在自己选择的制度下，获得各自由国家的诚挚欢迎；并且除了欢迎之外，还会给予它可能需要和希望获得的各种协助。

7. 全世界应同意，占领比利时的军队必须撤退，其领土必须恢复，不得企图限制它与其他自由国家同样享有的主权。……

8. 法国的全部领土应获自由，被侵占的法国地区应归还，同时，1871 年普鲁士在阿尔萨斯—洛林问题上对法国的错误行径，已使世界和平受到将近 50 年的干扰，自应予以纠正，以便能够为了全体利益而再度确保和平。

9. 意大利的疆界必须依照明晰可辨的民族界线予以重新调整。

10. 对于奥匈帝国统治下的各民族，我们希望看到它们在各国之间的位置能得到保护和确定，并对其自主发展给予最大限度的自由机会。……

12. 对于当前奥斯曼帝国的土耳其部分，应保证其享有稳固的主权，但对现在土耳其人统治下的其他民族，则应保证它们有确实安全的生活和绝对不受干扰的自主发展的机会。……

13. 应建立一个独立的波兰国，它的领域应包括所有无可置疑的波兰人所居住的地方。……

14. 必须根据专门公约成立一个普遍性的国际联合组织，目的在于使大小各国同样获得政治独立和领土完整的相互保证。

就上述这些对于错误的必要纠正以及对于正确的诉求而言，我们觉得自己是共同反对帝国主义者的各国政府和各个民族的密切伙伴。我们不能因利益和目的而分开，应始终团结在一起。

……我们并不嫉妒德国的伟大，本方案也没有任何内容有损于德国。我们并不嫉妒曾使德国历史非常光辉可羡的那些学术或和平事业上的成就或荣誉。我们不愿伤害德国，或以任何方式遏制德国的合法影响或权力。……

我们也不会肆意建议德国做出任何选择或是修改它的制度。但我们必须坦白指出……我们必须知道它的代言人在跟我们讲话时是为谁发言，是代表德意志帝国议会的多数发言，还是代表军人集团与拥护帝国专制统治的人们发言。

……在我所概述的整个方案里，贯穿着一个鲜明的原则，这就是公正地对待一切民族，确保它们不论强弱均有权彼此平等地享有自由和安全的生活。……美利坚合众国的人民绝不可能依据其他原则行动，为了维护这个原则，他们愿意奉献出他们的生命、荣誉和所拥有的一切。这个最高的道德考验，争取人类自由的终极战争已经来临了，他们准备把自己的力量、自己最崇高的目标、自己的坚贞和虔诚付诸考验。

四月提纲：布尔什维克的战略*

弗拉基米尔·列宁

1917 年春，一场革命终于推翻了分崩离析的沙俄政权。在李沃夫公爵和保尔·米留可夫等人的领导下，俄国成立了相对温和的自由主义临时政府。但是由于不得不与更激进的工人政治组织（苏维埃）分享甚至争夺权力，临时政府从一开始就加紧做出重大改变。然而面对持续的战争和深深的不满，临时政府不久便遭到弗拉基米尔·伊里奇·列宁（Vladimir Ilyich Lenin，1870—1924）等人的反对，因为他们要求激进的改革。列宁一生中大部分时间都在从事革命活动（常常流亡），并逐渐成为俄国马克思

* V. I. Lenin, *Collected Works*, vol. XXIV (Moscow: Progress Publishers, 1964), pp. 21-24. 译文根据《论无产阶级在这次革命中的任务》，见《列宁选集》，3 版，第 3 卷，13～16 页，北京，人民出版社，1995。

主义布尔什维克的领导者。他不仅是一名优秀的马克思主义理论家，同时也是一位革命的组织者。1917 年 4 月，德国人帮助他返回俄国。列宁在回国之后便提出了他的“四月提纲”。该提纲一开始受到俄国马克思主义者的批评，但最终被俄共中央委员会所接受。

思考：为什么列宁拒绝支持临时政府；该提纲对谁具有吸引力，为什么；该提纲在哪些方面表现出马克思主义的独特之处。

1. 这次战争在李沃夫之流的新政府领导下，对于俄国而言无疑仍然是掠夺性的帝国主义战争，这是由这个政府的资本主义性质决定的；在我们对这次战争的态度上，决不允许对“革命护国主义”作丝毫让步。……

2. 俄国当前形势的特点是从革命的第一阶段向革命的第二阶段过渡，第一阶段由于无产阶级的觉悟和组织程度不够，政权落到了资产阶级手中，第二阶段则应当使政权转到无产阶级和贫苦农民手中。……

3. 不给临时政府任何支持；……

5. 不要议会制共和国（从工人代表苏维埃回到议会制共和国是倒退了一步），而要从下到上遍及全国的工人、雇农和农民代表苏维埃的共和国。废除警察、军队和官吏。一切官吏应由选举产生，并且可以随时撤换，他们的薪金不得超过熟练工人的平均工资。

6. 在土地纲领上，应把重点移到雇农代表苏维埃。

没收地主的全部土地。

把国内一切土地收归国有，由当地雇农和农民代表苏维埃支配。单独组织贫苦农民代表苏维埃。把各个大田庄（其面积约100俄亩至300俄亩，根据当地条件和其他条件由地方机关决定）建成示范农场，由雇农代表进行监督，由公家出资经营。

7. 立刻把全国所有银行合并成一个全国性的银行，由工人代表苏维埃进行监督。

8. 我们的直接任务并不是“实施”社会主义，而是立刻过渡到由工人代表苏维埃监督社会的产品生产和分配。

法西斯主义学说*

贝尼托·墨索里尼

意大利是第一个转向法西斯主义的欧洲国家。尽管它是一战的胜利国，但战争代价高昂，而意大利又从中获利甚少。因此战争结束后，意大利的局面是：政府羸弱，社会不稳，受到左翼力量的明显威胁。贝尼托·墨索里尼（Benito Mussolini，1883—1945），作为意大利社会党的前任领袖和经验丰富的一战老兵，于1919年组建了意大利法西斯党。该党具有极强的民族主义色彩，它反对《凡尔赛条约》，反对左翼激进主义，也反对当时的政府。1922年，墨索里尼率领黑衫军向罗马进军，迫使意大利国王维克托·伊曼纽尔三世让他组建政府。随后的几年里，墨索里尼有效地剪除反对势力，建立了长达20年之久的法西斯国家制度。下面的材料摘自《法西斯主义的政治和社会学说》（*The Political and Social Doctrine of Fascism*）。这是一篇由哲学家乔瓦

* Benito Mussolini, "The Political and Social Doctrine of Fascism", *International Conciliation*, no. 306 (January 1935), pp. 7-17.

尼·詹蒂莱（Giovanni Gentile）撰写并由墨索里尼署名的文章，最早收录于 1932 年出版的《意大利百科全书》（*Enciclopedia Italiana*）。该文描述了意大利法西斯主义的意识形态基础。而下列选文所强调的是，人们应当效忠于独裁的法西斯国家，并反对传统的民主制度、自由主义和社会主义。

思考：在墨索里尼看来，法西斯主义学说的最大吸引力在什么地方；该学说在哪些方面是对此前历史主流的否定；从这种学说出发，必然导致怎样的政府决策。

法西斯主义越是摆脱目前的政治考虑而思考、观察未来，就越不会相信永久和平的可能性与功效。因此它拒绝和平主义的学说，这种学说不仅生来放弃斗争，而且在面对牺牲时表现懦弱。唯有战争能唤起人类的最大力量，有勇气面对战争的人才配得上高贵的标签。……

法西斯主义者接受生命并热爱它，他不知道什么是自杀，也绝不抛弃生命；确切地说，他把生命看作是责任、战斗和征服，生命是崇高而充实的；他为自己而活，但是首先为他人而活——为那些眼前的人、遥远的人，同辈人以及后来人而活……

这种生命观使法西斯主义与所谓的马克思式的科学社会主义学说以及唯物史观完全不同。……法西斯主义，不仅现在而且今后都会一直信仰神圣和英雄主义，也就是说，它在行动时不会直接或间接地受到经济动机的影响。……

法西斯拒绝接受社会主义所欲实现的“经济”幸福，因为它不认为特定时期内的经济发展可以保证每个人的最大福祉。法西斯主义认为唯物主义的幸福观是不现实的，并且把这种观念扔给其提出者，即那些19世纪上半叶的经济学家。……

继社会主义后，法西斯主义与整个民主意识形态的复杂系统相抗衡，无论是在理论前提还是在实践运用方面都对它予以否定。法西斯主义不认为，仅仅因为大多数人是“大多数的”，他们就能引导社会；它并不认为，仅靠一些人的定期磋商就能进行统治；它承认那种永恒的、有利的、富有成果的人类不平等，因为仅从普选这样的机械过程的运作中就能看出，人类不平等是持久的。……

法西斯主义否定民主政治中那种荒唐、惯常不真实的政治平等，这种政治平等往往用集体无责任、“幸福”的神话和模糊的进步等外衣来装扮自己。但是如果民主能被设想成多种形式，也就是说，实行民主意味着平民在国家中并非无能，那么法西斯主义则可以把自己描述成“一种有组织的、集中的、有权威的民主”。

法西斯主义在政治和经济领域坚决反对自由主义理论。……如果说19世纪是个人主义的世纪（自由主义经常表现为个人主义），那么可以期待，20世纪将是集体主义的世纪，从而是国家的世纪。一种新理论能够利用以往学说中一切有活力的要素，这在逻辑上完全说得通……

法西斯主义学说的基本内容是关于国家的性质、任务和目的的观念。对于法西斯主义来说，国家是绝对的，所有独立的个体和团体都是相对的，它们只有被放在与国家的关系中才能被设想。自由国家不是一种引导力量，不能在物质上和精神上引导一个集体的活动和发展，而仅仅是一种只能够记录结果的力量。另一方面，法西斯国家本身就是有意识的，它有自身的意志和个性，因此被称为“伦理的”国家……

如果每个时代都有自己的特色学说，那么无数的迹象可以表明，法西斯主义就是我们这个时代的特色学说。如果每个理论都是鲜活的生命，那么事实证明：法西斯主义创造了一种鲜活的信念，为它受苦牺牲的人们已经证明，法西斯主义在人们心中具有极大的力量。

世上的各种学说在实现自身的过程中，都曾代表人类精神历史的某个阶段，从今以后，法西斯主义将具有它们身上的那种普遍性。

德国妇女和纳粹主义*

吉达·迪尔

从一开始，纳粹党就反对扩大妇女在政治或经济方面的角色。事实上，其政策就是只需要妇女当好母亲和妻子，而不需要她们参加工作和政治活动——这些属于男人的领域。尽管如此，许多妇女还是很支持纳粹党，并加入纳粹的妇女组织。吉达·迪尔（Guida Diehl）就是一位支持纳粹的妇女组织的领导人，下文选自她在 1933 年出版的作品。

思考： 作者的观点会在哪些方面吸引德国妇女；她的看法在哪些方面与纳粹主义的其他理念相吻合。

在这个充满困难与挑战的喧嚣时代，必须塑造一批新式妇女，她们能够参与实现第三帝国的目标，并履行等待着她们的妇女任务。

---

* Guida Diehl，*The German Woman and National Socialism*（Eisenach，1933），pp. 111-113，in Eleanor S. Riemer and John C. Fout，eds.，*European Women：A Documentary History，1789—1945*（New York：Schocken Books，1980），pp. 108-109.

我们不要忘记，这种新女性视荣誉高于一切。男人的荣誉靠的是履行公共生活委托给他的任务。通过令人尊敬的工作及其坚定的性格和自信，男人捍卫他的荣誉。而女人的荣誉则依赖于专门交给她的职责范围（在此范围中，她恋爱、结婚、经营家庭、成为母亲，从而开始新的生活），她对这个范围负责。不接受职责的妇女，仅仅为了享乐而滥用职责的妇女，在自己松口之前不能骄傲地被男人追求的妇女（女人被追求，这是很自然的事情），结婚后不能为家庭生育后代的妇女——全都亵渎了她们的荣誉。在我们这个时代，妇女的价值和尊严、妇女的荣誉和骄傲对民族未来和下一代而言是极为重要的。因此，自豪地捍卫自己的荣誉，必然是新式妇女的基本特征。德国男人应更加重视德国的少女和妇女。他们应赞赏她的尊严、她的骄傲、她对自身荣誉的保护，以及她出于令人愉悦的天生单纯而展现的英勇奋斗的精神。他们应更加明白，德国的妇女是和德国的忠诚相伴而行的，人们值得为这样的德国妇女舍生忘死。

饱受摧残的心灵：纳粹集中营*

布鲁诺·贝特尔海姆

由纳粹官方实施的有组织的种族迫害，是纳粹理论、观点与实践活动的直接后果。20 世纪 20 年代和 30 年代早期，迫害的程度令人始料未及。20 世纪 30 年代末，种族迫害达到极致，首先是强制劳动和集中营，随后是彻底的种族灭绝政策。在下面的选

* Bruno Bettelheim, *The Informed Heart: Autonomy in a Mass Age* (The Free Press, 1960).

文中，心理学家布鲁诺·贝特尔海姆（Bruno Bettelheim）——他当时生活在奥地利，后来成为美国心理学界的领军人物——描述了他在达豪和布痕瓦尔德集中营的亲身经历。他重点关注集中营对人的摧残过程，以及囚犯们为了生存而采取的一些办法。

思考： 纳粹采用哪些手段控制囚犯；贝特尔海姆和其他囚犯创造出怎样的心理方式，以应对这种经历并从中求生；集中营的存在、性质和功能从哪些方面反映了纳粹极权主义的理论和实践。

从地方监狱转移到集中营的过程，通常就是囚徒生活的开始。如果距离很短，运送的速度往往减慢，以便纳粹有足够的时间折磨囚犯。在被送往集中营的过程中，囚犯会受到几乎不间断的酷刑。酷刑的性质取决于负责该组囚犯的党卫军的想象力。不过，他们仍有一定模式。体罚包括鞭打、脚踢（腹部或腹股沟）、扇耳光、射击或用刺刀伤人。这些酷刑交替实施，就是为了极度地摧残囚犯。类似的酷刑还有：被迫数小时盯着聚光灯而不眨眼，或者被迫跪地几个小时等等。

不时有囚犯被杀，但纳粹不许囚犯护理自己的或别人的伤口。看守还强迫囚犯对打，强迫他们亵渎最珍视的价值观念。他们被迫诅咒自己的上帝，指责自己和他人的劣行，或指责自己的妻子通奸、卖淫。……

这种发生在最初阶段的大肆虐待，目的在于摧残囚犯的心理，瓦解他们的抵抗；即便不能改变人格，至少也得改变行为。从下列事实中便能看出这一点：如果囚犯停止抵抗，立即遵守党卫军的任何命令（哪怕是最无耻的命令），那么对他的折磨就会越来越轻。……

很难说，囚犯们在最初阶段所经历的一切，究竟在多大程度上加快改变了他们的人格。他们中大部分人很快垮掉了：身体上，他们遭受虐待、失血过多、口渴难耐；心理上，在折磨使他们以自杀的方式来反抗之前，他们需要控制自己的愤怒和绝望。……

若用一句话概括我在集中营期间所面临的主要问题，那就是：我必须以下面这种方式来保护我的“内在自我”，即如果我运气好重获自由，那么我要和失去自由时的我基本上是同一个人。于是，我的内在自我与人格的其余部分之间很快就被迫出现了分裂：内在自我也许能保持完整性，而人格的其余部分则不得不为了活下去而屈服和调整。……

毫无疑问，我可以忍受运送过程中的恐惧以及随后的事情，因为从一开始我就相信，这些可怕而屈辱的经历不会发生在作为主体的“我”的身上，而是发生在作为客体的“我”的身上。……

在运送过程中，我的所有想法和感受都非常超脱，就好像我在目睹事情发生，而自己只是糊里糊涂地被卷入其中而已。……

这是一个德国政治犯教给我的，他是位信仰共产主义的工人，已在达豪关押了四年。我到达那里时，由于途中的遭遇，身心状况已经非常糟糕。我觉得这名男子（他那时是个“老”囚犯了）肯定认为，如果没人帮助，我的幸存机会将非常渺茫。因此，当他发现我因痛苦而无法进食时，他以丰富的经验对我说：“听着，你必须做个决定：是想死还是想活？如果你不关心自己的生死，那就不要吃东西。但是，如果你想活下去，就只有一个办法：任何时候任何东西都要吃下去，无论它们多么恶心。只要有机会，你就要逃跑，所以你必须保证自己的身体管用。无论何时都不要多嘴，自己看书或是躺下睡觉就行了。”

苏联的农业政策问题：苏维埃集体化运动*

约瑟夫·斯大林

工人阶级出身的约瑟夫·斯大林（Joseph Stalin，1879—1953），在 1917 年革命爆发前成为布尔什维克的领导人，1922 年担任苏共总书记，1929 年成为不可挑战的苏联独裁者。1927 年，斯大林和苏共领导层制定了一套有计划的苏联工业化政策，即“第一个五年计划”。同时，他们决定推动农业集体化。1929 年，斯大林采取更严厉的政策，用大规模的高压手段来对付富农（相对富裕而独立的农民）。富农反抗强迫性的集体化，结果遭到残酷的镇压。不管怎么样，到 1932 年，苏联的很多农业地区都走上了集体化道路。以下材料摘自斯大林 1929 年在马克思主义者土地问题专家代表会议上的讲话。在讲话中，他解释并论述了集体化政策的正确性，并且要求消灭富农阶级。

思考：这种针对富农的政策在哪些方面与苏联的工业化计划有关；斯大林如何证明该政策是“社会主义的”而非“资本主义的”；斯大林对待富农的态度和观点与希特勒对待犹太人的态度和观点有何区别。

如果农业基础是这样一种既不能实现扩大再生产而又在我国国

* J. V. Stalin, “Problems of Agrarian Policy in the U. S. S. R. ”, in *Problems of Leninism*, J. V. Stalin, ed. (Moscow: Foreign Languages, 1940), pp. 303-305, 318-321. 译文根据《论苏联土地政策的几个问题》，见《斯大林全集》，中文 1 版，第 12 卷，129～130、149～150 页，北京，人民出版社，1955。

民经济中占优势的小农经济，那么能不能加速推进我国社会主义化的工业呢？不，不能。能不能在相当长的时期内把苏维埃政权和社会主义建设事业建立在两个**不同**的基础上，就是说，建立在最巨大最统一的社会主义工业基础上和最分散最落后的农民小商品经济基础上呢？不，不能。这样下去，总有一天会使整个国民经济全部崩溃。出路何在呢？出路就在于使农业成为大农业，使农业能实行积累和实现扩大再生产，从而改造国民经济的农业基础。但是怎样使农业成为大农业呢？要做到这一点有两条道路。一条是**资本主义**道路，就是用在农业中培植资本主义的方法使农业成为大农业，结果是使农民贫困，使资本主义企业在农业中发展起来。我们摒弃了这条道路，因为它是和苏维埃经济不相容的。另一条是**社会主义**道路，就是在农业中培植集体农庄和国营农场，结果是使小农经济联合成为以技术和科学装备起来的集体大经济，这种经济有可能向前发展，因为它能够实现扩大再生产。

因此，问题就是这样：或者走第一条道路，或者走第二条道路；或者向资本主义**后退**，或者向社会主义**前进**。任何第三条道路都是没有而且不可能有的。“平衡”论就是企图指出第三条道路。正因为它指望着第三条（不存在的）道路，所以它是空想的，反马克思主义的。……

由此可见，现在我们已经有了用集体农庄和国营农场的生产**代替**富农生产的物质基础。正因为如此，我们向富农举行的坚决进攻现在取得了不容置疑的胜利。如果说的是真正的坚决进攻，而不限于空洞的反富农高调，那就应当这样向富农进攻。

这就是我们近来从**限制**富农剥削倾向的政策过渡到**消灭富农阶级**的政策的原因。

那么，对于剥夺富农财产的政策怎样办呢？是否可以容许在全盘集体化地区剥夺富农财产呢？——各地的人们问。真是可笑的问题！当我们主张限制富农剥削倾向的时候，当我们没有可能转为向富农坚决进攻的时候，当我们没有可能用集体农庄和国营农场的生产代替富农生产的时候，剥夺富农财产是不能容许的。那时不容许剥夺富农财产的政策是必要的和正确的。而现在呢？现在情形不同了。现在我们有可能向富农举行坚决进攻，击破富农的反抗，把它作为一个阶级加以消灭，用集体农庄和国营农场的生产代替富农的生产。现在剥夺富农财产是由实行全盘集体化的贫农和中农群众自己进行的。现在在全盘集体化地区剥夺富农财产已经不是单纯的行政措施。现在在这些地区剥夺富农财产是建立和发展集体农庄的一个组成部分。所以，现在来多谈剥夺富农财产问题是可笑而不严肃的。头都掉了，何必怜惜头发呢。

还有一个同样可笑的问题：能不能让富农加入集体农庄？当然不能让他们加入集体农庄。所以不能，是因为他们是集体农庄运动的死敌。

墨西哥合众国宪法：劳动与社会福利*

墨西哥合众国宪法

《1917 年墨西哥宪法》(Mexican Constitution of 1917) 的第 123 条是西半球最先进的社会福利与劳动法规。在保障劳动阶级的基本权利方面，墨西哥的做法要领先美国和其他拉美国家 20

* 译文参考周一良、吴于廑主编：《世界通史资料选辑·近代部分》（下册），287～289 页。

年。请注意，虽然墨西哥文化往往被视为大男子主义，但这份宪法却倡导男女应当同工同酬。

思考： 下列规定从哪些方面反映了 19、20 世纪工业化社会所共同关心的问题；在这些“原则”中，哪一个最难获得立法通过，原因何在。

关于劳动和社会福利

《墨西哥宪法》第 123 条规定，国会应适当考虑以下原则，制定相关的劳动法律，以适用于技术工人和非技术工人、雇员、家仆、手工艺者的劳动情况以及一切劳动合同：

（1）每天最长工作时间为 8 小时。……

（4）工人每工作 6 天，至少有 1 天休息。……

（6）工人的最低工资应根据本国各地区的一般情况予以充分考虑，满足他作为一家之主的正常需要、教育及合法娱乐。在所有的农业、商业、制造业和采矿企业中，工人有权按照本法第 9 条的规定参与利润分配。

（7）同工同酬，不因性别和国籍而有所区别。……

（11）因特殊情况而必须增加工作时间的，加班工资应比正常工资上浮 1%。任何情况下，加班时间不得超过 3 小时，也不得连续加班超过 3 天。妇女和 16 岁以下的童工不得加班。……

（14）雇主应对劳动事故和因工作而导致的职业病负责。因此，雇主须依法律规定，根据情况——具体取决于工人是死亡，还是暂时或永久残疾——支付适当的赔偿。该责任不因劳动合同是通过中介达成而终止。

（15）雇主在设立公司时应遵守健康卫生法的所有规定，采取足够的措施防止因使用机械、工具和工作材料而造成的意外，并通过这种方式组织劳动，最大限度地保障工人的生命和健康，如有违反可依法处罚。

（16）雇主和工人都有权组织财团、工会和专业行会，以联合维护自己的利益。

（17）法律应承认工人和雇主有罢工和停工的权利。

（18）旨在平衡各个生产环节、调和劳资双方权利的罢工是合法的。若是公共服务行业要求罢工，工人有义务在罢工前 10 天告知调解和仲裁委员会。下述情况的罢工是非法的：多数工人对个人或财物实施暴力行为；或者在战争情况下，罢工者隶属于政府机构。……

（20）劳资双方的分歧或争端应提交调解和仲裁委员会解决，该委员会须由人数相等的工人代表和雇主代表以及一名政府代表组成。……

（29）社会保险法的通过应被视为公共事业。这种法律应该在人身、养老、失业、疾病、意外伤害等相关保险方面做出规定。

墨西哥的石油工业国有化*

拉萨罗·卡德纳斯

20 世纪初，欧美公司为了寻找自然资源——比如铜和其他重金属，以及更重要的石油——而在拉丁美洲购买了大片土地。在世界经济大萧条时期和民族主义不断高涨的背景下，许多拉美

* Benjamin Keane, ed., *Readings in Latin American Civilization, 1942—Present* (Houghton Mifflin, 1967), pp. 362-364.

国家试图重新控制这些掌握着宝贵资源与巨大政治权力的公司。下面的选文中，拉萨罗·卡德纳斯（Lazlo Cardenas，1934—1940年任墨西哥总统）公布了墨西哥实行石油工业国有化的理由。在此之前，这个穷困国家的石油工业一直掌握在北美和英国的公司手中。

思考：卡德纳斯如何证明国有化的合理性；外国公司对墨西哥的社会、经济和政治生活带来什么影响；这种做法怎样反映出当时许多国家都有关注自身内部的趋势。

为了再次证明我们这里宣布的措施具有合理性，让我们简短地追溯一下石油公司在墨西哥的成长历史，以及它们壮大自己所凭借的资源。

石油工业给国家的发展进步带来了额外的资本，这种说法不断被人提起，已经到了令人作呕的程度。但它夸大了事实。多年来，在石油公司存在的大部分时间里，它们在发展和扩张方面已享受到很多特别待遇，包括关税、免税以及数不清的特权；正是这些特惠因素，再加上国家常常不顾公众意愿和法律而准许它们拥有巨大的石油生产能力，才有了那些所谓的资本。

国家的潜在财富，极为廉价的本国劳动力，税收的免除，经济的特权，政府的容忍——这些才是造成墨西哥石油工业繁荣的原因。

现在，让我们来看看这些公司对社会的贡献吧。与油田相邻的村庄，有多少有自己的医院、学校、社区中心、清洁的供水系统、运动场，甚或是以数百万立方米天然气（这些天然气都被白白浪费掉了）为能源的发电厂？

另一方面，为了保护个人的、自私的并且常常是非法的利益，哪个石油生产中心没有自己的警察队伍？而这些组织（无论是否得到政府的批准）全都被指控犯有大量的暴行、虐待和谋杀，它们始终代表着雇用它们的那些公司的利益。

谁没有意识到在公司营地的建设过程中那种令人愤怒的歧视？舒适留给外籍职员，而痛苦、单调和不卫生则留给墨西哥人。前者享用清凉并受到保护，免遭热带蚊虫的叮咬；而后者则被漠视和忽略，常常疏于提供医疗服务。更低的工资是我们的人在拿，更辛苦、更累人的工作却是我们的人在干……

允许石油企业存在的另一个不可避免的后果是，它们一直不合理地干预着我们的国家事务。这一点通过其反社会倾向清楚地表现出来，而且这一点要比上面提到的各种危害更加有害。

1917 年至 1920 年间，石油公司支持叛军反抗维拉克鲁斯的瓦斯特卡地区以及特万特佩克地峡地区的合法政府，这已是不争的事实。而大家同样不能忽略的另一个事实是，在此之后甚至就在目前，每当它们的利益受到税收、特权调整的影响，或是不再得到曾经享有的宽容时，石油公司就会几乎公开支持反政府力量。它们用金钱、武器和军需品支持叛乱，资助那些为它们辩护的不爱国的媒体，它们用这些钱让忠心耿耿的辩护者变得富裕。但是对于国家的进步，对于通过正当的劳动赔偿与工人达成经济平衡，对于维护它们公司所在地的卫生条件，对于保护石油天然气的丰富资源免遭破坏，它们却既没有钱，也没有财政计划，更不愿意从利润中拿出必要的资金。

它们不会拿钱出来履行法院所强加的责任，因为它们凭它们的傲慢和经济力量掩护自己，忽视我国的尊严和主权。我们慷慨地将丰富的自然资源交给它们，如今却发现，我国已无法通过一般的法律手段来让它们履行最基本的义务了。

因此，这份简短分析的必然结论就是：必须采取明确的法律措施，不再让国家的工业化进程受到某些人的阻碍。在这些人中，有的手握大权，他们不仅可以推动各项活动，也可以妨碍各项活动；还有些人，他们没把自己的经济实力用于有价值的高尚目的，而是滥用其经济实力，危害我们这个国家的生命。而这个国家正在努力通过自己的法律、自己的资源以及对自己命运的掌握而改善人民的生活。

工人们写给美国政府的信：大萧条的奴隶*

大萧条始于 1929 年并一直持续到二战期间，它造成了大量的人员失业，人们因没有收入而饱受痛苦。但是下面的两封信告诉我们，在那可怕的 12 年里，即使有工作的人也过得异常艰辛。全世界的工人不得不忍受极其恶劣的工作条件，他们加班加点地工作，并常常受到失业的威胁。

思考：为什么 20 世纪 30 年代成为美国劳工运动的快速增长期，特别是成立了将非技术工人联合起来的产业工会联合会；政府面对这些问题可能有哪些解决办法。

亲爱的珀金斯小姐[1]：

我在报纸上读到关于您的事情，我认为您是关于美国劳动条件

---

* National Archives，RG100. U. S. Secretary of Labor.

方面的一位公平公正的观察员。是的，我想说说心里话，告诉您一个地方（这个地方能被称为“工厂”，真是可笑）的劳动条件。我们在一家羊毛原料厂工作，处理被人丢弃的破旧衣服。一周工作 6 天，每天工作 10 小时，四周都是污垢和灰尘。回到家后又累又难受，满身肮脏，感觉恶心。我们整天工作，但工资很低，平均工资只有 16 美元。我们每天拖着疲惫的身体回到家里，坐在餐桌旁，累得甚至都不想洗漱，我们这样到底是为了什么？还不是为了让我们的身体和灵魂不必依赖他人的施舍。国家复兴署是什么？所有这一切又是什么？我们整天处理沾满病菌的破旧衣服。肺结核在不卫生的条件下蔓延，我们就是大萧条的奴隶！即使在写这封信——这封希望之信时，我也感到疲惫。我是谁？我还年轻，我才 20 岁，有高中学历；我没有消遣，没有乐趣。夫人，请原谅我，但我想活下去！您会否认我的权利吗？作为一名美国公民，我请问您，我们必须做些什么？请调查一下这种状况吧。现在我要睡觉了，是的，夫人，我祈祷您能改善我们的工作条件，这是绝望中的希望。我想签下我的名字，但如果被我的老板发现了——哦——请给我们一份新的工作吧，珀金斯小姐。

J. G.

艾奥瓦州马歇尔镇

1937 年 2 月 3 日

亲爱的总统：

我给您写信，是想谈谈有关工作和报酬的问题。我丈夫每天只挣 1 美元，我们每月必须付 8 美元的房租，可常常还得拖欠。我们吃不饱，我丈夫不得不出去工作。我身体虚弱，我们在马歇尔镇待的时间不够长，所以不能获得援助。但在 4 月份，我们将可以得到援助。我知道，罗斯福先生您会理解一个人是必须吃饭睡觉这个道理的，而这里没有别的工作可干。我丈夫在一家公司干活。他们每三个月才支付一次工资。第一次我投票给您，第二次也投票给您，因为您是合适的总统人选。我丈夫从早晨七点半工作到晚上五点半，每天仅得到1美元。我把公司老板的地址告诉您，是位于马歇尔镇第七大道205号的C.K.公司。在这个镇上，没有工会帮我们涨工资，所以请帮帮我们。应该有个工会。这就是我们工人现在的状况。也许，如果您写信给他，我想这能帮助一个不能养家糊口的已婚男子。所以，请您干预一下吧。

F.M. 女士

加拿大与大萧条*

理查德·贝内特

20世纪30年代，世界范围内的大萧条让加拿大和其他的西半球国家同样遭受惨重的损失。30年代初，反对势力在各省选举中的频频获胜，使加拿大脆弱的联邦体系面临解体的危机。1935年1月，保守党人理查德·贝内特（Richard B. Bennett）总理在广播讲话中谴责资本主义制度。这番讲话震惊了全国。下文就是对此的摘录。在随后的讲话中，他提出具体的改革措施，并很快获得议会通过。这些措施包括设立最低工资和最长工时制度，建立失业保险、住房保障和公共服务工程，废除童工以及减免农业

* R. B. Bennett, *The Prime Minister Speaks to the People* (Ottawa, 1940), in J. M. Bliss, *Canadian History in Documents, 1763—1966* (Toronto: Ryerson Press, 1966), pp. 280-282.

债务。

思考：是什么因素促使一位保守党的政治家支持他在几年前反对的改革法案。

……我们会在没有偏见的情况下考察这个体系，我们既不恨它也不爱它。它为我们提供服务，这是它的唯一目的。如果它已不能做到这一点，那我们就必须改变它。……

你们会同意，过去广为人知的自由竞争和开放市场，已经在这个体系中失去了它们的位置，如今，它们的唯一替代物是政府的调整和控制。你们会明白，过去的萧条局面正是该体系的运转失调造成的，只有经过剧烈的痛楚与苦难，这个体系才能得到纠正。你们还会懂得，尽管以前的萧条有许多的危机、危险和困难需要克服，但与之相比，这次的萧条才是一场大灾难，因此我们要求政府进行干预。……

自私的人，我们国家并不缺乏这种人——他们觉得成堆的钞票比你们的幸福更重要，他们的公司集团没有灵魂也没有美德。这些人害怕政府冲击他们古老的剥削权，因此他们会窃窃私语，反对我们。他们会把我们称作激进分子。他们会说，这是我们走向社会主义的第一步。我们并不害怕他们这样。我们认为，他们若愿意遵从我们的计划，那么，这将比任何不合时宜的反对意见更能促进其利益。我们邀请他们与我们合作。我们希望与所有人合作。……

生产、制造、分配和财政等部门：资本主义体系的各个部分都只有一个目的，那就是为人们的福祉而工作。若是这些手段失败了，那么，代表人民的政府便有责任消除失败的症结。这绝不是我危言耸听。我告诉过你们，在这个伟大而艰巨的改革任务里，尽管我们希望所有阶级都能给予支持，但我认为应当补充一点的是，对于那些危害这项伟大事业的未来发展的阶级，其反对意见是我们不能容忍的。太多人的生活、幸福与福祉取决于我们成功与否，我们决不容许某些人的自私危及这项事业。

视觉资料

第一次世界大战：后方和妇女

这张关于英国军工厂的照片（见图 23－1）告诉我们，工业化和技术会把一场大规模的战争转化为巨大的生产压力。人们不得不建立许多大型工厂，或是转变它们的功能，用于生产军需品（比如这里的重型炮弹）。与以往价值观不同的是，现在必须训练

图 23－1

帝国战争博物馆托管提供

一支新的劳动力大军。而为了弥补参军入伍所造成的人力流失，妇女和老年男子成为这里的主要劳动力。最后，这张照片还表明，庞大的后勤组织以及与资本主义企业合作的政府，对于维持现代战争而言乃是必需的。

后方劳动力的紧缺，促使大量女性开始工作或是改变工作岗位。以下两份表格就显示了 1914 年至 1918 年间，参加工作的英国女性人数的变化。表 23－1 反映的是她们在各个行业的雇佣情况，而表 23－2 反映的只是工业方面的雇佣情况。

表 23－1　　英国的女性劳动力（1914—1918）

从业女性人数	1914 年 7 月	1918 年 7 月	1918 年 7 月比 1914 年 7 月增加或减少的量
女私营主或女雇主	430 000	470 000	＋40 000
从事工业	2 178 600	2 970 600	＋792 000
从事家庭服务	1 658 000	1 258 000	－400 000
从事商业	505 500	934 500	＋429 000
受雇于政府机构（包括教育业）	262 200	460 200	＋198 000
从事农业	190 000	228 000	＋38 000
受雇于酒店、酒吧、剧院等	181 000	220 000	＋39 000
从事运输业	18 200	117 200	＋99 000
从事其他领域（包括职业雇员和家佣）	542 500	652 500	＋110 000
从业人数总计	5 966 000	7 311 000	＋1 345 000
10 岁以上未从业人数	12 946 000	12 496 000	－450 000
10 岁以下人数	4 809 000	4 731 000	－78 000
女性人口总数	23 721 000	24 538 000	＋817 000

表 23-2　　英国从事工业生产的女性（1914—1918）

行业	1914年7月的估计数	1918年7月的估计数	两者相差数	女性占职业人口总数的百分比 1914年7月	1918年7月	1918年1月直接替代男性的女性从业人数
冶金	170 000	594 000	+424 000	9	25	195 000
化工	40 000	104 000	+64 000	20	39	35 000
纺织	863 000	827 000	−36 000	58	67	64 000
制衣	612 000	568 000	−44 000	68	76	43 000
食品、饮料和烟草	196 000	235 000	+39 000	35	49	60 000
造纸和印刷	147 500	141 500	−6 000	36	48	21 000
木材	44 000	79 000	+35 000	15	32	23 000
瓷器和陶器	32 000					
皮革	23 100	197 100	+174 000	4	10	62 000
其他	49 000					
政府机构	2 000	225 000	223 000	3	47	197 000
合计	2 178 600	2 970 600	+792 000	26	37	700 000

资料来源：*Women in Industry*：*Report of the War Cabinet Committee on Women in Industry*（London：His Majesty's Stationery Office，1919）.

思考：现代战争会给一个国家的人民和经济带来怎样的影响，即使它不是发生在该国本土；雇佣情况的变化对于女性有哪些潜在的重要意义。

纳粹的神话

图 23-2 是纳粹宣传艺术的一个范例，它典型地结合了现实主义风格与浪漫主义的视觉效果。画面上，纳粹士兵和平民百姓

在亲如兄弟的同志关系中，朝着安葬雅利安英烈的瓦尔哈拉殿堂[1]前进。在他们上方，人们举起纳粹的旗帜，抬着伤兵，迈向同一个天堂。这幅画表现的是整体的形象，而不是独特的个人。士兵们看上去几乎千人一面，而平民中的青年、中年和老年代表，以及农民和工人的代表则走在队伍的右边。这些被美化的人都是男性，而且基本上全是士兵。观看这幅画的人可能会感到自豪，觉得为国家牺牲会有回报，并把服兵役视作最大的光荣。但就主题和风格而言，这幅画其实是对 20 世纪艺术主流的反动。

图 23－2

美国军事历史陆军中心提供

① 北欧神话中主神兼死亡之神奥丁接待战死者英灵的殿堂。

思考： 这幅画怎样将纳粹主义与法西斯主义的形象和观念结合在一起。

革命的宣传

下面这张1922年的海报（见图23-3）是为庆祝俄国革命五周年而创作的，反映了共产主义者在1917年革命期间以及随后

图23-3

Sovfoto/Eastfoto（图片库）提供

几年里的一些情况和诉求。海报上，列宁身着工人制服，打着领带，戴着帽子，站在地球上，似乎正在领导一场世界范围内的共产主义革命。他宣布："让统治阶级在共产主义革命面前发抖吧。"在他身后，冉冉升起的太阳标志着共产主义时代的光辉黎明。在他左右结成联盟的是农民和工人，他们是革命的主力军和新秩序的受益者，他们的标语上写着："全世界的无产者，联合起来。"画面下方的斧头和镰刀既是他们的劳动工具，也是俄国共产主义革命的象征标志。

思考：这幅海报最吸引人的地方是什么；它融合了俄国革命的哪些意象。

社会主义的现实主义

下面这幅社会主义的现实主义作品（见图 23－4）强调的是经济主题而非军事主题。该画由芬诺格诺夫（K. I. Finogenov）创作于 1935 年，表现了斯大林领导下的共产党和政府领导人身处现代化苏联农场的情景。画面右边，一位专家正在检测土壤。背景中还有一辆崭新的拖拉机。所有人都穿着讲究，没有人看上去像个农民。

思考：这幅画是怎样处理苏联政府的角色以及斯大林在其中的位置的；该画想就 20 世纪 30 年代的农业政策表达哪些看法；它在哪些方面迎合了斯大林对农业集体化的解释。

图 23-4

Tass/Sovfoto/Eastfoto（图片库）提供

威权主义和极权主义 （1919—1937）

1919年至1937年，威权主义和极权主义在欧洲蔓延。虽然这里没有严格的标准，但是那些保留了议会民主形式的国家，通常都有较为悠久的民主制度传统，它们在一战中是获益较多的胜利者，并且大多位于工业化较发达的西北欧地区。

思考：结合相关的地理状况、历史背景以及第一次世界大战的相关知识，请指出成为独裁政权或右翼威权主义政体的国家之间的共性。

第二手资料

第一次世界大战的起源：好战的爱国主义*

罗兰·斯特龙伯格

许多观察家震惊地发现，当 1914 年 8 月战争爆发的消息传来时，几乎所有人都欢呼雀跃。这促使学者重新审视关于一战原因的传统解释，更加强调那些使人好战的根本的社会力量。在下面的材料中，威斯康星大学的欧洲现代史学家，罗兰·斯特龙伯格（Roland Stromberg）考察了关于战争原因的不同解释。他认为，与“主权国家体系”或其他原因相比，欧洲各国想要进行战争的意愿可能是更为重要的。

思考：斯特龙伯格反对哪些解释，为什么；好战的爱国主义精神对于战争的爆发起到了怎样的作用。

毫无疑问，世界大战在 8 月初的突然爆发让每个人都感到吃惊。我们得到一个清醒的教训，那就是，即使没有人想要战争或希望战争，战争也会发生。感到困惑的人们试图解释战争爆发的原因，因此后来出现了各种荒诞的说法。通常，阴谋论是非常流行的。特别是有种说法认为，是德国人策划了战争。威廉二世，这个不幸的德国皇帝，被协约国描述成一个伸出触须诱捕小国的怪物。法国人和英国人相信，“普鲁士军国主义”是和平橄榄枝上的溃疡；后来，当美国人加入战争后，他们也这么认为。但德国人却坚信，

* Roland N. Stromberg，*Europe in the Twentieth Century*（Englewood Cliffs，NJ：Prentice-Hall，Inc.，1980），pp. 43-44，74.

是妒忌的邻国正在阴谋包围和摧毁这个国家，后者的唯一罪过无非是它在经济上的成功。

于是出现了另一种理论，即资本主义的经济体系远不是一种和平的力量，而是一种推动战争的力量，因为战争有利可图，或是因为各国在市场和原料方面存在竞争。尽管它们可能包含事实的某些因素，然而所有这些想法简单的“魔鬼理论”都必须被我们抛弃。因为这些说法缺乏对事实的认真研究，它们更像是有趣的民间传说，而不是历史。

人们总想寻求某个涵盖一切的原因，但是并不存在这样的合理解释战争或其他重大历史事件的原因。……

欧洲各国就像是生活在原始的自然状态中的个体，彼此之间充满了无休止的冲突。它们不承认有更高的威权可以使它们保持和平。那些被称作“国际法”的东西实际上不能约束它们，因为支持这些东西的不过是某种道德或习俗的认同。……

越来越多的人在保卫国家的行动中获得了较大的利益。这是民主化和财富增长的必然结果。然而这种情况并不是十分完美或公正的，因为大多数公民感兴趣的，是保卫他们所属的那个政治共同体。1914 年，当欧洲各界群众和各阶级认为自己的祖国遭到攻击时，他们全都表现出好战的爱国主义情绪。……

事实上，没有人曾预料战争的来临，它戏剧般地突如其来。战争爆发后，……占上风的不是忧郁，而是喜悦。兴高采烈的人群包围着他们的皇帝，或是伫立在白金汉宫前，或是在火车站向即将出发的法国军队致敬，或是在圣彼得堡公然做爱。一位巴黎观察家在 8 月 2 日描述道，“人群的洪流在每个角落澎湃”，到处都是尖叫声、呼喊声，人们高唱着《马赛曲》。而在柏林，游行者在两天时间里也是不断地穿过大街，高唱着《德意志高于一切》和《莱茵河卫兵》等歌曲。一群暴徒袭击了圣彼得堡的德国大使馆。而另一“无法描述的人群”则从 8 月 4 日的午夜开始，在伦敦围堵政府机关的周边道路，一连围堵了好几天。欧洲人是用狂喜而不是悲伤来迎接这场战争的。最新的研究表明，这一事实也许比任何外交细节都更能说明战争的产生原因。……

妇女、工作和第一次世界大战*

邦妮·安德森　朱迪斯·津泽

第一次世界大战期间，男性被征召入伍，而为了支持战争又需要更多的武器和其他物品，因此，对女工的需求不断上升。妇女们开始大规模地进入工厂，她们经常要做一些以前专属男性的工作。历史学家认为，这对妇女来说是个至关重要的变化，但最近另一些历史学家则提出疑问：从长远来看，妇女从她们在一战期间的工作经历中到底受益了多少？在下面这篇选自《她们自己的历史》（*A History of Their Own*）的文章中，邦妮·安德森（Bonnie S. Anderson）和朱迪斯·津泽（Judith P. Zinsser）指出，女性的改变其实要比通常所认为的更少、更缺乏持久性。

思考：根据安德森和津泽的看法，女性的变化为什么是表面的而非实质性的，为什么是短期的而不能持续较长时间；雇主、政府和大众传媒是怎样破坏了女性的改变；这份材料与前面那份反映“后方和妇女”的视觉材料之间有何关联。

---

* Bonnie Anderson and Judith Zinsser, *A History of Their Own*, vol. Ⅱ (Harper & Row, Publishers, Inc., 1988).

生活标准提高，家庭规模变小，产妇津贴、保护性立法、工会以及新的工作出现，这些内容构成了19世纪70年代至20世纪20年代城市工人阶级妇女最重要的生活变化。与这些改变相比，第一次世界大战对妇女生活的影响相对较小。虽然中间阶级和上层阶级的妇女常说，战争使她们摆脱了那种限制其工作和个人生活的19世纪的观点，但是工人阶级妇女的生活却几乎没有什么变化。与有特权的妇女不同，她们常常要在外赚取家用。她们到军工厂工作，更多地不是被解放而是被剥削。与有特权的妇女不同，工人阶级的妇女和少女几乎没有受到男女性别方面"双重标准"的庇护；毋宁说，工人阶级的妇女仍然为有钱的男人维系着这种双重标准。对于城里的工人阶级妇女而言，新的白领岗位的增加是战争带来的新趋势，后来也一直如此。否则，第一次世界大战就只是暂时中断了惯常的工作格局，战后人们又会回到传统的模式中。

战争刚一爆发，欧洲各国政府就暂停了针对妇女的保护性立法。正如它们期望工人阶级的男子去服兵役一样，各国政府也劝诫工人阶级的妇女到工厂里工作，替代那些征兵入伍的男人。在高工资和爱国主义的吸引下，妇女们涌进了这些曾属于男性的新岗位。……

政府起初坚持认为，妇女应该和此前做这些工作的男人获得同等的报酬，但这项政策基本无效：工厂往往将工作划分成较小的操作部分，从而支付给她们较低的工资。虽然妇女的工资在战争期间有所上涨（无论是相对男性工资而言，还是就绝对数量而言），但是这些钱仍然可以用男性收入的一定百分比来衡量。在巴黎，妇女在冶金行业的收入只有战前男性收入的45%。直到1918年，妇女的收入才达到男性收入的84%。而在德国，妇女在工业生产中的收入与男性相比大约增加了 5%。但是男人和女人都认为，这只是战争带来的暂时性变化。战争结束后，男人将返回自己的工作岗位，妇女将离开男人的工作岗位，一切都会恢复正常。……

战争刚一结束，各参战国的政府就迅速采取行动，将妇女从“男人的”工作岗位上清除出去。在英国，这些妇女被认为是“多余的”，被迫走人；在法国，如果她们离开工厂，则会得到一笔额外的报酬；在德国，政府颁布法规规定，如果有必要，应当首先解雇妇女。这些政策是有效的：到 1921 年，在法国和英国的工业生产中，妇女的人数要比战前少了很多。妇女的收入也在下降，降至战前的低水平。而 1919 年《凡尔赛条约》承诺的“同工同酬”，也一直是一纸空文。大众传媒将注意力放在女性的服装、发型和化妆品等比较肤浅的变化上，而忽略了那种构成大部分女性生活的更深层次的连续性。

拉丁美洲的妇女*

阿曼达·拉瓦尔卡·乌韦特松

争取男女平等的斗争在整个西半球的多个层面上展开。在美国，妇女在政治和经济舞台上面临性别歧视。而在拉丁美洲，对男性统治地位的赞颂严重阻碍了 19 世纪和 20 世纪的妇女进步。以下材料选自一位著名的智利教育改革家和女权主义者——阿曼达·拉瓦尔卡·乌韦特松（Amanda LaBarca Hubertson）——于 1934 年出版的著作《妇女何处去?》（*A Donde Va la Mujer?*）。

* Benjamin Keane, ed., *Readings in Latin American Civilization, 1942—Present* (Houghton Mifflin, 1967).

该书分析了拉丁美洲妇女的进步，以及她们在克服文化中根深蒂固的反对意见时所遇到的困难。

思考：拉美妇女的“得”与“失”分别是什么，原因何在；这一分析可以在哪些方面与安德森和津泽的看法进行比较。

……女权主义给今天拉丁美洲的中产阶级女子带来了怎样的得与失？

得。首先，她能意识到自己在整个人类进步过程中的价值。今天的女孩子知道：没有什么不可克服的障碍能阻止她发挥自己的聪明才智；当她被允许参加智力活动时，人们不会提出“她的性别是否具有智慧”这样的问题；而且在多数人眼里，她的女性身份并不代表她必然低人一等，只要她有天分，她就可以展现出来。

在很大程度上，法律法规已经将掌握其生命和财产的权利交还给她。她完全可以指望，能在有生之年看到人们废除那些仍在某些方面把她当作二等公民并给予不平等的司法对待的法律。

她已经在经济自由的问题上取得进步，而无论是对纯粹的个人还是对国家来说，经济自由都是所有独立的基础。如今，她获得准许，能够涉足她的母亲曾被禁止参与的劳动领域。……

失。首先，她失去了大多数男性的尊敬。人们会说，以前尊敬女性是有良好教养的表现，只有那些其行为表明她不值得尊敬的女性除外。可是今天却恰恰相反。女人通常不会被人称赞，在她得到曾经十分常见的那种尊敬之前，她必须令人信服地证明自己是一位杰出人物。

到底是尊重变少了？还是尊重的品质贬值了？

这值得人们花点时间去加以分析。

男性曾希望女性具有无瑕的美德，完全的服从——服从上帝、丈夫和保罗使徒书中的指令，并终生献身于她的男人。她应当是家中拱形壁龛里的圣徒、世界的圣徒、家庭的主妇与男人的奴隶。她用这些来换取尊重和忠诚。……

没有必要再次提及机器发明给世界带来的巨大变动、生活成本的飞速上涨，以及家庭由于从生产者压缩为纯粹的消费者而日趋贫困化的事实。对于一个中等收入的男人来说，他不可能满足家中所有女眷的需要。妇女不得不走进办公室，走进职场，从事一些曾经专属男性的有偿行业。妇女们已经走出家庭，融入世界。虽然这种情况本身是出于经济需要，不一定意味着她们就会抛弃美德，但是普通的男人还是收回了对她们的尊敬。好像在动荡的世界中保持一个人的纯洁、甜美和优雅并不比过去在僻静的花园里做到这一点更加困难，因此也不值得更多的嘉奖！

进入经济斗争的环境后，她品尝到了痛苦的滋味。以前，她对此只是有所耳闻。但在今天，痛苦真的来到面前。生活的痛楚包围着她。她常常必须在没有男人帮助的情况下解决生活道路上的问题，甚至有时还得防范这些男人，因为他们总想利用她的弱点。对大多数男人来说，女人的自由是某种特许，而她的平等地位，则意味着他们有权不礼貌地对待她。

她失去了许多结婚、成家和生子（为人母乃是女性的天职）的机会。一个女人越是有文化，就越难找到丈夫，因为她肯定会在一个比自己更优秀的人那里寻求庇护、理解和指导。然而后者并不一定会偏爱这些有文化的女性。他们会觉得，知识使女人变得麻木无情（这是一种荒谬的观念），使她们变得盛气凌人（男人们关注的不是她们所获得的知识，而是她们的性格），或是使她们身上充斥着令人难以忍受的书卷气。我很遗憾地说，他们的想法是有一定道理的。因为女性最近才开始拥有知识，所以大多数妇女会比较过分地展现它。在文化世界中，我们所扮演的是新贵或暴发户的角色。而男人们其实更喜欢选择“传统的”女子来做自己的妻子。

这是拉美国家中产阶级妇女的悲哀。妇女的进步方向与男性的基本信念背道而驰，他们对此只能容忍，比如，他们必须容忍自己的女儿。因为国王的命令就要求这样，他们只能感到深深地懊恼。男人——我再次重申，我说的是大多数男人——还在以 50 年前的观点评判女人，所以如果他们内心深处仍对女性保持某种尊重的话，那么他们会将这种尊重交给那些传统类型的女性，而把取得进步的妇女归为他们不尊重的对象。

俄国革命*

罗伯特·塞维斯

为了解释一场大革命的发生原因，历史学家往往会建构一套复杂的理论。对于马克思主义史学家而言，俄国革命具有非比寻常的重要性。这些历史学家和其他学者指出，长期以来的经济和社会因素是导致革命的关键原因。然而还有些历史学家认为，俄国革命的原因没有那么复杂，而是比较直接。罗伯特·塞维斯(Robert Service) 撰写了好几本关于俄国历史的著作，是位令人尊重的学者。他采取了中间立场，重点关注某些环境因素，认为它们是引发革命的关键点。在下面的材料中，塞维斯分析了 1917

* Robert Service, *A History of Twentieth-Century Russia* (Cambridge, MA: Harvard University Press, 1998), pp. 545-547.

年推翻沙皇的二月革命，以及让列宁和布尔什维克获得权力的十月革命。

思考：俄罗斯帝国当时面临哪些问题；沙皇尼古拉二世怎么会处于“双重危险”中；布尔什维克为什么采取暴力手段。

在沙皇的统治下，俄罗斯帝国面临许多问题，整个社会基本上没有人支持国家的需要和目的。俄罗斯与其他资本主义国家之间的技术差距日益加大。军事安全成为突出问题，行政和教育方面的协调仍然脆弱。各政党对民意几乎没有影响，国家杜马在很大程度上被忽视了。而且传统的有产阶级基本上不会在较贫穷的社会成员之间营造一种公民共同体的感受。大多数俄罗斯人缺乏强烈的民族意识，而一些非俄罗斯民族又对俄国怀有强烈的仇恨。俄罗斯帝国是一个焦躁不安的、四分五裂的社会。

尼古拉二世，这位最后的沙皇，将自己置于双重危险之中。他极力阻碍和扰乱在公民社会中自然出现的各种元素：政党、行会和工会，但他也不再试图完全压制它们。结果，沙皇政权受到不断的挑战。一战之前的社会和经济转型只不过是增加了问题。可以理解，身处贫困的社会群体会对当局怀有敌意。而其他群体虽然在物质条件方面有所改善，但是其中的某些群体仍是一种危险，因为它们对俄国政治秩序的性质感到失望。正是在这种情况下，世界大战爆发了，它拖垮了旧政权的残余支柱。于是在经济崩溃、行政混乱和军事失败的背景下，爆发了 1917 年的二月革命。要求自治的各地民众所汇成的洪流，找到了宣泄的闸口。全国的工人、农民和士兵直截了当地提出了他们的要求。

面对这种局势，自由主义、保守主义和法西斯主义都是行不通的，建立某种形式的社会主义政府在当时才最具可能性。然而，这也不一定意味着就该由布尔什维克来掌权。一旦布尔什维克进行革命，他们就必须使其政策比先前已被采用的更加暴力、更具管制性，否则他们将不能生存。这种情况几乎不可避免。如果不诉诸暴力，列宁的政党就会缺乏持久的支持而不能维系其统治。由此又会限制他们解决许多问题的能力，而这些问题是沙皇政权的所有反对者都必须予以解决的。布尔什维克希望能够提高经济竞争力、行政效率和文化活力，实现政治一体化、族群间合作和社会安宁，以及普及教育。

欧洲大萧条*

詹姆斯·劳克斯

多数学者都认为大萧条是非常重要的历史事件，但是它的重要意义到底体现在什么地方，学者们却众说纷纭。马克思主义者认为，大萧条是根源于资本主义体系的一系列周期性经济危机中最严重的一次，它意味着资本主义体系即将瓦解。而自由主义经济史学家认为，大萧条是对保守的民族主义经济政策的一种控诉，这种政策将被迫让位于现代凯恩斯主义，后者的特征在于更多的政府行为和计划。还有些人认为，大萧条是导致纳粹崛起、第二次世界大战爆发的一个关键原因。在下列选文中，美国辛辛那提大学的詹姆斯·劳克斯（James Laux）分析了大萧条的影响，并且强调人们在经历大萧条之后的态度转变。

---

* James M. Laux，*The Great Depression in Europe*（St. Louis，MO：Forum Press，1974），pp. 13-14.

思考：是否就像有些学者所认为的那样，经济大萧条迫使政府修改了自由放任政策以挽救整个资本主义；为什么在经历大萧条后，经济计划会显得更有吸引力。

也许，大萧条在欧洲最重要的影响，就是它影响了人们对于经济问题的思考。回首过去的经历，大多数欧洲人都同意：自由放任政策的正统观念已不可行。他们不再接受那些认为政府应尽可能少地干预经济运行的观点。各国政府在平衡自己的预算之外，还必须承担更多的责任。如果黄金本位的货币价值与经济膨胀发生冲突，那么前者必须要给后者让路。自由放任政策早在20世纪20年代就已力不从心，出现困难。30年代之后，它几乎彻底衰落。正如常常发生的那样，此时有一种思想开始论证新态度的合理性。这是一条由英国人约翰·梅纳德·凯恩斯提出的理论经济学的新进路。作为20世纪最有影响力的经济学家，凯恩斯于1936年发表了他的经典论著《就业、利息和货币通论》。他指出，政府可以并且应该通过运用财政盈余或赤字、投资公共工程、改变货币和信贷供应的数量、调整利率等方式掌控资本主义经济。在分析中，他强调经济总量，强调储蓄、投资、生产和消费之间的关系（这些被称作"宏观经济"），而不是强调针对某个单独的公司或部门的调查研究。尽管凯恩斯是一位社会主义的批评者，蔑视生产设备公有制的重要意义，但他提升了政府对经济的干预，让资本主义能够更好地运转。

许多欧洲工业国家在两次世界大战期间所取得的显著的生产成就，足以支持上述观点。在经济危机中，民族经济根据政府的方向大规模地扩展了军工生产。许多人问，为什么这种策略不能在和平时期同样适用，生产消费品而不是毁灭性的工具。

到1945年，大部分欧洲人不再认为，他们的生活是受到一种非个人的、其运行规则无法改变的经济系统的支配。他们接受的看法是：经济能按照人们所希望的方式运行。就此而言，它是走向计划经济的一小步：不仅对经济的整体发展做计划，也对其中的特定环节做计划。经济计划成为资本主义社会可以接受的一项内容，并享有相当高的声誉。经济计划的某些支持者也许低估了自由市场在指导生产方面的价值，他们似乎认为，那些计划者要在某种程度上比一般民众更聪明。

经济民族主义是大萧条的一个更直接的结果。这种政策认为：短期的民族经济利益最为优先，国际经济合作和贸易在这种被狭隘设想的民族利益面前，必须让位。而在那些政治民族主义发展到顶端的欧洲国家（比如德国、意大利），经济民族主义表现得最为严重。不过到了二战之后，经济民族主义在西欧的势力有所下降，因为人们再次看到，经济繁荣的邻国也能给自己带来巨大的利益。在不断扩展的欧洲经济或世界经济中，每一个人都可以变得更加富裕。但人们想知道的是，经济民族主义是否会在西欧卷土重来，尤其是，它是否会在危机情况下成为一项受人欢迎的政策。

大萧条也产生了重要的政治反响。在德国，大萧条所带来的悲惨阴郁使纳粹运动似乎更有吸引力。若没有大萧条及其造成的大规模失业作为背景，很难想象纳粹会获得权力。在法国，大萧条让许多人确信，第三共和国政权已失去动力，它不再与20世纪的问题相关；只不过由于缺乏一个普遍接受的替代方案，这个政权才得以苟延残喘，直至一场灾难性的军事失败将它拉下台来。在英国，大萧条不太严重，对现有政权没有造成根本性的挑战。两次大战之间的大部分时期都是保守党执政，由于该党没能采取积极措施以吸纳大量的失业人口（大规模的失业一直持续到 20 世纪 30 年代后期），因而引起了社会对政府的广泛怨恨和反对。人们怀疑保守党管理和平时期经济运行的能力，这使得工党在 1945 年的大选中成为政府的绝大多数。从更深的层次看，多年来的严重失业状况导致许多英国工人有很强烈的反资本主义情绪，这种情绪使他们在战后要求走上社会主义的道路，比如要对主要行业实行国有化。

大萧条促使欧洲人相信，他们的政府必须尽力管理经济。虽然大多数人都认为充分就业和扩大产量应成为目标，但他们在达到这些目标的方式上却存在分歧。

法西斯主义的兴起*

弗·卡斯顿

历史学家们从不同的角度出发，试图理解法西斯主义在一战后的兴起。通过重点考察法西斯主义的吸引力，一些历史学家对于那些支持法西斯运动的社会阶层和群体进行了分析。在以下选文中，弗·卡斯顿（F. L. Carsten）指出，虽然法西斯主义对所有群体都有吸引力，但是某些群体的反应要更加强烈。

思考：为什么法西斯主义对中产阶级下层特别有吸引力；还有哪些群体会被它吸引，为什么。

同许多中产阶级或工人阶级的政党不一样，法西斯党迎合从上到下社会各个阶层的口味。只有那些为它高兴攻击的对象除外，即

* F. L. Carsten, *The Rise of Fascism* (University of California Press, 1980), pp. 232-234. 译文参考［英］弗·卡斯顿著，周颖如、周熙安译：《法西斯主义的兴起》，255～257 页，北京，商务印书馆，1989。

奸商、寄生虫、金融强盗、统治集团、贪心的资本家以及反动地主。即使这些人，如果有谁能够迎合领袖的要求，谁就是例外。不过，无疑有某些社会集团对于法西斯党的要求的反应是格外强烈的。特别是那些因社会与经济变革而被逐出家门的人或受到威胁的人，他们的社会地位受到损害，他们失掉其传统的地位，对未来担心害怕。这里首先是中产阶级下层分子或是他们中的某些人，如手工业者、独立商人、小农场主、政府低级职员和白领工人。在早期阶段，第一次世界大战中原来的军官和士兵也许显得更为重要，因为他们找不到工作，他们曾习惯于使用暴力，感到自己被剥夺了“合法的”报偿。在意大利、德国和其他地方，“前线”一代人对法西斯主义的兴起产生过主要作用。在这些人看来，战斗是一种生活方式，他们把这种方式搬到国内来使用。他们只是为了自己才喜爱战斗的。……

除了已经提到的社会阶层外，还有在中学和大学里读书的年轻人，他们也成为早期法西斯主义的虔诚信徒。他们对现存社会感到厌倦，讨厌他们日常的工作，强烈地向往有可能带来根本变化的一种运动，从而可以以一种浪漫主义的光荣投身进去。这些年轻人出身于中产阶级或中产阶级下层的家庭。他们不容易找到进入共产党阵营的途径。而他们感到，战后时期软弱和多变的政府毫无吸引力。在魏玛共和国，在战后的意大利王国，在罗马尼亚腐败的政府中，在西班牙孱弱无能的政府中，都没有什么东西能够激发青年人的热情。它们是沉闷和平淡无味的，政府部门充斥着平庸之辈和趋炎附势之徒。正是因为这种原因而并非什么经济威胁，才使得许多理想主义的学生参加了法西斯阵营。同样，战后一代人中的许多青年军官和士兵也都被民族伟大的幻想和修改和约的前景所吸引。仔细阅读一下由早期加入民社党的成员编制的自传材料，就可以看到强烈的民族主义思想非常突出，它渴望看到德国重新强大和统一起来，摆脱“凡尔赛条约的枷锁”，同时也铲除派别斗争和政党之间“讨价还价的交易”。这往往是同仇恨共产党人和社会党人以及反对犹太人联系在一起的。参加法西斯党的人通常都很年轻，他们喜欢不断的斗争和战斗，这样可以和他们的同伴厮混在一起。他们也喜欢穿制服和举行宣传游行。

全副武装的世界*

格哈特·温伯格

绥靖政策往往成为分析研究的焦点，与此相关的话题把我们引向一些更广泛的问题，如战争为什么在 1939 年爆发？这场战争本来可以避免吗？为了回答这些问题，历史学家常常回顾从 1914 年一战爆发以来的整个时代。在下面的选文中，密歇根大学的格哈特·温伯格（Gerhard L. Weinberg）对两场世界大战进行对比，并强调二者之间的差异。

思考：两场世界大战的原因和性质在哪些方面有所不同。

本书有一章专门介绍第二次世界大战的背景，但本书仍然断定，这场战争是 1939 年开始于欧洲的。尽管有人认为，第二次世界大战不过是第一次世界大战在 1918 年短暂休战后的延续，并且认为 1914 年至 1945 年应被视作新的欧洲内战时期（如果你愿意，

* Gerhard L. Weinberg，*A World at Arms*：*A Global History of World War Ⅱ* (Cambridge：Cambridge University Press，1994)，pp. 1-2，43-44.

可以称其为“三十一年的战争”)。但是这种观点不仅忽略了一战在起源和性质上的巨大差异，也模糊了而不是澄清了二战的特殊性。虽然两次大战都有一个意外的重要结果——削弱了欧洲及其对世界的控制，但是交战国的意图却是根本不同的。在这种长期争斗的过程中，交战国的意图虽会有所变化，但基本的差别依然存在。

在第一次世界大战中，双方根据自己在世界上的相关角色参战，这些角色又是根据其疆域边界、殖民地的拥有量、陆军和海军力量的变化而定。虽然奥匈帝国预先就想吞并塞尔维亚，德国很快也认为比利时不再是独立国家，但除了这两个小国(它们本就是在19世纪才从较大的政治结构中脱胎出来)如人所料地消失以外，其他国家，特别是主要的大国，即便被胜利者击败，也都幸存了下来。在此意义上，无论这场战争的手段是多么昂贵，多么具有破坏性，目的仍然是相当传统的。

同样，这场争斗造成了空前的人员伤亡，付出了难以置信的代价，促成了新武器(比如毒气、飞机、坦克和潜艇)的出现，也给世界经济的格局带来了巨大的变化。它彻底改变了战前的世界，并且是以任何交战国都不曾预料的方式改变了世界。战争对赢家和输家的影响同样巨大。即便有人试图通过勇敢的、起反作用的努力去恢复战前的世界，也已不再可能。不过，输赢双方其实都不想要，也不喜欢这些大规模的改变。现代国家运用在此前的两个世纪里发展起来的社会工具和机械技术，挖掘各自的巨大人力和物力资源，并把它们投入到战争的熔炉中直至耗尽，因此才带来了这些改变。

而在第二次世界大战中，所有这一切都非常不同。从一开始，战争的意图就不一样。世界秩序的重新安排在这场战争的一开始就是岌岌可危的。对此，双方的领导人都承认。德国的独裁者阿道夫·希特勒，在 1939 年 5 月 23 日亲口明确地指出，他故意发动的战争不是为了但泽[①]的自由港，而是为了东部的生存空间。他的外交部长也曾对意大利的外交部长信誓旦旦地说过类似的话，即德国想要的是战争而不是但泽。当德国占领波兰并暂时与英法保持和平时，后者才渐渐搞清楚，正如英国首相内维尔·张伯伦所说的那样，与希特勒领导下的德国政府是不可能达成任何协定的，因为他总是违背自己的承诺。如果说张伯伦——这个无法把握纳粹挑战的真正本质，因而常常遭到嘲笑的人——都能把问题看清楚，那么几十年后的历史学家就更不应该对这场非同一般的战争的真实情况视而不见。事实上，这场战争不仅关系到对领土和资源的控制问题，也关系到谁能生存、谁能控制全球资源、哪些民族将完全消失（因为它们会被胜利者认为是劣等的、不受欢迎的群体）等问题。

正因如此，在欧洲爆发的这两场战争彼此之间差异很大，纵然它们之间仅仅相隔 20 年。……

来自中立国的恳求无法动摇希特勒。他不但不会推迟一天开战，而且还非常急切，以至于他下达的开战命令比德国人的军事时间表还要提前几个小时。为了向德国民众证明战争的正当性，他一开始为那些在他的人民看来也许比较合理的针对波兰的要求进行准备工作，而在这些要求不再合理之前，他一直保持克制。他不想再冒“险”去让别人同意他的虚假要求，他不想再为真正的谈判打什么基础，他也不想再讨价还价。既然不再可能将西方列强与波兰分离开，那么他便将关注焦点转向了德国在即将到来的战争中的后方战线，这表明他相信，正是后方战线的瓦解造成了德国在第一次世

① 波兰北部沿海地区的最大城市和最重要的海港。

界大战中的失败。……

9月1日上午，德国开始进攻波兰。……在国民代表雷鸣般的掌声中，他宣布德国再次处于战争状态。

几乎每个国家最终都卷入了这场新的战争，有的是遭到攻击的受害者，有的本身就是饥渴的攻击者，还有的是在最后时刻加入进来，以便能在战后的世界秩序中占有一席之地。血流成河，规模空前的灾难在世界上肆虐。如果说二战的军事行动的细节和战斗发生的地区常与一战极为不同，那么下面这种可怕的预计便是非常准确的，即新的战争将和上次一样恐怖，或者可能比上次更甚。然而跟一战后的情况不一样，这一次在“谁应该为大战的爆发负责”的问题上没有出现激烈的讨论。因为很明显，德国是始作俑者，而其他国家曾试图阻止这场大规模冲突；它们也许做过很多努力，但实在是太难了。关于“战争罪”的争论并没有第二次出现。

《希特勒的志愿行刑者》*

丹尼尔·戈德哈根

谁该为夺去大量生命的大屠杀负责，长期以来，这总是一个最为情绪化的争论话题。这个问题不但涉及是谁做出制定种族灭绝政策的关键决定，而且涉及是谁执行了这项政策，是谁支持了这项政策，有谁知道这项政策，又有谁本应知道这项政策。在讨

---

* Daniel Johah Goldhagen, *Hitler's Willing Executioners: Ordinary Germans and the Holocaust* (New York: Alfred A. Knopf, Inc., 1996), pp. 9-10, 416-417. 译文参考［美］丹尼尔·乔纳·戈德哈根著、贾宗宜译：《希特勒的志愿行刑者》，238页，北京，新华出版社，1998。

论这些问题的文献中，哈佛大学的丹尼尔·戈德哈根（Daniel J. Goldhagen）的《希特勒的志愿行刑者：普通德国人和大屠杀》（*Hitler's Willing Executioners: Ordinary Germans and the Holocaust*）是最富争议、传播最广的一部著作。他在书里指出，“普通”德国民众的排犹信念，最终促成了针对犹太人的大屠杀行为。

思考： 戈德哈根的观点与其他历史学家的观点有什么不同；戈德哈根的观点可能得到怎样的支持，或是遭受怎样的攻击；为什么这些观点会备受争议。

这种修订要求我们接受长期以来通常被学界内外的解释者所否定或掩盖的观点：德国人的排犹信念是大屠杀的元凶。它不仅是希特勒决定消灭欧洲犹太人的元凶（许多人接受了这一点），而且是大屠杀的执行者愿意残杀犹太人的元凶。本书的结论是，排犹主义促使成千上万的“普通”德国人杀戮犹太人。如果它是正义的，那么它将促使更多的“普通”德国人杀戮犹太人。不是经济因素，不是极权国家的强制手段，不是社会心理压力，不是恒定的心理倾向，而是排犹主义的信念遍布德国，并且几十年来一直诱导普通德国人有计划有步骤地、毫无同情心地杀害成千上万手无寸铁且毫无防备的犹太男人、妇女和儿童。……大屠杀的执行者，“普通”德国人，受到排犹主义信念的激发，这种排犹主义使他们得出如下结论：犹太人该死。我认为，大屠杀执行者的信念，即他们特殊的排犹主义心态，虽然肯定不是唯一原因，但却是大屠杀行为最重要的、最不可或缺的原因，它必然是关于大屠杀行为的核心解释。简言之，大屠杀的执行者已经询问过自己的道德信念，他们断定大规模地屠杀犹太人是正当的，因而不想说“不”。……

必须强调的是，这并不是大屠杀执行者的唯一动因。希特勒等人策划大屠杀的计划，能够当权执政从而将这个计划付诸实施，这是存在许多因素的。其中大部分因素非常清楚。本书将重点讨论造成大屠杀的众多因素中的一个，这个因素大家了解得最少，即德国男女全心全意支持这个杀人勾当的最重要的动机因素。关于大屠杀的动机，对于绝大多数大屠杀的执行者来说，单一原因的解释就足以说明问题了。

如果仅仅关注大屠杀的动机因素，我们就可以说，当时德国人恶毒的排犹主义不但足以说明纳粹领导层的决策动机，而且足以说明那些参与其中的执行者们为什么会自愿参与对犹太人的屠杀。

注释

[1] 当时的美国劳工部长。

第 24 章

两次世界大战之间的亚洲和非洲

在第一次世界大战和第二次世界大战之间的那段时期，亚非历史的主要特征是与西方殖民者的斗争、民族主义的兴起以及革命浪潮的爆发，其中以中国的革命最为典型。

针对西方势力和殖民剥削的斗争，在各地有所不同。有些地区，例如印度、东南亚和非洲，对西方殖民者既有妥协，也有抵抗，两者都很常见。尤其是非洲，此时形成了欧洲殖民统治的基本模式。欧洲殖民者在非洲的上层社会和普通民众中寻找其代理人。与此同时，他们还面临来自西非、中非和东非的持续抵抗。欧洲官员通过他们在非洲的代理人收税，并建议当地人应当生产哪些产品，以满足欧洲工业中心的需求。在另一些地区（例如中东），人们的斗争主要针对西方帝国主义。还有一些地区（例如伊朗和日本）的斗争焦点则是，应该在多大程度上效仿西方的模式和观念。

民族主义在亚洲和非洲得到广泛的传播。从 19 世纪就出现的西非精英分子对欧洲的霸权发起了有组织的挑战。在南非、肯尼亚和罗得西亚[①]的南部，欧洲移民为了继续控制这些国家，有时会反对在殖民地建立大都市的计划，有时又会出于自己的利益而寻求大都市的支持。在非洲各地，人们对殖民体系发起了重要的反抗。亚洲和非洲的情况一样，民族主义的高涨带动了与西方势力的斗争。在一些地区，尤其是日本，民族主义成为一支冲击政治独裁和外国扩张势力的力量。然而悖谬的是，日本一方面以“解放”为口号反抗西方殖民主义、激发民族主义，但另一方面，日本自身的帝国化和军队实力又给其他国家造成了威胁。

亚洲面积最大、人口最多的国家——中国——的革命最为激烈，影响也最为深远。1911 年清王朝被推翻，由此开始了一段社会、政治和军事冲突的时期，直至 1949 年中国共产党建立政权为止。这一时期的内战双方，主要是以蒋介石为首的国民党和以毛泽东为首的中国共产党。

本章的资料主要聚焦于三个方面——与西方势力的斗争、民族主义的兴起以及中国的革命。这些历史在两次世界大战期间深刻影响了当地的民众。同时，本章资料还探讨了该时期的政治、文化和军事发展。它们使得全世界的殖民秩序在 1945 年以后走向终结，并导致各国力量格局的重组。

① 津巴布韦的旧称。

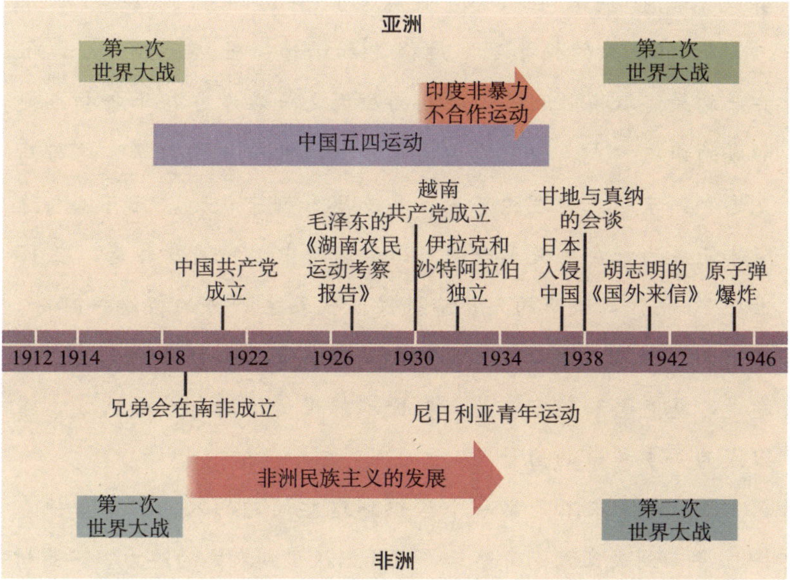

第一手资料

中国共产党的群众动员*

毛泽东

在第一次世界大战和第二次世界大战之间的那段时期，中国的社会动荡不堪。这种环境激起新的政治和社会运动，共产主义运动便是其中之一。中国共产党自1921年建立以后便不

* Mao Tse-tung, *Selected Works of Mao Tse-tung*, vol. Ⅰ (Peking: Foreign Languages Press, 1965), pp. 23-28. 中文根据毛泽东《湖南农民运动考察报告》(《毛泽东选集》第1卷)，按此处节选英文段落进行了删节。

断成长。特别是在 1935 年以后，中国共产党在毛泽东(1893—1976) 的领导下发展得更加迅速。虽然历经波折，但共产党最终取得胜利。而胜利的原因之一在于它在革命初期便形成的组织方式，即农民成为革命队伍的一支主力军。这与马克思和列宁的正统理论不同。马克思和列宁认为，只有工人阶级才能成为社会主义革命的先锋。然而中国的问题却是，在 19 世纪 20 年代，城市的无产阶级仅仅代表生产力的极小一部分，而中国百分之八十以上的人口都是农民。与人数相比更大的问题是，马克思和列宁认为，农民不能很好地进行政治武装，难以成为一支革命的力量。

虽然毛泽东不是第一个认识到这些问题的人，但是当他在 1927 年回到老家湖南考察后，他开始认识到农民的潜力。下面材料就节选自毛泽东的《湖南农民运动考察报告》。

思考： 中国农民所关心的问题；为什么人们很难把穷苦农民视作一支政治力量；必须怎样说服农民，才能让他们相信自己可以成为革命的力量。

我这回到湖南，实地考察了湘潭、湘乡、衡山、醴陵、长沙五县的情况。……目前农民运动的兴起是一个极大的问题。很短的时间内，将有几万万农民从中国中部、南部和北部各省起来，其势如暴风骤雨，迅猛异常，无论什么大的力量都将压抑不住。他们将冲决一切束缚他们的罗网，朝着解放的路上迅跑。一切帝国主义、军阀、贪官污吏、土豪劣绅，都将被他们葬入坟墓。一切革命的党派、革命的同志，都将在他们面前受他们的检验而决定弃取。站在他们的前头领导他们呢？还是站在他们的后头指手画脚地批评他们呢？还是站在他们的对面反对他们呢？每个中国人对于这三项都有选择的自由，不过时局将强迫你迅速地选择罢了。……

农民的主要攻击目标是土豪劣绅，不法地主，旁及各种宗法的思想和制度，城里的贪官污吏，乡村的恶劣习惯。这个攻击的形势，简直是急风暴雨，顺之者存，违之者灭。……地主权力既倒，农会便成了唯一的权力机关，真正办到了人们所谓"一切权力归农会"。连两公婆吵架的小事，也要到农民协会去解决。……

……广大的农民群众起来完成他们的历史使命……乡村的民主势力起来打翻乡村的封建势力。宗法封建性的土豪劣绅，不法地主阶级，是几千年专制政治的基础，帝国主义、军阀、贪官污吏的墙脚。打翻这个封建势力，乃是国民革命的真正目标。孙中山先生致力国民革命凡四十年，所要做而没有做到的事，农民在几个月内做到了。……

……农民的眼睛，全然没有错的。谁个劣，谁个不劣，谁个最甚，谁个稍次，谁个惩办要严，谁个处罚从轻，农民都有极明白的计算，罚不当罪的极少。第二，革命不是请客吃饭，不是做文章，不是绘画绣花，不能那样雅致，那样从容不迫，文质彬彬，那样温良恭俭让。革命是暴动，是一个阶级推翻一个阶级的暴烈的行动。农村革命是农民阶级推翻封建地主阶级的权力的革命。农民若不用极大的力量，决不能推翻几千年根深蒂固的地主权力。农村中须有一个大的革命热潮，才能鼓动成千成万的群众，形成一个大的力量。

女性和中国的共产主义*

艾格妮丝·史沫特莱

1911年封建统治崩溃之后，中国的文化、社会和政治处于真空状态，没有新的社会形式能够取代被推翻的社会形式。

当时的最新思想之一是男女平等。中国共产党最支持这种思想。虽然最初加入该运动的主要是城市女性，不过有些农村女性也参加了（但只是在缺少男性成员或思想特别进步的家庭里，才会如此）。即使是加入了共产党的女性，在整体上也没有和男性完全平等。不过，由于她们原来的地位太低，所以女性的地位还是得到了极大的提高。共产党赋予了女性地位、责任和一定的权力。

以下选文的作者是美国记者艾格妮丝·史沫特莱（Agnes Smedley）。她在中国生活了许多年，记录了她的所见所闻。虽然她的文字有些浪漫主义色彩，因为史沫特莱本人就倾向于用浪漫主义的眼光去看待共产主义女性，但还是比较真实地描述了20世纪二三十年代中国女性的一些变化。

思考：当社会的主要规则忽然改变时，会有什么样的结果。

珊辉是中国湖南一个大地主的女儿。她曾穿着绫罗绸缎、别着自来水笔上学读书。后来，她成为一个共产主义者，并和一位农民运动领导人结为夫妻。在以后的年月里——不，我还是从头开始讲

* Agnes Smedley, *Chinese Destinies: Sketches of Present Day China* (New York: The Vanguard Press, 1933), pp. 35-42. 译文参考［美］史沫特莱著、万高潮译：《中国革命中的妇女》，26～31页，北京，解放军出版社，1985。

述她的故事吧。

她的母亲是一个奇特的旧式女人，裹了脚，顺从旧式封建丈夫的每一个愿望。然而，她是一个敢于反抗的女性。她看着自己的儿子们长大成人，上学读书，并转向新思潮。这些新思潮有一些是与妇女有关的。妇女不应该裹脚，妇女应该和男子一样读书，妇女应该按自己选择的时间和自己选择的对象结婚，等等。

每当儿子们谈起这些话题时，母亲总是坐在一旁，一边听，一边用眼睛盯着女儿珊辉……我们所知道的是，母亲最终是为了女儿的自由而献出了自己的生命。

这场斗争发生在她家那高大的石头围墙里，而斗争的对手是她的丈夫和丈夫的兄弟。母亲使用的是受制于人的妇女古已有之的武器：泪水、哀求、计谋、巧言等等。首先她赢得了一个胜利：她的丈夫同意让珊辉接受教育。但条件是：教师必须是旧式男子，必须上门教学，而且只准教中国文字。此外，珊辉一定要裹脚，一定要按旧俗订婚。……

珊辉的父亲在家里一直实行着暴君式的统治。但珊辉十一岁的时候，他忽然死去了。然而，父亲的葬礼还没有结束，小姑娘脚上的裹脚布就被去掉了；父亲坟上的泥土还是湿的，珊辉就进了百里之外的一所学校。

……珊辉领导学生罢课、反对腐败的学校当局的消息传到家里。当时珊辉年近十六岁，正是适婚的年龄，然而她却不体面地被学校开除了。珊辉回到家中，头颅高昂，傲然不屈。母亲并没有压制她，而是和她单独谈了一次话，然后将她转送到一个更加现代化的学校里上学去了。这个学校很远，在长江边上的武昌。珊辉进了这个学校后，传闻就更多了，说她成了一个臭名昭著的学生运动领袖。而在武昌，男生女生都在一起混校读书。

……1926年夏末……革命风暴正席卷全中国。……珊辉放弃了学业，投身到民众中，成了一名共青团员。在工作中她遇见了一位农民运动领导者，他们相爱了，她不顾一切陈规陋习……宣布自己和这个所爱的男人自由结合了。……

在国共合作的日子里，作为最活跃的女革命者之一，珊辉被派往她的老家担任国民党妇女部的领导人。在那里，她参加了革命法庭，审判革命的敌人，没收大地主的土地并将其分配给贫苦农民。她还帮助法庭没收了自己家里以及自己以前的未婚夫家里的全部土地。

当革命发展成为全社会的运动以后，国共合作破裂了，可怕的白色恐怖开始了。……珊辉公开是以国民党妇女部的领导人身份活动，但暗地里，她却在工人群众和国民党士兵中进行宣传。不久，这个城市的首席法官见到她并爱上了她。此人是个有钱的军阀。从他那里，珊辉打听到了不少国民党军队围剿农民的计划，并将这些情报送给了城外的农民军。而这支农民军的领导人之一，就是她的丈夫。

《国外来信》：越南的革命民族主义*

胡志明

当日本和法国都在忙于战争时，越南的民族主义者看到了积

* Ho Chi Minh, *Ho Chi Minh: Selected Writings, 1920—1969*, "Letter from Abroad", June 6, 1941 (Hanoi: Foreign Languages Publishing House, 1977), pp. 44-46. 译文参考《胡志明选集》第1卷，230～232页，河内，越南外文出版社，1962。

极争取独立的时机。尤其是日本在二战初期轻易地击败法国，这让法国的弱点暴露无遗。民族主义者以此号召更多的人加入越南的独立斗争中去，特别是那些曾经认为越南不可能战胜法国殖民者的人。

胡志明（Ho Chi Minh，1892—1969）在 1930 年建立了印度支那共产党。在法国被日本击败之后，他清楚地意识到，斗争的时机到来了。于是，1941 年 5 月，越南独立同盟（简称“越盟”）成立了。同年 6 月 6 日，身在中国南部的胡志明发表了这一《国外来信》（*Letter from Abroad*），号召同胞把民族主义和革命的目标结合起来，以此作为争取独立的唯一途径。

思考：胡志明的号召具有怎样的力量；这种力量对于正在同殖民主义做斗争并争取领导权的人们有何积极作用。

各位父老！

各位志士！

士、农、工、商、兵各界！

全体亲爱的同胞！

自从法兰西输给德意志后，它的势力完全瓦解了。但是对我们的人民，它仍然施行残酷的搜刮手段，吸尽膏髓，还不遗余力地以横暴的政策进行镇压，屠杀我们的人民。对外则奴颜婢膝，甘心把我们的土地割让给暹罗，无计可施、忍气吞声地把我们的权利奉送日本。因此我国人民既做法国强盗的牛马，又做日本强盗的奴隶，在两重压迫下痛苦呻吟。呜呼！我国人民有何罪竟遭受如此苦难的命运！生活在这种痛苦残酷的境况下，难道我们人民愿意束手待毙吗？

不！决不！两千余万骆鸿子孙决不让人长此奴役下去。七八十年来，在法国强盗的铁蹄下，我们不断为争取民族的独立、自由而奋斗牺牲。……最近在南圻、都良、北山的起义已经证明，我们的同胞决心踏着前人光荣的血迹，英勇杀敌。尽管大功未成，但这实际上并非因为法国强盗的强大，而是因为时机尚未成熟，全国同胞未能同心一致。

今天，解放的机会已经到来。法国自身已不能统治我国。至于日本人，一面在中国陷入了泥坑，一面被英美的势力所钳制，决不能用全力和我们相争。如果我们全国一致，我们一定能够把法日的精锐军队击溃。……

亲爱的全国同胞们！数百年前，当我国面临元朝军队的侵略的危难时，陈朝的父兄纷纷起来号召全国子弟齐心救国，终于把人民从危境中解脱了出来，他们的芳名流传万世。我国的父老和志士应该继承我们祖先的光荣事迹。……

时机到了！高举起义的旗帜吧，领导全国人民打倒日、法帝国主义！祖国的神圣呼声正在你们的耳际震荡！先烈的英勇热血正在你们的心中沸腾！人民的奋斗精神正在你们的面前高涨！我们快些站起来吧！全国同胞快些站起来吧！团结起来，统一行动，打倒日、法帝国主义！

越南革命必定成功！

世界革命必定成功！

印度的印度教徒、穆斯林和民族主义*

莫罕达斯·K. 甘地

当欧洲殖民国家处于一战后的恢复期，短期内不想再引发世界大战的时候，印度的民族主义者正竭力发展独立运动。在这 20 年里，由于印度教徒和穆斯林的分裂，民族运动受到重创。穆斯林觉得，自己会在印度这个容纳各种英国元素的国家成为少数派。为了保护自己的权利，他们想要另建一个单独的国家——巴基斯坦。

由于担心两个国家不如一个国家强大，因此印度教徒表示反对。而且分裂还会增加群体暴力的可能性。对此最担心的人莫过于这一时期印度最重要的领袖，莫罕达斯·K. 甘地（Mohandas K. Gandhi，1869—1948）。以下是甘地 1938 年会见印度穆斯林联盟的领导人穆罕默德·阿里·真纳之前所发表的言论。

思考：为什么甘地的观点具有吸引力；甘地是怎样使自己的观点更具说服力的；这一言论反映出哪些问题。

我所信仰的印度教并不是一个宗派，它包括所有我所知的各种宗教的精华，这些宗教包括伊斯兰教、基督教、佛教和拜火教。就和从事其他事情一样，我以宗教的精神从事政治活动。真理即是我所信仰的宗教，而非暴力则是实现真理的唯一道路。我从来都反对用暴力来解决问题。暗杀无辜的人以及我在报纸上所看到的那些言

* M. K. Gandhi, *Communal Unity* (Ahmedabad: Navajivan Publishing House, 1949), pp. 217-218.

论，都不是通往和平的道路，都不是解决问题的好办法。

此外，我也不是代表谁而参加即将到来的会见。对此，我是有意为之的。如果将来有正式的协商，那一定是国大党主席与穆斯林联盟主席之间的协商。而我穷尽毕生的精力，是为了印度教和伊斯兰教的团结合作。我在早年的时候，就有了这个意愿。我把最杰出的穆斯林当作我的朋友。我有一个女儿是虔诚的穆斯林，而她对于我的意义则不仅是我的女儿。她是为了两个教派的团结合作而生的，也愿意为了这一事业而慷慨赴死。我认识一个人，他父亲生前是孟买清真寺的报呼祷告时刻的人，而他自己是印度高僧的忠实朋友。我没有见过比他更加高尚的人。这个午夜，在我写这些文字的时候，我耳边还回荡着他做晨祷的声音。正是出于这些原因，我渴望与真纳主席见面。

我不会为印度教徒和穆斯林的团结留下任何绊脚石。上苍以奇怪的方式实现自己。他或许在我们的会谈中，用我们所不知道的方式来完成他的意愿，为双方的伟大和解指明道路。我正是怀着这样的希望，期待着即将到来的会谈。我们是朋友，不是陌生人。尽管我们看问题的角度不同，但我对此并不介意。我告诉公众，不要夸大这一会谈的意义。不过，我希望所有热爱和平的人一起向真理和爱之神祈祷，请求他们赐予我们正直的精神和正确的指令，让我们为印度人民的福祉而奋斗。

英国与现代中东问题的根源：《贝尔福宣言》和丘吉尔的《1922年白皮书》

1897年召开的第一届犹太复国运动大会，可以说是现代犹太复国运动开始的标志。当时犹太复国运动的主要发起者西奥多·赫茨尔知道，国际承认是其成功的关键，因为犹太人想要建立家园的地方当时属于奥斯曼帝国。在第一次世界大战中，奥斯曼帝国联合德国共同对抗英国及其盟国。所以，犹太复国主义领导人向英国寻求犹太复国的支持。

一战期间，英国内阁决定让外交大臣亚瑟·詹姆士·贝尔福致函英国犹太复国主义的领导人罗斯柴尔德勋爵，表明英国支持犹太人在巴勒斯坦的土地上建立一个“犹太民族家园”。“《贝尔福宣言》代表了英国和美国所有政党的确定政策，”英国首相劳合·乔治回忆道，“之所以在 1917 年发表它，则是出于……宣传的目的。”

然而，英国不是只对犹太人做出承诺。1915 年，英国驻埃及高级专员亨利·麦克马洪爵士与麦加城的谢里夫①侯赛因·伊本·阿里通信。在信中，他表示支持阿拉伯人控制除地中海沿岸以外的阿拉伯地区。后来，尤其是在一战结束，国际联盟授予英国对巴勒斯坦的委任统治权以后，换了新内阁的英国政府竭力收回这些承诺。这一态度的变化，是通过一系列的“白皮书”陈述出来的。第一份白皮书是丘吉尔起草的《1922 年白皮书》，它试图一方面维护英国的原则，另一方面让犹太人和阿拉伯人都能满意。

思考：在没有征询这片土地上居民的任何意见的情况下，中东人民的命运是怎样被国际政治和英国的利益决定的。

① 意为“阿拉伯国家的王子”。

《贝尔福宣言》

尊敬的罗斯柴尔德勋爵：

我十分荣幸地代表英王陛下的政府将下述同情犹太复国主义的宣言转达给您。这一宣言已提交内阁并得到了批准。

“英王陛下的政府赞成在巴勒斯坦建立一个犹太民族家园，并将尽最大的努力实现这一目标。但必须清楚一点：绝不应使巴勒斯坦境内现有的非犹太人群体的公民权利和宗教权利受到损害，也不能使其他国家的犹太人所享有的权利和政治地位受到损害。”

如果您能把这个宣言告知犹太复国主义者联盟，我将非常感谢。

亚瑟·詹姆士·贝尔福

1917 年 11 月 2 日

《1922 年白皮书》（《丘吉尔白皮书》）

殖民地事务大臣重新考虑了巴勒斯坦的政治现状，热切希望能够解决给这一地区的特定群体带来不安和动荡的突出问题。巴勒斯坦不时存在的紧张关系，主要是源于担忧，即阿拉伯人和犹太人都有的担忧。现在，阿拉伯人担忧的部分原因在于，《贝尔福宣言》的意义被夸大了。《贝尔福宣言》是 1917 年 11 月 2 日在英王政府的授意下发表的，它支持在巴勒斯坦建立一个犹太民族家园。……他们也没有仔细考虑过阿拉伯人所担心的那些问题：巴勒斯坦境内的阿拉伯人及其语言、文化会消亡或是被贬低。他们应该注意到，《贝尔福宣言》的意思不是要把整个巴勒斯坦都变成犹太民族家园，而是说，像这样的一个犹太民族家园应该建立在巴勒斯坦境内……而且我们认为，在法律面前，所有巴勒斯坦公民的身份都是巴勒斯坦人；他们，或是他们之中的一部分，都不应该有其他的法律身份。然而在巴勒斯坦境内的犹太人那里，似乎有些人以为英王政府要偏离 1917 年《贝尔福宣言》中所阐述的政策。因此，我们有必要重申一下，这些担忧都是毫无根据的，而且请不用怀疑《贝尔福宣言》会改变。……如果有人问，在巴勒斯坦建立犹太民族家园是什么意思，我们的回答是：它不是要让犹太民族强行凌驾于全体巴勒斯坦居民之上，而是要在世界其他地区的犹太人的帮助下，进一步发展巴勒斯坦现存的犹太人群体，使它成为一个犹太民族的中心。在这里，所有犹太人，基于共同的宗教和种族，都会以此为荣。……这才是英王政府在 1917 年的《贝尔福宣言》中所要表达的真正意愿。基于这一理解，殖民地事务大臣认为，该宣言并没有任何或明或暗的含义会引起巴勒斯坦的阿拉伯人的紧张，或是引起犹太人的失望。……殖民地事务大臣相信，这样的政策，再加上保证巴勒斯坦充分的宗教自由以及双方在圣殿问题上的谨慎处理，必然会得到该地区各民族的拥护。在此基础上，或许会建立起一种合作精神，而圣地未来的进步和繁荣必将依赖于这种合作精神。

非洲人和殖民国家*

耶西·齐鲁瓦·齐蓬达

下文节选自耶西·齐鲁瓦·齐蓬达（Jesse Chilula Chipenda）写于 1938 年的自传。当时，安哥拉中部的基督教新教教会要求，所有申请神职的候选人员都要写一份自传。这份资料的原文是用生活在安哥拉中部的奥文本杜人的语言——翁本杜语撰写的。

* Lawrence Henderson, *Development and the Church in Angola: Jesse Chipenda the Trailblazer* (Nairobi: Action Publishers, 2000), pp. 1-8.

思考：关于殖民时期受过教育的基督教徒的社会地位，齐蓬达的经历告诉了我们哪些情况；虽然欧洲人宣称他们在非洲的殖民地国家消灭了奴隶制度，然而缺乏人身自由的劳动力仍然在当地以某些形式继续存在，这种连续性是怎样的；齐蓬达的经历反映了非洲人和殖民者之间怎样的关系。

我叫耶西·齐鲁瓦·齐蓬达，是齐蓬达和加沃莉的儿子。……我的父亲齐蓬达是一个商人。他有18个妻子，51个孩子。当做贸易不再赚钱后，他就做了罗曼达的酋长。……

做这个差事时，父亲对我说："我们必须去总督府，因为葡萄牙的官员叫所有的酋长和村里的头儿都去。我们要去拜伦多。"在我们到达总督的办公室后，总督说税收有问题。因为父亲在罗曼达收税时我和他在一起，所以我就向总督解释了税收的事情，直到他满意为止。

总督问："哦，酋长，这是谁的儿子?"父亲答道："是我的儿子。"然后总督说："你所有的孩子都应该像这个孩子一样学习。"

我们回到住地之后，父亲把村里的年长者都召集起来，把总督关于让年轻人学习的话告诉了他们。父亲还说，即便是奴隶、私生子女也都可以学习。……

我们离开拜伦多的总督府后，总督来到我们村里记税。他问我是否愿意协助他工作，我答应了。完成了我们村的工作后，他又让我去其他村。就这样，我们去了其他五个村子记税。到了邦尤王村，我说我不能再干了，我请求回去。总督坚持让我继续帮他工作，但我不同意，因为有如下三点困扰着我：

1. 他不让我从一个村子走到另一个村子，而是坚持让人用吊床抬着我。可我是一个普通的年轻人，不应该被年长者抬着。

2. 这意味着我放弃了学业。

3. 总督去哪儿我就必须去哪儿，还得住在总督府。

殖民统治下尼日利亚的仇恨*

奥巴费米·阿沃洛瓦

在两次世界大战之间，所有的非洲殖民地都面临着被欧洲殖民者占领的现实。对大多数非洲人而言，殖民主义意味着被迫种植农产品和到欧洲人开办的煤矿和工厂做苦力。在所有的占领地都有各种各样的限制。而且法律上还规定要实行种族隔离制度，只有极少数从小到大通过了一系列检查的非洲人才可以成为二等公民。非洲人不堪忍受殖民制度，开始发起反抗。以下资料选自尼日利亚领袖奥巴费米·阿沃洛瓦（Obafemi Awolowo）的自传，其中反映了 19 世纪 30 年代殖民统治下的尼日利亚人的仇恨。

思考：阿沃洛瓦的回忆表明非洲人采用了哪些策略；这说明了非洲人是怎样看待殖民制度的；受过教育的精英分子在反殖民情绪的兴起过程中起到了怎样的作用。

尼日利亚青年运动是第一个真正尽力把尼日利亚的所有民族主义者和在政治上有觉悟的团体联合起来的民族主义组织。……

1934 年，尼日利亚政府创立了亚巴高等学院。这所学院不附属

---

* Obafemi Awolowo，AWO，*The Autobiography of Chief Obafemi Awolowo* (Cambridge，England：Cambridge University Press，1960)，pp. 113，115-116.

于任何英国大学，可以在很多学科点上颁发尼日利亚的文凭证书，包括医学、艺术、农学、经济学和工程学。亚巴高等学院遭到了尼日利亚民族主义者的攻击。首先，它比英国大学的地位低，尼日利亚民族主义者无论如何也不能接受一个天生就低人一等的高等学院。其次，这个学院颁发的文凭同样是低等级的，因为在各个政府部门和机构，拿着亚巴高等学院文凭证书的人所能去的岗位，永远比英国大学毕业生们（大多数是外国人）所去的岗位要低，尽管学的都是同样的专业。有段时间曾传言要实施行政事务非洲化，所以人们认为亚巴高等学院是英帝国主义用来阻挠这一合法期望的阴险花招。有一个事实可以支持这种观点：就在五年前，尼日利亚政府曾经打算实行尼日利亚文凭证书，从而排斥牛津剑桥的学历证书。但该计划最终搁浅，因为拉各斯[1]的所有政治领导（不论哪个政党）都反对…… 第三，亚巴高等学院颁发的文凭证书在尼日利亚的认可度很低，得不到什么尊重，而在国外的认可度就更低了。第四，虽然这个学院的文凭在整体上要低于大学的学位，但是同一科目所要求的学习时间却要比大学里的长。因此，拉各斯和尼日利亚南部的一些政治圈子里怨气弥漫。为了消解这股怨气并建立一个代表民众情绪的联合阵线，J. C. 沃恩、欧内斯特・伊考利和奥巴・塞缪尔・阿基桑亚等人创立了“拉各斯青年运动”。我记得拉各斯青年运动所提交的备忘录，记得青年运动对政府回复的反驳，记得奥巴・塞缪尔・阿基桑亚致杜斯・穆罕默德・阿里・埃芬迪的公开信，后者在他的文章《彗星》中批评青年运动的领导人，说他们是“半桶水的批判家”。但是青年运动的所有抗议都是有理有据、一针

① 尼日利亚旧都。

见血的。在他们的言论中，青年运动阐述了反对建立亚巴高等学院的理由，认为它那时刚刚成立，需要有所改进。可是尼日利亚政府却坚持按照最初的计划来实施。所以，拉各斯青年运动继续发起组织活动，并且反对英国统治者在尼日利亚的其他不公正行为。1936年，为了响应全国各地的呼声，拉各斯青年运动更名为“尼日利亚青年运动”。

视觉资料

《愚公移山》

1911 年革命后，中国的文化真空也延伸至艺术领域。有史以来，中国艺术家第一次开始认真学习欧洲艺术，有些人还前往欧洲学习。不久，中国就建立了一些融合中西的艺术学校，其中最著名的是田汉创立的南国艺术学院。

1927 年，南国艺术学院邀请画家徐悲鸿开办美术系。徐悲鸿曾在巴黎和柏林学习过，回国后不久，他便开始用西方的画法在油画布上创作中国的历史题材。他的作品反映了现代中国画家在现代化过程中所处的两难困境。很久之后，他才回归到中国的一些传统技艺，并最终发展出一种融合欧洲现实主义与中国写意风格的画法。

图 24－1 很好地展示了这种中西合壁的画风。该画由徐悲鸿创作于 19 世纪 30 年代末，描绘了一个古老的道家寓言，其寓意是：一切皆有可能。这个故事也颇受毛泽东的喜欢；当他要为中国的百姓夺取政权时，就常常提到这个故事。

图 24-1

中国北京徐悲鸿纪念馆提供

思考： 为什么毛泽东觉得这类画作有吸引力；当传统的文化形式被遗弃后，寻找新的文化形式有哪些困难。

非洲殖民地的西方科技和基督教

在西方人征服非洲及其进行殖民统治的早期，他们不仅给非洲带来了军队和管理者，也带来了西方的科技、宗教和观念。欧洲人通常认为自己的制度要比非洲的制度先进。因此，有些人经常出于好意传播欧洲的制度，他们认为自己是在帮助改变非洲殖民地人民的命运。这在图 24-2 的这幅照片中就有所反映：一位基督教传教士正在教非洲少年怎样使用缝纫机。

思考： 基督教和科技的传入对非洲社会产生了怎样的影响；基督教、科技以及传教士的作用，三者之间的结合有哪些重要的意义。

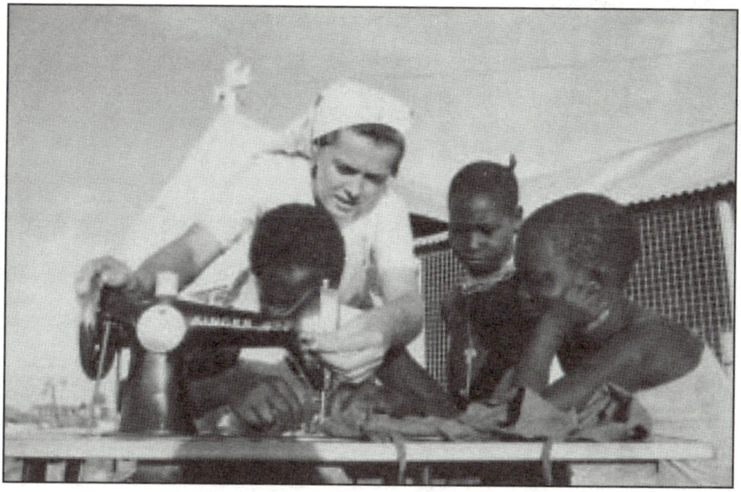

图 24-2

Marc & Evelyne Bernheim/Woodfin Camp & Associates（图片库）提供

日本的扩张

日本自从 19 世纪中叶打破闭关锁国、故步自封的状态后，它的一个重要目标就是与世界上的大国并驾齐驱。在当时的历史背景下，实现该目标的关键在于成为一个殖民帝国。日本在 19 世纪的最后 25 年里开始扩张，并且赢得 1894—1895 年中日甲午战争和 1904—1905 年日俄战争的胜利，从而使自己的扩张持续到 20 世纪的最初十年，并于 20 世纪 30 年代初占领了中国东北和中国北部。到 1942 年，日本已经控制了一个范围广大的国家，而且被卷入了第二次世界大战。而二战的失败则宣告了日本帝国的终结，并使得日本的疆域缩小到和 19 世纪中叶差不多的范围内。

第二手资料

第一次世界大战中的亚洲*

L. M. 潘尼迦

虽然1914—1918年的战争，即第一次世界大战，没有发生在亚洲，但亚洲也并未因此而置身事外。欧洲各国在亚洲的殖民地不得不卷入其宗主国的战争，中国和暹罗也加入了它们认为会最终取胜的一方。而根据协约，日本有参战的义务。亚洲的参战方式既包括从殖民地国家派遣军队，也包括从劳动力大国（如中国）向外输送劳力。日本虽然没有派遣军队或输送劳力，但是它帮助维护了英国在亚洲的利益，攫取了原本被德国占有的地盘，并在经济上取代了在东亚地区难以为继的欧洲商业。

一战给亚洲带来不小的影响。在下面的选文中，著名的印度学者和外交家潘尼迦（L. M. Panikkar）对此进行了阐述。

思考：根据潘尼迦的观点，亚洲人如何看待第一次世界大战；欧洲的霸权神话得以终结，这对亚洲产生了哪些影响。

在亚洲人看来，1914年至1918年的世界大战是欧洲民族共同体之间的内战。在战争的一方协约国的要求和鼓励下，亚洲国家也直接参与了战争的部分阶段，因此遭到德国的万分憎恨。……20世纪初……欧洲各国……依然坚信它们是地球的主宰……这是吉卜林的时代，这是“白人的责任”的时代，似乎命运注定让白种人永

---

* L. M. Panikkar，*Asia and Western Dominance* ［London：G. Allen & Unwin，1959 (Taylor & Francis)］.

远掌控东方。

1914 年，德国侵略者到达法国的马恩省时，英国统治下的印度军队已被派往法国。……后来，这些军队还参加了保卫苏伊士运河、中东以及非洲其他一些地方的战役。1917 年，暹罗对德国宣战。一支来自中南半岛[①]的劳力队伍被招募到法国去干活。1917 年 8 月 14 日，中国也加入了协约国。……然而，当时印度、中国甚至日本的国内舆论，却更倾向于支持德国，而非协约国。在印度……公众每听到德国取胜的消息都会欢欣鼓舞，而听到协约国取胜的消息就垂头丧气。……东方世界的舆论认为，这场战争是欧洲的内战，交战各方都没有对亚洲人民表示过友好的善意。如果要亚洲人民选择一方来支持的话，那也应该是德意志同盟。因为它在历史上没有征服过亚洲，而且它还与主要的伊斯兰国家——土耳其——结盟了。

不过，亚洲人民的参战具有深远的影响。参加过马恩战役的印度士兵回国后，对绅士有了新的理解，而不仅仅是多年来听信的官方宣传。而那些被输送到法国南部的中南半岛劳工回到安南[②]后，也带回了他们以前从未接触过的民主共和的思想。当时到过法国的中国人中有一位叫周恩来的年轻人，他在那里成了一名共产主义者；由于他参与了当地中国劳工组织的活动，险些被驱逐出法国。……

在政治上，自从威尔逊总统发表了“十四点计划”以后，殖民主义和帝国主义便进一步趋向衰落。1917 年，“民族自决”原则再次兴起。……在亚洲，它被称为解放。……

除了这些政治因素外，战争对经济所产生的影响同样动摇了西

① 位于亚洲东南部，包括今日的越南、柬埔寨、老挝等地。
② 越南东部地区的旧称。

方的霸权地位。日本利用这四年战争的时间，有计划地在东方实施贸易扩张。而印度则在工业道路上迈出了重要的第一步；由于英国经济的紧张局面，印度的民族资本被用在了一些更加有利的地方。……

西欧国家左翼运动的有力发展直接引发了东方国家的某些事件。英国工党在此期间的发展壮大与印度的民族主义运动有很大的关系。……而越南的民族主义则与法国的左翼政党相互协助。……列宁为帝国主义赋予了新的定义，把帝国主义看作是资本主义的最后阶段。而且他坚信，将人民从殖民统治中解放出来，这是打倒资本主义的任务之一。此外，俄国主张种族平等，废除沙俄在波斯和中国所攫取的特权……这些情况让那些一直宣称自己代表着自由和进步的西方国家很难再拒绝东方国家的自由呼声。……

有一个揭示出观念转变的明显事实是，一战后人们不再对帝国主义充满信心。除了丘吉尔，英国各政党中没有哪个主要人物敢站出来承认，自己确信白人应该主宰世界。历届印度总督，不论是属于自由党、保守党，还是无党派者，都公开表示支持印度的解放事业。……欧洲人的优越感或是类似这种的想象，已经无人相信了。

中国启蒙运动中的知识分子*

舒衡哲

1911 年清朝灭亡之后，中国在政治、教育、社会和文化生活

---

* Vera Schwarcz, *The Chinese Enlightenment: Intellectuals and the Legacy of the May Fourth Movement of 1919* (Berkeley: University of California Press, 1986), pp. 3-10. 译文参考［美］舒衡哲著、李国英等译：《中国的启蒙运动：知识分子与五四遗产》，1～12 页，太原，山西人民出版社，1989。

方面都处于真空状态。因为在此之前，中国社会的各领域都与儒家思想紧密相关，但随着封建制度的灭亡，儒家哲学破产了。

各种各样的哲学思潮填充着这一文化真空。中国兴起了史上少有的大范围讨论和文艺复兴。1919 年 5 月 4 日中国爆发了五四运动。当时中国人得知，尽管中国是第一次世界大战的战胜国，但是德国在中国的特权将被转让给日本，而不是归还给中国，因此 5 月 4 日那一天，人们在北平举行了罢工和游行示威活动，进而引发一场全国性的反日运动。

对于发起这场运动的中国知识分子而言，他们的思想理论与社会现实之间的鸿沟，要比他们原本想象的大得多。在此，研究中国思想史的著名汉学家薇拉·舒衡哲（Vera Schwarcz）探讨了这些年轻的知识分子所面临的困境。

思考：从哪些方面可以说明这场运动是一场重要的思想文化运动；这场运动带来了哪些社会和经济变化；一个在制度上失去公信力的社会会发生什么状况。

中国人对于康德“什么是启蒙?”这个问题的回答，反映出中国历史的紧迫性。这是一个近代民族主义兴起的时代，这是一个以农村为基础的中国革命不断发展的时代，这也是一个从封建的世界观中寻求解放的时代。……这种紧张关系的一个维度——它最为明显地体现在知识分子的生活和工作中——便是民族主义和文化批判之间的矛盾；用中国人的话来说，是反帝以救国，还是反封建以启蒙？那些在国内外受过教育的知识分子，在此二者之间的选择尤为艰难。与亿万同胞一样，他们期望中国走向独立和强盛，并为此积极投身到 20 世纪的中国革命之中。……

1919年五四运动后的几十年里，中国的启蒙先驱们被迫重新考虑和有所改变，甚至一度放弃思想解放的理想。政治暴力和反帝群众运动向主张平稳变革的知识分子提出了严峻的挑战。知识分子作为文化先觉者的形象也受到了怀疑。为了致力于改造国民的劣根性，五四时代的知识分子们最终改变了自己的观点，开始重新认识已经启蒙了的思想家与尚待唤醒的民众之间的关系。……他们不再以新文化领导者的形象自居，认识到自己并非高于百姓或是领先于百姓。五四时代的知识分子终于学会在革命大众身边做一个同行者。

五四运动之初，自认为“新青年”的知识分子仍把自己看作是一种传统类型的知识分子，只不过他们“先知先觉”而已。虽然他们反对这种传统类型的许多儒家内容，但是他们仍然认为自己肩负着一种文化使命。……然而当20年代的社会革命到来时，他们才发现，无论是他们的知识还是勇气，都要比自己在五四运动时期所想象的有限得多。……

作为政治化社会的一个片段，五四时代的老将们仍然执着地追求自己独特的文化使命：启蒙。在黑暗的30年代，当国民党的白色恐怖由于日本的入侵而有所加剧时，知识分子们便试图复兴五四的启蒙思想。即便有人批评他们的启蒙宣传不利于动员民众一致抗日，他们仍然坚定不移地批判传统文化。保守派们骂得越狠，他们的批判就越强有力。因为他们坚信，没有启蒙的胜利，就绝不可能有救国的成功。

事实上……1937年至1939年的“新启蒙运动”，通过一种奇特的方式把政治上的抗日反帝和文化上的反封建结合了起来。不幸的是，这种努力太过短暂了。具有批判意识的知识分子常常被扣上

“瓦解民族自信”“不配当中国人”的罪名。他们和他们的启蒙运动最终屈服于“中国化”——它强行要求人们放弃世界主义的承诺和对传统文化的无情批判。一旦知识分子被“中国化”，他们就不能有效地警示国人：中国尚未从封建文化中得到彻底解放。

伊拉克的诞生*

阿美尔·维诺格拉多夫

一战后，协约国把原属奥斯曼帝国的三个行政区摩苏尔、巴格达和巴士拉合并成一个叫作伊拉克的国家，由英国施行委任统治。国际联盟接管了先前战败国（德国、奥匈帝国和奥斯曼帝国）的土地，并交给战胜国进行管理（即委任统治），旨在让新的统治者能在几年后建立独立的国家。1920 年 4 月在意大利圣雷莫召开的圣雷莫会议①明确了英国对伊拉克的委任统治权。

7 月，当这个消息传到伊拉克时，人们开始了武装起义，给英国人制造了不小的麻烦。在付出了巨大的代价后，英国决定结束对美索不达米亚的委任统治。主管伊拉克的英国官员为新的伊拉克临时政府起草了一份计划。根据这份计划，伊拉克将成为一个王国，由阿拉伯大臣组成的委员会在英国高级专员的监管下管理。

费萨尔（Faisal，1885—1933）出生在麦加的一个沙特皇族

---

* Amal Vinogradov，“The 1920 Revolt in Iraq Reconsidered”，*International Journal of Middle East Studies*，Vol. 3，no. 2（Apr.，1972），pp. 136-139.

① 1920 年 4 月 19—26 日在意大利圣雷莫举行的国际会议，其议题是决定第一次世界大战的战败国奥斯曼土耳其帝国领地的未来。

家庭，曾是叙利亚国王，后被法国废黜。他逃亡到英国，在那里受邀出任新建国的伊拉克的国王。在1921年8月的公民投票中，费萨尔获得96%的支持率，当选为伊拉克国王。通过外国人建立自己的国家，对于这件事伊拉克人民有何反应，这就是历史学家阿美尔·维诺格拉多夫（Amal Vinogradov）在下文所讨论的问题。

思考： 当该地区的人民得知他们将归属到一个新国家时，可能有怎样的感受。

起义的第一枪于1920年6月30日在迪瓦尼耶省的鲁迈塞打响。以民族主义活动闻名的一位扎瓦里姆部落的酋长被政治当局逮捕入狱，起诉的理由是他没有给英国人缴税。但是就在当天，他的手下全副武装地冲入监狱，把他劫走。然后，他们宣布起义，开始破坏铁轨和附近的桥梁。不久，战斗便扩展到塞马沃，英国守军措手不及，见有伤亡便举手投降了。……

……1920年7月11日，舒尤赫地区的一些主要领导人聚在一起，起草了一份请愿书，呈交给当地的英国政府官员。他们在请愿书中要求伊拉克完全独立，但是被诺伯里少校拒绝了。于是他们宣布起义，并包围了当地的军事驻地盖斯巴·苏克海尔。在纳杰夫，英国总督撤离了，这座城市建立了临时革命政府，其中包括四个部门：管理部门、市政部门、执法部门和教育部门。……

现在，起义已经蔓延开来，起义军同时在几个地方与英军战斗，库费、鲁斯塔米亚，还有欣迪耶。……英国指挥官陆军中将艾尔默·霍尔丹担心巴格达的安危，他认为只有进行一次动作迅速、规模庞大的联合军事行动，才能阻止叛乱像滚雪球一样扩大到整个国家。英国军事大臣温斯顿·丘吉尔深知危机的紧迫性，因此命令部队立即从伊朗方面调动人马前往伊拉克。……炮弹纷纷落在城里的清真寺，但那却是从烧毁的村庄中逃出来的村民们的避难所。而飞机的使用彻底改变了交战双方的力量对比，预示着叛乱的结束。在空军的掩护下，霍尔丹撤回了他的军队，并在费卢杰[①]重新集结，以防叛军袭击巴格达。当英国军队分散撤退之时，他们的供给线和中转驻地遭到叛军的袭击。为了报复，英国人放火烧毁了铁路沿线的村庄和聚居地。之后，英军在希拉集结，准备发动大规模的攻击。……

既有精良的人力和弹药供给，又有皇家空军的保护，霍尔丹发动了反击战。战争打了五个月后，起义军的供给已然耗尽，几乎弹尽粮绝。在巴格达，珀西·考克斯爵士[②]取代了刻板的阿诺德·威尔逊，形成了更具协作氛围的环境。英军包围了卡尔巴拉，切断了水源供给，强迫其投降。而挤满了农村难民的纳杰夫也接到英军的最后通牒——要么投降，要么被轰炸。起义的领导者由于担心发生饥荒和瘟疫，因此在碰头商量后决定投降。英国给予纳杰夫很多的补偿：3 000 支枪或 81 000 磅金子。随着纳杰夫的沦陷，起义军的核心力量瓦解了，各地纷纷投降。

此时，英国已制定了一个解决伊拉克问题的政治方案。他们委任珀西·考克斯爵士及其助理格特鲁德·贝尔负责实施该方案。……

叛乱直到 11 月底才彻底消停。珀西·考克斯爵士和格特鲁

① 巴格达西部一城镇。

② 英国外交官。

德·贝尔在诸多官员的协助下，把巴格达的英国机构贴上了伊拉克的本土标签，并成立了一个临时政府。伊拉克的叛乱耗费了英国财政部 4 000 万英镑，这是它每年花在伊拉克身上的财政预算的两倍。……

英国继续在为立费萨尔为国王做着铺垫工作。……首先，在丘吉尔主持的开罗会议上他得到了正式的承认。1921 年 6 月 13 日，在伊拉克起义一周年纪念之际，费萨尔离开麦加，出任伊拉克的新国王。……

英国陆军逐渐撤出了巴格达，取而代之的是皇家空军。后者驻扎在巴格达西部的哈巴尼亚，因此英国军队显得比以前隐蔽了很多。伊拉克起草了宪法，建立了政府各部门，把国家划分成 14 个省，每个省有一个省长。新出版的历史书没有关于 1920 年叛乱的内容，官方也不进行任何的纪念活动。因此，现代伊拉克的历史是从 1921 年开始的。

太平洋战争中的宣传和种族主义*

约翰·W. 道尔

在战争或备战时期，所有国家都把宣传作为一种手段，向自己的国民灌输为国而战、为国献身的思想。达到这个目标的方法很多，其中之一就是把敌人形容得十分邪恶、残忍和野蛮。

在珍珠港事件前后，美国政府就是这样把日本人描绘成低于人类的鼠辈之徒，他们愚蠢地效忠天皇。其中影响最大的是系列电影

* John Dower, *War without Mercy* (New York, 1986).

《了解你的敌人——日本》(*Know Your Enemy——Japan*)，由著名导演弗兰克·卡普拉导演。反过来，日本人也把美国人描绘成非人的野蛮形象。以下资料节选自一部获奖作品——《战争没有怜悯：太平洋战争中的种族与权力》(*War without Mercy：Race and Power in the Pacific War*)。在这本书中，美国的日本问题专家约翰·W. 道尔（John W. Dower）阐述了日本对美国的丑化宣传，并对双方所使用的种族歧视套路进行了评论。

思考：日本人是通过怎样的论证来贬低美国人的；为什么这样的宣传会有效。

……1941 年 8 月，日本的文部省发表了一个重要的意识形态宣言，标题是《臣民之道》……这份宣言告诉日本国民，作为一个民族、一个国家和一个种族，他们是什么样子或者应该是什么样子。同时，这份宣言剖析了现代西方的历史和文化。在日本人的眼中，意欲统治世界的恰恰是那些属于非轴心国的西方国家。几个世纪以来，西方国家都在为此目标努力，并取得了显著的成果。正是以追求利益和自我满足为基础的现代西方价值体系，才能解释战争和迫害的大部分血腥历史，而这段历史在当前的世界危机中达到了极致。由此可见，日本人解读西方历史的方式，跟西方人解读日本历史的方式是一样的：从古到今都是腐朽的价值观、残酷的剥削和野蛮的战争。美国敌人的照片在这里以及在战争中遗留下来的军队相册里都有所展示。……日本的宣传机器告诉国内的民众，西方人的早期失利以及动不动就投降的情形，正好反映了西方社会的软弱无能。而后来美国轰炸日本城市的情形，则被用来证明美国敌人具有一种超乎想象的残暴本质。

日本士兵从《战前必读》中了解到，南亚地区是远东的宝地，一年四季都是夏天。在那个地区，50 万英国人统治着 3.5 亿印度人，另外还有几万英国人统治着 600 万的马来人；20 万荷兰人统治着东印度群岛的 6 000 万土著；2 万法国人控制着 2 300 万印度支那人；数万美国人控制着 1 300 万菲律宾人。总共 80 万白人，却控制着 4.5 亿亚洲人；如果不算印度的话，那就是 30 万白人控制着 1 亿亚洲人。宣传册还告诉日本士兵："通过榨取亚洲人民的血汗得来的钱财维系着这些少数白人群体的奢侈生活，或者流向了他们各自的国家。"白人被描述成傲慢的殖民者，住在山腰或山顶的豪华别墅中，俯视着山下当地人简陋的茅草屋。他们认为自己天生就有特权，应该让当地人成为他们的私人奴隶。血缘和肤色的纽带把日本人和这些遭到压迫的亚洲民族联系到了一起，而后者经历了几代殖民者的压榨和剥削，因此日本有责任"让他们重新成为有尊严的人"，带领他们走上自由之路。简言之，就是"把东亚人民从白人的侵略和压迫中解放出来"。所以结论就是，这是"一场种族间的战争"。

……日本人被告知，西方人的扩张动机虽然部分是出于对探险的热爱，但更多地却是出于对他国市场和资源的垂涎。而且不要忘记，欧美国家的扩张对象不仅仅是亚洲。在这份宣言中，日本文部省提出的下面两个问句成为在整场战争中一直都十分有效的宣传口号："美国的印第安人遭受着怎样的对待？非洲的黑人呢？"……

每一项这样的意识形态宣传都是把事实、半真半假之事以及纯粹捏造的言论糅合在一起。只要我们把美国人和日本人都列举过的事例放在一起来看，那么他们各自所试图掩盖的地方便暴露出来了；而且很清楚，双方都是更多地展示自己，较少地提及他们的敌人。……不论是在电影、广播还是文字出版物中，这样的言论都带有意识形态色彩，并且是公开的、经过斟酌和精心编辑的，其目的就是为了向公众灌输。虽然这些宣传要比直接表达种族仇恨的那种言辞更加精致，没有那些高层对力量和利益格局的谋划那样直接或翔实，但是它也不是简单的一纸谎言，或纯粹是愤世嫉俗者的情感宣泄。发言者、观察家和听众（只要他们在同一个阵营）对待这些言论的态度基本上都很认真。如果对其中的语言、套路和制造现代神话的方式进行回顾的话，我们可以从中发现很多东西。由于处在二战的背景下，因此这些看似抽象的问题便具有严肃的意义。别忘了，对于战争中的人们来说，认识敌人的主要目的就是为了更能控制或消灭他们。

20 世纪的南非政治：种族、阶级和民族主义*

舒拉·马克斯　斯坦利·特莱彼多

两次世界大战之间，阿非利坎人（即布尔人，南非的白人定居者，主要指荷兰后裔而不是英国后裔）在南非变得越来越强硬。他们不但竭力维持白人与非白人之间的种族区别，还试图与仍然当权的英国人抗衡。他们的努力进一步推动了南非阿非利坎人的民族主义。这是一种赤裸裸的种族主义哲学，它汲取了基督教的精神遗产以及当时源自欧洲的种族主义意识形态。它所关心的焦点问题是，通过利用英国的民主制度使得种族隔离政策制度

* Shula Marks and Stanley Trapido, *The Politics of Race, Class, and Nationalism in Twentieth Century South Africa* (Essex, United Kingdom: Longman Group Publishers, 1987).

化。在以下的节选资料中，舒拉·马克斯（Shula Marks）和斯坦利·特莱彼多（Stanley Trapido）追溯了阿非利坎民族主义的根源，尤其是阿非利坎知识分子在当时所扮演的角色。

思考：为什么阿非利坎人觉得需要把自己的意识形态合法化；阿非利坎民族主义如何满足了阿非利坎人的需求；种族、宗教、经济与国家之间有怎样的关系。

面对廉价传播的英国文化所带来的挑战，人们的日常生活必须要重新规划，这个异国他乡必须要转变成一个由阿非利坎人占主导的世界。……没有哪种人工制品会因为太大或太小而无法为阿非利坎人使用，也没有哪个职位会因为太高或太低而无法让阿非利坎人来做。与此同时，阿非利坎人的历史、故事、语言和文化传统不断地在被创造及再创造，而以阿非利坎首家保险公司（SANLAM）为核心的经济运动也在南非不断取得成功。此外，文化与经济方面的民族主义运动亦由于基督教民族的意识形态（1919年成立的一个秘密兄弟会组织就采取这种思想）而获得进一步的发展，人们用这种意识形态来动员阿非利坎人参加民族主义运动。……

尽管阿非利坎人所写的很多东西模糊不清而且相互矛盾，但是它们的大致方向是清楚的。各个民族、各种文化都是神圣的产物，各自都是独立的，各有其地位和命运。所以，为民族服务就是为上帝服务。用上帝所造的语言来敬拜他，是对他的最高敬意。而失去了这种语言，他所创造的文化和民族就将灭亡。外来的资本主义正威胁着语言、文化和民族。……

兄弟会的领导者普莱西斯认为，阿非利坎人的敌人不是资本主义本身，而是因为资本主义体系被控制在非阿非利坎人的手上。所以，阿非利坎人必须要争取自己应有的权利，通过“人民资本主义”调动种族资源，从而促进阿非利坎的社会繁荣。为了达到这个目的，财政紧张的北方兄弟会在 1939 年的人民经济大会的号召下，开始向 SANLAM 公司寻求帮助。……

在人民经济大会上，SANLAM 公司宣布成立第一家由阿非利坎所有的金融商行，联邦人民投资集团。到 1981 年，该商行已成为南非的第二大独立企业集团。当时，刚起步的北方企业家被排斥在外，他们只能寻求一些个人公司的小业务。而对阿非利坎的穷人来说，他们贡献力量的途径就是听从劝告，受雇于阿非利坎的企业。在阿非利坎的资本力量和不断发展的小资产阶级之间，存在一种共生的关系。不过，冲突和紧张也同时存在。

非洲女性与法律*

马丁·查诺克

在两次世界大战之间，非洲殖民地还建立了一些社会制度，极大地改变了普通民众的生活。非洲人不仅要应对税收、强制劳动力等问题，还要遵守一系列新的法规，改变原先在劳动分工、结婚离婚、遗产继承以及日常生活各个方面的风俗。大部分新法规都是根据欧洲法律重新诠释的“传统”法规。尤其对于非洲妇女来说，“习惯法”的制度化剥夺了很多她们原先享有的独立性，并将非洲社会历史上从未有过的父权制强加在她们身上。这一时

* Martin Chanock, Law, *Custom and Social Order*: *The Colonial Experience in Malawi and Zambia* (Cambridge, England: Cambridge University Press, 1985), pp. 186-187.

期，欧洲女性已经公开挑战维多利亚时代的男权统治，而非洲女性却要被迫遵守这些法规。在下面的选文中，马丁·查诺克（Martin Chanock）阐述了这种社会变革中的内在矛盾。

思考：如何证明这些政策降低了女性的地位；像这样的社会变革有多大可能取得成功；为什么说女性会反对这些新法规。

马拉维1902年和1905年的《婚姻条例》规定，有效婚姻必须经过女方的同意，若不经女方的同意，则婚姻无效。以前，人们就曾努力争取妇女的自由地位，而这些法律支持了这种运动。在早期的官员看来，应该捍卫“自由女性”的地位、反对非洲的婚姻制度，因为后者不但明显忽略了妇女的意愿，而且规定寡妇须被丈夫的继承人“继承”。然而很少有人知道，对于被官方称为“不经同意”的这种束缚，妇女们其实是特别反感的。但由于妇女通常是通过娘家把各种婚姻问题诉诸法庭，所以，在闹上法庭的那些关于同意权的案件中，很少有案件跟新近皈依了基督教的妇女——这些妇女会对事情提出异议，会反思以获取聘礼为目的的婚姻——在身份地位问题上的那些特殊看法相关。英国传教士所建立的基督教会以及早期的官员，都强调女性在婚姻方面享有自主的权利，并且认为，在非洲的各种婚姻形式中许多现有的权利和义务都是与此相悖的。埃米莉·玛莉瓦曾写道，马拉维和英国在法律思想上最深层次的冲突在于婚姻。她强调指出，英国的婚姻观念与马拉维的传统婚姻观念完全不同。妇女们会把英国的传教士视为保护人，认为传教团是她们获得平等地位的阶梯。而酋长们和成年男子一般都憎恨传教团，因为传教团对待妇女的方式侵害了他们原有的权威。但是正如玛莉瓦已注意到的那样，基督教的婚姻观念和传教团的影响仅仅涉及一小部分人。虽然基督教可能提升了少数妇女在婚姻中的地位，但这并不是“西方”影响的主要方面。

1931 年 2 月，由于英国和国际联盟对非洲的女性地位产生兴趣，因此，当地官员都收到了一份关于妇女权益的调查问卷。在他们看来，妇女是自由的，这似乎非常清楚。博马①地区的秘书长认为，正是由于确立了妇女的法律地位，她们才能享有这种自由。“当地妇女具有相当程度的独立性，其中的一个有力证据便是，”他写道，“无论是在行政长官面前还是在法庭上，她们都可以提起诉讼，并且打赢官司的概率很大。”人们普遍感到满意的是，这里没有强迫的婚姻和继承寡妇的现象，妇女们可以拥有自己的财产，而且“对于奴隶制的抱怨，通常是源于那些遭人反对的凌辱行为，而不是奴隶制本身”。还有些人在问卷的回答过程中，对身处“母系社会”地区的妇女们所享有的利益进行了评论。布兰太尔的当地长官报告说，和母系成员一起居住在自己村子里的尧人②妇女，要比恩戈尼③的妇女幸福得多。还有人强调，恩戈尼妇女与受保护国的其他民族不一样，她们不能拥有独立的财产，也不能继承财产，自己却通常被当作可继承的财产。而来自姆兰杰的报告则称，在“母系社会”地区，母亲能够在离婚后得到小孩的抚养权，即便她是“婚姻破裂的责任方……也很少有例外，而这些例外几乎全都是受欧洲的影响所致”。尽管他们认为是自己确立了妇女的自由地位，但他们却一点也没有因此而洋洋得意。乔洛的地区长官写道：

① 扎伊尔西部城市。
② 非洲东南部的民族，主要分布在马拉维湖的东部和南部。
③ 由班图系统的恩古尼支系的 12 个群体组成，散居在非洲东部各地。

我认为，尼亚萨兰的妇女有很大的自由。事实上，她们是过于自由了。丈夫们发现，在家庭生活中越来越难以维持秩序和良好的行为。妇女们常常去喝酒、跳舞，干些违背丈夫意愿的事情，忽略了自己身为人妻的职责。稍对她们表示不满或是纠正其行为，她们就会大发脾气、尖刻谩骂、发起家庭战争，接着便会跑到酋长或是地方官署那里，抱怨她们的烦恼。

面对这样的态度，法律上所规定的地位并不会是特别有用的东西。

第 25 章

全球转型与超级大国的斗争：二战后的岁月（1945—1989）

1945 年宣告了第二次世界大战的结束，以及自从 1914 年第一次世界大战爆发以来数十年动荡岁月的终结。同时，它还标志着一个各国之间越来越相互依存的时代的到来。交往的扩大、经济依赖性的增强、国际组织和结盟体系的出现、意识形态的竞争和文化交流的加强，造就了这种全球依赖性。本章将从五个方面出发，审视第二次世界大战后 30 年的历史。

首先，二战几乎刚刚结束，美国和苏联就在全球范围内展开了一场意识形态和政治领域的苦战——冷战。当时世界上的任何政治状况，无论是在欧洲、拉丁美洲、亚洲、非洲还是其他地区，似乎全都属于冷战的范畴之内。

在拉丁美洲，美国成为当今世界上军事和经济力量最强的国家，拉丁美洲所遭受的二战创伤也比其他地区小得多。然而，近几十年来，那里却出现了巨大的政治动荡和社会不稳定。在拉丁美洲，斗争往往爆发于独裁政府所支持的精英阶层和革命运动所支持的城乡贫民之间。而在美国，出现了民权运动和妇女解放运动。越南战争给美国造成重大的社会和政治冲突。

在亚洲和非洲，两次世界大战的破坏和不断兴起的独立运动，使西方帝国主义列强日益难以控制该地区。在这几十年间，欧洲和美国有时是以和平的方式，有时是在长期的暴力斗争后，放弃了几乎所有殖民地。

然而，亚非各国成功的独立斗争所带来的，却常常是种族、政治、宗教、社会和经济方面的难题。某些国家和地区，如日本、韩国、新加坡、以色列、中国香港和中国台湾以及石油资源丰富的中东地区，享有相对的繁荣。而在另一些国家，如越南、柬埔寨、老挝、印度、孟加拉国和阿富汗，和平与繁荣依然难以实现。在非洲，民族独立斗争往往时间更久。随着非洲各国的相继独立，其首要关注点便成为，如何设计一种能够带来稳定和繁荣的国家体系。

本章材料将涉及上述发展内容，这些发展及其彼此的联系无疑具有世界意义。在后面的第 26 章，我们将介绍其中某些发展的具体实例，以便从历史的视角分析当代社会。

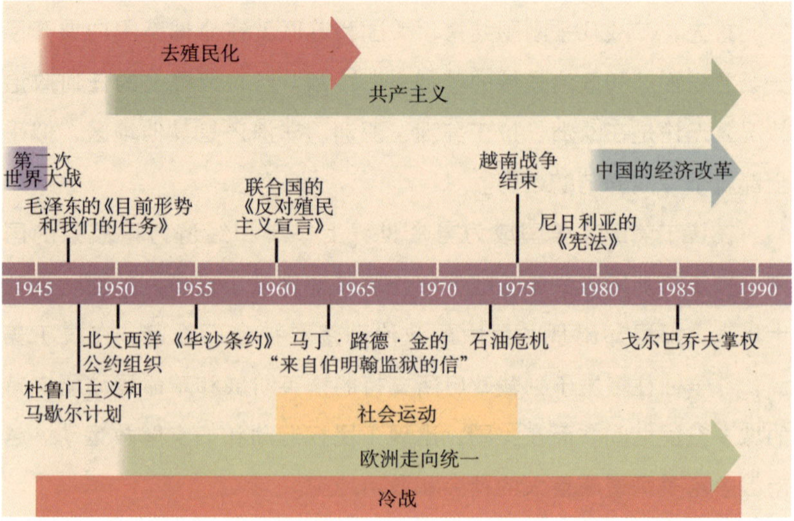

第一手资料

杜鲁门主义和马歇尔计划*

二战期间，苏联和美国结为盟友，共同对抗轴心国敌人。战后不久，两大盟国再次出现分歧。到 1947 年，这种敌意便已体现在两国的政府计划和国际政策上，冷战爆发了。下面所摘录的两项美国当时的政策最明确地宣布了这一点。第一项出自杜鲁门总统 1947 年 3 月 12 日在国会发表的关于援助希腊和土耳其（这两个国家有可能被拉入苏联的阵营）的讲话，该讲话所包含的原则被称为“杜鲁门主义”。第二项政策是国务卿乔治·马歇尔在 1947 年 11 月 10 日对参众两院外交关系委员会的发言。由于他主张大力援助欧洲，因此这次发言后来被称为“马歇尔计划”。

思考：美国是怎样看待苏联以及苏联盟友的；这种外交政策的意图何在；苏联会怎样看待这种政策，并做出怎样的反应。

---

* U. S. Congress, *Congressional Record*, 80th Congress, 1st Session (Washington, DC: U. S. Government Printing Office, 1947), vol. 93, p. 1981. 译文参考齐世荣主编：《当代世界史资料选辑》（第一分册），92～93 页，北京，北京师范学院出版社，1990。U. S. Congress, Senate Committee on Foreign Relations, *A Decade of American Foreign Policy: Basic Documents, 1941—1949* (Washington, DC: U. S. Government Printing Office, 1950), pp. 1270-1271.

杜鲁门主义

最近，一些极权主义政权违背世界上很多国家人民的意愿而将其统治加诸其身。美国政府曾屡次抗议在波兰、罗马尼亚、保加利亚等国发生的违反《雅尔塔协定》的种种胁迫和恐吓。我还必须指出的是，在其他一些国家，也有类似事情发生。

在目前的世界历史中，几乎所有国家都必须在两种不同的生活方式中进行选择。这种选择往往是不自由的。

一种生活方式以多数人的意愿为基础，突出表现为自由制度，代议政府，自由选举，保障公民的人身、言论及信仰自由不受政治压迫。

另一种方式则以凌驾于多数人之上的少数人的意志为基础。它依靠恐怖、压迫、控制出版自由和无线电自由、圈定式选举以及压制个人自由。

我认为，美国的政策必须是，支持自由的人民抵抗少数武装分子或外来压力的征服企图。

我认为，我们必须帮助渴望自由的人民以自己的方式主宰他们的命运。

我认为，我们应该首先在经济和财政方面予以援助，这对经济稳定和政治的有序发展而言是至关重要的。

马歇尔计划

作为战争的后果，欧洲——这一好几个世纪以来一直都是人类世界中最具活力、事实上也是最具创造性的部分——陷入了衰退。该地区尽管存在多种民族文化与诸多的内部冲突战争，但欧洲各国仍拥有共同的传统和共同的文明。

这场战争以盟军主力部队在欧洲腹地的胜利会师而结束。三大盟国的政策已经指向欧洲的复兴。现在很清楚，只有一个国家，苏联，出于自身的原因而不能共享这一目标。

我们已经卷入两场源于欧洲大陆的战争。欧洲的自由民族打这两场战争，是为了不让它们的共同体受到某个大国的强制统治。这种统治不可避免会威胁世界的安全与稳定。如果现在否认我们对于它们保护自身传统和文化的能力的关心，那就是放弃了两代美国人所付出的牺牲和努力。我们希望看到这个共同体重新成为捍卫世界安全的支柱，能够为人类的进步和以法律制度、尊重个体为基础的世界秩序的发展重新做出贡献。

美国政府为恢复整个欧洲共同体而做出的努力，对于所有希望看到这一点的人来说，都是非常清晰的。然而，我们必须面对一个事实，那就是，尽管我们在努力，但是，并非所有的欧洲国家都已能够在它们本属于的这个共同体内自由地选择立场。

因此，我们的复兴计划的地理范围，仅限于那些可以自由地根据其民族传统和民族利益而行动的国家。如果对这种局势有什么疑问，请看一下目前的欧洲大陆地图，就可以从中找到答案。

欧洲目前的分割界线，大致就是西方的英美军队和东方的苏联军队曾经会师的那条界线。这条线以西的欧陆各国，一直根据自己的民族传统来解决战争所带来的诸多难题，没有受到英美等国的压力或胁迫。而这条线以东的欧洲国家的发展，则被打上了外国势力的明显印记。

冷战：苏联的视角*

鲍·尼·波诺马辽夫 (B. N. Ponomaryov)

对于冷战乃至整个现代史，苏联的看法与西方社会是不一样的。以下材料选自苏联官方1960年出版的《苏联共产党历史》(*History of the Communist Party of the Soviet Union*)。这里关注的主要是二战结束时和冷战早期的历史。

思考：在苏联人的阐释中，哪些内容最有可能被西方社会的非马克思主义史学家接受；这种阐述与杜鲁门和马歇尔的论述有何差异；这些差异可以从哪些方面解释冷战的出现。

由于战争，资本主义体系遭到了巨大的破坏，比战前更加衰落。**资本主义总危机的第二阶段开始了**，这次危机的主要表现，就是革命的浪潮又一次高涨起来。阿尔巴尼亚、保加利亚、东德、匈牙利、捷克斯洛伐克、波兰、罗马尼亚和南斯拉夫等国家都纷纷摆脱了资本主义体系。……

共产党和苏联政府在同人民民主国家的关系中严格遵守不干涉其内政的原则。苏联承认这些国家的人民政府，在政治上支持它们。苏联忠于自己的国际义务，从战时大大减少了的储备中拿出粮食、种子和原料供给人民民主国家；这就帮助这些国家保证了居民的粮食供应，并且使许多工业企业能更快地开工生产。苏联的武装

---

* B. N. Ponomaryov et al., *History of the Communist Party of the Soviet Union*, Andrew Rothstein, trans. (Moscow: Foreign Languages Publishing House, 1960), pp. 599, 606-612. 译文参考［苏］鲍·尼·波诺马辽夫主编：《苏联共产党历史》，637～643页，北京，人民出版社，1960。

力量驻扎在人民民主国家，使这些国家内部的反革命势力不敢发动内战，同时也防止了外国的武装干涉。苏联使得外国帝国主义者干涉民主国家内政的企图不能得逞。……

美国决定利用其他主要资本主义国家经济上和政治上的困难，使它们服从自己。美国以援助为名开始渗入这些国家的经济，干涉它们的内政。像日本、联邦德国、意大利、法国和英国这些资本主义大国，都已经在不同程度上依附于美国。西欧各国人民所面临的任务是维护自己国家的主权免受美帝国主义的侵犯。……

由于第二次世界大战后所发生的根本转变，世界政治情况也发生了本质的变化，形成了**两个**主要的**世界性**的社会政治阵营，即民主的**社会主义**阵营和反民主的**帝国主义**阵营。

力图建立世界统治的美国统治集团公然声称，他们的目的只有依靠“实力地位”才能达到。美帝国主义者发动了所谓的“冷战”，想燃起第三次世界大战的战火。1949 年美国建立了以“北大西洋公约组织”为名的军事侵略集团。早在 1946 年西方国家就开始实行分裂德国的政策，到 1949 年联邦德国建立的时候基本上实现了这一分裂。接着它们又采取了使联邦德国军国主义化的方针，这就进一步加深了德国的分裂，使其恢复统一更加困难。在欧洲，战争策源地开始形成。在远东，美国力图把日本变成战争策源地，在那里到处是美国的武装力量和军事基地。

1950 年美国在远东转入了公开的侵略，美国第七舰队开进台湾海峡；挑起了朝鲜人民民主共和国和韩国的武装冲突，发动了对朝鲜人民的侵略战争。朝鲜战争造成了对中华人民共和国的威胁。中国人民志愿军奋起援助朝鲜人民。

美国在朝鲜的军事冒险大大加剧了国际紧张局势。美国开始了疯狂的军备竞赛，加速生产原子武器、热核武器、细菌武器和其他各种大规模杀伤性武器；在资本主义世界各地加紧建立首先以反对苏联、中国和其他社会主义国家为目的的美国军事基地，加紧拼凑军事集团。使用大规模杀伤性武器的第三次世界大战爆发的威胁大大增加了。

共产主义在中国*

毛泽东

1949 年，中国共产党从赢得胜利的那一刻起，就立即着手创建一个崭新的中国。这项任务是艰巨的，尤其是许多共产党人希望改变某些在将近四千年的中华文化里早已根深蒂固的传统（如妇女的地位）。但共产党人无所畏惧，从 1949 年至今，他们发起了一系列大规模的政治和社会运动。

以下材料选自 1947 年毛泽东对领导干部的讲话，内容是关于中国的未来发展。这篇材料的重点在于土地改革和对农民的回报，正是他们的援助和牺牲才使共产党人的胜利成为可能。

思考：毛泽东想怎样回报其支持者；他将什么人定为敌人，理由何在；他所提倡的政策是什么，这些政策会带来怎样的变化。

---

* Mao Tse-tung，*Selected Works of Mao Tse-tung*，vol. 4 (Peking：Foreign Languages Press，1961)，pp. 170-174. 译文根据《目前形势和我们的任务》，见《毛泽东选集》，2 版，第 4 卷，1243、1250～1251、1253～1255 页，北京，人民出版社，1991。

中国人民的革命战争，现在已经达到了一个转折点。这即是中国人民解放军已经打退了美国走狗蒋介石的数百万反动军队的进攻，并使自己转入了进攻。……

日本投降以后，农民迫切地要求土地，我们就及时地作出决定，改变土地政策，由减租减息改为没收地主阶级的土地分配给农民。我党中央一九四六年五月四日发出的指示，就是表现这种改变。一九四七年九月，我党召集了全国土地会议，制定了中国土地法大纲，并立即在各地普遍实行。……中国土地法大纲规定，在消灭封建性和半封建性剥削的土地制度、实行耕者有其田的土地制度的原则下，按人口平均分配土地。这是最彻底地消灭封建制度的一种方法，这是完全适合于中国广大农民群众的要求的。为着坚决地彻底地进行土地改革，乡村中不但必须组织包括雇农贫农中农在内的最广泛群众性的农会及其选出的委员会，而且必须首先组织包括贫农雇农群众的贫农团及其选出的委员会，以为执行土地改革的合法机关，而贫农团则应当成为一切农村斗争的领导骨干。我们的方针是依靠贫农，巩固地联合中农，消灭地主阶级和旧式富农的封建的和半封建的剥削制度。地主富农应得的土地和财产，不能超过农民群众。……地主富农在乡村人口中所占的比例，虽然各地有多有少，但按一般情况来说，大约只占百分之八左右（以户为单位计算），而他们占有的土地，按照一般情况，则达全部土地的百分之七十至八十。……

没收封建阶级的土地归农民所有，没收……垄断资本归新民主主义的国家所有，保护民族工商业。这就是新民主主义革命的三大经济纲领。……新民主主义革命所要消灭的对象，只是封建主义和垄断资本主义，只是地主阶级和官僚资产阶级（大资产阶级），而不是一般地消灭资本主义，不是消灭上层小资产阶级和中等资产阶级。由于中国经济的落后性，广大的上层小资产阶级和中等资产阶级所代表的资本主义经济，即使革命在全国胜利以后，在一个长时期内，还是必须允许它们存在；并且按照国民经济的分工，还需要它们中一切有益于国民经济的部分有一个发展；它们在整个国民经济中，还是不可缺少的一部分。

中国的《婚姻法》：为中国妇女制定的新法律*

从1921年成立时起，中国共产党就提倡男女平等。这种观点在当时的社会里被提出来，是非常具有革命意义的。因为在当时，妇女由于缠足而行动不便，年轻女子被卖给人家做妻当妾，甚至沦为妓女，人们还因为重男轻女的封建观念而纵容溺杀女婴的恶行。妇女往往被认为低人一等。

中国共产党人将他们的理论付诸实践，给予妇女更高的社会地位。有些妇女肩负重任，有些妇女与男人一起作战。在共产党的控制地区，对待妇女的恶习（如童养媳和缠足）被彻底消除了。

然而，妇女尚未实现完全的平等。即便在领导干部队伍中，女人仍不能与男人完全分享权力。尽管如此，共产党人依然忠

---

* *The Marriage Law of the People's Republic of China* (Peking: Foreign Languages Press, 1959). 译文根据《中华人民共和国婚姻法（1950年）》，见中华人民共和国司法部、中华人民共和国法规选辑编辑委员会辑：《中华人民共和国法规选辑》，269～271页，北京，法律出版社，1957。

于自己的理想。他们在 1949 年执政之后，通过的第一项法规就是《婚姻法》，从而在法律上赋予了中国妇女渴望已久的平等权利。

思考：与旧传统相比而言，中国在这方面的变化有什么意义；这些原则、权利和职责怎样体现了共产党努力要在中国实现共产主义的理想。

第一章　原则

第一条　废除包办强迫、男尊女卑、漠视子女利益的封建主义婚姻制度。实行男女婚姻自由、一夫一妻、男女权利平等、保护妇女和子女合法利益的新民主主义婚姻制度。

第二条　禁止重婚、纳妾。禁止童养媳。禁止干涉寡妇婚姻自由。禁止任何人借婚姻关系问题索取财物。……

第三章　夫妻间的权利和义务

第七条　夫妻为共同生活的伴侣，在家庭中地位平等。

第八条　夫妻有互爱互敬、互相帮助、互相扶养、和睦团结、劳动生产、抚育子女，为家庭幸福和新社会建设而共同奋斗的义务。

第九条　夫妻双方均有选择职业、参加工作和参加社会活动的自由。

第十条　夫妻双方对于家庭财产有平等的所有权与处理权。

第十一条　夫妻有各用自己姓名的权利。

第十二条　夫妻有互相继承遗产的权利。

联合国第242号决议与巴勒斯坦人的回忆：以色列、巴勒斯坦和中东*

第二次世界大战以来，中东地区就一直是暴力冲突的中心和世界关注的焦点。冲突的主要原因源于以色列的建国要求以及由此而来的巴勒斯坦问题。巴以斗争的根源至少可以追溯至19世纪后期，当时，出现了想把巴勒斯坦变成犹太民族家园的犹太复国主义运动。1948年，围绕着以色列建国的斗争达到顶点。当时，此前一直控制巴勒斯坦的英国将该地区的控制权转交给联合国。而联合国的一项决议以及第一次中东战争最终促使以色列建国。由此，产生了大批的巴勒斯坦难民，而阿拉伯人和以色列人之间的数十年冲突也从此拉开序幕。

在下面的两份文件中，第一份来自联合国第242号决议（1967年通过）。该决议承认了以色列人的生存和安全的需要，但同时呼吁以色列从其在1967年中东战争中占领的土地上撤出。第二份材料摘自一名巴勒斯坦难民法瓦兹·图尔基的回忆录。其中，他描述了1948年的巴勒斯坦大逃亡、随后的流亡岁月以及他始终不变的巴勒斯坦民族意识。

思考：以色列为什么一直不愿意接受联合国第242号决议；图尔基的巴勒斯坦意识从何而来，具有哪些重要意义。

---

* *International Documents on Palestine*, *1968*, Zuhair Diab, ed. (New York, 1971). Fawaz Turki, *The Disinherited*: *Journal of a Palestinian Exile* (New York: Monthly Review Press, 1972), pp. 43-45, 54. “联合国第242号决议”的译文参考http：//www.cctv.com/news/special/zt1/bayi/371.html。

联合国第 242 号决议

联合国安全理事会……

1. 申明履行联合国宪章的原则，要求建立一个公正和永久和平的中东，其中应包括下列原则：

(a) 以色列军撤出在最近战争中占领的领土；

(b) 终止一切交战要求或交战状态，尊重和承认该地区每个国家的主权、领土完整和政治独立及其在安全和公认的疆界内和平生存、不受威胁和武力攻击的权利。

2. 要进一步申明的必要性：

(a) 保证该地区国际水道的通航自由；

(b) 使难民问题得到公正的解决；

(c) 通过包括建立非军事区在内的各项措施，保障该地区每个国家领土的不可侵犯性和政治独立。

一个巴勒斯坦人的回忆录

微风拂过，我和父母、两个姐姐和弟弟沿着通往黎巴嫩边境的海岸公路徐徐前行。身后的海法城①，巴勒斯坦人和犹太复国主义者正在激战，到处是爆炸、狙击、伏击和突袭。西顿城②和未知的流亡生活就在我们前方。身旁的地中海因太阳的照射而熠熠闪光。我们头上是冷漠无情的永恒，当人们拄着拐杖蹒跚行走时，真主似乎在天上看着他们的痛苦并且微笑。我们的世界就像泡沫——一个

---

① 以色列西北部城市，位于海法湾。

② 黎巴嫩西南部的地中海沿岸城市。

曾经把我们包裹在温暖中的泡沫——一样破裂了。从那时起，我只知道疯狂的悲伤，身边全是饱受损失和悲痛的巴勒斯坦同胞的茫然目光。

1948 年 4 月。这是那年最残酷的一个月，可是，还有更残酷的岁月。……

在西顿待了几个月后，我们又迁移了，一家六口必须前往贝鲁特[①]的难民营。我们对饥饿和挫折无能为力，也不能理解。但是我们在那里所遇到的其他家庭同样也束手无策，同样也困惑不解。他们和我们一样，从来没有足够的食物，没有足够的书籍和教育给孩子，无法面对即将到来的冬季。后来，当我们十二三岁时，我们离开难民营，住上了好一点的房子，生活条件有所改善。这时，我们常会抱怨缺这个少那个，母亲便会说："你们已经生活得很好了，孩子！想想那些仍然生活在难民营里的孩子吧。想想他们，别再提出要求。"我们望着窗外，雨点落下，雷声隆隆。是的，我们会记住，我们能理解，我们懂得怜悯，因为我们知道还有很多人仍然生活在那里。

人们在适应。头几个月，我们也调整自己以适应这里的生活。适应的过程中，我们仅仅是男人、女人和儿童，仅仅是个人而已。有时，我们也有梦想，但那是可怜兮兮的梦想、受尽扭曲的抱负。我们希望，父母有一天能给我和妹妹买两张床，让我们不再因为睡在铺着毯子的冰冷地面上而遭受哮喘之苦。我们希望，有一天能有足够的钱去买几磅梨或苹果，因为我们曾经在某些场合由于分配水果的多少而生气、抱怨甚至打架。我们希望，很快就能到这个月的

① 黎巴嫩首都和地中海东岸最大的港口城市。

最后一天，因为只有在这一天，联合国难民救济与工程局派发的口粮才能到达，它们够我们吃上一个星期。我们总觉得，很快就能回到我们的家园。

日复一日，年复一年。孩子们在泥泞的冬季和满是灰尘的夏季里生活，而“我们的问题”一直在联合国讨论，好似飞蛾扑火。……

我们的巴勒斯坦意识没有消减，反而增强了，与从前有点细微差别，上升到一个新的层面。这种信念源于两点：我们从未丢失的巴勒斯坦记忆和我们所获得的巴勒斯坦教育。我们绝不同意永远住在别人的国家里，只能享用联合国提供的房屋和补偿金。除了重返家园，我们不想要任何东西。从叙利亚、黎巴嫩和约旦，我们能看到几英里、几码之外的边界那边。那边，是我们出生的地方，是我们生活的地方，是我们感受到大地的地方。“这是我的土地”，我们为此呼喊、哭泣、歌唱、请求和游说。一群外国殖民者在西方的帮助下来到这里，强占我们的土地。西方人急于洗刷自己的罪恶和羞愧，把这块土地从历史上、从天堂里、从我们的手中剥离出去了。

联合国大会：《反对殖民主义宣言》*

在二战之后的 20 年里，大部分殖民地都摆脱了西方国家控制而赢得独立。这反映出战后欧洲的衰落，以及世界各地反帝情

* General Assembly of the United Nations, “Declaration against Colonialism”, *Official Records of the General Assembly*, Fifteenth Session, Resolution 1514, December 14, 1960. 译文参考齐世荣主编：《当代世界史资料选辑》（第一分册），230～232 页。

绪的高涨。然而去殖民化的过程本身是很困难的，各国之间互不相同的意识形态使问题变得更加复杂。1960 年，经过一番激烈的辩论，联合国通过了下面的《反对殖民主义宣言》(Declaration against Colonialism)。尽管没有国家投反对票，但澳大利亚、比利时、多米尼加共和国、法国、英国、葡萄牙、南非、西班牙和美国仍然投了弃权票。

思考：这些国家为什么会投弃权票；不愿放弃殖民地的国家会进行怎样的辩护；这份宣言体现出联合国的哪些优势和弱点。

联合国大会

坚守世界各民族在《联合国宪章》中所表示的决心：重申关于基本人权、人格尊严与价值，以及男女之间与大小各国之间享有平等权利的信念，并在更大的自由中促进社会进步及更好的生活条件，

鉴于需要创造建立在尊重各国人民的平等权和自决权基础上的稳定、福利以及和平和友好关系的条件，需要创造普遍尊重和遵守人类权利以及不分种族、性别、语言或宗教的所有人的基本自由的条件，

承认一切附属国人民要求自由的殷切希望和他们在获得独立中所起的决定性作用，

意识到由于否定或妨碍这些民族获得自由而造成的对世界和平构成严重威胁的越来越多的冲突，

考虑到联合国在协助托管地及非自治领地内的独立运动方面的重要作用，

认识到世界人民迫切希望消灭一切形式的殖民主义，

深信殖民主义的继续存在将妨碍国际经济合作的发展，阻挠附属国人民的社会、文化与经济发展，有悖于联合国的世界和平的理想，

确认各国人民均可出于自己的目的，自由处置其自然财富与资源，而不损害以互利原则和国际法为基础的国际经济合作所产生的任何义务，

相信解放的过程是不可抗拒和不可扭转的，为了避免发生严重的危机，必须结束殖民主义和与之相关的一切隔离和歧视措施，

欢迎许多附属领地在最近几年取得的自由和独立，认识到在还没有取得独立的领地内日益增长的走向自由的强大趋势，

确信所有国家的人民都有不可剥夺的权利去获得完全的自由、行使主权和保持国家领土完整，

庄严宣布有必要迅速地、无条件地结束一切形式和表现的殖民主义，

为此**宣布**如下：

一、使人民受外国的征服、统治和剥削的这一情况，否认了基本人权，违反了《联合国宪章》，妨碍对世界和平与合作的增进。

二、所有的人民都有自决权；依据该权利，他们自由地决定他们的政治地位，自由地发展他们的经济、社会和文化。

三、不得以政治、经济、社会或教育上的准备不足作为拖延独立的借口。

四、必须制止一切针对附属国人民的武装行动和镇压措施，使他们能和平地、自由地行使他们实现完全独立的权利；尊重他们国家领土的完整。

五、应立即在托管地和非自治领地以及尚未独立的一切其他领地内采取步骤，按照这些领地的人民自由表示的意志和愿望，不分种族、信仰或肤色，无条件、无保留地将所有权力移交给他们，使他们能够享有完全的独立和自由。

六、任何旨在部分地或全面地分裂一个国家的团结和破坏其领土完整的企图，均与《联合国宪章》的目的和原则相违背。

七、一切国家应在平等、不干涉他国内政和尊重所有国家人民的主权及其领土完整的基础上，忠实、严格地遵守《联合国宪章》、《世界人权宣言》及本宣言的规定。

从独立到建国：尼日利亚的种族冲突*

从 1957 年到 20 世纪 80 年代，欧洲对非洲的殖民统治陆续结束。有些地区的新任领导人希望在改变社会制度让非洲人获益的同时，又能继续保留殖民地的界限；而在另一些地区，民族主义领袖则希望完全抛弃以前殖民地的经济制度和政治体系。然而独立之后的 30 年里，非洲一直饱受内战、种族冲突、经济崩溃和军事独裁的困扰，这些后殖民国家因此更加贫弱。尽管问题诸多，但一些非洲领导人仍在不断采取措施，增强民族凝聚力。尼日利亚是最早摆脱内战的独立国家，也是最先做出这种尝试的国家。下面有关 1979 年尼日利亚《宪法》的选文，详细描述了尼

* Robert B. Goldmann and A. J. Wilson, eds., *From Independence to Statehood: Managing Ethnic Conflict in Five African and Asian States* (New York: St. Martin's Press, 1984), p. 6.

日利亚国家建设中的一些问题。

思考：国家在控制地方主义和种族主义方面试图发挥怎样的作用；这些原则与在世界其他地区兴起的民主原则之间，可以进行怎样的对比。

在 1975 年 10 月 18 日宪法起草委员会的成立仪式上，国家军事元首就加强民族凝聚力问题提出了如下基本思路：

> 过去的主要政治派别背后都有地方和种族势力的支持。
>
> 过去的主要政治派别其实无非是（地方或种族的）军事组织，它们为了获得地方或联邦的立法席位而在各地大打出手。
>
> 过去滥用选举程序的情况太严重了，以至于我们不得不问：是否要将简单的大多数原则继续作为政治选举的基础，特别是在中央这一层的选举上。
>
> 既然我们旨在建立一个联邦政府体系，一个能够保障基本人权的自由民主的合法制度，一个依靠宪法、可行的政治共识和政权的有序更迭的稳定体系，那么我们就应该：
>
> 设法消除政治过程中的恶性竞争，阻止一切反对政府当局的组织势力，发展一种建立在国家整体利益而不是部分利益基础上的政治共识和政府；
>
> 消除过度集中的权力，并且作为一项原则，要尽一切可能把分权作为化解紧张局势的手段；
>
> 发展一种自由和公正的选举制度，确保它能够充分地代表人民；
>
> 发展一种制度，使之可以造就真正的、确实代表民族利益的政治派别；

> 建立一套总统制的政府体系，根据该体系，赋予总统和副总统清晰明确的权力，他们直接对人民负责；同时，总统、副总统和行政委员会的成员构成应有意识地反映出国家的联邦性质。

最后，军人政府的首脑向宪法起草委员会和国家提出建议：

> 过去的事实表明，在僵化的政治意识形态基础上，是无法建设国家的将来的。这种方法不切实际。学说概念的发展通常取决于一个国家的人民所普遍接受的政治哲学……因此，在所有人民（或是其中大部分人）承认某个共同的意识形态之前，宣扬我国宪法中的任何特定的哲学思想或意识形态都是无用的。

尼日利亚起源、成长和发展的这些基本要素提供了一个框架，使人可以分析这种庞大而复杂的体系如何留存下来，并能在未来延续其凝聚力。

《宪法》第 2 章再次陈述了该国对于联邦主义、共和主义、民主和社会正义等原则的承诺；主张培育“民族融合”，并指出尼日利亚应该“推动或鼓励人们组成那种打破种族、语言、宗教或其他局部界限的联盟……培养联邦中各民族的归属感和联系感，使人们对国家（尼日利亚）的忠诚凌驾于对局部的忠诚之上”。由于承认尼日利亚的文化多样性，因此《宪法》第 20 条明确规定，“国家应保护和加强尼日利亚文化。”

第 14 条第 3 款和第 4 款更加引人注目：

> 联邦政府及其下属机构的组成，以及政府事务的行为方

式，都必须体现尼日利亚的联邦性质，促进国家统一，要求民族忠诚，从而确保在政府及其下属机构中，来自某些州、某些种族或某种局部群体的人不得占据优势地位。

国家政府、地方政府委员会及其下属机构的组成，以及政府或委员会处理事务的行为，都应在其权威范围内承认民族的多样性，承认有必要加强联邦各民族之间的归属感和忠诚感。

对 1979 年尼日利亚《宪法》章程的上述引用，体现了这部宪法的许多目标和意图，人们希望通过这种设计能将宪政结构与民族团结的问题结合在一起。

在阿尔及利亚长大*

阿西娅·杰巴尔

在西方列强的殖民地上，许多人都是在两种文化和两种语言的环境里长大的。虽然殖民地在二战后纷纷独立，但是这种环境引发的问题依然存在。以下材料选自阿尔及利亚作家阿西娅·杰巴尔（Assia Djebar）的自传体小说。在这部小说中，她描述了自己内心和生活环境中的两种对立：阿拉伯语和法语之间的对立，阿拉伯的穆斯林文化和法国文化之间的对立。这里，她回顾了 20 世纪 40 年代末 50 年代初，自己在阿尔及利亚的童年时代。当时，阿尔及利亚还没有从法国手中独立。那段时间里，她同时就读于一所讲授古兰经的宗教学校和一所法语学校。

* Assia Djebar, "Growing Up in Algeria", in *Fantasia: An Algerian Cavalcade*, tr. Dorothy S. Blair (Portsmouth, NH: Heinemann, 1993), pp. 184-185.

思考：为什么语言问题对她如此重要；在不断改变的殖民文化中长大的人，需要面对哪些问题。

当我像这样盘着腿坐在那里学习母语时，故乡的建筑在我的脑海里重现：阿拉伯人聚居区蜿蜒的小巷与世隔绝，人们过着隐秘的生活。而当我读写外语时，尽管旁边还有邻居和充满怀疑目光的妇女，但我的身体仿佛已在一个完全不同的遥远空间里旅行；无须什么，我便能展翅飞翔！

快到结婚年龄时，我所兼具的这两种不同身份将我一分为二。父亲的偏好替我做出决定：要光明，而非黑暗。我没有意识到，这是一个不可逆转的选择：我要远离家人去冒险，而不要像同辈那样身处牢笼。命运的这种打击把我推向崩溃的边缘。

在外面，我说话写字都用法语：我用这种语言表达一些并不鲜活的现实。我学会一些从未见过的鸟儿的名字，一些我将用十年或更长时间才能辨认的树木的名字，一些直到我去地中海北部旅游时才见到的花花草草的名字。在这方面，词汇所表达的内容未曾出现在我的生活里。……对我来说，儿童书籍中的背景和情节只是理论上的概念；在法国，母亲去学校接她们的儿女；在法国，父母很自然地在街上肩并肩地走着。……就这样，学校的世界从故乡的日常生活中被删除了，就好像它从我的家庭生活中被删除了一样。可后者对我没有任何参考作用。

我的心还在这里，依偎在母亲的膝边，待在她从未远离的房屋中最黑暗的角落里。而学校的世界却在别处：在那里，我探究事物，我的眼睛被其他地方吸引。我没有意识到，周围的人也没有意识到，这两个世界的冲突已经开始让人眩晕了。

拉丁美洲的基督教、共产主义和革命*

卡米洛·托雷斯

卡米洛·托雷斯（Camilo Torres）是一位哥伦比亚神父。古巴革命后，他成为 20 世纪 60 年代中期哥伦比亚革命的领袖。在下面的材料中，他向哥伦比亚人民解释自己为什么会拒绝加入反共的天主教团体。虽然托雷斯也不愿加入共产党，但他认为，对共产党的攻击，只会使穷人和缺乏依靠的人无法得到政治自由。他坚定地认为应该推翻哥伦比亚的寡头统治，因而在 1965 年，他作为一名游击战士加入了革命者的行列中。

思考：托雷斯觉得能将天主教徒和革命者统一起来的"共同目标"是什么；托雷斯为什么会反对那些反共势力。

由于基督教徒和马克思主义者、教会和共产党之间存在传统的关系，因此，在统一战线内部的基督徒与马克思主义者的关系问题上，以及在神职人员与共产党的关系问题上，人们很有可能产生错误的怀疑和假设。

这就是为什么我要向哥伦比亚人民澄清我与共产党的关系，以及这种关系在统一战线中的地位的原因。

我曾说过，作为一名哥伦比亚人、一个社会学家、一个基督徒、一位神父，我是个革命者。我相信，在共产党内部，有些因素是真正革命的。因此，无论是作为一名哥伦比亚人、一个社会学

---

* John Alvarez Garcia and Christian Restrepo Calle, eds., *Camilo Torres: His Life and His Message* (Springfield, IL: Templegate, 1968), pp. 74-78.

家、一个基督徒还是一位神父，我都不会反对共产主义。

作为哥伦比亚人，我之所以不反共，是因为我国的反共势力常常迫害那些对它们表示不满的人。这些不满者有的是共产党人，有的不是，其中多数都是穷苦大众。

作为社会学家，我之所以不反共，是因为共产党提出的反对贫困、反对饥饿、扫除文盲、增加住房和公共服务等倡议是科学有效的。

作为基督徒，我之所以不反共，是因为我认为反共势力谴责的是整个共产主义，却没有承认其还有正义与非正义之分。如果谴责整个共产主义，那就会既谴责正义，又谴责非正义，而这是有悖基督教义的。

作为神父，我之所以不反共，是因为无论共产党人自己是否意识到，他们中间仍有真正的基督徒。如果他们为美好的信仰付出心血，他们很可能得到上帝的眷顾。如果真是这样，如果他们爱周围的人，那么他们便会得到上帝的拯救。作为一名神父，我的职责是把所有人都引向上帝，即使我不能在教会以外擅用神父的职权。而要做到这一点，最有效的办法就是让人们出于良知为百姓服务。

我并不打算在共产党人中间布道，努力让他们接受天主教会的教条教义。但我确实想让大家都凭良心做事，热切地寻找真理，真正地热爱身边的人。

共产党人必须充分认识到一个事实，那就是，我不会加入他们的行列，无论是作为一名哥伦比亚人、一个社会学家、一个基督徒还是一位神父，我现在不会、将来也不会成为一名共产主义者。

然而，我很愿意和他们一起，为了共同的目标而并肩战斗：一起反对寡头政治和美国的统治，一起让人民大众掌握国家的权力。

我不希望公众舆论将我视作共产党。这就是为什么当我公开现身时，我不仅想被共产党人包围，而且想被所有革命者包围，无论他们是独立的革命者还是其他运动的追随者。……

一旦人民大众在所有革命者的帮助下掌握政权，那么我们的人民将会讨论，他们该为自己的生活确定怎样的宗教方向。

波兰就是个很好的例子，在那里，社会主义的建立并没有破坏基督教的基本要素。正如一位波兰神父所说的那样："作为基督徒，只要我们能被允许如己所愿地信仰上帝，那么，我们就有责任为建设社会主义国家而贡献力量。"

来自伯明翰监狱的信：美国民权运动*

马丁·路德·金

20 世纪 50 年代末 60 年代初，美国发生了历史上最大的社会运动。黑人和白人共同投身这场运动，旨在消除长期遗留的奴隶制和种族压迫，并有组织地争取民权。他们凭借法律条文、公民不服从、消极抵抗和大规模示威等方式，推翻了法律上的种族隔离制度。马丁·路德·金（Martin Luther King，Jr.，1929—1968）无疑是这场民权运动的道德领袖。像甘地一样，为了抵制在他眼中不道德的违背宪法的种族隔离制度，他曾多次入狱。以下材料就是他在亚拉巴马州的伯明翰监狱中所写。金向与他共同战斗的牧师解释了他之所以情愿（他们也应该情愿）为了推翻不道德的法律而入狱的原因。

思考：马丁·路德·金是如何区分公正的法律和不公正的法律的。

---

* Martin Luther King，Jr.， "Letter from Birmingham Jail"，in *Why We Can't Wait* (HarperCollins Publishers，1963).

你们似乎特别害怕我们要违反法律，这当然是可以理解的。既然我们如此奋力地催促人们服从最高法院 1954 年关于在公立学校取缔种族隔离的决定，那么发现我们有意地违反法律，你们肯定会感到奇怪、荒谬。有人或许要问："你们怎能既提倡违反某些法律，又提倡遵守另一些法律呢?"答案就是：事实上存在着两种法律——既有公正的法律，又有不公正的法律。我愿第一个为遵守公正的法律大声疾呼。一个人既有法律上，也有道义上的责任去遵守公正的法律。反过来说，一个人也有道义上的责任拒绝遵守不公正的法律。我赞成圣奥古斯丁的话："不公正的法律就根本不是法律。"

那么，公正与不公正的法律差别何在？人们怎样判断一条法律是公正的还是不公正的呢？公正的法律是由人制定的符合道德法则和上帝法则的法规。不公正的法律则与道德法则不一致。……一切种族隔离法都是不公正的，因为种族隔离扭曲灵魂、损害人格。它给予隔离者虚假的优越感，给予被隔离者虚假的自卑感。……因此，我号召人们遵守最高法院 1954 年的决定，因为它在道德上是正确的；我号召人们拒绝遵守隔离法，因为这些法令在道德上是错误的。……

请允许我做另一种解释。不公正的法律是一种强加于少数人的法规，这些人无权参与该法规的制定或创立，因为他们被剥夺了投票的权利。有谁能说颁布种族隔离法的亚拉巴马州立法机关是民主产生的呢？整个亚拉巴马州用尽各种手段阻止黑人成为正式选民。在一些县，黑人虽占人口大多数，但竟然没有一个人登记参加投票。难道这样的法律能被看作是民主制定的吗？

有时，法律在表面上是公正的，但在实行过程中又是不公正的。比如，我曾因游行未得到许可而被捕。是的，设立一条要求游行需获得许可的法令，这并没有错。可是，如果这条法令的使用是为了保留种族隔离制度、剥夺第一修正案赋予公民的和平集会及示威的权利，那么这样的法令便是不公正的。

我希望你们能理解我下面所指出的差别。我并非像极端的反对种族隔离政策的人那样提倡逃避和对抗法律，因为那会导致无政府的状态。要打破不公正的法律，必须是公开的、满怀着爱的，而且要有接受处罚的准备。我认为，一个敢于违抗那些被良知视为不公正的法律，而且为了能让民众意识到该法律的不公正性而情愿接受牢狱之灾的人，才是在表达对法律的最高敬意。……

信仰基督教和犹太教的弟兄们，我必须向你们承认两个事实。首先，在过去几年里，我已经对白人的温和派深感失望了。我基本上可以得出令人遗憾的结论，那就是，黑人迈向自由的巨大绊脚石不是白人的公民组织或三 K 党，而是白人的温和派。他们执着于“秩序”而不是正义。比起拥有正义的积极和平，他们更喜欢缺少紧张感的消极和平。他们总是说：“我同意你们追求的目标，但我无法认同你们采取直接行动的做法。”他们专横地认为，他们可以为其他人的自由设定时间表；他们自己生活在虚构的时间框架里，一直建议黑人等待一个“更合适的时机”。拥有良好愿望的人的浅薄理解，要比怀有恶意的人的完全误解更加令人沮丧。他们温和的接受要比彻底的拒绝更加让人悲哀。

女性主义宣言*

“红袜女”

人们逐渐意识到，长期以来，无论是女性个体还是妇女组织

* Redstockings, July 7, 1969, mimeograph.

一直都在进行斗争，希望改变现状。从政治、社会、经济和性别等各方面认识和理解身为女人的含义，这种努力已成为20世纪中叶妇女斗争的核心内容。20世纪六七十年代，妇女谋求改变的斗争风起云涌，呈现出崭新的战斗性。在整个西方，尤其是美国，妇女解放运动所带来的变化深受女性欢迎和支持。大量的妇女组织相继成立。很多组织还出版刊物，发表意见。

下面的材料是一份比较激进的女性主义宣言。它是由纽约的一个女性主义组织，“红袜女”（Redstockings），在1969年7月发表的。

思考：“红袜女”的主要要求是什么；该组织是怎样论证其要求的；男人们会对如下宣言有何反应。

一、经过几个世纪的个人的、初步的政治斗争，妇女们正联合起来摆脱男性霸权，实现她们的最终解放。“红袜女”致力于促成妇女的联合并赢得我们的自由。

二、女性是被压迫的阶级。我们所遭受的压迫是全方位的，已经影响到我们生活的每一方面。我们被当作性对象、生育工具、家庭佣人和廉价劳动力而遭到剥削。我们被认为低人一等，其唯一目的就是提高男性的生活质量，而我们的人格却被否认。来自身体暴力的威胁强化了我们的规定行为。

因为我们与我们的压迫者如此密切地生活在一起，但又彼此孤立，因此我们无法将自己的个人遭遇视为一种政治状况。这造成了一种错觉，即一个女人与其男人的关系是两个独立个体之间的互动，因此可以在个体层面得到解决。然而事实上，每个这样的关系都是一种阶级关系；男性个体和女性个体之间的冲突，其实是男人和女人之间的政治冲突，它只能在集体层面得到解决。

三、我们认为男人就是我们的压迫者。男权是一种最古老、最基本的统治形式。所有其他形式的剥削和压迫（像种族主义、资本主义、帝国主义等）都是男权的延伸：男人统治女人，一些男人统治其他所有人。历史上一切权力结构都属于男性统治，并且以男性为导向。男人们已经控制所有的政治、经济和文化制度并凭借他们的身体力量支持这种控制。他们利用自己的权力使妇女处于劣势地位。**所有男人**都通过男权获得经济、性别和心理上的利益。**所有男人**都在压迫女人。

四、有人试图把责任从男人转嫁给制度或女人本身。我们谴责这种逃避的观点。制度本身并不会造成压迫，它们只是压迫者的工具。对制度进行谴责不仅意味着男人和女人同属受害者，而且掩盖了男人从女人的从属地位中受益的事实，并给予男人一种借口，他们会说自己是被迫成为压迫者的。而情况正好相反，任何男人，只要他愿意被其他男人当作女人来对待的话，都可以自由地放弃他的优势地位。

我们也反对这种观点，即妇女同意被压迫，她们应该为自身所遭遇的压迫而受到责备。妇女的服从并不是被洗脑的结果，也不是因为精神有病，而是男人们持续不断地、成年累月地施压所致。我们并不需要改变自己，而是需要改变男人。

最具诋毁性的逃避借口是妇女也可以压迫男人。造成这种错觉的原因在于，人们把个体关系从其政治背景中剥离出来看待，而且男性还往往会将对其特权的合法挑战视为迫害行为。

五、我们以我们的个人经验以及关于这种经验的感受作为分析我们日常状况的基础。我们不能依赖现有的意识形态，因为它们全都是男性至上主义的产物。我们质疑每一个普遍概括，不接受任何没有被我们经验证实的东西。

目前，我们的主要任务就是，通过分享经验和公开揭露各项制度中的性别歧视根基而发展女性的阶级意识。增强意识，并不是什么“疗法”（这种看法意味着有个体层面的解决方案存在，并且错误地将男性—女性的关系设想为纯粹个人的关系），而是能够确保我们的解放计划是以我们生活的具体现实为基础的唯一方法。

提高阶级意识，首要需要的是诚实，无论是在私人场合还是在公开场合，无论是对我们自己还是对其他女性。

六、我们将所有妇女视为一体。我们的最大利益就是最贫穷、受到最残酷剥削的妇女的利益。

我们拒绝经济、种族、教育或地位上的所有特权，它们会把我们同其他妇女分开。我们决心承认并消除我们可能持有的、对其他妇女的任何偏见。

我们致力于实现内部的民主。我们将采取一切必要措施，确保每一个妇女在我们的运动中享有平等的机会参与活动、承担责任，并发挥她自己的政治潜力。

七、我们呼吁所有的姐妹团结起来，与我们并肩战斗。

我们呼吁所有的男人放弃自己的男性特权，出于我们的人格和他们自己的利益考虑而支持妇女的解放。

在争取解放的过程中，我们将始终站在妇女一边，反对她们的压迫者。我们不会问什么是“革命派”或“改革派”，我们只关心怎样做对妇女有好处。

个人小打小闹的时代已经过去。这一次，我们将展开全面的战斗。

越南战争：来自越南共产党身边的报道*

詹姆斯·卡梅伦

第二次世界大战后，南亚地区出现了诸多旨在结束殖民统治、实现民族独立的斗争。在越南北部，法国经过多年的交战，最终于 1954 年撤军，胡志明的军队获得胜利。但在越南南部，意欲牵制共产主义势力的美国人逐渐取代了法国人的位置。到 1965 年，战火在整个越南愈演愈烈，美国对越共进行持续的轰炸，而越共则用游击战术予以还击。在下面的材料中，詹姆斯·卡梅伦（James Cameron）描述了他在 1965 年对一个遭受多次轰炸的北越村庄的采访经历。

思考：这份材料反映了南亚人民斗争过程的哪些方面；越共采用了哪些方法来抵抗美国的军事力量；北越人民是如何看待美军轰炸的。

整个白天，北越的道路上没有任何动静，既没有轿车，也没有卡车。从空中俯瞰，仿佛这个国家根本没有带轮的交通工具。当然，这只是想象，道路和桥梁正在成为轰炸的目标；日落之后，附近一带便不再安全。

稻田里的农民正在进行今年的第三次收获，收成极好。他们挥舞镰刀，在田间穿梭，弯着腰，披着树叶的披肩。这种装扮仿佛带

* James Cameron, "The Vietnam War: A Reporter with the Vietcong, Near Hanoi, 10 December 1965", in *Eyewitness to History*, John Carey, ed. (Cambridge, MA: Harvard University Press, 1987), pp. 670-671.

给大家节日的氛围，他们看上去就像许多绿色杰克①一样。

在稻田的角落里，竖立着一些看似玉米秆的东西和一捆捆步枪。道路绵延而空旷，放眼望去没有尽头。

接着，太阳落山，一切行动开始了。

黄昏时分马路变得活跃起来。人们发动引擎，护送车队在伪装起来的微弱灯光下缓慢地穿行在黑暗中。车队足有几英里长。苏联重型卡车和防空火炮全都被严严实实地藏在成堆的枝叶里，看上去好像是在运送巨大的绿色干草堆。北越在白天是没有战事的，到了夜间，交战双方才会有所行动。这真是件累人的活儿：白天要劳动，晚上要打仗。

就这样，我开车来到了位于清化省所谓的“战区”。……

清化省著名的名胜古迹是龙颚桥。它已遭受了上百次的攻击，至少 1 000 次的空袭。它全身伤痕累累，坑坑洼洼，周围的地区也是一片狼藉，但这座大桥仍然担负着公路和铁路运输的重任。它位于两座非常陡峭的山崖之间，很难击中，要想轰炸它需要翻过一段十分陡峭的山崖。……

龙颚桥的附近有一个叫 Nanh Ngang 的村子。在那里，我见到了阮智方女士，她是劳动党和人民的英雄。显然，她已成为当地名人，成为民族抵抗运动的代表。此前，她还率领一个代表团访问过莫斯科。……

阮智方指挥该地区的妇女民兵团统一步伐，朝我走来。一声模拟警报响起，随着阮智方向上的手势，这群正处于适婚年龄的年轻

① 在英国 5 月份的传统节日或游行中，有人用绿色的树叶或植物把自己从头到脚包裹或装扮起来，常常是为了节日助兴。

女孩疾步进入散兵坑，端起步枪朝向天空。这幅场景就跟我在她的照片上看到的一模一样。

一切似乎是那么不真实。这座至关重要的桥梁竟然是由一群甜美的小姑娘保卫着。这让我既觉得尴尬，又对她们充满同情。

后来，在拍摄过程中，当我从河边走回村庄时，真的警报响了，战争毕竟不是闹着玩儿的。喷气飞机从头顶呼啸而过，高射炮的炮声隆隆，只是我不能确定，有一阵微弱的射击声是不是来自散兵坑里阮智方的年轻女兵。

这一次，飞机没有追逐我们，而是直接向南返航。整个村子得到巧妙的掩护，当孩子们躲进防空洞时，飞机无疑还在好几英里以外。

我来到这个国家后，已经经历了数次这样的袭击，因此要分析这里的人们对于袭击的反应，我还是有发言权的。不过，这并不容易。我认为，袭击带来的不是害怕（因为我没有遇上特别大的危险），也不是高度的恐惧，而是对反文明行径的一种愤怒。人们认为，这种行为是何等的鲁莽、自大，简直就是对礼数的侵犯。这些北越人是和蔼、害羞，也很贫穷的人。这种事情会让他们放弃共产主义吗？

视觉资料

冷战与欧洲一体化

地图 25－1 能够让我们对美苏冷战和欧洲一体化在战后 20 年间的进程有所了解。军事上，西方和东方分成了由美国领导的“北大西洋公约组织”和由苏联领导的“华沙条约组织”。经济上，西欧通过各种组织，如比荷卢关税同盟、欧洲煤钢共同体、欧洲经济共同体和欧洲自由贸易联盟，愈发紧密地联系起来。而东欧国家则加入了经济互助委员会。尽管军事合作与经济合作并不总是相关，但这种关联确实常常发生。

地图 25－1　战后欧洲的经济和军事划分

亚洲和非洲的去殖民化

西方帝国主义列强在二战中受到削弱，再加上日益高涨的民族解放运动，因此被迫在 20 世纪 40 年代末开始放弃自己的殖民地控制权。去殖民化进程在某些方面非常迅速，许多地区在 1960 年前后就赢得了独立；但在另一些方面却有所拖延，有的地区直到 20 世纪 90 年代仍处于外国势力的控制下，它们花费了 30 年的时间才最终完成独立（比如纳米比亚）。

思考：有的地区很快独立，而有的地区却较晚独立，其中的原因可能是什么；独立之后，这些地区可能面临哪些问题。

《收租院》：中国的艺术与政治

20 世纪 80 年代前，中国共产党的一个最重要的信念就是，艺术应该为政治服务。毛泽东指出，艺术应该指导人们的行为，告诉他们谁是敌人、谁是朋友，以及应该如何看待社会。“为艺术而艺术”被认为是资产阶级的观念，违背了大多数中国人的利益。这些观念在“文化大革命”（1966—1976）期间走向了极端。当时，艺术仅限于少数可接受的作品。而且对于艺术家来说，只有参与这类艺术的创作才是正当的。

虽然《收租院》（见图 25－1）最初完成于 1965 年，恰逢“文化大革命”前夕，但它仍被视作“文化大革命”时期的艺术样板。原作由 114 个真人大小的人物形象构成，它们出自四川美术学院的雕塑家之手。创作者得到了四川省官员和当地农民的帮助。农民们密切参与创作过程，向雕塑家讲述自己的经历，从艺术和政治上引导了雕塑家。比如，正是农民建议使用玻璃眼球，以使雕塑更加逼真。

图 25－1

四川美术学院提供

这些质朴的、引人入胜而又非常鲜明的形象展现了过去的苦难，让人们忆苦思甜。作品所传达的信息是非常清楚的。关于该作品的照片和复制品后来传遍全国各地。

思考：看到这幅画面，观众会如何理解共产党执政之前的旧中国；艺术是怎样服务于政治的。

第二手资料

冷战的起源*

詹姆斯·戈姆利

从二战结束到 20 世纪 80 年代末，美苏两个超级大国之间的

---

* James L. Gormly, *From Potsdam to the Cold War* (Scholarly Resources, Inc. 1990), pp. 220-223.

冷战贯穿了整个时代。一开始，美国历史学家在分析冷战时所使用的假设与决策者的并无太大区别，即美国仅仅是对苏联进行防御性的回应，因为后者具有侵略性，并且试图在全世界扩散其控制力和共产主义的意识形态。但到了 60 年代，逐渐出现了一些其他解释，其中最显著的一种修正主义的观点认为，冷战至少部分地源于美国具有侵略性和挑衅性的外交政策。在下面的选文中，詹姆斯·戈姆利（James L. Gormly）描述了几种不同的解释，并对如何分析这场争论提出了建议。

思考：冷战是否不可避免；杜鲁门、马歇尔的演讲和波诺马辽夫的观点可以怎样支持下述立场；你觉得哪种观点最有意义。

那些将冷战的主要责任归咎于苏联的人认为，斯大林作为独裁者和极权主义制度的领导人，本可以轻松缓和民众的注意力，从而容纳美国的批评意见并确保世界的和平。在这种观点看来，如果斯大林大元帅不是一个时刻准备统驭中欧和西欧的扩张主义者，那他就应该向杜鲁门政府和美国人民表明，他的战略目标只是防御性的、有限度的。然而事实正好相反，苏联人不愿意接受美国希望建设一个繁荣而稳定的世界的愿景，也不相信华盛顿会接受苏联的合法性并承认苏联需要在某种程度上对周边地区施加影响的诉求。莫斯科需要一个“敌对的国际环境”以维持统治、确保苏联的统一。因此，斯大林要么是个扩张主义者，要么就是不愿与人谈论他的意图，而美国——在英国的支持下——除了采取攻势以外，已经没有其他选择了。……

另一些分析者则将主要责任推给美国，认为美国不愿接受苏联的明确要求，不愿清晰明白地对苏联人和斯大林说：美国相信他们，承认他们的制度和国家的合法性。有人解释说，美国的这种做法是源于其门户开放的意识形态，这种意识形态努力确保美国经济能进入世界市场。还有一些人认为，美国的行为是在炫耀其力量，这种力量能够将美国强大的经济、军事实力转化为一种道德和意识形态的优越性。根据这种看法，许多苏联人担心，西方仍想摧毁他们的国家。为了使他们相信美国其实是想成为朋友，从而避免冷战，美国本应该搁置其专横的全球目标，公开承认苏联有权利管理和享受自己的胜利果实。为了缓解恐惧和不信任，华盛顿方面必须承认苏联的新边界，承认苏联在外交上的平等地位，承认苏联在东欧的势力范围。可事实正好相反，美国政府仍然沿着哈里曼大使①所倡导的路线前进。这位大使认为，只有当苏联“按照我们的标准和我们一起参与国际游戏时”，才能向其提供援助。……

鉴于这样的情况，那种认为是美国的行为将世界分成两大阵营并导致东欧快速苏维埃化的观点，似乎就跟如下看法同样合乎逻辑，即是苏联的扩张主义迫使美国制定了遏制政策。要全面评估上述理论从而断定冷战体系是否本可避免，这固然需要考察苏联方面的史料，但是即使没有这类信息，仅凭现有的英美文件，我们也可以得出结论说：自从波茨坦会议②后，美国的决策者就几乎没有做出努力以打消莫斯科的疑虑，促进相互合作，使它相信其实华盛顿方面无意摧毁苏联。

---

① 威廉·埃夫里尔·哈里曼（William Averell Harriman，1891—1986），1943—1946年曾任美国驻苏联大使。

② 为商讨对德国的处置问题和解决战后的欧洲问题，以及争取苏联尽早对日作战，1945年7月17日到8月2日，美、英、苏三国首脑在柏林近郊的波茨坦举行会晤，史称“波茨坦会议”。

《最后的日本》*

长谷川如是闲

也许没有哪个国家像日本一样，在较短的时间里经历如此众多的巨大变化。从 1850 年到 1950 年的一百年间，日本从一个封建的、前工业化的、不为人知的国家变成一个工业化、军事化的主要强国，继而成为一个征服者和殖民者，随后遭受不光彩的失败，最终成为一个民主的、奉行和平外交政策的经济强国。

长谷川如是闲（Hasegawa Nyozekan）是位杰出的激进的新闻记者、小说家和评论家。他出生于 1875 年，经历过许多重大事件。以下材料选自他在 1952 年（时年 77 岁）所著的《最后的日本》（*The Last Japan*）。这部作品反映了他一生所经历的变化，并讨论了日本的传统文化是否有助于民主制度的问题。长谷川还谈道，日本的历史趋势就是要接纳其他民族的文化价值。他想知道，努力发展本土科学和文化的时机是否尚未到来。

思考：对日本来说，战后的现代化意味着什么；日本在现代化和民主化的过程中面临哪些问题；现代化可能会给日本的文化和特征带来怎样的影响。

美国关于日本国内行政自由和民主化的法令，给日本带来了五大变化：解放女性（通过赋予其投票权），鼓励组建工会，学校教育的自由化，废除旨在使人们生活在恐惧之中的机构，以及经济结

---

* Ryusaku Tsunoda et al.，eds.，*Sources of Japanese Tradition*（New York and London：Columbia University Press，1961），pp. 891-900.

构的民主化。

日本政府的这五大变化顺应了日本现代化的历史进程，而且即便是任其自然发展，日本也会走上这一进程。事实上，这些变化正是日本历史所指示的方向。虽然日本的历史自从20世纪30年代初以来，曾因为当权者的错误设计而遭到扭曲，但是现代化进程本身却一直毫不妥协地进行着。因此，我们必须考察日本人民今天的文化能否将日本带入一个真正的、完全的现代国家。我们还必须认识到日本自身的优势和必须予以改变的缺点。

明治时期，现代化的历史进程使日本摆脱孤立，步入世界民族之林。在此进程中，日本和日本人民卓然地处于领先位置。然而进入20世纪30年代后，日本却在世界反动的浪潮中失去了方向，恢复了封建制度。军民联手的强制力量差一点就把日本置于死地的事实表明，在日本的种族、政治和社会活动的特征中，“封建主义”的本质其实从未中断。这使得日本的民族文化具有一种特殊的品质，一种必然会决定日本民族性和种族性的品质，它把日本带入了悲惨的命运中。因此，作为把日本重建为一个自由民主国家的基本条件，日本人的文化特质本身就必须有所改变。……

……找到一条新的路径，将我们自己从追随他人的状态下解脱出来，并发展出一种能被所有人共享的文化独立性，这乃是进行日本这个国家重建的先决条件。

首先，必须做一个教育和文化的规划，使日本人的情感和智力能够得到自由的发展。我们必须恢复古代日本在生活各个方面所具有的文化态度，即保持一种自由的、无偏见的、多样化的接纳性。

其次，必须有一个从模仿到创造的转变。如从前一样，现在的日本文化也被认为是模仿性的。这是因为，日本从其历史初期到中古时代就一直不得不汲取中国文化的滋养。近代以来，它仍处于同样的地位，只不过这次是尊崇西方。然而一旦经过模仿阶段，日本人就会消化和吸收这些文化影响，从而成功地创造一个新的纯粹的日本文化。……

……从明治时期至今，日本在政治、哲学、文学和艺术方面一直疯狂追随西方的真正原因在于，在发展我们自己的文化特质方面，我们还不能够展示出充分的创造性。

这一缺陷绝不能通过假装“发现”或“创造”了“真正日本的”东西来弥补。要知道，这种虚假的发现或创造其实是根源于战争期间军阀们的文化命令。此类行为不过是一种“文化自慰”。……“真正日本的”东西绝不是能以这种方式“发现”或“创造”的，它们必须是在全国范围内，通过创造力和创造手段自然获得的产品。因此，教育和研究的目的就必须是在全国培养这种能力，并且提升那些能够促使该目的在全国实现的结构、组织、形式和内容的发展。……

我们必须将日本人日常生活的世界变成这样一种生活环境：在其中，我们这些迄今为止仍然过着极不科学的生活的人们，能够获得科学的生活目标和形式。我们将因此能够在科学的氛围中呼吸，就像一个新生儿吮吸母乳一样。……

我们不能否认，日本社会中受过较好教育的阶层基本上都很反感军阀的盲目行为，而且还曾设法阻止他们。然而他们的力量之所以不足以完成这项任务，与其说是因为他们缺乏智慧，不如说是因为他们缺乏意志。

而这种意志力，却可以通过文化教育或文化领域之外的方式得到增强。……

从这个角度看，如果我们将日本人自战败以来就身处其中的困难条件视为增强意志力和塑造人格的环境，那么这种条件或许便可以说是饱含希望的。

经济去殖民化与非洲的发展受阻*

D. K. 菲尔德豪斯

独立之后非洲各国的政治不稳定不仅在政治领域表现突出，而且在经济领域也很明显。原本富裕的前殖民地经济持续下滑，许多支持非洲独立的人都不再抱希望，他们试图找出其中的原因。尽管有些学者和贷款机构将非洲的经济灾难同不稳定的政治局势联系在一起，但最近，更多的分析家开始从殖民地时期的经济政策中寻找原因。根据这种观点，独立之后的非洲领导人继承了欧洲殖民者的经济制度和强行介入的国家体系，对此他们无力改变。殖民主义的批评者认为，源自殖民地时期的社会结构约束了非洲的经济选择，它需要对非洲经济的相对落后负责。在下面的材料中，英国著名的帝国主义历史研究专家 D. K. 菲尔德豪斯（D. K. Fieldhouse）提出了一种新的解释。

思考：非洲国家“发育不良”的原因何在；非洲民族主义者会对经济的衰退有何反应；为什么经济问题如此重要。

虽然非洲依赖外国优惠贷款和资金的种子早在殖民统治后期就已播下，但是去殖民化的最严重后果却在于，非洲从此陷入了无法

---

* D. K. Fieldhouse，Black Africa 1945—1980：*Economic Decolonization and Arrested Development*（London：Allen & Unwin，1986），pp. 244-245.

控制的超支和负债状态。在殖民统治的大部分时间里，殖民政府一直使其财政支出、投资和贷款与其支付能力相符合，而这种能力是和国际经济秩序密切相关的，因为后者可以决定一个殖民地的国际收支平衡和政府税收水平。但在独立之后，这些约束逐渐解除了：经济发展的需要和目标取代满足开销的能力而成为政策制定的新标准。在 1960 年到 1975 年期间，国际形势掩盖了各种危险。商品价格普遍适中，外债的利率和还款条件很低，外国股本资金的流通量也居高不下。到了 70 年代后期，大部分情况都变了。非洲处于一种此前的殖民政府从不允许发生的情况中：严重的负债、持续的大量支出、巨幅增长的利息费用、更低的商品价格，以及由于外国私人资本被迫本国化而导致新的外国股本资金不再注入。

正是在这一点上，去殖民地化的经济后果第一次真正凸显出来。过去的殖民地经济政策一直是谨慎的，甚至是保守的，但谨慎至少能够为防范灾难提供一定的保险措施，而大多数非洲新国家却宁愿赌上一把。在独立后的头 20 年，表面上令人印象深刻的成就曾一度使殖民主义看上去成果寥寥，然而非洲人的成就却是建立在沙子上的。他们的经济增长是源于爆发式的出口增长、此前未被利用的国内税收潜力，以及外国巨额资金的注入，这不能反映非洲的结构性发展。当非洲各国不能再从农民那里榨取巨额盈余，而外债又因商品市场的萧条变得格外高昂时，大部分非洲国家实际上已经破产了。

所以，这就是去殖民地化和非洲经济失败之间的主要联系。殖民统治者由于害怕经济衰退的政治和社会结果，可能不愿以负债为代价进行创新。而他们的继任者则迫于展示进步、奖励支持者、雇佣更多城市人口的政治需要，走到了另一个极端。因为他们的发展计划在许多情况下都是拙劣的构想，建立在对其可能性过分乐观评估的基础上，所以这种发展迟早会减慢或受阻。不过，这并不是说非洲的发展“停滞”了，无法恢复，而只是说非洲的发展一直都是缓慢的。如果各国政府能解决这些殖民地政权和后殖民地政权直到20世纪80年代中期仍然解决不了的根本问题，那么非洲的发展才能继续。

拉丁美洲的不平等、压迫和反抗*

赫尔南多·德·索托

土地和财富的分配不均，已成为拉丁美洲在战后数十年中所面临的主要问题。一些历史学家认为，拉美国家的政治和法律制度不但没有缓解反而加强了这种不平等，使情况变得更糟。经济学家赫尔南多·德·索托（Hernando de Soto）对自己的祖国秘鲁和拉美其他地方社会经济不平等的原因进行了考察。

思考：拉美出现经济和社会分化的原因是什么；在整个拉丁美洲的历史上，为什么要求土地改革的呼声一直具有强大的力量；在拉丁美洲，压迫和反抗之间的关系是怎样的。

我们的政治学家和社会学家们有必要去调查和研究这一问题：大多数秘鲁人缺少生存和发展的机会，以及基本的福利措施和法律保护，这些是否是国家出现暴力的重要原因？……

---

* Hernando de Soto, *The Other Path*: *The Invisible Revolution in the Third World* (New York: Harper & Row, 1989). 译文参考［秘鲁］赫尔南多·德·索托：《另一条道路——一位经济学家对法学家、立法者和政府的明智忠告》，264～265页，北京，华夏出版社，2007。

秘鲁最穷苦、对生活怨言最大的民众，根本无法接受这样一个社会：各种经济发展机遇、国家的资源、财产和权利，都被统治阶级任意地进行分配。这样的社会只能让他们无比失望。他们意识到，国家现存的法律体系不容许他们实现自身的合理愿望，也没有提供最起码的福利和保护，他们由此产生极大的挫败感，这就很容易导致各种暴力行动。人们要么私下组织起来，同政府和法律对抗，要么对政府的规定漠然置之。毫无疑问，如果法律的主要目的是为了保护个人权利和财产，使生产活动得以有序地进行，促进人与人之间的和谐关系，那么我们就可以理解，为什么人们受到歧视时会起来反抗。

即便对于最规矩的居民而言，现存的法律体系也有诸多难以接受的地方，比如官僚主义、文牍主义、各种贿赂和腐败现象、执法部门的专横和野蛮态度，这些就像是一块块巨石横亘在他们面前，他们的能力以及国家资源都难以得到有效使用。这种情形让穷苦人更难以接受，因为大多数歧视性的法律法规都与经济活动相关，这使他们很难获得更好的生存和发展机会。往好的方面说，他们的挫折感和沮丧感足以导致非正规经济活动的出现；往坏的方面说，就可能导致犯罪以及对政府的颠覆。人们各种侵犯性的行为是极度沮丧、极度愤怒的正常反应。与其说这种反应是人们经受的痛苦和贫穷而导致的，不如说是他们实际所处的社会地位与他们认为自己应该拥有的社会地位之间的差距而导致的。……

如果大规模移民（比如墨西哥就曾出现过）现象并不存在，或者说，政府没有进行必要的机构改革，那么重商主义制度最可能导致的结果就是出现两种主要的暴力形式：政府的压迫和民众的革命。我们知道，从农村被吸引到城市里的主要是年轻人，他们极少拖家带口，大多充满创业精神，他们最有进取心，也最具好斗性。

他们的年龄特征、他们在建立私人关系上的困难，以及远离出生地，这些使他们更容易成为暴力活动的参与者。他们经常处于失业状态，也看不到未来和前途，这大大降低了他们的忍耐力，甚至完全埋葬了他们的希望。

越南战争*

为了支持法国重新实施殖民统治，美国在 1947 年卷入了印度支那的战争。美国政府想在欧洲看到一个强大的法国，并相信继续占有殖民地可以增强法国的实力。到 1954 年，美国已为法国人的战争行为支付了 80%以上的成本，因此，当法国在奠边府战役失败后做出停战决定时，美国非常不满。

美国将越南视为冷战中的一个潜在战场，它认为越南如果不是苏联的代理人，便是中国的代理人。因此，华盛顿方面推翻了 1956 年的原定选举，在南越成立了一个新政府并精心挑选领导人。这些决定带来的只有灾难和 1973 年美国的失败。发生在越南两个政府之间的内战，最终以 1975 年南越的战败而结束。

越南战争夺去了无数的生命，而大部分美国人（他们不像越南人，越南人知道自己是在祖国的土地上同外来侵略者作战）却仍不明白为何要进行这场战争。在下面这篇摘自 1975 年 5 月 5 日《纽约客》的社论中，这种迷惑不解的情绪显而易见。

思考：美国人怎么会同越南交战那么久，却几乎对越南人民及其文化——这些都被美国视作“敌人”——一无所知。

---

* “Notes and Comment” from the May 5，1975，issue of *The New Yorker*.

上周，越南战争似乎就要结束，但有些比一方战胜另一方更奇怪的事情还在继续。不仅得到美国支持的一方正在完蛋，而且让美国官方觉得这场战争十分重要的那种世界观也正在崩溃。曾为外交政策提供“融贯性”（这是国务卿亨利·基辛格的说法）的敌友体系现在变得混乱。在讨论仍然留在西贡的美国人的问题时，人们所持的各种立场就在细微之处反映出这种混乱。对这些身处越南的美国人来说，威胁来自一些意想不到的地方。主要的威胁似乎不是来自北越，而是来自美国的盟友，南越。《纽约时报》的军事问题分析专家，德鲁·米德尔顿描写了从岘港撤退到西贡的南越士兵的情况：“具有讽刺意味的是，这支在五个星期的战役里比其他政府军打得都要好的军队，现在不仅被看作是正在与渗入城内的共产党谋求和解的政客的最严重威胁，而且是身处西贡的美国人的最严重威胁。”有人甚至担心，南越可能扣留美国人质。更奇怪的消息是，美国驻南越大使格雷汉姆·马丁先生正在减缓撤离的速度，他掌握着美国人质，希望以此能为南越争取到国会的更多援助。与此同时，我们的“敌人”北越却承诺允许美国人安全撤退。当然，30 年以来，北越一直试图让西方人离开越南。

南越针对美国的敌意很快在西贡成为主导情绪。阮文绍总统在辞职演说中没有将政府的困境归咎于北越，而是归咎于美国。他似乎暗示，北越也许只是次要原因，而是美国“导致了南越人民的灭亡”。他的话听起来好像是，过去 15 年里，美国一直是在与南越而不是北越进行战争。阮文绍的意见显然与福特政府的看法一致。前不久，被阮文绍在辞职演说中狠狠攻击过的基辛格先生在华盛顿表示，如果美国不想“毁掉一个盟友”的话，就必须给予阮文绍更多的援助。但是当阮文绍将西贡政权的崩溃归咎于基辛格时，基辛格却将矛头指向国会。他认为，是国会没有遵守美国对南越的“承诺”。（其间，国会第一次获悉有这样的“承诺”，它对自己由于没有履行一个它并不知道的承诺而遭到指控感到惊讶。）此外，就在基辛格指责国会过去的失败时，政府的另一名成员，副总统洛克菲勒则在预言国会未来的失败。他预测成千上万的美国人可能会在西贡被抓或被杀，因此他说，这种情况会在1976年的总统竞选时成为一个竞选话题；他还说，如果国会没有投票通过援助方案，“而共产党又接管了南越政权并导致上百万人被清洗，那么我们就知道到底该由谁来负责任了。”于是此后不久，福特总统就表示，越南不应该成为1976年的一个竞选话题。

奇怪的是，在所有这些反唇相讥中，在谈到可能出现的大屠杀和竞选话题时，很少提到苏联、中国和北越——美国一直在南越抵制这些国家的影响。事实上，福特总统最近在关于世界形势的讲话中指出，美国的伤口是“自己造成的”。敌人显然已被剔除在考虑之外。仿佛我们一直是在跟自己战斗，而且还输了。上面提到的共产主义势力会变得友好并达成谅解。国防部长詹姆斯·施莱辛格为这种观点定下了基调。几个星期前，就在讨论美国在亚洲的存在方式时，他说，中国和苏联有时发现它们的亚洲盟友会变得“精力充沛”，因而它们欢迎美国作为一种抑制性的影响因素介入。在随后的一些讲话中，福特总统也强调了同样的方面。谈到西贡部队在南越北部的失败时，他指出：“我认为在这件事上我们不能指责苏联和中华人民共和国。如果我们同盟友一起实现了我们的承诺，我想整个悲剧可能就不会发生。”相反，我们可以指责我们自己的国会议员，因为他们拒绝提供额外的军事援助。

总统和国防部长的讲话似乎引出了一种新的世界秩序。曾几何时，政府曾对公众说，美国正在越南对抗莫斯科和北京，但现在他们似乎又说，这些国家是我们战时的伙伴。但是如果美国在亚洲是为了保护中国和苏联的利益（施莱辛格先生就是这么说的），那么我们只能说，基辛格先生此前并没有被告知这一点。因为，就在总统说不能把越南发生的事情归咎于苏联和中国的第二天，基辛格就责备了它们。他说："我们不应该忘记是谁给北越提供武器，使得北越能以此蔑视它在《巴黎协定》上的签字。"

西贡政权正在瓦解，但华盛顿似乎难以解释其原因。一些人将责备的矛头指向苏联和中国，但其他人认为这些国家是无辜的。有些人说，这是阮文绍总统的过错（虽然他认为错在我们）。有些人认为应该受到指责的是美国国会，但后来他们又说，所有美国人都应承担足够的责任。美国历史上耗时最长的战争终于即将结束，而我们甚至不知道敌人是谁。

第 26 章

今日世界与21世纪的开端

刚刚过去的世界历史是很难评价的。因为它基本上就是今天的一部分，要想用历史的视角来考察它，这几乎不太可能。

我们在前两章提到的许多战后的基本趋势虽然仍在继续，但一些重要的改变却日益明显，尤其是在过去的 20 年中。20 世纪 80 年代末，美国和苏联的冷战逐渐消退，苏东地区发生了革命性的改变。至少对西方来说，这些改变意义深远，足以构成历史的分水岭——它标志着 20 世纪的结束和 21 世纪的到来。欧洲其他地区乃至世界各国都开始追寻自己的道路，摆脱美苏两个超级大国的影响。饱受战争之苦又拥有丰富石油资源的中东地区，吸引着全球的目光，对世界具有重要的意义。而一些亚洲国家和地区（如日本、韩国、新加坡和中国台湾）发展出雄厚的经济实力，打破了世界经济力量的平衡。在南非，黑人的民主政治开辟了一个新时代。科学技术的新成就，从空间探索到电脑研发，在许多方面影响着我们的文明社会。此外，最近大量的其他趋势和事件，尤其是国际恐怖主义的抬头，也应该被添加到这一足够简要的清单中。

本章的结构与其他各章不同，因为这里的资料基本上是当前的文献，所以，第一手资料和第二手资料的区别不再像前面各章那样明显。本章主要探讨四个方面的发展情况：第一，关注共产主义世界，尤其是苏联和中国的变化；第二，讨论那些特别重要并且在今天仍然影响着我们的社会、文化和生态趋势；第三，集中探讨国际恐怖主义的兴起，以及中东地区的发展；第四，对当前时代予以整体解释，并预测未来。

对于近期的世界发展，存在着许多矛盾的心态。我们自己身居其中，使得对当前的评价变得更加困难。本章资料只不过是帮助人们理解今日世界的一次尝试罢了。

现代化：西方世界和非西方世界

尽管西方列强的殖民地几乎在二战后的 25 年里全都赢得了独立，但是西方的观念、价值、制度和产品对非西方世界的渗透却是极其广泛的。在图 26－1 中，一位科威特（波斯湾地区的一个蕴藏丰富石油的阿拉伯酋长国）公民正扛着一台来自西方世界的电视机过马路。他穿着一双西式的网球鞋，但这双鞋很可能是在远东生产的。在背景处，有一幅双语的商店标志和一些西方品牌的汽车。电视机的荧幕映出一幢现代建筑，它的设计可能出自一位西方建筑师之手，由一家国际建筑公司负责施工，使用的是科威特国内外的劳动力和原材料。这幅图片告诉我们，一些曾经的殖民地国家，如今的经济、政治和社会发展方向与西方工业国家是一样的。

思考：图 26－1 反映出西方世界给非西方世界带来了哪些影响。

图 26 - 1

布鲁诺·巴贝（Bruno Barbey）/马格南（Magnum）图片库提供

中国：四个现代化*

中国共产党中央委员会公报 （1978 年 12 月）

在过去的 30 年里，共产主义阵营发生了巨大的变化。其中一个非常重要的改变是 1978 年在中国发生的。自 20 世纪 50 年代以来，在毛泽东的领导下，中国一直秉承苏联的“五年计划”模式发展经济，这种经济政策注重计划、重工业和农业集体化。1976 年毛泽东逝世后，邓小平领导中国经济体制改革。1978 年，中国政府开启“四个现代化”的进程。根据下面这份文件，中国将摒弃以往经济发展模式的许多成分，转而采取更具实效性的经济政策。

思考：从这份文件中，我们可以看出中国面临哪些经济难

* *The Peking Review*, July 28, 1978. 译文根据《中国共产党第十一届中央委员会第三次全体会议公报（1978 年 12 月 22 日通过）》，载《实事求是》，1978（4）。

题；以往中央计划经济在哪些方面遭到了批评；中国农业政策的变化具有怎样的重要意义。

现在就应当适应国内外形势的发展……把全党工作的着重点和全国人民的注意力转移到社会主义现代化建设上来。这对于实现国民经济三年、八年规划和二十三年设想，实现农业、工业、国防和科学技术的现代化，巩固我国的无产阶级专政，具有重大的意义。我们党所提出的新时期的总任务，反映了历史的要求和人民的愿望，代表了人民的根本利益。我们能否实现新时期的总任务，能否加快社会主义现代化建设，并在生产迅速发展的基础上显著地改善人民生活，加强国防，这是全国人民最为关心的大事，对于世界的和平和进步事业也有十分重大的意义。实现四个现代化，要求大幅度地提高生产力，也就必然要求多方面地改变同生产力发展不适应的生产关系和上层建筑，改变一切不适应的管理方式、活动方式和思想方式，因而是一场广泛、深刻的革命。……

……现在，我们实现了安定团结的政治局面，恢复和坚持了长时期行之有效的各项经济政策，又根据新的历史条件和实践经验，采取一系列新的重大的经济措施，对经济管理体制和经营管理方法着手认真的改革，在自力更生的基础上积极发展同世界各国平等互利的经济合作，努力采用世界先进技术和先进设备，并大力加强实现现代化所必需的科学和教育工作。……

会议指出，现在我国经济管理体制的一个严重缺点是权力过于集中，应该有领导地大胆下放，让地方和工农业企业在国家统一计划的指导下有更多的经营管理自主权；应该着手大力精简各级经济行政机构，把它们的大部分职权转交给企业性的专业公司或联合公司；应该坚决实行按经济规律办事，重视价值规律的作用，注意把思想政治工作和经济手段结合起来，充分调动干部和劳动者的生产积极性；应该在党的一元化领导之下，认真解决党政企不分、以党代政、以政代企的现象，实行分级分工分人负责，加强管理机构和管理人员的权限和责任，减少会议公文，提高工作效率，认真实行考核、奖惩、升降等制度。……

全会认为，全党目前必须集中主要精力把农业尽快搞上去，因为农业这个国民经济的基础，这些年来受了严重的破坏，目前就整体来说还十分薄弱。……为此目的，必须首先调动我国几亿农民的社会主义积极性，必须在经济上充分关心他们的物质利益，在政治上切实保障他们的民主权利。从这个指导思想出发，全会提出了当前发展农业生产的一系列政策措施和经济措施。其中最重要的是：人民公社、生产大队和生产队的所有权和自主权必须受到国家法律的切实保护；不允许无偿调用和占有生产队的劳力、资金、产品和物资；公社各级经济组织必须认真执行按劳分配的社会主义原则，按照劳动的数量和质量计算报酬，克服平均主义；社员自留地、家庭副业和集市贸易是社会主义经济的必要补充部分，任何人不得乱加干涉；人民公社要坚决实行三级所有、队为基础的制度，稳定不变……

冷战的结束*

雷蒙德·加特霍夫

第二次世界大战结束后的 40 多年里，国际事务被美苏之间

* Raymond L. Garthoff, "Why Did the Cold War Arise, and Why Did It End?" in *The End of the Cold War: Its Meaning and Implications*, Michael J. Hogan, ed. (Cambridge, England: Cambridge University Press, 1992), pp. 131-132.

的冷战所主宰。尽管两个超级大国的关系曾有段时间（尤其是 20 世纪 70 年代）一度缓和，但是两国的争斗仍一直持续到 20 世纪 80 年代中期。1985 年，戈尔巴乔夫上台，推行了一系列的改革措施："公开化"（政治和文化公开）和"重组"（经济改革）。此后，苏联内部的重大变化以及东欧国家和国际事务的变化，都源于这场改革。1991 年，苏联失去对东欧的控制，自身也走向解体——冷战结束了。在下文中，雷蒙德·加特霍夫（Raymond L. Garthoff）针对戈尔巴乔夫和美国政府的外交政策在冷战结束过程中的各自作用进行了分析。

思考：根据加特霍夫的观点，为什么戈尔巴乔夫会有意终止苏美之间的冷战；在加特霍夫眼中，哪些观点影响了冷战期间的美国外交政策；还有没有其他因素促成了冷战的结束。

最后，只有苏联的领导人才能结束冷战，而戈尔巴乔夫就是有意这样做的。尽管以前的苏联领导人也明白，核时代的战争是绝对不可取的，但戈尔巴乔夫却是第一位认识到如下道理的苏联领导人，即只有相互的政治包容而非威慑或反威慑的军事较量，才是苏联同各国关系的核心。戈尔巴乔夫从这一认识出发得出的结论以及苏联后来的一系列举动，最终拆除了"铁幕"，结束了全球的冷战局面。

但是戈尔巴乔夫显然严重低估了改造苏联任务的艰巨性，由此导致他的政策失误，从而使转变苏联社会和政体的计划归于失败。他的社会主义复兴设想建立在成功的改革和民主化基础上，但这完全不具备现实的可能性。要建立一个新生的苏维埃政治联盟，也同样不可能。即便戈尔巴乔夫当时意识到苏联会因此解体，我们也不清楚他是否会调整目标或改变手段，或许连他自己也不清楚。然而，在苏联的对外政治舞台上，戈尔巴乔夫不仅知道而且成功地制定了结束冷战的路线图，即便他在这个方面确实夸大了东欧国家的共产主义政府的改革能力。

如上所述，西方世界（尤其是美国）在结束冷战过程中的作用是必要的，但不是主要的。这其中有很多原因，但最根本的原因在于，美国人的世界观只是共产主义世界观的派生物。没有扩张主义的力量作支撑，遏制政策就是一纸空文。在这个意义上，正是来自苏联的威胁——无论是真实的还是想象的——导致美国引发了冷战。……

美国的决策者们对于他们在建构反共格局的过程中采取了大量的共产主义世界观而感到心虚，对于自己总是打算以暴制暴而感到愧疚。实际上，一旦冷战成为全球政治的主导因素（在美国人和苏联人眼中就是这样的），那么，冷战各方在看待世界的发展状况时就只会考虑它们同冷战之间的关系，并且往往根据有利于自己的方案行事。例如，美国人常把原住居民之间的地方性冲突和地区性冲突的起因归结为冷战。与苏联人一样，美国人不信任那些中立的和不结盟的国家；如果世界各国要么是自己的同盟国或卫星国，要么是苏联的结盟者，美国人反而感到更踏实。因此，很多传统的外交关系，虽然与两个超级大国的对峙没什么关系，但也被卷入冷战的漩涡，至少在冷战的参与者看来是这样的，而它们的行动也造成了这样的结果。

苏联解体和东欧剧变的原因*

罗伯特·海尔布隆纳

苏联解体和东欧剧变让大多数人震惊不已。只有通过回顾这段历史，我们才能发现造成这种状况的确切原因。学者们努力解释所发生的一切。罗伯特·海尔布隆纳（Robert Heilbroner）是美国一位广泛涉猎经济学、经济史和时事政治的专家。在如下的选文中，他把苏联的经济体系，尤其是苏联的中央计划经济体系视为苏联解体的关键因素。

思考： 苏联的中央计划经济虽然在工业化的早期阶段或一些特定项目中富有成效，但却不太适合成熟的工业经济，这是为什么；共产主义苏联的解体为什么具有如此广泛的意义。

社会主义在 20 世纪上演了一出悲剧。苏联和东欧的垮台是它悲惨的最后乐章。先前，我们看到苏联一步步走向政治灾难，但是这些灾难很大程度上要归因于其历史上不可救药的政治传统，而不是社会主义本身。苏联的经济崩溃才叫人大吃一惊。苏联战前的工业化奇迹，似乎是计划经济体系足以推动经济增长的最好论据，而在第二次世界大战后的重建时期，这一论据再次被苏联的惊人表现所证实。因此，虽然有很多挫折，但是苏联经济在 20 世纪 50 年代的增长速度达到美国的两倍，这丝毫不足为奇。直到 20 世纪 70 年代，苏联的增长速度跌到仅为美国的一半时，所有人才感到吃惊。

---

* Robert Heilbroner, “After Communism”, *The New Yorker*, September 10, 1990.

而在 20 世纪 80 年代中后期，中央情报局和学界专家开始报道苏联的经济出现零增长时，人们都惊呆了。可是，经济崩溃！没有人想过苏联的经济会崩溃。

直到现在，仍然没有关于苏联经济崩溃原因的确切说明。无疑，这场经济浩劫的某些因素有其历史根源：官僚主义在苏联的作品中屡见不鲜。最后一击也许是因为“公开化”，它点燃了民众对经济状况积蓄已久的怒火；或者，也有可能是因为苏联试图主动迎接“星球大战计划”的挑战——人们听到很多这样的猜测。我们所唯一能确定的是，苏联经济体制的恶化程度，远远超过了资本主义曾经最严重的经济危机，这种恶化局面的罪魁祸首正是中央计划经济体制本身。所以，我们不可避免地得出这样的结论，即无论社会主义对这种经济体制有多么依赖，它终究是行不通的。……

中央计划经济最大的弊端在于经济的运行程序，根据这种程序，经济被事先规定了它的运行过程。在很多方面，中央计划经济就像一场军事斗争，生产活动根据最高层的指令开始，而不是根据地方官员和公司管理者的独立决策。也就是说，苏联的经济体制是这样运作的：每一个螺母、螺钉、铰链，每一根卷轴，每一台拖拉机和水电涡轮机的数量、质量、尺寸、重量和价格都被事先规定好。在最高领导层那里，国民生产总值已经被宣布。而在幽暗的基层办公室中，人们要计算螺母、螺钉和涡轮的数量。不过显而易见的是，如果前者的生产计划耽搁了，那么后者的生产计划也就不可能完成。

因此，计划体制要求人们把预期的国民生产的巨幅地图分成数百万个小份额，就像拼图游戏那样。成千上万的企业将这些份额生产出来，最后以某种方式合成一个恰当的整体。即便国家的生产计划多年不变，要想做到这一点也是极其困难的。更何况，生产计划不可能不发生变化：因为计划的主要制定者会改变他们的目标，而新技术的问题、劳动力的不足、糟糕的天气或是简单的错误也都会妨碍计划的实施。1986 年，在“新思维”改革正式开始前，苏联国家计划委员会颁布了 2 000 项主要产品组的生产指标，如建材、金属和汽车。然后，国家物资与技术供应委员会将这些产品组分为 15 000 个门类，例如木材、铜和货车。各管理部门再把这 15 000 个门类细分成 50 000 种更详细的产品（如木瓦、横梁、条板、甲板），然后再在每种产品下面划分具体的产品（如大、中、小型木瓦）。这些计划通过生产等级逐层过滤，到达工厂经理和工程师的层次时，会收到修订或反对的意见，随后被反馈至部委。在这种拜占庭式的生产过程中，最困难的也许是要为企业设定“成功指标”（即预期的绩效目标）。多年来，这些指标都以物理单位为标准，比如多少多少码布匹和多少多少吨钉子，但这显然会引发难题。因为，如果根据布匹的码数来支付酬劳，那么人们肯定会把布织得很稀松，从而让纱线织造出更多的布。如果钉子的产量是根据数量来决定，那么工厂肯定会生产许多像大头针一样的钉子；但如果是根据重量决定钉子的产量，那么钉子则会变得笨重无比。讽刺杂志《鳄鱼》曾刊登过一则漫画，漫画中的工厂经理自豪地向公众展示他的一项破纪录产品：一枚由起重机才能提起的巨大钉子。

当然，困难在于，生产中不可避免的各种错误不能及时得到排长或团长等指挥官的更正，只有他们才能发现生产过程偏离了预期的路线。

*

我对社会主义能够作为一种重要的经济组织形式而继续存在的

前景并不乐观。对于那些坚信马克思的断言——社会主义是共产主义之前的必经阶段——的人们来说，我的这种说法可能是歪曲的。但是，计划经济的崩溃却已迫使我们重新思考社会主义的含义。

东亚地区的经济复苏*

托马斯·戈尔德

与世界上的其他地方相比，走出二战的东亚是一片彻头彻尾的废墟。甚至在美国轰炸东京并投放原子弹之前，日本就已经濒临饥荒。中国从1931年开始同日本交战，战争直到1945年才结束；但随后又是长达五年的残酷内战。由于国民党被共产党打败，两三百万中国人从中国大陆逃到台湾，使得该地区拥有了更丰富的资源。而在1950年至1953年间，朝鲜半岛又经历了一场毁灭性的战争。

由于这里一片荒芜，而且缺乏原材料和足够的食物，再加上传统的儒家观念（在中国、韩国、日本和越南）认为商人（他们处于社会的底层）的逐利行为是不道德的，因此，经济复苏似乎真的遥不可及。不过儒家非常重视教育，尤其是对经典的背诵，而且注重对集体（如家庭、企业和国家）的忠诚和依赖。

近年来，日本、韩国和新加坡以及中国香港和中国台湾——所有的儒教国家和地区——在经济上取得了惊人的成功。在如下选文中，托马斯·戈尔德（Thomas B. Gold，加州大学伯克利分校的社会学教授）考察了与其经济发展相关的政治特点。

---

* Thomas B. Gold, "Economic Revitalization of East Asia", in *Asia in the Core Curriculum: Case Studies in the Social Sciences*, Myron L. Cohen, ed., pp. 464-469.

思考：经济增长同政治民主化之间有何关系；在描述经济体系时，像“社会主义”“资本主义”这样的术语存在怎样的局限性。

具有同样的经济模式，政府在其中发挥着核心作用。国家和地区的政府在日本、中国台湾和韩国这样的市场经济体中占据着主要位置。政府定期制订经济发展计划，负责收集国（地区）内外经济数据，并对经济的演化作出预测。它们会以国（地区）内的某些经济部门作为目标，给予特殊的刺激政策（减免税收、给予低利率贷款、允许对外交易、下调进口税等等），以便鼓励当地的企业向目标行业投资。这些国家和地区（通过在多家银行和邮政储蓄机构中控股）对银行系统具备相当强的控制力，这一点对于财政政策的顺利实施极为有利。在关键领域，这些国家和地区也拥有许多产业，并常常以垄断的方式来指派特定的资源，配发到目标企业。这些属于**指导性计划**，而不是像中国改革开放之前的那种苏联式的指令性计划。而且，政府要**适应市场经济**，也就是说，它们需要努力预测市场的发展态势，并帮助私营企业把握未来经济趋势的最佳点。除了上述的积极措施外，这些国家和地区还利用各种制裁手段获得预期的反应。通过减少激励、扣押执照、强行征收惩罚性税收等手段，国家能够促使商户服从政府的管理。这就是与市场相适应的经济，它虽然拥有大量的充满活力的私营部分，但并非通常所认为的那种完全自由的企业经济，因为政府或直接或间接地发挥着主导作用。虽然从 20 世纪 50 年代开始，政府的核心作用已经动摇，但它依然是一个决定性的因素。

政府对经济产生积极影响的另一个重要作用是，**政府会为了发**

展人力资本而大规模地投资教育事业。在日本、韩国和中国台湾，识字率已经超过了90%。尽管在高等教育领域，各国（地区）之间存在激烈的竞争，但是为了建设一支高质量的技术队伍，各国（地区）政府也在职业培训方面进行投资。

东亚各国政府之所以能在经济发展中占据主导地位，有很多原因。**在东亚传统中，人民总是期待国家能在他们的生活中发挥主导作用，帮助他们创造繁荣富裕的生活与长期和谐的社会；如果国家没能做到这一点，民众就有理由反抗它。**尽管当代东亚社会最具革命性的一点在于，它赋予从事私营活动的商人以较高的社会声望，然而约束商人的儒家官僚体系的历史遗风仍旧存在。

作为1868年明治维新的一部分，日本的中央政府采取强硬措施，发展国家经济，以求建设一个富裕强大的日本，从而抵御西方的帝国主义。日本把中国和朝鲜半岛作为殖民地，并对这些地区的经济采取同样的政策，引进一种经济结构，而这种结构在当地摆脱了殖民统治后仍然被沿用。因为在许多经济不发达的地区，只有政府才拥有必要的资本建立关键的产业和工业化所必需的基础设施。这样，国有企业占据核心领域的传统一直延续至今。

日本、韩国，还有中国，都把计划经济和市场经济结合了起来，一方面是强有力的政府部门，另一方面则是充满活力的私营经济。**资本主义和社会主义之间的传统二分法正在瓦解。**而其他政治体制下的一些发展中国家，也越来越多地效仿东亚体系的某些方面。……

东亚发展经验的主要缺陷或许是，与这里的经济高速发展相伴随的，是严厉而且通常十分冷酷的政治威权主义。曾有人指出，威权主义事实上对于经济增长是不可或缺的，它只是获得巨大经济成就而必须付出的小小代价。为了在引导经济发展和有效调配资源中发挥强大作用，国家需要毫无疑义的威权和力量。但是这种看法却与 20 世纪 50 年代盛行的一种假设相反。该假设认为，经济的发展将会伴随着政治的“现代化”，亦即引进西方的民主制度和实践。尽管二战后的日本建立了民主的选举制度，但是在 20 世纪 30 年代，日本所获得的工业化发展却是由一个法西斯的军事政府领导的。

虽然国民党只是从大陆败退而来的一小部分人，但它却垄断了台湾的政治权力，控制了岛上 85%的居民——他们也是中国人，在 1945 年日本把台湾交还中国之前就已经生活在这里。国民党渗透在台湾社会中，压制异议，煽动群众。通过颁布戒严法令和无情的肃敌行动，国民党不允许有其他政党存在，从而维持其统治。

无论对中国台湾还是对韩国来说，1987 年都是一个重要的分水岭。在台湾，国民党放弃了戒严法令，默许了一直被视为非法组织的其他反对党的合法性。它还开始同大陆的共产党交往，这标志着它对自身和台湾人民重新有了信心。1988 年 1 月，台湾“总统”、台湾国民党主席蒋经国去世，李登辉接任，后者是一名没有任何军事经验的台湾技术官员。这次交接非常平静。此后，台湾民主化进程和面向大陆的开放政策一直在持续，甚至还有所加速。在韩国，全斗焕迫于舆论压力，不得不修改宪法，允许直接选举其继任者。经过竞选，卢泰愚胜出。在这场竞选中，两个主要反对党的候选人不仅对抗全斗焕精心挑选的候选人卢泰愚，而且也相互争斗。就任期间，卢泰愚继续加快政治解放的步伐。1988 年，他也没有阻止民众对他的前任进行公开谴责。在韩国，街头民主越来越多，韩国学生群体中出现了一批数目可观的激进分子。在这里，民主化的进程已然开始了，政治的现代化正在逐渐跟上经济和社会的发展步伐。

短暂的世纪——一切都结束了*

约翰·卢卡克斯

历史学家喜欢将他们所研究的文明划分为多个有意义的时期。从理想的角度而言，这些历史时期以某个分水岭开始，又以某个分水岭结束，并且拥有某些共同的特点。但是要想对我们所处的这个时代进行上述划分却是非常困难的，因为我们缺乏历史的视野。在下面的选文中，约翰·卢卡克斯（John Lukacs）认为，1989 年西方发生的如下重大事件，标志着 20 世纪的终结和 21 世纪的开始。

思考：卢卡克斯是怎样证明其观点的；他的论证是否适用于非西方世界；它对未来有何意义。

20 世纪已经结束了，关于这个世纪，有重要的两点值得一提。

首先，这是一个短暂的世纪。它从 1914 年到 1989 年，仅仅持续了 75 年。20 世纪的两个核心事件是两次世界大战。它们就像两条巨大的山脉，占据着 20 世纪画卷的主要篇幅。俄国革命、原子弹爆炸、殖民帝国的终结、社会主义国家的建立、两个超级大国的出现、德国的分裂——所有这一切都是两次世界大战的后果。到现在，我们依然生活在它们的阴影之中。

从 1815 年到 1914 年，19 世纪持续了 99 年，也就是从拿破仑

* John Lukacs, "The Short Century——It's Over", *The New York Times*, February 17, 1991.

战争的结束，直到所谓的第一次世界大战的开始。而 18 世纪则持续了 126 年，即从 1689 年英法全球争霸的爆发（美国的独立战争只是其中的一部分），到 1815 年滑铁卢战争的结束。

其次，我们都知道 20 世纪结束了。但在 1815 年，没有人知道大西洋世界的战争将在这一年结束，百年的和平将由此开始。在那个时候，每个人，无论是法国革命的朋友还是敌人，都和这些伟大的革命有着这样那样的联系。虽然 1815 年之后也发生过一些革命，然而就整个 19 世纪的历史来说，这 99 年间并未发生世界大战。19 世纪的异常繁荣和进步当然也得益于此。

在 1689 年，“世纪”这个词几乎无人知晓。《牛津英语词典》指出，这个词在英语中的首次使用是在 1626 年。此前，它的意思是由 100 个罗马战士组成的军事单位。后来，它才拥有了另外一个含义，即 100 年。这标志着我们的现代历史意识的开端。

我们都知道，20 世纪已经结束了。这并不仅仅是因为我们具有历史意识（这种意识不同于我们所普遍熟知的历史知识），而主要是因为，两个超级大国的对峙（这也是第二次世界大战的后果）已经彻底结束。俄国人从东欧撤离，德国再次统一。在冷战期间，欧洲之外的地区，甚至是朝鲜战争、越南战争、古巴的导弹危机和尼加拉瓜这种地方的政治危机，都直接或间接地与美苏对峙有关。

我们应记住，无论海湾战争是何时结束以及怎样结束的，对美国和苏联来说，中东地区仍然是一个严峻的问题。即使是在美国取得巨大的政治或军事胜利的情况下，这种益处也只是短暂的。在中东建立“美国治下的和平”，这是多么幼稚和荒唐的想法啊，更别提说出口了。

不仅世界列强及其盟国的结构有所改变，政治历史的结构也发生了变化。两个超级大国都面临着很多国内问题。在苏联，这已令人恐怖地变成了现实；而在美国，虽然问题的性质不同，但也并非停留在表面上。国家的主权和凝聚力、政府的威权和效力，都跟以前不一样了。

我们是否会看到有更大的政治实体出现？“欧洲”最多会成为一个自由贸易经济区，但是建立欧盟却纯属天方夜谭。或者，我们是否更有可能看到某些国家分裂成更小的民族国家？我们是否会看到数百万人的大规模移民？这可是自罗马帝国晚期以来从未有过的盛况啊！至少，这是有可能的。历史的结构就在我们眼前发生着改变。

我们是否处于一个新的黑暗时代的开端？我们必然希望不是这样。摆在我们面前的主要任务是，重新思考“进步”这个词。如同“世纪”一样，“进步”的含义也要比我们所习惯认为的更晚近一些。16 世纪之前，也就是说，在所谓的现代（“现代”是用词不当的又一例证，因为“现代”这个词意味着，这个时代将永远不会结束）开始以前，“进步”只表示距离上的前进，而非时间上的前进，也没有向前进化、不断改善的含义。

后来，“进步”开始具有不容置疑的乐观含义，即永无止境的物质和科学成就。直到 20 世纪，这个词才开始失去一些光环，因为在 20 世纪，技术的益处越来越让人感到怀疑。20 世纪初，技术和野蛮似乎还是一对反义词。但它们现在已经不是了。不过，技术及其对自然环境的威胁只是进步所带来的巨大困扰之一。如何更加恰当而真实地运用“进步”这个词以及这份理想，才是已经步入 21 世纪的人类的使命。

拉丁美洲的革命和知识分子*

艾伦·赖丁

拉美各国的政治分界虽然带来了民族认同问题和彼此之间的对立，但是综观 20 世纪，一种更广泛的拉美民族主义却延续了下来，甚至更加活跃。共同的语言、相互联结的历史和文化让拉丁美洲的人民——尤其是知识分子——产生了一种共同的身份认同感。这篇艾伦·赖丁（Alan Riding）的文章就论述了这种特殊的认同感对于拉美知识分子的重要意义。他们不仅在文艺领域处于核心位置，在政治舞台上也是主角。

思考：拉丁美洲的知识分子为什么如此关注政治问题；在拉美文化中，为什么艺术和政治之间没有明显的分界线。

在拉丁美洲，知识分子在政坛上发挥巨大的影响。他们为当权的政府赢得尊重，为反抗和革命运动赋予合法性。他们所阐发的思想和所塑造的形象，是拉美人民眼中权力的象征。他们满足了果敢的拉美人民寻求浪漫而理想的生存目标的需要。……

“为什么会这样?”秘鲁小说家马里奥·巴尔加斯·略萨（Mario Vargas Llosa）在最近的一篇文章中这样问道，“为什么秘鲁和其他拉美国家的作家必须首先是政治家、鼓动家、改革家、社会评论家和伦理学者，而不是基本的创作者和艺术家呢?”

对美国人来说，这个问题可能更加费解。因为在美国，作家

* Alan Riding, “Revolution and the Intellectual in Latin America”, *The New York Times*, March 13, 1963.

和其他知识分子的政治影响要精细得多、间接得多，而且美国的政治也主要是处理具体的政治问题，而不是意识形态方面的问题。……

在拉丁美洲的舞台上，知识分子也许不是主角，但他们会给各种事情提供定义。在真正的原因被找到之前，他们的观点会占据上风。没有他们，拉丁美洲长期以来的政治发展就会危如累卵。

拉美知识分子的地位源于他们所生活的这个社会。在一个社会制度不健全、基础教育不完善、民主传统不太多的地区，知识分子自然属于受人尊重的精英。同时，由于拉丁美洲的政治总是以某个知名人物为核心，因此，人们常常认为那些极具天赋的人也应该拥有智慧和领导力。

总而言之，拉丁美洲的知识分子群体形成了一个非官方的议会。在这个议会上，他们讨论当前的主要政治事件，要么将这些事件列入该地区的议事日程，要么让这些事件淡出公众的视线。……

这种政治声望几乎不会带来财富。在拉丁美洲，很少有作家能依靠版税养家度日，但加西亚·马尔克斯（García Márquez）是个例外。他的作品被翻译成多国文字，他可以称得上是一位富人作家。不过，写作确实可以使作家成为强有力的政治象征，尤其是当他们获得一定的国际声誉时。在如今拉美的顶尖作家中，几乎没有人会对充分利用这种权力而感到疑虑不安。……

尽管作家来自不同的国度，但他们的读者却遍布整个拉丁美洲。这不仅仅是因为作家呈现了一种强烈的共同的拉美认同感，而且因为他们所提出的问题整个拉美地区都很熟悉。几乎无一例外地，他们在多家报刊上撰写专栏，进行频繁的访谈，其内容更多地与政治而不是文学相关。这些作品在整个拉丁美洲拥有广大的读者群。他们频繁地聚集于各种会议，就国际问题发表看法。尽管他们的政治观点会被攻击，但是他们的道德权威却几乎从未遭到质疑。……

拉美的知识分子之所以能扮演如此重要的角色，不仅是因为在他们所处的社会中，很少有人接受过比他们更好的教育，而且是因为他们同时继承了整个欧洲的传统。但他们与欧洲知识分子的区别在于，他们从信奉天主教的西班牙人那里继承了特殊的教义，它至今仍影响着拉美各国的政治思想。

在西班牙征服拉丁美洲之后，三个世纪以来，大多数拉美知识分子都是神职人员，他们注意到西班牙宗教裁判所给思想自由带来的禁锢。这种微弱的不满只能来自教会内部。例如，牧师就是第一个反对西班牙人在墨西哥殖民地奴役印第安人的群体。然而在当时，无论知识分子争论什么，这种争论都必然以天主教的主流教义为中心。虽然牧师发起反抗西班牙殖民者的墨西哥独立运动，但他们的军队遵循的却是瓜达卢佩圣母的标准。甚至连 19 世纪横扫整个拉丁美洲的自由主义改革，也在他们的反教权运动中变得十分教条。

1917 年，当俄国革命取得成功后，这种教条主义开始向马克思主义过渡。在拉丁美洲，马克思主义成为新的信条，知识分子成为新的牧师，政府的任务则是替代教会来负责组织社会。“我们是僵化的宗教社会的后代，”墨西哥小说家卡洛斯·富恩特斯（Carlos Fuentes）这样说道，“这是拉丁美洲的负担——从一个教会到另一个教会，从天主教到马克思主义，我们一直肩负着它们所有的教条和仪式。我们由此感到处于保护之中。”

非洲文化的复兴*

阿里·马兹鲁伊　迈克尔·泰迪 （Michael Tidy）

现代的非洲民族主义者对于持续存在的“文化帝国主义”一直非常关注。在文化帝国主义者看来，殖民政权已经为非洲建立了文化的日程表，但它不是基于非洲的本土文化，而是基于西方的文化。许多知识分子和学者都在呼吁文化解放，回归传统价值，更多地使用非洲语言，发展以非洲经验为基础的新哲学和新意识形态。然而另一些学者则更倾向于在现有的文化形式中寻求一种均衡的发展策略，其中包括，为了方便国际交流、提高教育水平、维系民族统一而继续使用欧洲的语言。本文的作者之一，阿里·马兹鲁伊（Ali A. Mazrui），就是一位支持重新发现并充分利用非洲传统文化的知名倡导者。在如下选文中，他陈述了他的一些观点。

思考：民族文化的意识形态在什么程度上是一个实践概念；对这种同时注重西方元素和非洲元素的文化政策，非洲人是如何看待的；阿里是从哪些方面关注民族文化的完整性的。

在殖民时代强加给非洲的那种欧洲中心主义的文化霸权，面对独立的非洲各国和非洲作家们所发起的相当温柔的攻击，基本上是经受得住的。在语言政策、教育甚至文学领域，为实现文化解放而

* Ali A. Mazrui and Michael Tidy, *Nationalism and New States in Africa* (Portsmouth, NH: Heinemann Educational Books, 1984).

付出的努力仍然非常有限。

文化解放的障碍之一是，过分强调了作家和学者在政治、经济解放过程中的作用，而脱离了争取文化独立的斗争。大部分关于非洲现代化的早期文献都集中于政治发展，而且想当然地认为政治发展之路也可以通过西方化实现。非洲的政治发展被想象成建立一套同西方相媲美的政治制度。但是最近，出现了一种新的反对观点，这种观点以“依赖”概念为基础，认为整个“发展”概念都应当被抛弃或彻底地重新定义。这样一来，发展就意味着逐渐摆脱经济上的依赖。……尽管有些作家曾强调经济去殖民化的重要性，然而文化的去殖民化却比人们想象的重要得多。在精神和智力上依赖西方、缺乏摆脱宗主国的准备、强行模仿西方，这些因素在整体上已经给非洲社会带来了深远的经济和政治影响，它们至今仍不愿为自身的转型采取激烈的措施。当然，这些现象也有其深刻的文化原因。……

文化解放的另一大障碍是，非洲人总是将“现代化”和“西方化”混淆。事实上，恢复非洲文化传统的过程是可以采取现代化形式的，尤其是当该过程成为去殖民化进程的一部分时。恢复传统并不是要让非洲倒退至欧洲殖民者到来之前的年代。说得严重一点，如果非洲打算迈出这样倒退的一步，那无异于自取灭亡。但是重新尊重本土文化并且克服文化自卑感，这可能是实现文化去殖民化的最低条件。

阿米尔卡·卡布拉尔（Amílcar Cabral），这位几内亚比绍的自由斗士曾经指出，那些西方化的非洲精英之所以能够领导政治独立运动，是因为在接受了西式教育之后，正是他们最早意识到，必须从外国统治者的手中赢得自由。但是这群精英分子却疏离了非洲本土文化，而沦为新殖民主义思想的牺牲品，所以非常需要“重生”。卡布拉尔指出，解决精英知识分子的“重生”问题的办法是，让他们回归“源头”，回归人民大众的文化中去。殖民主义是短暂的，它在非洲的大部分地区只不过存在了大约70年，而且殖民主义的社会结构以及欧洲文化给非洲农村带来的影响其实微乎其微。“非洲文化遭到某些向外国势力妥协的社会群体的压迫、迫害、羞辱和背叛，它在村庄里、在树林中、在那些沦为统治者的牺牲品的人们的精神中寻求着庇护。”为了与大众保持一致，为了理解他们的需要和困难，为了动员他们投身社会和经济的发展，那些疏离非洲文化的精英分子必须重新拾回非洲乡村的本土文化。

在文化解放的道路上，几乎每个非洲国家都有很长的路要走。他们需要采用一种与非洲文化相关的语言政策，改变他们的教育系统，发展相关种类的文化和艺术，追求一种倡导自主性的意识形态，并建立一个更加重视乡村的政治体系。

南非的民主*

纳尔逊·曼德拉

1994年，纳尔逊·曼德拉（Nelson Mandela）以78岁的高龄成为新南非的首任总统。为了建立一个民主的多种族的南非，他一生都在奋斗。作为非洲人国民大会（ANC，简称“非

* Nelson Mandela, *Long Walk to Freedom* (Little, Brown and Co., 1995), pp. 620-622. 译文参考［南非］纳尔逊·曼德拉著、谭振学译：《漫漫自由路》，济南，山东大学出版社，2005。

国大”，一个成立于1912年的多种族组织）的一员，曼德拉是最具影响力的人物之一。在该组织所开展的旨在结束南非种族隔离体系［该体系是由布尔人（即荷裔南非人）在1948年建立］的非暴力活动中，他往往充当先锋。曼德拉曾负责该组织的军事方面，而且与许多其他的非国大领导人一道，作为政治犯被关押在声名狼藉的罗本岛监狱，前前后后总共长达28年。牢狱之灾并没有阻止曼德拉和他的战友们继续战斗。1990年，曼德拉等政治犯获得自由，非国大等反对种族隔离的组织也得到了法律的承认。在如下选文中，曼德拉讲述了他就任新南非总统当天的感受。

思考：曼德拉是如何理解“斗争”和“勇气”的含义的。

5月10日，拂晓，万里无云。

在过去的几天里，我一直沉浸在招待各国政要的喜悦中，他们在就职典礼之前来到这里向我表示祝贺。此次典礼可能是在南非土地上聚集各国领导人最多的一次盛事。……

我说：

今天我们会聚于此……为新生的自由带来光荣和希望。经历了太久太久的人间悲剧之后，一个全人类都为之骄傲的社会就要诞生了。

……不久之前，我们还是囚犯，但今天，我们拥有在自己的土地上作为主人，招待世界各国贵宾的特权。我感谢所有尊贵的国际友人专程前来，同我国人民一起见证这个正义、和平和人类尊严的胜利。

我们最终获得了政治解放。我们发誓，要让我国所有的人

> 民摆脱一直束缚他们的贫穷、剥削、苦难、性别歧视及其他歧视。
>
> 在这块美丽的土地上，决不能再发生一伙人压迫另一伙人的悲剧了！……太阳将永远照耀这个辉煌的人类成就。
>
> 自由统治一切！上帝保佑非洲！

过了一会儿，喷气式飞机、直升机和军事运输机排着完美的方队，从联合大厦[①]上空壮观地呼啸而过，所有人都敬畏地注视着。这不仅仅是一次尖端技术和军事力量的展示，更体现了军队对于民主、对于自由公正选举出来的政府的忠诚。就在刚才，南非国防军和警察部队的最高将领们向我敬礼并宣誓效忠，他们的胸前挂满了在曾经的战役中获得的勋章。我不由得想起，就在数年以前，他们不但根本不可能向我致敬，而且还会逮捕我。最后是一组排成V字形的黑斑羚喷气飞机，喷出黑色、红色、绿色、蓝色、白色和金色的彩色尾烟，它们代表着新南非的国旗。

对我来说，那天具有象征意义的是白人和黑人分别用考撒语和南非荷兰语演唱我们的国歌《上帝保佑非洲》。白人唱的是“Nkosi Sikelel' iAfrika”，而黑人唱的是“Die Stem”。尽管那天黑人和白人对于他们曾经轻视的歌词都不熟悉，但是他们将很快从心底体会到这些歌词的含义。

就职典礼当天，我一直沉浸在一种强烈的历史感中。在20世

① 南非政府及总统府所在地。

纪的第一个十年，也就是在血腥的英布战争[①]爆发之后和我出生之前的那几年，南非的白人解决了他们之间的分歧，建立起了一种白人统治黑人土著的社会制度。他们所创造的这种制度，成为有史以来世界上最残忍、最不人道的社会基础。现在，20 世纪的最后一个十年，也是我个人的第八个十年，那个体系被永远推翻了，取而代之的是一个尊重所有人的权利和自由而无论其肤色的全新的社会体系。

成千上万的难以想象的牺牲才换来了那一天，人们所遭受的苦难和展现的勇气是无法计算或报偿的。正如我曾经多次感到的那样，在那一天，我觉得自己只是那些先我而去的南非爱国者的代表。那条漫长而崇高的斗争道路似乎已经到了终点，现在将由我把它延续下去。我为不能向他们表示感谢而痛苦，也为他们没能看到自己的牺牲最终换来的一切而难过。

种族隔离政策给我国和人民留下了深深的无法愈合的伤口。我们大家要用很多年甚至几代人的时间来疗伤。然而，几十年的压迫和暴行却产生了另一种始料未及的作用，它造就了像奥利弗·塔博、瓦尔特·西苏鲁、卢图里酋长、玉素甫、布朗姆·费希尔和罗伯特·索布克韦这样的时代英雄。他们拥有超凡的勇气、智慧和气度，而可能再也没有人去了解他们。我们国家的地下蕴藏着许多矿产和宝石，但是我一向认为，南非最宝贵的财富还是南非的人民，他们比最纯正的钻石还要纯净和珍贵。

---

① 英布战争（Anglo-Boer War，1899—1902），英国同荷兰移民后裔布尔人建立的南非共和国和奥兰治自由邦为争夺南非领土和地下资源而进行的一场战争。

《橄榄球之鹰》：日本的漫画书

在日本，当今通俗文化最重要的表现形式之一就是漫画。与美国漫画不同，日本漫画主要是为社会各阶层的成年人创作的，其内容涉及从色情到体育等广泛的领域。漫画在日本非常流行。1984年，日本就发行了10亿册漫画书，平均每个家庭拥有27本漫画书。

漫画的流行与日本社会的性质有很大关系。日本幅员狭小，居住空间非常有限，房子都很小。另外，学校的课程和课外辅导几乎没有给孩子留出玩耍的时间。对成年人来说，社会的规则极其严格。因此，漫画很容易成为人们逃避现实的手段。

漫画也是传播日本传统价值观的渠道，即使这些价值观只是新瓶装旧酒。例如，很多关于集体运动的漫画就宣扬了日本的武士道精神。美式橄榄球在日本也特别流行。在比赛的过程中，身着统一球服的队员要学习团队精神、作战策略和技巧。

图26-2选自漫画书《橄榄球之鹰》，作者是川崎伸（Noboru Kawasaki）。该漫画书描述了一位叫作鹰部的日本英雄球员。他虽然在个头上逊于美国对手，但在球场上，他却英勇无畏。他进攻时大喊道："去死吧，废物！"鹰部反映了日本神风队的精神，后者曾在第二次世界大战中用小型飞机撞击巨大的美国军舰。

思考： 日本漫画是如何通过现代的图像和比喻来表达传统价值观的；这种方式为什么可以延续传统文化。

图 26－2

“去死吧，废物!”

城市的发展

1999 年世界人口超过 60 亿，是第二次世界大战结束时的两倍多。南半球较为贫穷的国家，因为人口增长过快而承受着极大的压力。城市化进程，同样也反映出欧洲和其他地区在人口趋势上的差别。

全球环境问题

20 世纪晚期，经济发展、人口增长和城市化进程导致令人担忧的全球环境问题。地球上的空气、淡水和海洋所受到的污染越来越严重，由废烟排放而引起的酸雨则毁坏着森林。亚洲是环境污染特别严重的地区：在世界上 15 个空气质量最差的城市中，亚洲就占据了 13 个；全球每年因污染引起的疾病而死亡的人口有 270 万，其中大部分都是亚洲人。地图 26－1 展现了环境问题扩大的情况。

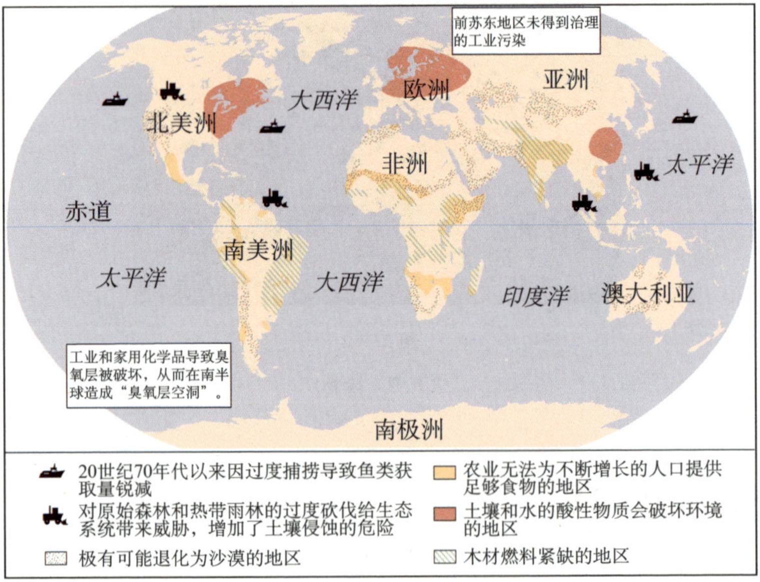

地图 26－1

思考：哪些地区的环境问题最严重；这些问题之间有怎样的相互联系；还有哪些环境问题没有在这幅地图上被反映出来。

生态威胁*

爱德华·威尔逊

最近几十年，很多人和组织开始关注世界的环境问题。其中，人口增长与自然资源的枯竭是最严重的两大问题。在以下选文中，著名生态学家爱德华·威尔逊（Edward O. Wilson）讨论了这些问题，并建议应当立即采取某些措施。

思考：为什么有些地区的人口增长会带来特别严重的问题；砍伐森林的情况为什么会如此严重；威尔逊的解决方案是什么，你觉得这些方案是否有效。

人口增长和环境破坏的步伐一直在继续，从未大幅度地停止过，这种情况已成为“无意结果”原则的一项个案了；所谓无意结果，指的是，某些实际效果是由大量看似无辜的个体的决定造成的。……

……每个国家都拥有三种财富：物质财富、文化财富和生态财富。前两种是我们一切经济和政治生活的基础。但是对于人类的长期福祉而言，第三种财富——各种动植物以及人们对自然多样性的利用——却要比我们通常所认为的重要得多，而且随着物种的加速灭绝和基因突变，这种财富正不可逆转地越来越少。此外，这个问题在范围上还突出地体现出国际性的特征。目前，物种最丰富的地区位于发展中国家，尤其是热带地区。但同时，正是在这些地方，

* Edward O. Wilson，“Conservation：The Next Hundred Years”，in *Conservation for the Twenty-First Century*，ed. David Western and Mary Pearl（Oxford：Oxford University Press，1989），pp. 3-7 as excerpted.

人口增长、环境恶化和物种灭绝的问题已经达到了危险程度。

我们可以将问题大致地总结如下：各大陆的人口增长速度已开始放缓，但非洲的速度仍和以前一样快速。不过，尽管增长数量不大，可是大部分人口统计学家都认为，世界人口将从目前的50亿增长到至少100亿，而大概到22世纪中叶，这一趋势才会最终稳定下来。人口的增长将集中在某些地区，主要是印度次大陆、中东、非洲和拉丁美洲。而人口增长的分布也很不均匀，北美洲、整个欧洲和苏联地区的人口预计增长总值，还不及孟加拉国或尼日利亚的增长数量。……

1932年以来，发展中国家增加了超过20亿的人口，这比当时全世界人口的总数还要多。在世界历史上，像这样的人口剧增完全是前所未有的，它导致了大量的贫穷，并导致希望的破灭。根据世界银行的统计，现在生活在热带地区的25亿人口中，有10亿人处于赤贫状态。这意味着，每户家庭的一家之主每天不能指望为自己和家人提供足够的衣、食、住等供给。……

……由于卫星探测的进步和地面测量的日趋精确，现在人们能够清楚地知道热带雨林的毁坏速度。根据世界粮农组织和联合国环境规划署的预测，到20世纪70年代末，每年有76 000平方千米或者说将近1%的热带雨林被彻底砍伐或是用作耕地。而这比西弗吉尼亚州或哥斯达黎加的面积还要大。事实上，在大部分这样的地区热带雨林是永久消亡了，也就是说，要想在这里进行自然的恢复，即便不是不可能，也将会非常困难。……

物种多样性在目前的减少，似乎必然导致曾发生于古生代和中生代末期的自然大灭绝再次发生。换句话说，我们将遭遇6 500万年以来的最极端情况。……

我们该做些什么?

1. 进行一次彻底的物种调查。我坚信，在物种多样性出现危机的背景下，人类完全需要对地球物种有一个全面的调查和了解。……

2. ……进行物种调查的同时，我们还应更加努力地建立一个比现在更大的种子库，尽力在动物园和植物园中增加濒临灭绝的动植物的数量。……

3. 将环境保护同经济发展结合起来。通过互惠共生的形式，环境保护与经济发展的未来是紧密相连的。如果不以保护土地的方式来利用土地，那么物种的多样性也就无从谈起；同样，如果经济的发展忽略了保护与利用生物多样性的环保政策，那么经济的发展就会受到阻碍，甚至最后会产生物极必反的效果。……

4. 利用援助和贷款机构所实施的压力。对于每个国家来说，利用好本国的自然资源，获得可持续发展，而不是短期繁荣，即使后者可能会带来巨大的利润——这是符合其国家利益的。而这个问题，对于纯粹的功利主义者来说就是：是一次性地获得巨额利润，还是在较长的时期内获得一份丰厚得多的利润？两者之间，只有一个道德的选择。砍伐一片原始雨林可能会在十年内带来几百万美元，但是这样一来，这片雨林就永远消失了，国家的历史遗产因为许多本土物种的灭绝而遭到损失，土壤变得贫瘠，水循环和地下水位的状况也将迅速恶化。……

5. 恢复生态平衡。……我们可以扩展国家公园和生物保留地。我们还可以通过一种既能保护生物多样性，又能为农业和林业增收的形式而重建自然的生态系统。……

6. 社会科学的参与。社会科学的缺陷之一在于，它们不能对环境以及生态多样性进行实际估测。人类行为和经济的健康程度与人类的心灵在其中进化了上百万年的生命世界发生关联，对此社会科学几乎无话可说。从这个角度讲，新古典主义经济学破产了。……

7. 美学思维和道德推理。环境伦理学尽管依然是学术界中一个被人忽视的弱小分支，但它将在未来的100年里成为人文主义的主要思潮。最后，当上述几点都做到了以后，环境保护便可归结为一个建立在经验知识基础上的伦理学决定：我们该如何评价这个我们在其中生存进化的自然界？并且现在，越来越重要的是，我们该怎样看待人类个体的生存状态。

艾滋病的流行

地图26－2展示了1999年年底世界各地的艾滋病成人患者的数量。表26－1列出了这种传染病的危害，以及未来可能出现的后果。

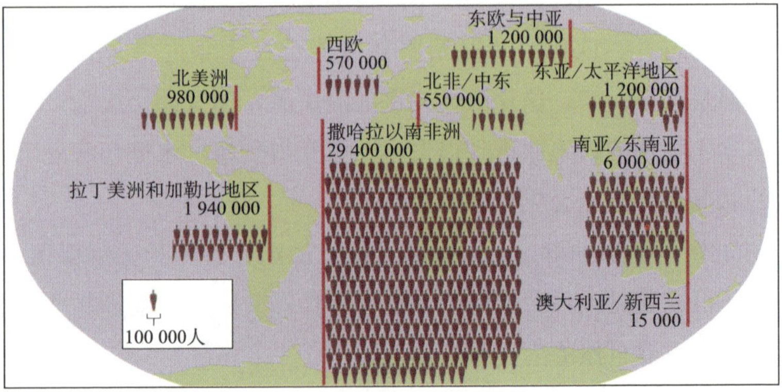

地图26－2

表 26－1　　1999 年全球感染艾滋病的大致情况　　单位：百万

1999 年新感染艾滋病的人数	总数 成人 妇女 儿童（15 岁以下）	5.4 4.7 2.3 0.62
感染艾滋病的人数	总数 成人 妇女 儿童（15 岁以下）	34.3 33 15.7 1.3
1999 年因艾滋病死亡的人数	总数 成人 妇女 儿童（15 岁以下）	2.8 2.3 1.2 0.5
从艾滋病流行至今，死于艾滋病的人口总数	总数 成人 妇女 儿童（15 岁以下）	18.8 15 7.7 3.8
从艾滋病流行至今，父母死于艾滋病的孤儿[1]总数		13.2

思考：世界上哪些地区的艾滋病情况最严重；这种传染病会带来哪些社会问题。

注释

[1] 当这些孩子的母亲或双亲因艾滋病死亡时，他们平均年龄不满 15 周岁。

全球化*

托马斯·弗里德曼

关注20世纪90年代以来西方历史进程的学者，一直试图找出最能概括这一时期的术语。有的学者认为，“全球化”即可概括该时期的突出特征。虽然这个字眼曾经也被历史学家用来描述二战之后，甚至是一战之前的几十年，然而现在的“全球化”却有着不一样的内涵。

如下选文节选自托马斯·弗里德曼（Thomas L. Friedman）的名著，《世界是平的：“凌志汽车”和“橄榄树”的视角》（*The Lexus and the Olive Tree*）。其中，他通过对比全球化体系及其前身——冷战体系——的关系，分析了前者的内涵。

思考：弗里德曼的“全球化体系”是什么意思；这个体系与“冷战体系”有何不同；构建全球化体系的三大“平衡”是什么。

今天，全球化取代了冷战，这是一个同冷战体系相类似但又具有自身独特性的国际体系。

首先，全球化体系与冷战体系不同，它不是静止不变的，而是充满生机的：全球化导致出现一个不可抗拒的市场一体化趋势，使单一民族国家看到了以前闻所未闻的新技术。这一趋势使独立的或联合的单一民族国家，比以前更远、更快、更深、更廉价地与世界

* Thomas L. Friedman, *The Lexus and the Olive Tree* (New York: Farrar, Straus, Giroux, 1999), pp. 7-12. 译文参考［美］托马斯·弗里德曼著，赵绍棣、黄其祥译：《世界是平的：“凌志汽车”和“橄榄树”的视角》，北京，东方出版社，2006。

潮流融为一体成为可能，这一趋势也让残酷无情的现实及新体系中遗留下来的问题产生了巨大的反冲力。

全球化背后的动力原理是自由市场资本主义——你越让市场规则发挥作用，你的市场越向自由贸易与竞争开放，你的经济就越有效越繁荣。全球化实际上意味着自由市场资本向世界所有国家扩展。因此，全球化实际上也有它自己的一套经济规则——对你的经济全方位开放、放松管制、私有化……

同冷战体系不同的是，全球化体系有自己的主流文化，其趋势就是走向均质化。从前，这种文化均质化只是地区性的，如希腊统治时期近东和地中海地区的希腊化，土耳其统治时期中亚、北非、欧洲和中东的土耳其化，还有苏联统治时期东欧、中欧和部分欧亚地区的俄罗斯化。从文化层面上讲，全球化在很大程度上（尽管不完全）是美国化的全球蔓延——从巨无霸汉堡到苹果电脑，再到米老鼠。

全球化有自己的关键技术：电脑化、小型化、数字化、卫星通信、光纤和网络。这些技术共同定义了全球化。如果说冷战的基本视角是“分裂”，那么全球化的基本视角就是“整合”。冷战体系的象征是一堵把人与人隔断的墙，而全球化体系的象征则是将人们联结起来的互联网。冷战体系的基本文献是“条约”，而全球化时代的基本文献则是“交易”。……

最后，也是最重要的，全球化具有自己的权力结构，它比冷战时期的结构要复杂得多。冷战体系全部建立在民族国家的基础上，以美苏两个超级大国为中心保持平衡。

相反，全球化体系拥有三种平衡，它们相互重叠又相互影响。第一种平衡是传统的民族国家之间的平衡。在全球化体系中，美国现在是唯一起支配作用的超级大国，在某种程度上，其他所有国家都依附于它。美国同其他国家之间的力量平衡，对于维持该体系的稳定仍然十分重要。……

全球化体系的第二种平衡是民族国家同全球市场之间的平衡。这些全球市场由数百万个投资者组成，他们只要轻轻点击鼠标，就能在全世界调动资金，我将他们称作“电子族”。他们聚集在像华尔街、香港、伦敦和法兰克福等全球金融中心，我将这些地方称为“超级市场”。“电子族”和“超级市场”的态度与行动能对现今的民族国家产生巨大影响，甚至可以导致政府的垮台。……

美国可以投掷炸弹来消灭你，超级市场可以通过封锁你的经济联系来摧毁你。美国是主导全球化游戏的主要玩家，但并非是唯一影响这场游戏的玩家。今天的这场全球化游戏很像“灵应板”[①]——有时候板上的棋子明显由超级大国操纵，而有时超级市场又成为移动棋子的“无形的手”。

在全球化体系中，你还应注意第三种平衡，它是全新的，即个人同民族国家之间的平衡。全球化摧毁了限制人们自由流动和接触的许多屏障，同时把世界联结成网络。它空前地赋予个人更大的力量，足以影响市场和国家。所以，你现在面对的不仅是超级大国，也不仅是超级市场，而是拥有超级力量的个人，这一点我在本书的后半部分会详细说明。有的超级个人令人生气，有的则使人愉快，但是他们都能直接在世界舞台上发挥作用，而不受政府、公司或其他公立或私立机构的干预。

① 板上刻有字母符号等，用于降灵会中接收亡灵传递的信息。

“9・11” 之后的世界*

尼尔・弗格森

在很多人看来，2001 年“9・11”恐怖袭击之后，美国和世界上的很多国家步入了一个新时期，经历着由这次袭击所带来的诸多变化。在下面的选文里，牛津大学的尼尔・弗格森（Niall Ferguson）指出，我们必须把“9・11”事件的重要性放在已有的历史趋势中。另外，他还进一步分析了在此后十年里可能是最重要的几大趋势。

思考：你是否同意弗格森所界定的这些关键的历史趋势；你认为“9・11”事件有哪些重要意义；预测历史有哪些风险。

作为这一事件的直接后果，纽约世贸中心大楼的摧毁，看上去同那些曾经推动历史进程的重大事件——萨拉热窝刺杀事件、日本偷袭珍珠港——极为相似。几乎就在世贸双塔倒塌的当天，有些激动的评论员便开始鼓吹“第三次世界大战”。……尽管这是一场骇人的悲剧，但它远没有像公众所认为的那样成为一个历史转折点。

事实上，我们应当时刻警醒自己，不要过分夸大任何个别事件的重要性。……针对纽约和华盛顿的恐怖袭击，无论多么令人震惊，始终不会改变那些背后的历史趋势的走向。从很多方面看，即使没有发生恐怖袭击，受这些趋势影响而发展的世界，在 2011 年

* Niall Ferguson，“2011”，*The New York Times Magazine*，December 2，2001，pp. 76-79.

也不会同袭击发生后的十年有太大不同。

第一大趋势显而易见：恐怖主义——非政府组织通过暴力手段来追求极端的政治目的——正在向美国扩散。这种恐怖主义在周边世界已经存在了很久。空中劫机事件当然不新鲜：自 20 世纪 60 年代末巴勒斯坦解放组织及其支持者开始有系统地使用这种极端手段以来，已发生了 500 多次劫机事件。再者，就驾驶飞机直接撞击人口密集区域的自杀性手段而言，在 1944 年和 1945 年，3 913名日本神风队飞行员通过自杀式袭击消灭大量美国士兵，不就是这么干的吗？

“9·11”事件的新意在于，恐怖分子将上述经过检验证明有效的手段结合了起来。从 1995 年到 2000 年，根据美国国务院的数据显示，世界范围内发生了 2 100 多起恐怖主义袭击事件。但其中只有 15 起发生在北美，只造成 7 个人的伤亡。所以，此前的历史所不曾有过的只不过是，国际恐怖主义已经成功地登陆美国。……

坏消息是，没有哪一场旨在打击那些窝藏恐怖分子国家的战争，能够从根本上消除更进一步的恐怖袭击。西欧国家对抗左翼分子和民族恐怖主义的战争经验表明，真正的反恐战争必须围绕一切可能的袭击目标，依靠国内的情报机构、警察力量和安全人员在后方进行。……

“9·11”事件未曾改变的第二大趋势是经济的低迷。在这次恐怖袭击之前，20 世纪 90 年代末的资产泡沫曾在一年半的时间里一直居于最高点。虽然“9·11”事件的袭击地点非常接近华尔街，但纽约股市并没有因此而出现崩溃——它只不过是暂时关闭罢了。……

尽管如此，世界经济仍有两大软肋不容忽视，它们同样在

“9・11”事件之前就已经存在了。

首先是全球化的非全球性。世界的商品、资本和劳动力市场不仅远未实现完全的整合，反而走向更大的分裂。因此，美国、加拿大和墨西哥的巨额贸易活动，现在主要是发生在北美的自由贸易区内，这就好像大部分欧洲国家的贸易只是发生在欧洲内部一样。如果回顾 1913 年，我们会发现，当时的国际资本才是真正国际化的：在 1913 年，大约有 63%的国外直接投资都投向了发展中国家。但是在 1996 年，这一比例只有 28%。劳动力的流动性也被扭曲了：美国可以通过各种签证计划优先选择最有能力和天赋的欧洲和亚洲工人，而让那些缺乏技术（往往也是未交税的）的拉美工人穿过墨西哥的后门。

这是全球化之所以会越来越加剧各国之间不平等差距的关键原因之一。在 20 世纪 60 年代，世界上最富有的 1/5 人口的总收入，是最贫穷的 1/5 人口的 30 倍。在 1998 年，该差距扩大到 74 倍。1965 年，乍得的国内生产总值是美国的 1/15。到了 1990 年，这一比例变成 1/50。如果在全球化的初始阶段还有一种集中收入的有效方式，那么到了现在则出现了明显的收入分歧。这样的收入差异很可能加深贫穷国家对超级富国美国的仇恨。……

更令人担忧的，是一些人对全球的能源供给所表现出的不够长远的眼光。运动型多功能车作为一种地位象征，体现出美国人对于他们的石油供应有多么的自信。……

事实是明摆着的。中东地区的石油生产占全世界的 31%，而其石油消耗量只占 6%。北美的石油生产占全世界的 18%，而其石油消耗量却占到 30%。然而，更令人警醒的是世界石油储备的数据：北美只拥有 6%，而中东则拥有 65%。……普林斯顿大学的肯尼思·德费耶（Kenneth S. Deffeyes）预测，全球的石油生产将从2004年开始下滑。10月份在伦敦的皇家联合服务研究所[①]召开的会议上，专家预言，自2008年开始，石油输出国组织以外的那些国家，其原油供应将会大幅度下降，并在2040年降到零；还有，除非出现重大的技术突破，否则从2010年起将出现明显的全球物资短缺。……

第三大趋势持续了十几年：美国的全球势力正在从非正式的帝国主义转变为正式的帝国主义。

1945年以来，美国就非常热衷于间接地对世界各国施加影响：通过跨国公司和诸如国际货币基金组织这样的国际机构在全球经济中发挥经济杠杆的作用，通过"友好"的当地政权施加其政治影响。

然而英国在19世纪就已发现，非正式的帝国主义有其内在局限。革命可以推翻这种傀儡政权，新的政权可以拖欠帝国主义的债务，可以中断与他们的贸易，可以同邻国开战，甚至可以成为恐怖主义。

美国一直通过直接干涉远方国家的内政回应这些危机，这不仅缓慢而且相当鲁莽。在多边主义面纱的掩饰下，美国往往打着联合国和北大西洋公约组织的旗号如此行动，这已经是不争的事实。然而美国在波斯尼亚和科索沃的先例却说明，其行为是举足轻重的。20世纪90年代的许多事件都表明，这些国家已成为一种新的殖民地：受美国的军事和金融力量庇护的国际受保护国。……

① 英国知名智库，全称是"英国皇家国防和安全联合服务研究所"。

有一种趋势我还没有提到，但是它已被无数次地谈论过，那就是西方世界同伊斯兰世界之间被认为是不可避免的“冲突”。根据这种看法，“9・11”事件是一个启示的时刻，而不是一个转向的时刻。因为美国终于醒悟了，从而正式揭开这场早已持续多年的伊斯兰之战。但是这一点我并不赞同。

首先是因为，现代伊斯兰世界的最显著特点在于，其内部令人惊异的多样性以及在地理分布上的分散性。发生在不同种族或宗教人群之间的暴力冲突，并没有将世界分化成几个大的利益集团。就像我们已经在巴尔干半岛看到的那样（在那里，别忘了，我们更多的是站在穆斯林这一边），目前的历史趋势是，现存的政治集团正在走向分裂。所以，文明之间的任何冲突都不会发生在常规战场上，而是会发生在波斯尼亚这样的多元文化国家的街头，甚至是英国的布拉德福德这样的城市中（去年夏天，那里曾发生几起暴力事件）。……

在这种背景下，伊斯兰宗教激进主义运动的重要意义似乎在于，它们起到了离心作用，而不是向心作用。与其说会看到一场文明整体之间的冲突，不如说我们会看到，由于宗教和种族冲突正在威胁现存的多元文化民族国家的完整性，因此，未来的政治将继续呈现分裂的格局。毕竟自 1945 年以来，内战已成为最频繁的战争形式：在二战后的所有武装冲突中，有 2/3 都是发生在国家内部，而不是国家之间。从南斯拉夫到伊拉克再到阿富汗，美国一直必须面对的，不是一个整个的伊斯兰世界，而是一个个独立的政体，它们在两败俱伤的内战中受尽折磨（索马里、塞拉利昂和卢旺达就是这样的）。

伊斯兰与民主*

巴赫贾特·科兰尼

西方一直试图在全世界传播民主和多元化，至少它在言辞上是这样的。随着苏联解体、东欧剧变和全球化的兴起，这种努力得到了加强。然而，言论和现实毕竟相差甚远。况且，在欧美适用的那一套不一定适用于其他的文化、传统、宗教或社会。由于西方的殖民主义和帝国主义也与民主有关，所以，引进西方的民主势必激起反对西方事物的穆斯林世界的强烈反应。

虽然也有一些伊斯兰国家实行了民主制（如土耳其、马来西亚和印度尼西亚），但是伊斯兰世界同民主制度能否兼容，却是伊斯兰内外颇受争论的问题。无论是在伊斯兰世界内部还是外部，改革者近年来一直呼吁建立一个“自由的伊斯兰世界”。任何想将自由民主引入伊斯兰国家的企图，都将受到宗教威权和传统掌权者的挑战。此外，传统的威权规则仍在这些国家掌握着社会合法性的尺度。也许最终，现代化及其产物给伊斯兰世界带来的，可能只是民主制度同宗教势力和传统精英之间的妥协。即使现代化有助于改善当地人民的生活，这些传统精英也会奋起抗击，防止其权力遭到削弱。在如下选文中，蒙特利尔大学的政治学教授、阿拉伯研究校际协会会长，巴赫贾特·科兰尼（Bahgat Korany）认为，将民主制度引进伊斯兰世界，这将是一个漫长而

* Bahgat Korany, “Arab Democratization”, *Political Science and Politics*, Vol 27, No. 3 (September 1994), pp. 511-513 as excerpted.

艰难的进程，而且最后也不一定成功。

思考：将全新的观念引入一个传统社会，将怎样动摇该社会脆弱的平衡关系。

我在这篇短文中的观点是，阿拉伯国家的民主化进程可能既漫长又艰难。民主的蔓延性效果也许会把政府的点滴让步转变为实质性的民主，但是这种可能性却没有民主制遭遇失败、现任政府实行表面的多元化和实际上多党制被控制的可能性大。……

民主化不仅仅是一种多元主义的政治体系，它更代表着一种以尊重公民基本权利为基础的社会、一种能够接受和讨论各种异议的具有制度化保证的政治文化。在阿拉伯世界，民主化在整体上呈现出不同的特点。

1. 目前的民主化进程仍然不是政治民主制，甚至不是多头制，顶多算是一种有限的、不彻底的政治多元化。

2. 这种政治多元化是阿拉伯世界对目前的政治危机和经济危机的一种体制内反应。

3. 就此而言，整个民主化进程只是防御性的、不完整的和权宜性的。

4. 这种民主很容易崩溃，也就是说，它并非线性地向前发展或不可逆转。……

使用“阿拉伯世界”或“阿拉伯民主化”这样的简略表达，我们可能过于忽略了这些阿拉伯国家在政体上的差异。然而，它们在不同程度上有一个共同的特点，即它们的外向性或依赖性。阿拉伯国家直接地或间接地都属于食利者。……所以，这些以石油为基础的食利性国家，在财政来源上并不仰仗其公民。正好相反……如果公共财政是政府统治和政治权力的基础，那么面对食利性国家的霸权，公民社会当然会十分软弱。……

在这些大大小小的食利性国家里，民主的道路充满坎坷。因为，如果民主（而不是多元化）是自下而上发生，并且伴随着公民社会的创建，那么政治参与就不能仅限于顶端的政府层面。公民社会由一个复杂的互动网络和相互责任（个人的自由选择及其相互之间的自然关系造就了这种责任）构成。通过建立并协调社群生活的结构，民主必须从社会的草根阶层开始，一直往上发展。……

根据现代化的各项常规指标，从通信到教育领域，阿拉伯社会已然经历了一场社会变革。然而在其政治金字塔的顶端，情况却几乎停滞不前。……

面对社会转变与政治停滞之间的差距，民主化的转型不仅是学术界所关心的问题，同时，它也是政治上的需要。……因为，在缺乏强大的反对力量和可行的政治方案时，转型会隐含着一种危险，即有可能陷入无政府状态。……

面对民主化改革的考验与和平转型的计划，人们必然思考伊斯兰教和伊斯兰组织。……于是，我们就将涉及伊斯兰与民主之间有争议性关系的问题。……

伊斯兰同西方民主的对立并不是想象的或无中生有的。在一种神圣的信仰和一种政治学说之间，肯定存在差异。但从一般的规范层面来讲，伊斯兰的价值观与西方民主的价值观却有可能重叠。例如，伊斯兰教也有关于平等和公正的基本观念。……哈桑·班纳（Hassan El-Banna），20 世纪 20 年代末穆斯林兄弟会的埃及创始人曾这样写道：议会民主和选举权利同伊斯兰教并不矛盾。……

从历史上看，在阿拉伯世界推行西方民主或政治民主化，意味着该地区遭遇新一轮的西方殖民主义，意味着基督教的进驻和处于防御的伊斯兰世界遭到削弱。……西方的民主化不可避免地让伊斯兰人民感到一种来自外部的干涉和强迫。

如果说有什么区别的话，那就是，这些曾作为帝国的阿拉伯行省的伊斯兰国家所遭受的殖民统治，会使它们更加否定西方的民主制度。民主的形式会被移植，通常也被人操纵，以服务于政治控制的目的。

独立之后，阿拉伯世界的本土政治精英继承了民主的形式，却没有补充任何内容。……新政权延续着前殖民时期和殖民时期的政治手段，即要么容忍并控制公民社会，要么就镇压它。……

因此，阿拉伯的历史遗产使人们对西方及其输出模式感到困惑和迷惘。一方面，西方是一种拥有力量、进步和公民自由的模式，而另一方面，西方也意味着曾经的耻辱、反复的双重标准以及空洞的政治口号。……

宗教恐怖主义*

马克·于尔根斯迈尔

恐怖主义并不是什么新东西。然而在 20 世纪 80、90 年代，恐怖组织迅猛增长，并针对军事和民用目标采取了更大胆的攻击策略。在 21 世纪初所发生的恐怖事件，如 2001 年 9 月 11 日对美国的袭击、2004 年 3 月 11 日对西班牙的袭击，都表明了恐怖主义的极端危险性。如下文字摘自马克·于尔根斯迈尔（Mark Juergensmeyer）的《上帝脑海里的恐惧：宗教暴力的全球性升

* Mark Juergensmeyer, *Terror in the Mind of God: The Global Rise of Violence* (Berkeley: The University of California Press, 2001), pp. 5-6, 11.

级》(*Terror in the Mind of God: The Global Rise of Religious Violence*)。在这部著作中,他集中探讨了宗教恐怖主义的问题。

思考: 根据作者的观点,什么是宗教恐怖主义;可能造成恐怖主义的原因有哪些;是什么促使一些人实施恐怖主义活动。

“恐怖主义”就是要恐吓他人。这个词源于拉丁文 terrere,意思是“令人战栗”;后来,在 18 世纪末法国大革命的恐怖统治时期,它被更广泛地用于政治领域,表示对公众秩序的攻击。因而,公众对暴力的反应,即对恐怖主义感到恐慌,就成为这个术语的一部分含义。既然如此,那么就应当由我们这些恐怖主义的目击者,也就是遭到恐吓的对象,而不是由那些实施这种行动的人,来给恐怖主义下定义。是我们,或者说更多的时候是我们的公共代理人,即新闻媒体,给恐怖主义的暴行贴上了邪恶的标签。(这些暴行是极具毁灭性的公共事件,在执行时没有清晰的军事目标,由此引起公众的普遍恐慌。)

当我们发现常常附着于这些公共暴行之上的其他特点,即恐怖分子通过宗教来证明其正当性时,这种恐慌就变成了愤怒。大多数人都认为,宗教应该带来宁静和平和,而不是恐怖。可是在很多恐怖事件中,宗教不但为暴徒提供意识形态的指导,而且为他们提供动机和组织结构。是的,有些恐怖主义行动是由公共官员实施的,他们通过“国家恐怖主义”来压制民众。苏联斯大林时期的大清洗运动、萨尔瓦多的政府敢死队①、柬埔寨红色高棉政权的种族屠杀、波斯尼亚和科索沃地区的种族清洗以及在中非政府支持下胡图人和

---

① 20 世纪 80 年代,里根政府出资支持“萨尔瓦多民族军”。该武装力量旗下有一支敢死队,专门抓捕或杀害左翼反政府武装的领导人及其支持者。

图西人的暴力行为，这一切都历历在目。美国已经因为在越南战争中施行恐怖主义而受到正义的指控；如果我们将美国向广岛和长崎投放原子弹的行为亦视为恐怖主义，那也是有据可依的。

但是“恐怖主义”这个术语，更多地还是和非法组织所实施的暴行相关，它们拼命想获得些许权力或影响。尽管这些组织无法在政府军力所及的地区开展杀戮，尽管它们的军事资源比较匮乏，但是它们惊人的数量、它们对恐怖主义的全身投入以及它们的不可预期性，已经让它们的影响被放大到一个相当大的比例。这些组织的声音其实是由某些纯粹世俗的原因所鼓噪的。

但更多的时候，引发恐怖主义行动的仍是宗教原因——有时，宗教因素同其他因素混合在一起；有时，宗教因素就是主要动机。……

正如这些例子所体现的那样，恐怖主义要想成功，必须拥有一个团队的支持，而且在大多数情况下，需要一个庞大的组织网络。同时，它还要为行动的执行者给出大量的道德根据，以便当他们大规模地摧毁财产或残忍地攻击其他人员，尤其当这些人是他们根本不认识，而且与他们没有任何个人恩怨的无辜者时，他们能为自己找到正当的理由。任何一次恐怖主义行动，都需要在心理层面坚信不疑，得到社会的认可，获得合法的意识形态或受到尊重的权威力量的同意。由于恐怖主义行动需要道德支持、意识形态支持以及组织机构支持，所以，大多数恐怖主义，例如东京地铁的神经性毒气[①]、哈马斯[②]精心策划的爆破行动等，都是集体决策的结果。

---

① 1995 年 3 月 20 日晨，由麻原彰晃领导的邪教组织“奥姆真理教”，在日本东京市区三条地铁线内施放神经性毒气“沙林”，造成 12 人死亡，5 500 多人中毒。

② 即巴勒斯坦“伊斯兰抵抗运动”组织，“哈马斯”是其简称。

伊拉克战争*

迈克尔·伊格纳季耶夫

2003 年 3 月，美国以“反恐战争”为名迈出了一大步。在英国的军事支援和其他国家的象征性支持下，美国对伊拉克展开军事袭击。几周内，美英的空中和地面部队就击垮了伊拉克的防卫武装，推翻了用铁腕统治伊拉克 20 多年的萨达姆·侯赛因及其复兴党政权。从战争的一开始，就有很多人争论此次战争的理由。而在如下选文中，迈克尔·伊格纳季耶夫（Michael Ignatieff）分析了战争的起因。伊格纳季耶夫是哈佛大学肯尼迪政府学院卡尔人权政策中心的主任。他认为，作为一个自由主义者，虽然不太情愿，但他仍然确信应该支持这场战争。

思考：根据伊格纳季耶夫的观点，布什政府入侵伊拉克的最重要原因是什么；“9·11”事件对于入侵伊拉克起到了怎样的作用。

有了美国的干预，伊拉克的人权状况可以得到改善。但是布什政府入侵伊拉克，不仅是为了人权问题。当然，这场军事干预的最终目的，也不是为了在伊拉克建立一个民主的政府，或是拯救无辜者的生命。现在，我们就来探讨一下整件事情的核心——布什政府的干预行动是为了与美国长久以来的历史相匹配。所有的干预行动，都是因为总统坚信：这种做法能增强他自己和美国的权力与影

* Michael Ignatieff, “Why Are We in Iraq?” *The New York Times Magazine*, September 7, 2003, p. 7.

响。套用小约瑟夫·奈（Joseph S. Nye Jr.）的定义来说，“权力就是得到你想要的结果的能力”。美国总统之所以进行干预，是因为成功的干预可以增强美国获得自己想要的结果的那种能力。

对伊拉克进行军事干预，是激进的保守主义分子的杰作。他们坚信，出于战略、安全和经济的原因，中东的现状是不能维持的。他们希望通过干预带来一场美国在整个中东地区的权力革命。让布什总统狠下心来赌这一把的正是“9·11”事件以及美国人的醒悟。当美国人发现有 15 次劫机事件都是源自沙特阿拉伯时，他们才意识到，自 1945 年以来，美国的利益本以为是建立在沙特的支柱上，但实际上是建立在沙子上。而新的支柱应该是一个民主的伊拉克，它与以色列、土耳其以及伊朗和平共处，不再庇护恐怖主义，并且为了维护世界经济而以公平的价格输出石油，不必担心邻国的卑鄙伎俩。

就像保罗·沃尔福威茨（Paul Wolfowitz）所承认的那样，战争的“官方”原因——伊拉克藏有大规模杀伤性武器——并非主要原因。真正的原因是，美国要在中东重建其影响力支柱。美国民众可能已经意识到了这一点，但美国政府并没有这样告诉他们。他们也没有被告知，建立这个新支柱将需要很多年。他们被误导性地而且过于简单地告知：这是为了打击“恐怖主义”，并捣毁伊拉克用来攻击美国和以色列的大规模杀伤性武器，因此，美国军队的行动是正当的。

Dennis Sherman, A. Tom Grunfeld, Gerald Markowitz, David Rosner, Linda Heywood

World Civilizations: Sources, Images, and Interpretations, Volume I (Fourth Edition)

0073127590

World Civilizations: Sources, Images, and Interpretations, Volume II (Fourth Edition)

0073133388

北京市版权局著作权合同登记号：01-2008-6037

图书在版编目（CIP）数据

世界文明史：第四版．下册/（美）丹尼斯·舍曼（Dennis Sherman）等著；李义天等译．--北京：中国人民大学出版社，2021.9

书名原文：World Civilizations：Sources，Images and Interpretations

ISBN 978-7-300-29586-2

Ⅰ.①世… Ⅱ.①丹… ②李… Ⅲ.①世界史-文化史 Ⅳ.①K103

中国版本图书馆 CIP 数据核字（2021）第 140255 号

世界文明史（第四版·下册）

丹尼斯·舍曼（Dennis Sherman）
A. 汤姆·格伦费尔德（A. Tom Grunfeld）
［美］杰拉尔德·马科维茨（Gerald Markowitz） 著
戴维·罗斯纳（David Rosner）
琳达·海伍德（Linda Heywood）
李义天　黄慧　阮淑俊　王娜　译
Shijie Wenmingshi

出版发行	中国人民大学出版社		
社　　址	北京中关村大街 31 号	**邮政编码**	100080
电　　话	010－62511242（总编室）		010－62511770（质管部）
	010－82501766（邮购部）		010－62514148（门市部）
	010－62515195（发行公司）		010－62515275（盗版举报）
网　　址	http://www.crup.com.cn		
经　　销	新华书店		
印　　刷	涿州市星河印刷有限公司		
规　　格	145 mm×210 mm　32 开本	**版　　次**	2021 年 9 月第 1 版
印　　张	14.75 插页 2	**印　　次**	2021 年 9 月第 1 次印刷
字　　数	336 000	**定　　价**	198.00 元